AF814703

प्रमुख समाजशास्त्रीय विचारक

प्रमुख समाजशास्त्रीय विचारक

कॉम्ट से मर्टन तक

शम्भूलाल दोषी

प्रकाश चन्द्र जैन

रावत पब्लिकेशन्स

जयपुर • नई दिल्ली • बैंगलोर • गुवाहाटी • कोलकाता

ISBN 978-81-7033-667-9 (HB)

© Authors, 2001

Reprinted, 2024

No part of this book may be reproduced or transmitted in any form or by any means, electronic or mechanical, including photocopying, recording or by any information storage and retrieval system, without permission in writing from the publishers.

Published by
Prem Rawat for **Rawat Publications**
Satyam Apts., Sector 3, Jawahar Nagar, Jaipur - 302 004 (India)
Phones: 0141 265 1748 / 265 7006
E-mail : info@rawatbooks.com
Website: rawatbooks.com

New Delhi Office
4858/24, Ansari Road, Daryaganj, New Delhi 110 002
Phone: 011-23263290

Also at *Bangalore, Guwahati* and *Kolkata*

Printed at Nice Printing Press, New Delhi

अनुक्रमणिका

(Contents)

प्राक्कथन

(Preface)

समाजशास्त्र का उद्‌गम अगस्त कॉम्ट से समझा जाता है। अभी तक इस समाज विज्ञान की यात्रा कोई 150 वर्ष हो गयी है। इस अवधि में समाजशास्त्र ने कई मुकाम पूरे किये हैं। इस समाज विज्ञान की दौड़ कहीं समतल मैदान में हुई है तो कहीं पहाड़ों और दुर्गम घाटियों में। आज यह विज्ञान संकट के दोर से गुजर रहा है। उत्तर आधुनिकता और वैश्वीकरण ने सारी दुनियाँ को समेट कर मानो एक गठरी में बाँध दिया है। यूरोप के सामाजिक विचारक जैसे बोर्दिया, फुको, दरिदा, हेबर-मास आदि एक ऐसे समाजशास्त्र को विकसित कर रहे हैं जो कहीं तो हमें दर्शनशास्त्र दिखायी देता है और कहीं समाजशास्त्र। इस नये दोर में समाजशास्त्र को अपनी पहचान बनानी है। जो कुछ संसार में है, सभी समाजशास्त्र नहीं है। इसका विकास किसी एक विचारक ने किया हो ऐसा नहीं है। यह समाज विज्ञान तो एक पिरामिड की तरह है। इसके नीचे के धरातल पर जो विचारक हैं उनके कंधों पर दूसरे विचारक चढ़े हैं और दूसरों के ऊपर तीसरे। हाल के समाजशास्त्र को इन सभी विचारकों का अध्ययन करना आवश्यक है। यदि उत्तर आधुनिकतावादी समाजशास्त्री आज शीर्ष स्थान पर हैं तो उनकी बुनियाद उन विचारकों में निहित हैं जो जमीन से जुड़े हुए हैं। समाजशास्त्र का सही मूल्यांकन इसके पिछले संदर्भ से जुड़ा हुआ है।

इस पुस्तक में तीन प्रमुख विचारकों: कार्ल मार्क्स, ईमाइल दुर्खीम और मेक्स बेबर के अलावा हमने अगस्ट कॉम्ट, हर्बर्ट स्पेन्सर, सिमेल, पेरेटो, सोरोकिन, पारसंस तथा मर्टन को भी सम्मिलित किया है।

इतना सब करने के बाद भी, लगता है अभी भी यह पुस्तक अधूरी है। हमने उत्तर आधुनिकतावादी विचारकों—हेबरमास, बोर्दियों, दरिदा, फुको आदि को एकदम छोड़ दिया है। ये सब विचारक हैं और इन्होंने हाल के समाजशास्त्र को एक नयी दिशा दी है। हम इन पर भी लिखना चाहते हैं। संभवतया हम इन विचारकों पर भी इस पुस्तक का दूसरा भाग तैयार करें।

अगणित प्राध्यापकों और पाठकों ने हमें पसंद किया, इसके लिए हम उनके आभारी हैं।

शम्भूलाल दोषी
प्रकाश चन्द्र जैन

1

अगस्ट कॉम्ट

(Auguste Comte, 1798-1857)

अगस्ट कॉम्ट से पहले सामाजिक विचारकों की श्रेणी में मॉण्टेस्क्यू का नाम लिया जाता है। मॉण्टेस्क्यू समाजशास्त्री कम थे और विचारक अधिक। उनका सबसे बड़ा मुद्दा मनुष्य समाज में जो विजातीयता मिलती है उसे समझने का था। उनकी बहुत बड़ी समस्या इस तथ्य का पता लगाना थी कि इस विजातीयता में व्यवस्था कैसे स्थापित की जाये। ऐसा करने में वे एक सीमा तक सफल भी हुए। उन्होंने उन निर्धारक तत्वों का पता लगाया जो सरकार या समाज को प्रभावित करते हैं। इन तत्वों के आधार पर उन्होंने कुछ तार्किक सिद्धान्तों को बनाया जो सर्वव्यापी पाये जाते हैं। मतलब हुआ मॉण्टेस्क्यू विजातीयता के मुद्दे को लेकर चले और अपने निष्कर्ष में मनुष्य समाज की एकता पर आये। अगस्त कॉम्ट ने दूसरी रणनीति अपनायी। उन्होंने तर्क दिया कि मनुष्य समाज में एकता है। इस एकता के पीछे जो कारण है वे प्रत्यक्षवादी हैं। उनका कहना था कि जिस भांति प्रकृति के नियम होते हैं: सूर्य पूर्व में निकलता है और पश्चिम में अस्त होता है। दिन के बाद रात आती है; और पतझड़ के बाद बसन्त आता है। प्रकृति का रथ एक निश्चित दिशा में चलता है। नियमों से संचालित होता है। वे तर्क देते हैं कि ठीक प्रकृति के नियमों के अनुसार समाज भी निर्धारित नियमों के अनुसार चलता है। संक्षेप में, यही कॉम्ट का प्रत्यक्षवाद है। समाज की दशा और दिशा को जानने के लिये हमें इन नियमों का ही पता लगाना पड़ेगा।

अगस्ट कॉम्ट को विचारक मानने का कारण है। उन्होंने सबसे पहली बार इस तथ्य पर विचार किया कि प्रकृति के नियमों को समाज की संरचना को समझने के लिए लागु करना चाहिये। दूसरा, वे न केवल समाज की एकता और व्यवस्था में दिलचस्पी रखते हैं, उनकी रुचि यह जानने में भी थी कि समाज किस भाँति प्रगति और विकास करता है। जब वे समाज की व्यवस्था की बात करते हैं तब उनका उद्देश्य समाज की स्थैतिक और गतिशील अवस्था को जानना होता है। अगस्ट कॉम्ट की कृतियों का मुहावरा है: *प्रगति* (Process) और *व्यवस्था* (Order)। प्रगति और व्यवस्था को देखते हुए उनका दूसरा मुहावरा है: समाज की स्थैतिकि (Static) और समाज की गतिशीलता (Dynamics)। बहुत थोड़े में यह मुहावरा ही अगस्ट कॉम्ट को विचारक का दर्जा देता है।

जीवन रेखाचित्र (Life Sketch)

अगस्ट कॉम्ट का जन्म फ्रान्स के दक्षिण में बसे हुए मॉण्टपेलियर शहर में 19 जनवरी, 1798 में हुआ था। उनके पिता कैथोलिक धर्मावलम्बी थे। वे सरकारी विभाग में एक सामान्य

अधिकारी थे। उनका दृष्टिकोण रूढ़िवादी था। अपने अवकाश का समय वे बागवानी में गुजारते थे। एक बात और महत्वपूर्ण है। काम्ट के पिता कट्टर राजभक्त थे। कहीं भी वे विरोध करना नहीं चाहते थे। अगस्ट कॉम्ट का शैक्षणिक जीवन पेरिस के एक पॉलिटेकनिक स्कूल से प्रारम्भ हुआ। स्कूल में वे प्रतिभावान विद्यार्थी समझे जाते थे उन्हें गणित के प्रति बड़ा रूझान था। स्कूली जीवन में वे विद्रोही थे। यहाँ उन्होंने परम्परागत परीक्षा पद्धति का विरोध किया। अपने एक इन्सट्रक्टर के खिलाफ बगावत भी की। उनकी माँग थी कि इस इन्सट्रक्टर को नौकरी से हटा देना चाहिये। जैसे-जैसे कॉम्ट किशोर और युवा होने लगे उन्होंने प्रचलित व्यवस्था के विरोध में अपनी आवाज़ को और तेज धार दे दी। जब उनके स्कूल में नेपोलियन को आमंत्रित किया गया तब उनकी भौंहे चढ़ गयी। खुले आम अगस्ट कॉम्ट कहते थे कि उस युग के बौद्धिक नासमझ थे। अगस्ट कॉम्ट की मित्र मण्डली में सेण्ट साइमन शीर्ष स्थान पर थे। यह भी समझा जाता है कि साइमन के विचारों का अगस्ट कॉम्ट पर बहुत अधिक प्रभाव पड़ा। बाद में चलकर इन दोनों की यह मित्रता अधिक समय नहीं चली।

अगस्ट कॉम्ट अपने व्यक्तिगत जीवन में दुखी थे। उनकी आर्थिक हालत खस्ता थी। विवाह के बाद वे अपनी पत्नी के साथ सुखपूर्वक जीवन नहीं बिता पाये। उनकी पत्नी के कारण कॉम्ट ने वैवाहिक जीवन से मुख मोड़ लिया। अब उन्होंने पारिश्रमिक लेकर व्याख्यान देना प्रारम्भ किया। इस व्याख्यान में उन्होंने प्रत्यक्षवाद (Positivism) की विषय वस्तु पर ज़ोर दिया। वे बराबर यह कहते थे कि प्रकृति के नियमों की तरह समाज के नियमों को भी विकसित करना चाहिये। वे व्याख्यान देने की गतिविधि में अधिक नहीं चल पाये। सन् 1827 में वे भयंकर मानसिक रोग से पीड़ित हुए। कोई एक वर्ष बाद ठीक होने पर उन्होंने पुनः काम करना प्रारम्भ किया। अपने जीवन के अंतिम वर्षों में कॉम्ट अपने आपको न केवल एक समाज वैज्ञानिक लेकिन पेगम्बर समझने लगे। उन्हें लगा कि जैसे वे एक नये धर्म को प्रतिपादित कर रहे हैं और यह धर्म मनुष्य जाति को उसके सभी दुखों से मुक्ति दे देगा। अगस्ट कॉम्ट का इस तरह का दावा केवल दावा ही था। सब मिलाकर यह कहा जाना चाहिये कि उन्होंने समाजशास्त्र का नामकरण किया, एक विधि दी और अन्त में चलकर उन्होंने समाज को प्रगति और विकास की ओर ले जाने का एक रास्ता दिया।

कृतित्व (Works)

अगस्ट कॉम्ट का जीवन सरपट मैदान की तरह नहीं था, इसमें टीले थे, उतार-चढ़ाव थे। जीवन भर वे किसी न किसी बीमारी से पीड़ित रहे- आज स्वस्थ हैं तो कल रूग्ण। व्यक्तिगत जीवन की इस त्रासदी के होते हुए भी उन्होंने कुछ ऐसी कृतियाँ दी हैं फिर भी उनकी दो कृतियाँ ऐसी हैं जिन्हें शास्त्रीय (classical) कहना चाहिये। उनकी पुस्तक दि पॉजिटिव फिलोसोफी (The Positive Philosophy)एक भव्य कृति है। यह कृति छः जिल्दों में प्रकशित हुई है और इसकी अवधि सन् 1830 से 1842 तक की रही है। दूसरी मुख्य कृति दि पॉजिटिव फिलोसोफी (The Positive Philosophy) है जिसका प्रकाशन 1851 से 1854 में हुआ है। यह पुस्तक चार जिल्दों में निकली है।

अगस्ट कॉम्ट ने 1870 से 1922 तक सेण्ट साइमन के साहचर्य में काम किया। इन

दोनों ने मिलकर बहुत कुछ लिखा है। यह लिखावट भी कॉम्ट के कृतित्व में है। यहां यह बताना कठिन है कि इन कृतियों में साइमन का कितना योगदान है। और कॉम्ट को कितना। इस कठिनाई के होते हुए भी यह अवश्य है कि इन दोनों की कृतियों में प्लान ऑफ दि साइन्टिफिक ऑपरेशन नेससरी फॉर दि रि आर्गेनाईजेशन ऑफ सोसाइटी (Plan of the Scientific Operations Necessary for the Reorganisation of Society), एक महत्वपूर्ण कृति है। साइमन के बिछुड़ जाने के बाद इस कृति के बारे में कॉम्ट ने यह कहा: *सन् 1822 वर्ष की यह पुस्तक एक बहुत बड़ी खोज है।* इस पुस्तक में कॉम्ट और साइमन ने यह आग्रहपूर्वक कहा कि *राजनीति को सामाजिक भौतिकी बन जाना चाहिये; इसे शरीर विज्ञान की एक शाखा हो जाना चाहिये और ज्ञान की प्रत्येक शाखा को तीन अवस्थाओं में गुजरना पड़ता है: ईश्वरपरक अवस्था (Theological stage), तात्विक अवस्था (Metaphysical stage) और प्रत्यक्षवादी अवस्था (Positivistic stage)।* जिसे कॉम्ट और साइमन ने सामाजिक भौतिकी (Social Physics) कहा है उसी को बाद में चलकर कॉम्ट ने समाजशास्त्र का नाम दिया।

बौद्धिक संदर्भ (Intellectual Context)

अगस्ट कॉम्ट किसी शून्य काल में पैदा नहीं हुए थे। उनका भी एक युग था, इस युग का एक इतिहास था, एक त्रासदी थी और इस सबका प्रभाव कॉम्ट पर पड़ा था। जब हम कॉम्ट के कार्यों और योगदान का लेखा-जोखा करते हैं तब समय के संदर्भ को इतिहास के इस उलट-फेर को हमें नहीं भूलना है। इसी इतिहास की उपज कॉम्ट थे। इतिहास के इन कारकों ने ही कॉम्ट की कृतियों को दिशा दी है। और फिर, समाजशास्त्र में कॉम्ट को शीर्ष स्थान इसलिये भी दिया जाता है कि उन्होंने इस ज्ञान शाखा का नामकरण किया। वे कम से कम समाजशास्त्र के तो जनक थे, क्योंकि किसी भी पिता की तरह इन्होंने इस विषय को नाम दिया। अब हम देखें कि कॉम्ट ने जिस युग में जीया उस युग की विशेषता क्या थी।

कॉम्ट का युग अव्यवस्था और अराजकता का था। 19 वीं शताब्दी के प्रारंभ में कुछ बौद्धिक आन्दोलन सारे यूरोप में हुए। इस युग में बौद्धिक गणित से अधिक प्रभावित थे। दूसरा प्रभाव विज्ञान का था। इस युग के विचारकों का तर्क था कि यदि विज्ञान में नियम हो सकते हैं तो समाजविज्ञान में क्यों नहीं। मॉण्टेस्क्यू ने कुछ इसी तरह की चर्चा सामाजिक नियमों की की थी। जिस तरह प्रकृति की विजातीयता में विज्ञान के नियम होते हैं वैसे सामाजिक घटनाओं के बारे में भी नियम होने चाहिये। उनका तर्क था कि घटनाएँ तो घटनाएँ हैं, चाहे प्राकृतिक हो या सामाजिक। *जेक्यूज़ टरगोट* (Jacques Turgot-1727-1781) ने तर्क दिया कि समाज में सबसे बड़ी आवश्यकता प्रगति की है। यह प्रगति कैसे होती है, इसके नियम समाज विज्ञान को बनाने चाहिये। सब मिलकर 19 वीं शताब्दी के प्रारंभ में गणित का महत्व बहुत अधिक समझा जाता था। दूसरा सभी लोग इस बात में रुचि रखते थे कि प्राकृतिक विज्ञान की तरह समाज विज्ञान के नियमों की भी खोज़ होनी चाहिये। तीसरा, बौद्धिक क्षेत्रों में प्रगति की चर्चा शीर्ष स्थान पर थी।

राजनीति के क्षेत्र में एक बहुत बड़ा उथल-पुथल हो रहा था। फ्रान्स की क्रान्ति सन् 1789 में हुई थी। इस क्रान्ति ने राज्य की सत्ता को हिला दिया था। इस क्रान्ति के

परिणामस्वरुप सम्पूर्ण यूरोप में—कभी इस देश और कभी उस देश में छोटी बड़ी क्रान्तियाँ होने लगी। जिस युग में कॉम्ट का जन्म हुआ उस दौरान भय का राज्य लम्बी अवधि तक फ्रान्स में चला। इस राज्य का स्थान नेपोलियन के साम्राज्य ने 1815 में लिया। नेपोलियन के खिलाफ भी 1848 में एक और क्रान्ति हुई। कुछ इसी अवधि में यूरोप में औद्योगिक क्रान्ति आयी। इसका मतलब हुआ अधिक उत्पादन और भाप की शक्ति। ऐसा लगता था जैसे कि यूरोप का सम्पूर्ण समाज चरमरा गया है और किसी भी दिन ध्वस्त हो जायगा। इस तरह की अनिश्चितता ने कॉम्ट को इस बात के लिये बाध्य किया कि वे समाज के लिए प्रगति की बात करें, विकास की चर्चा करें और समाज की व्यवस्था को बनाये रखने का प्रयास करें। कॉम्ट का यह दृढ़ विश्वास था कि समाज विज्ञान का यह कर्तव्य है कि *वह प्रगति, विकास और व्यवस्था के मार्ग को प्रशस्त करे।*

19 वीं शताब्दी का प्रारम्भिक भाग ऊहापोह का था। राजनीति और बौद्धिकता दोनों ही चौराहे पर थे। इस अवसर पर उन्हें लगा कि एक नये समाज विज्ञान की खोज होनी चाहिये। ईधर समाज विज्ञान भी उद्विकास की विचारधारा में एक ऐसे मुकाम पर आ गया जिसे *प्रत्यक्षवाद* (Positivism) कहते हैं। उद्विकासवादियों ने यह स्थापित किया कि *आनुभविक ज्ञान* (Empirical Knowledge) का प्रयोग एक बढ़िया समाज के निर्माण में किया जा सकता है। यह कॉम्ट ही थे जिन्होंने समाज विज्ञानों में पहली बार *प्रत्यक्षवाद* (Positivism) के नारे को बुलन्द किया। इसी नारे ने एक नये विज्ञान को जन्म दिया जिसे समाजशास्त्र कहते हैं। कॉम्ट ने अपने जीवन भर यह प्रयास किया कि समाजशास्त्र को एक वैध स्थान दिया जाय। उनकी इसी भावना ने उन्हें प्रेरित किया कि वे *विज्ञानों के एक सोपान* (Hierarchy of the Sciences) को तैयार करें। यह सोपान उन्होंने बनाया था। और इस सोपान की रानी समाजशास्त्र थी। यद्यपि इस सोपान ने कॉम्ट को यह अवसर दिया कि वे समाजशास्त्र के महत्व पर ज़ोर दे और सामाजिक दर्शनशास्त्र से इसे पृथक करें, फिर भी उन्होंने समाजशास्त्र को ज्ञान शाखाओं में एक प्रामाणिक दर्जा देने के लिये जैवकीय विज्ञानों से पदावली उधार ली। समाजशास्त्र के निर्माण में जिन अवधारणाओं का प्रयोग कॉम्ट ने किया वे अवधारणाएँ मुख्यतया जैवकीय विज्ञान की थी। जैसे शरीर *सावयवी* (organistic) है वैसे ही, यह समाज भी सावयवी है। शरीर में हृदय, फैफड़े, गुरदा और जिगर हैं, वैसे ही समाज में परिवार, जाति, वर्ग, राज्य, व्यवसाय आदि हैं। शरीर के अंग पृथक हैं, उनकी पहचान भी पृथक है वैसे ही समाज की संस्थाएँ भी पृथक हैं और उनकी पृथक पहचान भी है। शरीर के अंग पृथक होकर भी, प्रकार्य रूप से यानी मिलजुलकर अपने प्रकार्यों द्वारा शरीर को गतिमान रखते हैं, जीवित रखते हैं, कुछ वैसे ही समाज के अंग—परिवार, जाति, वर्ग, आदि समाज को जीवित रखते हैं। कॉम्ट की जीव विज्ञान की ये अवधारणाएँ जो उन्होंने समाजशास्त्र के निर्माण में उधार ली उन्होंने आगे चलकर *प्रकार्यवादी विधि* (Functional Method) का सूत्रपात किया। आज समाजशास्त्र में जिस प्रकार्यवाद की हम चर्चा करते हैं, सैद्धान्तिक रूप से इसका सूत्रपात अगस्ट कॉम्ट से हैं। एक स्थान पर कॉम्ट ने कहा है:

> समाजशास्त्र के निर्माण में और इसके मार्ग दर्शन में जीवशास्त्र महत्वपूर्ण है। आगे चलकर समाजशास्त्र जीव विज्ञान को पूर्णरूप से व्यवस्थित रूप देगा।

कॉम्ट का तो यहाँ तक कहना है कि भविष्य में समाजशास्त्र जीव विज्ञान को भी अपनी

ओर से कई नयी अवधारणाएँ देगा। मुख्य बात तो यह है कि जीव विज्ञान और समाजशास्त्र में थोड़े समय तक लेन-देन होना चाहिये। ऐसा नहीं है कि 19 वीं शताब्दी के प्रारम्भ में केवल कॉम्ट ने ही ऐसी बात कही हो। यह निश्चित है कि इस युग के कई बौद्धिकों ने विज्ञान के प्रभाव को समाज विज्ञानों में देखा है। कॉम्ट की विशेषता यह है कि उन्होंने अपनी कृतियों में इस प्रभाव को उतारने का प्रयास किया है। संक्षेप में, कॉम्ट की कृतियों में उनके युग की निम्न संदर्भों को छाप स्पष्ट दिखायी देती है:

(1) इस युग में गणित के प्रति बौद्धिकों का आम रुझान था।

(2) समाज विज्ञान में विधियाँ प्राकृतिक विज्ञानों की तरह ही होनी चाहिये।

(3) समाज विज्ञानों को प्रगति की चर्चा करनी चाहिये।

(4) फ्रान्स में 1789 में जो क्रांन्तियाँ हुई हैं उसकी अराजकता ने बौद्धिकों को प्रभावित किया।

(5) 19 वीं शताब्दी के प्रारम्भ के राजनीतिक उथल-पुथल ने प्रगति और व्यवस्था की खोज के लिये बौद्धिकों को प्रेरित किया।

कॉम्ट की अध्ययन विधियाँ

अगस्ट कॉम्ट समाज विज्ञानों को और विशेषकर समाजशास्त्र को एक प्रत्यक्षवादी विज्ञान बनाना चाहते थे। वे चाहते थे कि समाज की व्यवस्था और प्रगति के कुछ ऐसे नियम बनाये जाये जिनके आधार पर समाज में होने वाली घटनाओं की पूर्व कथनीयता हो सके। इसके लिये निश्चित वैज्ञानिक विधि का होना आवश्यक था। इस वैज्ञानिक विधि को कॉम्ट प्रत्यक्षवादी विधि (Positive Method) कहते हैं। फिर प्रश्न है इस विधि का तात्पर्य क्या है? इसके उत्तर में कॉम्ट ने दो तथ्य रखे हैं: पहला तो यह कि *समाजशास्त्र के किसी भी निष्कर्ष में तथ्य सबसे ऊपर होने चाहिये। और दूसरा यह कि जो भी निष्कर्ष निकले वे विज्ञान के सामान्य नियमों के विपरीत न हो।* इसका मतलब यह हुआ कि अध्ययन विधि में प्रमुखता तथ्यों को दी जानी चाहिये। तथ्यों को किनारे करके यदि कोई निष्कर्ष निकाले जाते हैं तब समाज विज्ञानों में इनका कोई सरोकार नहीं है।

19 वीं शताब्दी के प्रारम्भ में गणितशास्त्र का ज़ोर चल रहा था। गणित एक ऐसा विज्ञान है जो निश्चित है। दो और दो चार होते हैं। कोई भी चाहे कि इसमें फेर बदल कर लें, तो नहीं कर सकता। अनुसंधान में गणित सबसे अधिक शक्तिशाली विधि है। इस विषय को काम में लाये बिना कोई कारगर अनुसंधान नहीं हो सकता, चाहे वे सामाजिक हो या प्राकृतिक। गणितशास्त्र के इतना महत्वपूर्ण होने पर भी कॉम्ट यह दृढ़ता से कहते हैं कि केवल गणित ही हमारे अध्ययन का मूल आधार नहीं हो सकता। उनके समय में कुछ गणितज्ञों ने सामाजिक प्रघटनाओं के विश्लेषण में ज्यामिति या रेखागणित विधि का प्रयोग किया लेकिन वे कोई अर्थपूर्ण निष्कर्ष नहीं निकाल पाये। आज भी समाजशास्त्र में कुछ अध्ययनकर्ता सांख्यकीय विधि का बहुत अधिक प्रयोग करते हैं लेकिन यह विधि भी आज शीघ्र लोकप्रियता खो रही है। ऐसी स्थिति में हम प्रत्यक्षवादी ज्ञान को किस विधि द्वारा प्राप्त कर सकते हैं? इसके लिए कॉम्ट ने चार विधियाँ बतायी हैं जिन्हें वे समाजशास्त्र के अध्ययन में विश्वसनीय बताया है। ये विधियाँ हैं:

(1) अवलोकन विधि (Observation Method)
(2) प्रायोगिक विधि (Experimental Method)
(3) तुलनात्मक विधि (Comparative Method)
(4) ऐतिहासिक विधि (Historical Method)।

(1) अवलोकन विधि

कॉम्ट का आग्रह है कि किसी भी तथ्य का हम अवलोकन करें, उदाहरण के लिये परिवार का, यह बेमतलब है, जब तक हम इस तथ्य को समाज के अन्य तथ्यों के साथ जोड़कर नहीं देखते। दूसरी महत्वपूर्ण बात यह है कि किसी तथ्य को बिना किसी सैद्धान्तिक संदर्भ के बिना देखना कोई अर्थ नहीं रखता। सामान्य बात है: तथ्य को सदैव किसी न किसी सिद्धान्त के संदर्भ में देखें। मनमाने ढंग से जब कोई तथ्य को देखता है तब इसका कोई मतलब नहीं है। उसी का अवलोकन करना अवलोकन विधि है। पारसंस कहते हैं कि कोई भी व्यवहार लक्ष्य के बिना नहीं होता। व्यवहार को लक्ष्य मानना सैद्धान्तिक है और जब हम नारे लगाने वाले जन समूह को देखते हैं तब इसके पीछे जो लक्ष्य होते हैं उन्हें ध्यान में रखना चाहिये। प्राकृतिक वैज्ञानिक जब अवलोकन विधि को काम में लेता है तब वह अपनी इंद्रियों से केवल प्राकृतिक प्रघटनाओं को देखता मात्र नहीं है, वह इन प्रघटनाओं को अन्य प्रघटनाओं के साथ जोड़ता है, और इनके पीछे जो सैद्धान्तिक पृष्ठभूमि है उसे भी अपने ध्यान में रखता है।

(2) प्रायोगिक विधि

यह विधि वस्तुतः प्रयोगशाला विधि है। सामाजिक प्रघटनाओं के विश्लेषण में इस विधि का प्रयोग आंशिक रूप से ही हो सकता है। इसका कारण यह है कि अधिकांश सामाजिक घटनाएँ ऐसी हैं जिन्हें हम खुली आँखों से देख नहीं सकते। इस अभाव के होते हुए भी एक निश्चित सीमा तक प्रयोगात्मक विधि को समाजशास्त्र में काम में लाया जा सकता है। कॉम्ट जीव विज्ञान से बहुत प्रभावित थे। उन्होंने इस विज्ञान से बहुत कुछ सीखा है वे कहते हैं कि शरीर की व्याधि को हम बीमारी द्वारा देख सकते हैं। जब शरीर स्वस्थ्य नहीं होता तब हम इसकी जाँच करते हैं—रक्त की, फेफड़ों की, गुरदों की इत्यादि। बीमारी हमें बताती है कि शरीर में कहीं न कहीं कठिनाई है। कुछ इसी तरह प्रयोगात्मक रूप से हमें ज्ञात होगा कि समाज में बेरोजगारी बढ़ रही है, जनसंख्या का विस्फोट हो रहा है या अपराध बढ़ रहे हैं तब हमें पता लगेगा कि समाज स्वस्थ नहीं है। व्याधि को देखना प्रयोगात्मक विधि है। इस सीमा तक तो यह विधि उपयोगी हो सकती है।

(3) तुलनात्मक विधि

यह विधि समाजशास्त्र की केन्द्रीय विधि है। इस विधि का प्रयोग मनुष्य समाज और पशु समाज के तुलनात्मक अध्ययन में किया जा सकता है। विभिन्न समाजों के अध्ययन में भी तुलनात्मक विधि काम में लाई जा सकती है। एक ही समाज की वर्ग व्यवस्था का अध्ययन भी तुलनात्मक विधि से हो सकता है। समाजों का अध्ययन तुलनात्मक विधि से करना समाजशास्त्र का केन्द्रीय उद्देश्य होता है। यह जानना रुचिकर है कि सामान्यतया सभी समाजों में किसी न किसी प्रकार की प्रगति अवश्य हुई है, यह भी ठीक है कि सभी समाज किसी न

किसी सर्वव्यापक नियम के अनुसार काम करते हैं, फिर भी ऐसा क्यों है कि एक ही ऐतिहासिक युग में, और एक ही देश में कुछ समाज आगे बढ़ जाते हैं और कुछ समाज पीछे रह जाते हैं। आदिवासी और गैर आदिवासी समाजों में विकास का जो पिछड़ापन है, उसे तुलनात्मक विधि द्वारा ही जाना जा सकता है।

(4) ऐतिहासिक विधि

यद्यपि कॉम्ट समाजशास्त्रीय विधियों में अवलोकन, प्रायोगिक, और तुलनात्मक विधि पर ज़ोर देते हैं, फिर भी वे एक चौथी विधि की सिफारिश अवश्य करते हैं। यह विधि ऐतिहासिक विधि है। इस विधि का उद्देश्य यह जानना है कि *विभिन्न समाजों में अन्तर होते हुए भी, वे कौनसे सामान्य नियम हैं जो इन समाजों को गति प्रदान करते हैं, विकासोन्मुख बनाते हैं। इस तरह के नियमों का पता ऐतिहासिक विधि से ही लगाया जा सकता है। समाजशास्त्र कोई अर्थ नहीं रखता जब तक यह ऐतिहासिक उद्‌विकास के नियमों का पता नहीं लगा सकता।* समाजशास्त्र कुछ भी करें चाहे जिसका अध्ययन करें, लेकिन उसे तुलनात्मक रूप से यह तो जानना ही पड़ेगा कि किन नियमों के अनुसार समाज में प्रगति हुई है, और बदलाव आया है, ऐसे नियमों की खोज ऐतिहासिक विधि द्वारा ही हो सकती है।

कॉम्ट का समाजशास्त्रीय बुनियादी आमुख
(Comte's Basic Sociological Premises)

अगस्ट कॉम्ट को एक सामाजिक विचारक की हैसियत से क्यों देखा जाता है? उनकी गिनती समाजशास्त्र के संस्थापक जनक के रूप में क्यों की जाती है? आज जबकि यूरोप और अमेरिका में कॉम्ट का कोई नाम लेवा नहीं है फिर भी उनको याद क्यों किया जाता है? ये सब प्रश्न सही है। हमें इनका उत्तर देना चाहिये। महत्वपूर्ण बात यह है कि सबसे पहली बार—और यह ऐतिहासिक तथ्य है कि कॉम्ट ने समाजशास्त्र विषय को नाम दिया। समाज विज्ञानों की धरती पर इसे उतारा। उतारा ही नहीं उन्होंने इसे प्रत्यक्षवादी धरातल पर खड़ा किया। तीसरा उन्होंने ऐसे मुद्दों को उठाया जो आज भी महत्व रखते हैं। विकास और प्रगति उनके मुद्दे थे। ये मुद्दे इसलिये उठे कि यूरोप में हलचल मची हुई थी, खून खराबी हो रही थी, और हुकूमत तानाशाही बन रही थी। इस उथल-पुथल में प्रगति और विकास की बात करना स्वाभाविक रूप से किसी भी व्यक्ति को विचारक का दर्जा दे देती है। अगस्ट कॉम्ट को पढ़ने-पढ़ाने और समझने के ये कुछ निर्णायक कारक है। इस अध्याय के इस अंतिम भाग में हम अगस्ट कॉम्ट की समाजशास्त्र को जो देन है उसका सिलसिले से वर्णन करेंगे।

मानव विकास की तीन अवस्थाओं के नियम
(Law of Three Stage of Human Progress)

अपनी पुस्तक *पॉजिटिव फिलोसोफी* (Positive Philosophy) में कॉम्ट ने ज्ञान के विकास के तीन स्तरों का उल्लेख किया है। इस सिद्धान्त को उन्होंने 1822 में अपनी पुस्तक में प्रतिपादित किया। समाजशास्त्र के क्षेत्र में उनका यह महत्वपूर्ण योगदान समझा जाता है। इन नियमों को उन्होंने जब वे केवल 24 वर्ष के थे सेण्ट साइमन के साथ में रखे। *इन नियमों के द्वारा कॉम्ट यह जानना चाहते थे कि पेड़ पर रहने वाले बन्दरों से लेकर आज तक के स*

मनुष्य ने जो लम्बी यात्रा की है उसके पीछे जो नियम हैं उनकी खोज की जाय। आखिर किन कारणों ने यूरोप के समाज को सभ्य बना दिया। इसकी खोज के लिये उन्होंने *मनुष्य की प्रगति के नियम* (The Law of Human Progress) या *तीन स्तरों के नियम* (The Law of Three Stages) को सिद्धान्त रूप में रखा।

जिस तरह मनुष्य के मस्तिष्क का विकास हुआ है, ठीक इसी तरह समाज के मस्तिष्क (Mind of Society) का विकास भी हुआ है। कॉम्ट मनुष्य शरीर को अपने उदाहरण के रूप में रखते हैं। बच्चे का शैशव काल होता है, किशोरावस्था आती है और वह व्यस्क अवस्था में पहुँचता है। कुछ इसी तरह मनुष्य के ज्ञान का भी विकास हुआ है। यहाँ कॉम्ट ज्ञान का तात्पर्य प्रगति से लगाते हैं। उन्होंने मनुष्य के ज्ञान के विकास के निम्नलिखित तीन नियम रखे हैं:

(1) धार्मिक अवस्था (Theological stage)
(2) तात्विक अवस्था (Metaphysical stage)
(3) प्रत्यक्षवादी अवस्था या वैज्ञानिक अवस्था (Positivistic stage)

अगस्ट कॉम्ट ने विकास के इन तीन स्तरों की व्याख्या *पोजिटिव फिलोसोफी) में विस्तृत रूप से की है:*

> हमारे ज्ञान की तीनों शाखाएँ सिलसिले से तीन विभिन्न सैद्धान्तिक दशाओं से गुजरती हैं: धार्मिक या कल्पित अवस्था; तात्विक या अमूर्त अवस्था; और प्रत्यक्षवादी या वैज्ञानिक अवस्था। धार्मिक अवस्था में मनुष्य का मस्तिष्क अपनी उत्पत्ति को प्रकृति या ईश्वर की देन समझता है यानी मनुष्य को ईश्वर ने पैदा किया है। तात्विक अवस्था में मनुष्य का मस्तिष्क सोचता है कि उसे विकसित करने में उसके स्वंय के प्रयास ही कामयाब रहे हैं। और अंतिम अवस्था (वैज्ञानिक) में वह यह खोज करने की कोशिश करता है कि मनुष्य की इस सम्पूर्ण प्रगति के पीछे कौन से नियम हैं।

तीन स्तरों के नियम के विश्लेषण में कॉम्ट कहते हैं कि पिछले स्तर के समाप्त होने पर अगला स्तर आता है। ये स्तर मनुष्य के मस्तिष्क के विकास की अवस्थाओं को बताते हैं। यहाँ महत्वपूर्ण बात यह है कि विकास के ये नियम सम्पूर्ण समाज से जुड़े हुए हैं। जब धार्मिक अवस्था में समाज होता है तब राजा-महाराजा, सेना और पुरोहितों का प्रभाव होता है। मतलब हुआ मस्तिष्क के विकास का जो स्तर होगा उसी के अनुरूप सामाजिक व्यवस्था भी होगी। धार्मिक अवस्था में मनुष्य सोचता है कि परमात्मा ने राजा को बनाया है, पुरोहित को बनाया है और उसे स्वंय को भी जन्म दिया है। यह सब ईश्वर की माया है और मनुष्य को इसके प्रति विद्रोह नहीं करना चाहिये। जब मस्तिष्क तात्विक अवस्था में आता है तब उसका सोच बदल जाता है और वह उस पर होने वाले प्रभुत्व को नकारने लगता है। जब मनुष्य का विकास वैज्ञानिक अवस्था पर पहुँचता है तब वह प्रत्येक वस्तु को तर्क की कसौटी पर कसता है। वह ईश्वर के अस्तित्व को भी चुनौती देता है।

लेविस कोज़र और जोनाथन टर्नर ने अगस्ट कॉम्ट के तीन स्तरों के नियम की आलोचना की है। उनका कहना है कि कॉम्ट के तीन अवस्थाओं के नियम मानसिक या आदर्शात्मक हैं। कई बार ऐसा होता है कि मानसिक प्रगति तो हो जाती है लेकिन उसके समानान्तर सामाजिक प्रगति नहीं होती। देखा जाय तो कॉम्ट ने जो कुछ कहा है वह केवल

उद्‌विकासवादी परम्परा के अनुरूप है। इस अर्थ में कॉम्ट उद्‌विकासवादी विचारधारा के समर्थक थे।

विज्ञानों का सोपान (Hierarchy of the Sciences)

अपने जीवन के प्रारंभिक वर्षों में अगस्ट कॉम्ट सेण्ट साइमन से बहुत अधिक प्रभावित थे। *पॉजिटीव फिलोसोफी* में कॉम्ट ने विज्ञानों का जिनमें प्राकृतिक विज्ञान भी सम्मिलित है, एक सोपान बनाया। वस्तुतः यह सोपान ऊपर और नीचे का था। इसमें वे क्रम के अनुसार यानी सोपान के अनुसार विज्ञानों को रखते हैं। इस सोपानीक व्यवस्था के आधारों को भी उन्होंने निर्धारित किया। किसी भी विज्ञान का उच्च और निम्न क्रम उस विज्ञान की सामान्यता और जटिलता पर निर्भर है। जैसे-जैसे नवीन विज्ञान का जन्म होता है वैसे ही वैसे उस विज्ञान की अध्ययन वस्तु सिलसिले से कम सामान्य और अधिक जटिल होती जाती है। जब विज्ञान जटिल हो जाता है तब दूसरे विज्ञानों पर उसकी निर्भरता बढ़ जाती है। यह इसलिये होता है कि पहला विज्ञान वह है जो सबसे सरल विषय या घटनाओं का अध्ययन करता है और जो घटना सबसे अधिक सरल है वह सबसे अधिक सामान्य भी होती है। सामान्य इसलिये कि यह घटना सभी स्थानों पर मिलती है। इस भाँति *सबसे प्रथम विज्ञान सबसे अधिक सामान्य और सबसे कम जटिल घटनाओं या विषयों से सम्बन्धित होता है। इस क्रम में प्रथम विज्ञान के बाद जिन अन्य विज्ञानों का विकास हुआ उनका अध्ययन विषय क्रमशः कम सामान्य और अधिक जटिल होता गया। इस प्रकार दूसरा विज्ञान प्रथम विज्ञान से अधिक जटिल विषय वस्तु से सम्बन्धित होता है और तीसरा विज्ञान दूसरे विज्ञान से कम सामान्य और अधिक जटिल विषय से सम्बन्धित होता है।* विज्ञानों की इस प्रकृति के आधार पर कॉम्ट ने सामाजिक और प्राकृतिक विज्ञानों का निम्न सोपान तैयार किया:

(1) गणितशास्त्र (Mathematics),
(2) खगोलशास्त्र (Astronomy),
(3) भौतिकशास्त्र (Physics),
(4) रसायनशास्त्र (Chemistry),
(5) प्राणिशास्त्र (Biology), और
(6) समाजशास्त्र (Sociology)।

विज्ञानों का जो वर्गीकरण या स्तरीकरण कॉम्ट ने बनाया है, इसमें गणित शास्त्र को सबसे ऊँचा स्थान दिया है। यह एक बहुत पुराना, आधारभूत तथा दोष रहित विज्ञान है। अन्य सभी विज्ञान प्राकृतिक विज्ञान है। ये विज्ञान प्राकृतिक प्रघटनाओं का अध्ययन करते हैं। इनमें समाजशास्त्र ही ऐसा विषय है जो समाज विज्ञान की श्रेणी में आता है। समाजशास्त्र को विज्ञानों की श्रेणी में स्थान इसलिये दिया गया है कि इसकी विधि *प्रत्यक्षवादी* (Positivistic) है। जब सिद्धान्तवेत्ता किसी विज्ञान को प्रत्यक्षवादी कहते हैं तो इससे उनका तात्पर्य यह होता है कि यह विज्ञान निश्चित है, औपचारिक है, स्पष्ट है। इसमें निहित जो ज्ञान है वह निरपेक्ष (absolute) है। इसमें विवाद की कोई गुंजाइश नहीं है। प्राकृतिक विज्ञानों में दिन-दिन है और रात-रात। इस तरह का बयान पक्का है, निश्चित है और निरपेक्ष है। यह अवश्य है कि आज तक समाजशास्त्र प्रत्यक्षवादी नहीं बन पाया है, लेकिन प्रयास यह है कि यह एक निरपेक्ष विज्ञान बन जाये।

समाजशास्त्र: एक नये समाज विज्ञान का जन्म
(Sociology: The Birth of a New Social Science)

अगस्ट कॉम्ट ने सेण्ट साइमन के साथ जो *पॉजीटीव फिलोसोफी* लिखी थी उसमें उन्होंने समाजशास्त्र के जन्म की चर्चा की थी। देखा जाय तो प्रारम्भ में उन्होंने इस विज्ञान का नाम सामाजिक भौतिकी (Social Physics) रखा था। बाद में चलकर एक बेल्जियम के वैज्ञानिक ने इस नाम को चुरा लिया। और इसके अन्तर्गत उन्होंने सामान्य सांख्यकीय का प्रयोग किया। इस भौतिकशास्त्री ने अपनी इस पुस्तक का नाम *एन ऐसे ऑन सोशल फिजिक्स* (An Essay on Social Physics) रखा। 19 वीं शताब्दी का यह प्रकाशन बड़ा महत्वपूर्ण समझा जाता था। जब यह पुस्तक बाहर आयी तब अनमने मन से अगस्ट कॉम्ट ने अपने नये विज्ञान का नाम सामाजिक भौतिकी से बदलकर समाजशास्त्र कर दिया। *पॉजीटीव फिलोसोफी* के बाद कॉम्ट ने अपनी दूसरी पुस्तक *पॉजीटीव पॉलिटिक्स* (Positive Politics) के नाम से रखी। इस पुस्तक में उन्होंने समाजशास्त्र की व्याख्या बड़े विस्तृत रूप में रखी है।

कॉम्ट के अनुसार समाजशास्त्र की परिभाषा
(Definition of Sociology According to Comte)

प्रारंभ में कॉम्ट ने समाजशास्त्र की परिभाषा देते हुए कहा कि यह विज्ञान मनुष्य की सभी प्रघटनाओं का अध्ययन करता है। मनुष्य में बुद्धि होती है। इस बुद्धि के अनुसार वह कई काम करता है। घर बनाता है, परिवार बनाता है, जाति, धर्म और समुदाय की संरचना करता है। किसी न किसी व्यवसाय को करता है और राजनीति करता है। *ये सब व्यवहार उसकी बुद्धि की उपज है, परिणाम है और इन सबका अध्ययन समाजशास्त्र करता है।* इस अध्ययन में समाजशास्त्र कभी भी अपने सैद्धान्तिक संदर्भ को खोता नहीं है।

पॉजीटीव फिलोसोफी में उन्होंने समाजशास्त्र को *सामाजिक भौतिकी* का नाम दिया है। वे लिखते हैं:

> सामाजिक भौतिकी (यानी समाजशास्त्र) से मेरा तात्पर्य उस विज्ञान से है जो सामाजिक प्रघटनाओं का अध्ययन ठीक उसी तरह करते हैं जिस तरह प्राकृतिक घटनाओं का अध्ययन खगोलशास्त्र, भौतिकशास्त्र, रसायनशास्त्र और प्राणीशास्त्र में किया जाता है।

कॉम्ट ने एक और व्याख्या में यह कहा है कि *समाजशास्त्र समाज का वैज्ञानिक अध्ययन करता है। यह विज्ञान सामाजिक प्रघटनाओं का सैद्धान्तिक अमूर्तिकरण करता है।* इस समय विज्ञान का लक्ष्य यह जानने का है कि किस नियम के अन्तर्गत यह समाज बन्दरों की अवस्था से ऊपर उठकर सभ्य समाज की अवस्था तक पहुँच गया है। उनके सामने यूरोप का समय दृष्टान्त रूप में था। इस यूरोप के प्रगति के नियमों को वे जानना चाहते थे।

समाजशास्त्र: स्थैतिक और गतिशील
(Sociology: Static and Dynamic)

अगस्ट कॉम्ट ने समाजशास्त्र को दो मुख्य भागों में विभाजित किया है: सामाजिक स्थैतिकी और गतिशीलता। जब हम जीव विज्ञान की चर्चा करते हैं तब इसे दो भागों में बाँटते हैं।

एक तो *शरीर संरचना* (Anatomy) और दूसरा शरीर विज्ञान (Physiology)। इस तरह का जीव विज्ञान का वर्गीकरण स्थैतिकी और गतिशीलता को समझने के लिये सुविधाजनक होता है। जब हम समाजशास्त्र को उसकी स्थैतिकी और गतिशीलता में देखते हैं तब हमें समाजशास्त्रीय सिद्धान्त के दो पहलू स्पष्ट हो जाते हैं। जहाँ शरीर संरचना में शरीर के विभिन्न अंग होते हैं और शरीर विज्ञान में इन अंगों की गतिशीलता और कार्यप्रणाली होती है। यदि गुरदें काम नहीं करते तो सम्पूर्ण शरीर काम नहीं कर पायगा। इसका अर्थ हुआ कि शरीर संरचना और शरीर विज्ञान में पूरा तालमेल होना चाहिये। इस तरह का साम्यानुकूलन हो कि शरीर की गतिविधियाँ चलती रहे। कुछ इसी तरह समाज की स्थैतिकी और उसकी गतिशीलता के तालमेल से ही समाज जीवित रहता है।

समाज एक व्यवस्था है। इस व्यवस्था में व्यक्ति बेमतलब है। वह तो आता है चला जाता है। समाज की सबसे छोटी इकाई व्यक्ति न होकर परिवार है। परिवार ही समाज की आधारशिला है और इसी के इर्द-गिर्द अर्थव्यवस्था, शिक्षा, व्यवसाय, धर्म, जाति, वर्ग, राजनीति आदि चलते हैं। यह परिवार के माध्यम से ही है कि मनुष्य अपने सामाजिक बोध को पाता है। परिवार के बाद उसकी नातेदारी, समुदाय और जाति होते हैं। इन सबको एक सूत्र में बांधने का काम भाषा और धर्म करते हैं। मानव समाज में भाषा के महत्व को हम कहीं कम नहीं कर सकते। यह भाषा के माध्यम से ही है कि संस्कृति एक पीढ़ी से दूसरी पीढ़ी तक पहुँचती है। कॉम्ट द्वारा दी गई स्थैतिकी के ये सब अंग है।

समाज के ये अंग बेजान नहीं होते। *पॉजीटीव फिलोसोफी* में कॉम्ट ने समाज की गतिशीलता की चर्चा विस्तारपूर्वक की है। समाज हमेशा सामान्य से जटिल बनता है और अपनी इस जटिलता में प्रगति और विकास की ओर आगे बढ़ता है। कॉम्ट जब प्रगति की बात करते हैं तब वे समाजशास्त्र को एक प्रत्यक्षवादी विज्ञान का दर्जा देने का प्रयास करते हैं।

समाजशास्त्र : एक प्रत्यक्षवादी समाज विज्ञान
(Sociology: A Positivie Social Science)

कॉम्ट प्रत्यक्षवादी सिद्धान्तवेत्ता थे। प्रत्यक्षवाद का अर्थ है विज्ञानवाद। इस धारणा के अनुसार सम्पूर्ण *ब्रह्माण्ड* (Universe) अपरिवर्तनीय प्राकृतिक नियमों द्वारा संचालित होता है। इस संसार को समझने के लिये धार्मिक और तात्विक विश्लेषण कारगर नही होता। इसका विश्लेषण तो वैज्ञानिक विधियों द्वारा ही हो सकता है। कॉम्ट ने समाजशास्त्र को जिस तरह प्रत्यक्षवादी समाज विज्ञान की तरह स्थापित किया है, इसके निम्न आधार हैं:

(1) जिस भाँति प्राकृतिक घटनाओं की गतिविधियों को समझने के लिये प्राकृतिक विज्ञान है, ठीक इसी तरह सामाजिक प्रघटनाओं को समझने के लिये भी समाजशास्त्र जैसा विज्ञान होना चाहिये। जंगली अवस्था से मनुष्य जिस तरह सभ्य अवस्था तक आया है, परिवर्तन की यह दिशा किसी भी तरह मनमानी नहीं रही है। प्रत्यक्षवादी समाजशास्त्र प्रगति के इन नियमों की खोज करता है।

(2) सामाजिक प्रघटनाओं को ईश्वरपरक विधि से नहीं समझा जा सकता। न ही इसके समझने के लिये तात्विक सिद्धान्त सफल होते हैं। सामाजिक प्रघटनाओं के विश्लेषण

के लिये वैज्ञानिक पद्धति ही लाभदायक होती है। ऐसी अवस्था में समाजशास्त्र को प्रत्यक्षवादी होना अनिवार्य है।

(3) समाजशास्त्र की अध्ययन पद्धतियाँ वैज्ञानिक है। ये पद्धतियाँ अवलोकन, प्रायोगिक, तुलनात्मक और ऐतिहासिक है।

(4) प्रत्यक्षवाद कभी भी तथ्यों से परे नहीं जाता। इसके लिये किसी भी विश्लेषण में तथ्यों का स्थान सबसे ऊँचा होता है। सिद्धान्त कभी भी तथ्यों का अनुयायी नहीं होता। सिद्धान्त गोण होता है और तथ्य प्राथमिक।

(5) प्रत्यक्षवाद बेजान नहीं होता। यह गतिशीलता का हिमायती है। जिस समाजशास्त्र की नींव कॉम्ट ने रखी थी उसकी गतिशीलता आज उसे नई ऊँचाईयों तक ले आयी है। इसी कारण कॉम्ट ने प्रारंभ से ही इस विज्ञान को एक प्रत्यक्षवादी और समाज विज्ञान कहा है।

उपसंहार

अमेरीका और यूरोप में आज अगस्ट कॉम्ट की एक समाजशास्त्री की तरह प्रतिष्ठा बहुत निम्न स्तर पर है। आलोचना में यह कहा जाता है कि कॉम्ट की समाजशास्त्र को कोई मौलिक देन नहीं है। यदि खोज की जाय तो कॉम्ट ने जो कुछ कहा है वह नया नहीं है। उसके अग्रणी विचारक ऐसे ही तथ्य प्रतिपादित कर गये हैं। यह भी आरोप है कि कॉम्ट ने समाजशास्त्र के लिये एक ऐजेन्डा मात्र रखा है, उसका कोई सिद्धान्त नहीं दे पाये। कॉम्ट पर और भी कई आरोप हैं। लेकिन ईमानदारी से देखा जाय तो कॉम्ट ने ज्ञान के विकास की जो व्याख्या की है वह अपूर्व है। यह कॉम्ट ही थे जिन्होंने आग्रहपूर्वक इस तर्क को रखा की समाजशास्त्र को एक विज्ञान का दर्जा देना चाहिये। अमेरीका में, हाल में कुछ विचारकों ने कॉम्ट की कृतियों के प्रति रुझान बताया है। यह संभव है कि आने वाले वर्षों में कॉम्ट की कृतियों का अधिक गहराई से निरुपण होगा।

2

कार्ल मार्क्स

(Karl Marx, 1818-1883)

कार्ल मार्क्स की कृतियों में जो कुछ लिखा है, वह निश्चित रूप से और बराबर, पश्चिम देशों का *सिक्यूलर मानववाद* (Secular Humanism) है। मार्क्स ने प्रारम्भ से लेकर अब तक अपने आप की एक ऐसी छवि बनायी है जो ठेठ यथार्थवादी बुद्धिवादी की है। उसने हमेशा बहुत ऊंचे आदर्शों की निन्दा की है। उसका सम्बन्ध तो धरती पर खड़े हुए वास्तविक समाज से था। उसके व्यक्तित्व की बुनियादी विशेषता यह है कि वह एक *धर्मनिरपेक्ष नीतिज्ञ* (Secular Moralist) था। अपने विश्वास में वह नास्तिकवादी था। उसकी यह मान्यता थी कि धर्म एक राजनैतिक धोखाधड़ी है, जालसाजी है जिसके द्वारा पूंजीपति गरीबों का शोषण करते हैं, उनकी मानसिकता का लाभ लेते हैं। मार्क्स का तो ऐसे मानववाद में विश्वास था जिसमें ईश्वर का कोई स्थान नहीं है।

मार्क्स एक पक्का *तर्कवादी* (Rationalist) चिन्तक था। उसका कहना था कि वह समाज जो कुछ उपलब्धियाँ करना चाहता है उसे अपने सभी भ्रम या माया को त्याग देना चाहिये। मार्क्स ने जीवन पर्यन्त इस मुहावरे का अपने ऊपर लागू किया। उसका पूरा विश्वास *मानव तर्क* (Human Reason) में था और वह सभी कार्यों के लिये स्वतन्त्रता को एक आवश्यक दशा मानता था। उसकी यह मान्यता ही उसके जीवन की नैतिक शक्ति थी। वह कहता है कि उस व्यवस्था को जितना जल्दी हो सके ठोकर लगा देना चाहिये जो मनुष्य को उसके अस्तित्व को स्वीकार नहीं करती।

मार्क्स हर तरह से और अपने जीवन में बराबर *मानवतावादी* (Humanist) रहा। वह तत्कालीन समाज को अनिवार्य रूप से गैर मानवीय समाज मानता था वह कहता था कि यह समाज मनुष्य को कहीं का नहीं रखता। उसकी *अलगाव* (Alienation) की अवधारणा उसके इसी मानवतावाद में निहित है। किसी भी पूंजीवादी व्यवस्था में अलगाव के अतिरिक्त एक व्यक्ति की नियति और कुछ नहीं है। यह वर्ग समाज जिसमें गरीब-गुरबे रहते है उनका वास्तविक जीवन से पूर्णतया अलगाव हो जाता है।

मार्क्स मनुष्य की सम्पूर्ण स्वतन्त्रता में भरोसा रखता था। तर्क का प्रयोग इसी स्वतन्त्रता में किया जा सकता है। उनका मानना था कि व्यक्ति पर किसी भी प्रकार का *सेन्सर* (Censor) अनुचित है। वे ऐसे राजनीतिक समुदाय की कल्पना करते हैं, जिसमें सही अर्थों में प्रजातंत्र हो, जहाँ राज्य ओझल हो जाये, जहाँ वर्ग जैसी कोई व्यवस्था न हो।

यूरोप में जब मार्क्स ने जन्म लिया और बहुत कुछ लिखा, एक घुटन का वातावरण था। वे सही अर्थों में आदर्शवादी थे और यूरोप के उदारवाद के विरोधी थे। उन्होंने अपने समय

में जो कुछ लिखा, इस लेखन ने आने वाले कई दशकों के विचारकों को प्रभावित किया। हम कार्ल मार्क्स से असहमत हो सकते है, उसके विचारों की आलोचना कर सकते है, लेकिन पद-दलित समाज के लिये उन्होंने जो कुछ किया है उसे नकारा नहीं जा सकता। आज भी मार्क्स का कथन कम से कम तीसरी दुनिया के पिछड़े देशों के लिये एक बहुत बड़ा *संदेश* (Message) है। उदाहरण के लिये मार्क्स के इस संदेश पर गौर कीजिये:

> *"अब अधिक समय तक आपको गरीब नहीं रहना पड़ेगा। हर जगह आदमी हमेशा शोषक और शोषित रहे हैं। जब तक उत्पादन के साधन वस्तुओं की आवश्यकताओं के अनुपात में नहीं रहेंगे शायद यह शोषण अपरिहार्य है, रोका नहीं जा सकता*
>
> *लेकिन ऐसी कोई अपरिहार्यता अब नहीं है। तुमकों अब गरीब नहीं रहना पड़ेगा। तुम गरीब इसलिये नहीं हो कि तुमने ऐसा कोई पाप किया है। तुम गरीब इसलिये नहीं हो कि ईश्वर की ऐसी ही इच्छा है। यह तुम्हारा दुर्भाग्य भी नहीं है। तुम इसलिये गरीब हो कि आर्थिक और राजनैतिक दशाएं ही ऐसी हैं। ये दशाएँ पूँजीवाद कहलाती हैं। शुरू-शुरू में पूँजीवाद आदमी के इतिहास में एक ताकतवर शक्ति थी। इस शक्ति के कारण मनुष्य ने उत्पादन की सभी सुविधाओं को प्राप्त कर लिया।*
>
> *तुम गरीब हो, तुम्हारा शोषण हुआ है और यह शोषण तब तक चलता रहेगा जब तक पूँजीवाद रहेगा। अब पूँजीवाद एक प्रगतिशील शक्ति नहीं रही। यह प्रगति के रास्ते में रुकावट है : तुम्हारी प्रगति के। इसका प्रवेश मनुष्य जीवन के हर क्षेत्र में है : निजी और सार्वजनिक। इन सभी क्षेत्रों को यह पूँजीवादी शक्ति भ्रष्ट करती है। पूँजीवाद वह व्यवस्था है जो तुम्हारा शोषण करती है।*
>
> *अब तुम्हें गरीब रहने की आवश्यकता नहीं है। वे दशाएं जो तुम्हें गरीब बनाती हैं, उन्हें बदलना है। और उन्हें बदल दिया जायेगा। स्वयं पूँजीवाद में ऐसे बीज हैं जो इसके स्वयं का खात्मा करते हैं। तुम शायद जानों या न जानों, तुम स्वयं ही एक क्रांति करने वाले हो। वे जो तुम्हारे ऊपर हुकूमत करते हैं और तुम्हें गरीब बनाए रखते हैं, उठाकर फेंक दिये जायेंगे। आदमी के विकास में यह अगला कदम होगा। और इस कदम को आप ही उठायेंगे। क्रांति द्वारा आप पूंजीवादी को खत्म कर देंगे—जड़ से। क्रांति द्वारा आप हमेशा के लिये आदमी द्वारा आदमी का शोषण समाप्त कर देंगे। आप एक ऐसे समाजवादी समाज को अपनायेंगे जिसमें मनुष्य प्रकृति पर विजय पायेगा। और दुनियाँ में फिर कभी आदमी गरीबी और शोषण के रूबरू नहीं होगा।*

कार्ल मार्क्स का इस तरह का संदेश, तर्क से बंधा हुआ चलता ही रहता है। इस तर्क के पीछे कौन से तथ्य है, सिद्धान्त हैं, *पूर्वानुमान* (Prediction) हैं, कहना कठिन है। लेकिन मार्क्स खुले दिल से दुनियाँ भर के पद दलितों में आशा की एक लहर पैदा करता है। गरीबी और शोषण के तैलिय अंधेरे के बाद, वह बड़े निश्चय सूचक में सुनहले प्रभात का वादा करता है।

जीवन वृत (Life Sketch)

मार्क्स यहूदी था। उसका जन्म जर्मनी के रीन प्रान्त के ट्रीयर कस्बे में मार्च 5, 1818 में हुआ

था। उसके पिता की कुल नौ संताने थी जिनमें मार्क्स ज्येष्ठ था। बाल्यकाल में मार्क्स में इसके अतिरिक्त और कोई विशेषता नहीं थी कि वह अपने घर से अधिक पड़ौसी के घर में आत्मीयता महसूस करता था। बगल वाला घर लुडविन वान वेस्ट फैलन नामक एक अभिजात्य व्यक्ति का था जिसे ट्रीयर में प्रशिया सरकार के वरिष्ठ प्रतिनिधि के रूप में नियुक्त किया गया था। किशोर मार्क्स को पड़ौसी के घर की समृद्ध लाइब्रेरी तथा असाधारण रूप से सुन्दर पुत्री जेनी वान वेस्ट फैलन दोनों से एक जैसा लगाव था। यह लगाव आने वाले वर्षों में बढ़ता ही गया। पुस्तकें और जेनी मृत्यु पर्यन्त मार्क्स की जीवन संगिनी बनी रही।

जेनी और मार्क्स का कौमार्य प्रेम आसानी से विवाह में परिणित नहीं हो सका। इसका एक कारण तो यह था कि जेनी सौन्दर्य की राजकुमारी थी और मार्क्स सूरज की रोशनी में जितना बदसूरत देखा जा सकता था, उससे जरा भी कम नहीं थे। दूसरी अड़चन यह थी कि मार्क्स मध्यम वर्गीय परिवार के थे और जेनी कुलीन परिवार की। यह होते हुए भी जेनी ने मार्क्स से विवाह करना पसन्द किया। विवाह के लिये भी उसे पूरे सात वर्ष जब तक मार्क्स की शिक्षा पूरी न हो गयी प्रतीक्षा करनी ५ड़ी।

हीगेल : मार्क्स के मार्गदर्शक

बॉन विश्वविद्यालय में अपने छोटे से प्रवास के बाद मार्क्स ने जर्मनी के बौद्धिक एवं राजनीतिक केन्द्र बर्लिन विश्वविद्यालय को अपनी उच्च शिक्षा के लिये पसन्द किया। पिता चाहते थे कि उनका बेटा पारिवारिक व्यवसाय वकालत को स्वीकार करे। लेकिन मार्क्स को यह स्वीकार नहीं था। उसकी अभिरूचि कानून की पुस्तकों में नहीं, दर्शन एवं इतिहास के सैद्धान्तिक एवं व्यावहारिक ज्ञान में थी। यहीं पर बर्लिन विश्वविद्यालय में मार्क्स का हीगेल (Hegel) की कृतियों से परिचय हुआ। यहीं पर उसने अपनी प्रारम्भिक चिन्तन शैली को हीगेल की द्वन्द्वात्मक प्रणाली आधारित किया। इसी कारण हीगेल मार्क्स का गुरू और मार्गदर्शक माना जाता है।

यह कहना उचित होगा कि 19वीं - 20वीं शताब्दी के यूरोप में हीगेल के दर्शन का बहुत बड़ा प्रभाव था। हीगेल द्वन्द्वात्मक विचारधारा के प्रणेता थे। *द्वन्द्वात्मक* (Dialectical) प्रणाली और कुछ न होकर परस्पर विरोधी शक्तियों के बीच का संघर्ष और उनका *समन्वय* (Synthesis) है। समाजशास्त्र के क्षेत्र में यदि इसे लागू किया जाये तो कहा जा सकता है कि राज्य, समाज-जीवन की प्रत्येक *दशा वाद* (Thesis), *प्रतिवाद* (Anti-thesis) तथा *संवाद* (Synthesis) की प्रक्रियाओं से होकर गुजरती है। इस प्रक्रिया में हिंसा द्वारा कोई मनमाना परिवर्तन नहीं किया जा सकता।

जिस समय मार्क्स बर्लिन विश्वविद्यालय में शिक्षा ग्रहण कर रहा था, उस समय हीगेल के अनुयायी दो खेमों में बंटे हुए थे। परम्परावादी हीगेलपंथी खेमे के अनुयायी तत्कालीन समाज व्यवस्था को संवाद की प्रौढ़ एवं अनिवार्य स्थिति मानकर निष्क्रिय होकर बैठे थे। उनका कहना था कि इस प्रक्रिया के साथ कोई जोर-जबरदस्ती नहीं की जा सकती। हीगेल पंथ का दूसरा खेमा नव हीगेल पंथियों का था। वे तत्कालीन समाज व्यवस्था को प्रतिवाद के रूप में मानते थे और कहते थे कि शोषण तथा उत्पीड़न के खिलाफ आवाज उठानी

चाहिये। इन दो खेमों में, मार्क्स ने दूसरा खेमा यानी नव हीगेलपंथियों का खेमा स्वीकार किया। बाद में चलकर मार्क्स ने हीगेल की द्वन्द्वात्मक प्रक्रिया के रहस्यवादी कारणों को अस्वीकार करके *द्वन्द्वात्मक भौतिकवाद* (Dialectical Materialism) की नयी चिन्तन प्रणाली का प्रतिपादन किया। इसके अनुसार आर्थिक दशाएं ही मानव जीवन के विभिन्न स्वरूपों को निर्धारित करती है। मार्क्स ने पूरी ताकत के साथ कहा कि समाज में होने वाले परिवर्तन कोई अदृश्य शक्ति काम नहीं करती और न ही यह सामाजिक परिवर्तन परमात्मा करता है। यह परिवर्तन तो उत्पादन शक्तियों और उत्पादन सम्बन्धों द्वारा होता है। उन्होंने दृढ़तापूर्वक कहा कि ईश्वर इस धरती पर कोई अवतार नहीं है। समाज की गैर-बराबरी तो आर्थिक संरचना जनित असमानता के कारण ही है।

अपनी इस उपलब्धि को ऐतिहासिक आंकते हुए मार्क्स ने दावा किया कि उसने हीगेल के शीर्षासन कर रहे दर्शन को पैरों पर खड़ा कर दिया। हीगेल से प्रभावित चिंतकों ने इसे मार्क्स का बड़बोलापन कहा और प्रत्युत्तर में यह बताया कि अपने गुरु को पराजित करने के असफल प्रयास में, मार्क्स स्वयं सिर के बल खड़ा हो गया। जो कुछ भी हुआ होगा, इन्हीं दोनो में से हुआ होगा। किन्तु ऐसा कुछ होने से पहले इतना निश्चित रूप से हुआ कि मार्क्स ने 1841 ई. में जेना विश्वविद्यालय से डाक्ट्रेट की उपाधि अवश्य अर्जित कर ली।

जीवन प्रवेश

विश्वविद्यालय से पढ़ाई लिखाई समाप्त करने के पश्चात मार्क्स कोई अच्छी नौकरी नहीं कर पाया। उसे कहीं अध्यापकी नहीं मिली। ऐसी अवस्था में उसने पत्रकारिता को जीवन-यापन का माध्यम बनाया। इस नये क्षेत्र में पदार्पण करते समय ही मार्क्स और उसकी नव-विवाहिता पत्नी जेनी को संघर्षपूर्ण जीवन की शुरूआत का आभास हो गया, किन्तु इस नव दम्पति को यह ज्ञान नहीं था कि ये विषम परिस्थितियाँ जीवनभर उन्हें लताड़ती रहेगी। 1842 ई. में मार्क्स कोलोन से प्रकाशित होने वाले पत्र 'रीनिश जीटिंग' का सम्पादक बन गया। लेकिन सरकारी कोप से वह बच नहीं सका और एक वर्ष बाद 1843 ई. में उसे यह सम्पादकीय छोड़नी पड़ी। अब मार्क्स ने अपनी पत्नी जेनी के साथ फ्रांस की ओर कूच किया। यहाँ वह एक मासिक पत्रिका का सम्पादक बन गया। मार्क्स का पेरिस प्रवास उसकी विचारधारा के लिये बहुत प्रेरणादायक रहा। वहाँ वह कुछ जाने माने चिंतकों के सम्पर्क में आया। इन चिन्तकों में प्रोधों, बाकुनिन, लुई ब्लॉक विशेष रूप से उल्लेखनीय है।

दोस्ती एंजेल्स की (Association with Friedrich Engles)

वह पेरिस में ही था कि मार्क्स की मुलाकात फ्रेड्रिक एंजेल्स से हुई। एंजेल्स बड़ा रोबिला व्यक्ति था। उसमें दमखम था। वह असाधारण मस्तिष्क का मालिक था। एंजेल्स एक उद्योगपति का लड़का था जिसे विरासत में अपार धन-सम्पत्ति मिली थी। मार्क्स और एंजेल्स ने अपनी आजीवन मित्रता की आवश्यकता महसूस की तथा इसकी शुरूआत ई. 1845 में प्रकाशित मार्क्स की पहली पुस्तक *दि होली फैमिली* (Holy Family, 1845) से हुई। किन्तु मार्क्स के बौद्धिक क्रिया-कलापों में उस समय रुकावट आयी जब प्रशिया की प्रतिक्रियावादी सरकार के अनुरोध पर फ्रांस सरकार ने न केवल मार्क्स द्वारा सम्पादित पत्रिका को जब्त कर

लिया, वरन् उसे देश निकालने का हुक्म भी दिया।

मार्क्स जेनी के साथ बेल्जियम के नगर ब्रुसेल्स आ गया जहाँ उसने एंजेल्स के साथ मिलकर अपनी बौद्धिक यात्रा जारी रखी। एंजेल्स ने अपने नये मित्र की लेखनी की भूख शांत करने के लिये एक साप्ताहिक पत्रिका खरीद ली। यहाँ मार्क्स द्वारा बिताये गये तीन वर्ष समाजवादी आंदोलन के लिये बहुत फलदायक रहे। यहीं पर मार्क्स ने *पावर्टी आफ फिलोसफी* (Poverty of Philosophy, 1847) तथा *जर्मन आडियोलाजी* (German Ideology, 1846) पुस्तकें लिखी। इन पुस्तकों से स्पष्ट हो गया कि मार्क्स ने हीगेल के आदर्शवादी चिन्तन का पूर्णतया परित्याग करके राजनैतिक अर्थशास्त्र को अपने चिंतन का आधार बनाया।

इधर यूरोप में बहुत बड़े फेर बदल हुए। फ्रांस की राज्य क्रांति असफल रही। नेपोलियन का देवी साम्राज्य गिर गया। अब नये संघर्ष प्रारंभ हुए। ऐसी राजनैतिक अवस्था में कार्ल मार्क्स अपने क्रांतिकारी विचारों को अमलीजामा पहनाने के लिये मैदान में आये। 1845 ई. की सर्दी में मार्क्स-एंजेल्स ने ब्रुसेल्स में कम्युनिस्ट लीग (Communist League) नामक संस्था की स्थापना की। दुनियाँ के विभिन्न हिस्सों में बिखरी हुई लीग जैसी प्रगतिशील संस्थाओं को स्पष्ट विचारधारा और एक ठोस कार्यक्रम देने के लिये मार्क्स और एंजेल्स ने 1848 ई. *में कम्युनिस्ट मेनिफेस्टो* (Communist Manifesto) को तैयार किया। यह घोषणा-पत्र राजनीतिक विचारों के विजनोन्माद और संभावित विनाश के आगमन का अपूर्व मंगलगान है। *वैज्ञानिक समाजवाद* (Scientific Socialism) का यह पहला सुस्पष्ट दस्तावेज प्रारम्भिक पंक्तियों से लेकर अंतिम पंक्तियों तक शासक वर्ग पर निर्मम प्रहार करता है। आरंभिक पंक्तियों का तेवर यह है :

> एक पिशाच यूरोप को व्यथित कर रहा है - साम्यवाद का पिशाच। बूढ़े यूरोप के सभी सत्ताधारी इस पिशाच से भय मुक्त होने के लिये पवित्र गठबंधन कर रहे हैं: पोप और जार, मैटरनिख और गुईजौत, फ्रांसीसी प्रगतिशील और जर्मन पुलिस के गुप्तचर . . . . यूरोप के सभी सत्ताधारियों ने साम्यवाद को एक शक्ति के रूप में स्वीकार कर लिया है। सभी कम्युनिस्टों के लिये यह उपयुक्त समय है कि वे पार्टी के घोषणा-पत्र के रूप मे विश्व के सामने प्रत्यक्ष रूप से अपने विचारों, अपने उद्देश्यों, अपनी प्रवृतियों तथा साम्यवाद के पिशाच की नानी की कहानियों को प्रकाशित करें।
>
> अंतिम पंक्तियों की शिद्दत यह है : *"साम्यवादी अपने विचारों और उद्देश्यों को छुपाना अपनी हेठी समझते हैं। वह खुले रूप से ऐलान करते हैं कि उनका उद्देश्य सभी वर्तमान सामाजिक दशाओं को बलात उखाड़ फेंकना है। शासक वर्ग को साम्यवादी शांति के भय से थर्राने दो। सर्वहारा वर्ग को अपनी जंजीरों के अलावा कुछ नहीं खोना है। जीतने के लिये उसके समक्ष विश्व है।"*

कार्ल मार्क्स और यूरोप की राजनैतिक अवस्था
(Karl Marx and the Political Situation in Europe)

मार्क्स अपने तत्कालीन यूरोपीय समाज की देन था। यूरोप के मध्य युग में बड़े क्रांतिकारी परिवर्तन हुए। जैसा कि हमने पहले अध्याय में कहा है। 19वीं शताब्दी के मध्य में यूरोप में

कई आविष्कार हुए। औद्योगिक क्रांति हुई, तार-टेलिफोन का आविष्कार हुआ और संसार के सामने कई नये-नये आविष्कार आये। इस युग की शायद सबसे बड़ी चुनौती पूँजीवाद और औद्योगीकरण थे। उद्योग के क्षेत्र में प्रत्येक देश प्रतियोगिता जीतना चाहता था। इधर जैसे ही फरवरी 1848 ई. में *कम्युनिस्ट मेनिफिस्टो* लंदन में प्रकाशित हुआ, उसने बौद्धिकों के समाज में हलचल पैदा कर दी। फ्रांस, जर्मनी और इटली की जनता *अधिनायकवादी* (Authoritarian) राजतंत्रों के विरुद्ध हथियार उठा चुकी थी। इन सभी देशों में लोकतंत्र की विजय ने मार्क्स के लिये शरण लेने का स्थान तैयार कर दिया। जब बेल्जियम ने मार्क्स को देश निकाला दिया तब वह सपत्नी पहले फ्रांस और बाद में अपनी जन्मभूमि जर्मनी आ गया। जर्मनी में उसका पुराना समाचार पत्र *रीनिश जीटिंग* छह वर्षों से अपनी श्वास फुलाये मरणावस्था में पड़ा था। मार्क्स ने उसमें नयी जान फूँकी। इस समाचार पत्र के माध्यम से नागरिक स्वतंत्रता के लिये लड़ाई प्रारम्भ की। यह लड़ाई वस्तुतः कलम की लड़ाई थी।

1848 ई. की क्रांति ने कुछ ही महीनों बाद अपनी लोकतांत्रिक उपलब्धियाँ खो दी। अब इसने मार्क्स के सामने संकट पैदा कर दिया। प्रेस की आजादी के अभाव में मार्क्स के लिये क्रांतिकारी विचारों की अभिव्यक्ति मुश्किल हो गयी। यह फरवरी 1849 ई. की घटना है जब मार्क्स और उसके सम्पादकीय सहकर्मियों पर यह आरोप लगाया गया कि वे अपनी लिखावट द्वारा सरकारी कर्मचारियों के काम में बाधा डाल रहे थे। उन पर दो बार मुकदमा चलाया गया। मार्क्स ने अदालत में अपनी सफाई में जो बयान दिया वह प्रेस के दायित्व और व्यावसायिक प्रतिबद्धता का बेजोड़ नमूना है। उसने कहा :

> परिस्थितियों ने हमें यह काम सौंपा है कि हम सरकार के हर काम पर निगाह रखें और छोटे से छोटे अनुचित काम की जानकारी जनता को दें। समाचार पत्रों का यह कर्त्तव्य है कि वे निर्दोष व्यक्तियों की लड़ाई लड़ें। दासता का किला घृणित राजनीति की नींव पर टिका होता है। केवल बड़े-बड़े लोगों से ही लड़ना काफी नहीं है। समाचार पत्रों को छोटे-छोटे कर्मचारियों के अत्याचारों का भी पर्दाफाश करना चाहिए।

दोनों मुकदमों में मार्क्स को अदालत ने दोष मुक्त कर दिया, किन्तु प्रशिया की सरकार ने *न्यू रीनिश जीटिंग* के प्रकाशन पर रोक लगाकर मार्क्स को देश निकाला दे दिया। मार्क्स को फिर अपनी जन्म भूमि त्यागनी पड़ी। वह पेरिस आ गया किन्तु अभी एक ही महीना बीता था कि उसे फ्रांसीसी सरकार का फरमान मिला कि वह अपनी पत्नी के साथ 24 घंटे के अन्दर पेरिस छोड़ दे। मार्क्स का निवार्सन बार बार होता रहा। आखिर उसने 24 अगस्त 1849 ई. में लंदन में प्रवेश किया जहाँ लोकतंत्र की जड़ें मजबूत थी।

लंदन जैनी और उसके बच्चों के लिये बेरहम सिद्ध हुआ। लंदन उनके लिये दरिद्रता, रोग, मृत्यु, पीड़ा और अपमान का पर्याय बन गया। अभिजात परिवार के विलासितापूर्ण जीवन का उपभोग करने वाली जेनी ने इन दुखदायी परिस्थितियों में भी आत्म समर्पण नहीं किया। लंदन प्रवास के आरंभिक काल में, दो कमरों वाले उस छोटे से फ्लेट जिसमें मार्क्स ने अपने सर्वोत्कृष्ट ग्रंथ *केपिटल* (Das Capital, 1867) की रचना की, जेनी ने अपने आठ वर्ष के पुत्र एडगर और पुत्री फ्रांसिसका को दवा के अभाव में दम तोड़ते देखा। गृहस्थी के बारे में मार्क्स की लापरवाही और उपेक्षा ने जेनी के दुःखों को बढ़ा दिया। घर का किराया, दूध, भोजन, दवा, कपड़े-लत्ते आदि सब खर्चों के लिये यह परिवार एंजेल्स की उदारता पर

निर्भर था। यद्यपि मार्क्स न्यूयार्क से प्रकाशित होने वाले समाचार पत्र *छयति ट्रिब्यून* का लंदन स्थित संवाददाता बन गया, फिर भी इससे प्राप्त होने वाला पारिश्रमिक नाम मात्र को ही था।

गरीबी की इससे अधिक तीखी मार क्या हो सकती थी कि जिस समय फ्रांसिसका की मृत्यु हुई, मार्क्स के पास एक कौड़ी भी नहीं थी कि वह अपनी बच्ची को कफन ओढ़ा सके। जेनी ने इस घटना का वर्णन करते हुए अपनी संक्षिप्त आत्मकथा में लिखा है : "मैंने इस विपदा की घड़ी में फ्रांसिसी परिचित व्यक्ति से सहायता माँगी। उसने मुझे तुरन्त दो पोण्ड दिये जिससे वह छोटा सा कफन खरीदा जा सका जिससे मेरी अभागी बच्ची शांतिपूर्वक सो रही है।"

मार्क्स की हस्तलिपी जितनी गंदी थी उतने ही बदसूरत उसकी जिन्दगी के कुछ अनजाने पहलू भी थे जिन्हें जानबूझकर छिपाया गया। गन्दी हस्तलिपी के कारण जहाँ मार्क्स को रेल्वे क्लर्क की नौकरी नहीं मिल पायी वहीं उसके कच्चे चरित्र और निठल्लेपन ने उसकी पत्नी को अनन्त यंत्रनायें दी। पति और परिवार के लिये सर्वस्व अर्पित करने वाली यह देवी उस समय लगभग हिस्टीरिया की शिकार हो गयी, जब ई. 1851 में घरेलू सेविका लेंचन ने मार्क्स के अवैध बच्चे को जन्म दिया। जीवन से हारी थकी जेनी ने इस स्थिति में भी मार्क्स का साथ नहीं छोड़ा।

यह कहना सही होगा कि लंदन प्रवास जहाँ बौद्धिक दृष्टि से मार्क्स के लिये उत्कर्ष का रहा, वहीं राजनैतिक दृष्टि से यह उसके लिये असफलता का युग था। लंदन की ब्रिटिश म्युजियम लाइब्रेरी में जिसे लंदनवासी 'किताबों का भुतहा महल' के नाम से पुकारते थे, मार्क्स के जागरण का अधिकांश समय व्यतीत होता था। फ्रांसीसी समाजवादी लाफएयु जो बाद में मार्क्स के दामाद बने, लंदन में मार्क्स से मिलने के बाद टिप्पणी की: "उसका (मार्क्स) मस्तिष्क बन्दरगाह पर खड़े उस युद्धपोत के समान है, जो ईंधन से सदैव भरा रहता है तथा कुछ ही क्षणों के नोटिस पर विचारों के अनेकानेक महासागरों की ओर दौड़ पड़ता है।"

इस अर्थ में ब्रिटिश म्युजियम लाइब्रेरी मार्क्स के लिये बौद्धिक बिजलीघर का काम करती थी। यह भी कहना चाहिये कि मार्क्स का मस्तिष्क जितना परिपक्व और सृजनशील था, उसकी तुलना में उसका हृदय उतना ही खरा और स्वच्छ नहीं था। मार्क्स के अनेक समकालीन चिंतकों ने मार्क्स में दूसरों के प्रति तिरस्कार की भावना तथा दूसरों पर आधिपत्य जमाने की इच्छा शक्ति के बारे में लिखा है। वस्तुतः 1864 ई. में लंदन में स्थापित श्रमिक क्रांतिकारियों ने *फर्स्ट इंटरनेशनल* (First International) के पीछे मार्क्स के वैयक्तिक दोषों का भी योगदान था।

उदारवादी अर्थशास्त्रियों के श्रम, उपभोक्ता वस्तुओं के उत्पादन, मूल्य और मुनाफे के सिद्धान्तों का खण्डन करते हुए मार्क्स ने *दास केपिटल* ग्रंथ की रचना की। मार्क्स ने एंजेल्स से कहा "विचारों की कीमत पौधे के वजन से नापने वाले लोगों के सिर पर यह ग्रंथ दे मारो।" 1867 ई. में मार्क्स ने *दास केपिटल* का पहला खंड पूरा किया। दूसरे और तीसरे खण्ड क्रमशः 1885 ई. तथा 1895 में प्रकाशित हुए। मार्क्स ने राजनीति में सक्रिय होते हुए फर्स्ट इंटरनेशनल की साधारण सभा की अध्यक्षता की। बाद में चलकर यह संगठन

अराजकतावादियों और मार्क्सवादियों के बीच में वैचारिक मतभेद का शिकार बन गया। 1873 ई. के लगभग यह भंग प्रायः हो गया।

कृतित्व की आलोचना (Criticism)

मार्क्स ने कोई तीन हजार पृष्ठों को स्याह किया है। हम उनके सम्पूर्ण कृतित्व की मीमांसा अगले अध्यायों में करेंगे। यहाँ उनकी जीवन वृत में हम केवल यह कहना चाहते हैं कि मार्क्स के समकालीन विचारकों तथा बाद के बौद्धिकों ने मार्क्स की जी भरकर आलोचना की है। हाल के वर्षों में वैज्ञानिकों ने उनके उस मानसिक धरातल को कुरेदने की कोशिश की है जिसमें *वर्ग संघर्ष* (Class War), *सशस्त्र क्रांति* (Armed Revolution) और *सर्वहारा के अधिनायकत्व* (Dictatorship of the Proletariat) जैसे विचार उपजे थे। मनोवैज्ञानिकों के ऐसे प्रयासों से विश्व की राजनीति को प्रभावित करने वाले राजनेताओं और चिंतकों के क्रियाकलापों के पीछे काम करने वाली ग्रंथियों और उत्प्रेरणाओं का पता चलता है। ऐसे ही एक विश्लेषण का निष्कर्ष है कि मार्क्स अपनी भूमिका को एक पैगम्बरी भूमिका समझता था। वह अपने देवी दायित्वों के बारे में पूर्ण आश्वस्त था और इन शक्तियों को प्राप्त करना उसकी क्रियाओं का मुख्य उद्देश्य था। इसके साथ ही उसमें विनाश की अनियंत्रित भूख भी थी। इसलिये वह बार-बार क्रांति की बात करता था। लेफ्टिनेंट टेचोव नामक एक जर्मन क्रांतिकारी ने मार्क्स के कुछ अंतरंग पहलुओं को बिना किसी दुर्भावना और क्षोभ के उजागर किया है। उसके अनुसार :

> "भेंट मुलाकात के दौरान मार्क्स तीखी शराब बड़ी उदारता से पीते थे। गहरे नशे में भी वह पूरी तरह दूसरों पर हावी रहते थे। इस अवस्था में उनसे बात करना बहुत विलक्षण होता था, क्योंकि सामान्य अवस्था में मार्क्स के मुँह से इतनी स्पष्ट और सहज बातें नहीं निकल सकती थी।"

टेचोव यह स्वीकार करता है कि मार्क्स में दुर्लभ क्षमताएँ थी। लेकिन सामाजिक तथा व्यक्तिगत तौर पर वह कमजोर था फिर टेचोव की भाषा में :

> "मार्क्स में एक महान हृदय का अभाव था। इसके अलावा उनके व्यक्तित्व का सर्वाधिक महत्वपूर्ण पहलू उनकी अदम्य महत्वाकांक्षा थी, जिसने उनके व्यक्तित्व की अधिकांश अच्छाइयों का सत्यानाश कर दिया था। वे बुर्जुआ लोगों की ही नहीं मजदूरों के सिद्धान्त में भरोसा रखने वाले कम्युनिस्टों की भी मजाक किया करते थे।"

टेचोव ने मार्क्स के व्यक्तित्व और कृतित्व पर कई टीकाएँ की है। उनकी टीकाओं का समर्थन मार्क्स के लंदन प्रवास के उत्तरवर्ती काल की घटनाओं से होता है जब मार्क्स की दशा आर्थिक दृष्टि से काफी संतोषजनक हो गयी थी। हैम्पस्टीड के आरामदायक बंगले में मार्क्स, जैनी और उनकी तीन पुत्रियाँ किसी भी औसत कुलीन परिवारों के सामान जीवन व्यतीत करते थे। उनके घर में तीन कुत्ते, दो बिल्लियाँ और दो पक्षी थे। अक्सर मार्क्स का परिवार कभी घर में और कभी निमंत्रण पर सामूहिक नृत्य और भोज में शरीक होता था। मार्क्स अपनी पुत्रियों के लिये सर्वहारा आदर्श प्रस्तुत नहीं करते थे। उनकी सलाह थी कि उनकी पुत्रियाँ किसी खाते-पीते घर के सुरक्षित युवक का चुनाव करके विवाह कर लें। मार्क्स की एक टीका में यह कहा गया है : "मार्क्स केवल कुलीनों का ही सम्मान करता था। लेकिन

विचित्र बात है, उन्हें अपदस्थ भी करना चाहता था। ऐसी शक्ति उसे सर्वहारा वर्ग में निहित दिखायी दी। इसी कारण यद्यपि उसके मुँह से सर्वहारा वर्ग के लिये अक्सर 'गुण्डे, चुगलखोर और गधे' जैसे शब्द सुने जा सकते थे, तथापि उसने अपने राजनैतिक आर्थिक विचारों का ताना-बाना सर्वहारा को केन्द्र बिन्दु मानकर बुना है।"

बुर्जुग मार्क्स अपनी यौवनावस्था के कल्पना लोक के बारे में स्वयं इष्ट मित्रों से चर्चा करता रहता था। वह अक्सर कहता था : "मुझे लगता था कि जर्मनी का पहला समाजवादी तानाशाह बनने के लिये मेरे पास बुलावा आने ही वाला है। तब मैं अपने विचारों के अनुरूप सब कुछ ठीक कर सकूँगा।"

गुमनामी और मृत्यु

जीवन के अंतिम 15 वर्षों के दौरान मार्क्स ने एक भी उल्लेखनीय रचना नही लिखी। प्रायः गुमनामी के इस जीवन में उसे दिसम्बर 1881 ई. में अपनी पत्नी जेनी का बिछोह सहना पड़ा। जैनी ने लीवर के कैंसर के वर्षों से संघर्ष करते हुए अपना दम तोड़ा। मार्क्स स्वयं भी लीवर के भीषण रोग से ग्रसित था। जब वह लीवर से थोड़ा मुक्त हुआ तब उसे न्यूमोनिया और ब्रोंकाइटिस के ताबड़तोड़ हमलों का शिकार होना पड़ा। जनवरी 1883 ई. में 43 वर्षीय उनकी पुत्री की असामयिक मृत्यु हो गयी। इस दुर्घटना ने मार्क्स को तोड़ दिया। वे स्वयं भी मार्च 14, 1883 ई. में चल बसे।

मार्क्स के समाधि स्तम्भ पर अब भी युगान्तकारी नारा अंकित मिलता है : 'दुनिया के मजदूरों एक हो जाओ' समाधि स्तम्भ पर मार्क्स की ही इन पंक्तियों को भी अंकित किया है :

> 'दार्शनिक विभिन्न तरीकों से विश्व की व्याख्या करते आये हैं। मुख्य सवाल यह है कि इसे बदला कैसे जाये।'

मार्क्स, जब स्वयं वर्ग समाज पर अपनी कुल्हाड़ी चलाते हैं तो समाज विज्ञान में हम इसे *उपसर्ग* (Praxis) कहते हैं। दुनियां में आज लिखने को तो बहुत कुछ लिखा गया है। मुख्य बात है, इस दुनिया को बदलने के लिये हम स्वयं कौन सी व्यावहारिक भूमिका अदा करते हैं। मार्क्स ने तत्कालीन विचारधारा का किस दृढ़ता से मुकाबला किया, इसका विश्लेषण अध्याय के इस अंतिम भाग में करेंगे।

आदर्श और विचारधाराएँ : मार्क्स का समकालीन समाज (Ideals and Ideology)

19वीं शताब्दी के मध्य में कई परस्पर विरोधी विचारधाराएँ चल रही थी। इंग्लैण्ड में *गौरवपूर्ण क्रांति* (Glorious Revolution) हो चुकी थी। यह क्रांति गौरवपूर्ण इसलिये थी कि इसमें बिना किसी खून-खराबे के साम्राज्य बदल गया। फ्रांस में क्रांति ने स्वतन्त्रता, समानता और बंधुत्व की नयी मूल्य व्यवस्था दी। यूरोप के छोटे-मोटे देशों में सामन्तवाद का पुरजोर विरोध हुआ। इस सम्पूर्ण उठा-पटक ने *उदारतावाद* (Liberalism) की विचारधारा को जन्म दिया। इधर पूँजीवाद के विरोध में नयी क्रांतिकारी भावना आयी। जब रूस में क्रांति हुई तो इसके परिणामस्वरूप सम्पूर्ण यूरोप में उदारतावाद के विरुद्ध बलवा ही खड़ा हो गया। अब कहा जाने लगा कि जब रूस मजदूरों की सरकार स्थापित कर सकता है तो यूरोप

के अन्य देशों में उदारतावाद को क्यों नहीं दफनाया जा सकता। इस युग में दुनियां भर के देश स्पष्ट रूप से दो भागों में बंट गये - वे देश जो उदारतावाद का समर्थन करते थे और दूसरे वे जो मार्क्सवादी विचारधारा के अनुसार क्रांति करना चाहते थे। *सी. राईट मिल्स* (C. Wright Mills) का कहना है कि 19वीं शताब्दी के मध्य में रूस की क्रांति और सुदृढ़ता के बाद सारी दुनियां के देशों में उदारतावादी विचारधारा और क्रांतिकारी विचारधारा में ठन गयी।

कुछ उदारतावादी देशों ने मार्क्सवाद के *गैर-क्रांतिकारी* (Non-Revolutionary) स्वरूप को अपनाया और इस तरह उदारतावाद को एक तगड़ी टक्कर दी। सी. राईट मिल्स का तो यह कहना है कि यूरोप के इतिहास में विभिन्न विचारधाराओं का इस प्रकार गड्ड मड्ड हुआ कि सम्पूर्ण राजनीतिक दर्शन में चार तत्व उभर कर सामने आये : *विचारधारा* (Ideology), *आदर्श* (Ideal), *एजेन्सी* (Agency) तथा *सिद्धान्त* (Theory)। ये चारों तत्व आपस में जुड़े हुए हैं और इतिहास की गति के साथ बराबर चलते रहते हैं।

जब एक विचारधारा अमुक देश में कामयाब हो जाती है तो कालान्तर में जाकर वह *गंवारू* हो जाती है। गंवारूपन का यह हश्र थोड़े बहुत रूप में सभी विचारधाराओं के साथ देखने को मिलता है। प्रारंभ में तो उदारतावाद एक सुनहला दर्शन दिखता था लेकिन बाद में चलकर यूरोप के इन्हीं देशों में इस विचारधारा में देहातीपन या गंवारूपन आ गया। एक तरह से सम्पूर्ण उदारतावादी विचारधारा भ्रष्ट हो गयी। मार्क्सवादी विचारधारा की भी यही नियति हुई। विचारधारा की इस कमजोरी के होते हुए भी, यह एक शक्तिशाली माध्यम समझी जाती है और इसी के आधार पर बड़ी-बड़ी लड़ाइयाँ लड़ी जाती है।

मध्य युग से लेकर आज तक उदारतावाद और मार्क्सवाद में पूरी भिड़ंत रही है। आज उदारतावाद और मार्क्सवाद दोनों ही यूरोप तथा तीसरी दुनियां के देशों में बलवाई *पंथ* (Creed) हैं। वे सभी शक्तियाँ जो राज्यों और वर्गों के पास हैं, अपनी-अपनी विचारधारा को चाहे वह उदारतावादी हो या मार्क्सवादी, कसकर पकड़े हुए हैं। उदार विचारक उन सभी सामाजिक व्यवस्थाओं को नकारते हैं जो सामन्तवादी खण्डहर के रूप में आज भी विद्यमान हैं। ये विचारक पूरी शक्ति से एकतंत्रवादी शासन, राजाओं-महाराजाओं की हुकूमत का विरोध करते हैं। मार्क्सवादी भी सामन्तवाद का विरोध करते हैं। वे भी एकतंत्रवादी शासन को अस्वीकार करते हैं। दोनों विचारधाराओं में सामन्तवाद और एकतंत्रवाद का विरोध बहुत भारी है। लेकिन मार्क्सवाद एक कदम और आगे हैं। यह विचारधारा *उदार पूँजीवाद* (Liberal Capitalism) का विरोध करती है। उनके अनुसार उदार पूँजीवाद पूँजीवादी समाजों की मुख्य आधारशिला है।

आज दुनियां भर में यह माना जा रहा है कि उदारतावाद प्रारम्भ में चाहे जनकल्याणकारी रहा हो, आज तो यह रूढ़िवादी है। उदारतावादी विचारक *पूंजीवादी प्रजातंत्र* (Capitalist Democracy) जो धनाढ्य देशों में यानी पश्चिमी यूरोप, उत्तरी अमेरिका, जापान और आस्ट्रेलिया में पाया जाता है, उसके अस्तित्व को उचित ठहराते हैं। दूसरी ओर मार्क्सवादी तत्कालीन सोवियत संघ तथा उसकी विचारधारा से जुड़े हुए देशों को ठीक समझते हैं। यह सही है कि विकसित पूंजीवादी देशों से उभरते हुए मध्यम वर्ग को ऐतिहासिक रूप से उदारतावाद ने आगे बढ़ाया है। इसी तरह मार्क्सवाद जो कि मुख्यतया मजदूर वर्ग का पंथ

है, उसे मजदूरों ने भी उचित बताया है। वास्तविकता यह है कि चाहे उदारतावाद हो या मार्क्सवाद, जब किसी विचारधारा के पास राजनीतिक शक्ति आ जाती है तब वह भ्रष्ट हो जाती है। अपनी भ्रष्ट या गंवारू अवस्था में हर कोई आदमी उदारतावाद को सही बताता है और इसी तरह मार्क्सवादी भी अपनी विचारधारा को सही बताता है।

दोनों ही विचारधाराओं – उदारतावाद और मार्क्सवाद के समर्थक आज दुनियां भर में हैं और दोनों ही विचारधाराओं में पर्याप्त गवांरूपन आ गया है। विचारधाराओं का यह गवांरूपन ही आज संसार भर की लोककथा बन गयी है। इस लोककथा में यह चटखारे लेते हुए कहा जाता है कि यह उदारतावाद ही है जिसके कारण अमेरिका एक स्वतंत्र देश है। इस देश में वास्तविक शासन आम आदमी का है और यह विचारधारा मानकर चलती है कि भूतपूर्व सोवियत रूस एक निरंकुश शासन था जिसकी प्रकृति *अधिनायकवादी* (Totalitarian) और *एकाश्मक* (Monolithic) थी। इस विचारधारा में आदमी को दबाये रखा जाता है। यहाँ न तो स्वतंत्रता थी और न सुख। इस देश में तो सब कुछ आक्रामक था। यह देश तो सारी दुनियाँ पर अपनी विजय का झण्डा गाड़ना चाहता था।

साम्यवाद की लोककथा दूसरी है। विघटित सोवियत रूस के लोग कहते हैं कि 20शताब्दी में हमने एक क्रांतिकारी कदम रखा है। हमारी तुलना में अमेरिका तो एक प्रतिक्रियावादी सुस्त देश है। इस देश में गरीब गुरबों पर पूँजीवाद के अत्याचार अगणित हैं और यहाँ पूँजीवाद तो एक मुखौटा मात्र है। इस देश में राजनीतिक शक्ति उन लोगों के हाथों में है जो युद्ध करने पर उतारु भूखे भेड़ियों की तरह हैं। किसी तरह वे छोटे राष्ट्रों को तबाह करके उन्हें निगलना चाहते हैं। उनका इरादा अपने साम्राज्यवादी प्रभुत्व को सुदृढ़ करना मात्र है।

विचारधाराओं की इस लोककथा में बेचारे कार्ल मार्क्स और उसके अनुयायी बौद्धिकों की दशा एकदम खराब हो गयी है। यह अवश्य है विघटित सोवियत समाजों में मार्क्स तथा लेनिन की कृतियों को खूब याद किया जाता है। लेकिन यहाँ भी मार्क्स और लेनिन दोनों को लोककथाओं ने भ्रष्ट कर दिया है। पूँजीवादी समाजों में मार्क्स की विचारधारा के प्रति कतई आदर नहीं है। मार्क्सवाद का तिरस्कार अमेरिका में शायद इसलिये भी है कि यहाँ वह एक बौद्धिकी विचारधारा न होकर एक देश की विचारधारा बन गयी है।

विघटित सोवियत रूस यानी मार्क्सवादी देशों तथा अमेरिका यानी उदारतावादी देश दोनों में विचारधाराओं के प्रति लोककथाओं में आम आदमी की मान्यताओं और मिथकों का अभाव नहीं है। लोक कथा होते हुए भी दोनों तरह के देशों में विचारधाराओं के क्षेत्र में कुछ सच्चाई अवश्य है। आवश्यकता इस बात की है कि हम इन विचारधाराओं की सच्चाई को खोजने की कोशिश करें।

मार्क्स का कृतित्व (Writings of Marx)

कार्ल मार्क्स ने अपनी विचारधारा के प्रतिपादन में कई पुस्तकें लिखी हैं। इन पुस्तकों के अतिरिक्त उन्होंने अपनी पत्रिकाओं और तत्कालीन समाचार पत्रों में कई फुटकर निबन्ध लिखे हैं। उनकी सम्पूर्ण कृतियों की केन्द्रीय समस्या तत्कालीन पूँजीवादी समाज है। यह पूँजीवादी समाज या *वर्ग समाज* (Class Society) सम्पूर्ण शोषण, निरंकुशता तथा सामाजिक गैर

बराबरी के लिये उत्तरदायी है। जब तक वर्ग रहेंगे, मार्क्स तर्क देते हैं, तब तक गैर बराबरी न कम होगी और न समाप्त। पूंजीवादी का कारण मुनाफाखोरी है और मुनाफ़ाखोरी इसलिये है कि उत्पादन शक्तियों और उत्पादन सम्बन्धों में बहुत बड़ा गेप (Gap) है। इस दूरी को किसी भी उदारतावादी सुधारों द्वारा दुरूस्त नहीं किया जा सकता। मार्क्स को पूरा भरोसा है कि यह पूंजीवादी व्यवस्था या सामाजिक गैर-बराबरी केवल क्रांति द्वारा ही ठीक की जा सकती है। उनकी सभी कृतियों में वर्ग, वर्ग संघर्ष, द्वन्द्वात्मक भौतिकवाद या ऐतिहासिक भौतिकवाद, अलगाव और सामाजिक परिवर्तन विश्लेषण के केन्द्रीय थीम (Theme) रहे हैं।

मार्क्स की वे कृतियाँ जिनका अंग्रेजी में अनुवाद हो चुका है, हम यहां प्रस्तुत करते हैं :

1. *Capital* ed. Frederick Engles and trans. Samual Moore & Edward Aveling. 3 Vols.; London; Lawrence and Wishart, 1954-60.
2. *A Contribution to the Critique of Political Economy,* trans. N.I.Stone, Chicago : Charles M. Kerr, 1904.
3. *Economic and Philosophic Manuscripts of 1844.* ed. Dirk J. Struik and trans. Mart in Milligan. London; Lawrence and Wishart, 1959.
4. *The Poverty of Philosophy.* London, Lawrence and Wishart, 1956.
5. *Marx-Engels, Selected Works.* 2 Vols; Moscow; Foreign Languages Publishing House, 1955.
6. Marx-Engels, *Selected Correspondence* 1846-1895. London; Lawrence and Wishart, 1956.

द्वन्द्वात्मक भौतिकवाद (Dialectical Materialism)

19 वीं शताब्दी में दर्शनशास्त्र तथा समाजशास्त्र दोनों ही ज्ञान शाखाओं में संघर्ष सिद्धान्त की विवेचना हुई। सिद्धान्त और विचारधारा एक दूसरे के बहुत निकट होते हुए भी भिन्न है। *विचारधारा* (Ideology) तो विचार की एक व्यवस्था है जिसका उद्देश्य सामाजिक संस्थाओं की सुरक्षा के लिये सामाजिक आन्दोलनों को विकसित करना है। इस दृष्टि से विचारधारा का उद्देश्य व्यावहारिक लक्ष्यों का प्राप्त करना होता है। कोई भी विचारधारा हमारी बुनियादी समझ को विकसित करने के लिये नहीं होती। यह निश्चित है कि विचारधारा एक सीमा तक हमारी समझ के स्तर को आगे बढ़ाये लेकिन इसका यह प्राथमिक कार्य नहीं है। दूसरी तरफ सिद्धान्त का काम हमारी समझ को तीक्ष्ण करना है। 19 वीं शताब्दी में जहाँ *संघर्ष विचारधारा* (Conflict Ideology) विकसित हुई, वहीं मार्क्स के संघर्ष सिद्धान्त द्वारा प्रतिपादित वैज्ञानिक समाजवाद आया। विचारधारा में तर्क और विज्ञान का अभाव होता है, सिद्धान्त में विज्ञान सर्वोपरि होता है। अत: जब हम 19 वीं शताब्दी के संघर्ष सिद्धान्त की व्याख्या करते हैं तब हमें इसे संघर्ष विचारधारा से पृथक करके देखना चाहिये। वास्तव में इस शताब्दी में संघर्ष विचारधारा ने जिनके प्रतिपादनों में इब्न खाल्दून, जिनबोडिन, थॉमस हॉब्स आदि हैं जो महत्वपूर्ण समस्याएं रखी उनका निदान हीगेल, मार्क्स आदि समाज वैज्ञानिकों ने खोजा। संघर्ष विचारधारा की यह पूरी यात्रा *रूमानी आदर्शवाद* (Romantic Idealism) से प्रारम्भ होती है। इसकी परिणिती मार्क्स के वैज्ञानिक समाजवाद के आर्विभाव में है।

द्वन्द्वात्मक भौतिकवाद की प्रकृति (Nature of Dialectical Materialism)

ऐतिहासिक भौतिकवाद से भिन्न द्वन्द्वात्मक भौतिकवाद एक ऐसी सोच या समझ है जिसे वास्तव में मार्क्सवाद का दर्शन कहना चाहिए। मार्क्सवादी विज्ञान को हम द्वन्द्वात्मक भौतिकवाद में देख सकते हैं। यदि उद्‌गम की दृष्टि से देखा जाय तो मार्क्स का द्वन्द्वात्मक भौतिकवाद दो विचारधाराओं से बना है। पहली विचारधारा *यांत्रिक भौतिकवाद* (Mechanistic Materialism) है। यह यांत्रिकता वैज्ञानिक क्रांति के परिणामस्वरूप पैदा हुई थी। दूसरी विचारधारा हीगेल के *आदर्शवादी द्वन्द्व* (Idealist Dialectics) की है। इस तरह मार्क्स के द्वन्द्वात्मक भौतिकवाद में जहाँ पूंजीवादी दर्शन है जो यांत्रिक भौतिकवाद है वहीं आदर्शवाद भी है। मार्क्स एक तरफ पूंजीवाद को नकारते हैं और दूसरी ओर तत्व मीमांसा को अस्वीकार करते हैं।

मार्क्स का द्वन्द्वात्मक भौतिकवाद दुनियां को देखने का एक नया नजरिया या दृष्टिकोण है। इसकी व्याख्या में एंजिल्स कहते हैं कि द्वन्द्वात्मक भौतिकवाद दुनियां देखने का साम्यवादी नजरिया है। वास्तव में मार्क्स और एंजिल्स की बहुत बड़ी परेशानी वैज्ञानिक ढंग से यह देखने की थी कि वास्तव में समाज में कौन सी वस्तुएं ठोस यथार्थ है। इस यथार्थता को जानने के लिये मार्क्स ने विशुद्ध वैज्ञानिक दृष्टिकोण को अपनाया। उन्होंने एक ऐसे *प्राकृतिक दर्शन* (Natural Philosophy) को विकसित किया जिसमें सभी समाज विज्ञानों की प्राप्तियों को सम्मिलित किया। मार्क्स ने समाज को वैज्ञानिक ढंग से देखा। उन्होंने तर्क दिया कि प्रकृति में भी द्वन्द्व है। इसे वे *प्रकृति का द्वन्द्व* (Dialectics of Nature) कहते हैं। वे कहते हैं: "प्रकृति में द्वन्द्वात्मक नियम जिस तरह काम करते है, वैसे ही द्वन्द्व इतिहास में भी होते हैं।"

मार्क्स के द्वन्द्वात्मक भौतिकवाद का जो केन्द्रीय सिद्धान्त है, वह सब तरह से वैज्ञानिक है। यह द्वन्द्व प्रकृति, समाज और विचारधारा सभी में समान रूप में देखने को मिलता है। द्वन्द्वात्मक भौतिकवाद के दर्शन के सिद्धान्त को मार्क्स इतिहास पर लागू करते हैं। उन्होंने द्वन्द्वात्मक भौतिकवाद में दृढ़तापूर्वक कहा है कि *विचार* (Ideas) और *पदार्थ* (Matter) दोनों जुदा-जुदा है। यदि गहराई से देखा जाये तो ये दोनों केवल जुदा ही नहीं, परस्पर विरोधी भी है। लेकिन जब विचार और पदार्थ को उनकी एकता के रूप में देखते हैं तो पदार्थ एक बुनियादी तत्व है। यह प्राथमिक है। मस्तिष्क या विचार के अभाव में भी पदार्थ का अस्तित्व भी है। उदाहरण के लिये एक आदिवासी के मस्तिष्क में यानी विचार में हवाई जहाज का कोई अस्तित्व नहीं है। उसने तो हवाई जहाज देखा भी नहीं है। इसी भांति उसके मस्तिष्क में कम्प्यूटर का भी कोई अस्तित्व नहीं है। यह सब होने पर भी हवाई जहाज या कम्प्यूटर का वास्तविक जीवन में अस्तित्व है। इसके विपरीत आदिवासी के मस्तिष्क या विचार में कई अन्य बातें हो सकती हैं– शिकार से भरा हुआ हरा-भरा जंगल जिसे उसने किसी समय देखा था, आज अस्तित्व में नहीं है। अतः विचारधारा होने से किसी पदार्थ का अस्तित्व हो जाये, मार्क्स कहते हैं, यह सम्भव नहीं है। लेकिन यह बिल्कुल संभव है कि मस्तिष्क में न होने पर भी समाज में पदार्थ का अस्तित्व हमें मिले। *इस तर्क का मतलब हुआ दुनियां की यथार्थता (Reality) के विश्लेषण में पदार्थ आवश्यक है, पदार्थ प्राथमिक है, पदार्थ बुनियादी है।*

पदार्थ के इस अस्तित्व को मार्क्स द्वन्द्व के रूप में देखते हैं। इस द्वन्द्वात्मक भौतिकवाद की व्याख्या उन्होंने चार मूलभूत नियमों से की है:

(1) **परस्पर विरोधों में एकता:** संसार की प्रत्येक वस्तु परस्पर विरोधी तत्वों से बनी होती है। ये परस्पर विरोधी तत्व अपनी संरचना या बनावट में *सावयवी* (Organic) होते हैं। ये सावयवी तत्व परस्पर विरोधी होकर भी व्यवस्था को एकता प्रदान करते हैं। यदि समाज में शासक और शासित दो परस्पर विरोधी तत्व हैं तो ये दोनों मिलकर सम्पूर्ण राज्य को बनाते भी हैं। ये परस्पर वस्तुएं जहां आपस में संघर्ष करती हैं, वहीं व्यवस्था को विकास भी प्रदान करती है। यदि संघर्ष न हों तो वस्तु का विकास रूक जायेगा। जब मार्क्स परस्पर विरोधी तत्वों और संघर्ष की बात करते हैं तो अनिवार्य रूप से उनका ध्यान परिवर्तन की प्रकृति पर जाता है। परिवर्तन की यह प्रकृति *परिमाणात्मक* (Quantitative) और *गुणात्मक* (Qualitative) हो सकती है।

(2) **परिमाणात्मक परिवर्तन का गुणात्मक परिवर्तन में रूपान्तर:** द्वन्द्ववाद का यह नियम *तत्वशास्त्र* (Metaphysics) के नियमों के विपरीत है। तत्वशास्त्र मानता है कि विकास की प्रक्रिया एक सरल रेखा की तरह है। जिसमें परिमाणात्मक (Quantitative) परिवर्तन से *गुणात्मक परिवर्तन* (Qualitative) नहीं होते हैं। तत्वशास्त्र के इस नियम के विपरीत मार्क्स का द्वन्द्ववाद इस नियम को प्रतिपादित करता है कि छोटे से छोटे परिमाणात्मक परिवर्तन से बड़े से बड़े गुणात्मक परिवर्तन का होना भी सम्भव है। यह परिवर्तन सिलसिले से धीरे-धीरे नहीं होते। मार्क्स का तो आग्रह है कि ये परिवर्तन तत्काल और शीघ्र होते हैं। दूसरी विशेषता यह है कि कि शीघ्रता से होने वाले ये परिवर्तन संयोग से नहीं होते वरन् परिमाणात्मक परिवर्तनों के संचित होने के स्वाभाविक परिणामस्वरूप होते हैं। अत: मार्क्स के अनुसार विकास की प्रक्रिया इतिहास की पुनरावृति नहीं है। यह तो एक ऐसी गति है जो निरन्तर आगे बढ़ती हुई और ऊपर चढ़ती हुई रेखा की भांति है। वास्तव में यह तो एक पुरानी गुणात्मक स्थिति का एक नयी गुणात्मक स्थिति में बदलना है। यह सरल प्रक्रिया का जटिल होना है।

(3) **निषेध के निषेध का नियम:** इस नियम का मूल द्वन्द्व है। जब तक पुरानी पद्धति से नयी पद्धति संघर्ष नहीं करती, विकास नहीं हो सकता। किसी वस्तु या घटना में जब आन्तरिक विकास होता है तो यह उस घटना के निषेध के परिणामस्वरूप होता है। निषेध बाहर से अन्दर प्रवेश नहीं करता, यह तो घटना में ही निहित होता है। घटनाएँ अपने आप में ही आना विरोध करती हैं। यह अन्तर्विरोध ही पुराने निषेध या विनाश को उत्पन्न करता है। निषेध की यह प्रक्रिया पुरानी वस्तु को पूर्ण रूप से नष्ट नहीं करती। उसमें जो बढ़िया है उसे बनाये रखती है और उसी बढ़िया को श्रेष्ठ बनाती है। उदाहरण के लिये पुरानी सामाजिक व्यवस्था का निषेध नयी सामाजिक व्यवस्था करती है। पुरानी सामाजिक व्यवस्था में जो तकनीकी या उत्पादन शक्तियाँ होती हैं, उत्पादन सम्बन्ध होते हैं, उन्हें सुरक्षित रखकर उनमें सुधार किया जाता है।

विकास की प्रकृति प्रगतिशील होती है, होता यह है कि संघर्ष की प्रक्रिया में पुरानी परम्परा नष्ट होकर नयी परम्परा को जन्म देती है। जब नयी परम्परा सुदृढ़ता से विकसित हो जाती है तो उसमें से ही उसका अन्तर्विरोध उत्पन्न हो जाता है और परिणामस्वरूप निषेध की

पुनरावृति प्रारम्भ हो जाती है। इस तरह विकास कई अन्य निषेधों को पैदा करता है। निषेध के निषेध का यह सिलसिला बारी-बारी से चलता रहता है। विकास का स्वरूप जैसा कि हमने ऊपर कहा है प्रगतिशील होता है। यह प्रगतिशील इसलिये होता है कि विकास की हर ऊंची सीढ़ी आने से नीची सीढ़ी का निषेध करती है। *मार्क्स का निष्कर्ष यह है कि द्वन्द्वात्मक प्रक्रिया की दिशा प्रगति होती है।*

निषेध के निषेध के नियम की एक और विशेषता है। विकास की रेखा जो निषेध के परिणामस्वरूप बढ़ती है, एक सीधी रेखा नहीं है। यह *सर्पिल* (Spiral) है। इसमें उलझन होती है। इसमें पुनरावृति होती है। लेकिन पुराने पर वापसी नहीं होती। उदाहरण के लिये समाज के विकास क्रम में आदिम साम्यवाद से दास व्यवस्था आयी। इसके निषेध में सामन्तवाद आया। इससे आगे पूंजीवाद आया। और मार्क्स कहते हैं कि पूंजीवाद के बाद समाजवाद और साम्यवाद आयेगें। साम्यवाद तक के विकास या क्रम निषेध के नियम को ही बताता है। *अफनासेव* (Afanasyev) का कहना है:

> "इस प्रकार विकास की प्रक्रिया नये द्वारा पुराने उच्चतर द्वारा निम्नतर के निषेध के रूप में घटित होती है। पर नया, जो पुराने का निषेध करता है, पुराने के सद्गुणों को कायम रखता है और उन्हें विकसित करता है। इसी प्रकार विकास प्रगतिशील स्वरूप धारण करता है। साथ ही विकास की गति सर्पिल होती है जिसमें निम्नतर सोपान के कतिपय पहलू और लक्षण उच्चतर सोपान पर पुनरावृत होते रहते है।"

(4) **गतिशीलता का नियम** : द्वन्द्वात्मक भौतिकवाद का बुनियादी आधार यह है कि इसकी प्रकृति ठहरे हुए पानी की तरह नहीं है। इसमें रफ्तार है, बहाव है और गति है। अतः जड़ता प्रकृति की स्थायी दशा नहीं है। यह प्रकृति तो निरन्तर परिवर्तनशील है। इसकी दिशा गति है, स्पन्दन है। इस प्रकृति में वस्तुओं का सदैव उद्भव और विकास होता रहता है। जन्म और निर्वाण की निरन्तर दिशा ही प्रकृति है। इसी कारण स्तालिन ने कहा है कि द्वन्द्वात्मक प्रणाली उसी को अजेय मानती है जो उग रहा हो और विकासमान हो।

हमें घटनाओं का विश्लेषण उनके अन्तः सम्बन्ध और अन्तःनिर्भरता को ध्यान में रखकर करना चाहिये। इस विश्लेषण में जहाँ विकास को देखते हैं, वहीं विनाश को भी देखना चाहिये। इसका कारण यह है कि संसार की कोई भी वस्तु या घटना स्थायी नहीं है। इस सम्बन्ध में एंजिल्स कहते हैं:

> "समस्त प्रकृति, छोटे से लेकर बड़े तक, बालू कण से लेकर सूर्य तक, वाहकाणु से लेकर व्यक्ति तक, आने और चले जाने की एक निरन्तर स्थिति में निरन्तर प्रवाह में अनवरत गति तथा परिवर्तन की स्थिति में है।"

एंजिल्स के अनुसार मार्क्स का द्वन्द्वात्मक भौतिकवाद संसार और प्रकृति में सब कुछ अस्थायी, गतिशील और परिवर्तनशील मानता है। प्रत्येक वस्तु में द्वन्द्ववाद गतिशीलता, वस्तु के तत्वों में जन्म और निर्वाण की दशा को देखता है।

इसमें कोई संदेह नहीं है कि मार्क्स का समाज का जो सिद्धान्त है, वास्तविकता को समझने का जो दृष्टिकोण है वह भौतिकवादी और द्वन्द्वात्मक दोनों ही है। और इसी को वे वैज्ञानिक उपागम कहते हैं।

द्वन्द्वात्मक भौतिकवाद की जो भी व्याख्या हम करते हैं उसमें यह अवश्य कहना चाहिये कि मार्क्स ने पूंजीवादी और औद्योगिक समाज की मूर्त वास्तविकता को समझने के लिये द्वन्द्वात्मक भौतिकवाद को प्रस्तुत किया। इस शताब्दी के दूसरे और तीसरे दशक में यह दर्शन अप्रासंगिक हो गया, इसमें विसंगतियाँ आ गयी। इधर इसी अवधि में स्टालिन की अराजकता और बोल्शेविक दल की दफ्तरशाही जैसे ऐतिहासिक कारक भी उपस्थित हो गये। सोवियत रूस में तो नहीं, पर उसके बाहर द्वन्द्वात्मक भौतिकवाद चरमराने लगा। इसका स्थान मार्क्सवादी एक नये दर्शन ने लिया जिसे मार्क्सवादी मानवतावाद कहते हैं। मार्क्स के द्वन्द्वात्मक भौतिकवादी दर्शन की इस तरह की व्याख्या के अग्रणी *लुकाज* (Lukacs) और *कोर्ष* (Korsch) हैं। इन विद्वानों ने प्राकृतिक विज्ञानों के भौतिकवाद को नकारा। इससे और आगे इन्होंने हीगेल के द्वन्द्ववाद को स्थापित किया। दर्शन और सिद्धान्त की यह परम्परा और आगे बढ़ी *हीगेलीकरण* की प्रवृति पर रोक लगी। हीगेल का विरोध करने वालों में अग्रणी *अल्थूज़र* (Althusser) हैं। सिद्धान्तों के विकास की इस प्रक्रिया में सोवियत रूस में द्वन्द्वात्मक भौतिकवाद की प्रतिष्ठा बराबर बनी रही।

आखिर द्वन्द्व है क्या? (What is Dialectics)

सैंकड़ों पृष्ठों में मार्क्स ने जो कुछ लिखा है उसकी केन्द्रीय अवधारणा *द्वन्द्व* (Dialectics) है। द्वन्द्व से जुड़े हुए दो बुनियादी मुद्दे हैं, पहला मुद्दा तो यह निश्चित करना है कि द्वन्द्व की अवधारणा विकसित करने में मार्क्स ने हीगेल से कितना कुछ उधार लिया है। दूसरा मुद्दा यह तय करना है कि द्वन्द्व की अवधारणा ने मार्क्सवाद को कहाँ तक विज्ञान का दर्जा दिया है। *यदि हम मार्क्सवाद की सम्पूर्ण परम्परा का कोई मोटा विश्लेषण करें तो यह कहना पड़ेगा कि* (1) *द्वन्द्व की अवधारणा एक विधि (Method) है और बहुत करके यह विधि एक वैज्ञानिक विधि है जिसमें ज्ञान मीमांसा सम्बन्धी द्वन्द्व* (Epistemological Dialectics) सम्मिलित है। (2) इस अवधारणा की एक और विशेषता यह है कि इसके द्वारा हम सम्पूर्ण वास्तविकता की व्याख्या कर सकते हैं। इसे जीव विकास *विज्ञान का द्वन्द्व* (Ontological Dialectics) कहते हैं। (3) द्वन्द्व इतिहास की करवटों को भी समझने में सहायक है।

आदिम युग से पूंजीवाद तक इतिहास ने कई मुकाम और मोड़ देखे हैं। द्वन्द्व का यह तीसरा नियम *संसर्गी द्वन्द्व* (Relational Dialectics) है।

इस भांति मार्क्स द्वारा प्रतिपादित द्वन्द्व के तीन नियम बहुत स्पष्ट है: (1) ज्ञान मीमांसा सम्बन्धी द्वन्द्व (2) जीव विकास विज्ञान का द्वन्द्व और (3) संसर्गी द्वन्द्व। अतः जब द्वन्द्व की व्याख्या करते हैं तो हम इसे एक विधि के रूप में लागू करते हैं, जो कुछ समाज में ज्ञान का भण्डार है, उसका लेखा-जोखा हम ज्ञान के द्वन्द्व सें देखते हैं। एक विचारधारा का खण्डन दूसरी विचारधारा करती है। और इस तरह ज्ञान के क्षेत्र में द्वन्द्व चलता रहता है। द्वन्द्व की यह विधि हम जीव विकास के विश्लेषण में भी लागू करते हैं। इससे और आगे इतिहास में आने वाले उतार-चढ़ाव को हम संसर्गी द्वन्द्व द्वारा देखते हैं। संसर्गी द्वन्द्व वस्तुतः मनुष्यों के व्यवहार के बीच में आने वाले द्वन्द्व है।

द्वन्द्ववाद के मुख्य लक्षण (Main Attributes of Dialectics)

द्वन्द्ववाद मार्क्स के लिये तत्वज्ञान नहीं था। हीगेल तत्वज्ञान की बुनियाद पर रोमांटिक मुद्रा

में द्वन्द्व की व्याख्या करते हैं। मार्क्स द्वन्द्वात्मक भौतिकवाद को कर्म प्रधान मानते हैं। इस दृष्टि से द्वन्द्वात्मक भौतिकवाद के कुछ विशेष लक्षण हैं। उन लक्षणों का हम यहां संक्षेप में विवरण देगें। ये लक्षण इस तरह हैं:

(1) **द्वन्द्वात्मक भौतिकवाद वस्तुओं को गतिशील मानकर चलता है**: मार्क्स संचार की प्रत्येक वस्तु को जड़ या चेतन, गतिशील मानकर चलते हैं। किसी भी वस्तु में दो तत्व बराबर विद्यमान होते हैं। एक तत्व वस्तु की निरन्तरता को बनाये रखता है, और दूसरा तत्व निरन्तरता का विरोध करता है। तत्व के अन्दर इन दोनों शक्तियों का संघर्ष चलता रहता है। यह संघर्ष ही वस्तु को आगे बढ़ाता है। जहां हीगेल विचारों के द्वन्द्व या संघर्ष के कारण विकास की व्याख्या करते हैं, वहां मार्क्स भौतिक वस्तुओं के द्वन्द्व से परिवर्तन का विश्लेषण करते हैं। जिस प्रकार हीगेल का निरपेक्ष विचार गतिशील है वैसे ही द्वन्द्वात्मक भौतिकवाद के अनुसार पदार्थ गतिशील है। सम्पूर्ण विश्व को मार्क्स ने इसी संघर्ष और गतिशीलता के सन्दर्भ में देखा है।

(2) **पदार्थ समाज की यर्थाथता है**: किसी भी समाज की वास्तविकता उसके पदार्थ में निहित है। वस्तुतः पदार्थ ही समाज का मूल है। इस दृष्टि से समाज का अंतिम स्वरूप पदार्थ है जिसे नंगी ऑखों से देखा जा सकता है, सुना जा सकता है, और स्पर्श किया जा सकता है। मनुष्य में जो भी चेतना है वह इस पदार्थ के कारण ही है। हमारी चेतना के स्वरूप, उसकी दशा और दिशा को उसके चहुं और फैले हुए पदार्थ ही निश्चित करते हैं। अतः यदि मानव कल्याण के लिये हम सचमुच कुछ करना चाहते हैं तो हमें पदार्थ को समझना चाहिये। *पदार्थ ही पहली और अंतिम वास्तविकता है।*

(3) **पदार्थ के अन्तर्विरोध से ही द्वन्द्व होता है**: पदार्थ के लिये द्वन्द्व की स्थिति बाहर से पैदा नहीं होती। पूंजीवाद के सन्दर्भ में मार्क्स ने यह विस्तारपूर्वक समझाया है कि पूंजीवाद में ही पूंजीवाद को नष्ट करने के तत्व हैं। यह एक ऐसी व्यवस्था है जिसके अन्दर इसे नष्ट करने के लिए परस्पर विरोधी शक्तियाँ हैं। पूंजीवाद का जन्म ही पूंजीवाद को दफनाने के लिये क्रब लेकर आता है। जब द्वन्द्व होता है तो विकासशील शक्तियाँ व्यवस्था को आगे बढ़ाती हैं।

(4) **विकास का माध्यम संघर्ष है**: संघर्ष से मुँह मोड़ना विकास के क्रम को पीछे धकेलना है। जिन देशों ने प्रगति की है, उन्होंने संघर्ष को अपनाया है। द्वन्द्वात्मक भौतिकवाद का यह लक्षण स्पष्ट है : *संघर्ष नहीं तो विकास नहीं।* यह संघर्ष भीतरी और बाहरी दोनों रूपों में देखा जा सकता है।

(5) **विकास की दिशा गुणात्मक होती है**: विकास का क्रम या सिलसिला सीधी और सरल रेखा की तरह नहीं होता। यह टेढ़ा-मेढ़ा यानी सर्पिल होता है। प्रारम्भ में तो विकास परिमाणात्मक रूप में देखने को मिलता है। बाद में चलकर परिमाणात्मक विकास गुणात्मक परिवर्तन में बदल जाता है। सभी समाजों में द्वन्द्वात्मक भौतिकवाद के विकास की यही प्रक्रिया काम करती हे। पूँजीवादी व्यवस्था मालिक और मजदूर के संघर्ष में देखने को मिलती है। इस संघर्ष की एक ऐसी अवस्था आती है जब मजदूर क्रांति कर देते हैं। यहाँ आकर वास्तविक द्वन्द्व देखने को मिलता है।

(6) **द्वन्द्वात्मक भौतिकवाद के विश्लेषण का आधार आर्थिक संरचना है:** मार्क्स का द्वन्द्वात्मक भौतिकवाद अर्थव्यवस्था को बुनियादी आधार मानकर चलता है। पदार्थों में द्वन्द्व का कारण उत्पादन विधियाँ, उत्पादन सम्बन्ध और उत्पादन शक्तियाँ हैं। जब उत्पादन शक्तियों और उत्पादन सम्बन्धों में दुराव आ जाता है, तो यह संघर्ष का सूत्रपात है। अतः जब पदार्थों में विकास की प्रक्रिया चलती है तो इसका मूल कारण उत्पादन सम्बन्धों और उत्पादन शक्तियों का संघर्ष हैं।

मार्क्स के द्वन्द्ववाद पर हीगेल का प्रभाव
(Hegel's Influence on the Dialectics of Marx)

पिछले कुछ दशकों में मार्क्सवादी विचारधारा में जो मोड़ आया है, यह विवाद का एक मुद्दा है। सिद्धान्त निर्माण की प्रक्रिया मार्क्सवाद को लेकर कुछ अजीब तरीके से चली है। हुआ यह कि हीगेल ने अपना द्वन्द्वात्मक भौतिकवाद का दर्शन प्रस्तुत किया। मार्क्स के द्वन्द्वात्मक भौतिकवाद ने इसकी चूले हिला दी। इधर मार्क्स ने द्वन्द्व की जो व्याख्या की उसे अल्थुजर तथा उसके साथियों ने नकार दिया। इन्हीं कुछ कारणों से सैद्धान्तिक स्तर पर द्वन्द्वात्मक भौतिकवाद एक विवाद का मसला बन गया है। इस सन्दर्भ में या इस विवाद की व्याख्या के लिये यह उपयोगी होगा कि हम हीग़ेल के द्वन्द्व की व्याख्या करें। और इसके बाद यह देखे कि हीगेल से मा:र्क्स ने क्या उधार लिया है। क्या यह उधारी मौलिक या असली है? क्या ऐसा भी है कि मार्क्स ने हीगेल को पूर्णतया नकार दिया?

हीगेल का द्वन्द्वात्मक दर्शन (Dialectical Philosophy of Hegel)

मार्क्स पर हीगेल के प्रभाव की जो भी व्याख्या की जाती है या की जाती रही है, उसमें इस तथ्य को नकारा नहीं जा सकता कि हीगेल वस्तुतः मार्क्स के गुरु थे, मार्गदर्शक थे। हीगेल से मार्क्स ने बहुत कुछ सीखा है। जहाँ तक द्वन्द्वात्मक दर्शन का सम्बन्ध है, मार्क्स पर हीगेल का स्पष्ट प्रभाव है। मार्क्स के लिये यह प्रभाव बहुत पुराना है। जब मार्क्स बर्लिन में अपने विद्यार्थी जीवन में थे, उन पर हीगेल का प्रभाव था। हीगेल ने इतिहास का जो द्वन्द्वात्मक निवर्चन दिया था, उससे मार्क्स प्रभावित हुए। हीगेल ने कहा कि दुनियाँ के इतिहास में एक *आत्मा* (Spirit) है और आत्मा की यह भावना ही द्वन्द्व पैदा करती है। इससे मनुष्य जाति का भविष्य बनता है। हीगेल ने बुर्जुआ या पूँजीवादी समाज के इतिहास को अपना आधार बनाया। मार्क्स ने इस अवधारणा को स्वीकार नहीं किया। उन्होंने यह स्थापित किया कि भौतिक श्रम ही मनुष्य जीवन का सार है। हीगेल के द्वन्द्वात्मक दर्शन को मार्क्स ने मूलस्य में संशोधित कर दिया। जहाँ हीगेल कहते हैं कि मनुष्य अपने से बाहर भौतिक दुनियाँ को देखता है और विचारों के आधार पर *आत्मा* (Spirit) को पैदा करता है, वहाँ मार्क्स तर्क देते हैं कि बाहरी वास्तविकता को बदल कर ही समाज बदला जा सकता है। मार्क्स की द्वन्द्व की अवधारणा में *आत्मा* (Spirit) को कोई स्थान नहीं है। इस द्वन्द्व की सारी प्रक्रिया को हीगेल ने अपनी पुस्तक *फीलोसोफी ऑफ राइट* (Philosophy of Right) में रखा है। उन्होंने अपना विश्लेषण *संकल्प* (Will) की अवधारणा से प्रारम्भ किया है और अन्त में वे राज्य की स्थापना की चर्चा करते हैं। संकल्प मनुष्य में सनातन है, निरन्तर है, और हमेशा बना रहने वाला है। इस संकल्प का सार या इसकी केन्द्रीयता *स्वतन्त्रता* है। संकल्प और

स्वतन्त्रता की प्राप्ति राज्य के माध्यम से होती है। कानून जिसे राज्य बनाता है इसी संकल्प की अभिव्यक्ति है। एक व्यक्ति तब तक स्वतन्त्र बना रहता है, जब तक ऐसा रहने का उसका संकल्प है। जब व्यक्ति धन को अपना संकल्प बना लेता है तो वह उसका गुलाम बन जाता है। इस अवस्था में नैतिकता, सामाजिक आचार, परिवार, समाज, राज्य आदि इसी संकल्प की अभिव्यक्ति हो जाते हैं। कोई भी एक समाज दो सामान्य नियमों पर चलता है : व्यक्ति के निजी हितों की पूर्ति और दूसरा अन्य व्यक्तियों का सहयोग जहाँ तक निजी हेतुओं की पूर्ति हो जाये। इन दोनों हेतुओं में प्रतियोगिता होती है। व्यक्ति निजी हेतुओं की प्राप्ति के लिये अधिकाधिक कार्य करता है और दूसरे व्यक्तियों को उस सीमा तक ही सहयोग देता है जहाँ तक उसके निजी हेतुओं की पूर्ति हो जाये। इन दोनों हेतुओं में प्रतियोगिता होती है और इसी कारण इस प्रतियोगिता में एक छोर पर पूँजीपति होते हैं और दूसरे पर गरीब।

हीगेल के द्वन्द्ववाद की यह व्याख्या विचारों पर आधारित है। हीगेल मूल में अध्यात्मवादी या आदर्शवादी दार्शनिक थे। उनके लिये भावना या *विश्वात्मा* (Geist) महत्वपूर्ण है। इसी को हम *संकल्प* (Will) कहते हैं। यह संकल्प ही सत्य है। इसी संकल्प की अभिव्यक्ति भौतिक पदार्थों में देखने को मिलती है। अतएव किसी समाज में यदि परिवर्तन होता है तो संकल्प में परिवर्तन होना आवश्यक है। यह संकल्प भी वाद, प्रतिवाद तथा संवाद की प्रक्रियाओं में से होकर गुजरता है। ये सब प्रक्रियाएँ द्वन्द्व को बताती हैं। इस सम्पूर्ण प्रक्रिया में विरोध, संघर्ष और प्रतिरोध बराबर देखने को मिलते हैं। इसी कारण मार्क्स कहते हैं कि विचारों की भी एक विधि है। इन विचारों में बराबर द्वन्द्व होता है और यह द्वन्द्व इतिहास में भी देखा जा सकता है।

हीगेल का द्वन्द्व का सिद्धान्त सामान्य है। वे कहते हैं कि जब आदमी का मस्तिष्क जीवन की यथार्थताओं से जुड़ा रहता है, तब परिवर्तन के कारण उसके विचारों में भी बदलाव आ जाता है। हीगेल इस बात से आश्वस्त थे कि आदमी के विचार बाह्य स्वरूपों में विद्यमान नहीं होते ये तो एक प्रक्रिया है। जब दिमाग में एक विचार आता है तो यह *वाद* (Thesis) है। प्रक्रिया आगे चलती है और मस्तिष्क के इस विचार का अन्दर ही अन्दर *प्रतिवाद* (Anti Thesis) पैदा होता है। आगे चलकर यह प्रतिवाद *संवाद* (Synthesis) बन जाता है। इसको दूसरी तरह से देखे तो बाहरी दुनियाँ में देखी जाने वाली प्रत्येक *वास्तविकता* (Reality) वाद है। इस वाद का *निषेध* (Negation) होता है। यह निषेध की प्रक्रिया एक नये संवाद को जन्म देती है। विचारों की यह प्रक्रिया जब और ऊंची उठ जाती है तो निषेध का निषेध होता है और एक ऐसी अवस्था आती है तब उच्च *स्तर की एकता* (Higher Unity) स्थापित हो जाती है। हीगेल के अनुसार विचारों या अवधारणाओं का द्वन्द्वात्मक उद्विकास वास्तिकता को निश्चित करता है। दुनियाँ की इस प्रक्रिया को जिसमें निषेघ का वाद होता है अंधकार और प्रकाश जीवन या मृत्यु के स्वरूपों में देखा जा सकता है। पौधे के निकलने के लिये बीज को नष्ट होना पड़ेगा। यही उसकी नियति है।

मार्क्स का द्वन्द्ववाद (Dialects of Marx)

ईरिंग फेट्शर (Iring Fetscher) ने मार्क्स पर पड़ने वाले हीगेल के प्रभावों की अच्छी व्याख्या की है। इन प्रभावों को वे दो श्रेणियों में रखते है : हीगेल का पहला प्रभाव उनकी

अध्यात्मीकरण (Spiritualization) की अवधारणा है। ईरिंग कहते हैं कि हीगेल के अनुसार व्यक्ति बाहरी दुनियाँ की वस्तुओं को देखता है। ये वस्तुएँ *वस्तुनिष्ठ* (Objective) हैं। व्यक्ति के चारों और उसकी दुनियाँ है। घर है, ईजन है, कारखाने हैं, पत्नी और परिवार है पिता और बच्चे हैं, विवाह और मौत है। ये सब वस्तुनिष्ठ हैं। इनका प्रभाव व्यक्ति के मस्तिष्क पर पड़ता है। इधर व्यक्ति के मस्तिष्क में *आत्मा* या *अध्यात्म* (Spirit) है। यह आत्मा उसकी अपनी है। जब व्यक्ति बाहरी वस्तुनिष्ठ दुनियाँ को देखकर उन्हें अपनी आत्मा तक पहुँचाता है, तब एक मानसिक प्रक्रिया प्रारम्भ होती है। अध्यात्मक या आत्मा एक तरह का समझौता करती है और यह समझौता वस्तुनिष्ठ दुनियाँ के साथ होता है। आत्मा या अध्यात्म कुछ अपनी बात रखती है और कुछ वस्तुनिष्ठ दुनियाँ की सुनती है। जब यह द्वन्द्व तीव्र हो जाता है, अपने ऐतिहासिक विकास के अंतिम छोर पर आ जाता है, तब मनुष्य की *मुक्ति* (Liberation) हो जाती है। इस तरह *अध्यात्मवादी व्यक्ति* (Spiritual being) एक नये समाज की संरचना करता है। *यह सम्पूर्ण प्रक्रिया वस्तुवादी दुनियाँ का आध्यात्मीकरण (Spiritulization) है और आध्यात्मीकरण की चरम सीमा मुक्ति है।*

अगर हम हीगेल के द्वन्द्वात्मक दर्शन को निर्वचनात्मक रूप में देखे तो ज्ञात होगा कि इस सम्पूर्ण दर्शन में व्यक्ति की *दोहरी पहचान* (Double identity) बन जाती है। उसकी एक पहचान तो अध्यात्मिक है और दूसरी वस्तुनिष्ठ। मार्क्स ने हीगेल के इस द्वन्द्व को अपनाया, लेकिन उन्होंने इसकी व्याख्या अध्यात्मवादी न करके भौतिकवादी की।

मार्क्स ने हीगेल के दर्शन के इस *रहस्यवादी तर्क* (Mystified Logic) को स्वीकार नहीं किया। मजेदार बात यह है कि मार्क्स ने बराबर हीगेल के द्वन्द्ववाद की आलोचना की। उन्होंने इसे हीगेल की *बहकावट* (Mystification) कहा और दूसरी और स्वयं ने द्वन्द्वात्मक भौतिकवाद को विकसित किया। स्वयं मार्क्स हीगेल के साथ अपने आप को नहीं जोड़ते और कहते है : "मैं अच्छी तरह जानता हूँ कि मेरी विकास की व्याख्या हीगेल की व्याख्या नहीं है, यह इसलिये कि मैं एक भौतिवादी हूँ और हीगेल आदर्शवादी है।"

सच में देखा जाये तो यदि हीगेल के द्वन्द्वात्मक दर्शन से रहस्यवाद को निकाल दिया जाये तो यह मार्क्स का द्वन्द्वात्मक दर्शन हो जायेगा। इस तरह के विचार स्वयं मार्क्स ने अपने एक पत्र में व्यक्त किये थे। उन्होंने अपनी पुस्तक *केपिटल* (Capital) के प्रथम भाग में भी यह लिखा है कि द्वन्द्वात्मक दर्शन के निर्माण में चाहे हीगेल ने रहस्यवादी रूझान को अपनाया हो, निश्चित रूप से वे द्वन्द्वात्मक भौतिकवादी सिद्धान्त के प्रथम निर्माता है। कोई भी विचारक हीगेल के रहस्यवादी खोल (Shell) में से तार्किक गिरी (Kernal) को निकाल सकता है। वास्तविक बात यह है कि मार्क्स ने हीगेल के इसी गिरी (Kernel) की व्याख्या अपने द्वन्द्वात्मक सिद्धान्त में की है।

अध्ययन विधि (Method of Study)

ईरिंग ने मार्क्स पर हीगेल के दूसरे प्रभावों को विधि के क्षेत्र में देखा है। केपिटल में स्वयं मार्क्स ने हीगेल के इस विधि सम्बन्धी कर्ज का उल्लेख किया है। हीगेल की विधि को ही मार्क्स अपनाते हैं और कहते हैं कि हीगेल ने वस्तुनिष्ठ संसार की कोई व्याख्या नहीं की। हीगेल के विपरीत मार्क्स ने अपनी व्याख्या पूँजीवादी समाज के *उत्पादन सम्बन्धों*

(Production relations) की अवधारणा से प्रारंभ की। किसी भी *समग्रता* (Totality) को समझने के लिये आनुभविक अध्ययन आवश्यक है। हीगेल ऐसा नहीं करते और हीगेल की यही कमजोरी है। यह ठीक है कि हीगेल जैसा मार्क्स कहते हैं सिर के बल खड़े थे, उन्हें पाँवों के बल पर खड़ा किया। सिर हो या पाँव, हीगेल की जो अध्ययन विधि थी उसी को कार्ल मार्क्स ने अपनाया। जब यह कहा जाता है कि मार्क्स हीगेल के ऋणी है तो यह ऋण तात्विक रूप से द्वन्द्वात्मक दर्शन के निर्माण में दोहरा है: मार्क्स ने हीगेल के अध्यात्मीकरण को उधार लेकर यह स्थापित किया कि वस्तुनिष्ठ दुनियाँ ही द्वन्द्व से सनी हुई है। उनका दूसरा कर्ज जैसा अभी हमने कहा है अध्ययन विधि के क्षेत्र में है। *हीगेल ने द्वन्द्व, इतिहास और मानव विकास की जिस अध्ययन विधि को अपनाया है, ठीक वही अध्ययन विधि मार्क्स की रही है।*

उपसंहार

द्वन्द्वात्मक भौतिकवाद का पर्यायवाची पद यदि हम मार्क्सवाद कहें तो अनुचित नहीं होगा। सैद्धान्तिक रूप से द्वन्द्वात्मक भौतिकवाद ऐतिहासिक भौतिकवाद से भिन्न है। मार्क्स की मृत्यु के बाद 1891 ई. में संभवतया ऐतिहासिक भौतिकवाद की अवधारणा को रखा गया। द्वन्द्वात्मक भौतिकवाद सामाजिक वास्तविकता की व्याख्या की परम्परा में एक कड़ी है। मार्क्स से पहले हीगेल और उनसे भी पहले सुकरात और अरस्तू ने अपनी-अपनी तरह से वास्तविकता को समझने का प्रयास किया था। मार्क्स ने द्वन्द्वात्मक भौतिकवाद की जो व्याख्या अपनी पुस्तकों में की है, वह बहुत स्पष्ट है। उनका कहना है कि समाज का केन्द्रीय बिन्दु आदमी या मनुष्य है। इस मनुष्य को स्वतन्त्रता मिलनी चाहिये। लेकिन उसकी यह स्वतन्त्रता पूंजीवादी समाज के दबाव के नीचे कराहती रहती है। बात यह है कि पूँजीवादी व्यवस्था में, इतिहास बताता है, भौतिक शक्तियों में बराबर द्वन्द्व होता रहता है। जब तक व्यक्ति या आदमी इस द्वन्द्व से मुक्त नहीं होता, उसे पूर्ण स्वतन्त्रता नहीं मिल सकती। हीगेल और उनके पूर्ववर्ती विचारक भी मनुष्य को स्वतन्त्रता देना चाहते थे और मार्क्स भी इसी परम्परा में व्यक्ति की स्वतन्त्रता की खोज में द्वन्द्वात्मक भौतिकवाद के सिद्धान्त को रखते हैं। यहाँ यह भी कहना चाहिये, जैसा *रोबर्ट मर्टन* (Robert Merton) ने कहा है कि कोई भी विचारक अपने स्वयं के पाँव पर खड़ा नहीं होता है। वह दूसरों के कंधों पर अपने पाँव रखकर खड़ा होता है। मार्क्स जिनके कंधों पर खड़े थे, निश्चित रूप से उनका एक कंधा हीगेल का भी था।

ऐतिहासिक भौतिकवाद (Historical Materialism)

मार्क्सवादी परम्परा में ऐतिहासिक भौतिकवाद को *इतिहास की भौतिकवादी अवधारणा* (Materialist Conception of History) भी कहा जाता है। मार्क्सवादी सिद्धान्त में ऐतिहासिक भौतिकवाद एक सामाजिक - वैज्ञानिक केन्द्र बिन्दु है। 1892 ई. में एंजिल्स ने *सोशिलिज्म : यूटोपियन एण्ड साइन्टिफिक* (Socialism: Utopian and Scientific) पुस्तक की भूमिका में ऐतिहासिक भौतिकवाद की व्याख्या इस प्रकार की है :

> ऐतिहासिक भौतिकवाद इतिहास की उस दिशा की खोज करता है जो सभी निर्णायक ऐतिहासिक घटनाओं को चलाने वाली महत्वपूर्ण शक्ति है, जो समाज के आर्थिक विकास

को आगे सरकाती है, जो उत्पादन तथा विनिमय विधियों के परिवर्तन को समझाती है, जो इसके परिणाम स्वरूप होने वाले श्रम विभाजन का पता लगाती है तथा समाज के विभिन्न वर्गों की पहचान करके उनसे होने वाले वर्ग संघर्ष को देखती है।

ऐंजिल्स ने इसी पुस्तक में यह भी लिखा है कि मार्क्स ऐसे पहले विचारक थे जिन्होंने ऐतिहासिक भौतिकवाद की अवधारणा को समाज विज्ञानों में रखा। यहीं पर ऐंजिल्स यह भी कहते हैं कि ऐतिहासिक भौतिकवाद के अतिरिक्त मार्क्स का दूसरा बड़ा योगदान *अतिरिक्त मूल्य* (Surplus Value) का है। अन्यत्र वे दूसरी बात कहते है कि ऐंजिल्स ने ही पहली बार बिना किसी के सहयोग के ऐतिहासिक भौतिकवाद की अवधारणा को प्रस्तुत किया। इस अवधारणा को सर्वप्रथम ऐंजिल्स ने रखा या मार्क्स ने, इस विवाद में पड़ने से कोई लाभ नहीं है। तथ्य यह है कि इन दोनों विचारकों ने इतिहास को एक नये दृष्टिकोण से देखा और यह नया दृष्टिकोण इतिहास के उत्पादन विधि तथा उत्पादन सम्बन्धों से जुड़ा हुआ है।

मार्क्स के जीवन काल में और आज भी परम्परागत इतिहासकार, इतिहास को राजाओं, महाराजाओं तथा अभिजात्य वर्ग के उद्गम और पतन के संदर्भ में वर्णित करते हैं। होता यहाँ तक है कि राजा-महाराजाओं के शासन काल को क्रमशः सन् - संवतों में बांध दिया जाता है। यह इतिहास जो रुढ़िगत है, जिसका प्रचलन यूरोप, अमेरिका और हमारे देश में भी रहा है, इसमें निम्न वर्ग के समूहों, जातियों और पद-दलितों के लिये कोई स्थान नहीं होता। मार्क्स को रुढ़िगत इतिहास का यह उपागम स्वीकार नहीं था। उन्होंने सम्पूर्ण मानव इतिहास का गहराई से अध्ययन का केन्द्र उत्पादन साधन, उत्पादन-शक्तियाँ और उत्पादन सम्बन्ध है। व्याख्या और निवर्चन की यह विधि, जिसका प्रयोग ऐंजिल्स और मार्क्स ने किया नयी थी।

ऐतिहासिक भौतिकवाद किसे कहते हैं? (What is Historical Materialism)

ऐतिहासिक भौतिकवाद की कोई भी व्याख्या या परिभाषा देने से पहले यह कहना उचित होगा कि यद्यपि मार्क्स के सम्पूर्ण लेखन और कृतित्व में ऐतिहासिक भौतिकवाद एक *मार्गदर्शन सूत्र* (Guiding Thread) होते हुए भी किसी भी तरह से दर्शन नहीं है। यह तो केवल एक आनुभविक सिद्धान्त है, एक *आनुभविक अभिधारणा संकलन* (Collection of Empirical Thesis) मात्र है। मार्क्स और एंजिल्स ने कभी भी ऐतिहासिक भौतिकवाद को एक वैज्ञानिक दर्जा देने का उद्यम नहीं किया। इस अभाव के होते हुए भी यह एक ऐसा पैना अवलोकन है जो समाज और इतिहास की वास्तविक दशाओं को दर्शाता है।

मार्क्स की कृतियों में एंजिल्स के साथ में लिखी गयी उनकी पुस्तक *द जर्मन आइडियोलोजी* (The German Ideology : 1845-46) एक महत्वपूर्ण दस्तावेज है, जिसमें इन दोनो लेखकों ने इतिहास की भौतिकवादी व्याख्या की है। इस पुस्तक में इन्होंने इस तथ्य को रखा है कि समाज का विकास उन परिस्थितियों से होता है जिनमें आदमी रहता है। मुख्यतया ये परिस्थितियाँ भौतिक होती है। भौतिक परिस्थितियाँ ही समाज में एक दूसरे के सम्बन्ध निश्चित करती हैं और दिलचस्प बात यह है कि ये भौतिक परिस्थितियाँ जड़ नहीं है – लगातार गतिशील है। जब इन परिस्थितियों में परिवर्तन आता है, इतिहास में नये युग का सूत्रपात होता है। मार्क्स और एंजिल्स ऐतिहासिक भौतिकवाद की अवधारणा में यह स्पष्ट करते हैं कि समाज का विकास किसी एक भले या बुरे विचार से नहीं होता। समाज का

विकास न तो सम्राट अशोक करता है और न ही अकबर महान। निश्चित है समाज का विकास न यह आदमी करता है न वह आदमी। और न कोई अवतार या वीर नायक। इसी तरह समाज का विकास न तो भौतिक पर्यावरण करता है और न ही ईश्वर की इच्छा। किसी भी परिस्थिति में मार्क्स यह दृढ़ता से मानते है कि इतिहास पूर्व निश्चित किसी यांत्रिक दिशा की ओर नहीं मुड़ता। यह तालाब में एक के बाद एक उठने वाली लहर की तरह नहीं है। सच्चाई यह है कि इतिहास की संरचना उसका श्वास और प्रश्वास भौतिक परिस्थितियों से बना हुआ है। जब-जब उत्पादन के तरीकों में बदलाव आया है, इतिहास की सांस भारी हुई है और उसमें परिवर्तन होता गया है।

यदि संक्षेप में ऐतिहासिक भौतिकवाद की परिभाषा दें तो कहना होगा की मार्क्स का यह केन्द्रीय सिद्धान्त इतिहास, सन् संवतों में बंधा हुआ, राजा-महाराजाओं का *कालानुक्रमिक* (Chronological) वृतान्त नहीं मानता। यह अवधारणा इतिहास के बदलाव को और इसी तरह समाज की संरचना को भौतिक उत्पादन के तरीके, उत्पादन शक्तियों और उत्पादन सम्बन्धों के संदर्भ में देखती है।

समाज की संरचना में रोटी, कपड़ा, मकान इत्यादि भौतिक आधार है। ये भौतिक आधार आर्थिक संगठन को बनाते है। इन भौतिक वस्तुओं के अतिरिक्त समाज में जो कुछ भी है - साहित्य, कला, दर्शन, राजनीति इन सबका निर्माण या इन सबका उद्‌गम, उत्पादन शक्तियों, उत्पादन सम्बन्धों और आर्थिक संरचना में निहित है। जब हम किसी भी समाज का विश्लेषण, भौतिक उत्पादन शक्तियों आदि के संदर्श से करते हैं तो यह इतिहास की भौतिकवादी व्याख्या हुई। और यही मार्क्स का ऐतिहासिक भौतिकवाद है।

ऐतिहासिक भौतिकवाद के तत्व (Elements of Historical Materialism)

यदि हम किसी राजनैतिक व्यवस्था की व्याख्या करते हैं, कायदे-कानून को देखते हैं या नृत्य तथा ललित कला की रोमांटिक छवियों को देखते है, तो यह सब यदि भौतिकवादी संदर्भ में देखा जाये तो हमारा सारा निष्कर्ष बदल जायेगा। इसे हम थोड़ा विस्तार से देखेंगे।

मार्क्स कहते हैं कि जब से मनुष्य का अस्तित्व इस संसार में देखने को मिलता है तभी एक बात बहुत स्पष्ट है कि इस आदिम मनुष्य की सबसे बड़ी समस्या जीवित रहने की रही होगी। जीवित रहने के लिये उसे अपने इर्द-गिर्द की प्रकृति के साथ संघर्ष करना पड़ा होगा, समायोजन करना पड़ा होगा। इस दृष्टि से देखा जाये तो आदमी का उसकी प्रकृति के साथ जो सम्बन्ध रहा है – सहयोग या संघर्ष का वही उसका इतिहास है। प्रकृति में जो साधन उपलब्ध थे, उसी के अनुरूप आदमी ने जीवित रहने का प्रयास किया। इसी कारण मार्क्स :

> यह दावा करते हैं कि समाज की आर्थिक संरचना जो उत्पादन सम्बन्धों से बनी है, समाज की वास्तविक आधारशिला है। यह वह आधार है जिससे कानूनी और राजनैतिक अधिरचना और इसी तरह *सामाजिक चेतना* (Social Consciousness) पैदा होती है। दूसरी ओर देखे तो समाज में उत्पादन सम्बन्ध ही भौतिक उत्पादन शक्तियों को विकास के एक निश्चित स्तर तक ले जाते हैं। इस तरह भौतिक जीवन के उत्पादन का तरीका, जीवन के सामाजिक, राजनैतिक और बौद्धिक प्रक्रियाओं को सामान्यतया निश्चित करता है।

उपर्युक्त विवेचन के आधार पर ऐतिहासिक भौतिकवाद के निम्नलिखित तत्व महत्वपूर्ण है। जब हम किसी भी समाज के इतिहास को इन तत्वों के संदर्श में देखते हैं तो यह उस समाज की भौतिकवादी अवधारणा है।

*(1) **उत्पादन का तरीका** (Mode of Production)*

किसी भी समाज का बुनियादी ढाँचा भौतिक है। जब मनुष्य इस धरती पर आया तो जीवित रहने के लिये उसने भौतिक साधनों को अपना स्रोत बनाया। इन स्रोतों का दोहन करने के लिये उसने विभिन्न तरीकों को काम में लिया। ऐसी स्थिति में उत्पादन के तरीके जो विभिन्न युगों में मनुष्य द्वारा अपनाये गये, महत्वपूर्ण है। उत्पादन के ये तरीके अपने आकार या परिवेश में बहुत विशाल है। शायद प्रारम्भ में मनुष्य ने जंगल के शिकार से अपना पेट भरा हो। इसके बाद उसने *छोटे अनाजों* (Small Cereals) को पैदा करना शुरू किया हो। इससे आगे कृषि उत्पादन में और संशोधन हुए हो और ये ही संशोधन आज हरित क्रांति से सूत्रपात तक समाज को ले आये हैं। उत्पादन की प्रक्रिया में काम में आने वाली तकनीकी जटिलता भी इसी तरह बढ़ी हो।

उत्पादन के तरीकों को हम विशाल और जटिल इसलिए कहते हैं कि इसके अन्तर्गत *उत्पादन शक्तियाँ* (Production Forces) और *उत्पादन सम्बन्ध* (Production Relation) दोनों ही सम्मिलित हो जाते हैं। रामकृष्ण मुखर्जी जब मार्क्स, ऐंजिल्स और लेनिन की व्याख्या करते हैं तो उनका कहना है कि यौन नियंत्रण, यौन सम्बन्ध, पारिवारिक और नातेदारी सम्बन्ध, उत्पादन तरीकों यानी उत्पादन सम्बन्धों की श्रेणी में आ जाते हैं। अतः जब हम समाज की ऐतिहासिक भौतिकवादी व्याख्या करते हैं तो इसका किसी भी त्रिभुज में शीर्ष स्थान है। इसके आधार पर उत्पादन शक्तियाँ और उत्पादन सम्बन्ध है। अतः जब हम ऐतिहासिक भौतिकवाद की व्याख्या करते हैं। तब हमें (1) उत्पादन के तरीकों (2) उत्पादन शक्तियों और (3) उत्पादन सम्बन्धों की व्याख्या अनिवार्य रूप से करनी चाहिए। इस व्याख्या का उद्देश्य यह होना चाहिये कि इतिहास में जो कुछ परिवर्तन आये हैं उनका बुनियादी कारण ये तीन तत्व है और इससे आगे मनुष्य या समाज की जो भी सामाजिक चेतना है वह इन तीनों भौतिक तत्वों के कारण है। इस तरह का उपागम मार्क्स की पदावली में इतिहास का भौतिकवादी विवेचन है।

उत्पादन के तरीकों में निहित तत्वों को हम निम्न सूत्र में रखेंगे:

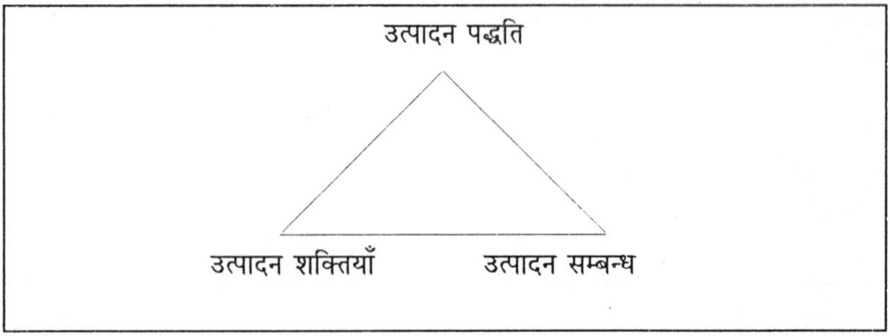

मार्क्स के सम्पूर्ण लेखन में उत्पादन तरीकों की व्याख्या बार-बार की गयी है। यह कहना अनुचित नहीं होगा कि मार्क्स के किसी भी सिद्धान्त को लें—द्वन्द्वात्मक भौतिकवाद, वर्ग संघर्ष, क्रांति, मनुष्य जाति की शोषण से मुक्ति सभी में उत्पादन के तरीकों का केन्द्रीय स्थान है। वास्तविकता यह है कि उत्पादन का तरीका भरण-पोषण को निश्चित करता हैं। प्रत्येक समाज में उत्पादन का तरीका समाज के सदस्यों की जीवन पद्धति को अभिव्यक्ति देता है। जैसी उत्पादन पद्धति होगी– खेती बाड़ी की या उद्योग की वैसी ही निश्चित जीवन-यापन की शैली होगी। जैसे लोग हैं वैसी अभिव्यक्ति करते है और वे कैसे हैं यह इस बात से निश्चित होता है कि उनके उत्पादन का तरीका क्या है। इस भांति प्रत्येक व्यक्ति का दर्पण उसके उत्पादन के तरीकों की दशा है।

यदि इतिहास की ईमानदारी के साथ परिक्रमा की जाय तो ज्ञात होगा कि नागरिक जीवन में लोगों के साथ हमारा जो भी व्यवहार है – अन्तः क्रियाएं हैं वे उत्पादन के तरीकों से जुड़ी हुई हैं या उत्पादन के तरीकों से सम्पन्न हुई हैं। अर्थात किसी भी इतिहास का आधार और राज्य की गतिविधियों का विवरण उत्पादन तरीकों पर निर्भर है। इस तरह इतिहास उत्पादन के तरीकों के सिद्धान्त से प्रारम्भ होता है और हमारी सामाजिक चेतना, धर्म, दर्शन, आचार और ऐसे कई सामाजिक सांस्कृतिक स्वरूप उत्पादन के तरीकों से जुड़े होते हैं। इतिहास को देखने का यह उत्पादनवादी संदर्भ परम्परागत इतिहास के एकदम भिन्न है। भौतिकवादी इतिहास मार्क्स आग्रहपूर्वक कहते हैं कि वास्तविक इतिहास है। मार्क्स कहीं पर भी इतिहास के वीर नायकों की गुणगाथा नहीं गाते, न ही वे उनकी कोई आलोचनात्मक टिप्पणी करते हैं। वे तो यह मानकर चलते है कि इतिहास के पहियों को ढकेलने वाली शक्ति और इस अर्थ में धर्म, दर्शन आदि के निर्माण के पीछे उत्पादन के तरीके हैं।

परम्परागत इतिहास वहाँ समाप्त हो जाता है जहाँ समाज के सदस्यों में *आत्म चेतना* (Self Consciousness) आ जाती है। मार्क्स के लिये इतिहास का यह अन्त बुर्जुआ और पूँजीवादी है। वे तो कहते है कि इतिहास का एक युग वहाँ समाप्त होता है जब एक प्रकार के भौतिकवादी सामाजिक सम्बन्ध समाप्त हो जाते हैं। इतिहास के गुलाम और सामन्ती युग भौतिक सम्बन्धों के परिणाम है। होता यह है कि व्यक्तियों के सामाजिक सम्बन्ध ऐतिहासिक रूप से बने होते हैं। *ये इतिहास द्वारा निर्धारित सामाजिक सम्बन्ध उत्पादन पद्धति से निर्मित होते हैं, और पीढ़ी दर पीढ़ी चलते रहते हैं।* उत्पादन पद्धति से बंधे हुए ये सामाजिक सम्बन्ध, रीति-रिवाज, परम्पराएँ और संस्कार एक पीढ़ी से दूसरी पीढ़ी को बिना किसी परिवर्तन के, ज्यों के त्यों हस्तान्तरित होते हों, ऐसा नहीं है। हर पीढ़ी बदलते हुए उत्पादन तरीकों के आधार पर नये सामाजिक सम्बन्धों और रीति-रिवाजों का सृजन करती है। उत्पादन तरीकों का यह दबाव इतिहास के प्रत्येक युग का एक विशिष्ट पहचान निश्चित करता है, अर्थात् जहाँ उत्पादन पद्धति इतिहास के एक युग या पीढ़ी की पहचान को निर्धारित करते हैं वही इसी युग की पीढ़ी स्वयं उत्पादन तरीको को भी बदलती है। जहाँ गुलाम युग ने यानी उत्पादन के साधनों के स्वामित्व ने गुलामों को अमानवीयता के स्तर पर धकेल दिया वही इन साधनों के बदलाव ने सामन्ती युग को जन्म दिया। इसलिये उत्पादन पद्धति जहाँ एक युग को उसका चरित्र देती है तो दूसरी ओर युग भी पद्धति में बदलाव लाता है।

आखिर आदमी की *मौलिकता* (Substance) क्या है, उसके जीवन का *सार*

(Essence) क्या है? इस प्रश्न का उत्तर परम्परागत इतिहास नहीं देता। यह इतिहास तो राजाओं, महाराजाओं, ड्योढ़ियों और रावलों तक आकर रुक जाता है। भौतिकवादी इतिहास की अवधारणा ठेठ जनजीवन की तह में पैठ जाती है और इतिहास का यही मूल आधार है। उत्पादन पद्धति अपने आकार और प्रकार में बहुत विशाल है। इसी के परिणामस्वरुप उत्पादन शक्तियाँ, *पूँजी* (Capital) और पूँजी सम्बन्ध निश्चित होते हैं।

प्रत्येक पीढ़ी अपने युग में उत्पादन पद्धति यानी उत्पादन शक्तियों और उत्पादन सम्बन्धों के साथ जूझती है। इस संघर्ष में पूंजीवाद सुदृढ़ होता है और इसकी इस सुदृढ़ता में ही इसकी कब्र खुदती रहती है। इस तरह यदि हम थोड़ी गहराई से देखें तो उत्पादन पद्धति में ही द्वन्द्व बना हुआ है। हमने पिछले पृष्ठों में कहा है कि द्वन्द्वात्मक भौतिकवाद ऐतिहासिक भौतिकवाद से भिन्न है। *यह अन्तर इस तरह है कि जब हम इतिहास के बदलाव को उत्पादन पद्धति के संदर्भ से देखते हैं तो यह इतिहास की भौतिकवादी अवधारणा है।* दूसरी और जब हम इतिहास के प्रत्येक उत्पादन के तरीकों के युग को द्वन्द्व के रूप में देखते हैं तो यह द्वन्द्वात्मक भौतिकवाद है। द्वन्द्वात्मक भौतिकवाद ऐतिहासिक भौतिकवाद की प्रक्रिया में निहित एक दूसरी प्रक्रिया है। ये दोनों प्रक्रियाएँ प्रत्येक युग में – गुलामी, सामान्तवादी और पूंजीवाद में समान रूप से काम करती हुई दिखायी देती है।

(2) ***उत्पादन शक्तियाँ*** *(Production Forces)*

मार्क्स के सभी सिद्धान्तों का आधार और विशेषकर के सामाजिक परिवर्तन की बुनियाद दो कुंजी अवधारणाएं हैं: (1) उत्पादन शक्तियाँ और (2) उत्पादन सम्बन्ध, जिन्हें *सम्पति सम्बन्ध* (Property Relation) भी कहते हैं। मार्क्स ने *क्रीटिक ऑफ पोलिटिकल इकोनोमी (Critique of Political Economy, 1859) में यह कहा है कि जब उत्पादन शक्तियों और उत्पादन सम्बन्धों में विसंगति आ जाती है तो इतिहास में क्रांति का सूत्रपात होता है। अतः उत्पादन शक्तियों की भूमिका युग परिवर्तन में बड़ा महत्व रखती है। यहाँ हम यह पुनः दोहरायेंगे कि उत्पादन शक्तियाँ उत्पादन तरीकों की एक अंग मात्र है और इसलिये ऐतिहासिक भौतिकवाद के एक तत्व के रूप में यहाँ हम उसकी मीमांसा करते हैं। मार्क्स उत्पादन शक्तियों की अवधारणा को क्रान्ति का सूत्र मानते हुए अपने राजनैतिक अर्थव्यवस्था के क्रिटिक में लिखते हैं:*

> अपने विकास की एक निश्चित सीमा तक पहुंचने पर भौतिक उत्पादन शक्तियाँ अपने समकालीन उत्पादन सम्बन्धों के विरोध में आ जाती हैं। यह विरोध सामाजिक क्रान्ति का सूत्रपात करता है। इसके परिणाम स्वरूप यानी आर्थिक बुनियाद में परिवर्तन आने से समाज की अधिसंरचना त्वरित गति से बदल जाती है।

उत्पादन शक्तियाँ क्या है? एक किसान हल, बैल से खेत जोतता है, रात और दिन खेत की रखवाली करता है, अपने हाथों से खरपतवार को हटाता है और फसल पक जाने पर हंसिया से फसल को काटता है। उत्पादन की यह शक्ति अब पुरानी हो गयी, परम्परागत मात्र है। इस शक्ति में ईजाफा हुआ। अब ट्रेक्टर से लोग हल बोवाई करते हैं। कीटनाशक दवाएं फसल को सुरक्षा देती है और इससे आगे थ्रेसर अनाज को भूसे से अलग कर देता है। यह उत्पादन शक्तियों में संशोधन है। मार्क्स का तर्क है कि उत्पादन पद्धति से विज्ञान और

तकनीकी जुड़े हुए हैं और इसलिये इन शक्तियों में आये दिन संशोधन होता रहता है। इसी अनुपात में उत्पादन सम्बन्धों में संशोधन या परिवर्तन नहीं आता। बाजार के नियंत्रण, व *सीमा शुल्क* (Tariffs) *कस्टमस* (Customs) आदि में इतनी तेजी से परिवर्तन नहीं आता। औद्योगिक पूंजीवाद में उत्पादन शक्तियों और उत्पादन सम्बन्धों में कभी-कभी तो गहरी खाई हो जाती है और यही पूंजीवाद की मृत्यु का संकेत है।

उत्पादन शक्तियाँ आदमी के प्रकृति के साथ सम्बन्धों (Man's Relation to Nature) को बताने वाली अवधारणा है। जिसे हम आज तकनीकी और वैज्ञानिक जानकारी कहते हैं, वही उत्पादन शक्तियाँ हैं। जब यूरोप में कृषि युग था और औद्योगिक क्रान्ति नहीं आयी थी तब उत्पादन शक्तियाँ सामान्य थी। औद्योगिक क्रान्ति ने भाप के अविष्कार को देखा और विशाल उत्पादन को बाजार में खड़ा कर दिया। ये उत्पादन शक्तियाँ समय दर समय अधिक विकसित और संशोधित होती गयी। उद्योग में आज स्वचालन (Automation) आ गया है। इस संदर्भ में, प्रश्न है: क्या उत्पादन शक्तियों की त्वरित गति से बढ़ने वाली यह क्षमता कहीं रूक जायगी?

उपर्युक्त प्रश्न के उत्तर में मार्क्स का एक तर्क है। उनका कहना है कि जब हम तत्कालीन *आवश्यकताओं* (Needs) की पूर्ति के लिये उत्पादन शक्तियों में वृद्धि करते हैं तब एक और प्रक्रिया समानान्तर रूप से चलती है। यह प्रक्रिया नयी आवश्यकताओं को पैदा करती है और फिर नयी उत्पादन शक्तियाँ आती हैं। इससे और आगे आवश्यकताओं में वृद्धि और शक्तियों में विकास। यह चक्र चलता रहता है और दूसरी ओर उत्पादन शक्तियों और सम्बन्धों के बीच की खाई अधिक चौड़ी होती चली जाती है। इसी कारण उत्पादन शक्तियों की वृद्धि पूंजीवाद की मृत्यु का संकेत है।

अर्थशास्त्र के संदर्भ में उत्पादन शक्तियाँ (Production Forces in Economic Theory) : यदि हम उत्पादन शक्तियों की भूमिका को सैद्धान्तिक दृष्टि से देखे, तो मार्क्स के बारे में हमें अधिक गहरी जानकारी प्राप्त होती है। मार्क्स को सामान्यतया अर्थशास्त्र की ऐतिहासिक विचारधारा का चिन्तक नहीं माना जाता। यदि समाज विज्ञानों के सिद्धान्त की परिपाटी में मार्क्स को कहीं रखना है तो उन्हें हीगेल का सीधा वारिस मानना चाहिये। हीगेल के आदर्शवाद और मार्क्स के भौतिकवाद में टकराव है, विरोध है फिर भी यह सभी स्वीकार करते हैं कि मार्क्स ने हीगेल की विचार पद्धति को अपनाया है। हीगेल की तरह मार्क्स ने इस ऐतिहासिक दर्शन को अपनाया कि मनुष्य के विकास की प्रक्रिया इकहरी है। जिसका रूझान एक निश्चित लक्ष्य को प्राप्त करना है। मार्क्स की यह विचारधारा हीगेल से भिन्न होते हुए भी अपने लक्ष्य और चरित्र में समान है।

अपने युग के प्रत्येक विज्ञान उद्विकासियों ने इस तथ्य को प्रतिपादित किया कि मनुष्य का विकास एक सीधी रेखा की तरह ऊपर चढ़ता जाता है। विकास की रेखा के पिछले भाग से आगे वाले भाग में परिमाणात्मक वृद्धि होती है। उद्विकासवादियों के इस तथ्य को मार्क्स और हीगेल दोनों ने स्वीकार नहीं किया। इनका कहना है कि परिमाण के प्रत्येक दौर में विकास होने की अपेक्षा द्वन्द्व होता है। इस प्रक्रिया में मार्क्स का तर्क है कि विकास की वृद्धि निरन्तर तो बनी रहती है, लेकिन प्रत्येक स्तर पर द्वन्द्व होता है। इस प्रक्रिया में पिछला विकास समकालीन विकास के साथ टकराव करता है और यह टकराव, उत्पादन शक्तियों की वृद्धि के कारण होता है।

यह कहना चाहिये कि अपने सिद्धान्त निर्माण में मार्क्स ने अर्थशास्त्र के *क्लासिकल फ्रेमवर्क* (Classical Framework) से मुख्य अवधारणाएं ली हैं लेकिन वे शास्त्र के इस क्लासिकल ढांचे से एकदम हट कर ऐतिहासिक सिद्धान्त पर आते हैं और कहते हैं कि विकास की परम्परा कुछ इस तरह चलती है कि इसका परिणाम पूंजीवादी व्यवस्था में होता है। यहाँ मार्क्स का बहुत बड़ा योगदान यह है कि वे यह स्थापित करने में सफल होते हैं कि इतिहास में उत्पादन शक्तियों के परिणामस्वरूप विकास की सम्पूर्ण प्रक्रिया में द्वन्द्व पैदा हो जाता है।

क्लासिकल अर्थशास्त्रियों और कार्ल मार्क्स में उत्पादन शक्तियों के संदर्श में एक और बड़ा अन्तर है। क्लासिकल अर्थशास्त्री अपने सिद्धान्त का आधार आनुभविकता मानते हैं। इस आधार पर मार्क्स कोई प्रश्न चिन्ह नहीं रखते। इसे वे स्वीकार करते हैं। लेकिन ये क्लासिकल अर्थशास्त्री जब अर्थव्यवस्था में उत्पादन, विनिमय, बाजार और उपभोग जैसे संस्थाओं की चर्चा करते है तो मार्क्स इन्हें नकारते हैं। मार्क्स का कहना है कि बाजार में उत्पादन इकाइयों की एकाधिकता में प्रतियोगिता होती है। इस तथ्य पर मार्क्स अधिक जोर देते हैं। यहाँ मार्क्स माल्थस के अधिक निकट है जब माल्थस यह कहते है कि "समाज में मालिक और श्रमिकों का श्रम विभाजन होता है।" इसका मतलब हुआ उद्योग की बुनियादी व्यवस्था में अपने हितों को लेकर संघर्ष होता है। यह संघर्ष पूंजीवादी उद्यम में होता है। माल्थस का यह संघर्ष मार्क्स का वर्ग संघर्ष है।

मार्क्स की उत्पादन शक्तियों की व्याख्या इस तरह तत्कालीन क्लासिकल आर्थिक विचारधारा के संदर्भ में की जाय तो यह बहुत स्पष्ट हो जाता है कि मार्क्स के लिये सम्पति का स्वामित्व और उत्पादन शक्तियों की भूमिका महत्वपूर्ण है। आर्थिक संगठन में उत्पादन शक्तियाँ इतनी ताकतवर होती हैं कि वे वर्ग संघर्ष को पैदा करती है। एक क्रान्तिकारी वर्ग संघर्ष को द्वन्द्वात्मक भौतिकवाद कहते हैं। यह द्वन्द्वात्मक भौतिकवाद और उत्पादन शक्तियाँ इतिहास के प्रत्येक मोड़ पर देखी जा सकती है।

(3) ***उत्पादन सम्बन्ध*** *(Production Relation)*

हमने इस अध्याय के प्रारम्भ में कहा है कि जब मार्क्स ऐतिहासिक भौतिकवाद की व्याख्या करते हैं तो वे इतिहास को उत्पादन के तरीकों के संदर्भ में देखते हैं। उत्पादन के तरीकों का एक अंग, उत्पादन शक्तियों के अतिरिक्त उत्पादन संबंध है। उत्पादन सम्बन्ध *केवल आर्थिक सम्बन्धों तक ही सीमित नहीं है। वास्तव में आर्थिक सम्बन्ध सम्पूर्ण सामाजिक संरचना से जुड़े होते हैं*। उत्पादन के तरीकों में यानी उत्पादन शक्तियों और सम्बन्धों के बीच में जो *विरोध* (Contradiction) है, वही सामाजिक सम्बन्धों में भी परिलक्षित होता है। उत्पादन सम्बन्ध और सामाजिक संरचना के इस गठजोड़ की व्याख्या करते हुए मार्क्स लिखते है:

> अपने जीवन के सामाजिक उत्पादन के क्षेत्र में व्यक्ति कुछ ऐसे निश्चित सम्बन्धों के साथ जुड़ता है जो उसके लिये अपरिहार्य है, ये सम्बन्ध स्वतन्त्र हैं और इन पर व्यक्ति की कोई मर्जी नहीं चलती। ये सम्बन्ध भौतिक उत्पादन के विकास की अवस्था से मेल खाते हैं। उत्पादन के ये सभी सम्बन्ध मिल जुल कर, आर्थिक संरचना को बनाते हैं जो कि समाज का वास्तविक आधार है और जिस पर कानूनी और राजनैतिक अधिरचना बनती है।

वास्तव में, उत्पादन सम्बन्धों और उत्पादन शक्तियों के बीच में जो विरोध है वही इतिहास को आगे ले जाता है। जब मार्क्स उत्पादन-शक्तियों की चर्चा करते हैं तो *उनका तात्पर्य उत्पादन साधनों और श्रम शक्ति से होता है*। जहां उत्पादन शक्तियों में मशीनें और श्रम शक्ति में विकास और बदलाव आते हैं, वहाँ उत्पादन सम्बन्धों में मालिक और मजदूर के सम्बन्ध होते हैं।

उत्पादन सम्बन्धों का अर्थ (Meaning of Production Relations)

मार्क्स ने उत्पादन सम्बन्धों को पूंजीवादी व्यवस्था में देखा है। इस व्यवस्था में उत्पादन शक्तियों पर व्यक्तियों या कोर्पोरेशन का मालिकाना स्वामित्व होता है। यहाँ बुर्जुआ या पूंजीपति उत्पादन के साधनों का स्वामी होता है और *सर्वहारा* (Proletariat) केवल अपने श्रम का स्वामी होता है। *लारेन्स हेरिस* (Laurence Harris) ने उत्पादन सम्बन्धों की व्याख्या विस्तृत रूप में की है। वे कहते हैं कि आर्थिक स्वामित्व कानूनी स्वामित्व से भिन्न है। जिसके पास कानूनी स्वामित्व है यानी जो उत्पादन के साधनों का वास्तविक मालिक है, वही उत्पादन शक्तियों पर नियंत्रण रखता है। यदि कानूनी अर्थ में देखे तो मजदूर भी उत्पादन के साधनों का स्वामी है। यह इसलिये कि वह जो पगार या वेतन लेता है, भविष्य निधि या पेन्शन उठाता है वह कम्पनी के शेयर का एक अंग ही है। इस अर्थ में कामगार भी अप्रत्यक्ष रूप से उत्पादन के साधनों का मालिक है। इस स्वामित्व के होते हुए भी कामगार उत्पादन शक्तियों पर नियंत्रण नहीं रखते। उनकी मर्जी से न तो कारखाना बन्द होता है और न खुलता है। कामगार कितना और कैसा उत्पादन होना चाहिए उसे भी निर्धारित नहीं करते। अतः वे कारखाने के अप्रत्यक्ष लेकिन कानूनी मालिक होकर भी नियंत्रण शक्ति अपने पास नहीं रखते।

मार्क्स की उत्पादन शक्तियों की व्याख्या बराबर विवादास्पद रही है। अपनी विचारधारा में मार्क्स ने इसे बराबर प्रस्तुत किया है। उदाहरण के लिये एक स्थान पर मार्क्स कहते हैं कि उत्पादन के तरीकों के साथ उत्पादन शक्तियाँ और उत्पादन सम्बन्ध मेल खाते हैं। यह मेल उत्पादन सम्बन्धों और इसी तरह कानूनी, वैचारिक और अन्य सामाजिक सम्बन्धों का होता है। यह मेल तब तक बना रहता है जब उत्पादन शक्तियाँ, प्राथमिक होती है। इस प्राथमिक अवस्था में उत्पादन शक्तियाँ उत्पादन सम्बन्धों को निर्धारित करती है और इसी तरह ये शक्तियाँ अधिरचना का भी सृजन करती हैं। ऐतिहासिक विकास में इस भांति उत्पादन तरीके, उत्पादन-शक्तियाँ और उत्पादन सम्बन्ध जुड़े होते हैं। बहुत स्पष्ट बात यह है, मार्क्स का तर्क है, जब उत्पादन शक्तियों में विकास होता है तो परिणामस्वरूप उत्पादन सम्बन्धों में विरोध आता है। इस विरोध के परिणामस्वरूप मौजूदा उत्पादन का तरीका टूट जाता है और इसी तरह अधिसंरचना भी बिखर जाती है। इस संदर्भ में मार्क्स की ऐतिहासिक भौतिकवादी अवधारणा में उत्पादन सम्बन्धों की भूमिका निर्णायक है।

उत्पादन सम्बन्धों की मुख्य विशेषताएं (Main Characteristics of Production Relations)

इतिहास की भौतिकवादी अवधारणा में मार्क्स इतिहास के विभिन्न युगों को उत्पादन शक्तियों और उत्पादन सम्बन्धों के फेर बदल के संदर्भ में देखते हैं। मार्क्स ने जो कुछ

उत्पादन तरीकों पर लिखा है, यदि उसे समग्र रूप में रखा जाय तो कुछ ऐसी विशेषताएं है, जो उत्पादन सम्बन्धों को केन्द्रीय स्थान प्रदान करती हैं। ये विशेषताएं इस प्रकार हैं:

(1) **श्रम विभाजन** (Division of Labour): इतिहास के जिस पड़ाव या मोड़ पर उत्पादन शक्तियों की वृद्धि के साथ, उत्पादन सम्बन्ध बदलते हैं, तो समाज में तुरन्त श्रम विभाजन प्रारम्भ हो जाता है। आदिवासियों को ही लें, कुछ समय पहले तक सामाजिक मानवशास्त्री यह कहते रहे कि आदिवासी समाज में कोई गैर-बराबरी नहीं होती। लेकिन जैसे ही आदिवासियों में आधुनिकीकरण, सामुदायिक विकास, संचार साधन, राजनीतिकरण का प्रार्दुभाव हुआ, उनमें गैर बराबरी आयी। यह गैर बराबरी श्रम विभाजन है। जैसे-जैसे समाज में उत्पादन सम्बन्ध जटिल होते है, वैसे-वैसे श्रम विभाजन भी जटिल होता जाता है। आज हमारे देश में गाँवों की तुलना में शहरों में श्रम विभाजन अधिक है। यह इसलिये कि शहरों में औद्योगीकरण, आधुनिकीकरण की प्रक्रियाएं प्रारम्भ हो गई। ये इसलिये आये हैं कि इन शहरों में उत्पादन-शक्तियाँ अधिकतम विकसित हैं और इससे उत्पादन सम्बन्ध भी बहुमुखी हो गये हैं। अतः जितनी उत्पादन शक्तियाँ बढ़ेगी, उत्पादन सम्बन्धों के आयाम भी बढ़ेगें और इस सबका परिणाम श्रम विभाजन में देखने को मिलेगा। ऐसे समाजों में *सामाजिक संरचना* (Social Formation) भौतिकवादी हो जाती है।

(2) **व्यक्तिगत सम्पति और शोषण का उद्‌गम**: उत्पादन सम्बन्धों की एक सुर्खी और है। औद्योगिक और पूंजीवादी समाज में मालिक तथा कामगार के बीच में यानी पूंजी और श्रम में दुराव आ जाता है, खाई पड़ जाती है। होता यह है कि जैसे-जैसे कामगार मेहनत करते हैं, उनका विभिन्न तरीकों से शोषण होता है। परिणामस्वरूप सम्पति और व्यक्तिगत पूंजी में वृद्धि होती है। इस भांति उत्पादन सम्बन्धों का सीधा सम्बन्ध पूंजीवाद के विकास और शोषण से जुड़ा है।

(3) **श्रमिकों में अलगाव** (Alienation): पूंजीवाद के विकास के साथ कामगारों में यह सामाजिक चेतना आने लगती है और मजेदार बात यह है कि ज्यों-ज्यों पूंजीवाद बढ़ता है, सामाजिक चेतना भी तीव्र होती जाती है कि कारखानें में जो कुछ पैदा होता है उससे मालिक की पूंजी में वृद्धि होती है। कामगार तो बेचारा मंथरा की शब्दावाली में "चेरि छोड़ि न होऊ रानी" की स्थिति में बना रहता है। बहुत हुआ तो उसकी झोली में बोनस के रूप में कुछ धेले आ जायेगें। उत्पादन सम्बन्ध इतने दबावपूर्ण हो जाते हैं कि कामगार तो मात्र मालिक का दास बन जाता है। उसका श्रम तो केवल मालिक की व्यक्तिगत सम्पति और लाभ को बढ़ाने में लग जाता है। वह तो मशीन के एक दांते की तरह हो जाता है जो चक्कर ही काटता रहता है। उत्पादन सम्बन्धों की यह तीव्रता कामगार में कारखाने के प्रति अलगाव पैदा कर देती है।

(4) **पूंजीवादी अवस्था** : अपनी सम्पूर्ण कृतियों में मार्क्स ने उत्पादन शक्तियों और उत्पादन सम्बन्ध की व्याख्या भौतिक दृष्टिकोण से रखी है। उनका विश्लेषण है कि समाज का विकास उद्विकास पद्धति से होता है। यह उत्पादन सम्बन्ध ही है जो उत्पादन शक्तियों के गठजोड़ से समाज को पूंजीवादी अवस्था तक पहुंचाते हैं।

(5) **उत्पादन सम्बन्धों के माध्यम से सामाजिक सांस्कृतिक अभिव्यक्ति** : मार्क्स के बारे में हमारी यह धारणा दोष पूर्ण होगी कि मार्क्स सामाजिक, और सांस्कृतिक सम्बन्धों के बारे में कोई उल्लेख नहीं करते। वास्तविकता यह है कि मार्क्स ने विभिन्न कलाओं, भाषाओं,

लोक नृत्यों, लोक-साहित्य आदि कि चर्चा की है। उनके सैद्धान्तिक परिवेश से कोई अछूता नहीं है। लेकिन इसमें एक अन्तर है। मार्क्स कहते हैं कि आदमी में किसी भी भाषा के बोलने और प्रयोग में लाने की क्षमता होती है, उसमें विचार करने की शक्ति होती है और इससे आगे आदमी यह भी क्षमता रखता है कि अपने चतुर्दिक वातावरण में भी बदलाव ला सके। सत्य तो यह है कि व्यक्ति का चिंतन-मनन, पहनना, ओढ़ना, खाना-पीना आदि ही नहीं एक तरह से सम्पूर्ण जीवन पद्धति ही उत्पादन सम्बन्धों के साथ मेल खाती है। उत्पादन शक्तियों और सम्बन्धों को बदल दीजिये और परिणाम स्वरूप देखिये कि सम्पूर्ण कला संसार, संगीत, नाटक, साहित्य और जीवन शैली बदल जाते हैं।

(6) **इतिहास में मोड़** : उत्पादन सम्बन्ध इतिहास को बनाते हैं, उसे नयी दिशा देते हैं। जब लोग सक्रिय होकर अपनी भौतिक दशाओं (Material Conditions) में परिवर्तन लाते हैं तो नये युग का संचार होता है। आज तीसरी दुनियाँ के देशों ने जहां-जहां सिंचाई के बांध, बड़े-बड़े कारखाने, संचार साधनों का जाल, आवागमन, सुविधाएं आदि तैयार किये हैं यानी भौतिक दशाओं में अन्तर किया है एक नया युग आया है: आधुनिक युग का। इससे आगे भी उन्नत देशों में जहां कम्प्यूटर विज्ञान या अन्य भौतिक क्षेत्रों में क्रान्तिकारी परिवर्तन हुए हैं एक और युग आया है–*उत्तर आधुनिक युग* (Post Modern Period) इस सबका मतलब हुआ, जब भौतिक स्थितियों की पुनः संरचना होती है, इतिहास में एक नया मोड़ आता है।

(7) **मनुष्य का उद्धार** : मार्क्स जब मनुष्य जीवन के सम्पूर्ण इतिहास को भौतिक सम्बन्धों की दृष्टि से देखते हैं तो उनका केन्द्र बिन्दु आदमी या मनुष्य जाति होना है। इस संसार का एक मात्र *सार* (Essance) मनुष्य है, और वह चाहे किसी देश का नागरिक हो, उसे शोषण से मुक्त करना है। मुक्ति या उद्धार का यह लक्ष्य मार्क्स के सिद्धान्त का केन्द्रीय लक्ष्य है। वे चाहते थे कि मनुष्य शोषण से मुक्त होकर स्वतन्त्र जीवन बिताये।

उपसंहार

मार्क्स सैद्धान्तिक संदर्भ में *प्रत्यक्षवादी* (Positivist) विचारक थे। उन्होंने अपनी अध्ययन विधि का आधार इतिहास की भौतिकवादी अवधारणा को बनाया। ऐतिहासिक भौतिकवाद में वे मुख्य रूप से उत्पादन पद्धतियों पर अपने सिद्धान्त को केन्द्रित करते हैं। अपने आकार, और विस्तार में उत्पादन पद्धतियां जो कि ऐतिहासिक भौतिकवाद की आधार हैं, दो प्रक्रियाओं को सम्मिलित करती हैं:

उत्पादन शक्तियाँ और उत्पादन सम्बन्ध। मानव जाति का इतिहास मार्क्स का तर्क है, राजा-रानी, ठाकुर, जागीरदार के इर्द गिर्द नहीं घूमता। ऐसा इतिहास व्यक्ति और स्थान केन्द्रित है। उनका तो कहना है कि इतिहास का सम्पूर्ण उलट-फेर भौतिकवादी है। इतिहास की इसी अवधारणा को हमने आदिम साम्यवादी अवस्था से लेकर दास स्वामित्व, सामान्त, पूंजीवाद और समाजवाद के संदर्भ में अगले अध्याय में देखा है।

बदलती उत्पादन पद्धतियां: आदिम साम्यवाद से समाजवाद तक (Changing Modes of Production: From Primitive Communism to Socialism)

इतिहास की भौतिकवादी अवधारणा इतिहास के परिवर्तन को उत्पादन पद्धति की दृष्टि से देखती है। होता यह है कि एक युग में जो उत्पादन शक्तियाँ और उत्पादन सम्बन्ध होते हैं

उनमें विरोध होना प्रारम्भ होता है। उसी स्थिति में एक छोटी-मोटी लड़ाई या क्रान्ति होती है और परिणामस्वरूप नये उत्पादन सम्बन्ध पैदा होते हैं। लोग यह सोचने लगते हैं: उनमें एक तरह की वैचारिकी आती है कि किसी तरह यह संघर्ष समाप्त होना चाहिये। जब यह संघर्ष होता है तो इसकी परिणिति उत्पादन शक्तियों के पक्ष में होती है और तब इतिहास का दूसरा भौतिकवादी युग प्रारम्भ होता है। *इस भांति एक युग दूसरे युग से उत्पादन तरीकों से अर्थात् उत्पादन शक्तियों और उत्पादन सम्बन्धों की दृष्टि से भिन्न होता है।*

मार्क्स ने सम्पूर्ण यूरोप के इतिहास को उत्पादन के विभिन्न तरीकों के आधार पर बांटा है। भारत में जब परम्परागत इतिहासकार इतिहास को युगों में बांटते हैं तो कहते हैं शुरू में प्रागेतिहासिक युग था, फिर प्राचीन भारत, फिर मध्यकालीन भारत, इसके आगे ब्रिटिश भारत और तब स्वतन्त्र भारत। परम्परागत इतिहास का यह काल विभाजन राजाओं-महाराजाओं और नायकों के आधार पर है। मार्क्स तो इतिहास का इस तरह का अभिजनपरक विभाजन स्वीकार नहीं करते। उनका काल विभाजन या युग परिवर्तन उत्पादन साधनों और उत्पादन शक्तियों के आधार पर होता है। जब एक युग में उत्पादन शक्तियों और सम्बन्धों में संघर्ष होता है तो परिणामस्वरूप नया युग आता है। इस तरह उत्पादन के तरीकों के आधार पर मार्क्स ने इतिहास को पांच युगों में विभक्त किया है। जो निम्न प्रकार है:

(1) आदिम साम्यवादी अवस्था (Primitive Communism Stage)
(2) दास-स्वामित्व अवस्था (Slavery Stage)
(3) सामन्तवादी अवस्था (Feudal Stage)
(4) पूंजीवादी अवस्था (Capitalist Stage)
(5) समाजवादी अवस्था (Socialist Stage)

इसकी अंतिम परिणिति *साम्यवादी अवस्था (Communism) है।*

मार्क्स ने उत्पादन के तरीकों के आधार पर संसार के इतिहास को उपर्युक्त पांच श्रेणियों में रखा है। भौतिकवादी इतिहास की इस अवधारणा को, एस.ए. डांगे ने भारतीय इतिहास पर अपनी पुस्तक *इण्डिया फ्रॉम प्रिमिटिव कम्युनिज़म टू स्लेवरी* (India from Primitive Communism to Salvery, 1972) में व्याख्यात्मक रूप में रखा है। शायद अपने प्रकार का यह पहला प्रयास है। अपने अध्ययन के प्रारम्भ में डॉगे कहते हैं कि इतिहास के एक युग से दूसरे युग में अपने पर आदमी का विकास हो जाता है, उसका रहन-सहन और विचार पद्धति तरक्की कर जाते हैं। एक युग से दूसरे युग के सूत्रपात के लिये आदमी को क्रांति और संघर्ष करने पड़ते हैं। उदाहरण के लिये जब हम इतिहास के पहले भौतिकवादी युग को यानी आदिम समुदायी युग को देखते है तो ज्ञात होता है कि कम से कम हमारे देश में, *इस युग में (1) समाज में कोई वर्ग नहीं थे, (2) किसी के पास व्यक्तिगत सम्पति नहीं थी, (3) कहीं भी समाज में वर्ग संघर्ष नहीं था, (4) कोई भी गरीब-अमीर नहीं था और इससे आगे, (5) कोई राज्य नहीं था।*

जैसे ही इस युग में उत्पादन के साधनों में विकास हुआ, व्यक्तिगत सम्पति आयी, वर्ग बने, तब इन वर्गों के बीच में संघर्ष हुआ। यह दास युग की कहानी है। *इसी कारण मार्क्स कहते हैं कि अब तक के सभी समुदायों का इतिहास वस्तुतः वर्ग संघर्ष का इतिहास है।* दास युग के बाद सामन्तवादी और पूंजीवादी युग आये। इन दोनों युगों में उत्पादन शक्तियों का

अधिकतम विकास हुआ, सामाजिक सम्बन्ध जटिल हुए और पूंजी का संचय बढ़ा। पूंजीवाद के बाद मार्क्स अपने सिद्धान्त के तर्क को आगे बढ़ाते है और कहते हैं कि इस युग में भी उत्पादन के तरीकों में आशातीत परिवर्तन आयेगा और फिर क्रान्ति होगी।

इस द्वन्द्व के परिणामस्वरूप समाजवाद आयेगा। समाजवादी युग में मनुष्य अपने भाग्य का पूरी तरह से मालिक बन जायेगा। इतिहास एक प्रकार से अंधा हो जायेगा, अपनी आंखें मूंद लेगा और वर्ग तथा राज्य हमेशा के लिये खत्म हो जायेगें।

आदिभ समुदायी युग के बाद उत्पादन के तरीकों के संदर्भ में भारत में दास-स्वामित्व युग आता है, इस युग को डॉगे वर्णाश्रम व्यवस्था अर्थात वैदिक युग के बाद से मानते हैं। वर्णाश्रम व्यवस्था में व्यक्तिगत सम्पति का उद्‌गम हो चुका था। इतिहास के इस युग में जो भी राज्य थे, वे दास-स्वामित्व के राज्य थे। इस युग के बाद जैसा कि रामशरण शर्मा अपनी पुस्तक *इण्डियन फ्यूडेलिजम* (Indian Feudalism, A.D. 300-1200, 1980) में कहते हैं, सामन्तवादी युग आया। रामशरण शर्मा इस युग का प्रारम्भ उत्तर मौर्यकाल और विशेष करके गुप्त काल से मानते हैं। इसी सामन्ती युग में आगे चलकर दिल्ली सल्तनत और मुगल काल आये। और फिर उपनिवेशवाद और देशी रियासतों की सामन्तवादी व्यवस्था रही। इस युग के मध्य में ही अर्थात् 19 वीं शताब्दी के प्रारम्भ से उत्पादन शक्तियों में अत्यधिक विकास हुआ। इस प्रक्रिया ने पूंजीवाद को अधिक सशक्त किया। यहाँ आकर डॉगे कहते हैं कि पूंजीवाद और कामगारों में अंतिम लड़ाई होगी और तब समाजवादी युग का सूत्रपात होगा।

हमने उत्पादन के तरीकों के आधार पर इतिहास के पांच युगों का एक मोटा विवेचन सरसरी रूप में रखा है। अगले पृष्ठों में इस विवरण को हम थोड़ा विस्तार से रखेगें। हमारी धारणा यह है कि जब-जब उत्पादन के साधनों और सम्बन्धों में द्वन्द्वात्मक भौतिकवाद के कारण संघर्ष, युद्ध और क्रान्ति हुई है, इतिहास अवश्य बदला है।

आदिम साम्यवादी अवस्था (Primitive Communism Stage)

यूरोप में आदिम साम्यवाद के कई वर्षों पहले प्रारम्भ हो गया था। इसमें लोग कबीलों में घूमते थे, मिल जुलकर शिकार करते थे और इस तरह साम्यवादी तरीके से जीवन यापन करते थे। *जान बैटी* ने अपनी पुस्तक *अदर कलचर्स* (Other Cultures) में अफ्रीका के कबीलों का उल्लेख किया है जहाँ न राज्य था और न सरकार। डॉगे ने आदिम साम्यवाद की व्याख्या हमारे देश में वैदिक काल से की है। वैदिक काल में लोग एक साम्यवादी समुदाय की तरह रहते थे। उनमें सामुदायिक श्रम किया जाता था और उपभोग भी सामुदायिक था। इस युग में कोई श्रम विभाजन नहीं था– वर्णाश्रम व्यवस्था नहीं थी और लोग मातृसत्तात्मक परिवार के हामी थे। समुदाय में न तो राजा था न उसकी फौज, न ही पुलिस और न ही कोई अन्य कर प्रणाली। वैदिक साहित्य में डॉगे कहते हैं साम्यवादी समाज के ये सब लक्षण पाये जाते हैं। यह हिन्दू आर्य समाज था जिसमें *यजन* (Yajna) व्यवस्था थी। डॉगे ने यजन पद की व्याख्या की है। वास्तव में *यजन* एक शब्द न होकर वाक्य है। यह वाक्य *य, ज, और न,* से बना है। *य* का तात्पर्य है *आपस में एक दूसरे से मिलना, ज का अर्थ वस्तुओं का उत्पादन करना और प्रजनन करना, और न क्रिया है। इस तरह यजन वाक्य का मतलब हुआ आपस*

में एक दूसरे से मिलना तथा सामूहिक रूप से उत्पादन के तरीकों को संगठित करना तथा सन्तानोत्पति करना।

वैदिक काल में सम्पूर्ण व्यवस्था यजन के मुहावरे से नियंत्रित होती थी। विवाह को भी सामूहिक रूप में देखा जाता था। पुरुष और स्त्री के सम्बन्ध वैवाहिक सम्बन्ध होते हुए भी लिंग के सम्बन्ध थे जो सामूहिक थे। वैदिक युग की इस आदिम साम्यवादी व्यवस्था में उत्पादन सम्बन्ध और शक्तियाँ बड़े ही अपरिपक्व (Crude) अवस्था में थे। इसी कारण इनमें न वर्ग थे, न व्यक्तिगत सम्पति और न किसी प्रकार का भौतिकवादी द्वन्द्व।

दास-स्वामित्व अवस्था (Slavery Stage)

मार्क्स ने इतिहास के भौतिकवाद की दूसरी अवस्था गुलामों या दासों के स्वामित्व की पायी है। इस अवस्था में उत्पादन का तरीका और उत्पादन सम्बन्ध दोनों में खाई आनी प्रारम्भ हो गयी। अब साम्यवादी समुदाय या श्रम विभाजन के आने से दास अवस्था में आ गये। इस अवस्था में आकर एक नया *अभिजन तन्त्र* (Aristocracy) विकसित हुआ। इसमें अभिजन जहां एक ओर उत्पादन साधनों के स्वामी बने गये, वहीं श्रमिकों पर भी उनका स्वामित्व स्थापित हो गया। ये श्रमिक दास थे। ऐसे ही जैसे हमारे यहां आज भी बंधुआ मजदूर होते हैं। इतिहास में उत्पादन सम्बन्धों का यह स्वरूप उत्पादन शक्तियों के विकास के स्तर के द्वारा निर्धारित हुआ। यह स्तर उत्पादन के लिये और शोषण पैदा करने के लिये काफी ऊंचा था, लेकिन साथ ही इतना नीचा भी था कि श्रमिकों का शोषण केवल उनके उपभोग को न्यूनतम बनाकर ही किया जा सकता था। इस उत्पादन व्यवस्था में साम्यवादी समुदाय के सहयोग और पारस्परिक सहायता के सम्बन्ध समाप्त हो गये। इस नयी व्यवस्था में मालिक दासों के स्वामी हो गये। दासों के सम्बन्ध शोषण के सम्बन्ध थे। मतलब यह हुआ कि समाज का एक भाग जो *अभिजात* (Aristocrate) था उसका दूसरे भाग यानी दासों पर प्रभुत्व स्थापित हो गया।

इस तरह का *अभिजन तन्त्र* (Aristocracy) मार्क्स कहते हैं दुनियां के कई भागों में था। उदाहरण के लिये यूनान, रोम, टयूटोन आदि में इस तरह की व्यवस्था लम्बी अवधि तक चली। अभिजन समाज का जीवन वैभवपूर्ण था, शान-शौकत से भरा था, रोमांस और सैक्स से ओत-प्रोत था। समाज में जो श्रम विभाजन था वह दो वर्गों का था–स्वामी और दास समाज के विकास की इस अवस्था में दासों का शोषण करने के लिये, उन पर बल प्रयोग चलाने के लिये सेना, अदालतें, प्रशासनिक तन्त्र, राज्य और कानून का अर्विभाव हुआ। सामाजिक चेतना में भी आमूल परिवर्तन आये। शोषकों के बीच शारीरिक श्रम के प्रति नफरत फैलने लगी, क्योंकि वे इसे नीचे लोगों का काम मानते थे। दिलचस्प बात यह है कि उस समय के दार्शनिकों और वैचारिकों ने भी सिद्धान्त रूप से यह स्थापित करने का प्रयत्न किया कि सामाजिक व्यवस्था में दासों का निम्न स्थान उचित और तार्किक हैं।

दास-स्वामित्व वाले समाज में उत्पादन सम्बन्धों ने कुछ हद तक उत्पादन शक्तियों के विकास को आगे बढ़ाने में मदद की। यह दासों के श्रम से ही था कि बड़ी परियोजनाएं अर्थात् नहरों, विशाल भवनों, सड़कों आदि का निर्माण हो सका। दास अवस्था में आकर श्रम का नया विभाजन हुआ। इस विभाजन में बौद्धिक श्रम, शारीरिक श्रम से अलग हो गया।

डांगे ने हमारे देश में दास-स्वामित्व युग की चर्चा की है। उनके अनुसार यहाँ वैदिक युग के बाद जब वर्णाश्रम व्यवस्था चली, दास-स्वामित्व युग प्रारम्भ हुआ। उनका अनुमान है कि ईसा से 3000 वर्ष पूर्व से 2000 वर्ष पूर्व तक हमारे यहाँ दास व्यवस्था थी। यहाँ गणराज्य बने। इन राज्यों को प्रजातांत्रिक कहते हैं, लेकिन डांगे के अनुसार वस्तुतः ये प्रजातंत्र *सैनिक* (Military) प्रकृति के थे और इनका दायरा समाज के उच्च वर्गों, धनिकों और अभिजन तक सीमित था। इस युग में डांगे का कहना है कि सम्पत्ति का विकास हुआ और ये गण वस्तुतः उच्च वर्ग के प्रभुत्व में थे। सामन्त अवस्था के आने से पहले भारत का यह समाज दो भागों में बंट गया था : धनिक वर्ग और दास वर्ग। धनिक वर्ग के पास प्रचुर पशुधन था, कृषि थी और पर्याप्त मात्रा में हुनर थे। उत्पादन के इन साधनों ने अभिजन की सम्पत्ति को बढ़ा दिया और दास केवल पतित और निराश्रित होकर रह गये। इस अवस्था में गणराज्यों में उत्पादन के साधनों को लेकर द्वन्द्व उत्पन्न हो गया : एक गण का दूसरे गण के साथ युद्ध शुरू हो गया। महाभारत का युद्ध इसी गणों के युद्ध का अच्छा दृष्टांत है। डांगे का अनुमान है कि महाभारत का युद्ध ईसा पूर्व 2000-1500 वर्ष पहले हुआ। यह युद्ध दास-स्वामित्व अवस्था का है।

परम्परागत इतिहासकारों ने हमारे देश में राजाओं-महाराजाओं के बारे में बहुत कुछ लिखा है। दास-स्वामित्व युग के मौखिक रिकार्ड पर जो कुछ इन इतिहासकारों ने लिखा है संसार भर के इतिहास में अद्वितीय है। महाभारत युग महाकाव्यों का युग कहलाता है। इस युग में सम्पत्ति का वैयक्तिक स्वामित्व आया, वर्ग बने, वर्ग संघर्ष हुए और परिवार तथा राज्य का उद्‌गम हुआ। परम्परागत इतिहासकारों ने और डांगे की पदावली में कहें तो बुर्जुआ इतिहासकारों ने इस युग के हिन्दू रुढिवादी परम्परा और गौरव पर दिल खोलकर लिखा है। लेकिन न तो किसी परम्परागत इतिहासकार ने और न ही मार्क्सवादी इतिहासकार ने यह जानने और लिखने की कोशिश की कि दास स्वामित्व युग में उत्पादन साधनों, शक्तियों और सम्बन्धों की प्रकृति कैसी थी ?

दास कौन थे ? (Who Were Slaves?)

डांगे ने दासों की भूमिका और हिन्दू सामाजिक व्यवस्था में इनके स्थान पर अपनी पुस्तक में विस्तृत विवरण दिया है। अपने निष्कर्षों को उन्होंने महाकाव्यों और ब्राह्मणों से प्रमाणित किया है। पुरुष सूक्त में कहा गया है कि प्रारम्भ में तीन वर्ण थे बाद में शुद्र वर्ण का उद्‌गम हुआ। सैद्धान्तिक रूप से यद्यपि एक वर्ण से दूसरे वर्ण में प्रवेश खुला था लेकिन व्यावहारिक रूप से किसी भी व्यक्ति के लिये वर्ण बदलना बहुत कठिन था। अपवाद रूप में ही क्षत्रिय वर्ण का व्यक्ति ब्राह्मण वर्ण में प्रवेश पा सकता था। शुद्र वर्ण के व्यक्ति का ऊपर के वर्ण में पहुंचना असंभव था। बाद में चलकर वर्ण व्यवस्था इतनी रूढिग्रस्त हो गयी कि ब्राह्मण और क्षत्रिय ही अभिजन बन गये और वैश्यों को भी शुद्र वर्ण में धकेल दिया गया।

जब हम दासों की पहचान उत्पादन सम्बन्धों के संदर्भ से देखते हैं तो डांगे के अनुसार शुद्र वर्ण ही दास वर्ग था और सभी वर्ण अपने परम्परागत व्यवसायों को करते थे, लेकिन शुद्रों का व्यवसाय उच्च वर्णों की सेवा करना मात्र था। इसके अतिरिक्त वे व्यवसाय जो *अपवित्र* (Polluted) थे उन्हें इन शुद्रों या दासों को करना पड़ता था। मरे हुए जानवरों की

खाल खींचना, मेले को सर पर ढोना, गाँव के छोर पर सबसे अलग-थलग रहना, किसी भी सम्पत्ति पर अपना अधिकार नहीं होना, ये सब लक्षण थे जो इन दासों को उच्च वर्णों से पृथक करते थे।

इधर व्यक्तिगत सम्पत्ति के आविर्भाव से समुदाय के परिवार जो सामूहिक हुआ करते थे टूटने लगे, घर बार बिखरने लगें और साम्यवादी सामुदायिक परिवारों के स्थान पर एकाकी परिवारों का निर्माण हुआ, उत्तराधिकार के नियम बदल गये और भूमि को उत्पादन का सबसे बड़ा साधन समझा जाने लगा। उत्पादन के साधनों में पशु और दस्तकारी को भी सम्मिलित किया गया। उत्पादन के साधन अपनी शक्ति में बढ़ने लगे और ब्राह्मण तथा क्षत्रियों के परिवार धन और सम्पत्ति में विकसित होने लगे। इन परिवारों ने कस्बों और शहरों के इर्द-गिर्द अपने किले बनाये। ये किले बाहरी आक्रमण से बचने के लिये तो थे ही लेकिन ब्राह्मण क्षत्रियों को यह भय भी बराबर बना रहता था कि शहरों की चाहरदीवारी के बाहर रहने वाले दास कहीं उनके विरोध में बलवा न कर दें। इस भाँति उत्पादन शक्तियों के विकास ने दास युग को दो वर्गों में बांट दिया पहला ब्राह्मण क्षत्रिय और दूसरा शुद्र और दलित। कालान्तर में ब्राह्मण और क्षत्रिय वर्गों का शोषण करने में स्वयं भी आपस में एक दूसरे के विरोधी होकर लड़ने लगे।

जब मौर्य साम्राज्य का उदय हुआ और यह घटना ईसा के कोई 300 वर्ष पहले की है, दासों और उनके स्वामियों में संघर्ष हुआ और परिणामस्वरूप शक्तिशाली साम्राज्यों का उदय हुआ। दासों की आर्थिक स्थिति में तो कोई विशेष अन्तर नहीं हुआ लेकिन उत्पादन सम्बन्धों के परिणामस्वरूप सामन्तवादी व्यवस्था उभरकर आयी। इस व्यवस्था में आमूल परिवर्तन यह हुआ कि मालिक कृषि भूमि का स्वामी तो नहीं हुआ पर वह उसका कर अवश्य लेने लगा। राज्य का राजस्व बढ़ गया। अभिजन लोगों की व्यक्तिगत सम्पत्ति में भी विकास हुआ। इतिहास की यह अवस्था केवल भारत में ही आयी हो, ऐसा नहीं है। यूरोप के दूसरे देशों और एशिया में भी भौतिकवादी द्वन्द्व के कारण पूँजीवादी विकास के कारण, सामन्तवादी अवस्था आयी। इस सम्पूर्ण ऐतिहासिक विश्लेषण में मार्क्स बार-बार कहते हैं कि उत्पादन-शक्तियों और उत्पादन सम्बन्धों के अन्तर्विरोध के कारण समाज अपनी एक अवस्था से हटकर दूसरी अवस्था में आता है। दास-स्वामित्व अवस्था का द्वन्द्व या संघर्ष साम्यवादी सामुदायिक अवस्था के साथ हुआ। परिणामस्वरूप सामन्त व्यवस्था आयी। भौतिकवादी-इतिहास का यह तर्क है कि एक युग की अवस्था का द्वन्द्व दूसरे युग की अवस्था के साथ होता है। अब हम उत्पादन शक्तियों और सम्बन्धों के संदर्भ में सामन्तवादी अवस्था को देखेंगे।

सामन्तवादी अवस्था (Feudal Stage)

विदेशों में सामन्तवादी व्यवस्था पर बहुत अधिक काम हुआ है। जो कुछ उल्लेखनीय काम है जिसे सामन्तवाद की धरोहर कहा जा सकता है उसमें विदेशी विद्वानों में *मोरिस डाब* (Maurice Dobb), *पेरि एन्डरसन* (Perry Anderson), *बेरी हिन्डेस और पाल हिस्ट* (Barry Hindess and Paul Q. Hirst), मार्क ब्लोच (Marc Bloch), *जार्ज डूबी* (Georges Duby), और अन्य नाम उल्लेखनीय हैं। हमारे देश में भी कतिपय विद्वानों ने

जिनमें *डी.एन. झा* (D.N. Jha), *आर.एस. शर्मा* (R.S. Sharma), *अक्षय देसाई* (A.R. Desai) और *हरबंस मुखिया* (Harbans Mukhia) के नाम उल्लेखनीय हैं। ये सभी विद्वान मार्क्सवादी दृष्टिकोण से भारत में सामन्तवाद के विकास की विवेचना करते हैं। हरबंस मुखिया ने तो इतिहासकारों के एक अधिवेशन (1979) में अपने अध्यक्षीय भाषण में यह प्रश्न प्रस्तुत किया कि भारतीय इतिहास में क्या कभी सामन्तवाद था भी। इन इतिहासकारों ने सामन्तवाद से उत्पन्न *सामाजिक रचना* (Social Formation) का विवेचन भी किया है। मार्क्सवादी इतिहासकारों और अर्थशास्त्रियों ने, एशिया में उत्पादन के जो तरीके प्रचलित रहे हैं, उनका *एशियन मोड ऑफ प्रोडक्शन* (Asian Mode of Production-AMP) शीर्षक के अन्तर्गत एक पूरा विवाद ही उपस्थित किया है। सामन्तवाद के इन लम्बे-चौड़े सभी पहलुओं पर विस्तार से लिखना कठिन है, फिर भी हम यह देखने की कोशिश करेंगे कि किस प्रकार उत्पादन की शक्तियाँ और साधन सम्पूर्ण सामाजिक संरचना को बदल देते हैं। इस परिवर्तन ने यूरोप या भारत में किस भांति सामन्तवादी व्यवस्था को बल दिया, सुदृढ़ किया इसकी तात्विक चर्चा इस संदर्भ में अनिवार्य हो उठती है।

सामन्तवाद किसे कहते है? (What is Feudalism?)

यूरोप में सामन्तवादी व्यवस्था पाँचवीं शताब्दी में प्रारम्भ हो गयी थी। यह व्यवस्था पूँजीवाद के आने तक 15 वीं शताब्दी तक चली। *रामशरण शर्मा* (Indian Feudalism, 1980) के अनुसार भारत में सामन्तवादी व्यवस्था ईसा के 300 वर्ष पूर्व से लेकर ईसा के बाद मध्यकालीन और ब्रिटिश युग तक रही। सामन्तवाद की कोई एक सर्वसम्मत परिभाषा देना कठिन है। हरबंस मुखिया का तो कहना है कि जितने इतिहासकार है उतनी ही सामन्तवाद की परिभाषाएं हैं और इससे आगे इतिहासकारों का एक समूह है जो कहता है कि भारतीय सामन्तवाद यूरोप के सामन्तवाद के अनुरूप ही है। दूसरे समूह का कहना है कि भारतीय सामन्तवाद अपने आप में विशिष्ट है। यह इसलिये कि यहाँ के उत्पादन के तरीके यूरोप के उत्पादन के तरीकों से भिन्न रहे हैं। तीसरे समूह का तर्क है कि भारत में सामन्तवाद जैसी कोई व्यवस्था नहीं रही। इस समूह के अग्रणी हरबंस मुखिया है। इरफान हबीब भी इसी विचारधारा के हैं और कहते हैं कि भारत की विशिष्ट उत्पादन पद्धति को देखकर हमें किसी *तटस्थ* (Neutral) पदावली को काम में लेना चाहिये और कहना चाहिये कि भारत में *मध्यकालीन अर्थव्यवस्था* (Medival Economy) रही थी। यहाँ किसी तरह का सामन्तवाद नहीं था, एक विशिष्ट अर्थव्यवस्था थी जो किसी भी तरह सामन्ती नहीं थी। सच बात तो यह है कि विद्वान अभी इस तथ्य से सहमत नहीं हुए हैं कि भारत में उत्पादन का तरीका यूरोप जैसा था या नहीं, यानी मार्क्स के अनुसार था या नहीं। इसी कारण सामन्तवाद की परिभाषा विवाद के घेरे में उलझ गयी है। इस कमी के होते हुए भी हम कतिपय परिभाषाओं को प्रस्तुत करेंगे। महत्वपूर्ण बात यह है कि जैसा कि मार्क्स का कहना है सामन्तवादी व्यवस्था हर तरह से उत्पादन के तरीकों, उत्पादन-शक्तियों और उत्पादन सम्बन्धों से जुड़ी हुई है।

यूरोप के इतिहासकारों ने सामन्तवादी उत्पादन पद्धति को कृषि भूमि के साथ जोड़ा है। भूमि ही राष्ट्रीय अर्थव्यवस्था के साथ यूरोप के मध्य युगों में जुड़ी थी। इस तरह की अवधारणाओं में न तो श्रम और न श्रम जनित उत्पादन ही किसी तरह का *माल*

(Commodity) है। विशुद्ध रूप से यूरोप के इतिहासकार सामन्तवाद का पर्याय *कृषि दासता* (Serfdom) कहते हैं। वास्तविकता यह है कि वह काश्तकार जो भूमि को जोतता था, उस पर फसल लेता था, उसका मालिक नहीं था। इस तरह की कृषि सम्बन्धी सम्पत्ति पर जिसमें भूमि, सिंचाई साधन, नहर आदि आते हैं पर किसी निजी सामन्त का मालिकाना हक और नियंत्रण था। सामन्तों का यह वर्ग राजनैतिक और कानूनी सम्बन्धों के आधार पर काश्तकार से *अतिरिक्त मूल्य* (Surplus Value) लेता था क्योंकि ये *भू-स्वामी* (Landlord) कृषक भूमि के मालिक थे। उनका यह हक था कि वे काश्तकारों से किराया वसूल करें। काश्तकारों के लिये भू-स्वामियों को किराया देना परम्परागत था, दबाव था, कानूनी आवश्कता थी और इस तरह की विचारधारा भी यूरोप में प्रचलित थी। *इस तरह मार्क्सवादी इतिहासकार यूरोप के उत्पादन के तरीकों पर कहते हैं कि भू-स्वामी जो राजा नहीं थे भूमि के मालिक थे*। दूसरी तरफ काश्तकार जो भूमि जोतते थे भूमि के मालिक नहीं थे। उन्हें तो भूमि जोतने का किराया भू-स्वामी को देना पड़ता था।

मोरिस डाब (Maurice Dobb) सामन्तवादी व्यवस्था के जाने माने व्याख्याकार हैं। इसकी परिभाषा में वे *सामन्तवाद को जिसे हम कृषि दासता (Serfdom) कहते हैं, का पर्याय मानते हैं। इस व्यवस्था में काश्तकार को बाध्य होकर उत्पादन के एवज में निश्चित सेवाएँ देनी पड़ती थी। यदि वह सेवाएँ नहीं देना चाहता तो उसे नकद या कृषि उपज का एक निश्चित भाग देना पड़ता है।* यूरोप के सामन्तवाद के कुछ लक्षण डाब के अनुसार इस तरह हैं :

(1) इस व्यवस्था में तकनीकी का स्तर बहुत निम्न होता है।
(2) भूमि से जो उपज ली जाती थी वह काश्तकार के स्वयं के उपभोग के लिये होती थी। उपज थोड़ी अधिक हुई तो गाँव के लोग इसका उपभोग करते थे। किसी भी अवस्था में यह उपज *बाजार* (Market) के लिये नहीं थी।
(3) कृषि के बदले में काश्तकार को अनिवार्य रूप से भू-स्वामी को श्रम देना पड़ता था। यह श्रम बेगार कहा जाता सकता है।
(4) सामन्ती अवस्था में जो उत्पादन पद्धति थी, वह अनिवार्य रूप से *विकेन्द्रित* (Decentralise) थी। राजा का इसमें कोई उत्तरदायित्व नहीं था। ये सम्बन्ध तो भू-स्वामी और काश्तकार के बीच थे।
(5) इस अवस्था में यह भी अन्तर निहित है कि भू-स्वामी काश्तकारों का शोषण करता था।

डॉब ने यूरोप के सामन्तवाद के जो लक्षण दिये हैं सामान्यतः वे सभी सामन्तवादी व्यवस्था के लक्षण है। उदाहरण के लिये *हेनरी पिरेने* (Henri Pirenner) इस व्यवस्था को सूत्र रूप में परिभाषित करते हुए इसे *बन्द जायदाद या जागीर अर्थव्यवस्था* (A closed estate economy) कहते हैं। इसमें अधिक उत्पादन स्वयं के उपभोग के लिये होता है और व्यावहारिक रूप से इस व्यवस्था में व्यापार को कोई स्थान नहीं होता। *हेनरी से मिलती-जुलती सामन्तवाद की मार्क्सवादी परिभाषा पाल स्वीजी* (Paul Sweezy) ने भी की है। *पेरी एण्डरसन* (Perry Anderson) सामन्तवादी उत्पादन पद्धति को यूरोप की एक विशिष्ट उत्पादन पद्धति मानते हैं जिसमें सम्पत्ति को एक *स्केल* (Scale) यानी माप की तरह रखते हैं। किसी भू-स्वामी के पास अधिक कृषि भूमि होती है और किसी के पास कम, यही

माप है। यूरोप में इस भाँति सामन्तवादी व्यवस्था में दो वर्ग थे : *भू-स्वामी* (Land Lord) और *काश्तकार* (Peasant)।

भारतीय संदर्भ में कतिपय मार्क्सवादी इतिहासकारों ने सामन्तवाद की परिभाषा दी है। रामशरण शर्मा कहते है कि यहाँ जमींदार अपने आपको कृषि भूमि का मालिक समझते हैं यद्यपि लम्बे समय तक गाँव के लोग ही गाँव की भूमि के मालिक थे। जमींदार किसानों से किराया वसूल करते थे। इस व्यवस्था में काश्तकार रियाया या प्रजा थे। काश्तकार का परिवार उत्पादन की सबसे छोटी इकाई था। वह खेती से अपना जीविकोपार्जन करता था और उपज का एक भाग जमींदार, जागीरदार को देता था। सामन्त व्यवस्था एक प्रकार से स्वावलम्बी अर्थव्यवस्था थी जो किसानों की आवश्यकताओं को पूरा करती थी। उन्होंने भारतीय सामन्तवादी व्यवस्था के लक्षण बताये हैं जो हमें गुप्तवंश और उत्तर गुप्तवंश से मिलते हैं। ये लक्षण इस तरह हैं:

(1) राजा-महाराजा द्वारा खाली पड़ी भूमि को या खेड़ी गयी भूमि को दूसरे के नाम ट्रांसफर करना।
(2) बेगार लेना।
(3) किसान का एक स्थान से दूसरे स्थान पर जाना वर्जित।

रामशरण शर्मा द्वारा परिभाषित सामन्तवादी व्यवस्था में जागीरदारों का एक पुरजोर वर्ग पैदा होता है। दूसरा वर्ग सेवा करने वाले किसानों का है। सामन्तवाद के ये लक्षण जब समाप्त हो गये तब पूँजीवाद का उदय होता है।

अक्षय देसाई (A.R. Desai) तर्क पूर्वक कहते है कि भारतीय सामन्तवाद यूरोप के सामन्तवाद से भिन्न था। यूरोप में खेती करने वाला काश्तकार वस्तुतः परम्परा से अपनी कृषि भूमि का मालिक था। यूरोप में काश्तकार इस प्रकार भूमि का मालिक नहीं था। हमारे यहाँ काश्तकार परम्परा से जागीरदार या जमींदार को कृषि भूमि कर देता आ रहा था। इसी ने उसको प्रजा बना दिया। नुरुल हसन जो मध्यकालीन इतिहास के अधिकृत विद्वान हैं, सामन्तवाद को प्राथमिक रूप से कृषि अर्थव्यवस्था मानते हैं। इस व्यवस्था में अतिरिक्त मूल्य का स्वत्वहरण शासक जमींदार या जागीरदार करता है। नुरूल हसन जब सामन्तवाद को परिभाषित करते हैं तो वे इसे *पूर्व पूँजीवादी* (Pre-Capitalist) व्यवस्था मानते हैं उनके अनुसार सामन्तवाद और पूंजीवाद एक दूसरे के पर्यायवाची है। इसी अनुसार सामन्तवाद और पूंजीवाद एक दूसरे के पर्यायवाची है। इसी संदर्भ में वे मुगलकालीन व्यवस्था को सामन्तवादी तथा पूर्व-पूँजीवादी प्रकृति का मानते हैं। वास्तव में जब हम सामन्तवाद और पूर्व पूँजीवाद को परिभाषित करते हैं तो हमारा तात्पर्य निश्चित रूप से उत्पादन पद्धति से हैं।

भारत के सामन्तवाद के विश्लेषण में यूरोप के सामन्तवाद की तरह आर्थिक बुनियादी संरचना की चर्चा उतनी अधिक नहीं की जाती जितनी राजनैतिक, कानूनी और वैचारिक स्तर पर व्याख्या की जाती है। भारत में सामन्तवाद की व्याख्या को रामशरण शर्मा ने बहुत अधिक प्रभावित किया है। वे और उनके साथ अन्य भारतीय इतिहासकार सामन्तवाद की व्याख्या में उत्पादन पद्धतियों को अपना केन्द्रीय आधार मानकर चलते हैं। सच्चाई यह है कि *यदि हम सामन्तवाद पर लिखे गये सम्पूर्ण साहित्य का अवलोकन करें तो ऐसा लगता है कि ग्यारहवीं शताब्दी से लेकर चौदहवीं शताब्दी तक भारत में सामन्तवाद का संरचनात्मक दृष्टि*

से सम्पूर्ण कृषक समाज से सम्बन्ध रहा है। जब-जब कृषक समाज में उत्पादन पद्धति में परिवर्तन आया है, सामन्तवाद में भी परिवर्तन दिखायी देता है। किसान का परिवार उत्पादन के स्त्रोतों और उत्पादन श्रम से बंधा हुआ रहता है। सम्पूर्ण कृषि उत्पादन कृषि श्रम से गहरायी से जुड़ा होता है। जब किसान का उत्पादन कम होने लगता है और सामन्त का दबाव बढ़ने लगता है, तब सामन्तवादी व्यवस्था निर्णायक अवस्था में पहुँच जाती है। कृषक के उत्पादन स्त्रोतों में खाद, बीज, औजार आदि महत्वपूर्ण हैं। इधर जब जनसंख्या बढ़ने लगती है तब सामन्त और किसान के सम्बन्ध अधिक दबावपूर्ण हो जाते हैं। धीरे-धीरे छोटे और सीमान्त कृषक अपनी भूमि से बेदखल हो जाते हैं और परिणामस्वरूप सामन्तवाद शोषण का एक भयानक साधन बन जाता है।

भारत में मार्क्सवादी इतिहासकारों में कई मतभेद है। हमने प्रारम्भ में कहा है कि इतिहासकार की सामन्तवाद की अपनी पृथक-पृथक परिभाषा है। जहाँ सोवियत इतिहासकार सामन्तवाद को कौटिल्य के अर्थशास्त्र में देखते हैं, वहाँ रामशरण शर्मा इसकी उत्पति ईसा पूर्व 300 वर्ष मानते हैं। *बी.एन.एस. यादव* (B.N.S. Yadav) की विचारधारा में दिल्ली सल्तनत के युग में किन्हीं राजनैतिक और आर्थिक कारणों से सामन्तवाद पतन हो गया। इधर ठीक यादव के विपरीत 19 वीं शताब्दी के रुस देश का इतिहासकार *एम.एम. कोवालेस्की* (M.M. Kovalevsk) कहते हैं कि भारत में सामन्तवाद का प्रारम्भ मुस्लिम आक्रमण से हुआ। *डी.डी. कोसाम्बी* (D.D. Kosambi) का कहना कुछ और है कि भारत में औंरगजेब के समय तक यानी 17 वीं शताब्दी तक सामन्तवाद रहा। उन्हीं की तरह *कर्नल जेम्स टॉड* (Col. James Tod) का कहना है कि भारत में सामन्तवाद का क्लासिक स्वरुप उपस्थित था और यह स्वरुप हमें 19 वीं शताब्दी तक मिलता है। रामशरण शर्मा और यादव भारत के सामन्तवाद को हर तरह से यूरोप के सामन्तवाद के समान मानते हैं। इन इतिहासकारों का आग्रह है कि सामन्तवाद का आधार कृषि पद्धति है, इसलिये यह व्यापार-वाणिज्य, शहरीकरण विकसित हुए तो पूंजीवाद का जन्म होगा, और पूंजीवाद का जन्म सामन्तवाद की मृत्यु की घोषणा है।

सामन्तवाद के ऐतिहासिक विश्लेषण में जैसा कि हरबंस मुखिया, यादव, इरफान हबीब आदि कहते हैं कृषि उत्पादन महत्वपूर्ण है। *इतिहास के जिस किसी युग में भी भूमि का स्वामित्व व्यक्तिगत नहीं होता, जागीरदार, जमींदार या किसी बिचौलिये का होता है, सामन्तवादी व्यवस्था पायी जाती है।* आज भारत के संदर्भ में, किसान का उत्पादन बाजार के लिये होता है, भूमि व्यक्तिगत सम्पति है, सामन्तवाद की उपस्थति की चर्चा करना अप्रासंगिक है।

एशिया की उत्पादन पद्धति (Asiatic Mode of Production)

जब हम मार्क्स की एशिया की उत्पादन पद्धति का विश्लेषण करते हैं तो *सैद्धान्तिक स्वर पर हमें यह कहना चाहिये कि मार्क्स का निर्बाध सरोकार आदमी यानी मनुष्य से था।* वे यह मानकर चलते हैं कि सभी जीवधारियों में आदमी ही एक ऐसा प्राणी है जिसके सभी क्रिया कलाप स्वतन्त्र और चेतन हैं। अपनी इस मान्यता के आधार पर मार्क्स कहते हैं कि आदमी आज सामन्तवाद और पूंजीवाद के चक्र में फंसा हुआ है। क्रान्ति में ही उसका उद्धार है, उसकी मुक्ति है। वस्तुतः मार्क्स के बारे में हम कुछ भी कहें, यह सत्य है कि वे हर तरह से

एक क्रान्तिकारी थे। जो कुछ उन्होंने लिखा है, कहा है, उसमें उन्होने अपनी सैद्धान्तिक स्थिति को जीवित रखा है। मार्क्स की अध्ययन विधि इसमें निहित है कि वे उत्पादन पद्धति और भौतिक द्वन्द्व को अपने व्यवहार में देखना चाहते थे। उनकी आँख समाज की समग्रता पर लगी हुई थी। उनके लिये समाज जटिल था, विभाजित था और ऐतिहासिक रुप से इस समाज का एक भाग, दूसरे भाग और सम्पूर्ण भागों से जुड़ा था। लेकिन इस जोड़ में अनिवार्य रूप से उत्पादन पद्धति जिसमें उत्पादन शक्तियाँ और सम्बन्ध भी हैं विशेष रूप से प्रभावपूर्ण थे। समाज की सामन्तवारदी और पूंजीवादी व्यवस्था में उत्पादन पद्धतियों के बीच में विरोध था, द्वन्द्व था, नकार था, और इसी कारण समाज में गतिशीलता आती है।

मार्क्स के सम्पूर्ण लेखन में ऐतिहासिक भौतिकवाद और सामाजिक विकास जुड़े हुए हैं। जहाँ मार्क्स ने यूरोप में सामन्तवाद की उत्पादन पद्धतियों का उल्लेख किया है। वहीं वे भारत पर भी अपनी टिप्पणी देते हैं। उनका कहना है कि एशिया में भी सामन्तवाद में परिवर्तन आया और पूंजीवादी उत्पादन पद्धति का सूत्रपात हुआ। *जहाँ सामन्तवादी व्यवस्था* में राजा-महाराजा, ठाकुर और जमींदार कृषि उत्पादन से प्राप्त कर या भाड़े का *विनियोग* (Appropriations) करते थे, यानी कर उनके लिये *अतिरिक्त मूल्य* (Surplus Value) था। वहीं पूंजीवाद में पूंजीपति भी इसी तरह का लाभ लेता था। यह बात अलग है कि सामन्तवाद और पूंजीवाद में कर या अतिरिक्त मूल्य के विनिमय के तरीके अलग थे। सामन्तवादी व्यवस्था में यद्यपि अर्थव्यवस्था जीविकोपार्जन के लिए थी फिर भी उसमें *बाजार अर्थव्यवस्था* (Market Economy) को थोड़ा बहुत स्थान अवश्य था। जहाँ सामन्तवाद में जमींदार विलास करता था वही पूंजीवादी व्यवस्था में पूंजीपति वैभव और विलास में जीवन बिताता है। पूंजीवाद के विकास के साथ-साथ शहरों, कस्बों और महानगरों का विकास हुआ। यद्यपि कृषि उत्पादन में क्रान्ति आ जाने पर भी कृषि से होने वाली आय कारखाने में उत्पादन के मुकाबले थोड़ी ही रही है।

मार्क्स की कृतियों में एशिया के समाज का विश्लेषण कोई केन्द्रीय विश्लेषण नहीं था। न ही मार्क्स और एंजिल्स ने किसी सैद्धान्तिक और आनुभविक स्तर पर एशिया के समाज से अपना कोई सरोकार बताया है। ऐसा होते हुए भी मार्क्सवाद के विकास में–उसके अवधारणात्मक और राजनैतिक प्रभाव के क्षेत्र में एशिया के समाज की मार्क्सवादियों ने गहन चर्चा की है। इस चर्चा को *एशिया की उत्पादन पद्धति यानी ए.एम.पी* (Asiatic Mode of Production-AMP) के नाम से जाना जाता है। हमारे देश में तो ए.एम.पी पर पूरा एक साहित्य है जिसमें कृष्णा भारद्वाज, सुदीप्त कविराज, हमजा भदोडी, केथोलीन गफ, हीरासिंह आदि का योगदान महत्वपूर्ण है।

जब हम एशिया की उत्पादन पद्धति के विवाद को उठाते हैं, तो हमें इसमें दो विचारधाराएं मिलती है। एक विचारधारा *पश्चिमी* (Occidental) है और दूसरी *प्राच्य* (Oriental)। वस्तुस्थिति यह है कि पश्चिमी विचारधारा जो विशिष्ट रुप से रुढ़िवादी और पिछड़ी है, लागू किया जाता है। ऐसी अवस्था में मार्क्सवादी कोटियों को परम्परागत प्राच्य विचारधारा को निष्क्रिय और मनमाना मान लेते हैं तो यह भी मानना पड़ता है कि ऐसे समाज में उपनिवेशवाद का आना और विकसित होना अपना औचित्य रखता है। यह भी स्वीकार करना पड़ता है कि रुढ़िवादी और गतिहीन समाज में दुर्भाग्यपूर्ण होते हुए भी बाहरी समाज

का दखल, होना अनिवार्य है।

मार्क्स और एंजिल्स ने एशिया के समाज का विश्लेषण सबसे पहले 1853 ई. में किया था। तब उनका उद्देश्य ब्रिटिश विदेश नीति की आलोचना पत्रकार की दृष्टि से थी। इस प्रकार उन्हें एशिया के समाज में समझने का अवसर प्राप्त हुआ। मार्क्स ने जब ब्रिटिश साम्राज्य का अध्ययन प्रारम्भ किया तो इस सिलसिले में उन्हें एशिया के इतिहास, उसकी अर्थप्रणाली, राजस्व व्यवस्था, ग्रामीण समुदाय आदि के अध्ययन का मौका भी मिला। *जेम्स मिल (James Mill) की पुस्तक–ब्रिटिश भारत का इतिहास* (History of British India, 1821) ने उन्हें बहुत प्रभावित किया। इस तरह वे *रिचार्ड जोन्स* (Richard Jones) के अध्ययन से भी बहुत कुछ सीख पाये। इन अध्ययनों के अतिरिक्त उन्होंने एशिया की सामन्त व्यवस्था को समझने के लिये कई और स्त्रोतों का भी अध्ययन किया।

मार्क्स की एशिया की उत्पादन पद्धति की अवधारणा (Marx's Concept of AMP)

मार्क्स ने देश कि एशिया के देशों में और विशेष करके भारत में 19वीं शताब्दी में व्यक्तिगत सम्पत्ति की कोई अवधारणा नहीं थी। दूसरे शब्दों में यहाँ किसान भूमि को जोतता तो था पर वह उसका मालिक नहीं था। मालिकाना हक के अभाव में वह खेत में उतना ही पैदा करता था जिससे वह अपना पेट भर सके और जागीरदार-जमींदार को राजस्व दे सके।

उसे खेती को विकसित करने की कोई प्रेरणा नहीं थी। जमीन उसकी नहीं थी, वह उसका मालिक नहीं था। जमीन के किरायेदार की तरह उसे जमीन सुधारने, सिंचाई व्यवस्था करने और समुचित खाद देने की कोई चिन्ता नहीं थी। इसका परिणाम यह हुआ कि खेती व्यवस्था में एक प्रकार का ठहराव आ गया। खेती में यह ठहराव ही, यानी रुढ़िगत उत्पादन पद्धति, सामन्तवाद के जन्म के लिये उत्तरदायी था। सामन्तवाद के आने से शोषण बढ़ गया और सम्पूर्ण सामाजिक संगठन सामन्तवादी बन गया।

मार्क्स कहते है कि भारत में बड़े क्रांतिकारी परिवर्तन हुए। इधर एक साम्राज्य का उद्गम हुआ और दूसरा साम्राज्य ताश के पत्तों की तरह धराशायी हो गया। एक साम्राज्य या राज्य का युद्ध दूसरों के साथ होता रहा। राजवंश राजवंशों से भिड़े, क्रान्तिकारी परिवर्तन आये।

भारतीय इतिहास के बारे में यह गौरव के साथ कहा जाता रहा है कि युद्ध पर युद्ध हुए पर किसान की मेड़ को, उसकी फसल को किसी ने हाथ नहीं लगाया। सिपाही खेत के इर्द-गिर्द से घोड़े दौड़ाते हुए निकल जाते थे। इस स्थिति में भी जबकि राजवंश किसी न किसी युद्ध में जूझता रहता था, भारतीय किसान मस्ती से आल्हा गाता था। कुछ लोगों के लिये इस तरह का विवरण गौरवपूर्ण हो सकता था, लेकिन मार्क्स का निष्कर्ष कोई दूसरा ही है। राजवंशों के उस उलट-फेर ने, साम्राज्यों के उत्थान-पतन ने *कृषि व्यवस्था को कहीं भी और कभी भी नहीं बदला। राजवंशों के बदलाव के साथ कृषि भूमि के स्वामित्व में, खेती करने के तौर-तरीकों में और उत्पादन पद्धतियों में कोई परिवर्तन नहीं आया। मतलब हुआ राजवंश तो बदले लेकिन कृषि उत्पादन पद्धति ज्यों की त्यों बनी रही। अब भी राजवंशों के बदलने पर भी राजा भूमि के स्वामी थे।* इन्हीं कुछ ऐतिहासिक कारणों से, मार्क्स का निष्कर्ष है, एशिया के समाज गतिहीन थे, उनमें शून्यता थी।

मार्क्स एशिया की उत्पादन पद्धति के ठहराव का एक और कारण बताते है। *हेनरीमेन* (Henrimen) ने यह पूरी तरह स्थापित कर दिया कि भारतीय गाँव अपने आप में एक लोकतन्त्र था। अपनी दिन-प्रतिदिन की आवश्यकताओं के लिये हमारे यहाँ के गाँव स्वावलम्बी थे। मार्क्स ने हेनरीमेन जैसे ब्रिटिश प्रशासकों की सूचना के आधार यह निष्कर्ष निकाला कि *भारतीय गाँव कृषि और दस्तकारी में अपनी आवश्यकताओं की पूर्ति स्वंय कर लेते थे। देश में कहीं पर भी राज्य ने सिंचाई सुविधाओं को कृषि विस्तार कार्यक्रमों को विकसित नहीं किया और इसलिये मुख्य सम्यता से अलग-थलग हो गये, गाँव सामन्ती व्यवस्था की जकड़ में आ गये।*

एशिया की उत्पादन पद्धति के मुख्य लक्षण (Main Features of AMP)

मार्क्स ने एशिया की उत्पादन पद्धित परप्रारम्भ में तो केवल एक खाका ही तैयार किया। इसके बाद उन्होंने *गन्ड्रासे* (Grundrisse) में इस अवधारणा को और अधिक विस्तृत और संशोधिंत रुप दिया। इस नये स्वरुप के आधार पर हम ए.एम.पी. यानी एशिया की उत्पादन पद्धति के कुछ लक्षण इस भाँति स्पष्ट कर सकते हैं:

(1) **एशिया में शहरों का विकास उत्पादन पद्धति नहीं बदल सका** : पश्चिमी दशों में शहरों का विकास हुआ और इसी तरह प्राच्य देशों में भी शहर विकसित हुए। इस विकास के होते हुए भी इन क्षेत्रों के शहरी इतिहास में बड़ा अन्तर हो गया। पश्चिम के शहरों में जहाँ सामन्तवाद था, वहाँ मूल्यों के विनिमय की व्यवस्था उस दिशा की ओर चली जहाँ वर्ग बन गये तथा आद्योगिक पूंजीवाद आ गया। मार्क्स कहते हैं पश्चिमी देशों के शहरों का इतिहास, पूंजीवादी और वर्ग रचना के आधार पर हुआ। दूसरी ओर प्राच्य देशों यानी एशिया में शहर तो बने और विकसित भी हुए लेकिन यह सब राज्य ने किया। उद्योग और बाजार के विनियम नहीं। एशियाई देशों के शहर इसलिये खेती और गाँवों पर निर्भर थे। एक तरह से ये शहर राजा-रानी के ठाठ-बाट को, शान-शौकत को बनाये रखने के लिये थे। ये शहर तो सामान्य जनजीवन की आर्थिक व्यवस्था पर ऊपर से थोपे गये समुदाय मात्र थे। इसलिये यहाँ पूंजीवाद पनप नहीं पाया और सामन्तवाद का शिंकजा किसी तरह ढ़ीला नहीं हो पाया।

(2) **सामुदायिक स्वामित्व** : मार्क्स ने ए.एम.पी. की संशोधित अवधारणा में एक और लक्षण बाद में चल कर जोड़ा। उन्होंने पाया कि एशिया के स्वायत्त गाँवों में भूमि पर अधिकार गाँव के लोगों का ही था। यह अधिकार व्यक्तिगत न होकर सामुदायिक था। गाँव के उत्पादन से जो भी लाभ होता उसका *विनिमय* (Appropriation) गाँव ही करता था। मार्क्स ने अपनी पुस्तक *केपिटल* (Capital) के प्राक्कथन में लिखा है कि एशिया के गाँव स्वावलम्बी थें और उनका यह स्वावलम्बी थे और उनका यह स्वावलम्बन उनकी परम्परागत उत्पादन पद्धति मे देखने को मिलता है। यह स्वायत्तता दस्तकारी और कृषि के क्षेत्र में मिलती है और इसलिये प्राच्य देशों में पाया जाने वाला सामन्तवाद और रुढ़िगत सामाजिक व्यवस्था इसी उत्पादन की पद्धति के कारण है।

मार्क्स ने *कपिटल* (Capital) में इस तथ्य को पूरे तर्क के साथ प्रस्तुत किया है कि भारत के गाँवों की उत्पादन पद्धति एकदम सरल और पिछड़ी हुई थी। इस पद्धति में किसी भी प्रकार के परिवर्तन के लिए पूर्ण विराम था। दस्तकारी और कृषि दोनों में आश्चर्यजनक

ठहराव था, गतिहीनता थी। उत्पादन पद्धति का यही स्थायित्व सामन्तवादी व्यवस्था के बने रहने का रहस्य है। गाँवों में जो कुछ भी अतिरिक्त उत्पादन होता था उसे सरकार कर के रुप में लेकर विनिमय कर लेती थी।

(3) **व्यक्तिगत सम्पति का अभाव** : एशियाई समाज में भूमि पर स्वामित्व समुदाय का ही था। आज जिस तरह भू-स्वामी के पास राज्य द्वारा दिये गये पट्टे होते हैं, तब ऐसे पट्टे नहीं थे। गाँव की भूमि गाँव की थी, "सब भूमि गोपाल की"। भूमि तो प्राकृतिक स्त्रोत है जिसे भगवान ने दिया है। इसका मालिक जागीरदार या ठाकुर कैसे हो सकता है। एशिया में ए.एम.पी.का यह लक्षण निर्णायक है।

(4) **कृषि विकास कार्य राज्य के हाथ में** : एशिया की उत्पादन पद्धति की एक और विशेषता यह है कि इस महाद्वीप में कृषि विकास साधनों जैसे सिंचाई आदि पर अधिकार ठाकुर और जागीरदार का था। इस तरह के स्वामित्व ने कृषि विकास प्रयत्नों को काश्तकार के हाथ से लेकर राज्य के हाथ में दे दिया।

(5) **स्वावलम्बी गाँव** : गाँवों की स्वावलम्बी प्रकृति ने सम्पूर्ण उत्पादन पद्धति को अपनी गिरफ्त में ले लिया। इसके कारण कृषि का विकास रुक गया। ग्रामीणों के जीवन का एक मात्र लक्ष्य जीविकोपार्जन के लिये उत्पादन करना था। यदि कहीं भूले-भटके उसने अपने उत्पादन में इजाफा भी किया तो वह सब उसे राज्य को कर के रुप में देना पडता था। इसलिये अतिरिक्त उत्पादन भी बंदिश में आ गया।

(6) **कृषि और दस्तकारी में गठबन्धन** : एशिया की उत्पादन पद्धति की एक और विशेषता यह है कि यहाँ के देशों में कृषि और दस्तकारी संयोग से एक हो गये, मिलजुल गये। इन दोनों ने गाँव के लोगों की आवश्यकताओं की पूर्ति कर दी। इसी कारण सामन्तवादी व्यवस्था अपनी निरन्तरता कायम रख सकी। गाँवों के कारण एशियाई देशों में बुर्जुआ वर्ग नहीं बन सके, खुला बाजार नहीं आ सका, व्यक्तिगत सम्पति को पनपने के लिए अवसर नहीं मिला और एक केन्द्रीय शासन, जिसकी प्रकृति सामन्तवादी थी, निर्बाध रुप से चलता रही। ऐसी व्यवस्था में मार्क्स का कहना है कि गाँवों में रहने वाले सभी लोग राजा, ठाकुर या जमींदार के शोषण के शिकार थे।

पश्चिमी और पूर्वी सामन्तवाद की तुलना
(Comparision of Occidental and Oriental Feudalism)

मार्क्स ने एशिया की उत्पादन पद्धति के अध्ययन से जो तथ्य निकाल उनके आधार पर उन्होंने पश्चिमी और पूर्वी देशों की सामन्त व्यवस्था की तुलना की है। वे कहते है की एशिया के देशों में उत्पादन पद्धति यूरोप से कोई बुनियादी रुप से भिन्न हो ऐसा नहीं है। दोनों महाद्वीपों में कृषि भूमि उत्पादन का साधन थी। लेकिन अन्तर तब आ जाता है जब यूरोप में राज्य की भूमिका महत्वपूर्ण बन जाती है। स्थिति यह थी कि 19 वीं शताब्दी में *एशियाई देशों में राज्य समुचित रुप से विकसति हो गया था। इसकी कार्यपालिका, न्यायपालिका, राजस्व, सभी बहुत अधिक विकसित थे। एक तरह से राज्य आवश्यकता से अधिक विकसित और सुदृढ़ था लेकिन दूसरी और नागरिक समाज* (Civil Society) *एक दम पिछड़ा हुआ था। इसका परिणाम यह हुआ कि राज्य का समाज पर प्रभुत्व बढ़ गया।*

अतः एशियाई देशों में सामन्त व्यवस्था का कारण राज्य का प्रभुत्व और पिछड़ी हुई उत्पादन पद्धति थे।

युरोप के देशों में राज्य का विकास तो पर्याप्त हुआ था, लेकिन वहाँ वर्ग बन गये थे, खुला बाजार आ गया था,बुर्जुआ वर्ग का कानून चलने लगा था इस कारणा सामन्त व्यवस्था मजबूत नहीं हो पायी। भारत में सामन्त व्यवस्था को जबर्दस्त धक्का तब लगा जब ब्रिटिश राज्य ने यहाँ पर व्यक्तिगत सम्पति का अधिकार जनजीवन को दे दिया। उन्होंने रेलगाड़ी चलायी, समाचार पत्रों के प्रकाशन को बढ़ावा दिया। आधुनिक तरह की सैन्य व्यवस्था तैयार की और एक प्रकार से आधुनिकीकरण को विकसित किया। मार्क्स और एंजिल्स ने एशिया की उत्पादन पद्धति का, जो ब्रिटिश राज में यहाँ पर थी, गहरा अध्ययन किया। उन्होंने एक प्राक्कल्पना प्रस्तुत की: ज्यों ज्यों साम्राज्यवाद का विकास होता है, आधुनिकीकरण का आविर्भाव होता है और जब साम्राज्यवादी शक्तियाँ आधुनिकीकरण की गिरफ्त में आ जाती है, सम्पूर्ण उत्पादन पद्धति बदल जाती है। साम्राज्यवाद के साथ पूँजीवाद के आर्विभाव की इस प्राक्कल्पना को कालांतर में स्वयं कार्ल मार्क्स ने ठीक नहीं समझा। यह इसलिये कि नैतिक रुप से यह कहना उचित नहीं लगता कि साम्राज्यवाद की कुल्हाड़ी सामन्तवाद को काट देती है।

एशिया की उत्पादन पद्धति की आलोचना (Criticism of AMP)

रेमण्ड एरां (Raymond Aron) ने एशियेटिक उत्पादन पद्धति पर कुछ सवाल उठाये है। उनका तर्क है कि यदि एशिया की उत्पादन पद्धतियाँ यूरोप से भिन्न हैं तो यह भिन्नता दुनियाँ के कई भागों में और कम से कम तीसरी दुनियाँ में तो देखेने को मिल ही सकती है तो इसका मतलब हुआ इतिहास के विकास की कई रेखाएँ होगी। जितनी उत्पादन पद्धतियाँ भिन्न होंगी, इतिहास भी उतने ही भिन्न होंगें यह एक विवादास्पद प्रश्न है। स्वंय रेमण्ड एरां अपने इस तर्क का उत्तर देते है। *एशिया की उत्पादन पद्धति यूरोप के दूसरों देशों से भिन्न इसलिये है कि यहाँ सभी कामगार, विज्ञान, किसान और दस्तकार राज्य के मातहत हो जाते है ठीक इसके विपरीत यूरोप में भू-स्वामी और काश्तकार के बीच में राज्य कहीं नहीं आता। जब हम एशियन उत्पादन पद्धति की व्याख्या करते है तो हमें राज्य की इस भूमिका को जो एशिया में उपस्थित थी, नहीं भूलना चाहिये।*

यह ठीक है कि मार्क्स ने द क्रिटिक आफॅ पोलिटिकल इकॅनामी (1859) में कहा था कि एशिया की उत्पादन पद्धति का अध्ययन युग परिवर्तक है। बाद में चलकर रुस के क्रान्तिकारी संघर्ष में भी ए.एम.पी. की अवधारणा बढ़ी जो प्रांसगिक दिखायी देती है। समाजवादी देशों के उत्थान और पतन में ए.एम.पी. का योगदान निर्णायक रहा है। इस अवधारणा का इतना महत्व होने पर भी इस पर बार-बार विवाद हुए हैं, लम्बी-चौड़ी बहसें हुई है। इस बहस में दो प्रश्न बुनियादी रुप से उठाये गये है: पहला प्रश्न है–

क्या समाज का उद्विकास इतिहास के एक रेखीय (Unilinear) संदर्भ में हुआ है? दूसरा, क्या समाज बहु रेखीय (Multi linear) दिशा की ओर बढ़ा है? कुछ विद्वानों का तर्क है कि मार्क्सवाद के अनुसार ए.एम.पी. यांत्रिक रुप से एक रेखीय संदर्श में बढ़ा हो, यह आवश्यक नहीं है। इस दृष्टि से सम्पूर्ण एशिया में सबसे पहले आदिम साम्यवाद आया तो

और इसके बाद दासता, सामन्तवाद, और पूंजीवाद आये हो, ऐसा उद्विकास मार्क्स ने कभी स्वीकार नहीं किया। ए.एम.पी. की दूसरी व्याख्या यह है कि उत्पादन के साधनों का उद्विकास एक साथ विभिन्न दिशाओं यानी बहुरेखीय हुआ हो। ए.एम.पी. की बहस का यह मुद्दा आज भी एशिया के देशों में विद्वानों द्वारा उठाया जाता है।

हमारे देश में उत्सा पटनायक (Utsa Patnaik) अमित भादुड़ी (Amit Bhaduri) आदि ने एशिया की उत्पादन पद्धति के विवाद में जोश-खरोश से भाग लिया है। अमित भादुड़ी का तर्क है कि भारतीय कृषि की उत्पादन पद्वति अर्ध-सामन्तवादी (Semi feudalism) थी। कृषि में अर्ध-सामन्तवाद के लक्षण इस तरह हैं: (1) कानून मुक्त बटाईदारी कृषि, (2) छोटे किसान निरन्तर ऋणग्रस्तता, (3) ग्रामीण क्षेत्रों में शोषण करने वाले और (4) किसानों का बाजार से सीमित सम्बन्ध। इस दृष्टि से भादुड़ी के अनुसार भारत में सामन्तवादी उत्पादन पद्धति के स्थान पर अर्ध सामन्तवादी पद्धति प्रचलित थी।

उत्सा पटनायक मार्क्स के ए.एम.पी. की व्याख्या भारतीय संदर्भ में करती हैं। वे कहती हैं कि यहाँ सामन्तवाद के स्थान पर पूर्व पूंजीवादी (Pre-capitalist) उत्पादन पद्धति थी। इस विवाद में केथलीन गफ (Kathleen Gough) का उल्लेख भी करना चाहिये। इस महिला ने तमिलनाडु के धजांवुर जिले का अध्ययन मार्क्स की उत्पादन पद्धति की अवधारणात्मक पृष्ठभूमि में किया है। वे मार्क्स को एशिया के सम्बन्ध में सही नहीं मानती और कहती हैं कि यहाँ ए.एम.पी. पद्वति ऐसी थी जिसमें सामाजिक परिवर्तन और उत्पादन शक्तियों को विकसित करने की गुजांइश थी। गफ का तो आग्रह है कि मार्क्स ने एशिया की उत्पादन पद्धति को यूरोप के संदर्भ में ही देखा है। वे मार्क्स के ए.एम.पी. के तीन लक्षण बताती हैं: (1) उत्पादन शक्तियाँ (2) उत्पादन सम्बन्ध और (3) इन उत्पादन पद्धतियों का राजनीति, कानून, कला, धर्म और दर्शन से सम्बन्ध। लेखिका ने इन लक्षणों के आधार पर धंजावुर जिले का अध्ययन करके अपने निष्कर्ष रखे।

मार्क्स ने उत्पादन पद्धतियों को इतिहास के विभिन्न युगों में देखा है। पिछले पृष्ठों में हमने बार-बार दोहराया है कि मार्क्स सम्पूर्ण मानव जाति का हित चाहते थे— मनुष्य का उद्धार व कल्याण चाहते थे। यह उद्धार या कल्याण राजवंशों के परिवर्तन या प्रजातन्त्र के उलटफेर से नहीं हो सकता। मनुष्य की मुक्ति का मूल आधार उत्पादन पद्धतियाँ है। अगर उत्पादन पद्धतियों में क्रान्तिकारी परिवर्तन कर दिये जाये तो सम्पूर्ण समाज बदल जायेगा। मार्क्स जब उत्पादन पद्धतियों का विश्लेषण इतिहास के आधार पर करते हैं तो वे द्वन्द्वात्मक भौतिकवाद, और उत्पादन शक्तियों और सम्बन्धों की चर्चा भी करते है। उत्पादन सम्बन्धों के आधार पर ही साम्यवादी युग आया, इस युग में भौतिक द्वन्द्व हुआ और दासता आयी। दासता के युग में फिर द्वन्द्व हुआ, संघर्ष हुआ और सामन्तवाद आया। एक युग की उत्पादन शक्तियों ने दूसरे युग की उत्पादन शक्तियों के साथ द्वन्द्व किया और परिणाम स्वरुप राज्य बदला और बदले धर्म, अर्थ, कला और दर्शन। सामन्तवादी युग का अध्ययन मार्क्स ने एशिया में भी किया। इसके उपसंहार में हम यहीं कहना चाहते है कि मार्क्स की उत्पादन पद्धतियों के विश्लेषण में एशिया की उत्पादन पद्वति का केन्द्रीय स्थान है। केन्द्रीय इसलिये कि ये पद्धतियाँ पूर्वी देशों की परम्परा रही है।

अब हम मार्क्स की उद्विकासीय परम्परा को पूंजीवाद में देखेंगे।

पूंजीवादी अवस्था (Capitalist Stage)

उत्पादन पद्वतियों की दृष्टि से पूंजीवाद का उदय उत्पादन शक्तियों और सम्बन्धों से जुड़ा हुआ है। यूरोप में पूंजीवाद का आविर्भाव 15 वीं शताब्दी से लेकर 19 वीं शताब्दी तक हुआ। जिस प्रकार सामन्तवादी उत्पादन पद्धति को समाप्त करके- द्वन्द्व करके पूंजीवाद आया वैसे ही पूंजीवाद भी अन्तर्विरोध के कारण समाप्त हो जायेगा। उत्पादन पद्धतियों का नियम समान रुप से लागू होता है। पूंजीवाद के विकास के साथ ही पूंजीवाद की मृत्यु भी निश्चित है। पूंजीवाद की स्थापना के साथ उत्पादन शक्तियाँ भी तेजी के साथ बढ़ने लगी। अब उत्पादन मशीनों से होना शुरु हुआ। भाप और बिजली जैसी प्राकृतिक शक्तियों का ऊर्जा के स्त्रोतों के रुप में उपयोग किया जाने लगा। बड़ी-बड़ी फैक्ट्रियां, मिलें, कोयला और खाने बनायी जाने लगी। मार्क्स और एंजिल्स ने कम्युनिस्ट पार्टी के घोषणा पत्र में कहा है कि अस्तित्व के आरम्भ में पूंजीवाद ने उत्पादन शक्तियों के विकास के लिये उससे कहीं बहुत अधिक किया जितना कि मानव इतिहास के सभी पूर्ववर्ती युगों में किया गया था।

उत्पादन शक्तियों का यह तीव्र विकास नये, पूंजीवादी उत्पादन सम्बन्धों के कारण हुआ। वे उत्पादन साधनों पर बुर्जुआ वर्ग के निजी स्वामित्व और उत्पादन साधनों से वंचित तथा अपनी श्रम शक्ति बेचने को विवश उजरती मजदूरों के श्रम के शोषण पर आधारित होते है। पूंजीपति अधिक मूल्य (यानी वह मूल्य जिसे मजदूर अपनी श्रम शक्ति के मूल्य के अतिरिक्त निर्मित करता है), मुफ्त में हस्तगत कर लेता है।

पूंजीवाद किसे कहते हैं? (What is Capitalism?)

मार्क्स ने अपनी महान कृति केपिटल (Capital) में उत्पादन की पूंजीवादी प्रणाली का विस्तृत विवेचन किया है। उन्होंने इस तथ्य का पता लगाया कि अतिरिक्त या बेशी मूल्य (Surplus Value) के लिये पूंजीपतियों की लोलुपता उत्पादन के विस्तार प्रोद्योगिकी के विकास, मजदूरों के शोषण की तीव्रता, उत्पादन की अराजकता, पूंजीपतियों के बीच बढ़ती हुई प्रतियोगिता, पूंजीवादी अन्तर्विरोधों की गहनता और सामाजिक सम्पदा के विशाल विनाश सहित उत्पादन की पूंजीवाद प्रणाली के सम्पूर्ण विकास को निर्धारित करती है।

मार्क्स का तर्क है कि पूंजीवादी उत्पादन सम्बन्ध बुनियादी संरचना (Infra-Structure) है जो अधि रचना (Super Structure) को बनाते है। इन सम्बन्धों के कारण शोषक वर्ग के राजनीतिक प्रभुत्व की विधियों में परिवर्तन आया। मताधिकार लागू किया गया, नागरिकों की राजनीतिक स्वतन्त्रता और कानून के सामने उनकी समानता घोषित की गयी। इसके साथ ही मजदूर वर्ग के बढ़ते संघर्ष और बुर्जुआ वर्ग की प्रतिक्रियावादी घरेलू और विदेश नीतियों ने राजकीय कार्यतन्त्र में, खास तौर से सेना और बल प्रयोग के अन्य अंगों में विशाल वृद्धिला दी।

पूंजीवादी व्यवस्था में बुर्जुआ समाज की यह पूरी कोशिश होती है कि वह अपने प्रभुत्व की रक्षा करे, शोषित जनता को दबाये रखे। इस अवस्था ने मजदूर वर्ग की विचारधारा को मजबूत किया। यदि सामान्य रुप में पूंजीवाद की व्याख्या की जाय तो कहना पड़ेगा कि इसका बुनियादी आधार पूंजी (Capital) है। पूंजी के विभिन्न स्वरुप है: उत्पादन की सामग्री, मशीन, भण्डारों में भरा हुआ माल आदि। पूंजी की और विशेषता यह है कि इसके माध्यम

से बाजार में श्रम खरीदा जा सकता है। जिसके पास पूंजी है वह विभिन्न तरीकों से अधिक पूंजी कमाना चाहता है। पूंजीवाद में मुनाफाखोरी निहित है लेकिन इसमें दिवालियापन भी हो सकता है। पूंजीवादी व्यवस्था में, सब मिलाकर बुनियादी सिद्धान्त मुनाफाखोरी का है। पूर्व पूंजीवादी अवस्था में किसी न किसी प्रकार का मुनाफा तो होता था लेकिन पूंजीवादी अर्थ व्यवस्था में पूर्ववर्ती अर्थव्यवस्था की तुलना में मुनाफे के अवसर ज्यादा होते हैं।

पूंजीवाद का उद्‌गम (Origin of Capitalism)

सामन्तवादी अवस्था में ही पूंजीवाद का प्रारम्भ हो गया था। सामन्तवाद में किसानों से जो कर, बेगार, लिये जाते थे वे सामन्त को पूंजीपति बना देते थे। सामन्तवादी व्यवस्था में ही नगर सेठ और बड़े-बड़े व्यापारी होते थे। इस अवस्था में ही पूंजीवाद पैदा हो गया था। पश्चिमी देशों में कुछ अर्थशास्त्रियों ने पूंजीवादी अर्थ व्यवस्था का सैद्वान्तिक विश्लेषण किया। मार्क्सवाद के समानान्तर राजनैतिक अर्थशास्त्र (Political Economy) का जन्म हुआ। एडम स्मिथ (Adam Smith) और रिकार्डो (Recardo) आदि ने एक नयी आर्थिक वैचारिकी को विकसित किया। इसी युग में अर्थ व्यवस्था में अ-हस्तक्षेप (Laissez-faire) विचारधारा को बढ़ावा दिया गया। दूसरी ओर एक प्रकार का औद्योगिक पूंजीवाद (Industrial Capitalism) पैदा हुआ। पूंजीवाद पर धीरे-धीरे राज्य का हस्तक्षेप भी निर्णायक बन गया। संक्षेप में पूंजीवाद वह है जिसमें उत्पादन पद्वति का आधार पूंजी होती है। पूंजी का उद्देश्य मुनाफाखोरी करना है। *इस पूंजी के माध्यम से ही श्रम खरीदा जा सकता है, और उत्पादन के साधन हथिया लिये जाते हैं। पूंजी के कोई भी स्वरुप हो श्रम की खरीद, कल-कारखाने, उत्पादित वस्तुऍं–सभी पर निजी स्वामित्व (Private Ownership) होता है। पूंजीवाद का इस तरह केन्द्रीय लक्षण पूंजी है जो कि उत्पादन की पद्धति है।*

वास्तव में पूंजीवाद का प्रयोग गैर मार्क्सवादी अर्थशास्त्री अपवाद रुप में करते हैं। यहाँ तक कि मार्क्स की कृतियों में भी इसका प्रयोग बहुत बाद में हुआ है। स्वयं मार्क्स ने भी पूंजीवादियों (Capitalists) और *पूंजीवादी* (Capitalist) पदों का प्रयोग किया। अपनी प्रख्यात पुस्तक *कम्युनिस्ट मेनीफेस्टो* और *कपिटल* में भी उन्होंने कहीं भी पूंजीवाद पद का प्रयोग नहीं किया है। यह सब होते हुए भी जब पूंजी के साथ "वाद" प्रत्यय को जोड़ देते है तो यह एक विचारधारा बन जाती है और इसलिये एक विचारधारा के रुप में ही इसे लेना चाहिए।

पूंजीवाद के लक्षण (Characteristics of Capitalism)

मेहानाद देसाई ने पूंजीवादी अवस्था के कुछ बुनियादी लक्षणों की विस्तार से व्याख्या की है। जहाँ ये लक्षण पूंजीवाद को परिभाषित करते है, वही ये इसकी मुख्य विशेषताओं को भी बताते हैं। ये लक्षण इस तरह हैं:

(1) **निजी स्वामित्व एक वर्ग के पास में** : पूंजीवादी व्यवस्था में उत्पादन के साधनों का स्वामित्व निजी व्यक्तियों के हाथ में होता है। ये व्यक्ति उत्पादन साधनों के सम्बन्ध में अपने मुनाफे के लिये मनमाना निर्णय लेते हैं। निर्णय की इस प्रकिया में मजदूरों की कोई भूमिका नहीं होती है। जब उत्पादन सम्पति पर निजी अधिकार होता है तो इसका मतलब हुआ दूसरे लोगों के जीवन पर पूंजीपति का नियंत्रण होता है।

(2) **बाजार** : पूंजीवादी व्यवस्था का केन्द्रीय सिद्धान्त बाजार अर्थव्यवस्था है। पूर्व-पूंजीवादी युग में अर्थ व्यवस्था सामन्यतया स्थानीय और स्वावलम्बी होती थी। इसमें प्रत्येक परिवार जितनी उसकी आवश्यकता होती थी, उत्पादन करता था। आवश्यकता पड़ने पर वे वस्तुएँ जिनकी परिवार को आवश्यकता होती थी लेकिन जितना उत्पादन परिवार नहीं करता था उन्हें वस्तु विनिमय पद्धति से प्राप्त कर लिया जाता था। पूर्व-पूंजीवादी व्यवस्था में श्रम विभाजन नाम मात्र को था।

पूंजीवादी व्यवस्थाओं में वस्तुओ का मोल-तोल न तो परम्पराएँ करती हैं और न राज्य के आदेश। वस्तुओं के भाव तो बाजार ही करता है, बाजार किसी का नहीं है। इसमे तो सीधा-साधा अर्थशास्त्र का नियम चलता है: *माँग और पूर्ति* (Demand and Supply) यदि भावों में उछाला है तो बाजार का संकेत स्पष्ट है कि अमुक वस्तुओं की बिक्री लाभदायक है। यदि वस्तुओं के भाव में गिरावट है तो संकेत है: भाग्य किसी और जिन्स में आजमाओ। बाजार अर्थव्यवस्था में उपभोक्ता ही सर्व शक्तिमान है।

बाजार एक ऐसा स्थान है जहाँ श्रम शक्ति खरीदी जाती है: मजदूरों को काम पर लगाया जाता है और यह वह स्थान भी है जहाँ श्रम बेचा जाता है यानी मजदूर को दिहाड़ी मिलती है। यह दिहाड़ी निश्चित समय के लिये होती है। बाजार की बहुत बड़ी खासियत यह है कि यहाँ श्रम की खरीद फरोख्त किसी न किसी करार द्वारा होती है।

(3) **मुद्रा विनियम** : पूंजीवादी व्यवस्था में मुद्रा का स्थान निर्णायक होता है। पिछले समय में वस्तु विनिमय होता था। हमारे देश में गाँवों में जजमानी व्यवस्था थी। पूंजीवादी व्यवस्था में सम्पूर्ण विनियम मुद्रा से होता है। इस व्यवस्था में बैंक और वित्तीय संस्थाओं की भूमिका महत्वपूर्ण हो जाती है।

(4) **उत्पादन पर नियंत्रण** : पूंजीपति या उसके द्वारा नियुक्त मैनेजर सम्पूर्ण उत्पादन प्रक्रिया को, श्रम शक्ति को नियंत्रित करता है। इस नियंत्रण में यह भी देखा जाता है कि कितने कुशल-अकुशल मजदूरों को रखा जायेगा, छंटनी की जायेगी और इससे आगे उत्पादन में किन तरीकों को काम में लिया जायेगा और किस तादाद में माल पैदा किया जायेगा।

(5) **वित्तीय निर्णयों पर नियंत्रण** : पूंजीवादी व्यवस्था में कई निर्णय महत्वपूर्ण होते हैं। कारखाने में पैसे का नियोजन कब और कैसे किया जाये, माल पर साख किसे और कितनी दी जाये इस सबका निर्णय मैनेजर, निदेशक मण्डल या पूंजीपति लेता है। निर्णय की इस प्रक्रिया में मजदूर की कहीं भी भागीदारी नहीं होती यद्यपि व्यवस्था के स्तर पर लिया गया किसी भी गलत वित्तीय निर्णय के लिये मजदूरों को खामियाजा भरना पड़ता है।

हमारे देश में पूंजीवादी अवस्था ब्रिटिश राज में आयी। अंग्रेजों ने जगह-जगह कल-कारखाने लगाये, संचार सुविधाएँ दी और कानून बनाये। गाँवों में जो सामन्तवादी व्यवस्था चल रही थी उस पर सबसे पहला वार ब्रिटिश राज में ही हुआ। वास्तव में अंग्रेजो ने भारत में अपने पांव जम जाने के बाद पुरानी भू-व्यवस्था में आमूल परिवर्तन का सिलसिला शुरु किया। *नयी लगान व्यवस्था ने गाँव की जमीन पर लोगों की जमाने से चली आ रही मिल्कियत खत्म कर उसकी जगह भू-स्वामित्व के दो रुपों को जन्म दिया: देश के कुछ भागों में जमींदारी और कुछ अन्य भागों मे किसान की निजी मिल्कियत।* इस तरह की सामन्तवादी व्यवस्था तो समझ में आती है लेकिन इसमें महत्वपूर्ण बात यह है कि *जमीन को*

किसान की निजी मिल्कियत को कानूनी दर्जा देकर अंग्रेजी राज ने कृषि क्षेत्र में सबसे पहली बार पूंजीवादी व्यवस्था प्रारम्भ की। अब कृषि भूमि राज्य की नहीं रही, किसान की मिल्कियत बन गयी। इस संदर्भ में ए.आर. देसाई, *भारतीय राष्ट्रवाद की सामाजिक पृष्ठभूमि* में लिखते हैं:

> इस तरह अंग्रेजों की भारत विजय से देश में एक कृषि क्रान्ति हुई। जमीन की निजी मिल्कियत की प्रथा शुरु कर अंग्रेजों ने कृषि के पूंजीवादी विस्तार की आवश्यक शर्तें की सृष्टि की। भारत की पूर्व पूंजीवादी सामन्ती अर्थतन्त्र के पूंजीवादी रुपान्तरण के कारणों में भूमि सम्बन्धों का परिवर्तन सबसे प्रमुख है।

भारत में पूंजीवादी व्यवस्था के उद्‌गम और विकास पर कई समाजशास्त्रियों, अर्थशास्त्रियों और राजनीति के विद्वानों ने कार्य किया है। मार्क्सवादियों ने भी बहुत कुछ कहा है। इस समस्त विवरण से यह स्पष्ट होता है कि ब्रिटिश राज के बाद से आज तक भारत में जो कुछ विकास हुआ है उसमें पूंजीवादी व्यवस्था बराबर सुदृढ़ हुई है। हरित क्रान्ति ने कृषि में भी पूंजीवादी व्यवस्था को स्थापित किया है।

मार्क्स ने पूंजीवादी अवस्था का विशद् वर्णन *कपिटल* में किया है। उनके विश्लेषण का आधार उत्पादन शक्तियों और उत्पादन सम्बन्ध हैं। उनका तर्क बहुत सामान्य है: जब उत्पादन शक्तियाँ बढ़ती है तो पूंजीवाद का विस्तार होता है। लेकिन इस विस्तार के साथ ही उत्पादन सम्बन्ध, उत्पादन शक्तियों से बहुत दूर हो जाते हैं और परिणाम स्वरुप द्वन्द्व होता है। इसी कारण ज्यों-ज्यों पूंजीवाद बढ़ेगा, मार्क्स का थीसीस है, विरोध भी बढ़ेगा। एक दिन ऐसी अवस्था आयेगी जब क्रान्ति होगी। जिस तरह दासता की लाश पर सामन्तवाद खड़ा हुआ, जिस तरह सामन्तवाद की लाश पर पूंजीवाद खड़ा हुआ वैसे ही पूंजीवाद की लाश पर समाजवाद खड़ा होगा। यही भौतिकवादी द्वन्द्व है, यही इतिहास की भौतिकवादी अवधारणा है, यहीं उत्पादन पद्धतियों के बदलाव का परिणाम है।

समाजवादी अवस्था (Socialist Stage)

मार्क्स की इतिहास की भौतिकवादी व्याख्या यूरोप और एशिया के देशों के उत्पादन पद्धतियों के आधार पर देखते हुए कहते हैं कि इतिहास का यह सिलसिला द्वन्द्वात्मक भौतिकवाद बराबर चलता रहेगा। इतिहास के नियमों को नकारा नहीं जा सकता। जब दासत्व अवस्था ने साम्यवादी अवस्था को ठुकराया यानी निषेध का निषेध हुआ तब पूंजीवाद का निषेध होना आवश्यक है। 1848 ई. में जब मार्क्स और एंजिल्स ने कम्युनिस्ट पार्टी का घोषणा पत्र रखा तब से ही पूर्वी यूरोप में समाजवादी आन्दोलन चल गया था।

मार्क्स के लिये समाजवाद की अवस्था को प्राप्त करना कोई उद्देश्य नहीं था। न ही मार्क्स के लिये यह किसी भविष्य के समाज की कल्पना थी। इस के लिये उन्होंने समाजवाद का कोई बल्यू प्रिन्ट बनाया हो ऐसी बात नहीं है। मार्क्स का तो केवल यही कहना था कि पूंजीवाद में भी अन्तविरोंध है, निषेध है, द्वन्द्व है और इसलिये सामन्तवाद की तरह इसकी समाप्ति भी निश्चित है। अतः पूंजीवाद का पतन समाजवाद के लिये होना ऐतिहासिक नियम का परिणाम मात्र है। मार्क्स और एंजिल्स ने कहीं भी समाजवादी अवस्था को परिभाषा हो सकती है *तो केवल यही कि समाजवाद सबसे पहले और सबसे महत्वपूर्ण पूंजीवाद का निषेध है।*

मार्क्स अपने तर्क को और आगे बढ़ाते है और कहते हैं। कि समाजवाद आ जाने के बाद, इतिहास की परिणिति यही है कि साम्यवाद आयेगा। वास्तव में यह एक लम्बी क्रान्तिकारी प्रक्रिया है। *पूंजीवाद के बाद सर्वहारा के अधिनायकवाद* (Dictatorship of the Proletariat) *की अवस्था आयेगी। अब सर्वहारा अपनी उत्पादन पद्धतियों को अधिक तीव्रता से विकसित करेगें। अधिनायकवादी अवस्था वस्तुतः संक्रमणकालीन* (Transitional) *अवस्था है। इस अवस्था के गुजर जाने के बाद साम्यवाद आयेगा। इस अवस्था में राज्य किसी फूल की तरह मुरझा जायेगा। अब न बुर्जुआ होगा न सर्वहारा।* लोगों का कार्य के प्रति दृष्टिकोण बदल जायेगा और इस अवस्था में इस अवस्था में इस तरह *न वर्ग होंगे* (Classless) *और न राज्य* (Stateless) होगा। इस साम्यवादी अवस्था में "*प्रत्येक को अपनी क्षमता के अनुसार काम करना है, और प्रत्येक को अपनी आवश्यकता के अनुसार प्राप्त करना* है। "(From each according to his ability, to each according to his need)"

उपसंहार

मार्क्स ने इतिहास की भौतिकवादी अवधारणा को विभिन्न अवस्थाओं में देखा है। यदि मार्क्स की अध्ययन विधि को स्पष्ट करने के लिये कहा जाय, तो सर्वप्रथम यही कहना पड़ेगा कि मार्क्स ने इतिहास की व्याख्या व्यक्तिनिष्ठ न करके वस्तुगत की है। इसलिये उनकी विधि वैज्ञानिक है। उनका तो तार्किक और आनुभविक निष्कर्ष यही है कि जब कभी किसी देश मे या भू-भाग के उत्पादन पद्धति में यानी उत्पादन शक्तियों और उत्पादन सम्बन्धों में परिवर्तन आता है तब पिछली अवस्था बदलकर नयी अवस्था में आ जाती है। एक अवस्था पिछली अवस्था की लाश पर खड़ी होती है। यही इतिहास का भौतिकवादी द्वन्द्व है। इतिहास का उद्विकास आदिम साम्यवाद से दासता अवस्था, इससे आगे सामन्तवाद और पूंजीवादी अवस्था तक हुआ है। एक अवस्था ने बराबर पहली अवस्था का निषेध किया है। इतिहास के इसी नियम पर मार्क्स की अध्ययन विधि कहती है, पूंजीवाद के विरोध स्वरुप समाजवाद आयेगा। यह अवस्था संक्रमण कालीन अवस्था है। जैसा इतिहास का उद्विकास हुआ है, जैसा इतिहास का अंतिम छोर है जिसके आगे कोई रास्ता नहीं, साम्यवाद है। साम्यवाद मार्क्स के लिये कोई लुभावना मुहावरा नहीं है और न ही यह कोई आदर्श है। यह तो वह रेखा है, वह लकीर है जिस पर इतिहास बराबर चलता आ रहा है।

वर्ग और वर्ग संघर्ष (Class and Class Conflict)

मार्क्स ने अपने समाजवाद में अर्थशास्त्र, राजनीतिशास्त्र और समाजशास्त्र पर जो कुछ लिखा है, उसका सम्पूर्ण संदर्भ वर्ग व्यवस्था के विश्लेषण पर आधारित है। यदि सरसरी निगाह से देखें तो पूंजीवादी समाज में भरण-पोषण के कुछ निश्चित स्त्रोत हैं। मजदूर और कामगार बाजार में अपना श्रम बेचते हैं। इसके बदले में उन्हें पगार या वेतन मिलता है। भरण-पोषण का एक और स्त्रोत है। कुछ लोग पूंजी के मालिक है– उनके निजी कल-कारखाने हैं, व्यापार उद्योग हैं। इन लोगों के लिये पेट भरने का साधन पूंजी है। जीविकोपार्जन का एक तीसरा स्त्रोत भी है–भूमि की मिल्कियत। यदि हम इन तीनों स्त्रोंतो का विश्लेषण करें तो ये हैं: पगार, मुनाफाखोरी और भूमि कर। समाज के ये तीन वर्ग श्रमिक, पूंजीपति और भू-स्वामी

आम लोगों के लिये सामान्य बात है।

प्रश्न उठता है वर्ग कैसे बनते हैं? इसके उत्तर में यही कहना होगा कि *किसी भी वर्ग की पहचान या भरण-पोषण के स्रोत उसकी आमदनी है।* किसी भी समाज के सदस्य या तो अपने पगार या दिहाड़ी से जीवन यापन करते हैं, या अपने पास जो सम्पति है उसके मुनाफे से मौज मज़ो और जीवन की निरन्तरता बनाये रखते हैं, या ऐसे लोग हैं जिनके पास *भू-सम्पत्ति* (Landed Property) है और इसी से उन्हें जो आय होती है, उससे वे अपना भरण-पोषण करते हैं। तो हमने देखा कि वर्ग के निर्माण में आदमी की आमदनी महत्वपूर्ण है। यह आमदनी ही वर्ग निर्माण की केन्द्रीय धुरी है।

रेमण्ड एरॉं (Raymond Aron) ने मार्क्स की एक विचारक की तरह अपनी पुस्तक *मेन करेन्ट्स इन सोशियोलोजीकल थॉट* (Main Currents in Sociological Thoughts-1, 1956) में व्याख्या की है कि *मार्क्स का समाजशास्त्र वास्तव में वर्ग संघर्ष का समाजशास्त्र है। उनकी इतिहास की अवधारणा में वर्ग संघर्ष का प्रस्ताव केन्द्रीय प्रस्ताव है, मौलिक अवधारणा है। वे कहते है कि आधुनिक समाज की अवधारणा प्रतिरोधी* (Antagoistic) *अवधारणा है। इतिहास के विशाल नाटक में मुख्य किरदार जाति है। कहना चाहिये कि वर्ग संघर्ष वह जानदार शक्ति है जो इतिहास के पहियों को पूरी ताकत से आगे धकेलती है। यह धकेलना पूंजीवादी समाज को क्रान्ति की ओर ले जाता है और इसकी परिणिति एक ऐसे समाज में होती है जहां न तो प्रतिरोध होता है, न अन्तर्विरोध, न वर्ग और न राज्य।*

रेमण्ड एरॉ वर्ग और वर्ग संघर्ष की प्रासंगिकता को गहराई से देखते हैं। वास्तव में उन्हें वर्ग की धारणा बुर्जुआ समाजों की सरंचना से मिली और यह भी विशेष करके फ्रांन्स के समाज से । एरॉ ने मार्क्स की वर्ग की अवधारणा के तीन मुख्य *प्रस्ताव* (Propositions) रखे हैं:

(1) वर्गों का अस्तित्व उत्पादन पद्धतियों के विकास के साथ इतिहास की विविध दशाओं के साथ जुड़ा है, यानी वर्ग उत्पादन के विकास के साथ बनते हैं।
(2) वर्ग संघर्ष अनिवार्य रुप से सर्वहारा को अधिनायकवाद की ओर ले जाता है।
(3) यह अधिनायकवाद जो कि केवल संक्रमण काल होता है, वर्गों का उन्मूलन करता है और वर्गहीन समाज की स्थापना की ओर ले जाता है।

उपर्युक्त तीन प्रस्ताव जिन्हें एरॉ ने रखा है, मार्क्स के सोच या उनकी समझ में केन्द्रीय हैं। यहां बुनियादी प्रश्न उठता है: सामाजिक वर्ग किसे कहते हैं? इस प्रश्न के उत्तर की खोज हम अगले पृष्ठों में करते हैं।

सामाजिक वर्ग किसे कहते हैं? *(What is a Social Class ?)*

मोटे रुप में उत्पादन साधनों पर निजी स्वामित्व पर आधारित उत्पादन सम्बन्धों वाली संरचनाओं में वर्ग और वर्ग सम्बन्ध सामाजिक संरचना के मुख्य तत्व होते हैं। लेनिन ने अपनी *कृति महान सूत्रपात* में वर्ग की निम्न परिभाषा दी है:

> वर्ग लोगों के बड़े-बड़े ग्रुपों को कहते हैं, जो सामाजिक उत्पादन की इतिहास द्वारा निर्धारित पद्धति में अपने स्थान की दृष्टि से, उत्पादन साधनों के प्रति अपने सम्बन्धों से

श्रम के सामाजिक संगठन में अपनी भूमिका की दृष्टि से और फलस्वरुप सामाजिक सम्पदा के उस भाग की, जो उनके पास रहता है, प्राप्ति की विधि तथा आकार की दृष्टि से एक दूसरे से भिन्न होते हैं।

वस्तुतः वर्ग की मुख्य विशेषता आर्थिक है। लेकिन वर्ग भेद राजनीति, दैनिक जीवन, विचारधारा आदि क्षेत्रों में भी देखने को मिलता है। प्रत्येक वर्ग अपनी राजनीतिक चेतना, नैतिकता आदि रखता है, लेकिन अंतिम विश्लेषण में वर्ग की विशेषताएं आर्थिक तथ्यों द्वारा निर्धारित होती है, जो सबसे महत्वपूर्ण हैं। अतः उत्पादन साधनों के प्रति लोगों का सम्बन्ध अपने आप में प्रधान वर्ग विशिष्टता है और यह सब दूसरी विशिष्टताओं को निर्धारित करता है। *इस बात को सभी मार्क्सवादी मानते हैं कि वर्गों में भेद सर्वप्रथम साधनों के प्रति सम्बन्धों में भिन्नता की बदौलत होता है।*

आर्थिक साधनों के मालिकाना अधिकार के कारण ही वर्ग दास-स्वामित्व बनते हैं। उदाहरण के लिये दास स्वामित्व वाले समाज में दास और दास-स्वामी, सामन्तवाद में किसान और सामन्त तथा पूंजीवाद में सर्वहारा वर्ग और बुर्जुआ वर्ग प्रतिरोधी वर्ग है। इन वर्गों के अतिरिक्त कुछ और मुख्य वर्ग भी होते हैं जैसे स्वतन्त्र दस्तकार, किसान, बुद्धिजीवी लोग, पुरोहित आदि। बुर्जुआ वर्ग में टटपूंजिया वर्ग, और इजारेदार वर्ग आदि आते हैं।

स्वयं मार्क्स ने वर्ग पर अपनी कृतियों में थोड़ा बहुत अवश्य लिखा है। वर्ग पर उनका एक परिच्छेद कैपिटल के अंतिम पृष्ठ पर मिलता है जिससे सभी मार्क्सवादी परिचित हैं। केपिटल मार्क्स की एक सम्मानित और बहुचर्चित वैज्ञानिक कृति है। इसमें दी गयी वर्ग की परिभाषा को हम यहां देते हैं:

> जब लाखों परिवार ऐसी आर्थिक दशा में जीवन यापन करते हैं तो उन्हें उनकी जीवन पद्धति, उनके हेतुओं और उनकी संस्कृति से, अन्य वर्गो से विमुख कर देती है, और उन्हें शत्रुतापूर्ण विराधी खेमें मे खड़ा कर देती है, वर्ग कहलाती है।

मार्क्स की वर्ग सम्बन्धी यह अवधारणा निषेधात्मक है। वर्ग की इस परिभाषा में *प्रतिरोध* (Antagonism) आवश्यक है। अपनी अन्य पुस्तक *दी पॉवर्टी ऑफ फिलोसोफी* (The Poverty of Philosophy, 1847) *में भी मार्क्स ने सामाजिक वर्ग को परिभाषित किया है:*

> पहला तो यह है कि आर्थिक दशाएँ आम जनता को कामगारों की श्रेणी में रख देती हैं। दूसरा, इस वर्ग के लिये पूंजीपति अपने प्रभुत्व के कारण काम करने की एक जैसी स्थितियाँ और हेतु उत्पन्न कर देते हैं। इस तरह यह गरीब-गुरबों का समूह जहां तक पूंजीपतियों के प्रति उनके सम्बन्धों का सवाल है, पृथक वर्ग बन जाता है।

मार्क्स और एंजिल्स ने *जर्मन आइडियोलोजी* (German Ideology, 1845) में भी एक स्थान पर वर्ग की व्याख्या की है। उनकी यह निश्चित धारणा है कि पूंजीवादी समाज की बहुत बड़ी विशेषता वर्ग है। यहाँ मार्क्स ने वर्ग का विस्तृत खुलासा दिया है। एक ही धन्धे को करने वाले लोग जिनकी आर्थिक अवस्था और काम की दशाएं और इसी तरह शोषण के तरीके समान होते हैं, वर्ग नहीं बनाते। वर्ग के लिये बहुत बड़ी अनिवार्यता *वर्ग चेतना* (Class Consciousness) और *वर्ग संगठन* (Class Organization) हैं। काम

की दशाएँ कितनी ही अमानवीय हो, मजदूर का जीवन कितना ही नारकीय हो, लेकिन जब तक उसमें यह चेतना नहीं आती कि इस त्रासदी में वह अकेला ही नहीं है, उसके गाँव और कस्बे के लोग ही नहीं है, प्रान्त और देश के अन्य कामगार ही नहीं हैं वरन् सारी दुनियाँ के मजदूरों की चाहे वे किसी भी देश के हों, यही हालत है, तब तक वे वर्ग नहीं बनते। अतः *वर्ग चेतना और वर्ग संगठन दो ऐसे खम्भे हैं जिन पर वर्ग का ढांचा खडा हुआ है।*

इसी पुस्तक में मार्क्स और एंजिल्स ने दो नयी अवधारणाएं रखी हैं: अपने आप में वर्ग– *क्लास इन इट सेल्फ* (Class in itself) और अपने लिये वर्ग *क्लास फॉर इट सेल्फ* (Class for itself)। *जब एक धन्धे में काम करने वाले लोग संगठित हो जाते हैं और उनमें यह चेतना आ जाती है कि हम एक ही पेशें में हैं तो इस तरह का समूह अपने आप में वर्ग है–क्लास इन इट सेल्फ। दूसरी ओर धन्धों में फेर-फार हो सकता है लेकिन उनमें काम करने वाले व्यक्तियों की हैसियत सामान्य कामगार की होती है और वे इस सामान्यता के आधार पर चेतना और संगठन बना लेते हैं तो यह अपने लिये वर्ग है–क्लास फॉर इट सेल्फ।*

मार्क्स ने वर्ग के इन आधारभूत तत्वों की वर्ग चेतना और वर्ग संगठन की अनिवार्य भूमिका पर यह टिप्पणी रखी है:

> आम जनता का एक समूह जहॉ तक उसके पूंजीवादी सम्बन्धों का सरोकार है, एक पृथक वर्ग है। *लेकिन यह अब भी अपने आप में वर्ग नहीं है। जब यह वर्ग संगठित हो जाता है, इसमें पारस्पिरिकता आ जाती है तब यह अपने आप में वर्ग (Class in itself) बन जाता है। इससे आगे एक दूसरी और ऐसी अवस्था आती है जब वर्ग अपने वर्ग के सभी लागों के लिये संगिठत हो जाता है (Class for itself)* बन जाता है। *इससे आगे एक दूसरी और ऐसी अवस्था आती है जब वर्ग अपने वर्ग के सभी लोगों के लिये संगठित हो जाता है (Class for itself)* इसका अर्थ होता है: दुनियाँ भर के मजदूर भाई-भाई।

उत्तरवर्ती मार्क्सवादियों ने मार्क्स की *अपने आप में वर्ग* तथा *वर्ग के लिये वर्ग* की अवधारणाओं को स्वीकार नहीं किया है। इनका आग्रह यह है कि किसी भी वर्ग के बनने के लिये वर्ण चेतना का होना आवश्यक है। इस अस्वीकृति के होते हुए भी वर्ग के सम्बन्ध में कुछ बात बहुत स्पष्ट है: (1) वर्ग का सम्बन्ध उत्पादन साधनों, उनके सम्बन्धों और शक्तियों से जुड़ा हुआ है, (2) किसी भी वर्ग के लिये यह वर्ग चेतना आवश्यक है कि हमारे काम की दशाएँ, दिहाड़ी या पगार और शोषण एक समान हैं, (3) वर्ग तभी बनता है जब वह दूसरे वर्गों को अपना दुश्मन समझता है। वर्ग निर्माण का आधार ही *प्रतिरोध* (Antagonism) है, (4) वर्गों की व्याख्या हर तरह के इतिहास की विभिन्न अवस्थाओं से जुड़ी हुई है।

वर्ग चेतना (Class Consciousness)

समाजशास्त्र की एक विशिष्ट शाखा है जो *ज्ञान मीमांसा* (Epistemology) के नाम से जानी जाती है। ज्ञान मीमांसा के प्रणेताओं में हीगेल, मार्क्स और कार्ल मेनहीम का योगदान महत्वपूर्ण समझा जाता है। इन विचारकों का तर्क है कि आदमी में जो कुछ भी ज्ञान है, वह उन भौतिक परिस्थितियों की उपज है जिनमें वह अपना जीवनयापन करता है। यह ठीक है कि ज्ञान पुस्तकालय की अगणित पुस्तकों में, शब्द कोषों में इतिहास और विज्ञान के अगणित

ग्रन्थों में भरा पड़ा है, यह ज्ञान का खजाना है। किन्तु यह निरन्तर नहीं है, यदि हम इसमें आये दिन नयी खोजों, आविष्कारों, निर्वचनों और आनुभविकता से नये ज्ञान का योगदान नहीं करते। अतः ज्ञान का भंड़ार तो आनुभविकता की प्राकृतियों में ही भरना और समृद्ध होना है। *यूनेस्को* (Unesco) के एक अनुमान के अनुसार तकनीकी ज्ञान सात वर्ष में दूना हो जाता है और समाजविज्ञान द्वारा अर्जित ज्ञान दस वर्ष में दुगुना हो जाता है। ज्ञान की उपज में मार्क्स का उत्पादन सम्बन्धों का ऐतिहासिक विश्लेषण यह बताता है कि कामगार या पूंजीपति की उत्पादन सम्बन्धों के प्रति जो प्रतिक्रिया होती है वही नवीन ज्ञान पैदा करती है। जैसी उत्पादन शक्तियाँ और उत्पादन सम्बन्ध होगें, उन्हीं के अनुवर्ती इन वर्गों का ज्ञान भी होगा।

मार्क्स की इस अवधारणा का खण्डन *वेबलिन* (Veblin) ने किया है। उनका कहना है कि *व्यक्ति का ज्ञान उन वर्गों के बारे में भी होता है जिनका वह सदस्य नहीं है। वेबलिन ने एक आर्थिक थीसिस दियाः आदमी जितनी अधिक मंहगी वस्तु खरीदेगा (इस बात की चिन्ता किये बिना कि यह वस्तु कितनी उपयोगी है) उतनी ही उसकी समाज में प्रतिष्ठा बढ़ेगी।* वेबलिन का दृष्टान्त है कि कारखाने का मजदूर जब मलमल का कुर्ता पहनता है तो वह यह जानता है कि मिल की खादी की तुलना में यह कुर्ता कम चलेगा। वह यह भी जानता है कि उसके कामगार वर्ग के लोग मिल की खादी का कपड़ा पहनते हैं फिर भी यदि वह मलमल का कपड़ा लेता है तो मजदूरों में उसकी प्रतिष्ठा बढ़ जाती है। उसका यह प्रयास निम्न मध्यम वर्ग की ओर बढ़ने का प्रयास है। ज्ञान मीमांसा की इस तरह की आलोचनाएं बहुत हुई हैं, फिर भी मार्क्स का यह योगदान कि *व्यक्ति की सामाजिक चेतना उस वर्ग से पैदा होती है जिसका वह सदस्य है, महत्वपूर्ण है।* यह भी कहा जाता है कि जैसे भारत में हम किसी व्यक्ति की जाति को पहचान कर उसके व्यवहार को समझ जाते हैं या व्यवहार को देखकर उसकी जाति पहचान जाते हैं। इस तरह *वर्ग की सदस्यता भी व्यक्ति के सम्पूर्ण व्यवहार, उसकी जीवन पद्धति और वैचारिकी को निश्चित करती है।*

वर्ग चेतना का अर्थ और उद्‌गम (Meaning of Class Consciousness)

यद्यपि मार्क्स ने हीगेल को उसके पाँवों के बल पर खड़ा कर दिया, फिर भी यह स्वीकार करना पड़ेगा कि मार्क्स ने अपने सभी सिद्धान्तों में मुक्त हस्त से हीगेल से उधार लिया है। हीगेल ने भी *सामाजिक चेतना* (Social Consciousness) की चर्चा की है। उनका तर्क है *कि आदमी में चेतना उसकी वैचारिकी* (Ideology) *के अनुसार आती है। मार्क्स ने इसे नकारा है। उनका थीसिस है कि आदमी की चेतना उसकी भौतिक वस्तुओं यानी उत्पादन पद्धतियों और उत्पादन शक्तियों के सम्बन्धों के अनुसार होती है। दोनों में अंतर यह है कि हीगेल चेतना का आधार वैचारिकी को मानते हैं और मार्क्स चेतना का आधार उत्पादन पद्धतियों से जोड़ते हैं।*

वर्ग चेतना की विशेषताएँ (Characteristics of Class Consciousness)

मार्क्स ने एक स्थान पर कहा है कि *सत्तारुढ़ वर्ग के जो विचार होते हैं, वे ही विचार सम्पूर्ण युग में प्रभावशाली होते हैं।* उदाहरण के लिये यदि राजस्थान में ऐसे राजा हुए जो शिव के उपासक थे, जिन्होनें जगह-जगह शिव मन्दिर बनवाये, विभिन्न प्रकार से शिव की पूजा के महोत्सव आयोजित किये, तो उनकी प्रजा के लिये भी शिव की उपासना अनुकरणीय हो

गयी। मार्क्स कहते है कि जो वर्ग, और इस अर्थ में पूंजीपति सत्ता में हैं तो उनकी सम्पूर्ण वैचारिकी समाज पर छा जायेगी, प्रभावपूर्ण हो जायेगी। यहाॅ हम सामाजिक चेतना की कुछ महत्वपूर्ण विशेषताओं को प्रस्तुत करेगे।

(1) **झूठी चेतना** (False Consciousness): मार्क्स कहते है कि सामान्यतया सतारुढ़ वर्ग की चेतना सामान्य जन की चेतना भी हो जाती है। होता यह है कि *सतारुढ़ दल जिस दृष्टि से समाज की वास्तविकता को देखता है, इस वास्तविकता से पैदा हुई चेतना को अपने हित के लिये अन्य वर्गों के सदस्य भी अपना लेते हैं। इस तरह की चेतना वास्तविक चेतना नहीं है, मार्क्स की व्याख्या में यह थोपी हुई और एक तरह से झूठी चेतना है। कालान्तर मे कामगार वर्ग यह समझने लगता है कि सतारुढ़ वर्ग ने वास्तविकता के प्रति जो चेतना पैदा की है वह उनके वर्ग हितों के लिये नहीं है, और फिर झूठी चेतना* (False Consciousness) *का स्थान सही वर्ग चेतना* (True Class Consciousness) *को मिल जाता है।*

(2) **सर्वहारा में वर्ग चेतना का उदय राजनैतिक दलों से है** (The Emergence of Proletariat Class Consciousness Stems from Political Parties) : मार्क्स ने सबसे पहली बार वर्ग चेतना का उदय राजनैतिक संघर्ष में देखा। उस जमाने में फ्रान्स में छोटी जोत के किसानों ने सरकार के विरोध में संगठित आन्दोलन किया। तब उन्होंने पाया कि जहाँ एक और किसानों में वर्ग चेतना का उदय हुआ, वही राजवंशों में भी किसानों को दबाने के लिये संगठित होने की चेतना आयी। धीर-धीरे राजनीतिक लड़ाई से उत्पन्न हुई यह चेतना अन्य लड़ाइयों के लिये भी सर्वहारा में आयी। अब बड़े-बड़े कारखानों में और उद्यमों में मजदूर संगठित होकर मालिक के विरुद्ध लड़ने लगे। मालिक और कामगारों की इस लड़ाई ने कामगारों में यह चेतना पैदा की कि उनका हित मालिक के खिलाफ लड़ने में ही है। इस भाँति अपने सामान्य हितों की पूर्ती के मजदूर वर्ग में जो चेतना आयी वही वर्ग चेतना है। यहाँ यह भी कहना चाहिये कि वर्ग चेतना की रचना की प्रक्रिया बराबर वर्ग संगठन से जुड़ी है। *सर्वहारा जितने अधिक संकठित होगें, जितनी अधिक उनमें एकता होगी उतनी ही तीव्र उनमें सामाजिक चेतना भी होगी।*

(3) **वर्ग की वस्तुगत स्थिति व्यक्तिगत चेतना को पैदा करती है** (Objective Situation of a Class Creates Subjective Consciousness) : मार्क्स ने अपने रचना काल के प्रारम्भ से ही सामाजिक चेतना को वस्तुगत (Objective) स्थिति के साथ जोड़ा है। वर्ग चेतना कोई ऐसी चेतना नहां है जो रातों-रात पैदा हो जाती है। इसके आविर्भाव की भी एक लम्बी प्रक्रिया है। कामगार वस्तुगत स्थिति में अपने सम्पूर्ण जीवन को गुजारता है। वह मिल की पारियों में कभी रात तो कभी दिन खटता है। उसके लिये जीवन यापन दूभर हो जाता है। काम की दशाएं भी उसे संतोषजनक नहीं लगती। कभी यह मशीन खराब तो कभी वह मशीन वांछित उत्पादन न होने पर मालिक का बराबर दबाव। यह सम्पूर्ण स्थिति *वस्तुगत* (Objective) स्थिति है। इस स्थिति से उसकी समझ बढ़ती है, सोच विकसित होता है कि कारखाने का मालिक अपने उत्पादन की बढ़ोतरी और मुनाफे को ही देखता है और उसे (कामगार को) भेड़ियों के बीच में छोड़ दिया है। अब उसमें *व्यक्तिगत चेतना* (Subjective Consciousness) आती है। ऐसी ही दशा में काम करने वाले उसके

साथी कामगारों में भी यह व्यक्तिगत चेतना आती है। *थोड़ी अवधि गुजर जाने के बाद यह व्यक्तिगत चेतना सामूहिक चेतना* (Collective Consciousness) में बदल जाती है। इस तरह वस्तुगत चेतना, व्यक्तिगत चेतना में बदलती है। और यह व्यक्तिगत चेतना वर्ग चेतना का रुप लेती है।

(4) **अपने आप में वर्ग, वर्ग के लिये वर्ग बन जाता है** (Class-in-itself Turns into Class-for-itself) : जब तक सामाजिक चेतना का घेरा एक निश्चित वर्ग और स्थानीयता तक ही सीमित होता है, *यह अपने आप में वर्ग* की स्थति है। लेकिन जब यह वर्ग विशेष की चेतना अन्य समान वर्गो तक पहुंच जाती है तो यह वर्ग के लिये *वर्ग की चेतना है। वास्तविकता यह है कि उत्पादन प्रिक्रिया में व्यक्ति का जो स्थान या दर्जा होता है–फोरमेन, कुशल–अकुशल मजदूर इसी दर्जे से उसकी वर्ग चेतना पैदा होती हैं।*

(5) **व्यक्तियों के सोच की जोड़ और औसत, सामाजिक चेतना नहीं है** (Social Consciousness is Neither the Sum nor the Average of Single Individual): यह कहना अनुचित होगा कि सामाजिक चेतना वर्ग के सभी व्यक्तियों की औसत या सम्पूर्ण चेतना है। सामाजिक वास्तविकता समाज के श्रम विभाजन में देखने को मिलती है। इस वास्तविकता को वर्ग विशेष का व्यक्ति अपने निजी दृष्टिकोण से देखता है। इस तरह के निजी दृष्टिकोण जो वर्ग के सदस्यों में होते है व्यक्तियों की औसत वर्ग चेतना को नहीं बनाते। मार्क्स ने और कालान्तर में लेनिन ने यह आग्रह पूर्वक कहा है कि सामजिक चेतना की *रचना* (Formation) ऐतिहासिक होती है। जब एक अवधि तक वर्ग के सदस्य दूसरे वर्ग को अपना दुश्मन समझते हैं तो लम्बे समय में जाकर उत्पादन सम्बन्धों के बारे में एक निश्चित धारणा बन जाती है। अतः *व्यक्तियों की सामाजिक चेतना जो उनके वर्ग के बारे में है, निजी चेतना नहीं है। न ही यह सभी चेतनाओं का सामूहिक स्वरुप है। वर्ग की चेतना ही व्यक्ति की चेतना बन जाती है।*

(6) **भू-सम्पति की मिल्कियत वंशानुगत होती है, जबकि वर्ग चेतना उत्पादन प्रक्रिया से सम्बद्ध है** (Membership of Estate is Hereditary While Class Consciousness is Within the Production Process) : मार्क्स ने वर्ग चेतना और जागीर चेतना में एक बुनियादी अन्तर किया है। पिछली शताब्दियों में जब यूरोप में सामन्तवाद था, तब रियासत के लागों में वर्ग चेतना जैसी कोई बात नहीं थी। इसके दृष्टान्त मार्क्स ने फ्रान्स में पाये। हमारे देश में भी जमींदारी और जागीरदारी थी। उस व्यवस्था में जागीरदार परम्परागत था। जागीरदार की मृत्यु के बाद उसका बड़ा लड़का जागीरदार बनता था। मतलब हुआ, जागीरदार का स्थान वंशानुगत था। इसलिये इस व्यवस्था में वर्ग चेतना का अभाव था। इधर पूंजीवादी व्यवस्था में किसी वर्ग में व्यक्ति का जो स्थान है यानी वह बुर्जुआ वर्ग का है या सर्वहारा का, वंशानुगत नहीं है। यह सामान्य बात है कि मध्यम वर्ग का व्यक्ति उच्च वर्ग का सदस्य बन सकता है और कल उच्च वर्ग का व्यक्ति धन्धे में भारी घाटा आने पर दिवालियेपन के कगार पर आ सकता है। अतः वस्तुस्थिति यह है कि व्यक्ति जिस वर्ग का सदस्य है, उस वर्ग की उत्पादन पद्धतियाँ अर्थात् वर्ग में काम करने की दशाएँ, वेतन आदि उसकी सामाजिक चेतना को बताते हैं।

वर्गवादी समाज में कामगार से लेकर पूंजीपति तक की सामजिक चेतना हर स्थति में

अपने वर्ग की चेतना होती है। जिसे हम सामाजिक चेतना कहते है, वस्तुतः वह वर्ग चेतना है। जब किसी वर्ग का व्यक्ति समाज की अधिरचना साहित्य, कला, धर्म, परम्परा आदि को देखता है तो उसकी प्रतिक्रिया उत्पादन सम्बन्धों द्वारा निर्धारित होती है। आज जब टेलिविजन या संचार माध्यमों में उपभोग की वस्तुओं का विज्ञापन होता है तो इन वस्तुओं के प्रति दर्शकों कि जो प्रतिक्रिया होती है वह वर्ग जनित होती है, उदाहरण के लिये मध्यम वर्ग का व्यक्ति रंगीन टी.वी. या रसोई घर के प्रसाधनों के प्रति आकर्षक होता है जबकि मिल का कामगार इन वस्तुओं को केवल पूंजीपति वर्ग के चोंचले मानता है। वर्ग चेतना, इस तरह समाज की भौतिक और अधिरचना को अपने वर्ग के संदर्भ में ही देखता है।

वर्ग चेतना के साथ ज्ञान मीमांसा जुड़ी हुई है। व्यक्ति का जो कुछ ज्ञान है, मार्क्स का तर्क है उसकी उत्पत्ति उसके किसी वर्ग में अस्तित्व के कारण है। दिलचस्प बात यह है कि जब एक वर्ग के सदस्य का दूसरे वर्ग में परिवर्तन होता है तो उसका ज्ञान भी वर्ग जनित हो जाता है। वर्ग के विश्लेषण में ज्ञान मीमांसा की कई आलोचनाएँ हुई हैं। फिर भी ज्ञान मीमांसा के बौद्धिक क्षेत्र में कार्ल मार्क्स का स्थान अविस्मरणीय है।

अलगाव (Alienation)

पूंजीवादी व्यवस्था में, चाहे वह दुनियाँ के किसी भी कोने में हो, कामगार की स्थिति किसी भी भवन में लगाये जाने वाले पत्थर के उन चौखटों की है जिसे कारीगर चाहे तो फर्श पर लगा दें और चाहे तो थुकदानी के स्टेण्ड पर जोड़ देवे। पत्थर की ये चौखटें बेजान हैं, उन्हें तो घड़ा और तराशा ही इसलिये है कि कारीगर अपनी मनमर्जी से उन्हें वहीं भी लगा देवे। हिन्दी के प्रगतिशील कवि दुष्यन्त एक जगह पर कहते है कि पूंजीवादी व्यवस्था में आदमी तो केवल मात्र एक झुनझुना है जिसे बिना आदमी की चिन्ता किये कहीं भी किसी भी मौके पर बजाया जा सकता है।

जिस तरह चाहो, बजाओ इस सभा में।
हम नहीं हैं आदमी, हम झुनझुने हैं॥

इसी संदर्भ में कामगार तो एक झुनझुना है जिसे पूंजीपति को अपनी इच्छानुसार बजाना है। झुनझना अपने आप में कुछ नहीं है। पूंजीवादी व्यवस्था में कामगार एक *अजनबी* (Stranger) मात्र है। उसके पास कोई *शक्ति नहीं* (Powerless) है।

मार्क्स ने *केपिटल* की पहली जिल्द में *अलगाववादी श्रमिकों* (Alienated Labour) की चर्चा विस्तार से की है। *इरविंग जैटलिन* (Irving M. Zeitlin) जैसे सिद्धान्त वेताओं का तो कहना है कि मार्क्स ने *केपिटल पुस्तक का शीर्षक अलगाव भी रखा होता तो अनुचित नहीं था। यह इसलिये कि केपिटल* में मार्क्स ने यह विस्तारपूर्वक बताया है कि पूंजीवादी व्यवस्था बराबर विकसित होती है और इसका कारण बढ़ती हुई उत्पादन शाक्तियाँ और बुनियादी उत्पादन सम्बन्ध है। इस संदर्भ में केपिटल में मार्क्स ने यह स्थापित किया है कि पूंजीवाद के विकास के साथ जीवन की दशाओं में बहुत तैजी से परिवर्तन आया है। ज्यों-ज्यो पूंजीवाद के पंख फैले हैं त्यों-त्यों कारखानों और मिलों मे काम करने वाले श्रमिकों में अलगाव आया है। मिलों के धुएं के गुबार के नीचे कामगार बराबर सोचता है, इस सम्पूर्ण व्यवस्था में मैं तो बराबर घूमने वाला दाँता (Cog) हूँ जिसका होना न होना बराबर है। मैं

तो एक मात्र चना हूँ जो भाड़ नहीं फोड़ सकता। कामगार की इस विवशता को मार्क्स ने श्रमिकों के अलगाव के अनतर्गत रखा है। अलगाव की समस्या इस भाँति वर्ग व्यवस्था से जुड़ी हुई है और इसीलिये हम इसका विवेचन वर्ग के अन्तर्गत करते हैं।

अलगाव का अर्थ (Meaning of Alienation)

अंग्रेजी में अलगाव के लिये *एलिनिएशन* (Alienation) पद काम में लिया जाता है। इसका प्रयोग केवल मार्क्सवादी ही करते हों, ऐसा नहीं है। गैर-मार्क्सवादी भी पर्याप्त रुप में इस पद को काम में लाते हैं। 20वीं शताब्दी के मध्य में इस पद का प्रयोग दर्शनशास्त्र के शब्द कोष मे हुआ था। इससे पहले यद्यपि दर्शनशास्त्र और उसके बाहर भी इसको प्रयोग में लाया जाता था। एक अवधारणा के रूप मे यह पहली बार शब्द कोष में इस शताब्दी के मध्य में आया। गैर-दर्शन शास्त्रीय प्रयोग में जब इसको काम में लिया जाता था तो इसका मतलब अपने पुराने दोस्तों और सहयोगियों से सम्बन्ध विच्छेद करने से था। अर्थ और कानून में जब सम्पति एक हाथ से दूसरे हाथ को हस्तानान्तरित की जाती थी तब अलगाव का प्रयोग होता था। उदाहरण के लिये वस्तुओं को खरीदना बेचना वस्तु की चोरी करना, किसी को भेंट देना ये बस अलगाव के अर्थ के अन्तर्गत आते थे। मार्क्स पहले व्यक्ति थे जिन्होंने इस अवधारणा को दर्शन का दर्जा दिया। ईसाई धर्म में इस पद की उत्पति पापों से मुक्ति के अर्थ से है। कुछ विचारकों का कहना है कि अलगाव पद की पहली अभिव्यक्ति पश्चिमी विचारधारा में *ओल्ड टेस्टामेन्ट* (Old Testament) में देखने मिलती है।

दार्शनिकों ने अलगाव के प्रयोग की उत्पति यूनानी प्लेटों के विचारों में भी खोजी है। रुसों ने भी इसका प्रयोग किया था। हीगेल के बाद मार्क्स ने पहली बार व्यवस्थित रुप से इस पद को वैज्ञानिक स्तर पर रखने का प्रयास किया। हीगेल के बाद *फारबेच* (Feuerbach) ने इस अवधारणा को काम में लिया है। इन्होंने धर्म से विमुख होने वालों के लिये इस पद का प्रयोग किया है।

अलगाव की अवधारणा में बराबर विवधता रही है। इस विविधता के होते हुए भी, किसी भी अंतिम विश्लेषण में, *अलगाव वह अवस्था है जिसमें व्यक्ति स्वंय से ही विमुख हो जाता है। मनुष्य का जो सार* (Essance) *या उसकी प्रकृति* (Nature) है उससे जब वह अलग हो जाता है, तो यह अलगाव की अवस्था है। दूसरे शब्दों मे जब व्यक्ति *स्वंय अलगाव* (Self Alienation) की अवस्था में होता है तब वह निम्न प्रकार की गतिविधि करता है। यह गतिविधि ही उसका अलगाव है:

(1) ऐसे व्यक्ति अपनी मानवीय प्रकृति से दूर हो जाते हैं।

(2) ये व्यक्ति अपने स्वंय से, अपनी कार्य प्रणाली से अपनी जीवन की गतिविधि से, दूर हो जाते हैं। जीवित रहते हुए भी ये व्यक्ति अपने सामाजिक आर्थिक जीवन से बेखबर रहते हैं।

(3) यह बेखबरी इस हद तक पहुंच जाती है कि वे अपनी शरीर से भी अपने आप को जोड़ते नहीं एक तरह से उनका सम्पूर्ण मानस ही सुन्न हो जाता है।

(4) अलगाव ऐसी विनाशकारी स्थिति है जिसमें एक व्यक्ति दूसरे व्यक्ति और व्यक्तियों से एकदम दूर हो जाता है, उसके इर्द-गिर्द क्या होता है, उसे पता नहीं। उसके स्वयं के

शरीर का जोड़-जोड़ और अंग-अंग टूटने लगता है, तब भी वह इससे सरोकार रहीं रखता। पूंजीवादी व्यवस्था में, कामगार कभी भी अपने आप को उत्पादन और उससे होने वाले लाभ के साथ जोड़ता नहीं है। लाभ और उत्पादन से उसका कोई मतलब नहीं है। उसे तो केवल अपनी दिहाड़ी ही या वेतन ही मिलना है।

(5) अलगाव व्यक्ति का अमानवीकरण (De-humanisation) है। अलगाव के कई स्वरुपों में मूल स्वरुप की व्याख्या मार्क्स ने की है। मार्क्स के अनुसार *अलगाव वह अवस्था है जिसमें कामगार उसके स्वंय के श्रम से उपार्जित वस्तुओं से अपने आप को अलग रखता है। वह अपने आप को गुलाम समझता है, शक्तिहीन मानता है और स्वंय से बेखबर होकर उत्पादन प्रक्रिया में जुटा रहता है।*

मार्क्स की अवधारणा के अनुसार अलगाव का विकास कई अवस्थाओं में होता है। पहली अवस्था तो तब होती है जब वह सामान्य रुप में कारखाने के उत्पादन में अपना सहयोग देता है। इस अवस्था में अलगाव की भावना नहीं है। धीरे-धीरे उसे लगता है कि मालिक का मुनाफा तो बराबर बढ़ता जाता है, और स्वयं उसकी स्थिति दिनों-दिन खस्ता होती जाती है। उसके जीवित रहने की दशा बदतर हो जाती है। इस अवस्था में आकर उसमें स्वयं के लिये, स्वयं से अलगाव हो जाता है। यह अलगाव *आत्म अलगाव* (Self Alienation) है। तीसरी अवस्था तब आती है जब उसके जैसे कई कामगार स्वयं का अलगाव महसूस करने लगते है। *अब कामगार का अलगाव एक व्यक्ति का अलगाव नहीं रहता, स्वयं कामगारों का अलगाव बन जाता है*। एक चौथी स्थिति भी आती है जब समस्त मजदूरों में श्रम से अलगाव की भावना तीव्रतर हो जाती है। इस अवस्था में एक क्रान्तिकारी परिवर्तन की अपील होती है। कामगार संगठित होते हैं और एक ऐसा वातावरण बनता है जब यह निश्चित होने लगता है कि पूंजीवाद के उन्मूलन के लिये क्रान्ति ही एक मात्र विकल्प है। इस अवस्था में आकर व्यक्ति में एक नयी शक्ति आ जाती है अब वह शक्तिहीन नहीं है क्योंकि उसमें पूंजीवाद को नष्ट करने की ताकत है। अब अलगाव उस सीमा तक पहुंच जाता है जिसे मार्क्स अ-अलगाव (De-alienation) की अवस्था कहते हैं। अलगाव की सम्पूर्ण अवधारणा को इसकी विभिन्न अवस्थाओं में देखा जाना चाहिये।

अलगाववादी अवधारणा पर विवाद

यद्यपि मार्क्स ने अलगाववादी अवधारणा को हीगेल और पूर्ववर्ती विचारकों से लिया था, इसकी लोकप्रियता द्वितीय विश्व युद्ध के बाद दर्शनशास्त्र तथा समाजविज्ञानों में बढ़ गयी। दार्शनिकों के अतिरिक्त इस अवधारणा पर मार्क्सवादियों, मनोवैज्ञानिकों, समाजशास्त्रियों आदि ने भी लिखा है। वास्तव में इस शताब्दी के छठे दशक में जाकर अलगाववाद पर एक खासा साहित्य तैयार हो गया। इस युग में यह भी हुआ कि यह अवधारणा विवाद के घेरे में भी आ गयी। स्वयं मार्क्सवादियों में अलगाव के अर्थ पर विभेद हो गया और गैर मार्क्सवादी भी इस विभाजन से छूट नहीं पाये।

मार्क्सवादियों में *लुकास* (Luckas), *ब्लाँच* (Bloch) *ई. फ्रोम* (E.Fromm) आदि अग्रणी लेखक हैं। लुकास अलगाव की अवधारणा को हीगेल और मार्क्स की परम्परा में रखते हैं। फ्रोम का कहना है कि मार्क्स के अलगाव का समाजशास्त्र, मनोवैज्ञानिक और

दर्शनशास्त्र की दृष्टि से विवेचना होना चाहिये। इधर संरचनावादी मार्क्सवादियों (Structuralist-Marxist) में जिनमें अल्थुजर (Althusser) मुख्य है तर्क देते हैं कि *अलगाव का कारण व्यक्तिगत सम्पति, वर्ग प्रभुत्व, शोषण और श्रम विभाजन है।* कुछ ऐसे मार्क्सवादी लेखक भी हैं जो आत्म अलगाव (Self alienation) की अवधारणा को स्वीकार नहीं करते। उनका कहना है कि *आत्म अलगाव में ऐतिहासिकता नहीं है और इसलिये यह अवधारणा अ-ऐतिहासिक बन जाती है।*

अलगाव की अवधारणा की बहस में गैर मार्क्सवादी भी हैं। इस सिलसिले में हैडेगर (Heidegger) और सार्त्रे (Sartre) का योगदान महत्वपूर्ण है। सार्त्रे वस्तुतः अस्तित्ववादी (Existentialist) हैं। वे अलगाव को अस्तित्ववादी संदर्भ में देखते हैं और इसी संदर्भ में इसकी व्याख्या करते हैं। अस्तित्ववादी परम्परा में टीलिच (P. Tillich) ने भी मार्क्स के अलगाव की व्याख्या की है।

अलगाव की अवधारणा विद्वानों की कई पीढ़ियों से गुजरी है। मार्क्सवादी यह तो स्वीकार करते हैं कि *वर्ग और श्रम शक्ति का विश्लेषण अलगाव की अवधारणा के बिना नहीं किया जा सकता, लेकिन वे इसके ऐतिहासिक और वैयक्तिक पहलुओं पर विवाद करतें हैं। अलगाव पर जो भी साहित्य उपलब्ध है, चाहे वह मार्क्सवादियों गैर-मार्क्सवादियों और समाज वैज्ञानिकों का हो, उस में कुछ विशेषताएं बहुत स्पष्ट हैं, इनका हम यहॉ उल्लेख करेगें।*

अलगाव की विशेषताएं (Characteristics of Alienation)

(1) **कामगार का अ-मानवीकरण** : पूंजीवादी समाज व्यवस्था में उत्पादन प्रक्रिया इतनी जटिल हो जाती है कि इसमें कामगार का अमानवीकरण (De-humanisation) हो जाता है। उत्पादन वस्तु के साथ व्यक्ति की भावनाओं और संवेगों का कोई जुड़ाव नहीं होता। जब परिवार में माँ अपने बच्चों के पहनने के लिये गरम स्वेटर बनाती है तो हर सुई में, ऊन के हर रंग में उसका प्रेम और स्नेह जुड़ा रहता है। पहनने वाला भी इस स्वेटर के माध्यम से अपने आपको स्वेटर बनाने वाले के साथ तादात्म्य कर लेता है। यही स्त्री जब कारखाने में करघे पर काम करती है तो यह एक भौतिक श्रम मात्र है और उत्पादन के साथ न तो उसके संवेग जुड़े होते है और न कोई भावनाएं। यह सम्पूर्ण प्रक्रिया कामगार के लिये तो यांत्रिक (Mechanical) मात्र है। अतः अलगाव की स्थिति में व्यक्ति में अमानवीयता आ जाती है।

(2) **वैयक्तिक विघटन** : कुछ गैर-मार्क्सवादियों ने अलगाव की स्थिति को ऐनोमिक (Anomic) कहा है। यह वह स्थिति है जिसमें कामगार न तो अपने समूह और समाज के नियम-उपनियमों को स्वीकार करता है और न ही वह अपनी व्यवस्था के लक्षणों की प्राप्ति के प्रति जागरुक होता है। ऐनोमिक की अवधारणा को दुर्खीम (Durkheim) ने रखा था। बाद में इसे रॉबर्ट मर्टन (Robert Merton) ने पूरी तरह से विकसित किया। यदि हम अवधारणात्मक संदर्भ से देखें तो इन विचारकों के अनुसार अलगाव एक प्रकार से वैयक्तिक विघटन (Personal Disorganization) है।

(3) **समाज के साथ अनुकूलन का अभाव** : कुछ लेखकों के अनुसार अलगाव सर्वहारा वर्ग की वह स्थिति है जिसमें कामगार अपने आप को अपने समूह के साथ अनुकूलन नहीं कर सकता, वह तो ऐसी अवस्था में पहुँच जाता है जब उस पर समाज का कोई अंकुश ही

नहीं रहता। वह तो अपने काम को किसी यन्त्र की तरह करता रहता है– न तो प्रतिबद्धता और न संवेग।

(4) **स्वयं और दुनियाँ से पृथक्करण** : जोसेफसन और जोसेफसन (Josephson and Josephson) का कहना है कि अलगाव में मस्तिष्क की ऐसी दशा हो जाती है कि व्यक्ति अपने आप को, स्वयं से, अपने इर्द-गिर्द के लोगों से और एक तरह से सारे संसार से पृथक कर लेता है। इन लेखकों के अनुसार अलगाव एक व्यक्तिगत समस्या है।

(5) **वस्तुगत जीवन पद्धति** : अलगाव की व्याख्या में यह भी कहा जाता है कि यह व्यक्ति की केवल भावना और अनुभूति ही नहीं है जो उसे पूरी तरह तोड़ देती है। यह तो एक वस्तुगत तथ्य (Objective Fact) है– जीवनयापन की एक पद्धति है जो उसे पूरी तरह न केवल कारखाने वरन् समाज से विमुख कर देती है।

(6) **अलगाव एक दार्शनिक और समाजशास्त्रीय कोटि है** : दर्शनशास्त्र के सोवियत शब्द कोष में ओर्गुसोव (A.P. Ogurtsov) ने अलगाव की व्याख्या करते हुए कहा है कि *यह वह कोटि है जिसमें आदमी की गतिविधियों का वस्तुगत परिवर्तन होता है जिसके परिणाम स्वरुप आदमी के सभी क्रियाकलाप केवल गौण हो जाते हैं और उत्पादन की प्रक्रिया उस पर हावी हो जाती है*।

जब हम अलगाव की प्रक्रिया को उसके लम्बे ऐतिहासिक दौर में देखते हैं तो स्पष्ट हो जाता है कि यह केवल अपने स्वरुप में आर्थिक और भौतिक ही नहीं है, दार्शनिक और ऐतिहासिक भी है। यहाॅ यह भी कहना चाहिये कि मार्क्स ने इस अवधारणा को दो संदर्भो में देखा है: (1) ऐतिहासिक और (2) उत्पादन प्रक्रिया की भूमिका में। यह सत्य है कि प्रारम्भ में इस अवधारणा का मूल हीगेल का दर्शनवाद था। जब मार्क्स ने केपिटल में इसे पहली बार रखा तो इसकी व्याख्या उत्पादन प्रक्रिया और ऐतिहासिक संदर्भ में की। यह बात दूसरी है कि गैर-मार्क्सवादी लेखक इस प्रक्रिया का विश्लेषण मनोवैज्ञानिक और दार्शनिक स्तर पर भी करते है।

अलगाव के स्वरुप (Forms of Alienation)

अलगाव के सिद्धान्त को विकसित करने में मार्क्स के अतिरिक्त कई अन्य दर्शनशास्त्रियों और समाजशास्त्रियों का भी योगदान है। इन लेखकों ने अपने-अपने संदर्भ में अलगाव के विभिन्न स्वरुप प्रस्तुत किये हैं। यहाँ हम कुछ प्रमुख स्वरूपों का उल्लेख करेगें–

(1) **एडम स्चाफ के अनुसार अलगाव का वर्गीकरण** : एडम स्चाफ ने अलगाव को एक सामाजिक प्रघटना के रुप में लिया है। उनके अनुसार अलगाव के दो प्रकार हैं: (अ) वस्तुगत या सामान्य अलगाव, और (ब) व्यक्तिगत या आत्म अलगाव।

(2) **रिचार्ड स्वाट के अनुसार अलगाव का वर्गीकरण** : ई. 1970 में इन्होंने अपनी पुस्तक अलगाव में इसके प्रकारों का उल्लेख किया है: (अ) आदमी का प्रकृति से अलगाव; (ब) आदमी का अपने इष्ट मित्रों से अलगाव; (स) आदमी का अपने काम तथा स्वयं मस्तिष्क से अलगाव, तथा (द) आदमी का स्वंय से अलगाव।

(3) **एम. सीमन के अनुसार अलगाव का वर्गीकरण** : इन्होंने अलगाव की स्थिति को

पॉच कोटियों में रखा है: (अ) शक्तिहीनता, (ब) अर्थहीनता, (स) सामाजिक पृथक्करण, (द) नियमहीनता, और (य) आत्म उदासीनता।

अलगाव का उपर्युक्त वर्गीकरण किसी भी अर्थ में सम्पूर्ण वर्गीकरण नहीं है। ऐसा वर्गीकरण कुछ अर्थो में सही भी है और कुछ में गलत। यह सब होते हुए भी वर्गीकरण का बहुत बड़ा लाभ यह है कि इससे हमें अलगाव की विशेषताओं का पर्याप्त ज्ञान हो जाता है।

मार्क्स की अलगाव की अवधारणा की आलोचना कई मुद्दों पर हुई है, उदाहरण के लिये आत्म अलगाव की अवधारणा को स्वयं मार्क्सवादियों ने कई तरह से बुरा-भला कहा है। इसके आलोचकों का कहना है कि इस तरह की अवधारणा ऐतिहासिक शक्ति की अवेहलना करती है। सच्चाई तो यह है कि अलगाव में व्यक्ति ऐतिहासिक संभावनाओं को नकार देता है और इस तर्क पर आत्म अलगाव सही नहीं उतरता। यह भी कहा जाता है कि यदि अलगाव को मस्तिष्क की एक दशा कहा जाय तो यह मार्क्स के साथ अन्याय होगा। ऐसी व्याख्या मनोवैज्ञानिक है और उत्पादन प्रक्रिया को नकार देती है। इसी तरह जब अलगाव को ऐनोमी (Anomie) और व्यक्तिगत विघटन के रुप में देखा जाता है तब भी यह अवधारणा केवल समाजशास्त्रीय रह जाती है। *मार्क्स ने तो अलगाव को उत्पादन प्रक्रिया और शोषण तथा अतिरिक्त मूल्य के संदर्भ में रखा है और इसलिये इसे इसी अर्थ में समझना चाहिये।*

इरविंग जेटलिन जब श्रम शक्ति के अलगाव की चर्चा करते है तो इसके उपसंहार में उनका बयान है कि पूंजीवादी व्यवस्था में कामगार का अंतिम उद्देश्य अपने आप को तकनीकी दबाव से मुक्त करना है। इस व्यवस्था में हुआ यह है कि *आदमी तेजी के साथ उत्पादन प्रक्रिया पर नियंत्रण अधिकार खो रहा है। इस अवस्था में हो यह रहा है कि वह अपनी सृजनात्मक मानवीय कुशलता को खोकर उत्पादन संगठन को मजबूर कर रहा है। इसी कारण मार्क्स इस अवस्था के अमानवीयकरण की प्रक्रिया मानता है।*

अतिरिक्त मूल्य तथा अतिरिक्त श्रम (Surplus Value and Surplus Labour)

इस अध्याय में हम वर्ग संरचना और वर्ग संघर्ष की व्याख्या कर रहे हैं। अत: जब पूंजीवादी समाज में वर्ग के निर्माण को ऐतिहासिक और उत्पादन सम्बन्धों के संदर्भ में देखते है तो अतिरिक्त मूल्य और श्रम का विश्लेषण करना आवश्यक हो जाता है। *अतिरिक्त मूल्य शोषण का एक निश्चित तरीका है। यह तरीका पूंजीवाद में देखने को मिलता है। पूंजीवाद में जिसे अतिरिक्त मूल्य कहते हैं, वह मुनाफे का एक स्वरुप है। इस मुनाफ का कारण यह है कि कामगार जिस किसी वस्तु का उत्पादन करता है उसे उसके दिहाड़ी से अधिक मूल्य में बेच दिया जाता है। यह मुनाफा ही कामगार का शोषण है।* इस तरह लाभ (Profit) और दिहाड़ी (Wage) अतिरिक्त मूल्य और श्रम के दो निश्चित स्वरूप हैं और पूंजी का जब नियोजन किया जाता है, तब ये दोनों स्वरुप देखने को मिलते हैं। लेकिन लाभ और दिहाड़ी दोनों ही मुद्रा (Money) हैं और इसलिए यह श्रम का वस्तुगत स्वरूप है। ऐतिहासिक रुप से देखें तो मुद्रा का यह स्वरुप उत्पादन सम्बन्धों से जुड़ा हुआ है और इसी कारण अतिरिक्त मूल्य की अवधारणा निर्णायक अवधारणा है।

पूंजीवादी उत्पादन वास्तव में पण्य वस्तु के उत्पादन का एक सामान्य प्रकार है। दुनियाँ में जहाँ भी पूंजीवाद है, उत्पादन इसी प्रकार होता है। उत्पादित वस्तुओं को जब बेचा जाता

है तो उसका मूल्य होता है। जब मूल्य को निश्चित करते है तो इसके उत्पादन के लागत को देखते हैं। उत्पादित वस्तु पूंजीपति की है और पूंजीपति वस्तु के उत्पादन की लागत जिसमें उसकी पूंजी भी नियोजित है, को ध्यान में रखकर मूल्य निर्धारित करता है। *लागत और मूल्य के बीच का अन्तर अतिरिक्त मूल्य है*। अगर अतिरिक्त मूल्य को बहुत ही सामान्य दृष्टान्त से समझाएँ तो कहना होगा कि एक पुस्तक का बाजार में मूल्य सवा सौ रुपया है। इस पुस्तक को तैयार करने में अर्थात् मशीन की टूट-फूट, कागज, दिहाड़ी आदि में सौ रुपया खर्च हुआ है। अतः पुस्तक का लागत मूल्य सौ रुपया है जबकि बिक्री मूल्य सवा सौ है। लागत और बिक्री मूल्य का अन्तर पच्चीस रुपया है यह धन ही मार्क्सवादी विश्लेषण के अनुसार अतिरिक्त मूल्य है।

यह नहीं है कि मार्क्स ने ही अतिरिक्त मूल्य की चर्चा की हो। क्लासिकल अर्थशास्त्रियों ने भी अतिरिक्त मूल्य का विश्लेषण किया है।लेकिन मार्क्स की अतिरिक्त मूल्य की अवधारणा क्लासिकल अर्थशास्त्रियों से भिन्न है। उदाहरण के लिये हम रिकार्डो (Recardo) का दृष्टान्त दें। रिकाड़ों का कहना है कि *अतिरिक्त मूल्य का कारण कामगार की दिहाड़ी और पूंजीपति के वेतन से जुड़ा है। बाजार में कामगारों को बाध्य किया जाता है कि वे उनके श्रम का जो वास्तविक मूल्य है उससे कम में बेच देवें। यह विनिमय गैर-बराबरी का विनिमय है। इस विनिमय को रिकाड़ों बेजा विनिमय (Unfair Exchange) कहते हैं*।

मार्क्स की अतिरिक्त मूल्य की व्याख्या दूसरी है। उन्होंने बताया कि विनिमय में कुछ भी बेजा या ज्यादती नहीं है। श्रम शक्ति को तो उसके मूल्य के बराबर ही बेचा जा सकता है। अतिरिक्त मूल्य तो उत्पादन व्यवस्था से पैदा होता है। इस तरह मार्क्स कहते हैं कि पिछली सभी उत्पादन पद्धतियों में पूंजीवादी शोषण बेजा विनिमय न होकर उत्पादन प्रक्रिया में पैदा है। *इसलिये विनिमय की उचित दरों का निर्धारण शोषण का अन्त नहीं है*। वास्तव में शोषक और शोषित की स्थिति वर्ग समाज की स्थिति है। इसका आधार यह है कि उत्पादन के साधन किसकी मिल्कियत है।

मार्क्स ने पूंजीवादी उत्पादन पद्धति का सैद्धान्तिक विश्लेषण किया है। इतिहास बताता है कि पूंजीपति बराबर इस तथ्य पर जोर देता है कि उसकी लागत पूंजी में वृद्धि होवें, इजाफा होवें। दूसरी ओर कामगार इसके लिये बराबर संघर्ष करता है कि अतिरिक्त मूल्य में उसकी बराबर भागीदार हो।

मार्क्स का वर्ग की रचना का विश्लेषण यह है कि ऐतिहासिक स्तर पर पूंजीवादी उत्पादन में पूंजीवादी व्यवस्था बराबर सुदृढ़ हुई है। दूसरी तरफ कामगारों और मजदूरों में पूंजीपतियों के विरोध में प्रतिरोध बढ़ा है। वर्ग तो वैसे कई हैं, मार्क्स ने फ्रान्स में ही कई वर्गों की पहचान की है। वे यह भी कहते है कि सर्वहारा और बुर्जुआ के बीच में मध्यम वर्ग भी है। लेकिन जब वर्गों का धुवीकरण होता है– जब बुर्जुआ और सर्वहारा संघर्ष के लिये एक-दूसरे के आमने-सामने रुबरु हो जाते है, क्रान्ति का बिगुल बज जाता है तब मध्यम वर्ग तटस्थ नहीं रह सकता। बहुत करके उसे पूंजीपति वर्ग के साथ मिलना है। बुर्जुआ और सर्वहारा का यह प्रतिरोध *शोषण पर आधारित है और शोषण की संरचनात्मक नींव अतिरिक्त मूल्य पर निर्भर है*।

वर्ग संरचना को उत्पादन पद्धति के साथ जोड़ना पड़ेगा। इस उत्पादन पद्धति में भी

ऐतिहासिक शक्तियों का प्रभाव है। मार्क्स उत्पादन सम्बन्धों और शक्तियों के ऐतिहासिक प्रमाणों पर यह तर्क देते है कि वर्ग संघर्ष प्रतिरोध पर निर्भर है। प्रतिरोध की यह भावना वर्ग चेतना और अतिरिक्त मूल्य द्वारा निर्धारित होती है। अगले पृष्ठों में हम वर्ग संघर्ष की व्याख्या करेगें।

वर्ग संघर्ष (Class Conflict)

वर्गो की उत्पति के साथ ही वर्ग संघर्ष भी शुरु हो गया। इतिहास दिखलाता है कि सभी बैर भाव पूर्ण समाजों में वर्ग संघर्ष हुए हैं। मार्क्स और एंजिल्स ने *कम्युनिस्ट मेनीफेस्टो* में लिखा है:

> अब तक आविर्भूत सभी बैर-भाव पूर्ण समाजों का इतिहास वर्ग संघर्ष का इतिहास रहा है। स्वतन्त्र मनुष्य और दास, पेट्रीशियन और प्लेवियन, सामन्त और भू-दास, शिल्प संघ का उस्ताद और कारीगर और मजदूर तथा कारीगर– संक्षेप में, शोषक और शोषित बराबर एक दूसरे का विरोध करते आये हैं। कभी छिपकर और कभी प्रकट रुप से लगातार एक दूसरे से लड़ते रहे हैं, इस लड़ाई का अन्त हर बार या तो पूरे समाज के क्रान्तिकारी पुनर्गठन में या संघर्षरत दोनों ही वर्गो की बर्बादी में हुआ है।

तात्विक रूप से वर्ग संघर्ष का स्त्रोत वर्ग हितों का प्रतिरोध है। जो एक वर्ग का हेतु है वह दूसरे वर्ग का प्रतिरोध है। पूंजीवादी समाज में मजदूर और पूंजीपति के हित एक दूसरे के विपरीत होते हैं। *एक वर्ग के रूप में बुर्जुआ वर्ग शोषण बढ़ाने पूंजीवादी प्रणाली को बनाये रखने और अपने आर्थिक तथा राजनैतिक प्रभुत्व सुदृढ़ करने में दिलचस्पी रखता है। दूसरी ओर मजदूर वर्ग पूंजीवादी व्यवस्था में अपनी वस्तुगत स्थिति के कारण शोषण का उन्मूलन करने, निजी स्वामित्व और उस पर आधारित सामाजिक उत्पीड़न का खात्मा करने तथा शोषक राज्य को नष्ट करने में दिलचस्पी रखता है।*

मार्क्स और एंजिल्स ने सिद्ध किया कि वर्ग संघर्ष बैर भावपूर्ण संरचनाओं में सामाजिक विकास की प्रेरक शक्ति है। सामाजिक विकास की एक निश्चित अवस्था में वर्ग संघर्ष अनिवार्य रूप से सामाजिक क्रान्ति की ओर ले जाता है। *वर्ग संघर्ष की चरम अभिव्यक्ति स्वंय क्रान्ति है। जब क्रान्तिकारी वर्ग राजनीतिक सत्ता अपने हाथों में ले लेता है तब उसका प्रयास सामाजिक सम्बन्धों में आमूलचूल परिवर्तन लाने के लिए होता है। क्रान्तिकारी वर्ग के लिये संघर्ष ही एक मात्र वह साधन है जिसकी सहायता से सामाजिक विकास के तात्कालिक कार्य पूरे किये जाते हैं।*

पूंजीवाद समाज गहनतम सामाजिक गैर-बराबरी और प्रतिरोध का समाज है। पूंजीवादी के विकास के साथ समाज में बुर्जुआ और सर्वहारा वर्गों में अधिकाधिक ध्रुवीकरण होता है। पूर्ववर्ती संरचनाओं में वर्ग संघर्ष की तुलना में सर्वहारा वर्ग का संघर्ष अधिक संगठित और विकसित हो जाता है।

ऐतिहासिक रुप से वर्ग संघर्ष का पहला रूप सर्वहारा वर्ग के आर्थिक हितों की रक्षा करना है। सामान्य रुप से सर्वहारा के आर्थिक हित दिहाड़ी में वृद्धि, काम की अनुकूल दशाएँ, छँटनी, बेरोजगारी के विरुद्ध संघर्ष आदि में निहित है। इसी संघर्ष के दौरान श्रमिक संगठन (Trade Union) पैदा होता है। आर्थिक संघर्ष अपना अनिवार्य महत्व रखता है। उसके

सकारात्मक परिणाम असंदिग्ध होते हैं। फिर भी, वह मूल प्रश्नों को नहीं हल कर सकता। वह मजदूर वर्ग को एक समष्टि में संगठत नहीं करता। इस संघर्ष के दौरान न तो राजनीतिक दल बनते हैं, न ही वर्ग चेतना में तेजी आती है।

वर्ग संघर्ष राजनैतिक संघर्ष को भी बढ़ावा देता है। मजदूर वर्ग अपने राजनैतिक हितों की रक्षा के लिये, राजनैतिक सत्ता में हिस्सा लेने और अन्ततः सत्ता के लिये राजनैतिक सम्बन्धों की प्रणाली में मजदूर वर्ग के प्रभुत्व की स्थापना करने के लिये संघर्ष करता है। समाजवादी भावना के प्रति चेतना लाने के लिये राजनैतिक संघर्ष वास्तव में एक विचारधारात्मक संघर्ष है।

आधुनिक युग में वर्ग संघर्ष कुछ ऐसी विशिष्टताएँ लिये हुए है जो इस युग की विशेषताओं से जुड़ी हुई है। प्रयत्न यह किया जा रहा है कि क्या पूंजीवाद के विस्तार के साथ वर्ग संघर्ष में कोई तीव्रता आयी है? मार्क्स ने अपनी विचारधारा में यह भी कहा था कि वर्ग संघर्ष के दौरान यह संभव है कि सर्वहारा वर्ग कुछ देशों में कुलीन वर्ग का स्थान भी ले ले। हाल में सोवियत रुस में जो विघटन आया है उसके कारणों में जैसा कि *डिजिलास* का कहना है, सर्वहारा वर्ग का कुलीन वर्ग बन जाना भी है।

सामाजिक परिवर्तन (क्रान्ति) का सिद्धान्त
(Theory of Social Change (Revolution))

आदमी का अ-मानवीय शोषण और दमन के खिलाफ विद्रोह करना ही क्रान्ति है। मार्क्स के सिद्धान्तों का केन्द्रीय बिन्दु *मानव* है। यह मानव कभी दासता की बेड़ियों में जकड़ा था, कभी सामन्तवादी व्यवस्था में प्रजा रूप में था और आज पूंजीवादी समाज में मजदूर है। मनुष्य का अन्तिम लक्ष्य उसकी स्वतन्त्रता है और यह स्वतन्त्रता जो बुनियादी है जब तक उसे नहीं मिल सकती जब तक उस पर अंकुश रखने वाला राज्य नेस्तनाबूद नहीं होता, शोषण करने वाला पूंजीवादी वर्ग नहीं रहता। यह सब परिवर्तन तभी संभव है जब समाज में क्रान्ति आये। *क्रान्ति ऐतिहासिक रूप से अपरिहार्य है, उसे टाला जा सकता है, उसकी तिथि में फेर बदली किया जा सकता है, लेकिन उसे रद्द नहीं किया जा सकता। अतः क्रान्ति कोई राजनैतिक दुर्घटना नहीं है, यह तो एक ऐतिहासिक आवश्यकता की अभिव्यक्ति मात्र है।* क्रान्ति के कुछ निश्चित उद्देश्य होते हैं, कार्य होते हैं। क्रान्ति कोई चलते फिरते अनायास रूप से नहीं हो पाती। *यह तभी होती है जब इसके होने के लिये कुछ निश्चित स्थितियाँ उत्पन्न होकर चरम सीमा तक पहुंच जाती हैं।*

मार्क्स का क्रान्ति के सम्बन्ध में एक निश्चित मुहावरा थाः *कोई भी सामाजिक व्यवस्था चाहे कितनी ही सड़ी-गली क्यों न हो, तब तक मटियामेट नहीं होती जब तक समाज में निहित सभी उत्पादन शक्तियाँ अपनी पराकाष्ठा तक विकसित नहीं हो जाती। इससे आगे नये उत्पादन सम्बन्ध तब तक पैदा नहीं होते जब तक उत्पादन की भौतिक स्थितियाँ नहीं बदलतीं।* उदाहरण के लिये उत्पादन के पूंजीवादी सम्बन्ध सबसे पहले सामन्तवादी समाज की कोख से विकसित हुए हैं। फ्रान्स की राज्य क्रान्ति (1789 ई.) तब हुई जब उत्पादन के नये पूंजीवादी सम्बन्ध एक परिपक्व अवस्था में नहीं पहुंचे। पूंजीवादी समाज में यह आवश्यक है कि इसी की कोख में उत्पादन शक्तियाँ पूरी तरह से विकसित होः परिपक्व

होनी चाहिये। सच्चाई यह है कि *वर्ग समाज में क्रान्ति तभी आयेगी जब इसमें उत्पादन शक्तियाँ पूरी तरह विकसित हो जायेगी*। मार्क्स के क्रान्ति के सिद्धान्त का बुनियादी सूत्र यह है कि भविष्य में विकसित होने वाली उत्पादन शक्तियाँ और उत्पादन सम्बन्ध किसी भी क्रान्ति के पहले वर्ग समाज में विकसित होने चाहिए।

मार्क्स जब कभी क्रान्ति की चर्चा करते हैं तो वस्तुतः उनका उद्देश्य समाज के आमूलचूल परिवर्तन से होता है। आमूलचूल परिवर्तन इसलिये कि एक सामाजिक व्यवस्था एकाएक बदल कर दूसरी सामाजिक व्यवस्था को जन्म देती है। यह सामाजिक परिवर्तन त्वरित गति से होता है। इसलिये इसे क्रान्ति कहते हैं। परिवर्तन की एक प्रक्रिया तो *उद्विकास* (Evolution) है। यह प्रक्रिया अपनी गति से कभी बहुत स्पष्ट और कभी अस्पष्ट रूप से चलती रहती है। इस प्रक्रिया के परिणामस्वरूप जो सामाजिक परिवर्तन आता है उसका सही ज्ञान हमें एक लम्बी अवधि के बाद होता है। क्रान्ति द्वारा लाया गया परिवर्तन चमत्कारिक होता है। जब रूस में 1917 ई. में सामाजिक क्रान्ति हुई, तो ठीक इसके बाद धीरे-धीरे *अ-वर्ग समाज* (De-Class) बनने लगा। अतः सामाजिक परिवर्तन और क्रान्ति में बुनियादी अन्तर यह है कि पहले में परिवर्तन उद्विकासीय प्रक्रिया से होता है और दूसरे में त्वरित।

मार्क्स ने कहीं भी सामाजिक परिवर्तन की चर्चा नहीं की है। उनके सिद्धान्त के अनुसार जिसे हम समाज विज्ञानों में सामाजिक परिवर्तन कहते हैं, वस्तुतः क्रान्ति है। वर्ग संघर्ष की परिणिति क्रान्ति ही है। यह कोई आकस्मिक घटना नहीं है, इसका आधार इतिहास के विभिन्न युगों की भौतिक दशाएं हैं। *वर्ग संघर्ष पूंजीवादी समाज के अन्तर्विरोध के कारण है*।

उत्पादन पद्धति में परिवर्तन के साथ नये वर्ग का उदय होता है। यह नया वर्ग उत्पादन शक्तियों और उत्पादन सम्बन्धों का वाहक होता है। इसके विपरीत प्रतिगामी वर्ग, जो पुराने उत्पादन सम्बन्धों का वाहक होता है तथा जिसके हाथ में राजनैतिक शक्ति भी होती है, यथास्थिति बनाये रखने में ही अपना हित समझता है। अपने हितों की पूर्ति के लिये वह राज्य को दमन का साधन बनाता है। *इसी कारण मार्क्स राज्य को हर स्थिति में उत्पीड़क मानते हैं*। इसलिये इतिहास के इस मोड़ पर नवीन उत्पादन शक्तियों और पुराने उत्पादन सम्बन्धों तथा उनके वाहक वर्गों के बची संघर्ष अपरिहार्य हो जाता है। इस वर्ग संघर्ष की अन्तिम दिशा क्रान्ति की ओर होती है।

सामाजिक क्रान्ति समाज के राजनीतिक, आर्थिक एवं बौद्धिक जीवन में एक गहरी उलट-फेर का नाम है। क्रान्ति के फलस्वरूप शासक वर्ग एवं राज्य के एक प्रकार के स्थान पर दूसरा प्रकार प्रकट होता है: पुराने उत्पादन सम्बन्धों का उन्मूलन और नवीन उत्पादन सम्बन्धों का उदय होता है तथा सामाजिक मान्यताओं एवं संस्थाओं में आमूल परिवर्तन आता है। मार्क्स की विचारधारा में पुरानी प्रतिगामी सामाजिक व्यवस्था के स्थान पर नवीन प्रगतिशील सामाजिक व्यवस्था का निर्माण क्रान्ति द्वारा ही होता है। क्रान्ति, किसी वर्ग विशेष या व्यक्ति विशेष की इच्छा पर निर्भर नहीं होती। इसके लिये निश्चित ऐतिहासिक दशाओं तथा अन्य वस्तुगत एवं व्यक्तिगत पूर्व आवश्यकताओं का होना आवश्यक है।

सामाजिक क्रान्ति किसे कहते हैं? (What is Social Revolution?)

यदि एक वाक्य में सामाजिक क्रान्ति की व्याख्या करें, जो कहेंगे कि इतिहास में जो

गतिशीलता है, जो बदलाव है वह उत्पादन शक्तियों और उत्पादन सम्बन्धों के बीच में संघर्ष है। पूंजीवाद की प्रारंभिक अवस्था में उत्पादन सम्बन्ध उत्पादन शक्तियों को विकसित करने में सहायक थे। इस अवस्था में पूंजीपति उत्पादन शक्तियों का विकास तेजी के साथ करते हैं। और इस विकास में मजदूरों की भागीदारी भी प्रंशसनीय होती है। मार्क्स ने अपनी *केपिटल* में इसका विस्तृत विवरण दिया है। लेकिन पूंजीवादी विकास का यह सिलसिला अधिक समय तक कामगारों को अपने साथ नहीं ले जा सकता। होता यह है कि थोड़े समय बाद उत्पादन सम्बन्ध वस्तुगत स्तर पर कामगारों के विरोधी हो जाते हैं। अब वह अवस्था आ जाती है जब उत्पादन सम्बन्ध तब तक ठीक नहीं हो सकते जब तक समाज की बुनियादी संरचना यानी पूंजीवादी अर्थ व्यवस्था बदल नहीं जाती।

क्रान्ति का आधार वर्ग संघर्ष है। यह वर्ग संघर्ष मालिक और मजदूर में होता है तथा इसे राजनैतिक, सामाजिक और मनोवैज्ञानिक अभिव्यक्ति में देखा जा सकता है। मार्क्स कहते हैं कि पूंजीवादी समाज में जो वर्ग संघर्ष होते हैं उन्हें *व्यक्तिनिष्ठ* (Subjective) स्तर पर देखा जा सकता है। कामगारों में जो चेतना होती है वह बढ़ती हुई उत्पादन शक्तियों का यानी *वास्तविकता* (Reality) का प्रतिबिम्ब है। इधर कारखानों के मालिकों में जो संघर्ष दिखायी देता है वह सम्पति सम्बन्धों को यथास्थिति में बनाये रखने का होता है। दूसरे शब्दों में बढ़ती हुई उत्पादन शक्तियों को देखकर कामगार अपने आपको अजनबी समझता हैं और इधर मालिक बे-सम्पति वर्ग के शोषण में अपने आप को झोंक देता है। ऐसी अवस्था में इतिहास किसी व्यक्ति विशेष के बनाने से नहीं बनता। इतिहास तो एक *वस्तुगत परिणाम* (Objective Sequence) हैः यह एक प्रकार का द्वन्द्व है, एक प्रतिरोध है और क्रान्ति इस प्रतिरोध का निवारण करती है। इतिहास एक और अर्थ में वर्गों के बीच का युद्ध भी है। सोच के ये दो प्रकार इतिहास वस्तुगत परिणाम है और वर्गों में युद्ध होता है, मार्क्स की केन्द्रीय धारणा है। वर्ग समाज में इसलिये वर्ग संघर्ष न कि वर्ग सामन्जस्य एक प्राकृतिक दशा है और इसे किसी भी तरह टाला नहीं जा सकता। जब-जब पूंजीवादी समाज में वर्गों का अधिकतम *ध्रुवीकरण* (Polarisation) हुआ है, क्रान्ति के अवसर उतने ही अधिक बढ़े हैं।

सामाजिक क्रान्ति, इस तरह वह है *जिसमें सामाजिक सम्बन्धों की प्रणाली में एक ऐसा आमूल परिवर्तन होता है जिसके फलस्वरूप एक सामाजिक-आर्थिक संरचना, दूसरी सामाजिक-आर्थिक संरचना को जन्म देती है*।

सामाजिक क्रान्ति समाज विशेष में विकसित हो चुके मुख्य सामाजिक राजनैतिक और सामाजिक आर्थिक वर्ग प्रतिरोध के समाधान की एक प्रक्रिया है। होता यह है कि क्रान्ति के दौरान वर्गों के बीच के प्रतिरोध उभर कर सामने आते हैं। ये प्रतिरोध रातों-रात नहीं उभरते। इनके जन्म और विकास में कई दशक और कभी-कभी तो कई सदियाँ खप जाती हैं। सच्चाई यह है कि सामाजिक क्रान्तियाँ वस्तुगत आवश्यकताओं की बदौलत होती है। उत्पादन शक्तियों तथा आर्थिक प्रगति में बाधक बने कालातीत उत्पादन सम्बन्धों के बीच टकराव सामाजिक क्रान्ति का मुख्यतम कारण है। कालातीत उत्पादन सम्बन्ध उत्पादन शक्तियों के विकास का सामाजिक रूप न रहकर उनके लिये बेड़ियां बन जाते हैं। अतः सामाजिक क्रान्ति अन्ततः आर्थिक सम्बन्धों, मुख्यतया स्वामित्व सम्बन्धों की प्रणाली में परिवर्तन की ओर ले

जाती है। इस संदर्भ में आर्थिक प्रतिरोध सामाजिक क्रान्ति के निर्णायक कारण हैं। जब क्रान्ति होती है तो राज्य सत्ता एक वर्ग के हाथों से दूसरे वर्ग के हाथों में पहुंच जाती है। इस तरह सामाजिक क्रान्ति केवल आर्थिक क्रान्ति ही नहीं है। यह एक सामाजिक तथा राजनैतिक क्रान्ति भी है।

क्रान्ति कब होती है?

किसी भी देश में क्रान्ति आनन-फानन में नहीं होती। इसके पीछे *वस्तुगत दशाएँ* (Objective Conditions) होती हैं। इन दशाओं के परिपक्व होने पर ही क्रान्ति होती है। क्रान्ति के कारण हैं। इन कारणों को हम यहाँ क्रमशः प्रस्तुत करेगें।

(1) **उत्पादन पद्धति पर आधारित युगों का सिलसिला क्रान्ति की ओर ले जाता है** : ऊपर हमने कहा है कि क्रान्ति किसी राजा महाराजा या नेता की इच्छा पर निर्भर नहीं है। इसका आधार तो युग विशेष की भौतिक दशाएं या उत्पादन पद्धतियाँ है। इतिहास का एक युग दूसरे युग की ओर बढ़ता है। युगों के बढ़ने के सिलसिले में भौतिक दशाएं ऐसी अवस्था में आती हैं, जब क्रान्ति होती है। एक तरफ पुरानी सामाजिक व्यवस्था होती है और दूसरी तरफ नयी उत्पादन शक्तियाँ। ये नयी उत्पादन शक्तियाँ मनुष्य और इस अर्थ में कामगार की आजादी पर जोर देती है। जब एक युग की पुरानी और दूसरे युग की नयी व्यवस्था में संघर्ष होता है, तब क्रान्ति आती है।

होता यह है कि पुरानी व्यवस्था के निम्न वर्ग नयी उत्पादन शक्ति के युग में उच्च वर्ग को चुनौती देती है। चुनौती देने का यह आलम तब तक चलता रहता है, जब तक क्रान्ति नहीं होती।

(2) **क्रान्ति का एक स्वरूप बुर्जुआ भी होता है: मार्क्स की क्रान्ति का आधार उत्पादन पद्धति में बदलाव होता है** : मार्क्स और मार्क्सवादियों ने क्रान्ति के कई स्वरूपों को देखा है। उदाहरण के लिये ऐंजिल्स ने जर्मनी के एकीकरण के प्रयासों को क्रान्तिकारी कहा है। यह क्रान्ति ऐतिहासिक शक्ति के कारण हुई थी। एक अन्य स्थान पर मार्क्स, भारतीय गांवों की हस्तकला, कारीगरी, ग्रामीण उद्योग आदि के पतन को जो ब्रिटिश औद्योगीकरण के कारण आया (1853 ई.) को ग्रामीण क्रान्ति कहते हैं। एक और प्रकार की क्रान्ति यूरोप के अन्य देशों में देखने को मिलती है, उदाहरण के लिये इंगलेण्ड की 1640 ई. के दशक की क्रान्ति और इसी तरह 1848-49 ई. में जर्मनी में कामगारों द्वारा उठाया गया आन्दोलन या इसी भांति 1789 ई. में हुई फ्रान्स की राज्य क्रान्ति, *बुर्जुआ क्रान्ति* (Bourgeois Revolution) कहलाते हैं। मार्क्स और मार्क्सवादी, इन क्रान्तियों को परिभाषित करने में एक मत नहीं हैं।

क्रान्ति की परिभाषाओं में, यदि सैद्धान्तिक दृष्टि से देखा जाये तो मार्क्स की स्थिति बहुत स्पष्ट है। उनके अनुसार क्रान्ति का बहुत बड़ा कारण यह कहना चाहिये एक मात्र कारण उत्पादन पद्धति और उससे जुड़ी हुई भौतिक दशाएं हैं।

(3) **क्रान्ति के लिये निश्चित भौतिक दशाओं का होना आवश्यक है** : यह इतिहास में पहली बार था कि पूंजीवाद ने मजदूर वर्ग को पैदा किया। इन वर्गों के कारण ही समाज में श्रम विभाजन हुआ। अतः कामगार वर्ग, मार्क्स की भली तरह से स्पष्ट करते हैं, पूंजी का स्वामित्व नहीं चाहते। वे तो पूंजी से अलगाव रखते हैं। क्रान्ति इसलिये नहीं होती कि

कामगार उस सम्पूर्ण मिल्कियत के मालिक हो जायें जो आज पूँजीपतियों की है। क्रान्ति तो इसलिये होती है कि वर्ग समाप्त हो जायें, राज्य समाप्त हो जाये और एक ऐसा समाज बन जाये जो वर्गहीन और राज्यहीन हो।

मार्क्स ने क्रान्ति की अवधारणा को भौतिक दशाओं के साथ जोड़कर एक और स्पष्टीकरण दिया है। वे कहते हैं कि *युद्ध का मतलब क्रान्ति नहीं है। 1914 ई. में जब प्रथम विश्व युद्ध हुआ और एक राष्ट्र ने दूसरे राष्ट्र के विरोध में हथियार उठाये तो किसी भी परिभाषा में यह क्रान्ति नहीं थी। राजवंशों का उलट-फेर कभी भी क्रान्ति को नहीं बनाता।*

क्रान्ति तो वह है जिसमें आम जनता की भागादारी होती है। यह तब होती है जब पूंजीपति वर्ग किसी भी दशा में अपने कल-कारखानें नहीं चला पाता। ये भौतिक दशाएँ जो वस्तुगत वास्तविकताएँ हैं, क्रान्ति को निश्चित करती हैं। क्रान्ति न तो किसी राजनैतिक दल और न वर्ग की इच्छा पर निर्भर है। इसकी दशा और दिशा तो इतिहास निश्चित करता है।

(4) **वर्गों का ध्रुवीकरण** : क्रान्ति होने के लिये कामगारों की हालत का अत्यधिक खस्ता होना आवश्यक है। कारखानों में धुएँ में और गन्दी बस्ती में रहने वाले कामगार की तंगहाली जितनी अधिक बढ़ती जाती है उतना ही उसका अलगाव भी बढ़ जाता है। कामगार का भी अपना एक वर्ग है और वह अपने आप की पहचान इस वर्ग से करता है। वास्तव में किसी भी कामगार को सबसे पहले तो अपनी पहचान केवल अपने जैसे कामगारों के साथ जोड़नी पड़ती है। उसकी यह अवस्था केवल एक समूह या *समष्टि* (Aggregate) के सदस्य मात्र की होती है। इसे *क्लास इन इट सेल्फ* (Class-in-itself) यानी अपने आप में वर्ग की अवस्था कहते हैं। *इस अवस्था में कामगार का आर्थिक पद्धति में अपना एक निश्चित स्थान होता है। स्थान यह कि उसे कारखाने में एक अजनबी की तरह रात और दिन खटता है। जो कुछ उत्पादन होता है उसका उससे कोई मतलब नहीं। यह ऐसी अवस्था है जिसमें जितना अधिक वह काम करता है उतना ही अधिक उत्पादन होता है। लेकिन यह उत्पादन उसका नहीं है*। इस अवस्था में पहुंच कर वह *वर्ग के लिये वर्ग* (Class for itself) के स्तर पर आ जाता है। वर्ग संरचना (Class Formation) में कामगार अब इतना चेतन हो जाता है कि वह कह सके कि दुनियाँ भर के मजदूरों संगठित हो जाओ, तुम्हारे पास तुम्हारी बेड़ियों को छोड़कर खोने के लिये और कुछ नहीं है। यह मजदूर-मजदूर, भाई-भाई की चेतना वर्ग के सदस्यों की सम्पूर्ण वर्ग के प्रति चेतना है।

यह कहना जैसा कि अमरीका के औद्योगिक मनोवैज्ञानिक कहते हैं कि कामगार का अलगाव और कुछ न होकर कार्य के प्रति असंतोष है, गलत है। *वास्तविकता यह है कि कारखाने का मालिक जब व्यक्तिगत मिल्कियत को बनाना शुरू कर देता है और कामगार का शोषण प्रारम्भ हो जाता है तब इसलिये की क्रान्ति का बिगुल बज गया है। अलगाव और आर्थिक शोषण कामगार की कमर तोड़ देते हैं और वह क्रान्ति के लिये तैयार हो जाता है।*

जैसे-जैसे सर्वहारा वर्ग की तंगहाली बढ़ती जाती है, क्रान्ति की दशा निकट आती जाती है। वैसे मार्क्स स्वीकार करते हैं, समाज में छोटे-मोटे कई वर्ग हैः बुर्जुआ वर्ग, लघु उद्योग, सफेद पोश, मध्यम वर्ग और सर्वहारा वर्ग। ज्यों-ज्यों गरीबों का शोषण अलगाव बढ़ता जाता है, मालिक की व्यक्तिगत सम्पति संचयी होती जाती है, सभी वर्ग दो ध्रुवों में बंट जाते हैं। यह वर्गों का ध्रुवीकरण है। क्रान्ति के समय तो दो ही वर्ग रहते हैः बुर्जुआ और सर्वहारा।

शेष सभी वर्ग इन दोनों में से एक के साथ अपनी शिनाख्त कर लेते हैं। इधर ध्रुवीकरण पूरा हुआ और उधर क्रान्ति के लिये रेखा खिंच गयी।

(5) **तीव्रतम वर्ग चेतना** : मार्क्स ने बार-बार इस थीसिस को रखा है कि व्यक्ति की जो कुछ समझ, सोच और विचारधारा है वह वस्तुतः उसकी सामाजिक चेतना है। किसी भी व्यक्ति की सामाजिक चेतना मूल में जिस वर्ग का सदस्य है, उससे पैदा होती है। इस अर्थ में सर्वहारा वर्ग की जो भी सामाजिक चेतना है, उसका मूल स्त्रोत उसका सर्वहारा वर्ग ही है। जब एक कामगार धर्म को देखता है, संस्कारों और कर्मकाण्डों को देखता है, उपासना और अर्चना हो देखता है तब उसकी चेतना कहती है कि यह सब धार्मिक संरचना और कुछ न होकर पूंजीपतियों द्वारा निर्मित शोषण की एक विधि है। जब मजदूर यह कहता है कि जब सरकार जोर और जुल्म करती है, जब सरकार नागरिकों का शोषण करती है तो यह कुछ न होकर सतारूढ़ दल द्वारा किया गया शोषण है जो पूंजीपतियों की साजिश के कारण है। *अतः कामगार की धर्म या राजनीति के बारे में जो सामाजिक चेतना विचारधारा और सोच है उसकी उत्पति सर्वहारा वर्ग से ही हुई है*। यह इसलिये कि स्वयं सर्वहारा वर्ग पूंजीवादी उत्पादन पद्धति का ऐसा बेसहारा मोहरा बन गया है कि उसके भाग्य में और कोई सुनहरा विकल्प ही नहीं है। कामगार की तरह मालिक की विचारधारा भी यानी उसकी चेतना भी उसी पूंजीपति वर्ग से पैदा हुई है जिसका वह सदस्य है। मालिक की साँठ-गाँठ सत्तारूढ दल के साथ रहती है, और इसी कारण पूंजीपति वर्ग के धर्म, साहित्य, कला, नृत्य, संगीत आदि के विषय में जो विचार होते है उनका जन्म पूंजीपति-वर्ग की कोख से ही होता है। कार्ल मार्क्स का, वर्ग चेतना के संदर्भ में यह कथन मार्क्सवादियों में बहुत लोकप्रिय है कि किसी भी समाज में सतारूढ दल के विचार सामान्यतया सम्पूर्ण युग के प्रभावी विचार होते हैं।

जब विभिन्न वर्गों में सामाजिक चेतना अपनी पराकाष्ठा पर पहुंच जाती है तो मानिये सर्वहारा वर्ग क्रान्ति के लिये प्रस्तुत है। अब स्थिति विस्फोटक हो गयी है।

(6) **क्रान्ति करने का अवसर तभी आता है जब वस्तुगत दशाएं (Objective Conditions) और व्यक्तिपरक तैयारी (Subjective Readiness) मेल खाते हैं** : केवल वस्तुगत दशाएँ यानी कारखाना, खस्ता मशीनरी, गन्दी बस्ती, थोड़ा रोजगार आदि ही किसी भी क्रान्ति को सफल बनाने के लिये पर्याप्त नहीं हैं। इसी तरह सर्वहारा की बलवती इच्छा भी क्रान्ति को कारगर नहीं बनाती। मार्क्स कहते हैं कि वस्तुगत दशाओं और कामगार की इच्छा में बराबर उतार-चढ़ाव आते रहते हैं। उतार-चढाव के कारण ही राजनीति में भी यही उतार-चढ़ाव देखने को मिलते हैं।

यह ठीक है कि सर्वहारा को क्रान्ति करने के लिये तैयार रहना चाहिये, उसकी भागीदारी के बिना क्रान्ति हो भी नहीं सकती। लेकिन ऐसी क्रान्ति की सफलता के लिये वस्तुगत दशाएँ भी अनुकूल होनी चाहिये। देर सबेर ऐसा अवसर आता है जब वस्तुगत दशाओं और व्यक्तिपरक इच्छाओं में मेल हो जाता है, दोनों एक हो जाते हैं तब सर्वहारा की क्रान्ति को दुनियाँ की कोई भी ताकत रोक नहीं सकती।

(7) **मालिक वर्ग के हाथ में उत्पीड़न (Coercion) का हथियार होता है** : क्रान्ति का एक और कारण राज्य का आंतकवादी होना है। राज्य की शक्ति सामान्यतया प्रत्यक्ष या अप्रत्यक्ष रूप से बुर्जुआ वर्ग के हाथों में होती है। राज्य बुर्जुआ वर्ग का ऐसा हथियार है

जिसके द्वारा सर्वहारा वर्ग के ऊपर अन्याय, अत्याचार किये जाते हैं। मार्क्स कहते हैं कि जो राज्य बुर्जुआ के हाथों में शोषण को बढ़ावा देता है *उसका आर्थिक पतन निश्चित रूप से होता है। अर्थहीनता की अवस्था में राज्य अधिक समय तक सत्ता को अपने हाथों में नहीं रख सकता*। यह अवस्था क्रान्ति को गति देती है।

(8) **पूंजीवाद एक के बाद एक आर्थिक संकट में उलझता रहता है। अन्तत्वोगत्वा यह बदतर आर्थिक संकट ही इसे ले डूबता है** : जब एक तरफ वस्तुगत दशाएँ खस्ता होती है, अमानवीय होती है और दूसरी तरफ कामगार क्रान्ति करने के लिये बेताब हो रहे होते हैं और ऐसी अवस्था में पूंजीवाद के लिये संकट जटिल होते हैं, तब क्रान्ति की संभावना बढ़ जाती है। मार्क्स ने क्रान्ति के लिये, इस भांति तीन अवस्थाओं को आवश्यक समझा है: (1) बिगड़ती हुई वस्तुगत दशाएँ (2) कामगारों की क्रान्ति करने की तीव्र इच्छा, और (3) पूंजीवाद के लिए संकटों का गहराना।

क्रान्ति की विशेषताएँ (Characteristics of Revolution)

हमारे देश में जयप्रकाश नारायण ने सामाजिक परिवर्तन के लिये एक देशव्यापी आन्दोलन सातवें दशक में चलाया था। इसे इन्होंने *सम्पूर्ण क्रान्ति* (Total Revolution) का नाम दिया था। हम यह नहीं कहते कि जयप्रकाश नारायण ने सम्पूर्ण क्रान्ति का यह आन्दोलन मार्क्स से प्रेरित होकर उठाया था यद्यपि वे समाजवादी थे। लेकिन सम्पूर्ण क्रान्ति का यह आन्दोलन मार्क्स की क्रान्ति की अवधारणा को, उसकी विशेषताओं को समझने में सहायक है। मार्क्स जब क्रान्ति की चर्चा करते हैं तो उनका केवल यह सीमित अर्थ नहीं है कि उत्पादन पद्धतियों, सम्बन्धों और शक्तियों के कारण क्रान्ति के परिणामस्वरूप आर्थिक संरचना बदल जायगी। क्रान्ति से मार्क्स का मतलब सम्पूर्ण सामाजिक परिवेश में परिवर्तन से है। जब आर्थिक संरचना बदलती है, उत्पादन पद्धतियाँ बदलती है तो परिणाम स्वरूप सम्पूर्ण सामाजिक *अधिसंरचना* (Superstructure) भी बदल जाती है। राज्य की प्रकृति में अन्तर आता है, धर्म को देखने का दृष्टिकोण दूसरा हो जाता है, साहित्य, कला और नृत्य को समझने का संदर्श बदल जाता है। यहाँ हम मार्क्स द्वारा प्रतिपादित सामाजिक क्रान्ति या इस अर्थ में सामाजिक परिवर्तन की कुछ विशेषताओं को रखेगें:

(1) **क्रान्ति केवल एक झटके में ही पूरी नहीं होती** : क्रान्ति की बहुत बड़ी पहचान यह है कि यह एकाएक तो होती है, लेकिन एक सांस में ही समाप्त नहीं होती। यह क्रान्ति उत्पादन पद्धतियों में ही नहीं होती, समाज के सम्पूर्ण परिवेश में पूरी संरचना में होती है। ऐसा होता है कि समाज के किसी एक क्षेत्र में क्रान्ति होती है। धीरे-धीरे यह क्रान्ति समाज के अन्य क्षेत्रों: राजनीति, परिवार, विवाह, धर्म आदि में भी देखने को मिलती है। इसीलिये इस सम्पूर्ण क्रान्ति की अवधि अपेक्षित रूप से लम्बी होती है।

(2) **सामाजिक क्रान्ति समाज सुधार नहीं है** : मार्क्स ने यूरोप की कई क्रान्तियों का अध्ययन किया। उन्होंने इटली में मेजिनी (Mazzini) द्वारा प्रेरित क्रान्ति को समझा। इसी तरह यूरोप में 1848 ई. के बाद जो क्रान्तिकारी उलट-फेर हुए उनका भी विश्लेषण किया। इस सबसे बाद मार्क्स इस निष्कर्ष पर आये कि क्रान्ति का उद्देश्य समाज सुधार नहीं है। जगह-जगह थिगली लगाने से समाज की दशाओं में अन्तर नहीं आता। जब तक समाज का

सम्पूर्ण परिवर्तन नहीं होता पूरे दाँते, नट और बोल्ट नहीं बदलते, तब तक गरीब-गुरबों की शोषण से मुक्ति नहीं हो सकती। एक व्यवस्था को गिराकर, उसके शव पर दूसरी व्यवस्था को खड़ा करना ही क्रान्ति है।

(3) **अधिसंरचना का आविर्भाव** : मार्क्स का तर्क है कि इतिहास के प्रत्येक युग में, पिछले युग का प्रतिरोध हुआ है और इसलिये किसी भी क्रान्ति का उद्देश्य तत्कालीन युग की बुनियादी संरचना को उखाड़कर उसके स्थान पर नयी अधिरचना को स्थापित करना होना चाहिए। जब बुनियादी संरचना क्रान्ति के परिणामस्वरूप बदल जाती है, तब अपने आप ही *अधिरचना* (Super Structure) में भी क्रान्तिकारी परिवर्तन आते हैं। यह इसलिये कि बुनियादी संरचना ही समाज के सोच, समझ और विचारधारा को बदलती है और इसी कारण अधिरचना का सम्पूर्ण परिवेश भी बदल जाता है।

मार्क्स के सिद्धान्त में जो पूंजीवाद की कटु आलोचना है, उसके अनुसार धर्म, अफीम की तरह है जो कामगारों को, उनकी वर्ग चेतना को सुलाये रखती है। धर्म पूंजीवादी अधिरचना का एक साधन है जो पूंजीपतियों की यथास्थिति को बनाये रखता है। और सर्वहारा की क्रान्ति की भावना पर, उसके उभार पर ठंडा पानी डालती है। इस अर्थ में धर्म में धर्म अधिरचना का वह भाग है जिसकी उपज बुर्जुआ समाज है।

मार्क्स की धर्म के प्रति जो विचारधारा थी उसका उद्‌गम जर्मनी का समाज था। उन्हें और ऐंजिल्स को यह समाज देखकर ज्ञात हुआ कि इसमें धर्म के प्रति इतनी गहरी आस्था है कि वहाँ किसी भी राजनैतिक गतिविधि को नहीं किया जा सकता। उन्हें लगा कि धर्म को बढ़ावा देने में राज्य और पूंजीपति दोनों की रूचि है। उनके अनुसार धर्म तो *जनता को दी गयी अफीम* (Opium of the Masses) है। इसका नशा जनता को क्रान्ति के लिये हथियार उठाने को निरूत्साहित करता है। धर्म के नशे में जनता समझने लगती है कि उनका शोषण तो ईश्वर की इच्छा है, वही ऊपर बैठा हुआ सर्वहारा के भाग्य को निश्चित करता है। अपने यौवनकाल में मार्क्स ने धर्म का अध्ययन व्यवस्थित रूप से किया। इन अध्ययनों के परिणामस्वरूप वे इस निष्कर्ष पर पहुंचे कि पूंजीवादी समाज में धर्म की भूमिका पूंजीपति वर्ग और राज्य निश्चित करते है। धर्म की तरह सम्पूर्ण संस्कृति भी पूंजीवादी अधिरचना की उपज है। इसी कारण क्रान्ति जब होती है तो पूंजीवादी व्यवस्था पर आधारित सम्पूर्ण अधिरचना ताश के पत्तों के महल की तरह धराशायी हो जाती है। अतः क्रान्ति की एक पहचान यह भी है कि इसके परिणामस्वरूप समाज की अधिरचना भी बदल जाती है। संस्कृति, साहित्य, धर्म, दर्शन, सभी सर्वहारा वर्ग की विचारधारा के अनुकूल अपने आपको परिवर्तित कर लेते हैं। यह इसी कारण है कि रूस की 1917 ई. की क्रान्ति के बाद सोवियत रूस की अधिरचना में धर्म को कोई स्थान नहीं रहा। एक नयी तरह के साहित्य का सृजन हुआ और इस तरह अधिरचना का स्वरूप बुनियादी संरचना के साथ मेल खाने लगा।

(4) **सर्वहारा का अधिनायकवाद** : इंग्लेण्ड की *रक्तहीन क्रान्ति* (Bloodless Revolution) फ्रान्स की राज्य क्रान्ति और ऐसी ही यूरोप की कई क्रान्तियाँ जो 19 वीं शताब्दी में हुई, मार्क्स की परिभाषा के घेरे में क्रान्ति नहीं कहलाती। क्रान्ति की बहुत बड़ी शिनाख्त यह है कि इसमें बुर्जुआ की समाप्ति के बाद अनिवार्य रूप से सर्वहारा वर्ग प्रभावशाली हो जाता है। उसी का प्रभुत्व चलता है। वही दिशा निर्देश देता है। इस अवस्था

को मार्क्स *सर्वहारा का अधिनायकवाद* (Dictatorship of the Proleteriat) कहते हैं। जब तक क्रान्ति के बाद सर्वहारा का प्रभुत्व नहीं आता यानी मजदूरों की हूकुमत नहीं आती क्रान्ति को मार्क्सवादी क्रान्ति नहीं कहते। इस अधिनायकवाद में पूंजीपतियों से यह कहा जाता है कि वे अपनी मिल्कियत राज्य को सौंप दें। यह प्रक्रिया अ-वर्ग (De-Class) की प्रक्रिया है जिसमें पूंजीपति वर्ग किसी भी वर्ग के स्थान से हट जाते हैं।

मार्क्सवादी राजनैतिक विचारधारा में सर्वहारा के अधिनायकवाद की अवधारणा एक निर्णायक विचारधारा है। एक विचारधारा है। एक स्थान पर (1852 ई.) मार्क्स कहते हैं कि उन्होंने वर्ग या वर्ग संघर्ष की अवधारणा को रखा हो, ऐसी कोई बात नहीं है। लेकिन वे आग्रहपूर्वक कहते हैं कि उन्होंने जो नया तथ्य रखा है और जिसे प्रमाणित भी किया है वह सर्वहारा का अधिनायकवाद है। *उनका तर्क है कि वर्ग संघर्ष अनिवार्य रूप से सर्वहारा के अधिनायकवाद को जन्म देता है। इससे आगे उनका यह भी कहना है कि वर्गहीन समाज के निर्माण के लिये सर्वहारा का अधिनायकवाद एक संक्रमणकाल है*। मार्क्स के तर्क का सिलसिला कुछ इस तरह है: (1) वर्ग संघर्ष, (2) सर्वहारा का अधिनायकवाद, और (3) वर्गहीन समाज।

यद्यपि मार्क्स ने कहीं भी सर्वहारा के अधिनायकवाद की कोई परिभाषा नहीं दी है लेकिन वे निश्चित रूप से यह कहते हैं कि किसी भी क्रान्ति की बहुत बड़ी पहचान सर्वहारा का अधिनायकवाद है। *मार्क्स इस अधिनायकवाद की व्याख्या में कहते हैं कि इस व्यवस्था में शासन प्रणाली सर्वहारा के हाथ में आ जाती है जो क्रान्ति से पहले बुर्जुआ वर्ग के हाथ में थी। इस व्यवस्था में शासन चलाने का वास्तविक भार सर्वहारा का होता है। शासन के माध्यम से यह वर्ग क्रान्ति के उद्देश्यों को पूरा करता है। इस तरह सर्वहारा का अधिनायकवाद दोनों बातें पूरी करता है: (1) शासन प्रणाली का एक स्वरूप (Form of Regime), (2) सरकार का एक स्वरूप (Form of Government)*। इस तरह की व्याख्या लेनिन ने भी अपनी पुस्तक *स्टेट एण्ड रिवोल्यूशन* (State and Revolution, 1964) में की है।

क्रान्ति की अवधारणा समाज विज्ञानों में एक जटिल अवधारणा है। इसकी कई परिभाषाएँ दी जाती है, इसके कई अर्थ निकाले जाते हैं। मार्क्स इसकी परिभाषा में लीक से हटकर हैं। उनके अनुसार क्रान्ति वह जिसमें वर्ग संघर्ष होता है। वर्गों का ध्रुवीकरण होता है। सर्वहारा वर्ग की तंगहाली और त्रासदी चरमसीमा पर पहुंच जाते हैं। इस क्रान्ति में राज्य समाप्त हो जाता है। सर्वहारा स्वयं राज्य को चलाते हैं और उनकी सत्ता सर्वोपरि होती है। सर्वहारा के अधिनायकवाद के बाद साम्यवाद आता है।

समाज का यह अंतिम पड़ाव है। उद्विकास का यह अंतिम छोर है और इस अवस्था में पहुंचने तक समाज वर्गहीन बन जाता है और *राज्य किसी फूल की तरह मुरझा* (State would wither away) जाता है।

सामाजिक क्रान्ति के सिद्धान्त की आलोचना
(Criticism of the Theory of Social Revolution)

प्रारम्भ में जब मार्क्स और ऐंजिल्स ने उत्पादन पद्धतियों का उल्लेख *जर्मन आइडियोलोजी* में किया तब ये दोनों लेखक क्रान्ति की अवधारणा के सम्बन्ध में स्पष्ट नहीं थे। उन्होंने जब

1843 ई. में इंग्लेण्ड, फ्रान्स और अमेरिका की क्रान्तियों का अध्ययन किया तब इन्हें बुर्जुआ क्रान्ति के नाम से पुकारा। इसके बाद उन्होंने जर्मनी में हुए *किसान युद्ध* (Peasant War of 1524-25) का विश्लेषण किया तब उन्हें लगा कि यह भी एक क्रान्ति थी क्योंकि इसमें किसान सामन्तवादी शिंकजे से बाहर निकल आये थे। लेकिन फिर उन्हें लगा कि शहरी लोगों में तो यह क्रान्ति हुई ही नहीं। बाद में चलकर मार्क्स ने क्रान्ति की अवधारणा को अधिक गहन रूप में रखा। यहाँ हमारा यही मत है कि क्रान्ति की अवधारणा का क्रमशः उद्विकास हुआ है और इसी कारण इसमें अभाव भी रहे हैं। मार्क्स की क्रान्ति की अवधारणा की कई आलोचनाएँ हुई हैं। यहाँ हम कुछ प्रमुख आलोचनाओं का उल्लेख करेगें।

(1) मार्क्स ने संघर्ष का कारण बुनियादी संरचना को बताया है, उनका कहना है कि सम्पति और शक्ति का गैर-बराबर वितरण क्रान्ति का कारण है। राल्फ डेहरनडोर्फ (Ralph Dahrendorf) ने क्रान्ति की इस बुनियादी अवधारणा को अस्वीकार किया है। वे आग्रहपूर्वक अपनी पुस्तक *"क्लास एण्ड क्लास कोन्फलीक्ट इन इण्डस्ट्रियल सोसाइटी* (Class and Class Conflict in Industrial Society, 1959) में कहते हैं कि संघर्ष का मुख्य कारण वर्ग नहीं है। आज के समाज में कई छोटी बड़ी संस्थाएँ है। उद्योग और उद्योग घराने हैं। इन संस्थाओं में नियम उपनियम होते हैं, एक बंधा बंधाया संगठन होता है जिसमें कर्मचारियों की निश्चित भूमिकाएं होती हैं। ऐसे प्रत्येक संगठन में कर्मचारियों की भूमिका में शक्ति यानी प्राधिकार होता है। निदेशक के अधिकार सचिव से अधिक होते हैं। और इस सोपान में लिपिक के अधिकार न्यूनतम होते हैं। संगठनों के इस जाल को जो औद्योगिक समाज में देखने को मिलते हैं, डेहरनडोर्फ *इम्पेरटिवली को-ओरडीनेटेड एसोसिएशन* (Imperatively Cordinated Associations-ICA) कहते हैं। इन एसोसिएशनों यानी संगठनों में कर्मचारियों के आपसी सम्बन्ध वर्ग सम्बन्ध न होकर *प्राधिकार सम्बन्ध* (Authority Relations) होते हैं। *इन सम्बन्धों में टकराव आने पर ही क्रान्ति होती है*। मार्क्स की तरह वर्ग संघर्ष से क्रान्ति नहीं। मार्क्स तो इस तरह के प्राधिकार सम्बन्धों को केवल अधिरचना का एक अंग ही मानते हैं।

(2) डेहरनडोर्फ ने अपनी इस पुस्तक में मार्क्स से एक और बहुत बड़ी असहमति व्यक्त की है। मार्क्स ने जिस पूंजीवाद की अवधारणा को रखा है *उसमें उत्पादन साधनों के मालिक पूंजीपति या उसके नातेदारी सदस्य होते हैं*। डेहरनडोर्फ का आग्रह है कि अब पूंजीवाद का स्वरूप बदल गया है। औद्योगिक समाज में ऐसे संगठनों की बहुतायत है जिसमें कई हजार शेयर होल्डर होते हैं। पूंजीवाद का यह स्वरूप कोरपोरेट पूंजीवाद (Corporate Capitalism) है। यहाँ शक्ति और प्राधिकार कई लोगों में बंटते हैं। इस तरह के पूंजीवाद में संघर्ष का स्वरूप मार्क्स से बहुत भिन्न होता है।

(3) कई आलोचकों ने जिसमें पित्रिम सोरोकिन (Pitrim Sorokin) भी हैं, मार्क्स पर यह आरोप लगाया है कि वे क्रान्ति का निर्धारण केवल वस्तुगत दशाओं और व्यक्तिगत तैयारी के साथ जोड़ते हैं। ऐसा करने में उन्होंने संघर्ष के अन्य कारणों जैसे परिवार, जाति, धर्म आदि को छोड़ दिया है। भारत जैसे देश में तो गाँव और जाति की भूमिका वर्ग संघर्ष को भी जन्म दे देती है। हाल में दलित जातियों ने संगठित होकर जिस तरह राजनैतिक शक्ति को प्राप्त करने का दृष्टान्त रखा है, उसमें कहा जाता है कि अब देश में जातियाँ भी

वर्ग बन रही हैं। अतः क्रान्ति के कारण आर्थिक चर होते हुए भी गैर-आर्थिक चर भी उतने ही महत्वपूर्ण हैं।

उपसंहार

मार्क्स जो कुछ कहते थे उसे करने में भी भरोसा रखते थे। उनका सामाजिक क्रान्ति का सिद्धान्त कोई बौद्धिक शब्द जाल मात्र नहीं था। उन्होंने स्वयं घोषणा पत्र निकाले, मजदूरों को संगठित किया, उसमें वर्ग चेतना पैदा की और कोशिश की कि किसी तरह किसी देश में सामाजिक क्रान्ति हो जाय। वस्तुतः वे समाज के ऐसे आर्थिक और राजनैतिक प्रणेता थे जो इस सड़ी गली पूंजीवादी व्यवस्था को समाप्त करके समाजवादी साम्यवादी व्यवस्था स्थापित करना चाहते थे।

किसी भी समाज में सामाजिक परिवर्तन लाने की दो मुख्य प्रक्रियाएं हैं: समाज सुधार और सामाजिक क्रान्ति। चाहे सुधार हो या क्रान्ति, समाज में परिवर्तन तो आता ही है। इस अर्थ में सामाजिक सुधार और क्रान्ति सामाजिक परिवर्तन की विधियाँ हैं। मार्क्स सामाजिक परिवर्तन के लिये समाज सुधार के साथ समझौता नहीं करते। रूस में एक बार जब अकाल पड़ा तो कुछ मालदार लोगों ने गरीब-गुरबों को ओढ़ने को कम्बल और खाने को ब्रेड दी। यह दान था, गरीबों के साथ हमदर्दी थी। लेनिन ने जब यह सुना तो उन्होंने इस तरह की दानवृति का जमकर विरोध किया। उनका तर्क था कि इस प्रकार की सदाशयता गरीबों की तंगहाली को कमजोर कर देगी और क्रान्ति आगे सरक जायेगी।

मार्क्स क्रान्ति के लिये कई शर्तें रखते हैं। मुख्य रूप से उनका कहना है कि क्रान्ति रातों-रात नहीं होती। इसकी भी एक प्रक्रिया है। जब किसी युग में उत्पादन पद्धतियों और उत्पादन शक्तियों के बीच की खाड़ी बहुत चौड़ी हो जाती है, वस्तुगत काम की दशाएँ जब कामगार के सिर से ऊपर उठ जाती है, जब कामगार की वर्ग चेतना तीव्र हो जाती है, तब क्रान्ति अनिवार्य रूप से होती है। निश्चित रूप से क्रान्ति का होना न तो किसी व्यक्ति पर निर्भर है, न किसी राजनैतिक दल पर और न ही किसी वर्ग पर। क्रान्ति तो एक ऐतिहासिक घटना है जिसका कारण भौतिकवादी द्वन्द्व और व्यक्तिगत तैयारियाँ है। जब क्रान्ति होती है उससे ठीक पहले वर्गों का ध्रुवीकरण हो जाता है और क्रान्ति के बाद कामगारों का अधिनायकवाद। इसके बाद साम्यवाद आता है—एक ऐसा समाज जो वर्गहीन और राज्यहीन है।

3

हरबर्ट स्पेन्सर

(Herbert Spencer, 1820-1903)

सामाजिक विचारकों में हरबर्ट स्पेन्सर को दूसरा संस्थापक जनक कहा जाता है। उसका जन्म इंग्लैण्ड के एक मध्यम वर्गीय परिवार में हुआ था। यदि बौद्धिक संदर्भ में देखा जाय तो हरबर्ट स्पेन्सर की शिक्षा-दीक्षा किसी स्कूल में नहीं हुई, उनके विश्वविद्यालय के परिसर में प्रवेश करने का प्रश्न तो उठता ही नहीं था। आर्थिक दृष्टि से वे जीवन पर्यन्त अभावग्रस्त रहे। यह सब होते हुए भी वे सामाजिक तथा प्राकृतिक विज्ञानों में विशेषज्ञ थे, पूरी तरह दक्ष थे। जीव विज्ञान, भौतिक विज्ञान और रसायन शास्त्र पर उनकी बहुत अच्छी पकड़ थी। उन्होंने अपने समाजशास्त्रीय सिद्धान्त को इन कतिपय प्राकृतिक विज्ञानों के संदर्भ में बाँधा है। उनके जीवन का एक और पहलू बड़ा दिलचस्प है। प्राय: वे बीमार रहते थे उनका स्वभाव पूरी तरह से झक्की था। लिखने का मन करता, तब खूब लिखते थे और मन हुआ तो आलस्य में ही समय निकाल देते थे। अगस्ट कॉम्ट की तरह इनका जीवन भी पूरी तरह से उतार-चढ़ाव का था। शायद उन्होंने सरपट मैदान तो देखा ही नहीं।

समाजशास्त्र में स्पेन्सर की देन बड़ी महत्वपूर्ण है उन्हें उद्‌विकासवादी कहते हैं। देखा जाय तो यूरोप का 19 वीं शताब्दी का इतिहास समाजशास्त्र और सामाजिक मानवशास्त्र के लिये उद्‌विकासवादी सिद्धान्त का था। वास्तविकता यह है कि इस युग में विज्ञान का बोलबाला था और इसकी उपलब्धियों का प्रभाव समाजशास्त्र पर भी पड़ा। अगस्ट कॉम्ट ने ज्ञान के तीन नियमों का उल्लेख किया है—धार्मिक, तात्विक और वैज्ञानिक। इसके बाद डार्विन ने भी उद्‌विकास के सिद्धान्त को विकसित किया है। इस युग की एक और खासियत थी। समाज विज्ञानों में *विचार* (Idea) और *भौतिक तत्वों* (Material Objects) का विवाद था। स्पेन्सर से पहले कार्ल मार्क्स ने यह स्थापित किया कि सामाजिक परिवर्तन में या कहिये क्रान्ति में भौतिक तत्व यानी उत्पादन विधियाँ निर्णायक होती है। स्पेन्सर ने इसका विरोध किया। उन्होंने स्थापित किया कि *मनुष्य के जो भी विचार है उनकी उत्पत्ति सामाजिक संरचना से होती है।* विचार और भौतिक तत्वों का यह विवाद पूरी 19 वीं शताब्दी में देखने मिलता है। उद्‌विकास तो इस शताब्दी का महत्वपूर्ण मुहावरा रहा ही है।

जार्ज इलियट (George Eliot) हरबर्ट स्पेन्सर की समकालीन थी। एक समय तो ऐसा था कि यह महिला हरबर्ट स्पेन्सर के बहुत निकट आ गयी थी। दोनों में प्रेमभाव बढ़ गया। समझा जाता था कि दोनों में विवाह हो जायगा लेकिन ऐसा कुछ नहीं हुआ। इलियट अपने आपमें एक विदुषी थी। एक बार उसने यह कहा था कि हरबर्ट स्पेन्सर में एक कामयाब लेखक की तरह कोई महत्वपूर्ण क्षमता नहीं है। शायद एक सीमा तक इलियट का

यह कहना सही भी था। यह इसलिए कि उस युग में स्पेन्सर की कृतियों पर कोई महत्वपूर्ण विवाद नहीं हुआ। कुछ लोग तो यहाँ तक कहते हैं कि स्पेन्सर ने अपनी ओर से समाजशास्त्रीय सिद्धान्त में कुछ जोड़ा नहीं है। जो कुछ उन्होंने कहा है वह पहले ही अगस्ट कॉम्ट कह चुके थे वे तो अगस्ट कॉम्ट की प्रतिकृति मात्र ही है। देखा जाय तो सामाजिक विचारकों में हरबर्ट स्पेन्सर का स्थान विवादास्पद है। कुछ आलोचक जैसे कि रेमण्ड एरॉ ने *मेन करेन्ट्स इन सोशियोलोजिकल थॉट* (Main Currents in Sociological Thought) में हरबर्ट स्पेन्सर को पूरी तरह छोड़ दिया है। दूसरी ओर लेविस कोज़र ने *मासटर्स ऑफ सोशियोलोजिकल थॉट* (Masters of Sociological Thought) सामाजिक विचारकों की श्रेणी में हरबर्ट स्पेन्सर को एक सम्मानित स्थान दिया है वे उसे चोटी का विचारक मानते हैं।

जीवन रेखाचित्र (Life Sketch)

हरबर्ट स्पेन्सर का जन्म 27 अप्रेल 1820 में इंग्लैण्ड के डरबी शहर में हुआ था। यह शहर कारखानों से घिरा पड़ा है। उसके पिता के नौ बच्चे थे जिनमें केवल हरबर्ट ही जीवित रहा। इस परिवार में विद्रोह और विरोध एक सामान्य बात थी। हरबर्ट के माता-पिता अपने दृष्टिकोण में व्यक्तिवादी थे। देखा जाय तो हरबर्ट बचपन से ही बड़े अक्खड़ दिमाग का था। वह किसी को भी आदर के साथ सम्बोधित नहीं करता था। शुरु से ही उसकी रुचि विज्ञान और राजनीति में थी। यह कहा जाता है कि उसकी माँ बड़े अच्छे स्वभाव की थी लेकिन हरबर्ट के पिता से उसकी पटी नहीं। जीवन पर्यन्त हरबर्ट स्पेन्सर कुँवारा रहा। जार्ज इलियट को वह सहलाता रहा, उसे सिनेमा घरों में ले गया, होटल रेस्टोरेन्ट में फिराया लेकिन विवाह के सूत्र में नहीं बंधा। हरबर्ट स्पेन्सर ने जो कुछ शिक्षा पायी वह गैर-स्कूली थी। उसने अपने पिता और चाचा से अनौपचारिक शिक्षा पायी। ऐसा लगता है कि इस युग के सभी विचारक गणितशास्त्र के पीछे लट्टु थे। स्पेन्सर गणित में सबसे अधिक रुचि रखते थे। उन्होंने प्राकृतिक विज्ञानों में भी बड़ी रुचि दिखायी।

हरबर्ट स्पेन्सर के जीवन का एक और पहलू है जो बहुत कम लोगों के सामने आया है। खब्ती स्वभाव के कारण वे दूसरे लोगों से मिलना पसंद नहीं करते थे। कहना चाहिये वे दूसरों की बात सुनना भी नहीं चाहते थे। कई बार तो जब वे दूसरों से मिलते थे, अपने कान में रुई लगा लेते थे। वे क्लब में जाते थे और वहाँ भी रुई लगी रहती थी। जीवन पर्यन्त वे खस्ता हाल में रहे। यह तो उनके चाचा की मृत्यु (1853) के बाद है कि कुछ पैसे वसीयत के रुप में उनके हाथ में आये। इससे थोड़े समय उनका काम चल गया। जब उन्होंने 1854 में मनोविज्ञान और स्थैतिकी पर अपनी एक पुस्तक समाप्त की, वे एकाएक मानसिक रोग से पीड़ित हो गये। इस मानसिक रुग्णता में वे बिना किसी उद्देश्य के दिन भर टहलते रहते, कुछ लिख नहीं पाते थे और कुछ पढ़ने के योग्य भी नहीं थे। कोई डेढ़ वर्ष बाद वे थोड़े ठीक हुए। अब वे अनिद्रा रोग के शिकार हो गये। इससे छुटकारा पाने के लिये उन्होंने अफीम का सेवन प्रारम्भ कर दिया। अब तो उनकी स्थिति यह हो गयी कि वे दिन में कोई दो-चार घण्टे ही काम कर सकते थे। अपने जीवन के अंतिम दिनों में उनके साथ उनके मित्र, प्रशंसक, और शिष्य ही थे।

कृतित्व (Major Works)

मंथर गति से बहने वाले किसी झरने की तरह हरबर्ट स्पेन्सर की कलम से एक के बाद एक पुस्तकें सामने आयी। खस्ता मानसिक हालत के होते हुए भी स्पेन्सर बराबर कुछ न कुछ लिखते ही रहे। उनकी कृतियों का क्रम 1842 में प्रारम्भ हुआ जब उन्होंने *दि नानकन्फरमिस्ट* (The Nonconformist) में उनका पहला लेख प्रकाशित हुआ। इस लेख में उन्होंने ब्रिटेन की सरकार को कई बातों पर आड़े हाथ लिया। हरबर्ट स्पेन्सर समाजशास्त्रीय और राजनैतिक क्षेत्रों में खूब लिखते थे। उनका दृष्टिकोण हमेशा ताटस्थय (Laissez-Faire) था। उन्होंने समाजशास्त्र में दो बातें मुख्य रुप से कहीं। *पहली तो यह कि समाज सावयवी है। और दूसरी यह कि यह समाज हमेशा प्रगति और विकास करता रहा है।* यह विचारधारा मुख्यतया उद्विकासवादी है। इसमें वस्तुएँ सरल से जटिल होती है, सजातीय से विजातीय होती है। हरबर्ट स्पेन्सर की कृतियाँ कॉम्ट से अत्यधिक प्रभावित है।

फुटकर निबन्धों को छोड़कर अब स्पेन्सर दि इकॉनोमिस्ट्स (The Economists) जो लंदन से प्रकाशित होता था उसके साथ जुड़ गये। यही पर उसे जार्ज इलियट भी मिली थी। इसी अखबार के माध्यम से हरबर्ट स्पेन्सर का सम्पर्क उस काल के पुरोधा थॉमस हक्सले (Thomas Huxley) और जॉन टिन्डाल (John Tyndall) से हुआ। ये दोनों लेखक लम्बे समय तक स्पेन्सर के मित्र रहे। जब स्पेन्सर *दि इकॉनोमिस्ट्स* से जुड़े थे उसी अवधि में उन्होंने अपनी पहली पुस्तक *सोशल स्टेटिक्स* (Social Statics) को पूरा किया जो 1851 में प्रकाशित हुई। हरबर्ट स्पेन्सर की कुछ कृतियाँ ऐसी हैं जो समाजशास्त्र में मील के पत्थर की तरह हैं। उनकी पुस्तक *प्रिंसिपल्स ऑफ बायोलोजी* (Principles of Biology) एक महत्वपूर्ण कृति है। इसकी कई जिल्दें हैं। पहली जिल्द 1862 में प्रकशित हुई इसके बाद 1893 तक चार जिल्दें और प्रकाशित हो गयी। इन पुस्तकों में *प्रिसिपल्स ऑफ सोशियोलोजी* (1873) एक भव्य कृति है। इस कृति को समाजशास्त्र में एक अपूर्व ग्रन्थ समझा जाता है।

अब प्रश्न उठता है: इन पुस्तकों में स्पेन्सर ने किन समस्याओं को उठाया है? सबसे पहला मसला जो स्पेन्सर के सामने था वह ईश्वरपरक सिद्धान्तों को खारिज़ करना था। वे इस तथ्य को स्वीकार नहीं करते कि धर्म कभी भी अंतिम सत्य को बता सकता है। इस सत्य का उद्घाटन तो प्रत्यक्षवादी सिद्धान्त ही कर सकते हैं। अपनी पुस्तक *प्रिंसिपल्स ऑफ सोशियोलीजी* में उन्होंने अपनी सभी कृतियों के सार को रखा है और ऐसा करने में वे सफल रहे हैं। इन कृतियों में उन्होंने दर्शन को समन्वित रूप में रखा है। जब ये पुस्तकें प्रकाशित हुई, बौद्धिक समाज ने इन्हें आदर के साथ स्वीकार नहीं किया। इसी दौरान जब स्पेन्सर की कृतियाँ प्रकाशित हो रही थी डार्विन की पुस्तक *ओरिजिन ऑफ स्पेसिज़* (Origin of Species) प्रकाशित हुई। जो ध्यान डार्विन पर दिया गया वह स्पेन्सर पर नहीं। लेकिन उस समय के जो क्रान्तिकारी लेखक थे उन्होंने डार्विन की कृतियों को गंभीरता से लिया। इन लेखकों में *जॉन स्टुअर्ट मिल,* हक्सले और टिन्डाल महत्वपूर्ण हैं। ये सब लेखक इंग्लैण्ड ही नहीं सम्पूर्ण यूरोप में अपना प्रभाव रखते थे।

हरबर्ट स्पेन्सर की कृतियाँ उल्लेखनीय हैं पर इनसे उन्हें क्या आर्थिक प्राप्ति हुई? जीव विज्ञान पर जब उनकी कृति प्रकाशित हुई तब इस पर इन्होंने लगभग 1,000 पोण्ड खर्च किये थे। इतना धन उन्हें नहीं मिला। इसके बाद उन्होंने जब समाजशास्त्र के अध्ययन पर पुस्तक

निकाली तब उन्हें 1,500 पोण्ड का लाभ हुआ। देखा जाय तो हरबर्ट स्पेन्सर को अपने पुस्तक लेखन से कोई विशेष आर्थिक लाभ नहीं हुआ। यदि उन्हें अपने पिता और चाचा से विरासत में कुछ पैसा न मिला होता तो शायद वे दो समय का भोजन भी नहीं जुटा पाते।

हरबर्ट स्पेन्सर ने जो कुछ लिखा है, उसका आधार उसकी विचार शक्ति है। उनका अध्ययन कभी भी व्यापक नहीं था। उन्होंने कभी भी गहराई से दर्शनशास्त्र, इतिहास और साहित्य को नहीं पढ़ा। देखा जाय तो स्पेन्सर का दर्शनशास्त्र से कोई सीधा सम्बन्ध नहीं था। उन्होंने इस तथ्य को अपनी आत्मकथा में भी स्वीकार किया। अपने जीवन में कुछ वर्ष तो उन्होंने इंजीनियरी की। कई महिनों तक बीमार रहे। यह सब होते हुए भी उद्विकास पर उन्होंने पूरी गंभीरता के साथ लिखा है। उन पर यह आरोप लगाया जाता है कि उन्होंने अपने पूर्ववर्ती अगस्ट कॉम्ट से बहुत उधार लिया है। इसमें कोई महत्वपूर्ण बात नहीं है। वे कहते हैं कि उन्होंने कॉम्ट से बहुत सीखा है और प्रगति तथा विकास के विचार उन्हें कॉम्ट से ही मिले हैं।

संक्षेप में, हम कॉम्ट की कृतियों को प्रस्तुत करते हैं:

(1) फर्स्ट प्रिन्सिपल्स (First Principles, 1862)
(2) प्रिंसिपल्स ऑफ बायोलोजी (Principles of Biology, 1864-67) कई जिल्दों में
(3) प्रिंसिपल्स ऑफ सोशियोलोजी (Principles of Sociology, 1890)
(4) दि मेन वरसेज दि स्टेट (The Man Versus the State, 1884)
(5) ओटोबायोग्राफी (Autobiography, 1904)
(6) सोशल स्टेटिक्स (Social Statics, 1895)

बौद्धिक संदर्भ (Intellectual Context)

19 वीं शताब्दी के मध्य का यूरोप बौद्धिक दृष्टि से बहुत धनाढ्य था। इस अवधि में माल्थस ने अपने जनसंख्या के सिद्धान्त को रखा। इस दौरान डार्विन की पुस्तक *ओरिजिन ऑफ स्पेसिज़* (1859) प्रकाशित हुई। डार्विन ने हरबर्ट स्पेन्सर को बहुत अधिक प्रभावित किया। जब डार्विन का सिद्धान्त बौद्धिकों के सामने आया उसके पहले ही हरबर्ट स्पेन्सर इस पर चर्चा कर चुके थे। बाद में 1852 में स्पेन्सर ने माल्थस से प्रभावित होकर जनसंख्या वृद्धि पर एक लेख भी लिखा था। अर्थशास्त्री एडम स्मिथ भी स्पेन्सर के समकालीन थे। स्मिथ ने अपनी पुस्तक *दि वेल्थ ऑफ नेशन* में जिस ताटस्थ्य सिद्धान्त की चर्चा की थी उसे स्पेन्सर भी समाजशास्त्रीय सिद्धान्त के निर्माण में काम में लाये हैं। जॉन स्टूअर्ट मिल मित्र थे स्पेन्सर के। मिल ने अपनी कृतियों में उपयोगितावाद की चर्चा की है। स्पेन्सर भी इससे प्रभावित थे। उस काल में हक्सले, फेरेडे आदि का भी नाम था। उद्विकासवादियों में इंग्लैण्ड के विचारक टायलर, मोरगन मैन, लूबोक का भी बड़ा नाम था। इन लेखकों से स्पेन्सर प्रभावित तो थे पर इनके साथ वे प्रायः असहमत थे।

स्पेन्सर की समाजशास्त्र को देन (Spencer's Contribution to Sociology)

हरबर्ट स्पेन्सर का जब समाजशास्त्रीय दृष्टिकोण से विश्लेषण किया जाता है तब उनकी तीन क्षेत्रों में उपलब्धियाँ महत्वपूर्ण समझी जाती है। हाल में जोनाथन टर्नर की जो *दि स्ट्रक्चर ऑफ सोशियालोजिकल थ्योरी* आयी है उसमें उनका कहना है कि अमेरीका के

समाजशास्त्रियों ने हरबर्ट स्पेन्सर में रुचि बतायी है उसमें उनका कहना है कि स्पेन्सर प्रकार्यवादी सिद्धान्त के प्रखर पुरोधा थे। उन्होंने बड़े विस्तार के साथ शरीर रचना की तुलना समाज की संरचना के साथ की है। उनका कहना है कि जिस प्रकार शरीर के विभिन्न अंग सम्पूर्ण शरीर रचना को जीवित और गतिमान रखते हैं वैसे ही समाज के विभिन्न भाग-अर्थव्यवस्था, राजनीति, धर्म आदि समाज को गति प्रदान करते हैं। दूसरे शब्दों में, *एक भाग का सम्बन्ध दूसरे भागों से और सम्पूर्ण व्यवस्था से जो सम्बन्ध है वही प्रकार्यवाद है।*

हरबर्ट स्पेन्सर की दूसरी देन समाजशास्त्र को एक प्रत्यक्षवादी विज्ञान की तरह स्थापित करना है। यह काम नया नहीं है। अगस्ट कॉम्ट और अन्य विचारकों ने भी समाजशास्त्र को वैज्ञानिक बनाने के प्रयास किये हैं। हरबर्ट स्पेन्सर इन पूर्ववर्ती विचारकों से थोड़े आगे हैं। आगे इसलिए कि उन्होंने पहली बार समाजशास्त्र को सैद्धान्तिक दायरे में लाने का प्रयास किया है।

हाल में कुछ समाजशास्त्री आलोचकों ने हरबर्ट स्पेन्सर की एक तीसरी देन भी बतायी है। *रेण्डाल कोलीन्स* (Randall Collins) और *एन्थोनी गिडेन्स* (Anthony Giddens) ने हरबर्ट स्पेन्सर को एक और दृष्टि से देखा है। उनका कहना है कि यह विचारक प्रकार्यवादी सिद्धान्तवेत्ता तो कम था और *वृहद संरचनावादी* (Macro Structuralist) अधिक। इसका अर्थ यह है कि स्पेन्सर सामाजिक संरचना को कतिपय मूल्यों के साथ भी जोड़ते हैं। यहाँ हम स्पेन्सर की समाजशास्त्र को जो देन है उसका सिलसिले से वर्णन करेगें।

उद्‌विकासीय सिद्धान्त

स्पेन्सर ने उद्विकासीय सिद्धान्त को अपनी पुस्तक *फर्स्ट प्रिंसिपल्स* (First Principles, 1899) में दिया है। उन्होंने उद्‌विकास के तीन नियम प्रतिपादित किये हैं। उनका कहना है कि हमें किसी भी घटना के पीछे जो आधारभूत या आखिरी कारण है उसे जानना चाहिये। यदि आखिरी कारण की पड़ताल हो जाती है तो इससे हमारे ज्ञान में वृद्धि होती है। वे कहते हैं कि *किसी भी घटना के पीछे जो अंतिम कारण होता है वह बराबर बना रहता है। कोई भी पदार्थ नष्ट नहीं होता। उसमें जो बल (Force) होता है वह पदार्थ के प्रत्येक स्वरुप के साथ बना रहता है, नष्ट नहीं होता।* पदार्थ के इस गुण के आधार पर वे उद्‌विकास के सिद्धान्त को बनाते हैं। उनका कहना है कि *संसार में कोई भी वस्तु हो—जैव या अजैव प्रत्येक का उद्‌विकास होता है। प्रत्येक के पीछे एक मूलभूत कारण होता है और इस कारण से ही उद्‌विकास एक निरन्तर प्रक्रिया की तरह चलता रहता है।*

हरबर्ट स्पेन्सर का उद्‌विकास का सिद्धान्त प्राकृतिक विज्ञानों की अवधारणाओं में बंधा हुआ है। वे बार-बार *पदार्थ* (Matter) और *दबाव* (Force) की बात करते हैं। लगता है उद्‌विकास का यह विश्लेषण अत्यधिक रूप से विज्ञानपरक है। आगे चलकर हरबर्ट स्पेन्सर ने इसे समाजशास्त्रीय अवधारणाओं में भी रखा है। यह विश्लेषण हमारे लिये अधिक रुचिकर होगा।

उद्‌विकास का सैद्धान्तिक अर्थ

हरबर्ट स्पेन्सर ने बहुत कुछ लिखा है। उनकी लिखावट पर बहस और विवाद भी हुआ है। जितनी हरबर्ट स्पेन्सर की आलोचना हुई है शायद 19 वीं शताब्दी में इतनी किसी विचारक

की नहीं। स्पेन्सर घटनाओं के पीछे जो *कारण* (Cause) है उसे जानने में अत्यधिक रुचि रखते थे। जिस किसी पदार्थ को वे देखते—जानदार या बेजान, उसमें कारण की खोज अवश्य करते थे। इसके पीछे स्पेन्सर का जीवन वृत जुड़ा हुआ है। उनकी अपने माता-पिता से इसी बात को लेकर अनबन हो जाती थी। उनकी माँ और कभी-कभी पिता भी बड़े रुढ़िवादी हो जाते थे। रुढ़िवाद के पीछे कारण क्या है? कारण खोजने का एक और आधार भी है। वे गणितशास्त्र में रुचि रखते थे। इंजीनियरिंग उनका पेशा था। इस कारण भी वे पदार्थों के पीछे जो आधारभूत तथ्य हैं उन्हें जानने का प्रयास करते थे। उन्होंने उद्विकास के सिद्धान्त को इसी कारण के आधारभूत तत्व पर रखा है।

उनके सिद्धान्त में दो आवश्यक तत्व हैं: (1) पदार्थ, और (2) गति। जब पदार्थ में गति आती है तो इससे पदार्थ गति के धक्के पर एकीकरण करता है। पहली अवस्था में पदार्थ *अनिश्चित* (Indifinite) और *असंगत* (Incoherent) होता है। धीरे-धीरे जब इस पदार्थ को गति मिलती है तब यह परिवर्तित होता है और इसमें विजातीयता (Heterogenity) आ जाती है। अतः *उद्विकास वह प्रक्रिया है जो सजातीयता* (Homogenity) *से विजातीयता की ओर बढ़ती है।* इसे समझने के लिये हम एक दृष्टान्त देंगे।

किसी एक भारतीय गाँव को लिजिये। इस गाँव के लोग यह निश्चित करते हैं कि उन्हें गाँव को प्रगति की ओर ले जाना है, आधुनिक बनाना है। इस गाँव में कुछ प्राकृतिक और भौतिक संसाधन भी है। पास में एक नदी है। पीने के पानी के कुएँ हैं। एक छोटा सा जंगल भी है। थोड़ी-बहुत मात्रा में गाँव के पास ये कुछ संसाधन है। गाँव के निवासियों में मानसिक योग्यता भी है। वे अपने भले को अच्छी तरह समझते हैं। काम शुरू होता है लेकिन गाँव के ये निवासी विकास के लिये जो तकनीकी जानकारी होनी चाहिये। उन्हें नहीं है। मेहनत करना तो चाहते हैं, लेकिन खेती-बाड़ी आधुनिक तरीके से कैसे होगी, उन्हें नहीं मालुम। गाँव की इस स्थिति की अब हम व्याख्या करेंगे। निश्चित रूप से गाँव के लोगों में *सजातीयता* (Homogenity) है। सभी पिछड़े हुए हैं। सभी की धर्म में आस्था है। सभी लगभग अशिक्षित है। यह सजातीयता है। आगे चलने पर यह भी स्पष्ट हो जाता है कि उन्हें यह पता नहीं कि सिंचाई के लिये क्या करना चाहिये। नदी पर एनीकट कहाँ बनेगा, यह उन्हें ज्ञात नहीं है। गाँव की इस सजातीयता को हरबर्ट स्पेन्सर अनिश्चित, और असंगत मानते हैं। लेकिन स्थिति में परिवर्तन आता है। समय गुजर जाता है। गाँव में ऐसे लोग तैयार हो जाते हैं जो विकास के विभिन्न क्षेत्रों में अच्छी कुशलता रखते हैं। लोग-पढ़ लिख जाते हैं। इसका अर्थ यह हुआ कि गाँव के लोगों में जो गति थी वह परिवर्तित होकर विजातीय बन गयी। *इस भाँति ज्यों-ज्यों समाज विजातीय होता जाता है त्यों-त्यों वह जटिल होता जाता है। और यही उद्विकास का सिद्धान्त है। सजातीयता से विजातीयता की ओर बढ़ना, उद्विकास है। उद्विकास में निश्चितता, संगतता और सजातीयता होती है।*

सजातीयता से विजातीयता की ओर बढ़ना उद्विकास है। इस तरह की परिभाषा में थोड़ी विश्लेषण की आवश्यकता है। स्पेन्सर कहते हैं कि जहाँ सजातीयता होती है। वहाँ गति के कारण कुछ ऐसे तत्व होते हैं जो विजातीयता की ओर ले जाते हैं। इसी कारण कहीं भी कोई भी समाज अधिक समय तक सजातीय नहीं रहता। सजातीयता अपने आप में अस्थिर है इसी कारण यह विजातीयता की ओर बढ़ती है।

उद्विकास की कतिपय परिभाषाएँ

हरबर्ट स्पेन्सर ने उद्विकास की कोई एक निश्चित या बंधी-बंधाई परिभाषा नहीं दी है। वे उद्विकास के नियम को जीव विज्ञान से लेते हैं और इसमें सजातीयता से विजातीयता की ओर बढ़ना उद्विकास का कारण बताते हैं। वे कहते हैं कि इस संसार की वस्तुएँ जैविक और अजैविक दोनों है। मनुष्य का भौतिक जगत पदार्थ और शक्ति से बना है। ये दोनो अपने अस्तित्व के लिये एक दूसरे पर आधारित है। प्रारंभ में पदार्थ असंगत और सजातीय होता है और बाद में चलकर उसमें विजातीयता आ जाती है। इस संदर्भ में उन्होंने उद्विकास की परिभाषा इस भाँति दी है:

> उद्विकास पदार्थ (Matter) का समन्वय तथा उससे सम्बन्धित गति है। जिसके दोरान पदार्थ एक अनिश्चित, असंगत सजातीयता से निश्चित सुसंगत विजातीयता में बदलता है।

स्पेन्सर के अनुसार विकास के प्रारंभ में जो जीव था, उसमें जीवन के अतिरिक्त किसी प्रकार का रूप या आकार नहीं था। लेकिन धीरे-धीरे जीव में रूप में उत्पन्न हुआ और उसी के विकसित रूप में आज हम विभिन्न प्रकार के जीव और वनस्पतियों को देख रहे हैं। बाद में चलकर इन जीवों में विजातीयता आयी और इस भाँति विभिन्न समाजों का निर्माण हुआ।

क्या उद्विकास में प्रगति ही होती है?

स्पेन्सर ने उद्विकास की जो व्याख्या की है उसके आधार पर प्रश्न उठता है: क्या उद्विकास समाज को प्रगति की ओर ले जाता है? इस प्रश्न का उत्तर कहीं पर भी स्पेन्सर ने निश्चित शब्दों में नहीं दिया है। एक स्थान पर वे कहते हैं कि जहाँ कहीं उद्विकास होता है, अनिवार्य नहीं है कि उसमें समाज प्रगति करे। उद्विकास में दोनों ही बाते हो सकती है—समाज प्रगति कर सकता है और समाज का पतन भी हो सकता है। अपनी बाद की कृतियों में जो हरबर्ट स्पेन्सर का परिपक्व कार्य है, वे कहते हैं कि उद्विकास *एक रेखीय* (unlinear) होता है। सामान्यतया उद्विकास का परिणाम प्रगति ही होता है। अपने इस कथन के लिये वे मनुष्य का जन्म से लेकर प्रोढ़ावस्था का दृष्टान्त देते हैं। जन्म के बाद शिशु विकसित होता है, किशोर बनता है, वयस्क होता है और इस तरह विकास की गति चलती रहती है। स्पेन्सर का यह कथन सही है। लेकिन कहीं-कहीं स्पेन्सर अपने कथन से मुकर भी जाते हैं। वे विभिन्न सभ्यताओं के इतिहास को रखते हैं। और यह भी निष्कर्ष निकालते हैं कि इन सभ्यताओं ने सामान्य रुप में प्रगति की है लेकिन ऐसी सभ्यताएँ भी हुई हैं जिनका आज कोई नाम भी नहीं लेता। निष्कर्ष में यही कहना है कि सामान्यतया उद्विकास जब वह विभाजीयता की ओर बढ़ता है, प्रगति को लाता है। लेकिन सदैव ऐसा होना आवश्यक नहीं है। उद्विकास पतन भी ला सकता है।

समाज और शरीर संरचना में समानता (Society and Organic Analogy)

हरबर्ट स्पेन्सर का नाम समाज की समानता शरीर संरचना के साथ करने के लिये लोकप्रिय है। उनके उद्विकास सिद्धान्त का आधार यह सादृश्यता ही है। *उन्होंने यह प्राक्कल्पना रखी कि समाज जैवकीय शरीर संरचना के समान है। यानी समाज सावयवी (organism) है।* इस प्राक्कल्पना को देने के बाद उन्होंने जीवन पर्यन्त इसके बचाव में बहुत कुछ लिखा। यहाँ हम

समाज और शरीर संरचना की इस समानता को जिसे स्पेन्सर ने रखा है निम्न बिन्दुओं में रखते हैं:

समानता के बिन्दु

(1) *समाज और शरीर संरचना का आकार* (Size): नवजात शिशु जब इस संसार में आकर सांस लेता है, उसका आकार बहुत छोटा होता है। यह छोटा इतना कि इसे दवाखाने वाले तराजु पर तौलते हैं। धीरे-धीरे शिशु बढ़ता जाता है और इसी अनुपात में उसका आकार भी बढ़ता जाता है। शिशु किशोर हो जाता है। उसकी मसें भर जाती है, मूंछ आने लगती हैं यह क्रम चलता रहता है। वयस्क होने पर उसका शरीर पूर्णतया विकसित हो जाता है। यह आकार के बढ़ने का क्रम है।
कोई समाज भी शरीर संरचना की तरह बढ़ता है। गाँव कस्बा बन जाता है; कस्बा नगर हो जाता है और नगर महानगर का रुप लेता है। एक छोटा राज्य साम्राज्य बन जाता है; परिवार, जाति में बदल जाते हैं और जाति एक सांस्कृतिक समूह बन जाता है।
इस भाँति मनुष्य की शरीर संरचना और समाज की संरचना दोनों के आकार में वृद्धि होती है।

(2) *संरचना में जटिलता (Complexity):* जैसे शरीर संरचना का विकास होता है उसी तरह समाज में भी जटिलता आती है। आदिवासियों का समाज एकदम सरल होता है। ज्यों-ज्यों यह जटिलता में बढ़ता है उसकी संरचना भी पेचिदा हो जाती है।

(3) *विकास के साथ बढ़ता हुआ अन्तर:* शरीर का विकास होता है, वृद्धि होती है। बच्चा किशोर से भिन्न हो जाता है; किशोर वयस्क से पृथक दिखायी देता है। जब हम कहते हैं कि यह व्यक्ति युवक है तब हम इस व्यक्ति के अन्तर को किशोरों और वृद्धों से अलग करते हैं। कुछ इसी तरह जटिलता के बढ़ने के साथ समाजों में भी अन्तर आने लगता है। जैसे किसी वयस्क से भिन्न होता है वैसे ग्रामीण समाज से जुदा होता है। अर्थ यह हुआ *कि जटिलता के आने के साथ-साथ शरीर संरचना और समाज संरचना दोनों में अन्तर हो जाता है।* कोई समाज उन्नत होता और कोई पिछड़ा। यह अन्तर उद्विकास के कारण है।

(4) *प्रकार्यों में अन्तर:* उद्विकास संरचना और प्रकार्य दोनों में अन्तर लाता है। शरीर संरचना में जहाँ आदमी के कद और रुप रंग में अन्तर आता है वहीं उसकी शारीरिक और मानसिक क्षमता में भी अन्तर दिखायी देता है। कुछ इसी तरह गाँव और शहर की संरचना में अन्तर आने के साथ-साथ उनके प्रकार्यों में भी अन्तर आता है। मतलब हुआ *उद्विकास जहाँ संरचना में अन्तर लाता है वहीं प्रकार्यों में भी अन्तर लाता है।*

(5) *शरीर नष्ट हो सकता है समाज बहुत देर से :* स्पेन्सर ने शरीर संरचना और समाज की समानता को बड़े विस्तार से रखा है। इस सम्बन्ध में वे एक बात और कहते हैं। उनका कहना है कि *कोई भी शरीर संरचना, समाज की एक इकाई है; इन इकाईयों का जोड़ समाज को बनाता है।* जब हम किसी राष्ट्र की बात करते हैं तो इससे हमारा तात्पर्य यह है कि यह राष्ट्र अगणित शरीर संरचनाओं यानी व्यक्तियों से बना है। व्यक्ति का जीवन थोड़े समय के लिये होता है—उदाहरण के लिये, 100 वर्षों के लिये। लेकिन समाज

या राष्ट्र का जीवन लम्बी अवधि में बंधा होता है। सभ्यताएँ बनती है और नष्ट होती है। लेकिन उनके नष्ट होने में हजारों वर्ष लग जाते हैं।

शरीर संरचना और समाज में अन्तर

जब स्पेन्सर शरीर संरचना और समाज में समानता देखते हैं, वहीं वे यह भी स्वीकार करते हैं कि कुछ बिन्दुओं में इनमें असमानता या गैर बराबरी भी है। इस असमानता को जो शरीर संरचना और समाज में होती है, स्पेन्सर निम्न बिन्दुओं में रखते हैं:

(1) *शरीर संरचना में शारीरिक व्यापकता नहीं होती:* मनुष्य का शरीर निश्चित अंगो से बना है—दो आँखें हैं, दो कान है और दो हाथ-पैर। व्यक्ति के वयस्क होने पर ये शारीरिक अंग बढ़ते नहीं है। तीन आँखें या तीन हाथ नहीं होते। समाज में, दूसरी ओर, पूरी व्यापकता होती है। उदाहरण के लिये आदिम समाज़ों में साहित्य और कला गोण होते हैं जबकि बड़े समाजों में ये भाग बहुत बड़े और संवेदनशील होते हैं।

(2) *सम्पर्क का अभाव:* मनुष्य के शरीर में जो अंग है वह शरीर से ही जुड़े रहते हैं समाज में ऐसा नहीं होता। समाज के अंग यानी इसकी राजनीति, धर्म, व्यवसाय एक दूसरे के साथ जुड़ते हैं और दूसरे समाजों के सम्पर्क में आकर नये स्वरुप भी बनाते हैं।

(3) *असंगठित चेतना:* शरीर के कई भाग होते हैं। इन भागों की चेतना मस्तिष्क में रहती है। इसी कारण एक व्यक्ति को हम मृत तब घोषित करते हैं जब उसका मस्तिष्क चेतना खो देता है। इसका अर्थ यह है कि शरीर की चेतना केवल एक स्थान पर-मस्तिष्क में केन्द्रित होती है। समाज में ऐसा नहीं होता। उसकी चेतना निश्चित वर्गों में होती है। हो सकता है, एक घटना की चेतना बौद्धिक में हो और आम आदमी उसके बारे में कुछ सोचता ही न हो। समाज की चेतना इस तरह असंगठित और बिखरी होती है।

यद्यपि स्पेन्सर ने शरीर संरचना और समाज में पाये जाने वाले अन्तर को बताने का प्रयास किया है लेकिन इस असमानता को वे अधिक नहीं खींच सके। और वे यही निष्कर्ष निकालते हैं कि समाज और शरीर संरचना कई अर्थों में समान हैं। वे यह भी कहते हैं कि शरीर की तरह समाज भी अपने कार्यों को करता है। शरीर के एक हिस्से के कार्य दूसरे हिस्से के कार्यों पर निर्भर है। शरीर के गुरदे, फेफड़े, हृदय आदि इसी पारस्परिकता पर काम करते हैं। ठीक इसी तरह समाज के विभिन्न कार्य-व्यवसाय, राजनीति, अर्थव्यवस्था, धर्म आदि एक दूसरे पर निर्भर है। जब रूस के साम्यवाद ने यानी रूस की राजनीति ने यह कहा कि धर्म अफीम है तब यहाँ के समाज में धर्म का स्थान नगण्य रह गया। शरीर के अंगों की तरह समाज के अंगों के कार्यों की भी पारस्परिकता है। और *हरबर्ट स्पेन्सर का यही प्रकार्यवाद है।*

समाजशास्त्र : एक समाज विज्ञान (Sociology : A Social Science)

हरबर्ट स्पेन्सर ने समाजशास्त्र को एक समाज विज्ञान की तरह विकसित करने में वही दृष्टिकोण अपनाया जो अगस्ट कॉम्ट ने अपनाया था। उन्होंने एक सरल प्रश्न अपने सामने रखा: जिस तरह प्राकृतिक संसार में व्यवस्था और नियम है, क्या इसी तरह मनुष्य समाज में भी व्यवस्था और नियम नहीं हो सकते? इस प्रश्न के उत्तर में उनका विश्वास है कि मनुष्य समाज में भी सामाजिक प्रक्रियाएँ होती है। समाज का उद्विकास एक निश्चित दिशा में हुआ है और इसकी

सामाजिक प्रक्रियाएँ किसी भी अर्थ में मनमानी नही है। ये प्रक्रियाएँ नियमित और सुचारु है। उनका तर्क है कि *अतीत के समाज का अध्ययन करके हम आने वाले समाज का अध्ययन कर सकते हैं। 'कल' हमें 'आज' की जानकारी देगा।* इसी तर्क के आधार पर स्पेन्सर प्रत्येक समाज के लिये उद्‌विकास को एक सर्वश्रेष्ठ नियम मानते हैं।

समाजशास्त्र किसे कहते हैं? (What is Sociology?)

हरबर्ट स्पेन्सर ने समाजशास्त्र पर कई ग्रन्थ लिखे हैं। इन ग्रन्थों में तीन ग्रन्थ तो शास्त्रीय है—*सोशल स्टेटिक्स, दि स्टडी ऑफ सोशियोलोजी,* और *दि प्रिंसिपल्स ऑफ सोशियोलोजी*। ये तीनों पुस्तकें समाजशास्त्र की भूमिका देती है। इसके महत्व को बताती है। लेकिन कहीं भी स्पेन्सर समाजशास्त्र की परिभाषा नहीं देते। वे बार-बार दोहराते है कि *समाजशास्त्र अधिसावयवी (Super organic) प्रघटनाओं का अध्ययन करता है।* अब प्रश्न है: अधिसावयवी किसे कहते हैं? जब इसका अर्थ स्पष्ट हो जाता है तब हम कह सकेंगे कि समाजशास्त्र को स्पेन्सर ने किस तरह परिभाषित किया।

अपनी कृतियों में स्पेन्सर ने अधिसावयवी संरचना पर खुलकर लिखा है। वे कहते हैं कि संसार की वस्तुएँ चाहे कोई भी हो दो भागों में बांटी जा सकती है। एक वस्तुएँ *जैविक* (Organic) है। और दूसरी वस्तुएँ *अजैव* (Inorganic)। वस्तुओं की इन दो अवधारणाओं को स्पेन्सर ने परिभाषित नहीं किया है। बाद के समाजशास्त्रियों ने इस आधार का स्पष्टीकरण किया है। जिसे स्पेन्सर अजैव कहते हैं। वह वे तत्व हैं जिनमें जीवन नहीं है, प्राण नहीं है। पेड़, पौधे पत्थर, मिट्टी आदि अजैव पदार्थ है। सभी जीवधारी, पशु-पक्षी, कीड़े-मकोड़े और मनुष्य जैव पदार्थ हैं। इन सबसे ऊपर अधिसावयवी तत्व है। दूसरे अर्थो में समाज अधिसावयवी है। इस समाज को बनाने वाले मनुष्य है। ये मनुष्य एक सूत्र में बंधे हुए हैं। इस सूत्र को बांधने वाले तत्वों का स्पेन्सर ने उल्लेख नहीं किया है। टर्नर कहते हैं कि *इस अधि भौतिक समाज को बांधने का काम संस्कृति करती है।* संस्कृति के एक भाग को दूसरे भाग से पृथक करके नहीं देखा जा सकता। समाज तो संस्कृति के ताने-बाने से बना है। यह हरबर्ट स्पेन्सर का प्रकार्यवाद है। जब समाज का उद्‌विकास होता है तो उसके अधिभौतिक तत्वों में भाषा, ज्ञान, प्रथा, मिथक और साहित्य आदि आ जाते हैं। और यही सब समाज को बनाते हैं।

4

इमाइल दुर्खीम

(Emile Durkheim, 1858-1917)

समय की छलनी बराबर काम करती रहती है। जो इस छलनी की कसौटी पर खरा उतरता है, समाज विज्ञानों में वही विचारक का दर्जा पाता है। वास्तव में समाजशास्त्रीय सिद्धान्त का आधार, समाजशास्त्र के विचारक हैं। किसी भी विचारक की अध्ययन पद्धति, तथ्य सामग्री और सैद्धान्तिक अवधारणा युग दर युग संचयी होते है और इसी से समाज विज्ञान का भण्डार भरता है। यद्यपि एक विचारक अपने विशेष युग की उपज होता है, लेकिन कालान्तर में चलकर इस विचारक द्वारा उठाये गये मुद्दे सार्वकालिक और सार्वभौमिक हो जाते हैं। समाजशास्त्र को एक प्रतिष्ठित समाज विज्ञान का दर्जा पाने के लिये, अपने संस्थापक विचारकों की धरोहर को विश्लेषणात्मक रूप में स्वीकार करना चाहिये।

रोबर्ट मर्टन ने एक स्थान पर बड़ी रोचक बात कही है। वे कहते हैं कि हमें अपने पूर्वज समाजशास्त्रियों की कृतियों को मार्गदर्शक रूप में लेना चाहिये। ऐसा करने से समाजशास्त्रीय विज्ञान की परम्परा बनी रहती है, इसकी मुख्यधारा सशक्त होती जाती है। अपने इस कथन के प्रमाण में वे दो उद्धरण प्रस्तुत करते हैं : एक उद्धरण वैज्ञानिक *अल्फ्रेड नोर्थ वाइटहेड* (Alfred North Whitehead) का है :

"वह विज्ञान जो अपने संस्थापकों को भुलाने में हिचकिचाता है, समाप्त हो जाता है।"

मर्टन द्वारा दिया गया दूसरा उद्धरण जो *नेल्स एबेल* (Neils Abel) का है, इस तरह है: "मुझे ऐसा लगता है कि यदि कोई गणितशास्त्र में विकास करना चाहता है तो उसे अपने शास्त्र के गुरुओं का अध्ययन करना चाहिये, न कि इन गुरुओं के शिष्यों का।"

मर्टन इन दोनों उद्धरणों का विश्लेषण करते हैं। पहली निगाह से देखे तो ये दोनों कथन विषम हैं–एक दूसरे के विरोधी हैं। वाइटहेड शायद यह कहना चाहते हैं कि हमें अपने संस्थापकों को हाशिये में रख देना चाहिये, उनकी कृतियों को उपेक्षा से देखना चाहिये और जो कुछ इन संस्थापकों के बारे में हमें जानकारी है उसे ताजा रखने की कोई आवश्यकता नहीं है। इधर एबेल स्पष्ट रूप से इस तथ्य की वकालत करते हैं कि हमें यदि वास्तव में विज्ञान के पहियों को गति देनी है, उसके भण्डार को भरना है तो संस्थापकों को अपना गुरु मानकर चलना पड़ेगा।

यहाँ आकर मर्टन अपनी टिप्पणी देते हैं। इन उद्धरणों की इस तरह की व्याख्या सतही

है। इनको हम उचित संदर्भ में नहीं देखते हैं। जिस संदर्भ में *वाइटहेड* ने अपना बयान दिया है वह महत्वपूर्ण है, सतही व्याख्या बेमतलब है। वाइटहेड जो कि इतिहास में निहित विचारों के प्रति बराबर प्रतिबद्ध रहा है, कभी भी ऐतिहासिक ज्ञान को नकार नहीं सकता। वास्तव में, वाइटहेड का उपर्युक्त बयान हम सबके लिये खतरे की एक घण्टी है। जब हम अपने संस्थापक पूर्वजों पर चापलूसी से भरी हुई टिप्पणी करते हैं, उनकी वाह-वाही करते हैं, तो इस प्रकार का संस्थापकों का अध्ययन, कोई मतलब नहीं रखता। यह इस संदर्भ में है जिसमें वाइटहेड ने संस्थापकों के अध्ययन को उपेक्षा से देखने का निर्देश दिया है। वास्तव में, किसी विज्ञान के विचारकों का योगदान संचयी होता है और इस प्रकार का अध्ययन अर्वाचीन समाज की समस्याओं के निदान में सहायक होता है। जब हम ईमाइल दुर्खीम (दुर्खाइम) या इसी तरह अन्य विचारकों की कृतियों का विश्लेषण करते हैं तो हमारा उद्देश्य बहुत साफ हो जाता है : पहला इन विचारकों ने तत्कालीन समाज की समस्याओं का निदान खोजने में कौन से विकल्प रखे हैं और दूसरा इन विचारकों की कृतियों का आधुनिक समाज की समस्याओं से कितना और कैसा सरोकार है। अपने देश के संदर्भ में हम यह देखें कि क्या ये विचारक आज हमारे लिये किसी तरह का संदर्भ या सरोकार रखते हैं।

दुर्खीम कालीन यूरोपीय समाज
(European Society During the Times of Durkheim)

यह कैसी रोचक बात है कि यूरोपीय समाज के 19वीं शताब्दी के विचारकों का सोच लगभग एक जैसा ही था। इटली निवासी *विल्फ्रेडो पेरेटो* (Vilfredo Pareto), फ्रान्सीसी *ईमाइल दुर्खीम* (Emile Durkheim), जर्मन निवासी *कार्ल मार्क्स* (Karl Mark) और *मेक्स वेबर* (Max Weber) यूरोप की एक ही पीढ़ी में पैदा हुए थे। पेरेटो का जन्म 1883 ई. में, दुर्खीम का 1864 ई. में हुआ था। मार्क्स का देहान्त 1883 ई. में, दुर्खीम का 1917 ई. में, मेक्स वेबर का 1920 ई. में और पेरेटो का 1923 ई. में हुआ। ये सभी विचारक समकालीन थे, एक ही पीढ़ी के थे। ये विचारक 19वीं शताब्दी के मध्य में आये और 20वीं शताब्दी के प्रारम्भ में चले गये । इन विचारकों का सरोकार इस तरह 20वीं शताब्दी के यूरोपीय समाज से था। इन चारों विचारकों ने प्रथम विश्व युद्ध प्रारम्भ होने से पहले अपनी अधिकांश कृतियाँ प्रकाशित कर दी थी। इस युग को यूरोप में *प्रीविलेज्ड एज* (Priviledged Age) के नाम से जाना जाता है। *स्पेंग्लर* ने इस युग की विशेषता बताते हुए कहा है कि यूरोप के इतिहास में 19वीं शताब्दी का अंतिम दशक ऐसा था जिसमें युद्ध होने की कोई संभावना नहीं थी। सापेक्षिक रूप से यूरोपीय समाज का यह युग शान्तिप्रिय था। लोग 1815 ई. के युद्ध को भूल चुके थे।

19वीं शताब्दी के यूरोप में लोग आशावादी थे। इतिहासकारों को इस युग के बारे में जो संभावनाएँ थी, वस्तुतः गलत थी। इन चारों विचारकों का, इतिहास की सोच के विपरीत, यह विचार था कि यूरोपीय समाज संकट के गहन दौर से गुजर रहा था। 16वीं शताब्दी से लेकर बराबर 19वीं शताब्दी की यूरोप की पीढ़ियों को यह लग रहा था कि उनका समाज स्थायी है और उसमें कोई उतार-चढ़ाव नहीं है। आम जन भावना के विपरीत ये चारों सामाजिक विचारक *इस तथ्य से एक बारगी सहमत थे कि यूरोप का समाज तीव्रता से बदल रहा था*। यद्यपि इस युग की आम पीढ़ियों का विचार था कि उनका समाज एक बंधी-बंधायी लीक पर चल रहा था जबकि विचारक इन पीढ़ियों के विचारों से एकदम असहमत थे।

हमारा यह आग्रह है कि सामाजिक विचारक अपने काल में दर्पण का प्रतिबिम्ब होते हैं। वे समाज में आने वाले संकट और खतरे का पूर्वानुमान रखते हैं। शायद इसी कारण वे विचारक भी कहलाते हैं। यद्यपि परेटो या मार्क्स या इसी अर्थ में दुर्खीम व मेक्सवेबर ने अपनी सोच के अनुसार अपना दर्शन या सिद्धान्त रखा है, सभी विचारकों की अध्ययन पद्धतियाँ जुदा-जुदा रही है, निष्कर्ष भी अलग-अलग रहे हैं, फिर भी सभी ने मिलते-जुलते समाज विषयों पर अपने विचारों को केन्द्रीत किया है। पेरेटो ने धर्म को एक अलग परिप्रेक्ष्य में रखा है, दुर्खीम इसे *पवित्र* और *प्रोफेन* (Sacred and Profane) की अवधारणाओं में रखते हैं, वेबर दुनिया के 6 बड़े धर्मों का तुलनात्मक अध्ययन प्रस्तुत करते हैं और मार्क्स धर्म को सर्वहारा या जनता का अफीम मात्र कहते हैं। रोचक बात यह है कि विचारकों की इस पीढ़ी ने धर्म के प्रति अपने विचार अवश्य व्यक्त किये हैं। वास्तविकता यह है कि तत्कालीन यूरोपीय समाज की कुछ ज्वलन्त समस्याएं थी और इनके प्रति विचारकों ने अपना विश्लेषण दिया है, निदान रखा है।

विज्ञान का विकास (Evolution of Science)

17वीं और 18वीं शताब्दी में विज्ञान का विकास हुआ। जेम्स वॉट ने भाप का आविष्कार किया और इसके परिणाम चौंकाने वाले निकले। देखते-देखते समाज में नये कल-कारखाने काम करने लगे। छोटे-मोटे आविष्कारों की एक बाढ़ सी आ गयी। वैज्ञानिक आविष्कारों ने समाज के दृष्टिकोण को बदल दिया। वैज्ञानिक का मापदण्ड बदल गया। सम्पूर्ण समाज किसी भी वैज्ञानिक को आदर और सम्मान की दृष्टि से देखने लगा। आम आदमी की यह धारणा बन गयी कि वैज्ञानिक जो कुछ कहता है, वह तर्क संगत है। वैज्ञानिक के पास प्रमाण है, उसकी अपनी प्रयोगशाला है। इस तरह की विचारधारा ने वैज्ञानिक के प्रति सामान्य व्यक्ति के विश्वास को बढ़ा दिया।

आखिर, विज्ञान क्या है ? किसी विवाद में न पड़े तो यही कहना होगा कि यह एक पद्धति है जो प्रयोगशाला द्वारा प्रमाणित तथ्य को तर्क की कसौटी पर प्रस्तुत करता है। ज्ञान प्राप्त करने का यह एक व्यवस्थित तरीका है। इस वैज्ञानिक पद्धति का प्रभाव समाज विज्ञानों पर भी पड़ा। अब समाज वैज्ञानिक भी अपनी हैसियत प्राकृतिक वैज्ञानिक के समकक्ष समझने लगे। जैसे ही कोई लेखक या विचारक वैज्ञानिक बन जाता है तो स्वाभाविक रूप से जहाँ एक ओर उसकी सामाजिक प्रतिष्ठा बढ़ जाती है वहीं उसके कथन में विश्वसनीयता आ जाती है।

19वीं शताब्दी के विचारकों की पीढ़ी ने भी अपने आप को एक वैज्ञानिक ही समझा। उन्होंने यह माना कि *जीवन का तर्क अपने आप में एक नैतिक प्रतिबद्धता है*। जिस प्रकार कोई भी आविष्कार व्यावहारिक जीवन में उपयोगी सिद्ध नहीं होता, बेमतलब है। कुछ इसी तरह एक सामाजिक वैज्ञानिक की भाँति दुर्खीम ने भी कहा कि *यदि समाजशास्त्र की समाज के लिये कोई व्यावहारिक उपयोगिता नहीं है, तो ऐसे समाजशास्त्र को एक क्षण भी जीवित रहने का अधिकार नहीं है*।

दुर्खीम की पीढ़ी के प्रबुद्ध विचारक पेरेटो सम्पूर्ण रूप से वैज्ञानिक पद्धति के समर्थक थे। उनकी पृष्ठभूमि यह है कि वे मूल में एक भौतिक वैज्ञानिक थे। इंजीनियरिंग करते थे। बाद में अर्थशास्त्री हुए और अन्तत्वोगत्वा एक समाजशास्त्री बने। मार्शल भी अर्थशास्त्र में

प्रशिक्षित थे। यद्यपि दुर्खीम का भौतिक विज्ञान के प्रति न कोई रुझान था और न प्रशिक्षण, पर वे सिद्धान्त निर्माण में पूरी तरह *प्रत्यक्षवादी* (Positivist) थे। पेरेटो ने तो समाजशास्त्र को *तार्किक-प्रयोगात्मक* (Logico-Experimental) कहा है। इस बात के कई दृष्टान्त दिये जा सकते हैं कि 20 वीं सदी के प्रारम्भ में आकर लगभग सभी विचारकों ने अपने आप को एक सामाजिक वैज्ञानिक की तरह स्थापित किया। शायद किसी भी विचारक के लिये वैज्ञानिक होना, उस युग की माँग थी।

विज्ञान और धर्म : संकट के मोड़ पर

आविष्कारों का बराबर बढ़ना और वैज्ञानिक दौर के, एक तार्किक दृष्टिकोण का मानव जीवन में प्रवेश, यूरोप के इस समाज की बहुत बड़ी त्रासदी थी। तत्कालीन समाज रूढ़िग्रस्त था। लोगों की धर्म के प्रति आस्था प्रगाढ़ थी। इंग्लैण्ड का इतिहास बताता है कि वहाँ सिहांसनों का उलट-फेर केवल चर्च की एक दृष्टि से हुआ है। किसी भी राजा का सिंहासन पर बैठना चर्च की स्वीकृति पर निर्भर था। पीढ़ी दर पीढ़ी चले आ रहे यूरोप के धर्म के इस विश्वास में गहरा आघात तब पड़ा जब विज्ञान के चरण जनजीवन में प्रवेश कर गये। जैसी विज्ञान की प्रकृति है, उसने विश्वास के आधार की चूलों को हिला दिया, झकझोर दिया।

ठीक भारतीय समाज की तरह 19वीं शताब्दी का यूरोप भी धार्मिक विश्वासों और परम्पराओं के ताने-बाने में बंधा हुआ था। जिस तरह भारतीय समाज की उपनिवेशवादी और सामन्तवादी व्यवस्था के एक सूत्र में बंधे रहने का कारण हमारा धर्म और जाति की परम्पराएँ थी, वैसे ही यूरोप का समाज भी धार्मिक विश्वासों और रूढ़ियों में बंधा था। उसकी एकता में एक ऐसा स्थायित्व था जो कभी डगमगाया नहीं था। लेकिन जब विज्ञान प्रभावशाली होने लगा और इसके परिणामस्वरूप समाज के विश्वास और परम्पराएँ एक के बाद एक ढहने लगे तो समाज के सामने एकता का संकट पैदा हो गया।

19वीं शताब्दी के विचारकों की पीढ़ी ने इस ज्वलन्त समस्या का सामना किया। संक्षेप में, समस्या थी : *जब धार्मिक विश्वास, मान्यताएँ और परम्पराएँ टूटने लगी तब समाज की एकता को बांधे रखने का काम कौन से तत्व करेंगे* ? हुआ यह कि इस शताब्दी में समाज को बांधे रखने वाले विश्वास और धार्मिक आस्थाएँ जब चूर-चूर हो गयी तब उसका स्थान लेने के लिये कोई वैकल्पिक संरचनाएँ नहीं थी। विचारकों को लगा कि यूरोप के समाज का ढाँचा टूट जायेगा। यह चुनौती या संकट सामान्य नहीं था। दुर्खीम, पेरेटो और मेक्स वेबर सभी ने समाज की समस्या के प्रति अपनी प्रतिक्रिया व्यक्त की।

पेरेटो और सामाजिक एकता

हमारा तर्क है कि किसी भी विचारक को अन्य विचारकों से पृथक करके नहीं समझा जा सकता। किसी भी विचारक का सबसे पहला उत्तरदायित्व अपने समाज और देश काल की परिस्थितियों के सापेक्षिक होता है। इसी कारण जब हम दुर्खीम के कृतित्व की व्याख्या करते हैं तब हमें दुर्खीम को ही गहराई से समझने के लिये पेरेटो, मेक्स वेबर और कार्ल मार्क्स के कृतित्व की तुलना में ही देखना चाहिये।

पेरेटो ने *माइण्ड एण्ड सोसाइटी* (Mind and Society) पुस्तक में समाज की एकता के संकट पर विशद विवेचन किया है। वे कहते हैं कि समाज को एक सूत्र में बांधे रखने

का काम लोगों की एक दूसरे के प्रति भावना या *अनुभूति* (Feeling) है। इसी को वे *अ-तार्किक क्रिया* (Non-Logical Action) कहते हैं। जब हम अपने भाई-बहिनों के पीछे सम्पूर्ण सुविधाएं जुटाते हैं, जमीन-आसमान एक करते हैं तो ये सब क्रियाएं किसी आर्थिक कारण से नहीं होती। इसमें तो केवल हमारी भावनाओं और अनुभूतियों का ही तुष्टिकरण होता है। ये अ-तार्किक क्रियाएं वस्तुतः संवेगात्मक और भावनात्मक है और यही सब क्रियाएं समाज को एक सूत्र में बांधती है।

पेरेटो की दृष्टि में जब समाज का धार्मिक आधार—विश्वास और आस्था का संबल ढहने लगता है तो समाज को बांधे रखने का काम समाज के सदस्यों में पायी जाने वाली भावनाएं और संवेग हैं। पेरेटो ने 20 वीं शताब्दी की पीढ़ियों को यह संदेश दिया कि विज्ञान के हाथों धर्म और विश्वास के कटाव को देखते हुए भावनाओं और संवेगों को विकल्प के रूप में विकसित करना चाहिये।

दुर्खीम और सामाजिक सुदृढ़ता

यह बहुत कम लोग जानते हैं कि दुर्खीम एक विचारक और समाजशास्त्री होने के अतिरिक्त, बहुत बड़े *नीतिज्ञ* (Moralist) भी थे। प्रथम विश्व युद्ध में उन्हें फ्रांस की सरकार ने नैतिक अधिकारी के रूप में प्रस्थापित किया था। उनका काम यह था कि वे युद्ध की विभीषिका से गुजरते हुए समाज के मनोबल को बनाये रखे। दुर्खीम ने फ्रान्सीसी समाज की एकता के धार्मिक आधार को चरमराते देखकर नैतिकता का विकल्प दिया। *नैतिकता को धर्मनिरपेक्ष और विज्ञानपरक होना चाहिये। दूसरे शब्दों में दुर्खीम ने वैज्ञानिक नैतिकता (Scientific Morality) को समाज की एकता का आधार प्रस्तावित किया*। नैतिकता ऐसा बड़ा दर्शन है जो धर्म का स्थान ले सकता है, यह विज्ञान द्वारा सम्भव हो सकता है।

सामाजिक एकता के प्रति मेक्स वेबर का दृष्टिकोण

अपनी पीढ़ी के अन्य विचारकों की तरह मेक्स वेबर ने भी यह स्वीकार किया कि यूरोप के समाज के लड़खड़ाने का कारण विज्ञान का बढ़ता हुआ विकास था। विज्ञान ने लोगों की आस्थाओं, विश्वासों और परम्पराओं के प्रति एक तार्किक प्रश्न चिन्ह खड़ा कर दिया। ईश्वर क्या है ? कहाँ हैं ? कैसा है ? इन सब प्रश्नों के प्रमाण धर्म के पास नहीं है। धर्म का विशाल महल, उसके गगन चुंबी कंगुरे विश्वास की भूमि पर खड़े हैं। जब विज्ञान ने इसकी नींव को ही हिला दिया तो महल का क्या होगा। इस तरह की स्थिति से मेक्स वेबर पूरी तरह से अवगत थे।

वेबर की प्रतिक्रिया अन्य विचारकों की तुलना में भिन्न थी। उन्होंने विज्ञान को यानी तर्क को अपना आधार बनाया। उनकी दृष्टि में 19वीं शताब्दी के अन्त का यूरोप का समाज, वैज्ञानिक और औद्योगिक था। बहुत बड़े उद्योग के संचालन के लिये *दफ्तरशाही* कर्मचारीतन्त्र (Bureaucracy) का होना आवश्यक है। अतः उनके अनुसार समाज *दफ्तरशाही और विवेकी* (Bureaucratic and Rational) हैं। यहाँ मेक्स वेबर अपने युग के *टोकियाविली* (Tocqueville) के समकक्ष आ जाते हैं। बात यह है कि ज्यों-ज्यों आधुनिकता विकसित होती है, त्यों-त्यों समाज अधिक विवेकी बनता जाता है। आधुनिक समाज की नियति, *टोकियाविली और मेक्स वेबर के अनुसार, विवेकी संगठन में निहित है।*

वास्तव में, मेक्स वेबर का परिवार और परिवार की सम्पूर्ण परम्परा धार्मिक थी। वे एक बार में धार्मिक विश्वास और मान्यताओं से छुटकारा नहीं ले पाये और इसलिये उन्होंने दबी जबान से कहा कि *आधुनिक समाजों का परिवर्तन संवेग और विवेक से परिपूर्ण होना चाहिये।* सम्पूर्ण विवेक उन्हें स्वीकार नहीं है। इसके साथ में भावनाओं और संवेगों का भी समावेश होना चाहिये। वास्तव में, यूरोप के समाज की समस्या ने वेबर को सांसत में डाल दिया। वे पेरेटो की तरह न तो धार्मिक विश्वासों की खिल्ली उड़ा सकते थे, व्यंग्य कस सकते थे और न दुर्खीम की तरह किसी वैज्ञानिक नैतिकता का उपदेश ही दे सकते थे। *सब मिलाकर वे चाहते थे कि यूरोप की प्रकृति का वैज्ञानिक अध्ययन किया जाना चाहिये।* वेबर के इस दृष्टिकोण की व्याख्या करते हुए *रेमण्ड एरॉ* (Raymond Aron) कहते हैं कि वस्तुतः वेबर एक दार्शनिक थे और दार्शनिकों की श्रेणी में उन्हें *अस्तित्ववादी दार्शनिक* (Existential Philosopher) कहा जा सकता हैं।

यूरोपीय समाज के प्रति विचारकों की पीढ़ी का समग्र दृष्टिकोण

19वीं शताब्दी के अन्त में यूरोप के समाज विज्ञानों में व्यवहारवाद को एक विश्वसनीय विधि के रूप में काम लिया जाता था। इसी तरह सम्पूर्ण सामाजिक वास्तविकता का विवेचन भी आर्थिक परिप्रेक्ष्य में किया जाता था। पेरेटो और दुर्खीम की पीढ़ी ने इस प्रकार की अध्ययन पद्धति को एकदम नकार दिया। यद्यपि पेरेटो का रूझान अर्थशास्त्र की ओर था, फिर भी उन्होंने प्रघटनाओं के विश्लेषणों में आर्थिक विधि को स्वीकार नहीं किया।

तीनों ही विचारक—पेरेटो, दुर्खीम व वेबर—अपने-अपने मिज़ाज और धर्मावलम्बन में एक दूसरे के प्रतिकूल थे। उदाहरण के लिये दुर्खीम धार्मिक दृष्टि से यहूदी थे, पेरेटो कैथोलिक थे और वेबर प्रोटेस्टेन्ट थे, फिर भी तीनों ने अपनी कृतियों के अध्ययन का केन्द्र विज्ञान और धर्म को बनाया और यह भी सत्य है कि इन विचारकों ने यह स्वीकार नहीं किया कि तत्कालीन यूरोपीय समाज में धर्म की भूमिका समाज को जोड़ने की हो सकती है। जब इस प्रकार का निष्कर्ष इन विचारकों ने निकाला तब सम्पूर्ण यूरोप में धर्म सुधार आंदोलन चल रहा था। प्रगतिशील धर्मावलम्बी इंग्लैण्ड और जर्मनी में कैथोलिक धर्म की आलोचना कर रहे थे। इन सब घटनाओं के आधार पर ही इन विचारकों का निष्कर्ष था कि धर्म, समुदाय को जोड़ नहीं सकता, इसके समाज को तोड़ने की संभावना अवश्य है।

धर्म और विज्ञान के मुद्दे के इस विवाद को आगे बढ़ाते हुए इन विचारकों की आम राय थी कि समाज के बदलते हुए संदर्भ में जब धर्म एकता स्थापित करने का आधार नही रहता, तब डगमगाते हुए समाज को एक सूत्र में बांधने का काम कुछ और तत्व कर सकते हैं। ये तत्व कौन से हैं, इस पर ये विचारक एक मत नहीं है। उदाहरण के लिये दुर्खीम का कहना है कि समाज को बांधने का काम सिक्युलर नैतिकता की कर सकती है। उनका आग्रह है कि लोगों का नैतिक बल, आचरण और व्यवहार, सामाजीकरण द्वारा इस तरह विकसित किया जाये कि यह धर्म का स्थान ले ले। प्रथम विश्व युद्ध में नैतिकता की इस शक्ति का प्रयोग दुर्खीम ने स्वयं किया। समाज को एक सूत्र में बांधने का काम पेरेटो के अनुसार जन भावनाएं और संवेग करते हैं। पेरेटो बार-बार कहते हैं कि लोगों के सामाजिक जीवन में भावनाएं, संवेग, उद्‌गार आदि का महत्वपूर्ण योगदान है। यद्यपि ये भावनाएं विज्ञान की कसौटी पर खरी नहीं उतरती फिर भी समाज पर इनका प्रभाव बहुत अधिक होता है। *अतः पेरेटो के*

अनुसार समाज की सुदृढ़ता और एकता को बनाये रखने में धर्म के स्थान पर भावनाओं और संवेगों को विकसित करना चाहिये।

मेक्स वेबर कुछ और तरह के विचारक थे। धर्म सुधार आंदोलन में उन्होंने कैथोलिक धर्म का विरोध किया था। उनका कहना था कि यह धर्म रूढिग्रस्त हो गया है और आडम्बर की जाल में फंस गया है। इसी कारण प्रोटेस्टेन्ट सम्प्रदाय को अपनाया। अपनी कृतियों में उन्होंने समाज की एकता को बनाये रखने में धर्म के विकल्प की खोज की है। वे इस तथ्य से आश्वस्त हैं कि धर्म समाज को एकता के सूत्र में बांधकर नहीं रख सकता। इसका विकल्प *विवेक* (Rationality) है। मनुष्य के जीवन में कार्य कारण तार्किक रूप में बंधे होते हैं। यह तर्क ही विवेक की आधार शिला है। दूसरी ओर यूरोप के बदलते हुए औद्योगिकीय संदर्भ में औपचारिक संगठनो का होना अनिवार्य है। इसी कारण उन्होंने सुझाव दिया कि *यूरोप के समाज की एकता, सुदृढ़ता, विवेक और दफ्तरशाही के माध्यम से ही हो सकती है।*

हमने देखा कि यूरोप के विचारकों की यह पीढ़ी विभिन्न राष्ट्रों के नागरिक होते हुए भी, विभिन्न धर्मावलम्बी होते हुए भी, तत्कालीन समाज की समस्या से प्रभावित थी। इन विचारकों को यह स्पष्ट था कि सामाजिक जीवन में विज्ञान के बढ़ते हुए चरण समाज की चूलों को हिला देंगे। ऐसी अवस्था में उनके लिये यह स्वाभाविक था कि गिरते हुए धार्मिक विश्वासों और आस्थाओं का स्थान कोई नयी संरचनाएँ ग्रहण करें। अपनी-अपनी दृष्टि से *इन विचारकों ने सिक्यूलर नैतिकता, मनोभावना और विवेक की संरचनाओं को धर्म का स्थान ग्रहण करने की संभावना व्यक्त की।*

यूरोपीय समाज में औद्योगिक क्रान्ति
(Industrial Revolution in European Society)

हम इस तथ्य को दोहरायेंगे कि सामाजिक विचारकों का कोई भी अध्ययन तब तक छिछला रहेगा जब तक हम इन विचारकों को उनके ऐतिहासिक और सामाजिक-सांस्कृतिक संदर्भ में नहीं देखते। ये विचारक चाहे जर्मनी के हों या फ्रान्स के, चाहे यहूदी हो या ईसाई, सभी पर अपने समय की मार बराबर पड़ती है। अतः अध्याय के इस भाग में हम एक और घटना का उल्लेख करना आवश्यक समझते हैं जिसने यूरोप के सम्पूर्ण समाज को 18वीं और 19वीं शताब्दी में झकझोर दिया। पहली घटना का उल्लेख हमने किया है। यह घटना वैज्ञानिक आविष्कार और तकनीकी विकास की है। हमने देखा विज्ञान और तकनीकी शक्तियों ने धार्मिक विश्वासों को हिला दिया।

यूरोप की यह दूसरी घटना औद्योगिक क्रान्ति की है। औद्योगिक क्रान्ति के कई आयाम हैं। यूरोप के इतिहासकारों ने इस क्रान्ति पर बहुत कुछ लिखा है। *सब मिलाकर औद्योगिक क्रान्ति वह है जिसमें भाप के इंजिन का प्रयोग किया गया और परिणामस्वरूप कारखानों में थोक माल का उत्पादन हुआ।* इस क्रान्ति ने यूरोप के समाज को दो भंयकर झटके दिये। पहला तो यह कि इस क्रान्ति से सामन्तवाद सम्पूर्ण यूरोप में कमजोर हो गया और आखिर में इसे पूंजीवाद के सामने अपने घुटने टेकने पड़े। दूसरा प्रभाव कुटीर उद्योग पर पड़ा। दस्तकारी और शिल्पकला संकट के कगार पर खड़े हो गये।

यूरोप में सामन्तवाद 18वीं शताब्दी तक अपने चरम उत्कर्ष में था। सामन्त का जोर-जुल्म प्रजा पर बहुत अधिक था। कहीं भी प्रजातन्त्र लाने के लिये किये गये आन्दोलन

सफल नहीं हो रहे थे। इधर दस्तकारी और शिल्पकला ऐसे व्यावसायिक स्रोत थे जिनके माध्यम से छोटे कारीगर अपने जीवन-यापन का जुगाड़ ठीक-ठाक तरीके से कर लेते थे। उनके लिये अपना छोटा बाजार था जिसमें उत्पादित वस्तुओं को बेच लेते थे। लेकिन भीमकाय कारखानों के विशाल उत्पादन ने कारीगरों और शिल्पियों को अर्थव्यवस्था के हाशिये पर खड़ा कर दिया। उन्हें लगा जैसे वे कहीं के नहीं रहे।

18वीं शताब्दी के यूरोप में एक नया वर्ग पैदा हुआ। यह वर्ग पूंजीपतियों का था। यानी अब यूरोप में वर्ग समाज की स्थापना हो गयी। पूंजीपति वर्ग ने एक दूसरा वर्ग पैदा किया और यह वर्ग कारखानों में काम करने वाले मजदूरों का था। तकनीकी विकास के इस युग से किसान भी अछूते नहीं रहे। बड़े किसानों ने यंत्रीकरण अपनाया, कृषि की नयी तकनीकी का लाभ लिया और छोटे किसान बदतर हालत में आ गये। 18वीं शताब्दी का यूरोपीय समाज गहन संकट के दोर से गुजर रहा था। लगता था वह एक ऐसी अंधेरी गली में आ गया था जहाँ प्रकाश की कोई किरण दिखायी नहीं देती थी। एक तरफ सामन्तवाद की जड़े हिल रही थी और दूसरी तरफ मजदूर और छोटे किसान किसी तरह जीवनयापन के साधन जुटाने के लिये नयी चुनौती के साथ जूझ रहे थे।

विचारकों की जो पीढ़ी 19वीं शताब्दी में विकसित हुई उसे स्पष्ट दिखायी दिया कि यदि यूरोप के समाज को समुचित दिशा नहीं दी गयी तो समाज विघटित हो जायेगा। इस संकट को सभी विचारकों ने समझा और इसी कारण इन्होंने इसके प्रति अपना प्रत्युत्तर दिया। उदाहरण के लिये दुर्खीम ने कहा कि यह सत्य है कि यूरोप का समाज दो भागों में बँट गया था। एक भाग को वे *यांत्रिक* (Mechanical) समाज कहते हैं और दूसरा भाग उनके हिसाब से *सावयवी* (Organic) था। यांत्रिक समाज तो पिछड़ा हुआ समाज था, दूर-दराज के क्षेत्रों का समाज था। औद्योगिक क्रान्ति के दौर में उनका मानना था कि यह समाज टूटेगा नहीं। इसकी सुदृढ़ता बनाये रखने वाले कारकों में *सामूहिक चेतना* (Collective Conscience) और *दमनात्मक कानून* (Repressive Law) मुख्य हैं। दूसरी ओर सावयवी समाज यद्यपि औद्योगिकरण से बिखर गया था फिर भी उसे बांधे रखने में, दुर्खीम का विचार था कि कई नये कारण हैं जिनमें *अनुबन्ध ठेका* (Contract), *प्रकार्यात्मक अन्तर्निर्भरता* (Functional Interdependence) तथा *सामूहिक प्रतिनिधित्व* (Collective Representations) मुख्य हैं। दुर्खीम का आग्रह है कि सावयवी समाज *विशिष्टीकरण* (Specialisation) का समाज है। कोई स्कूटर की गिरी बनाता है तो कोई दांता, कोई टायर-ट्यूब और कोई पहिये। ये सब काम विशिष्ट हैं। कामों में ढेर सारी विभिन्नता हैं फिर भी ये काम समाज की एकता को पारस्परिक निर्भरता के कारण एक सूत्र में बांध देते हैं। जितना श्रम विभाजन होगा, उतनी ही अन्तर्निर्भरता बढ़ेगी और उसी अनुपात में समाज सुदृढ़ होगा। दुर्खीम का संदेश सुनहला है: औद्योगिकरण या औद्योगिक क्रान्ति समाज की एकता को तोड़ेगी नहीं उसे और अधिक सशक्त करेगी।

मेक्स वेबर औद्योगिक क्रान्ति द्वारा उत्पन्न संकट से नहीं घबराते। वे स्वीकार करते हैं कि वर्ग का बनना ऐसी स्थितियों का निश्चित परिणाम है। लेकिन उद्योग वर्गों में प्रतिस्पर्धा पैदा करते हैं और इसके परिणामस्वरूप जीवन पद्धति में सुधार आता है। उद्योग जनित समाज में विवेक और दफ्तरशाही प्रभव शक्ति बन जाते हैं और इन्हीं के कारण समाज की

एकता बनी रहती है। पेरेटो औद्योगिक समाज को तर्क और भावना दोनों स्तरों पर देखते हैं। वे अर्थशास्त्र के सिद्धान्तों के जनक थे और यह तर्क दिया कि समाज की एकता जहाँ एक ओर तर्क पर निर्भर होती है, वहीं उसमें भावना और संवेग भी होते हैं।

इसी युग के एक और विचारक कार्ल मार्क्स हैं। वे यहूदी थे। जर्मनी में पैदा हुए थे। उनका विचार था कि औद्योगिक क्रान्ति जहाँ विकास को नयी दिशा देती है, वहीं पूंजीवाद को भी विकसित करती है। ऐतिहासिक विश्लेषण द्वारा उन्होंने प्रमाणित किया कि यूरोप के समाज को उद्योग और पूंजीवाद से भयभीत नहीं होना चाहिये। यह इसलिये की पूंजीवाद की कोख में ही उसके पतन के कीटाणु विद्यमान हैं।

उपसंहार (Conclusion)

19वीं शताब्दी के यूरोप के समाज को यदि कोई इतिहासकार सतही दृष्टि से देखता है तो उसे लगेगा कि समाज में सब कुछ कुशल है, ठीक-ठाक है। थोड़ी गहराई का अध्ययन यह बतायेगा कि यह समाज उन दिनों दो तरह की त्रासदियों से घिरा था। एक त्रासदी तो विज्ञान ने पैदा कर दी थी। इसने धार्मिक विश्वासों, मान्यताओं और परम्पराओं के सामने प्रमाणीकरण और विवेक का एक ऐसा प्रश्न चिन्ह उपस्थित कर दिया जिससे लगा कि समाज टूट जायेगा।

दूसरी त्रासदी औद्योगिक क्रान्ति के कारण पैदा हुई। इसने सामन्तवादी व्यवस्था को झकझोर दिया। कुटीर उद्योग को खस्ता स्थिति में खड़ा कर दिया और देखते ही देखते पूँजीपति और मजदूर वर्गों को उत्पन्न कर दिया। उस समय हर तरह से यूरोप के समाज की विघटित अवस्था भयावह थी।

19वीं और 20वीं शताब्दी के विचारकों ने अपने समाज की इन समस्याओं का सामना किया। उदाहरण के लिये दुर्खीम ने अपनी कृतियों में यह स्थापित करने का भरपूर प्रयास किया कि व्यक्ति और समाज के सम्बन्धों में, समाज सर्वोपरि है। समाज ईश्वर है। हम जिसे पंच परमेश्वर कहते हैं या जनता जर्नादन, इसका मतलब यही है कि समाज सबसे ऊपर है। प्रजातान्त्रिक व्यवस्था में जिसे जनमत कहते हैं वहीं समाज की प्रभुत्व सत्ता है। अपने जीवन पर्यन्त दुर्खीम *आम राय* (Concensus) के पक्षधर थे।

विज्ञान और धर्म के सम्बन्धों की जो मीमांसा दुर्खीम, मार्क्स या वेबर ने की, उसने कई पीढ़ियों तक यूरोप, अमेरीका और तीसरी दुनियाँ के बुद्धिजीवियों को प्रभावित किया। हमारे देश में तो यही कोई तीन दशक पहले इस मुद्दे पर गोष्ठियाँ हुई हैं कि जब प्रोटेस्टेन्ट धर्म के आचारों ने पूँजीवाद को जन्म दिया तो क्या हमारे यहाँ हिन्दू धर्म के आचारों ने ऐसा कुछ किया। हमारे कथन का बिन्दु यह है कि *विज्ञान और धर्म की जिस बहस को 19 वीं शताब्दी के विचारकों ने उठाया, वह आज भी एक जीवन्त समस्या है।* हमारा देश इस मुद्दे पर अब भी जूझ रहा है कि धर्म और राजनीति में किस तरह के सम्बन्ध होने चाहिये।

पेरेटो, दुर्खीम की तरह दार्शनिक नहीं थे। न वे अगस्ट कॉम्ट से प्रभावित थे। उनके बौद्धिक स्त्रोत तो मेकियावेली थे। इनके सामने समस्या का एक और पहलू था। एक ओर तो वह अर्थशास्त्र के विवेक को देखते हैं और दूसरी ओर मनुष्य व्यवहार की *अविवेकशीलता* (Irrationality) की बात करते हैं। यद्यपि अविवेकी व्यवहार वैज्ञानिक नहीं है, फिर भी

पेरेटो उसे मनुष्य व्यवहार का आधार मानते हैं।

मेक्स वेबर तीसरे प्रकार के विचारक हैं, न तो वे दुर्खीम की तरह दार्शनिक हैं और न पेरेटो की तरह किसी तरह के इंजीनियर। वेबर तो एक विधिवेता और इतिहासकार थे। विश्वविद्यालय में तो उन्होंने केवल कानून ही पढ़ा था। किसी तरह अध्ययन और प्रशिक्षण से उन्होंने राजनीति का ज्ञान भी प्राप्त कर लिया। यूरोपीय समाज की तत्कालीन समस्याओं को उन्होंने दो रूपों में देखा: (1) विज्ञान और व्यवहारिक गतिविधि, तथा (2) समाजशास्त्र और राजनीति। उनका पक्का विचार था कि समाजशास्त्र को एक *तटस्थ विज्ञान* (Neutral Science) होना चाहिए। इससे उनका मतलब यह है कि विज्ञान के प्रति समाजशास्त्र को उदासीनता ही बरतनी चाहिये।

अपने कुछ इस तरह के विचारों के कारण मेक्स वेबर की ऐतिहासिक दृष्टि न तो दुर्खीम की तरह प्रगतिशील है और न पेरेटो की तरह *चक्रीय* (Cyclical)। अपने विचारों में वे टोकियाविली के अधिक निकट है। इसी कारण उनकी दृष्टि में यूरोप के समाज की नियति दफ्तरशाही और विवेकशीलता में ही निहित है।

निष्कर्षत: यह अवश्य कहना चाहिये कि 19वीं शताब्दी के ये विचारक जो कुछ भी थे, यूरोप की तत्कालीन दुनियाँ की उपज थे। लेकिन इस सीमा के होते हुए भी इन्होंने अपनी कृतियों में जहाँ-जहाँ संभव हुआ है, यूरोप के बाहर भी दुनियाँ को झाँक कर देखा है। दुर्खीम यूरोप के समाज की तुलना ठीक कॉम्ट की तरह प्राचीन समाजों से करते है। दूसरी ओर पेरेटो की पृष्ठभूमि ही ऐतिहासिक है जिसमें वे प्राचीन और आधुनिक दुनियाँ को देखते हैं। वे फ्रान्स, जर्मनी, इंग्लैण्ड, रोम आदि का तुलनात्मक अध्ययन प्रस्तुत करते हैं। वेबर अपनी कृतियों में बराबर पश्चिमी सभ्यता को मौलिक और बुनियादी सभ्यता मानकर चलते हैं। अपने धर्म के अध्ययन में वे दुनियाँ के महान समझे जाने वाले सभी धर्मों का तुलनात्मक अध्ययन करते हैं। किसी भी विचारक का कोई भी विश्लेषण देश और काल की सीमाओं में बंधा होता है। इस सीमा की कसौटी पर जो विचारक सही उतरता है, समाज और बौद्धिकता उसी को खरा मानती है।

व्यक्तित्व एवं कृतित्व (Man and his Works)

टाल्कट पारसंस ने दुर्खीम की जीवनी और कृतियों पर लिखते हुए एक स्थान पर कहा है कि आधुनिक समाजशास्त्रीय सिद्धान्त के जनक रूप में दुर्खीम अग्रणी हैं। इस सोपान में वे मेक्स वेबर को दूसरे स्थान पर रखते हैं। दुर्खीम ने मुख्य रूप से चार पुस्तकें लिखी हैं। इनके अतिरिक्त उनके कई फुटकर निबन्ध हैं, मोनोग्राफ हैं, और कई लिपिबद्ध व्याख्यान हैं जिन्हें समय-समय पर उन्होंने दिया है। दुर्खीम ने अपने जीवन काल में सामाजिक व्यवस्था के विश्लेषण के लिये एक विशद् रूपरेखा तैयार की थी। समाजशास्त्र के अतिरिक्त उन्होंने मानवशास्त्र में भी बहुत कुछ लिखा है। वे विचारक और विद्वान, जो दुर्खीम से बुनियादी रूप में असहमत है, वे भी दुर्खीम के संदर्भ के बिना नहीं चल सकते। स्वंय दुर्खीम के जीवन काल में उन्होंने जो रूपरेखा बनायी थी उसमें संशोधन हुआ है। इसके होते हुए भी बराबर दुर्खीम का यह प्रयास था कि वे सामाजिक व्यवस्था की प्रकृति की मीमांसा करें और इस व्यवस्था से व्यक्ति कितना जुड़ा हुआ है, उसकी व्याख्या करें।

दुर्खीम का विशिष्ट रुझान

दुर्खीम मूल रूप से मानवतावादी थे। शायद इसी कारण जीवन पर्यन्त उनकी सोच में निरन्तरता बनी रही। उन्होंने अपनी सैद्धान्तिक मान्यताओं को कभी नहीं छोड़ा। समाज और व्यक्ति के बीच के सम्बन्ध दुर्खीम के लिये केन्द्रीय थे। वे आग्रहपूर्वक कहते थे कि यदि व्यक्ति समाज के प्रभुत्व को स्वीकार कर ले तो कभी भी समाज का विघटन नहीं हो सकता। उन्होंने जो भी सिद्धान्त रखे उनमें एक तथ्य बराबर देखने को मिलता है। यही तथ्य *रूपान्तरण* (Reductionism) का है। उदहारण के लिये वे कहते हैं कि जब हम किसी सामाजिक प्रघटना का विश्लेषण करते हैं तो यह विश्लेषण मनोवैज्ञानिक, जैविकीय, भौगोलिक आदि तत्वों के रूपान्तरण से नहीं होना चाहिये। *प्रघटना का विश्लेषण प्रघटना में निहित कारकों से ही होना चाहिये।* जब वे आत्महत्या की सामाजिक प्रघटना का विश्लेषण करते हैं तो बहुत स्पष्ट रूप से कहते हैं कि इसकी व्याख्या भौगोलिक, मनोवैज्ञानिक आदि बाहरी शक्तियों द्वारा नहीं की जा सकती। आत्महत्या तो सामाजिक है और इसलिये मनोवैज्ञानिक, भौगोलिक रूपान्तरण को छोड़कर हमें समाज में निहित तत्वों द्वारा ही इसकी व्याख्या करनी चाहिये। *सब तरह से, दुर्खीम अपने सिद्धान्तिक निरूपण में गैर-रूपान्तरणवादी (Anti reductionism) थे। उनकी सभी कृतियों में यह सैद्धान्तिक दबाव देखने को मिलता है।* इसका कारण यह है कि जब दुर्खीम समाज की व्याख्या करते हैं तो वे समाज में निहित कारकों के माध्यम से ही समस्या का निदान खोजते हैं।

कभी भी दुर्खीम ने समाज की मूलभूत समस्याओं के विश्लेषण से अपना मुँह नहीं मोड़ा। उनके लेखन का बहुत बड़ा आधार उनकी अनुभूति थी। यद्यपि उन्होंने अपने कन्धे पर आधुनिक मानवशास्त्री की तरह झोला लटकाकर कोई क्षेत्रीय कार्य नहीं किया फिर भी उन्होंने जो कुछ लिखा है वह उनके व्यक्तिगत अनुभव का परिणाम है। उनकी रचनाओं में कहीं भी लफ्फाज़ी देखने को नहीं मिलती। वे मोहित करने वाले शब्द जाल को छोड़कर अपनी बात बड़े ही स्पष्ट और संक्षिप्त रूप में रखते हैं। साफग़ोई में उनका विश्वास है। इसी तरह का उपागम हमें कॉम्ट और स्पेन्सर की कृतियों में देखने को मिलता है। दुर्खीम कॉम्ट के अनुयायी थे और शायद इसी कारण उनकी लिखावट में भी यही स्पष्टवादिता देखने को मिलती है। दुर्खीम के समाजशास्त्रीय सिद्धान्त के रूझान में एक और बात कहनी चाहिये। उनकी यह कतई रुचि नहीं थी कि वे समाजशास्त्र को एक विज्ञान की तरह विकसित करें, पल्लवित करें। उनका उद्देश्य तो समाजशास्त्र की विधि को, उसके अध्ययन के नियमों को, अधिक से अधिक धारदार बनाना था। वे चाहते थे कि समाजशास्त्र की अध्ययन विधियाँ इतनी तार्किक और असरदार हों कि अन्य सामाजिक विज्ञान भी इन्हें अपनायें।

दुर्खीम दार्शनिक तो थे ही, एक आनुभविक वैज्ञानिक भी थे

कई आलोचकों का आरोप है कि दुर्खीम बुनियादी रूप से दार्शनिक थे और समाजशास्त्र से उनका सरोकार केवल सतही था। हाल में फ्री प्रेस अमेरीका द्वारा प्रकाशित एक पुस्तक में इस बहस को उठाया है और निष्कर्ष में कहा है कि दुर्खीम वस्तुतः दार्शनिक थे और उन्होंने अपनी कृतियों में नैतिकता और उससे जुड़े हुए तथ्यों को उजागर किया है। यह भी सत्य है कि जब हम यानी समाजशास्त्री दुर्खीम के दार्शनिक रूप को देखते है तो लगता है कि वे

बहुत क्लिष्ट और अगम्य हैं।

समाजशास्त्रीय विद्वानों का दृष्टिकोण कुछ दूसरा है। उनका कहना है कि दुर्खीम की गहराई में दर्शन तो है लेकिन वे हर तरह से आनुभविक विश्लेषण के कायल हैं। इसी कारण वे बराबर यह कहते हैं कि समाजशास्त्र आराम कुर्सी का समाजशास्त्र नहीं है। इसकी उपयोगिता व्यावहारिक जीवन में है। आत्महत्या और श्रम-विभाजन में जिस तरह का विश्लेषण उन्होंने प्रस्तुत किया है, इससे बहुत स्पष्ट है कि वे अपने ठेठ रूप में आनुभविकतावादी हैं। पारसंस ने *स्ट्रक्चर ऑफ सोशल एक्शन* में इस बात को स्थापित करने का प्रयास किया है कि दुर्खीम अपने युग के एक अग्रणी आनुभविक वैज्ञानिक थे। कभी भी दुर्खीम ने अपनी व्याख्या शून्य में प्रस्तुत नहीं की। उन्होंने कभी भी किसी तरह की मनमौजी अटकलबाजी नहीं की। अपने समय के आनुभविक समस्याओं का निदान उन्होंने कसी कसाई वैज्ञानिक विधि द्वारा किया। इस कारण दुर्खीम को एक दार्शनिक मात्र कह देना उनकी कृतियों और प्रतिबद्धता का अनादर है। वे हर अर्थ में प्रत्यक्षवादी (Positivist) थे।

दुर्खीम का जीवन

दुर्खीम का जन्म 15 अप्रेल, 1858 यानी जब भारत में 1857 में सशस्त्र क्रान्ति हुई थी, ठीक इसके एक वर्ष बाद हुआ था। उनका जन्म स्थान फ्रान्स के पहाड़ी प्रदेश में स्थित *एपीनल* (Epinal) कस्बे में हुआ था। धर्म से वे यहूदी थे। एपीनल फ्रान्स के बोसजेस पहाड़ी की तलहटी पर है, जो लोरने के मैदानी भाग का एक अंग है। फ्रान्स का यह मैदानी भाग राजनीतिक दृष्टि से बराबर विवादास्पद रहा है। फ्रान्स के राजनैतिक और सांस्कृतिक विकास में इस सम्पूर्ण पहाड़ी क्षेत्र का महत्वपूर्ण योगदान समझा जाता है। दुर्खीम में, जो समाजवादी विचारधारा थी, उसका जन्म भी इसी पहाड़ी इलाके की राजनैतिक सरगर्मी का परिणाम था। फ्रान्स की यह तलहटी इसलिये भी उल्लेखनीय है कि यहाँ कई महापुरुषों का जन्म हुआ है।

फ्रान्स के इतिहास में दुर्खीम पहले समाजशास्त्री थे। उनके सम्पूर्ण जीवन में उन्होंने फ्रान्स की राजनैतिक और बौद्धिक गतिविधियों के साथ अपने आपको जोड़ा था। फ्रान्स और यूरोप के कई ऐसे तत्कालीन विचारक थे, जिनसे दुर्खीम असहमत थे। यह भी सही है कि कहीं-कहीं दुर्खीम की असहमति एक खप्ती आदमी का रूप भी ले लेती थी। यहाँ यह भी कहना चाहिये की यह दुर्खीम ही थे जिन्होंने समाजशास्त्र को एक नये समाज विज्ञान की वैधता प्रदान की। रास्ते में कई अड़चने भी आयी। यह सब होने पर भी समाजशास्त्र की एक पृथक् विधा की तरह स्थापित करने में दुर्खीम का योगदान महत्वपूर्ण है।

शिक्षा-दीक्षा

दुर्खीम ने अपनी स्नातक परीक्षा एपीनल महाविद्यालय से उत्तीर्ण की। इसके बाद वे आगे पढ़ाई करने के लिये पेरिस विश्वविद्यालय (Ecolenormale Academy) चले गये। विश्वविद्यालय स्तर पर उन्हें एक कुशाग्र बुद्धि विद्यार्थी समझा जाता था। यह वही विश्वविद्यालय है जहाँ उनका सम्पर्क कुछ ऐसे युवाओं के साथ हुआ जो बाद में चल कर फ्रान्स के बौद्धिक जगत में छा गये। इस बौद्धिक विद्यार्थियों में *हेनरी बर्गसन* भी थे जो बाद में चलकर एक ख्याति प्राप्त दार्शनिक हुए। यहीं पर उनका सम्पर्क *जिन जोरेस* से हुआ जो कालान्तर में फ्रान्स के समाजवादी नेता बने। इसी विश्वविद्यालय में दुर्खीम के चले जाने के

कोई दो वर्ष बाद *रॉह और ब्लोण्डेल* जैसे युवा आये, जिन्होंने कालान्तर में प्रख्यात दार्शनिक की तरह सारे यूरोप में नाम कमाया। दुर्खीम के सहपाठियों में *पेरेजनट* और *गोबलोट* जैसे मनोवैज्ञानिक भी थे।

उन दिनों पेरिस के इस विश्वविद्यालय में प्रवेश प्राप्त करना अपने आप में एक बहुत बड़ी उपलब्धि थी। किसी तरह दुर्खीम इस विश्वविद्यालय में पहुंच तो गये पर उन्हें यह रास नहीं आया। इस विश्वविद्यालय में कला और साहित्य पर अत्यधिक दबाव था, और यह दुर्खीम को पसन्द नहीं था। एक पाठ्यक्रम के विरोध में तो दुर्खीम ने अपनी आवाज प्रखर कर दी। इस पाठ्यक्रम में ग्रीक तथा लेटिन गद्य को पढ़ना अनिवार्य था जबकि विज्ञान की नवीनतम उपलब्धियों और दर्शनशास्त्र के आधुनिक सिद्धान्तों के प्रति यह पाठ्यक्रम उदासीन था। सम्पूर्ण विश्वविद्यालय में नयी खोज के प्रति एक धुंध छाया हुआ था और ऐसे विद्यार्थी जो आधुनिकता के प्रति अग्रसर थे, उदासीन था।

दुर्खीम अपने विश्वविद्यालय के प्रति इस प्रकार का असंतोषजनक रवैया अपनाकर अधिक दिनों तक प्रसन्न नहीं रह सके। उनके प्रोफेसर धीरे-धीरे उनसे नाराज हो गये, और इसका परिणाम यह हुआ कि परीक्षा में दुर्खीम का स्थान निम्न स्तर पर पहुंच गया। इस विश्वविद्यालय में दुर्खीम कोई तीन वर्ष रहे। इस अविध में, ऐसा नहीं था, कि विश्वविद्यालय का कोई प्रभाव उन पर न पड़ा हो। इसे छोड़कर आने के बाद उन्हें बराबर विश्वविद्यालय की याद सालती रही। जब कभी वे अपने अध्ययन के दिनों की याद करते उनकी ऑखे नम हो जाती थी। जिन प्रोफेसरों ने दुर्खीम के साथ कड़ा रूख अपनाया था, दुर्खीम अपने आपको उनका ऋणी मानते थे। ऐसे प्रोफेसर में इतिहासकार *फुस्टेल डि कोलेन्जेस* और *ईमाइल बोट्रोक्स* भी थे। जब दुर्खीम ने अपनी पुस्तक *श्रम विभाजन* पर प्रस्तुत की तो उसका समर्पण उन्होंने *बोट्रोक्स* को किया। दुर्खीम कहते हैं कि यह इन प्रोफेसरों के कारण ही था कि वे अपने युग की बौद्धिक ऊंचाइयों तक पहुंच सके।

स्नातक उपाधि प्राप्त करने के बाद दुर्खीम ने यह निश्चित कर लिया था कि वे अपने जीवन को कौन सी दिशा देगें। उनका दृढ़ निश्चय था कि वे किसी रूढ़िगत दार्शनिक की तरह अपना जीवन नहीं बितायेगें। उन दिनों पेरिस तथा यूरोप के अन्य देशों में जिस तरह का दर्शनशास्त्र पढ़ाया जाता था, वह दिन प्रतिदिन की समस्याओं के कोसो दूर था। ऐसा लगता था कि दर्शनशास्त्र का एक मात्र काम बाल की खाल निकालना था—बेमतलब बातों पर तर्क मात्र करना था। वे एक ऐसी ज्ञान शाखा को अपने आपको समर्पित करना चाहते थे जो उस युग और समाज के नैतिक प्रश्नों के साथ जूझे और कोई व्यावहारिक निदान निकाले। उनका विचार था कि ऐसा विज्ञान विकसित किया जाये जो फ्रान्स के तीसरे गणतन्त्र को कोई नैतिक और राजनैतिक सुदृढ़ता की दिशा दे सके। इस तरह के समाज विज्ञान का निर्माण जिसमें नैतिकता और राजनीति हो कोई, ऐसा आदमी कर सकता था जो विज्ञान के प्रशिक्षण में उस्ताद हो। यहीं पर दुर्खीम ने निश्चित किया कि *वे एक ऐसी वैज्ञानिक समाजशास्त्रीय व्यवस्था (Scientific Sociological System) स्थापित करेगें जिसका उद्देश्य सोसाइटी को एक निश्चित दिशा और निर्देशन देना होगा।* रूचिकर बात है कि दुर्खीम अपने जीवन पर्यन्त इस निर्धारित उद्देश्य से विमुख नहीं हुए।

दुर्खीम कालीन समाज में समाजशास्त्र न तो सैकण्डरी स्कूल के स्तर पर और न

विश्वविद्यालय स्तर पर एक विषय की तरह पढ़ाया जाता था। यहाँ दुर्खीम कुछ नहीं कर सकते थे। इस कारण उन्होंने अपनी जीविका दर्शनशास्त्र के एक अध्यापक की तरह प्रारम्भ की। 1882 ई. से 1887 ई. तक वे कई प्रान्तीय कॉलेजो में जो पेरिस के पड़ौस में थे, दर्शनशास्त्र पढ़ाते रहे। पाँच वर्षों की इस अवधि में इस बार वे अवकाश लेकर पेरिस और जर्मनी में आगे पढ़ाई करने के लिये गये। जर्मनी में दुर्खीम ने एक महत्वपूर्ण पाठ्यक्रम में भाग लिया। उन्होंने मुख्य रूप से यह समझने की कोशिश की कि *नैतिक दर्शनशास्त्र और सामाजिक विज्ञानों के अध्ययन में कौन सी विधियाँ प्रभावी होती हैं।* जर्मनी के इस अध्ययन काल में दुर्खीम ने अपना अधिकांश समय *लेपझीग* में निकाला। *लेपझीग* में से *विलहेल्म वून्ड्ज* की मनोवैज्ञानिक प्रयोगशाला से बहुत अधिक प्रभावित हुए। अपने बाद के लेखन में दुर्खीम ने अपने जर्मन प्रवास के अनुभवों में इस बात को स्वीकार किया कि *वून्ड्ज* की प्रयोगशाला वैज्ञानिक वस्तुनिष्ठा के अनुसंधान में एक अनोखी प्रयोगशाला है। *उन्होंने यह भी कहा कि फ्रान्स को जर्मनी के इस प्रयोग का अनुकरण करके दर्शनशास्त्र शिक्षा को ऐसा स्वरूप देना चाहिये कि वह राष्ट्रीय लक्ष्यों की प्राप्ति में सहायक हो सके। उन्होंने हार्दिक दिल से जर्मनी के समाज वैज्ञानिकों और दार्शनिकों की प्रशंसा की, कि वे नैतिक कर्तव्यों पर इतना अधिक जोर देते हैं तथा आचारशास्त्र को एक स्वतन्त्र विभाग की तरह विकसित करते हैं।*

दुर्खीम ने जगह-जगह पर जर्मनी के बौद्धिक जीवन पर फुटकर लेख प्रकाशित किये। केवल 29 वर्ष की अवस्था में उन्हें समाज विज्ञान के एक होनहार विद्वान की तरह पेरिस में मान्यता मिल गयी। समाज-वैज्ञानिक की तरह उनको सामाजिक-दर्शन शास्त्री के रूप में भी स्थापित होने का अवसर मिला। जर्मनी से सम्बन्धित लेखों के अतिरिक्त दुर्खीम ने तत्कालीन समाज की समस्याओं पर भी विविध निबन्धों में बहुत कुछ लिखा। इस सबका परिणाम यह हुआ कि उन्हें 1887 ई. में फ्रान्स के बोर्डियक्स विश्वविद्यालय में नियुक्ति मिल गयी। यहाँ उन्होंने समाज विज्ञान का पाठ्यक्रम तैयार किया। ऐसा कहा जाता है कि यह विषय विशेष रूप से दुर्खीम के लिये ही तैयार किया गया था। दुर्खीम को इस विषय को पढ़ाने का दायित्व दिया गया। यही पर कोई नौ वर्ष बाद उन्हें समाज विज्ञान के अध्यक्ष पद से सम्मानित किया गया, जो इस विषय का फ्रान्स में पहला प्रोफेसर पद था। इस प्रकार फ्रान्स में समाज विज्ञान का स्वतन्त्र विभाग बना। उन्होंने बोर्डियक्स विश्वविद्यालय में पूरे 12 वर्षों तक अध्यापन कार्य किया। उनकी महत्वपूर्ण चार पुस्तकों का लेखन भी इसी विश्वविद्यालय में हुआ।

बोर्डियक्स विश्वविद्यालय में दुर्खीम समाजशास्त्र तथा शिक्षाशास्त्र (Pedagogy) दोनों विषयों का अध्यापन करते थे। कुछ आलोचकों का कहना है कि दुर्खीम के लिये शिक्षाशास्त्र में अध्यापन करना एक तरह का बौद्धिक सिर दर्द था जिसे दुर्खीम को बाध्य होकर स्वीकार करना पड़ा था। *कोज़र* (Lewis A.Coser) अपनी पुस्तक *मास्टर्स ऑफ सोशियोंलोजीकल थोट्स, 1977* में इस तरह के आरोप को स्वीकार नहीं करते। उनके अनुसार वास्तविकता तो यह है कि दुर्खीम जीवन पर्यन्त शिक्षा के क्षेत्र में अध्यापन करते रहे। दुर्खीम के लिये शिक्षा तो एक ऐसा पाठ्यक्रम था जिसमें समाजशास्त्र की भागीदारी बहुत अधिक थी और यह सब दुर्खीम को पसंद था।

जब दुर्खीम बोर्डियक्स में थे तभी उनका विवाह *लुइस ड्रेफस* (Louise Dreyfus) के

साथ हो गया था। उनके दो संतान थी—मेरी और आन्द्रे। इससे अधिक बौद्धिक जगत दुर्खीम के पारिवारिक जीवन के बारे में कोई जानकारी नहीं रखता। ऐसा प्रतीत होता है कि उनकी पत्नी उनके काम के प्रति पूरी तरह समर्पित थी। यह भी ज्ञात होता है कि उनकी पत्नी ने पुस्तकों के प्रूफ रीडिंग और सम्पादन आदि में भी बड़ी सहायता दी थी। इस तरह पति-पत्नी दोनों ने बौद्धिक जीवन की भागीदारी को बराबर बनाये रखा।

इसी बोर्डियक्स विश्वविद्यालय में काम करने की अवधि में दुर्खीम ने अपनी सभी कृतियों के लेखन को पूरा किया। 1893 ई. में दुर्खीम ने *द डिविजन ऑफ लेबर* पुस्तक पर पी. एच. डी. की उपाधि ली। उन्होंने *मोन्टेस्क्यू* पर भी एक प्रबन्ध लिखा। *डिविजन ऑफ लेबर* के बाद उन्होंने सिलसिलेवार अन्य पुस्तकों को प्रकाशित किया।

दुर्खीम के जीवन का उद्देश्य समाजशास्त्र को एक स्वतन्त्र विद्या के रूप में स्थापित करना था। वे इसे एक ऐसा समाज विज्ञान बनाना चाहते थे जिसकी पैठ आम आदमी के जीवन में हो सके। उन्होंने यह निश्चित किया कि बौद्धिकों और सामान्य लोगों की सहानुभूति प्राप्त करने के लिये किसी एक जरनल को अवश्य प्रकाशित करना चाहिये। यह जरनल समाजशास्त्र के प्रति समर्पित होना चाहिये। 1898 ई. में उन्होंने समाजशास्त्र का एक जरनल यानी शोध पत्रिका प्रकाशित की। बहुत शीघ्र यह शोध पत्रिका युवा समाज वैज्ञानिकों को पसन्द आ गयी। विभिन्न विद्याओं के समाज वैज्ञानिक इस पत्रिका के माध्यम से संगठित हो गये। पत्रिका एक ऐसा मंच बन गयी जिसने समाजशास्त्र के अध्ययन के उपागम को पक्का कर दिया। यह इस पत्रिका का निश्चित *ऐजेण्डा* था कि वह अपने वार्षिक अंक में फ्रान्स तथा यूरोप के अन्य भागों में समाजशास्त्र पर जो भी महत्वपूर्ण अनुसंधान कार्य होता है, उसका विश्लेषण करें। *दुर्खीम के इस प्रयास ने जनता और बौद्धिकों तक यह प्रचारित कर दिया कि समाजशास्त्र केवल एक बौद्धिक समाज विज्ञान ही नहीं है, इसका सरोकार समाज की वास्तविक गहराइयों से भी है।* यह स्वीकार करना पड़ेगा कि इस शोध पत्रिका में दुर्खीम ने अपने स्वंय की कलम से बराबर लिखा है। यह इसी पत्रिका में था कि यूरोप सामान्य समस्याओं के बारे में तथ्यात्मक आंकड़े उपलब्ध होते थे।

जिस वर्ष दुर्खीम ने इस शोध पत्रिका को प्रकाशित किया, इसी वर्ष इन्होंने एक महत्वपूर्ण परचा "इनडिविड्यूल एण्ड कलेक्टीव रेप्रजेन्टेशन" प्रकाशित किया। इस परचे ने फ्रान्स में हलचल पैदा कर दी। यह इसलिये कि इसके द्वारा दुर्खीम ने समाजशास्त्र के ऐजेण्डा को–कार्य विधि और उपागम को स्पष्ट किया। यह सत्य है कि इस ऐजेण्डा के प्रकाशित होने के एक युग तक दुर्खीम बराबर इसकी क्रियान्विति में लगे रहे।

बोर्डियक्स विश्वविद्यालय में कोई 9 वर्ष तक काम करने के बाद दुर्खीम की पदोन्नति प्रोफेसर के स्थान पर हो गयी। इस स्थान पर वे बराबर 6 वर्ष तक बने रहे। 1902 ई. तक पहुंचने पर दुर्खीम का स्थान समाजशास्त्रीय सिद्धान्त में पूरी तरह स्थापित हो गया। जीवन पर्यन्त दुर्खीम अपनी शोध पत्रिका का प्रकाशन करते रहे। अपने बौद्धिक जीवन में दुर्खीम ने कई विषयों पर व्याख्यान दिये। आचार, शिक्षा, धर्म, समाजवाद और दर्शनशास्त्र उनके प्रिय विषय थे। ऐसा लगता है कि दुर्खीम व्याख्यान देने में बहुत कुशल थे और घंटो तक अपने श्रोताओं को मंत्रमुग्ध किये रहते थे। दुर्खीम के इस कौशल से प्रभावित होकर उनके एक विद्यार्थी ने लिखा है:

वे विद्यार्थी जो दुर्खीम के प्रभाव से भागना चाहते थे, उन्हें उनके पाठ्यक्रम को छोड़ना पड़ता था। लेकिन वे लोग जो दुर्खीम के कोर्स को लेते थे, उनकी विद्वता के प्रभाव से कभी अछूते नहीं रहते थे।

जब दुर्खीम बोर्डियक्स विश्वविद्यालय में थे, उन्हीं दिनों उनकी रूचि धार्मिक प्रघटनाओं के अध्ययन में प्रति जागृत हुई थी। *रोबर्टसन स्मिथ* (Robertson Smith) और ब्रिटेन के मानवशास्त्रीय अध्ययनों ने दुर्खीम को आदिम धर्मों के प्रति आकर्षित किया। उनकी पुस्तक जो धार्मिक जीवन के प्रारम्भिक स्वरूपों पर लिखी गयी है उसमें दुर्खीम के समय-समय पर लिखे निबन्धों का संकलन है।

दुर्खीम का कृतित्व

जैसी फ्रान्सीसियों में रूढ़ि है, दुर्खीम ने अपनी सम्पूर्ण कृतियों को फ्रेन्च भाषा में ही लिपिबद्ध किया। ये सब रचनाएं अंग्रेजी भाषा में भी अनूदित हुई हैं। इधर हमारे देश में भी विभिन्न राज्यों की हिन्दी ग्रन्थ अकादमियों ने दुर्खीम की कुछ लोकप्रिय कृतियों का हिन्दी में अनुवाद किया है। दुर्खीम द्वारा लिखित पुस्तक की एक सूची हम नीचे देते हैं:

(1) डिविजन ऑफ लेबर इन सोसाइटी (Division of Labour in Society, 1893) दुर्खीम की यह पहली कृति है। इस पुस्तक पर उन्हें डाक्ट्रेट की उपाधि मिली है।
(2) द रुल्स ऑफ सोशियोलोजीकल मेथड्स (The Rules of Sociological Methods, 1895)
(3) द स्यूसाइड (The Suicide, 1897)
(4) द एलिमेन्ट्री फार्मस ऑफ रिलिजियस लाइफ (The Elementary Forms of Religious Life, 1912)

यदि दुर्खीम की कृतियों के आधार पर उनका विवेचन किया जाये तो बहुत स्पष्ट है कि हमें निम्न तत्वों पर जो सैद्धान्तिक तथा अवधारणात्मक हैं, चिन्तन करना चाहिये: (1) समाजशास्त्र की अध्ययन विधि एवं सामाजिक तथ्य, (2) श्रम विभाजन एवं सामाजिक सुदृढ़ता की अवधारणा, (3) धर्म और, (4) आत्महत्या।

दुर्खीम की कुछ रचनाएं ऐसी हैं जिनका उनके जीवन काल में किसी तरह प्रकाशन नहीं हो सका। ये रचनाएं महत्वपूर्ण हैं। उनकी मृत्यु के पश्चात् प्रकाशित होने वाली कुछ रचनाएं इस तरह हैं:

(1) सोशियोलॉजी ऑफ एजुकेशन (Sociology of Education, 1922)
(2) सोशियोलॉजी ऑफ फिलोसोफी (Sociology of Philosophy, 1924)
(3) मोरल एजुकेशन (Moral Education, 1925)

इन पुस्तकों को दुर्खीम की मृत्यु के पश्चात् उनकी पत्नी लुइस ड्रेफस ने प्रकाशित किया। कुछ अन्य रचनाएं भी हैं, जिन्हें दुर्खीम की पत्नी की मृत्यु के बाद अन्य स्त्रोतों ने प्रकाशित किया:

(1) द सोशियलिजम (The Socialism, 1928)
(2) द इवोल्युशन ऑफ पेडागोलोजी इन फ्रान्स (The Evolution of Pedagology in France, 1938)

(3) लेकस डि सोशियोलोजि (Lecous de Sociologie, 1950)
(4) मोनटेस्क्यू एण्ड रूसो (Montesquieue and Rousseau, 1953)
(5) प्रेगमेटिजम एण्ड सोशियोलॉजी (Pragmatism and Sociology, 1955)

सार्वजनिक जीवन में भागीदारी

यह निश्चित है कि दुर्खीम ने बौद्धिक जगत में अपनी पुस्तकों और फुटकर निबन्धों द्वारा एक महत्वपूर्ण योगदान किया है। इसके अतिरिक्त, बौद्धिक दुनियाँ से बाहर निकलकर भी दुर्खीम ने फ्रान्स के सार्वजनिक जीवन में सक्रिय भूमिका निभाई थी। उन दिनों विश्वविद्यालय व्यवस्था को आम जीवन में मान्यता दिलाने के लिये भी दुर्खीम ने जी तोड़ परिश्रम किया था। विश्वविद्यालय की कई समितियों के वे सदस्य थे। यहाँ तक की शिक्षा मंत्रालय के वे सहायक भी थे। यह एक महत्वपूर्ण बात है कि दुर्खीम ने अपने पेरिस के जीवन काल में भरसक प्रयत्न किया कि समाजशास्त्र को एक स्वतन्त्र समाज विज्ञान की तरह पेरिस के स्कूलों के पाठ्यक्रम में स्थान मिल सके। उनकी दृष्टि में नागरिक शिक्षा के लिये समाजशास्त्र से अधिक महत्वपूर्ण कोई और समाज विज्ञान नहीं हो सकता था। पहले विश्व युद्ध में जैसा कि हमने कहा दुर्खीम ने जनजीवन के मनोबल को बनाये रखने के लिये कई मोनोग्राफ और पेम्फलेट भी लिखे।

जब पहला विश्वयुद्ध फ्रान्स की दहलीज पर आ गया, तब दुर्खीम ने नैतिक मनोबल के लिये जो कुछ बन पड़ता था, पूरी शक्ति से किया। इधर इनके साथ एक भंयकर हादसा हुआ। उनका पुत्र आन्द्रे जो दुर्खीम के पेरिस विश्वविद्यालय छोड़ने के बाद वहीं से अपनी शिक्षा-दीक्षा समाप्त करके युद्ध में गया था। वहाँ से उसकी मृत्यु की खबर बड़े दिन से पहले जब 1915 में दुर्खीम को मिली तो जैसे दुर्खीम के प्राण ही निकल गये। आन्द्रे भाषाई समाजशास्त्र में निष्णात थे। युद्ध में उनके शरीर पर कई घाव हो गये थे। और इन असाध्य घावों ने ही उन्हें मौत की गोद में सुला दिया। दुर्खीम को आन्द्रे से बड़ी आशाएं थी। उन्हें कुछ ऐसा भरोसा हो गया था कि उनकी मृत्यु के बाद आन्द्रे समाजशास्त्र में उनके ही स्तर का एक समाजशास्त्री बन जायेगा। पर यह सब विधाता को स्वीकार नहीं था। आन्द्रे की मृत्यु के बाद दुर्खीम के पाँव जैसे लड़खड़ा गये, उनकी बौद्धिक श्वास जैसे फूल गयी। लिखने की उन्होंने बहुत कुछ कोशिश की, नैतिकशास्त्र पर वे एक पूरा ग्रन्थ ही लिखना चाहते थे, इन पर एक प्रांरभिक रूपरेखा भी बना ली थी, लेकिन यह सब नहीं हो सका और नवम्बर 15, 1917 में 59 वर्ष की आयु में वे काल कवलित हो गये।

दुर्खीम वस्तुतः एक समर्पित यहूदी थे। उन्होंने अपनी जीवन काल में असाध्य को साधने का प्रयत्न किया। जो कुछ उन्होंने कहा, व्यावहारिक रूप से करके दिखाया। उन्होंने विज्ञान और नैतिकता दोनों को एक सूत्र में बांधकर रखा। यद्यपि दुर्खीम सर्वप्रथम एक फ्रान्सीसी थे, इस पर उन्हें गर्व भी था फिर भी अर्न्तराष्ट्रीय सभ्यता के प्रति उनकी प्रतिबद्धता में कोई कमी नहीं थी। वे चाहते थे कि *ज्ञान और विज्ञान* का एक मात्र उद्देश्य सम्पूर्ण मानव समाज को एक सुखमय जीवन की ओर ले जाना होना चाहिये। कैसी रूचिकर बात है कि एक ही हाड़मांस से बने दुर्खीम ने जीवन के विशिष्ट बौद्धिक एवं ऐतिहासिक संदर्भों में बखूबी अपनी भूमिका को निभाया।

बौद्धिक संदर्भ (Intellectual Context)

दुर्खीम ने बहुत कुछ पढ़ा लिखा था। वे सीखने के लिये हमेशा प्रस्तुत रहते थे। उनकी कृतियों में कई पूर्ववर्ती सिद्धान्त वेत्ताओं और दार्शनिकों का प्रभाव देखने को मिलता है। बौद्धिक उधारी में दुर्खीम ने कहीं कोई कोताही नहीं की। यह सब होते हुए भी यह बताना बहुत कठिन है कि दुर्खीम ने किस सिद्धान्तवेत्ता से क्या और कितना उधार लिया और किस आने वाली पीढ़ी को क्या और कितना उधार दिया। शायद इसी कारण दुर्खीम पर पड़ने वाले बौद्धिक प्रभावों को हम अधिक विस्तार के साथ विवरण नहीं दे सकते और इससे आगे हम यदि कुछ कहते हैं तो उसमें अटकल ज्यादा होगी।

फ्रान्स के बौद्धिक इतिहास में दुर्खीम की जड़ें

यद्यपि दुर्खीम पर जर्मनी और ब्रिटिश सामाजिक विचारधारा और सोच का बहुत अधिक प्रभाव था, फिर भी अपने ठेठ स्वरुप में वे फ्रान्सीसी थे। टालकट पारसन्स ने दुर्खीम के जीवन वृत की एक रूपरेखा प्रस्तुत की है। वे इसमें आग्रहपूर्वक कहते हैं कि दुर्खीम कितने ही अधिक अन्तर्राष्ट्रीय दिखें, उनकी जड़े फ्रान्स की सोंधी मिट्टी में जमी हुई थी। वे वस्तुतः फ्रान्स के बौद्धिक इतिहास की कड़ी की एक सशक्त श्रंखला थे। फ्रान्स की बौद्धिक और अकादमिक जो कुछ परम्परा थी, उससे वे बहुत प्रभावित थे। रूसी और मोन्टेस्क्यू के अमिट प्रभाव की छाप दुर्खीम पर स्पष्ट दिखाई देती है। इन्हीं पूर्ववर्ती बौद्धिकों की परम्परा में, पारसंस कहते हैं कि दुर्खीम ने बार-बार सामाजिक सुदृढ़ता की चर्चा की है। *दुर्खीम के पहले उपयोगितावादियों ने यह स्थापित करने का प्रयास किया था कि मनुष्य का व्यवहार निजी आर्थिक हितों द्वारा निर्धारित किया जाता है। यानी मनुष्य का व्यवहार आर्थिक हितों की पूर्ति के लिये होता है।* हॉब्स ने यह स्थापित किया था कि राजनैतिक प्रभुसत्ता ही नागरिक को अपने अधीनस्थ रखती है। हॉब्स की दृष्टि में राजनैतिक प्रभुसत्ता ही सम्पूर्ण मानव व्यवहार को निर्धारित करती है। दुर्खीम ने न तो उपयोगितावादियों की सुनी और न हॉब्स के राजनीतिक संदेश को। *उन्होंने तो तर्क संगत भाषा में केवल यही कहा कि व्यक्ति के व्यवहार का स्वामी अगर कोई है तो समाज ही।* व्यक्ति की नियति तो समाज की नियति से बंधी है।

दुर्खीम जहाँ फ्रान्सीसी रूसो, और हॉब्स के ऋणी हैं—उन्हें अपना प्रेरणा स्त्रोत मानते हैं, वहीं वे मोन्टेस्क्यू से भी अत्यधिक प्रभावित थे। बौद्धिक इतिहास बताता है कि मार्क्स ने हीगेल से बहुत कुछ लिया था। यह हीगेल ने ही मार्क्स को बताया था कि *सामाजिक और सांस्कृतिक प्रतिक्रियाएँ एक दूसरे से जुड़ी हुई हैं। इधर मोन्टेस्क्यू ने भी दुर्खीम को सिखाया कि समाज के विभिन्न अंग एक दूसरे से अलग नहीं किये जा सकते वैसे गुथे हुए है और इसलिये किसी भी एक भाग को सम्पूर्ण समाज से पृथक करके नहीं समझा जा सकता।* उदाहरण के लिये दुर्खीम कानून को नैतिकता से कभी पृथक नहीं कहते और इसी तरह व्यापार धन्धों और धर्म को भी वे कानून से अलग रखकर नहीं देखते। वे तो आग्रहपूर्वक *इसी तर्क और आनुभविकता पर दृढ़ हैं कि समाज के सभी विभिन्न अंग अपनी पृथक पहचान रखते हुए भी आपस में जुड़े हुए हैं। कुछ इस तरह का सबक दुर्खीम को मोन्टेस्क्यू से मिला था।*

यह सत्य है कि दुर्खीम जब समाज को *समग्र* (Holism) के दृष्टिकोण से देखते हैं तो उन पर मोन्टेस्क्यू की छाप सुस्पष्ट है। इसी संदर्भ में वे समाज की सुदृढ़ता की चर्चा भी करते हैं। *लेकिन शायद मोन्टेस्क्यू से भी अधिक दुर्खीम कॉम्ट और सेन्ट साइमन से प्रभावित थे। दुर्खीम यह कहते हुए नहीं थकते, बार-बार दोहराते हैं कि कॉम्ट और सेन्ट साइमन ने जो बौद्धिक परम्परा चलाई, उसकी निरन्तरता को दुर्खीम ने आगे बढ़ाया है।* दुर्खीम ने एक स्थान पर यह लिखा है कि:—

> सेन्ट साइमन यद्यपि पहले व्यक्ति थे जिन्होंने समाजशास्त्र की अवधारणा को बड़े स्पष्ट रूप से रखा, लेकिन सच्ची बात तो यह है कि उन्होंने समाजशास्त्र का निर्माण नहीं किया।

बौद्धिक क्षेत्र में दुर्खीम ने अगस्त कॉम्ट से बहुत कुछ सीखा है, बहुत कुछ उधार लिया है। यह कॉम्ट थे जिन्होंने सबसे पहली बार यह चौकानें वाली प्राक्कल्पना रखी थी कि *सामाजिक सुदृढ़ता (Social Solidarity) का स्रोत श्रम विभाजन है। दूसरे शब्दों में कॉम्ट ने कहा कि समाज में जितना अधिक श्रम विभाजन होगा सामाजिक सुदृढ़ता उतनी ही अधिक आयेगी।* दुर्खीम ने कॉम्ट की इस प्राक्कल्पना को अपनाया और अधिक दृढ़ता के साथ तर्क संगत रूप में रखा। अपनी श्रम विभाजन पुस्तक में दुर्खीम ने कम से कम 17 स्थानों पर कॉम्ट का संदर्भ दिया है। कॉम्ट श्रम विभाजन में दोहराते हैं कि *समाज को एक सूत्र में बांधे रखने वाली शक्ति नैतिक विश्वास (Moral Beliefs) होती है। ये नैतिक विश्वास ही समाज की सुदृढ़ता के आधार होते हैं और इन्हीं पर सामाजिक एकीकरण की अभिप्रेरणा लाने का काम श्रम विभाजन का है। स्पष्ट है, दुर्खीम के इस सोच के पीछे कॉम्ट और सेन्ट साइमन का प्रभाव था।*

जिन लेखकों ने दुर्खीम के जीवन चरित्र को लिखा है उन्होंने इस तथ्य पर जोर दिया है कि जब दुर्खीम समाजशास्त्र के अध्ययन के उपागम निश्चित कर रहे थे तब उन्होंने कॉम्ट को पढ़ना शुरू किया था। कॉम्ट के साथ-साथ उन्होंने *ईमाइल बोट्रोक्स* (Emile Boutroux) और *चार्ल्स रिनोवर* (Charles Renouvier) को भी पढ़ा था। कोज़र कहते थे कि जीवन चरित्र लिखने वालो का यह कथन सही है *लेकिन जिसने कॉम्ट और दुर्खीम की कृतियों को पढ़ा है वह इस तथ्य से प्रभावित हुए बिना नहीं रहेगा कि दुर्खीम और कॉम्ट के विचारों में अत्यन्त निकट का रिश्ता है।* यह निश्चित है कि दुर्खीम पर कॉम्ट के *धर्म विज्ञान* (Theology) सम्बन्धी विचारों और *तात्विक मीमांसाओं* (Metaphysics) का कोई प्रभाव नहीं था। कई और बातों में भी दुर्खीम कॉम्ट से सहमत नहीं थे। *यह सब होते हुए भी दुर्खीम कॉम्ट की अध्ययन विधि (Methodology) से बहुत प्रभावित थे। वे कॉम्ट की तरह यह मानकर चलते थे कि सामाजिक व्यवहार के अध्ययन में सम्पूर्ण वैज्ञानिकता आनी चाहिये। कॉम्ट और दुर्खीम का प्रत्यक्षवाद (Positivism) एक समान है।* यहाँ यह भी कहना चाहिये कि दुर्खीम जब यांत्रिक समाजों की सुदृढ़ता से *सामूहिक चेतना* (Collective Conscience) की भूमिका की चर्चा करते हैं, तब यह अवधारणा और कुछ न होकर कॉम्ट की *सर्वसम्मति* (Conscensus) की अवधारणा का बदला हुआ रूप ही है। जब दुर्खीम सामाजिक प्रघटनाओं के *अन्तर्सबंधों* (Interrelatedness) की व्याख्या करते हैं तब निश्चित रूप से वे कॉम्ट और इसी तरह मोन्टेस्क्यू के ऋणी हैं।

18वीं शताब्दी में जब *ज्ञानोदय* (Enlightenment) की लहर चली तब कॉम्ट ने इस

तथ्य का विरोध किया कि व्यक्ति अपने आप में स्वतन्त्र है और समाज सर्वोपरि नहीं है। कॉम्ट ने इस समय *प्रत्यक्षवाद* (Positivism) की भूमिका को रखा। दुर्खीम ने जहाँ एक ओर ज्ञानोदय से अपने आपको जोड़ा वहीं दूसरी ओर उन्होंने प्रत्यक्षवाद को भी महत्ती भूमिका प्रदान की। फ्रान्स के इतिहास के इस युग में जब *ज्ञानोदय* (Enlightment) का विस्तार हो रहा था तब कुछ ऐसे फ्रान्सीसी लेखक थे जो ज्ञानोदय की इस वैचारिकी के विरोध में थे। इन लेखकों में *डि बोनाल्ड* (de Bonald) और *डि मैस्त्री* (de Maistre) तथा उनके तत्कालीन लेखक सम्मिलित हैं। ज्ञानोदय के इस विवाद में *रोबर्ट निस्बेत* (Robert Nisbet) कहते हैं कि यह दुर्खीम के तेवर थे जिन्होंने समाजशास्त्र में विचारों और मूल्यों के अध्ययन के लिये ऐसी वैज्ञानिक विधि प्रस्तुत की जो बोनाल्ड और मैस्त्री की विचारधारा को आगे बढ़ाती है। *दुर्खीम ने बराबर यह स्थापित करने का प्रयास किया कि व्यक्ति हर तरह के समाज पर निर्भर है। समाज के मानक, मूल्य और मुहावरे एकीकृत समाज की घोषणा करते हैं।*

निस्बेत ने दुर्खीम के समर्थन में यह सब कहा है, लेकिन वे यह स्वीकार करते हैं कि उनके पास अपने कथन के समर्थन में प्रमाण नहीं है। ऐसा कहीं संदर्भ *नहीं मिलता कि दुर्खीम ने अपने जीवन में कभी बोनाल्ड और मैस्त्री को पढ़ा हो और इन लेखकों के समर्थन में व्यक्तिवाद का विरोध किया हो।* यह निश्चित है कि दुर्खीम बोनाल्ड और मैस्त्री के नामों से अवश्य अवगत होंगे क्योंकि कॉम्ट ने इन लेखकों का संदर्भ बार-बार दिया है। यह अवश्य है कि दुर्खीम केथोलिक आन्दोलन से प्रभावित हों और इसी कारण वे समाज की प्रभावी शक्ति को स्वीकार करते हों। ये सब बातें, हमें लगता है, केवल अटकलें हैं। हमारा विश्वास है दुर्खीम ज्ञानोदय आन्दोलन के विरोधियों से और विशेषकर बोनाल्ड और मैस्त्री से शायद ही कभी प्रभावित रहे हो।

दुर्खीम पर समकालीन विचारकों का प्रभाव

दुर्खीम पर अपनी पूर्ववर्ती पीढ़ियों का प्रभाव निश्चित रूप से था, लेकिन किस विचारक का प्रभाव किस क्षेत्र में था यह पूरी तरह से नहीं कहा जा सकता। उदाहरण के लिये जैसा कि हमने ऊपर कहा है बोनाल्ड और मैस्त्री से दुर्खीम कितने प्रभावित थे, यह विवादास्पद है। जब हम दुर्खीम पर तत्कालीन विचारकों के प्रभाव को देखते हैं तब कठिनाई नहीं आती। *स्वयं दुर्खीम ने यह स्वीकार किया है कि जब वे पेरिस विश्वविद्यालय में पढ़ रहे थे उन पर इतिहासकार फुस्टेल डि कोलेन्ज (Fustel de Coulanges)* का बहुत अधिक प्रभाव था। इनसे दुर्खीम ने ऐतिहासिक विधि पर आधारित अनुसंधान को सीखा। हमें भी यह प्रभाव स्पष्ट रूप से श्रम विभाजन पुस्तक के ऐतिहासिक खण्ड में देखने को मिलता है। फुस्टेल डि कोलेन्ज ने अपनी पुस्तक द *एनसीएन्ट सीटी* (The Ancient City) में ऐतिहासिक विधि का जिस प्रकार प्रयोग किया है, इससे दुर्खीम अत्यधिक प्रभावित थे।

अपने अन्य अध्यापकों में से दुर्खीम, दार्शनिक बोट्रोक्स से भी काफी कुछ प्रभावित थे। बोट्रोक्स ने वास्तविकता के विभिन्न स्तर निर्धारित किये हैं। इस सम्पूर्ण विवेचन से दुर्खीम अत्यधिक प्रभावित थे। वास्तव में बोट्रोक्स *अ-रुपान्तरणवादी* (Anti-Reductionist) सिद्धान्त के प्रणेता थे। *वे दृढ़ता पूर्वक कहते है कि सामाजिक प्रघटनाओं का विश्लेषण*

गैर-सामाजिक चरों द्वारा नहीं किया जाना चाहिये। दुर्खीम ने अपनी कृतियों में रुपान्तरण विधि का पूरा विरोध किया है। यह विरोध हमें आत्महत्या के सिद्धान्त निरूपण में देखने को मिलता है।

बोट्रोक्स और कोलेन्ज के अतिरिक्त दुर्खीम अपने समकालीन एक और *नव-कांतवादी* (Neo-Kantian) दार्शनिक *चार्ल्स रिनोवर* से अत्यधिक प्रभावित थे। वास्तव में रिनोवर सेन्ट साइमन से प्रभावित थे और उन्होंने कॉम्ट के चरणों में बैठकर बहुत कुछ समाजशास्त्र सीखा था। रिनोवर ने अपने जीवन के प्रारंभिक दिनों में जब ई. 1848 में फ्रान्स में क्रान्ति हुई थी एक सक्रिय समाजवादी कार्यकर्ता की तरह काम किया था। लेकिन थोड़े समय बाद उन्होंने अपनी राजनैतिक भागीदारी से अपने आपकों खींच लिया और एक बौद्धिक की तरह काम करने लगे। उन्होंने एक जरनलः *ला क्रिटिक फिलोसोफी* (La Critique Philosophique) के नाम से प्रकाशित किया तथा नेपोलियन तृतीय और तीसरे गणराज्य की अवधि में इस जरनल को सम्पूर्ण फ्रान्स के प्रभावी रूप से स्थापित किया। उस युग में कांत का दबदबा सम्पूर्ण यूरोप पर था। रिनोवर नव कांतवादी थे और उन्होंने अपनी अध्ययन विधि को थोड़े संशोधित रूप से कांत से लिया था। रिनोवर के इस स्वरूप ने दुर्खीम को प्रभावित नहीं किया। लेकिन कुछ मुद्दे ऐसे थे जिन्हें रिनोवर ने उठाया था और उनसे दुर्खीम बहुत अधिक प्रभावित थे। रिनोवर ने कहा था कि कुछ विश्वास, आचार और नैतिकता ऐसे कारक हैं जो दर्शनशास्त्र में निहित है और इनका विकास किसी भी राष्ट्र की प्रगति में किया जाना चाहिये। दुर्खीम के आलोचकों का कहना है कि उन्होंने अपनी कृतियों में विश्वास और नैतिकता पर जो दबाव डाला है, उसे रिनोवर से अपनाया है।

एक अन्य विचारक– *गेब्रिल टार्डे* (Gabriel Tarde) हैं, जिन्होंने दुर्खीम के बौद्धिक विकास को प्रभावित किया है। *वास्तव में, टार्डे दुर्खीम के* मुख्य विरोधी थे। इन दोनों के बीच में बड़ी तीव्र और कभी-कभी कटु आलोचनाएँ होती थी। दोनों ही फ्रान्सीसियों में रूबरू या प्रत्यक्ष रूप से तीखी नोक-झोंक होती थी। इन बहसों ने दुर्खीम के बौद्धिक विकास को नई गति दी। यह कितनी रूचिकर बात है, कि जहाँ एक जैसी विद्वता वाले विचारकों ने दुर्खीम को प्रभावित किया वहीं टार्डे जैसे विरोधियों ने भी दुर्खीम की बौद्धिकता को आगे धकेला। वास्तव में टार्डे एक प्रान्तीय न्यायाधीश थे न कि कोई अकादमिक व्यक्तित्व। लेकिन टार्डे को कुछ विशेष सुविधाएं प्राप्त थी। कानून का जीवन बिताने के कारण टार्डे को धन की कमी नहीं थी और दूसरी तरफ उनके पास इतना अवकाश था कि वे सामाजिक सिद्धान्त की व्यवस्था को विकसित कर सकें। इस शताब्दी के 8वें और 9वें दशक में टार्डे ने अपराधशास्त्र और सामाजिक सिद्धान्त के क्षेत्र में कई पुस्तकें प्रकाशित की। *द लाज ऑफ इमिटेशन* (The Laws of Imitation-1890) उनकी सबसे अधिक प्रशंसनीय कृति है। टार्डे अपने जीवन के संध्या काल में पेरिस के एक प्रतिष्ठित कॉलेज में दर्शनशास्त्र के प्रोफेसर बन गये। टार्डे के सिद्धान्त का बहुत बड़ा नियम यह है कि नये विचार और आविष्कार अनुकरण (Imitation) की प्रक्रिया द्वारा सारे समाज में विकीर्ण हो जाते हैं–समाज उन्हें अपना लेता है। इसी तरह टार्डे कहते हैं कि समाज में जिनका स्थान ऊंचा है वे निम्न लोगों को प्रभावित करते हैं। टार्डे के सिद्धान्त का केन्द्रीय आधार अनुकरण है। वस्तुतः टार्डे एक सामाजिक मनोवैज्ञानिक थे।

दुर्खीम ने पूरी दृढ़ता और प्रमाणों के साथ टार्डे के सिद्धान्त का विरोध किया। उनका कहना था कि सामाजिक मनोवैज्ञानिक प्रक्रिया कभी भी समाज में एकता और सुदृढ़ता नहीं लाती। *दुर्खीम के अनुसार समाज की सुदृढ़ता तो नयी संरचनाओं या संस्थाओं द्वारा होती है। समाज अपने आप में एक वास्तविकता है, एक सत्य है।*

वास्तव में, यह एक बहुत कठिन अभ्यास होगा यदि हम दुर्खीम के समकालीन विद्वानों के, दुर्खीम पर पड़ने वाले प्रभावों का कोई विश्लेषण प्रस्तुत करें। दुर्खीम के तत्कालीन समाज में कई ऐसे विद्वान थे जिन्होंने दुर्खीम को नयी विचारधारा दी, चिन्तन का नया स्रोत दिया। इन विचारकों में *बोर्डेक्स* (Bardeaux) और *एल्फ्रेड इस्पीनाज* (Alfred Espinas) मुख्य हैं।

फ्रान्स के अतिरिक्त बाहर के विद्वानों का प्रभाव (Extra-French Influences)

दुर्खीम की लेखन पद्धति और वैचारिकी पर फ्रान्स के विद्वानों का पर्याप्त प्रभाव था। मोन्टेस्क्यू और रूसों ने समाज की सुदृढ़ता पर जो कुछ लिखा था, उसने दुर्खीम को प्रभावित किया था। दुर्खीम ने उपयोगितावादियों और हॉब्सवादी विचारकों को पढ़ा और उनके प्रति अपना विरोध व्यक्त किया। दुर्खीम के लिये आर्थिक निर्धारणवाद अधिक महत्वपूर्ण नहीं था। वे तो विश्वास और मूल्यों पर जोर देते थे। कॉम्ट, दुर्खीम के मार्गदर्शक थे, दार्शनिक थे। कुछ इसी तरह सेन्ट साइमन ने भी दुर्खीम को प्रभावित किया। साइमन ने समाजशास्त्र को स्पष्ट अवधारणा में तो रखा पर उसका सृजन नहीं किया। बोनाल्ड और मेस्त्री भी दुर्खीम के पूर्ववर्ती पीढ़ी के थे जिनसे वे पर्याप्त रूप से प्रभावित थे।

दुर्खीम का प्रभाव क्षेत्र केवल फ्रान्स की चहार दीवारी तक ही सीमित नहीं था। यूरोप के अन्य विद्वानों की कृतियों का भी उन पर प्रभाव देखने को मिलता है। फ्रान्स के बाहर के विचारकों में जिन्होंने दुर्खीम को प्रभावित किया *हर्बट स्पेन्सर* (Herbert Spencer) का नाम अग्रणी है। श्रम विभाजन पुस्तक में दुर्खीम ने स्पेन्सर का संदर्भ कोई 40 बार दिया है। शायद सबसे अधिक संदर्भ स्पेन्सर का ही है। *यहाँ यह भी स्वीकार करना पड़ेगा कि यद्यपि स्पेन्सर ने जो कुछ लिखा था, जो कुछ उनके आधार वाक्य (Premise) थे उनसे दुर्खीम पूरी तरह असहमत थे, फिर भी जीवन पर्यन्त वे स्पेन्सर के माया जाल में फंसे रहे। स्पेन्सर का यह मन्त्र दुर्खीम पर तब अधिक प्रभावशाली था जब वे श्रम विभाजन पुस्तक को लिख रहे थे।*

स्पेन्सर ने अपने आधार वाक्य में इस तथ्य पर जोर दिया है कि *समाज में व्यक्ति सर्वोपरि है। व्यक्ति को सुख और समृद्धि उसके स्वयं के प्रयासों से ही मिल सकती है। दुर्खीम को स्पेन्सर का यह आग्रह एकदम अस्वीकार था। सामाजिक व्यवस्था को बनाये रखने का काम व्यक्ति द्वारा की गयी सुख प्राप्त करने की खोज नहीं कर सकती।* इससे भी आगे, दुर्खीम ने तर्क दिया कि सुख की प्राप्ति समाज से ही पैदा होती है, समाज ही सुख का सूचक है । यदि हम दुर्खीम को स्पेन्सर के संदर्भ में देखें तो बहुत स्पष्ट शब्दों में कहेंगे कि उन्होंने स्पेन्सर की व्यक्तिवादी विचारधारा को एकदम अस्वीकार कर दिया। दुर्खीम का तो कहना था कि समाज के निर्माण में व्यक्ति तो केवल कटे-कटाये, गढ़े-गढ़ाये पत्थर हैं जो भवन को बनाते हैं।

ठीक है कि दुर्खीम स्पेन्सर से असहमत थे, लेकिन बौद्धिक जीवन के कई अन्य क्षेत्रों में दुर्खीम गहराई से स्पेन्सर से उपकृत थे। दुर्खीम के उद्विकास सम्बन्धी विचारों पर स्पेन्सर का बहुत बड़ा प्रभाव था। स्पेन्सर ने यह स्थापित किया कि समाज का उद्विकास असंगतिपूर्ण सजातीयता से संगतपूर्ण सजातीयता की ओर बढ़ा है। स्पेन्सर के इस प्रतिपादन में अस्पष्टता अधिक है। दुर्खीम ने इसमें सुस्पष्टता रखी और कहा कि सामाजिक उद्विकास की रेखा *यांत्रिक समाज* (Mechanical Society) से आगे बढ़ कर *सावयवी समाज* (Organic Society) तक पहुँचती है। दुर्खीम ने श्रम विभाजन में समाज के इस उद्विकास को बहुत स्पष्ट रूप से रखा है। वे कहते हैं कि जहाँ यांत्रिक समाज में सुदृढ़ता का कारण सामूहिक चेतना और दमनात्मक कानून होते हैं, वहाँ सावयवी समाज की सुदृढ़ता, संविदा तथा पारस्परिक निर्भरता पर आधारित होती है। यद्यपि दुर्खीम का उपागम पूरी तरह से स्पेन्सर से भिन्न है फिर भी स्पेन्सर ने जिन बुनियादी मुद्दों को प्रस्तुत किया है, उसे दुर्खीम ने दृढ़ता के साथ आगे बढ़ाया है और यही स्पेन्सर की दुर्खीम को देन है और यही दुर्खीम पर स्पेन्सर का ऋण है।

दुर्खीम को उनके जीवन के संध्याकाल में ब्रिटिश मानवशास्त्री *विलियम रोबर्टसन स्मिथ* (William Robertson Smith) ने भी बहुत अधिक प्रभावित किया। स्मिथ की पुस्तक *लेक्चर्स ऑन द रिलिजन ऑफ द सेमिट्स* (Lectures on the Religion of the Semities, 1886) प्रकाशित हुई तो इसने सम्पूर्ण फ्रान्स को उद्वेलित कर दिया। स्मिथ ने स्थापित किया कि दुनियाभर के धर्मों का प्रारंभिक स्वरूप उनकी *धर्म विधि* (Ritual) मात्र थी। इस संदर्भ में स्मिथ का तर्क था कि हमें धार्मिक संस्थाओं और धर्मावलम्बियों के बीच के सम्बन्धों का अध्ययन करना चाहिये। समाजशास्त्री यदि धर्म के विश्वासों के अध्ययन तक अपने आपको सीमित रखता है, तो उसे कुछ नहीं मिलेगा। *महत्वपूर्ण बात तो धर्म और धर्मावलम्बियों के बीच के सम्बन्धों की है। स्मिथ के इस अभिप्रेरण ने दुर्खीम को झकझोर दिया। उन्होंने अपने अध्ययन का केन्द्र विश्वास व्यवस्था को न बनाकर धर्मावलम्बियों के समूह को बनाया।* जो कुछ दुर्खीम ने धर्म की अवधारणाओं में पवित्र और प्रोफेन–रखा है उस पर स्मिथ की अमिट छाप है।

दुर्खीम की रचनाओं में जर्मनी के विचारकों का प्रभाव भी देखने को मिलता है। इस सम्बन्ध में *इमेन्यूल कांत* (Immanuel Kant) उनके बहुत निकट थे। कांत की *ज्ञान मीमांसा* (Epistemology) और सामान्य दर्शनशास्त्र के प्रति दुर्खीम अधिक आकर्षित नहीं थे। लेकिन जहाँ कांत ने नैतिकता के दर्शनशास्त्र को प्रस्तुत किया है, दुर्खीम उससे अत्यधिक मोहित थे। यह बात नहीं है कि दुर्खीम कांत को बिना किसी विवाद के स्वीकार कर लेते हैं। उदाहरण के लिये जब दुर्खीम विचारों के सामाजिक उद्गम की समय तथा स्थान के आधार पर मीमांसा करते है, तब वे कांत द्वारा प्रस्तुत मानव मस्तिष्क की श्रेणियों को अस्वीकार करते हैं। लेकिन जहाँ वे नैतिकता की बात हैं, नैतिक आधारों की चर्चा करते हैं, बराबर कांत से विचारों को उधार लेते हैं। कांत ने एक स्थान पर लिखा है कि हम अपनी गतिविधियों को इसलिये नहीं करते कि इनसे हमारे स्वार्थ या हित पूरे होते हैं। हमारे लिये नैतिक होना आवश्यक है और इसी नैतिकता के दबाव से हम क्रियाओं को करते हैं। कांत के इस प्रकार के कथन दुर्खीम को स्वीकार थे। इस तरह से जर्मन दार्शनिकों में कांत की

छाप हमें स्पष्ट रूप से दुर्खीम के सिद्धान्तों में देखने को मिलती हैं।

सच्चाई यह है कि 18वीं शताब्दियों में यूरोप में जर्मनी और फ्रान्स अपने बौद्धिक विकास के चरम उत्कर्ष में थे। यह कहना गलत नहीं होगा कि काल की इस अवधि में यूरोप के इन विचारकों ने अकादमिक क्षेत्र में सम्पूर्ण यूरोप का नेतृत्व किया। तब अमेरिका तो अपने शैशव काल में था। जर्मन विचारकों ने *सीमेल* (Simmel) *गमप्लोविज* (Gumplowicz) तथा *टॉनीज* (Tonnies) के नाम मुख्य हैं। फर्डिनेन्ट टॉनीज ऐसे जर्मन विचारक थे जिनसे दुर्खीम अत्यधिक प्रभावित थे। टॉनीज ने *जैमीन शाफ्ट* (Gemeinschaft) तथा *जैसीलशाफ्ट* (Gesellschft) की अवधारणाओं को रखा है। ये अवधारणाएँ वस्तुतः अविकसित और विकसित समाजों की है। जब टॉनीज जैमीनशाफ्ट समाज की व्याख्या करते हैं तो उनका तात्पर्य सावयवी समाज से हैं जो बहुत आकर्षक है, जो बहुत स्वाभाविक और प्राकृतिक है। दुर्खीम ने टॉनीज के इस वर्गीकरण की विधि को तो स्वीकार किया लेकिन टॉनीज के बिल्कुल विपरीत लिखा कि आधुनिक समाज सावयवी है (जबकि टॉनीज के लिये आदिम समाज सावयवी है), इसमें अधिक प्रगतिशीलता है और महत्वपूर्ण बात यह है कि यह समाज अपेक्षित है। *रूचिकर बात यह है कि जहाँ जर्मन विचारधारा आग्रहपूर्वक यह मानती है कि यूरोप का अतीत एक सुनहला युग था, वहाँ दुर्खीम और फ्रान्सीसी सोच बराबर यह कहता रहा कि सुनहला युग भविष्य में है–पीछे नहीं, आगे है।*

शायद दुर्खीम पर बहुत बड़ा प्रभाव *वुण्ट* (Wilhelm Woundt) का है जिसे वे व्यक्तिगत रूप से भी जानते थे। वुण्ट को *प्रयोगात्मक मनोविज्ञान* (Experimental Psychology) का जनक मानते हैं। लेकिन इन्होंने समाज विज्ञान के क्षेत्र में भी अधिकृत रूप से काम किया है। वुण्ट का बहुत बड़ा योगदान यह है कि उन्होंने मनुष्य के प्राकृतिक इतिहास पर दस जिल्दों की एक पुस्तक लिखी है। *इस पुस्तक में वुण्ट ने भाषा मिथक और आचार के उद्विकास के नियमों का विश्लेषण किया है। यहाँ पर वुण्ट इस चर्चा को उठाते हैं कि प्रत्येक समूह की एक आत्मा (Volksseele) होती है। यह आत्मा ही समूह को एक सूत्र में बांधे रखती है।* यहाँ दुर्खीम वुण्ट के बहुत निकट आ जाते हैं। दुर्खीम ने यांत्रिक समाजों में जिस सामूहिक चेतना (Conscience Collective) की चर्चा की है, वह वस्तुतः समूह की आत्मा की चर्चा है। वास्तव में वुण्ट का योगदान, जर्मन अकादमिक जीवन में बहुत अधिक है। उन्होंने बराबर सत्तर वर्ष तक सृजनात्मक काम किया। उन्होंने लगभग 53,735 पृष्ठों को स्याह किये हैं। *सत्तर वर्ष की इस सृजनात्मक अवधि में यदि हिसाब करें तो वुण्ट ने प्रति दो मिनट में एक शब्द लिखा है और इसमें रात और दिन दोनों शामिल है। दुर्खीम इस सबसे कितना प्रभावित थे, बताना कठिन है। लेकिन एक बात निश्चित है; उनकी दृष्टि में वुण्ट एक ऐसे विचारक थे जो किसी भी कर्मठ कलम के सिपाही की तरह अपनी रचना के सृजन में रात और दिन जूझते रहे।* वुण्ट का यह सबक दुर्खीम के लिये बहुत उपयोगी था।

उपसंहार

दुर्खीम का जीवन काल कोई 59 वर्ष का था। इस अवधि में उन्होंने समाजशास्त्र को बहुत

कुछ दिया। वे एक दार्शनिक थे लेकिन साथ ही एक समाजशास्त्री भी थे। विज्ञान की दृष्टि से उन्हें *प्रत्यक्षवादी* (Positivist) कहते हैं। उन्होंने यद्यपि कोई सामाजिक सर्वेक्षण नहीं किया, फिर भी वे आनुभविक वैज्ञानिक थे। पारसंस ने दुर्खीम के जीवन चरित्र की विश्लेषणात्मक व्याख्या की है। वे कहते हैं कि आज समाजशास्त्र के क्षेत्र में ज्ञान का अपार भण्डार है–कई अवधारणाएँ और सिद्धान्त हैं, कई अध्ययन पद्धतियाँ और प्रकार्य हैं। *फिर भी सावयवी समाज में संविदा की जो प्रकृति है, आत्महत्या की दर है, और आदिम समाज में धार्मिक व्यवस्था है, इसमें दुर्खीम अपना कोई सानी नहीं रखता है। वे समाजशास्त्र के अत्यधिक प्रभावशाली उद्यमकर्ता थे। वे एक सफल अध्यापक, चोटी के सम्पादक, एक सशक्त और सृजनात्मक समूह के नेता तथा शोधकर्ता थे।*

ये सब गुण जो दुर्खीम में थे, उन्हें एक वैज्ञानिक ज्ञानशाखा में उच्च स्थान के संस्थापक नहीं बनाते। दुर्खीम की श्रेष्ठता तो इस तथ्य में है कि उन्होंने अपने समय की बौद्धिक परम्पराओं को एक ठोस धरातल पर रखा। उनकी श्रेष्ठता का कारण अपने समय के ब्रिटिश उपयोगितावाद को, जर्मनी के आदर्शवाद को तथा अपने स्वयं की फ्रान्सीसी पृष्ठभूमि को, एक ऐसी सैद्धान्तिक रूप रेखा में रखना था जो एक तरफ तो अकादमिक परम्परा को निभाती है और दूसरी तरफ अत्यधिक मौलिक भी है। दुर्खीम ने जो कुछ लिखा, वह यूरोप की बौद्धिक परम्परा में था। उन्होंने अपने रचना धर्म में तत्कालीन समाज द्वारा प्रस्थापित ज्ञान को बराबर ध्यान में रखा लेकिन इस ज्ञान के अहाते से वे बाहर भी निकले। अपनी रचनाओं में दुर्खीम एकदम साफ सुथरे हैं। उन्होंने अपने कथन को तार्किक संरचना में रखा है, उसे कल्पना की उड़ान दी है और सामाजिक प्रघटनाओं को नये परिप्रेक्ष्य में देखा है। उन्होंने समस्याओं की स्पष्ट परिभाषा दी है और निर्वचन को नये क्षितिज दिये है।

दुर्खीम ने जिन समस्याओं को उठाया है, उनमें सबसे बड़ी समस्या सामाजिक व्यवस्था की है। श्रम विभाजन के विश्लेषण में उन्होंने दृढ़तापूर्वक कहा कि कितना ही अधिक औद्योगिकरण और नगरीकरण आये, भयभीत होने की कोई बात नहीं। उनका सूत्र है: जिनक अधिक श्रम विभाजन, उतनी ही अधिक समाज की दृढ़ता। दुर्खीम ने प्रत्यक्षवादी होने के नाते सामाजिक तथ्य को अध्ययन विधि का महत्वपूर्ण नियम बताया। धर्म की व्याख्या करते हुए उन्होंने वस्तुतः संस्कृति के सिद्धान्त को प्रतिपादित किया। इस सिद्धान्त में उन्होंने धर्म, मूल्य, नैतिकता तथा प्रतीकों को रखा है। सामूहिक चेतना और सामूहिक प्रतिनिधान इसी सांस्कृतिक सिद्धान्त के अंग है। दुर्खीम की बहुत बड़ी विशेषता समाज के बारे में उनकी समझ है। वे इससे आश्वस्त हैं कि समाज सर्वोपरि है, परमेश्वर है, और कोटि-कोटि व्यक्ति इस समाज के प्रभुत्व के सामने नतमस्तक होकर खड़े रहते हैं। पारसंस दुर्खीम के जीवन वृत को बखूबी अकादमिक रूपरेखा में बांधते हुए लिखते है: "कुछ मुट्ठीभर लोग ऐसे होंगे, जिन्होंने बौद्धिक इतिहास में वैज्ञानिक संस्कृति के विकास के लिये इतना योगदान दिया हो, जो दुर्खीम ने दिया है।"

समाज में श्रम विभाजन : सामाजिक सुदृढ़ता और प्रकार्यात्मक विश्लेषण (Division of Labour in Society : Social Solidarity and Functional Analysis)

विविध संस्कृति, भाषा, धर्म और जातियों के लोग किस प्रकार एक समाज को बनाते हैं? इस

प्रकार के समाज में व्यक्ति किस भाँति अपने निजी हितों की पूर्ति करते हैं ? दूसरे शब्दों में, व्यक्तियों की विविधता में समाज की एकता किस प्रकार बनी रहती है? ये सब प्रश्न व्यक्ति और समाज के सम्बन्धों के दायरे में आते हैं। सम्बन्धों को लेकर पूछा जा सकता है : व्यक्ति अपने निर्णय में स्वतन्त्र है या समाज के निर्णय व्यक्ति के लिये अंतिम निर्णय हैं ? व्यक्ति और समाज के बीच में सर्वोपरि कौन हैं? ये सब प्रश्न असुविधाजनक हैं। इन्हें दार्शनिक प्रश्न भी कहा जा सकता है। लेकिन जब पूरा का पूरा समाज औद्योगिक क्रान्ति की चपेट में आ जाता है या किसी युद्ध में संकटग्रस्त हो जाता है, और जब इसकी ऐतिहासिक एकता में दरारें आ जाती हैं, तब हमारे ये प्रश्न दार्शनिक न रहकर वास्तविक बन जाते हैं। इनके उत्तर में ही समाज की एकता का निदान निहित है।

दुर्खीम की पुस्तक *श्रम विभाजन* की केन्द्रीय समस्या समाज की सुदृढ़ता है—व्यक्ति और समाज के सम्बन्ध हैं। *श्रम विभाजन* पुस्तक *द डिविजन ऑफ लेबर* (The Division of Labour, 1893) दुर्खीम की पहली कृति है। इसी पर उन्होंने डाक्टेरेट की उपाधि प्राप्त की। इस पुस्तक पर अगस्त कॉम्ट का प्रभाव बहुत स्पष्ट हैं। पारसंस, इस पुस्तक की व्याख्या *द स्ट्रक्चर ऑफ सोशल एक्शन* में करते हैं। उनका कहना है कि *सामाजिक विचारों के इतिहास में श्रम विभाजन एक महत्वपूर्ण मील का पत्थर है।* कुछ सीमित लोगों को छोड़कर साधारण पाठकों ने इस पुस्तक को वह मान्यता नहीं दी हैं जो इसे मिलनी चाहिये। यह भी सत्य है कि यह पुस्तक तर्क एवं केन्द्रीय बिन्दुओं पर बराबर अस्पष्ट है। जिन विचारों को दुर्खीम ने अपनी आगे की रचनाओं में स्पष्ट किया है, इस पुस्तक में वे बराबर धुंधली हैं। पारसंस की इस टिप्पणी के सही होते हुए भी, निर्विवाद रूप से *श्रम विभाजन* एक महत्वपूर्ण ग्रन्थ है जिसकी प्रासंगिकता आज भी तीसरी दुनियाँ के देशों के लिये बनी हुई है। इन देशों में भी हाल के चार दशकों में औद्योगीकरण हुआ है। ये देश भी हाल में स्वतन्त्र बने हैं। इनकी समस्या विभिन्न धर्मों, संस्कृतियों, भाषा समूहों और एथनीसीटी को स्वायत्तता देते हुए राष्ट्र निर्माण का कार्य करना है। इस संदर्भ में शायद दुर्खीम की जितनी प्रासंगिकता इन देशों में है, यूरोप के देशों में नहीं।

यांत्रिक समाज एवं उसकी सुदृढ़ता (Mechanical Society and its Solidarity)

इस अध्याय के प्रारम्भ में हमने कहा है कि श्रम विभाजन पुस्तक में दुर्खीम का केन्द्रीय विषय व्यक्ति और समाज के सम्बन्धों को देखना है। महत्वपूर्ण बात यह है कि विभिन्न जातियों, प्रजातियों, विश्वासों और आर्थिक स्तरों के लोग किस भाँति किसी भी समाज की सम्बद्धता को बनाते हैं। यह देखना है कि किस भाँति व्यक्ति अपनी पहचान अपने समाज के साथ करते हैं। इस प्रश्न के उत्तर का विश्लेषण हमें दो तरह के समाजों के वर्गीकरण में मिलता है। वास्तव में इन दोनों समाजों में सुदृढ़ता मिलती है। पहली प्रकार की सामाजिक सुदृढ़ता *यांत्रिक सुदृढ़ता* (Mechanical Solidarity) है और दूसरे प्रकार की सुदृढ़ता *सावयवी सुदृढ़ता* (Organic Solidarity) है। यहाँ हम सुदृढ़ता के इन दोनों प्रकारों को देखने से पहले यह देखेंगे कि श्रम विभाजन का तकनीकी अर्थ क्या है।

दुर्खीम का कहना है कि श्रम विभाजन की व्याख्या समाज की दशा पर निर्भर है। 19वीं शताब्दी का समाज ऐसा था जिसमें आधुनिक उद्योग का पदार्पण हो चुका था। यह उद्योग अपने विकास के दौर में धीरे-धीरे लेकिन निश्चित रूप से शक्तिशाली मशीनों को अपने

अन्दर समा लेता है। ऐसे उद्योग में भारी भरकम पूँजी का निवेश भी होता है। उत्पादन की मात्रा भी विशाल होती है। और इन सब शक्तियों के परिणाम स्वरूप समाज में अत्यधिक श्रम विभाजन हो जाता है। धन्धे अनिश्चित रूप से बढ़ जाते हैं। प्रत्येक धन्धे में *विशिष्टीकरण* (Specialization) आ जाता है। उस युग में एडम स्मिथ और जॉन स्टुअर्ट मिल का अनुमान था कि कम से कम खेतीबाड़ी में तो विशिष्टीकरण नहीं आयेगा। लेकिन ये विचारक सही नहीं निकले। खेती के क्षेत्र में भी अन्य उद्योगों की तरह विशिष्टीकरण आ गया।

जब श्रम विभाजन बढ़ता है तो वह अर्थ व्यवस्था में तो परिवर्तन लाता ही हैं । लेकिन यह परिवर्तन यहीं तक सीमित नहीं रहता। इसके बढ़ते हुए प्रभाव हम समाज के विभिन्न भागों में भी देखते हैं। राजनैतिक, प्रशासनिक और न्याय सम्बन्धी कार्यों में भी श्रम विभाजन का प्रभाव देखने को मिलता है। यह प्रभाव साहित्य, कला और विज्ञान को भी अपनी चपेट में ले लेता है। यहाँ तक कि दर्शनशास्त्र, उसकी वैचारिकी और विधि में भी हमें विशिष्टीकरण देखने को मिलता है। वे व्यक्ति जो विज्ञान के क्षेत्र में काम करते हैं, उनमें भी बढ़ता हुआ विशिष्टीकरण स्पष्ट दिखायी देता है।

इस विशिष्टीकरण के संदर्भ में हम यह देखें कि श्रम का अर्थ क्या है : आखिर श्रम की परिभाषा क्या है ? सामान्यतया दुर्खीम की परिभाषा में यह याद रखने की बात है कि *उनका श्रम विभाजन अर्थशास्त्रियों द्वारा परिभाषित श्रम विभाजन नहीं है। अर्थशास्त्री तो कहते हैं कि समाज की विभिन्न गतिविधियों का और इस अर्थ में धन्धों का जो विभाजीकरण है, वहीं श्रम विभाजन है। दुर्खीम इस तरह की परिभाषा को स्वीकार नहीं करते। उनका कहना है कि वास्तव में समाज के सदस्यों में सामाजिक और सांस्कृतिक विभेदीकरण (differentiation) अर्थात् अन्तर होता है। यह सामाजिक और सांस्कृतिक अन्तर हमे श्रम विभाजन में देखने को मिलता है। इस दृष्टि से श्रम विभाजन तो केवल सामाजिक-सांस्कृतिक विभेदीकरण की एक अभिव्यक्ति मात्र है। अतः मूल रूप से श्रम विभाजन आर्थिक यानी उद्योग धंधों का विभाजीकरण न होकर सामाजिक और सांस्कृतिक विभेदीकरण है।*

इसे यदि भारतीय संदर्भ में लें तो हमारे यहाँ विभिन्न वर्ण हैं। ये वर्ण ब्रह्मा द्वारा पैदा किये गये हैं, जैसा कि पुरूष सुक्त कहता है, जैसा कि गीता में कृष्ण कहते हैं : 'चारों वर्णों की सृष्टि मैंने की है।' वे वर्ण श्रम विभाजन में बंटे हुए न होकर पवित्र और अपवित्र की धारणा से बंटे हुए है। ब्राह्मण पवित्र इसलिये हैं कि उनकी उत्पत्ति ब्रह्मा के मुख से हुई है, और शुद्र क्योंकि चरण से निकले हैं, अपवित्र है। *भारतीय संदर्भ वर्णों का वर्गीकरण वस्तुतः सामाजिक और सांस्कृतिक विभेदीकरण की अभिव्यक्ति मात्र है।* दुर्खीम का श्रम विभाजन इस भाँति सामाजिक भेदभाव पर निर्भर है। यांत्रिक और सावयवी समाजों में दुर्खीम ने जिस तरह का श्रम विभाजन पाया है, वह मूलतः दोनों समाजों की सुदृढ़ता के कारण है। अतः जब हम यांत्रिक समाजों में श्रम विभाजन और सामाजिक सुदृढ़ता को देखते हैं तो इसका बुनियादी कारण समाज की प्रकृति है।

श्रम विभाजन की समाज के लिये क्या उपयोगिता है?

जब हम यांत्रिक सुदृढ़ता की व्याख्या करते हैं तो बहुत स्पष्ट रूप में हम यह देखना चाहते हैं कि इस प्रकार के समाज का श्रम विभाजन किस भाँति इस समाज में सम्बद्धता और सुदृढ़ता

को लाता है। श्रम विभाजन में क्रियाएँ होती हैं। ये क्रियाएँ किसी भी समाज की आवश्यकताएँ होती है। दुर्खीम *क्रिया* (Function) के दो अर्थों का उल्लेख करते हैं। *एक क्रिया का मतलब कुछ गतिविधियों को करना होता है। कारखाने में करघे को चलाना या रसोई घर में भोजन बनाना, क्रिया है। इसमें गतिविधि है। क्रिया का यह अर्थ सामान्य है। इसमें क्रिया करने के परिणाम (Consequences) क्या होते हैं, इसका कोई अर्थ नहीं लिया जाता। यहाँ तो क्रिया का मतलब कुछ न कुछ काम करना है। श्रम विभाजन की क्रिया केवल सामान्य क्रिया नहीं है। यह क्रिया समाज की कतिपय आवश्यकताओं की पूर्ति के लिये की जाती है।* हम अपने शरीर के बारे में पाचन और श्वसन क्रिया के कार्यों की बात करते हैं। लेकिन जब हम कहते हैं कि पाचन और श्वसन के शरीर के लिये कुछ कार्य है तो हमारा मतलब यह है कि पाचन क्रिया में कुछ अम्ल और रस भोजन में शामिल होते हैं या श्वसन क्रिया में रक्त साफ होता है तो *क्रिया का अर्थ यहाँ उसके परिणामों का शरीर की आवश्यकताओं की पूर्ति के लिये होता है।* क्रिया के इस अर्थ को दुर्खीम सामाजिक व्यवस्था पर लागू करते हैं। *समाज की कुछ आवश्यकताएँ हैं—सदस्यों के लिये भोजन की उपलब्धि, पहनने के कपड़ों की व्यवस्था, आवास और सुरक्षा की प्राप्ति जिनकी पूर्ति श्रम विभाजन करता है। अतः दुर्खीम जब यांत्रिक समाज में, और इसी तरह सावयवी में, श्रम विभाजन की व्याख्या करते हैं तो उनका यह कहना है कि यांत्रिक समाज की कुछ संस्थागत आवश्यकताएँ होती हैं, और श्रम विभाजन इन आवश्यकताओं को पूरा करने का काम (Function) करता है।*

दुर्खीम इस बात पर अधिक जोर देते हैं कि *श्रम विभाजन वैयक्तिक (Subjective) आवश्यकताओं की पूर्ति नहीं करता, यह तो केवल सामूहिक या समाज की आवश्यकताओं की पूर्ति करता है।* यांत्रिक समाज की पहली और शायद सबसे अधिक महत्वपूर्ण आवश्यकता सामाजिक सुदृढ़ता की है। और इस समाज में जैसा भी श्रम विभाजन है, वह समाज को सुदृढ़ता प्रदान करता है। इस सुदृढ़ता की क्रियान्विति में समाज की *आचार संहिता* (Moral Code) की बहुत बड़ी भूमिका है। इस आचार संहिता का आधार *सामूहिक चेतना* (Conscience Collective) है। यांत्रिक सुदृढ़ता को बनाये रखने वाले निम्न कारक हैं:

सामूहिक चेतना, यांत्रिक सुदृढ़ता का मूल आधार

यह नहीं भूलना चाहिये कि जब हम दुर्खीम की श्रम विभाजन पुस्तक की मीमांसा करते हैं तब इसमें दुर्खीम का उद्देश्य यह बताना है कि आदिम या बहशी समाजों में सम्बद्धता, एकता और सुदृढ़ता बनाये रखने के कुछ निश्चित कारक होते हैं। इन कारकों में सबसे अधिक शक्तिशाली कारक *सामूहिक चेतना* (Collective Conscience) का है। इस पुस्तक में दुर्खीम ने सबसे पहली बार इस अधिक लोकप्रिय अवधारणा को रखा है। मूलतः उन्होंने यह अवधारणा *टायलर* (Tylor) की *कन्सेन्सस* (Consensus) यानी सर्वसम्मति से उधार ली है। *इस अवधारणा में दुर्खीम दो पदों का प्रयोग बराबर करते हैं—विश्वास (Beliefs) और संवेग (Sentiments)। इन दो पदों के आगे वह यह जोड़ते हैं कि विश्वास और संवेग एक ही समाज के सदस्यों में सामान्य रूप से पाये जाते हैं।* पेरेटो ने भी सामूहिक चेतना को मूल्य सम्बन्धी तत्वों के नाम से पुकारा है। सामूहिक चेतना वस्तुतः कई स्वरूपों में देखने को

मिलती है। इसे हम प्रतीक रूप में देखते हैं, मूल्य और पूजा-अर्चना, कर्मकाण्ड आदि में देखते हैं। उदाहरण के लिये किसी भी राष्ट्र का झण्डा राष्ट्र की मान मर्यादा और गरिमा का प्रतीक है। हमारे देश में नारियल का फल पवित्र है जिसके साथ श्रद्धा और सम्मान जुड़े हैं। विश्वास और संवेग संस्थागत रूप से भी जुड़े होते हैं। इस तरह की सामूहिक चेतना आदिम समाजों में सुदृढ़ता लाती है। बाद में चलकर दुर्खीम ने यह भी कहा कि सामूहिक चेतना सावयवी समाज में भी सुदृढ़ता लाती है। रोचक बात यह है कि दुर्खीम की इस अवधारणा की व्याख्या आज के समाजशास्त्रियों ने सामान्य अर्थ में की है। कहीं किसी विचारक ने इस अवधारणा के अर्थ में कोई बदलाव नहीं देखा। यहाँ हम अर्थ की स्पष्टता के लिये कुछ लेखकों द्वारा की गयी मीमांसा को लेगें।

दुर्खीम की सामूहिक चेतना की व्याख्या

श्रम विभाजन पुस्तक में दुर्खीम ने यांत्रिक समाजों की सुदृढ़ता का विवेचन किया है। वे कहते हैं कि यह समाज एक निश्चित *आचार संहिता* (Moral Code) पर अपने आपको बनाये रखता है। इस आचार संहिता का आधार लोगों के विश्वास और संवेग होते हैं। *विश्वास वे हैं जिनका तर्क द्वारा खण्डन नहीं किया जा सकता है और ये विश्वास तो पीढ़ी दर पीढ़ी चलते है। हमारे देश में आम आदमी का विश्वास है कि जो इस जन्म में बुरे कार्य करेगा, उसका पुनर्जन्म निम्न योनि में होगा, उसे यातनाएँ भोगनी होंगी। इसी तरह इस समाज का यह विश्वास है कि गरीबों को यातनाएँ नहीं देनी चाहिये। विश्वासों की तरह लोगों के संवेग भी होते हैं। संवेग, भावनाओं, विचारों और मुहावरों से परिपूर्ण होते हैं। ये संवेग व्यक्ति और वस्तु दोनों के प्रति होते हैं। इन्हें देखा नहीं जा सकता लेकिन इसके प्रतीक देखे जा सकते हैं। दुर्खीम ने सामूहिक चेतना की परिभाषा में लिखा है:* "सामूहिक चेतना वह विश्वास और संवेग है जो समाज के औसत सदस्यों में सामान्य रूप से पाये जाते हैं।"

यह संभव है कि समाज में कुछ ऐसे विघटित व्यक्ति हों जो समाज के विश्वास और संवेग की उपेक्षा करें, लेकिन सामान्य सदस्य तो बिना किसी तर्क-वितर्क के सामूहिक विश्वासों और संवेगों का भागीदार होता है।

आदिम समाजों में सामूहिक चेतना बहुत गहन होती है। संथाल या भील जनजाति में जब किसी आपात स्थिति में ढोल बजाकर सारे गाँव को एकत्र किया जाता है, तब बिना किसी प्रश्न के लोग सम्मिलित हो जाते हैं। इस सम्बद्धता का कारण सामान्य विश्वास और संवेग हैं जिनमें आम आदमी की बराबर भागीदारी होती है।

सामूहिक चेतना की पारसंस द्वारा दी गयी व्याख्या

द स्ट्रक्चर ऑफ सोशल एक्शन में पारसंस ने दुर्खीम के श्रम विभाजन पुस्तक की—एक प्रारंभिक आनुभविक रचना के रूप में व्याख्या की है। वे इस पुस्तक में एक अनोखा काम करते हैं। उन्होंने नैतिक जीवन को समाज की सुदृढ़ता का कारण बताया है *और रोचक बात यह है कि वे इस नैतिक जीवन का अध्ययन प्रत्यक्षवादी विज्ञानों की विधि द्वारा करते हैं। इस दृष्टि से सामूहिक चेतना की अवधारणा दुर्खीम की एक सशक्त अवधारणा है।* दुर्खीम का इस तथ्य के साथ गहरा सरोकार है कि आदमी जब किसी भूमिका को करता है तो उसका

मार्गदर्शन *सामान्य नैतिक मूल्यों* (Common Moral Values) द्वारा होता है। यहीं पर दुर्खीम क्रिया के साथ प्रतीकवाद को जोड़ते हैं।

पारसंस ने श्रम विभाजन में प्रयुक्त सामूहिक चेतना का निर्वचन करते हुए लिखा है: "सामूहिक चेतना वह विश्वास और संवेग हैं जो सभी सदस्यों में सामान्य रूप से पाये जाते हैं।"

रेमण्ड एरॉ और सामूहिक चेतना

फ्रान्सीसी विचारक रेमण्ड एरॉ ने दुर्खीम की व्याख्या उनकी कुछ बुनियादी रचनाओं के आधार पर की है। सामूहिक चेतना, एरॉ कहते हैं, दुर्खीम की सामाजिक सिद्धान्त की बुनियादी अवधारणा है। वे इसकी परिभाषा में लिखते हैं: "सामूहिक चेतना का अस्तित्व व्यक्तियों में पाये जाने वाले संवेगों और विश्वासों की चेतना में हैं।"

सामूहिक चेतना की कतिपय अन्य परिभाषाओं को भी लिया जा सकता है। सब मिलाकर जिसमें दुर्खीम भी सम्मिलित हैं, सामूहिक चेतना के अर्थ में विश्वास और संवेग को बुनियादी लक्षण मानते हैं। ये लक्षण प्रतीकों, मूल्यों, और संस्थाओं में देखने को मिलते हैं। सामूहिक चेतना ही हमारी सामाजिक आचार संहिता होती है। श्रम विभाजन पुस्तक का गहनता से अध्ययन करने पर हमें सामूहिक चेतना के कुछ सामान्य लक्षण प्राप्त होते हैं। ये सभी लक्षण किसी भी यांत्रिक यानी अविकसित, आदिम या जिसे पारसंस *अविभेदीकृत समाज* (Undifferentiated Society) कहते हैं, में देखने को मिलते हैं। यांत्रिक समाज की सामूहिक चेतना के सामान्य लक्षणों का हम यहाँ उल्लेख करेगें।

सामूहिक चेतना की विशेषताएँ

दुर्खीम ने श्रम विभाजन के विवेचन में सामूहिक चेतना के लक्षणों का जगह-जगह पर उल्लेख किया है। *इस सम्पूर्ण रचना का मुहावरा नैतिकता या आचार संहिता है।* यांत्रिक समाजों में नैतिकता का सम्बन्ध सामूहिक चेतना से जुड़ा है जबकि सावयवी समाजों में नैतिकता संविदा और कानून से जुड़ी है। सामूहिक चेतना के मुख्य लक्षण इस प्रकार हैं:

(1) **सामूहिक चेतना वास्तविकता है** : दुर्खीम कहते हैं कि अमूर्त रूप से सामूहिक चेतना विश्वास और संवेग में निहित है। मूल्यों और प्रतीकों में भी इसे देखा जा सकता है। लेकिन समाज ने इस तरह के विश्वासों, मूल्यों और संवेगों को संस्था का रूप दिया है और ये संस्थाएँ शून्य में न रहकर वास्तविक रूप में दिखायी देती हैं।

रक्षाबन्धन त्यौहार इस संवेग और विश्वास को प्रतिनिधित्व देता है कि भाई को बहिन की आवश्यकता पड़ने पर रक्षा करनी चाहिये। रक्षा का यह विश्वास मूर्त रूप से इस त्यौहार में देखा जा सकता है। इसी प्रकार आतिथ्य के साथ जो संवेग और मूल्य जुड़े हुए हैं, उन्हें भी वास्तविक रूप में देखा जा सकता है।

(2) **सामूहिक चेतना पीढ़ी दर पीढ़ी चलती रहती है** : आदिम काल से लेकिर आधुनिक समय तक सामूहिक चेतना थोड़े बहुत अन्तर के साथ बराबर चलती रहती है। इसी कारण सामूहिक चेतना *पीढी दर पीढ़ी चलती रहती है।* अपनी इस निरन्तरता के कारण यह चेतना एक पीढ़ी को पूर्ववर्ती पीढ़ियों के साथ जोड़ती है। सयुँक्त परिवार में विश्वास और उसके

साथ जुड़े हुए संवेग सामूहिक चेतना की भावना को सैंकड़ों वर्षों से हमारे देश में निरन्तरता देते रहे हैं। कितने ही युग बीत गये लेकिन हमारे देश में देवी-देवताओं की उपासना की पद्धति जो प्रतीकात्मक है, अब तक चल रही है। दुर्खीम यह कभी नहीं कहते कि सामूहिक चेतना में कभी कोई परिवर्तन नहीं आता। अधिकांश परिवर्तन बाहरी कलेवर में होते हैं, मूलतः सतही होते हैं, लेकिन वास्तविक स्वरूप तो लगभग शाश्वत ही होता है। सदैव से, दुर्खीम कहते हैं, सामूहिक चेतना की यह निरन्तरता की प्रकृति पूरी की पूरी सभ्यता को एक सूत्र में बांध देती है। बात यह है कि सामूहिक चेतना व्यक्ति विशेष के जीवन में देखने को मिलती है लेकिन यह व्यक्ति से ऊपर है—व्यक्ति तो आते हैं और चले जाते हैं पर सामूहिक चेतना किसी झरने की तरह बराबर बहती रहती है।

(3) **व्यक्ति की दो चेतनाओं में, एक सामूहिक चेतना है** : दुर्खीम कहते हैं कि किसी भी व्यक्ति की चेतना दो प्रकार की होती है। एक चेतना उसकी स्वंय की होती है। इसमें उसकी निजी पसन्द नापसन्द होती है। उसका खान-पान, परिधान और अभिरूचियाँ और इसी तरह समाज को देखने और समझने का तरीका उसकी निजी चेतना का क्षेत्र है। उसकी दूसरी चेतना सामूहिक होती है। यहाँ उसकी समझ निजी नहीं होती, सामान्य होती है। जैसा अन्य व्यक्ति यानी समाज सोचता है वैसा ही व्यक्ति भी सोचता है। वह यह नहीं विचार करता–और न ही तर्क करता है कि गाय या सुअर के मांस को खाना चाहिये या नहीं। वह तो यही जानता है कि उसका समाज इस तरह के मांस को खाना ठीक नहीं समझता। गाय को वह सम्माननीय दृष्टि से इसलिये देखता है कि उसका इस प्रकार के विश्वास और संवेग से घिरा हुआ है। एक तरह से देखें तो व्यक्ति के अन्दर ही व्यक्ति का समाज निहित है। समाज की यह धारणा व्यक्ति की सामूहिक चेतना है।

दुर्खीम यह भी बताते हैं कि व्यक्ति की चेतना की तुलना में सामूहिक चेतना अर्थात् जन शक्ति अधिक शक्तिशाली होती है। जब कोटि-कोटि लोगों की चेतना उपेक्षा होती है तो यह सम्पूर्ण समाज पर आघात समझा जाता है। यांत्रिक समाजों में जनशक्ति को हमेशा सर्वोपरि स्थान दिया जाता है। यदि कोई व्यक्ति जनशक्ति से अपने आपको ऊँचा समझता है तो उसे तुरन्त नैतिकता या शारीरिक दण्ड द्वारा दबा दिया जाता है।

(4) **सामूहिक चेतना की गहनता सभी समाजों में समान नहीं होती** : यह समझना भूल होगी कि सामूहिक चेतना का दबाव सभी समाजों में एक समान होता है। उदाहरण के लिये यांत्रिक समाज में सामूहिक चेतना अधिक शक्तिशाली होती है। इसका प्रभाव वैयक्तिक चेतना पर प्रबल रूप में देखा जाता है। इसके ठीक विपरीत सावयवी समाजों में सामूहिक चेतना कमजोर हो जाती है। यहाँ इसका स्थान संविदा और कानून ले लेता है। यांत्रिक समाज में व्यक्ति विशेष कभी भी सामूहिक चेतना की अवहेलना नहीं कर सकता, लेकिन सावयवी समाज में वैयक्तिक चेतना कभी-कभी प्रभावी हो जाती है। *महत्वपूर्ण बात यह है कि यांत्रिक समाज में इथनीसीटी (Ethnicity) बहुआयामी नहीं होती। आदिवासी समाज की संस्कृति, भाषा, तीज-त्यौहार, व्यवसाय आदि एक समान होते हैं।* इसी कारण सामूहिक चेतना सम्पूर्ण आदिवासी समाज में समान रूप में फैली हुई मिलती है।

सावयवी समाज में अगणित जातियाँ, वर्ग, भाषाई और क्षेत्रीय समूह होते हैं। ऐसे समाज में कई उप सामूहिक चेतनाएं होती हैं। दिल्ली जैसे शहर में एक छोटा-बड़ा सम्पूर्ण

भारत निवास करता है। उदाहरण के लिये यहाँ की चितरंजन पार्क बस्ती एक प्रकार से लघु बंगाल है, करोल बाग तमिलों का मुख्य निवास है, पम्पोश बस्ती कश्मीरियों का घर है और मयूर बिहार दक्षिण भारतीयों का मुख्य गढ़ है। प्रत्येक भाषा समूह या क्षेत्रीय समूह की अपनी एक निजी सामूहिक चेतना होती है। ऐसी अवस्था में सम्पूर्ण दिल्ली शहर की कोई विशालकाय सामूहिक चेतना नहीं होती। ऐसे सावयवी समाज को बांधे रखने का काम तो संविदा और कानून करते हैं।

जब दुर्खीम यांत्रिक समाज का विश्लेषण करते हैं, तब दृढ़तापूर्वक कहते हैं कि इस समाज की एकता और सम्बद्धता को बनाये रखने वाले कई कारक हैं। इसमें शक्तिशाली कारक सामूहिक चेतना है। श्रम विभाजन रचना के प्रारम्भ में ही दुर्खीम ने इस सोच को रखा है और अपने सम्पूर्ण अकादमिक जीवन में इस पर जोर देते आये हैं कि यांत्रिक सुदृढ़ता को बनाये रखने में सामूहिक चेतना का बहुत बड़ा योगदान है। वे *दृढ़तापूर्वक कहते हैं कि व्यक्ति अपने समाज की उपज है, न कि समाज व्यक्तियों की उपज है।*

सामाजिक सुदृढ़ता एवं दमनकारी कानून (Repressive Law)

यांत्रिक और सावयवी दोनों प्रकार के समाजों में किसी न किसी प्रकार के कानून अवश्य होते हैं, जो विघटित और अपराधी व्यक्तियों को नियंत्रण में लाते हैं। यांत्रिक समाज में *दमनकारी कानून* (Repressive Law) होते हैं, जबकि सावयवी समाज में *प्रतिकारी कानून* (Restitutive Law)। दुर्खीम के सामने महत्वपूर्ण मुद्दा समाज की सुदृढ़ता को बनाये रखने का था। औद्योगिक क्रांति और वैज्ञानिक अनुसंधानों ने यूरोप के सम्पूर्ण समाज को बिखराव की अवस्था पर पहुंचा दिया था। दुर्खीम की समाज की सुदृढ़ता और प्रतिबद्धता को इसी विशाल ऐतिहासिक संदर्भ में देखा जाना चाहिये। *दुर्खीम, हम दोहरायेगें, श्रम विभाजन का अर्थ वह नहीं लेते जो अर्थशास्त्री लेते हैं। जिस तरह के श्रम विभाजन की बात दुर्खीम करते हैं उसका सरोकार समाज की सम्पूर्ण संरचना से है। ऐसे समाज में तकनीकी या अधिक श्रम विभाजन तो केवल एक अभिव्यक्ति है।* यहाँ पहुंचकर प्रश्न उठता है: जिस प्रकार के श्रम विभाजन की चर्चा दुर्खीम करते हैं, उसके अध्ययन करने की पद्धति क्या हैं? जब हम एक सामाजिक प्रघटना का अध्ययन वैज्ञानिक विधि से करते हैं तो हमें यह अध्ययन हर तरह से *वस्तुनिष्ठ* (Objectively) होकर करना चाहिये। *हमें उन तथ्यों का पता लगाना चाहिये जो समाज की चेतना को बनाते हैं। दुर्खीम कहते हैं कि इस चेतना का मूर्त रूप हमें विधि यानी कानून में देखने को मिलता है।*

दुर्खीम बड़े ही सतही स्तर पर यह कहते हैं कि कानून दो तरह के होते हैं: कानून का एक रूप दमनकारी है जो यांत्रिक समाजों में देखने को मिलता है। यह कानून समाज विरोधी काम करने वाले अपराधियों को दण्ड देता है। दूसरा कानून *प्रतिकारी* (Restitutive) है, जिसे दुर्खीम *सहकारी कानून* (Co-operative Law) कहते हैं। इस कानून का मुख्य मुहावरा यह है कि सामाजिक नियमों को तोड़ने वाले व्यक्ति को दण्ड न देकर उसे पुर्नस्थापित करना है।

वस्तुतः रेमण्ड एरॉ द्वारा दी गई दमनकारी कानून की व्याख्या बहुत स्पष्ट है:

दमनकारी कानून यांत्रिक समाज की सामूहिक चेतना का सूचक है। ये कानून बराबर

संख्या में बढ़ते रहते हैं। इसका कारण सामान्य संवेगों की शक्ति है। जितनी अधिक सामूहिक चेतना वृहद होगी, शक्तिशाली होगी, उतने ही अधिक कानून होगें।

वास्तव में सामूहिक चेतना का मूर्त रूप दमनकारी कानून है और जब दमनकारी कानून की बात चलाते हैं तो सामान्य रूप से प्रश्न उठता है कि आखिर में अपराध क्या है? यह देखा गया है कि अपराधी गतिविधि समाज के लिये हानिकारक होती है। लेकिन यह सत्य नहीं है कि अपराध से समाज को जितनी हानि होती है उसी गहनता से प्रतिकारी कानून लागू किया जाता है। दुर्खीम अपराध की परिभाषा की समस्या को विस्तार से लेते हैं। वे कहते हैं कि आर्थिक संकट की अवस्था में शेयर बाजार लुढ़क जाता है। यह भी संभव है कि यह बाजार एकदम असफल हो जाये। किसी एक हत्या की तुलना में पूरे शेयर बाजार का लुढ़क जाना अधिक हानिकर है। इसमें संदेह नहीं कि हत्या एक बहुत बड़ा अपराध है, लेकिन इसका कोई प्रमाण नहीं कि यह समाज के लिये अधिकतम बुराई है। यदि समाज में एक व्यक्ति कम हो जाता है, तो कोई आसमान सिर पर नहीं गिरता है। दुर्खीम कहना यह चाहते हैं कि न्यूनतम दमन के होते हुए भी कोई एक अपराध समाज के लिये भीषण रूप ले सकता है। वास्तव में अपराध की परिभाषा, जो तार्किक और संतोषजनक हो, देना बहुत कठिन है। दुर्खीम कई तरह के तर्क-वितर्क देते हैं और किसी तरह अपराध की कोई काम चलाउ परिभाषा देने का प्रयास करते हैं।

वे अपराध की किसी भी परिभाषा में विश्वास, संवेग, मूल्य, संविदा आदि सम्मिलित करते हैं। *मोटे रूप में अपराध वह है जो सामूहिक चेतना को आघात पहुँचाता है, उसे तिरोहित करता है।*

रेमण्ड एरॉ ने दुर्खीम द्वारा दी गयी अपराध की परिभाषा का विवेचन किया है:

अपराध समाज द्वारा निर्धारित किसी अनिवार्य क्रिया या निषेध का उल्लंघन है।

रेमण्ड एरॉ ने अपराध की परिभाषा पर जो आलोचनात्मक टिप्पणी की है इससे बहुत स्पष्ट है कि प्रत्यक्ष या परोक्ष रूप से समाज के *किसी भी सदस्य की वह क्रिया जो सामूहिक चेतना को आघात पहुँचाती है, अपराध है।* दुर्खीम की अपराध की इस प्रकार की व्याख्या स्पष्टतः समाजशास्त्रीय है। *अपराध समाजशास्त्रीय पदावली में वह क्रिया है जो सामूहिक चेतना का निषेध करती है।* अपराध की यह व्याख्या उन लोगों के लिये जो आदिम समाज से दूर है, बेमतलब होगी। लेकिन किसी भी समाजशास्त्रीय अध्ययन में अपराध की व्याख्या या परिभाषा तो सामूहिक चेतना के संदर्भ में ही देना चाहिये। अगर दुर्खीम की इस परिभाषा को स्वीकार कर लें तो किसी व्यक्ति को अपराधी कहने का मतलब यह नहीं है कि वह ईश्वर की उपेक्षा करता है। समाजशास्त्रीय व्याख्या तो स्पष्ट है कि इस अपराधी व्यक्ति ने अपने गाँव, कबीले या शहर के कानून का उल्लंघन किया है। अगर इस दृष्टि से देखें तो दुर्खीम और एरॉ दोनों कठिनाई में पड़ जाते हैं। सुकरात ने अपने समय की सामूहिक चेतना की अवहेलना की। वहाँ की प्रजा ने उन पर पत्थर फेकें। गांधी जी ने अस्पृश्यता निवारण के लिये जो आन्दोलन चलाया वह भी हिन्दुओं की सामूहिक चेतना का उल्लंघन था। स्पष्ट शब्दों में सुकरात और गांधी जी दोनों ही सामूहिक चेतना यानी सामाजिक कानून के निषेध करने वाले थे। दुर्खीम के अनुसार ये दोनों ही अपराधी थे। और रोचक बात यह है कि एरॉ

जैसे कतिपय विचारक भी इस तरह के अपराधियों के समर्थक हैं।

अगर हम दुर्खीम की परिभाषा को विश्लेषण के अंतिम तर्क तक ले जाते हैं तो वास्तव में सुकरात या गांधीजी को अपराधी बताना चौंकाने वाला है। लेकिन दुर्खीम को इससे कोई भय नहीं। अपराध की समाजशास्त्रीय परिभाषा अपने अमूर्त रूप में सापेक्षिक है। इस परिभाषा के इस सापेक्षिक रूप को कोई भी स्वीकार नहीं करता और यही दुर्खीम की कठिनाई है।

जहाँ दुर्खीम ने अपराध को परिभाषित किया है, *वहीं वे दण्ड की व्याख्या भी करते हैं। दण्ड का उद्देश्य जैसा कि प्रायः लिया जाता है, अपराधी को ऐसा दण्ड देना है कि वह भविष्य में कभी भी ऐसी क्रिया न करे। मतलब हुआ तत्कालीन दण्ड व्यवस्था का उद्देश्य इस तरह के दण्ड देने में था जो भविष्य में अपराध की पुनरावृत्ति को रोक सके।*

दुर्खीम अपराध की इस तरह की परम्परागत व्याख्या या परिभाषा को स्वीकार नहीं करते। *उनके अनुसार दण्ड का अर्थ और उद्देश्य यह नहीं है कि अपराधी व्यक्ति को भयभीत किया जाये, उसे अपराध करने से रोका जाये। दुर्खीम की दृष्टि में अपराध का उद्देश्य सामूहिक चेतना को संतोष देना मात्र है।* वास्तव में यांत्रिक समाज में किसी भी व्यक्ति के अपराध करने का मतलब हुआ सामूहिक चेतना को आघात पहुँचाना। ऐसे व्यक्ति का उद्धार या सुधार होना चाहिये। जब अपराधी को सुधार या उद्धार के लिये कोई दण्ड दिया जाता है तो इसका मतलब सामूहिक भावनाओं को सम्मान देना होता है। दुर्खीम की दण्ड की परिभाषा आधुनिक दण्ड व्यवस्था से भिन्न है। *जहाँ आदिम दण्ड व्यवस्था अपराधी को पुनः अपराध न करने के लिये दण्डित करती है, दमन करती है; वहाँ आधुनिक दण्ड व्यवस्था अपराधी में सुधार लाने या उसका उद्धार करने में पहल करती है।*

दुर्खीम उनके द्वारा दिये गये अपराध के कानून को अधिक संतोषजनक मानते हैं क्योंकि किसी भी दण्ड का उद्देश्य समाजशास्त्रीय पदावली में अपराधी को भयभीत करना नहीं होता। शायद दुर्खीम का सोच समाजशास्त्रीय संदर्भ में सही हो लेकिन हमें इस तथ्य को नहीं भूलना चाहिये कि यदि दण्ड का उद्देश्य केवल सुधार और उद्धार करना है, तो इसके न्याय करने वाले अधिकारियों की प्रतिष्ठा बढ़ेगी नहीं। दुर्खीम की इस व्याख्या से शायद पेरेटो जैसा सनकी विचारक सहमत हो जाये। यह इसलिये की बहुत सारे दण्ड सामूहिक चेतना की प्रतिशोध की भावना को पूरा करने के लिये ही दिये जाते हैं। लेकिन पेरेटो यह भी कहेंगे कि हमें न्यायाधीशों के सम्मान को रखने का भी प्रयत्न करना चाहिये।

दुर्खीम ने अपराध और दण्ड की जो समाजशास्त्रीय व्याख्या की है, उससे एक बात निश्चित है। यांत्रिक समाजों में दण्ड की जो व्यवस्था है, वह सामूहिक चेतना का सम्मान है। और अपराध का कानून यांत्रिक समाज में जिस किसी रूप में मिलता है, समाज की सुदृढ़ता बनाये रखने के लिये एक शक्तिशाली कड़ी है।

यांत्रिक समाज की विशेषताएँ (Characteristics of Mechanical Society)

दुर्खीम के तत्कालीन समाज की समस्या इस तथ्य का विश्लेषण करने में थी कि व्यक्ति और समाज दोनों के बीच में किस तरह के सम्बन्ध थे। उस युग में दुर्खिम ने ही नही अन्य समाज वैज्ञानिकों ने भी इसी समस्या को उठाया था। वास्तव में व्यक्ति और समाज के सम्बन्धों की

यह समस्या सामाजिक उद्विकास की समस्या भी थी। यह व्यक्ति और समाज के सम्बन्ध ही हैं जो समाज को दो भागों में बाँट देते हैं- यांत्रिक समाज और सावयवी समाज। दोनों तरह के समाजों के सामने सुदृढ़ता एक अनिवार्य तत्व रहा है। इस सुदृढ़ता के कई कारण हैं।

दुर्खीम उपयोगितावादियों और हर्बट स्पेन्सर के इस मत से सहमत थे कि परम्परागत समाजों के आधुनिक समाजों की ओर परिवर्तित होने का एक प्रमुख आधार श्रम विभाजन या विशेषीकरण रहा है। लेकिन उपयोगितावादियों ने श्रम विभाजन में आर्थिक कारणों को केन्द्रीय स्थान दिया है। दुर्खीम सुदृढ़ता का कारण आर्थिक नहीं मानते। *यांत्रिक समाज की सुदृढ़ता बनाये रखने में सामूहिक चेतना और दमनकारी कानून महत्वपूर्ण हैं। दूसरी ओर सावयवी सुदृढ़ता वाले समाजों में व्यक्तिवाद अधिक होता है और कानून भी प्रतिकारी बन जाता है। यहाँ हम, दुर्खीम ने यांत्रिक समाजों की जो विशेषताएँ बतायी हैं, उनका बहुत संक्षेप में वर्णन करेगें:*

(1) **अविभेदीकृत या भेदभाव रहित समाज** : दुर्खीम के युग में और उनके बाद भी समाजशास्त्रियों और मानवशास्त्रियों ने समाज का दोहरा वर्गीकरण किया है। उदाहरण के लिये टॉनीज ने जेमेनशाफ्ट और जैसलशाफ्ट समाजों का वर्गीकरण रखा है। रोबर्ट रेडफिल्ड ने बाद में चलकर ग्रामीण-नगरीय (Folk-Urban) समुदायों की चर्चा की है। बेकर ने धर्म तथा धर्म निरपेक्ष समुदायों (Sacred and Secular Communities) की बात कही है।

जब दुर्खीम यांत्रिक या भेदभावरहित समाज की व्याख्या करते हैं तो ऐसे समाज से उनका तात्पर्य आदिम और ग्रामीण समाज से है। इस समाज में भेदभाव तो होता ही है, गैर-बराबरी भी पायी जाती है। लेकिन यह सब उम्र, लिंग और आनुवंशिकता पर आधारित होते हैं। इन समाजों में आर्थिक गैर-बराबरी केवल नाम मात्र की होती है। भूमि व्यक्तिगत नहीं होती। केवल गाँव या कबीले या मुखिया आनुवंशिकता के आधार पर दूसरों से ऊंचा होता है। जो भी निर्णय लिये जाते हैं, पंचायत द्वारा लिये जाते हैं। इस समाज में पंच परमेश्वर यानी सर्वोपरि माने जाते हैं।

(2) **व्यक्ति का द्वैतीयक स्थान** : यांत्रिक समाज में व्यक्तियों का स्थान गौण होता है। वास्तव में दुर्खीम 19 वीं शताब्दी के व्यक्तिवाद के विरोधी थे। जैसे पानी की बूंदे समुद्र में अपना अस्तित्व खो देती है, वैसे ही व्यक्ति समाज में अपना अस्तित्व खो देते हैं। व्यक्ति की स्वंय की चेतना होती है। अपनी इस चेतना के आधार पर ही वह अपने निजी कार्य करता है। लेकिन जैसे ही उसकी वैयक्तिक चेतना समाज की चेतना के रुबरु होती है, तब उसकी वैयक्तिक चेतना द्वैतीयक बन जाती है, गौण हो जाती है।

(3) **सामूहिक चेतना** : सामूहिक चेतना का मतलब है समुदाय के विश्वास और संवेगों में समाज के प्रत्येक सदस्य की सामान्य भागीदारी। जब कोई भी समाज का सदस्य या बाहरी व्यक्ति समाज के विश्वास और संवेग के प्रति अंगुली उठाता है, तो यह सम्पूर्ण समाज की अस्मिता को उपेक्षा की दृष्टि से देखना है। सामूहिक चेतना पीढ़ी दर पीढ़ी और काल दर काल चलती है। यह व्यक्ति और समय के ऊपर है।

(4) **दमनकारी कानून** : दुर्खीम यह मानकर चलते हैं कि यांत्रिक समाज की सुदृढ़ता विश्वास और संवेग के कारण है। अतः उनकी दृष्टि में कोई भी व्यक्ति *जो समाज के विश्वास और संवेगों को आघात पहुँचाता है, अपराध करता है। ऐसे अपराधी को दण्ड देने*

का काम समाज करता है। दमनकारी कानून का उद्देश्य समाज की सुदृढ़ता को बनाये रखना होता है। अतः जब कोई व्यक्ति कानून का उल्लंघन करता है, तो कानून उस अपराधी से उस अपराध द्वारा की गयी क्षति की पूर्ति करवाने का प्रयत्न करता है।

(5) **आचार संहिता** : यांत्रिक समाज से लेकर सावयवी समाज तक की व्याख्या में दुर्खीम इस तथ्य पर बराबर जोर देते हैं कि समाज की सुदृढ़ता आचारों पर निर्भर है। वास्तव में यांत्रिक और सावयवी दोनों प्रकार के समाज नैतिकता के धरातल पर खड़े होते हैं। यह अवश्य है कि सावयवी समाजों के नैतिक धरातल में कुछ दरारें आ जाती हैं, लेकिन यांत्रिक समाज तो जो वस्तुतः अविभेदीकृत यानी भेदभाव रहित समाज है, नैतिकता द्वारा ही अपनी सुदृढ़ता बनाये रखता है।

दुर्खीम ने यांत्रिक समाज का विवेचन कई कारकों द्वारा किया है। सैद्धान्तिक आधार पर वे यांत्रिक समाज को सामाजिक उद्विकास की कड़ी के साथ जोड़ते हैं। वे इस समाज के विश्लेषण में व्यक्तिगत तथा मनोवैज्ञानिक कारकों को स्वीकार नहीं करते। वे उपयोगितावादी विश्लेषण का भी खण्डन करते हैं। *इस समाज को वे सब मिलाकर भेदभाव रहित, तथा सामूहिक चेतना और दमनकारी कानून की सीमाओं में बंधा हुआ, एक सम्बद्ध समाज मानते हैं।*

सावयवी समाज एवं उसकी सुदृढ़ता (Organic Society and its Solidarity)

दुर्खीम ने सावयवी समाज और उसकी सुदृढ़ता का उल्लेख अपनी पुस्तक के पहले भाग में किया है और दूसरे भाग में वे उन कारणों व दशाओं का वर्णन करते हैं जो श्रम विभाजन के लिये उत्तरदायी हैं। यहीं पर वे उपयोगितावादियों के इस तर्क को कि बढ़ते हुए श्रम विभाजन का कारण *सुख-शान्ति* (Happiness) की खोज है, खण्डन करते हैं। सावयवी समाज *संविदागत सुदृढ़ता* (Contractual Solidarity) पर निर्भर होता है। वास्तव में, दुर्खीम की संविदागत सुदृढ़ता स्पेन्सर की औद्योगिक सुदृढ़ता से भिन्न है। स्पेन्सर का कहना है कि औद्योगिक सुदृढ़ता का एक मात्र आधार संविदागत है। यह संविदा व्यक्ति को पूर्णरूप से स्वतन्त्र विनिमय के अवसर प्रदान करता है। स्पेन्सर कहते हैं कि सभी औद्योगिक कामकाज मुक्त विनिमय के माध्यम से होते हैं और ऐसे समाज में व्यक्ति की गतिविधियाँ प्रभावशाली बन जाती हैं। इस तरह की संविदागत सुदृढ़ता स्थायी नहीं होती।

दुर्खीम स्पेन्सर द्वारा प्रतिपादित औद्योगिक सुदृढ़ता की अवधारणा से सहमत नहीं हैं। उनका कहना है कि औद्योगिक क्रान्ति के परिणामस्वरुप *निश्चित रूप से संविदागत सम्बन्धों में विकास होता है। लेकिन इनके साथ-साथ असंविदागत सम्बन्ध (Non-Contractual Relations) भी बराबर विकसित होते हैं।* इस तथ्य का प्रमाण हमारी विभिन्न सामाजिक क्रियाओं में देखने को मिलता है। उदाहरण के लिये हमारे स्थानीय कानून अधिक विस्तृत और जटिल बन जाते हैं। दुर्खीम ने सावयवी सुदृढ़ता को बढ़ते हुए श्रम विभाजन के साथ जोड़ा है और वे कहते हैं कि *जितना अधिक श्रम विभाजन होगा उतनी ही अधिक सावयवी सुदृढ़ता होगी।*

वास्तव में, दुर्खीम बढ़ती हुई औद्योगिक क्रांति से भयभीत नहीं होते। उनका कहना है कि यांत्रिक समाज में ज्यों-ज्यों विशिष्टीकरण बढ़ता है, भेदभाव विकसित होता है, और

गैर-बराबरी आती है, त्यों-त्यों यह समाज उद्विकास के सोपान पर सावयवी स्तर तक पहुँचता है। यह कभी नहीं समझना चाहिये कि श्रम विभाजन के परिणामस्वरूप समाज टूट जायेगा। दुर्खीम का यह निष्कर्ष स्पेन्सर से भिन्न नहीं है। जहाँ स्पेन्सर औद्योगिक सुदृढ़ता का कारण व्यक्ति की स्वतन्त्र विनिमय करने की क्षमता मानते हैं, वहाँ दुर्खीम सावयवी सुदृढ़ता का बुनियादी आधार संविदागत सम्बन्ध मानते हैं।

सावयवी समाज का अर्थ

वास्तव में, दुर्खीम ने कहीं पर भी निश्चित शब्दों में सावयवी समाज की परिभाषा नहीं दी है। फिर भी उन्होंने जो कुछ कहा है उसके आधार पर इस समाज की व्याख्या की जा सकती है। दुर्खीम बराबर आग्रहपूर्वक यह लिखते हैं कि सावयवी समाज में संविदा बहुत बड़ी विशेषता है। इस समाज में अत्यधिक श्रम विभाजन होता है और समाज के सदस्य अपनी भूमिका का, कुछ निश्चित शर्तों के अनुसार, सम्पादन करते हैं। यह इस तरह का समाज है जिसकी व्यवस्था व्यक्ति संविदा द्वारा बनाये रखना है। रेमण्ड एरॉ ने दुर्खीम के विश्लेषण पर अपनी आलोचनात्मक टिप्पणी की है। वे कहते हैं कि दुर्खीम संविदा की चर्चा तो करते हैं लेकिन यह समझना भूल होगी कि *सावयवी समाज वस्तुतः संविदा समाज है। सावयवी समाज में जिसकी व्याख्या दुर्खीम करते हैं संविदा व्यक्ति नहीं करता। यदि सावयवी समाज को संविदा समाज समझा जाये तो यह दुर्खीम ने जो कुछ कहा है उसका अनर्थ हो जायेगा। दुर्खीम के किसी भी विश्लेषण में व्यक्ति की कोई महत्वपूर्ण भूमिका नहीं होती।* वास्तव में संविदा समाज की अवधारणा स्पेन्सर की है। स्पेन्सर ने तो यह मुहावरा दिया कि यांत्रिक समाज दमनकारी कानून से उठकर सावयवी समाज तक आते-आते संविदा समाज बन जाता है।

यह ठीक है कि सावयवी समाज में या आधुनिक समाज में संविदा की भूमिका बहुत अधिक है। *वास्तव में दुर्खीम का कहना है कि व्यक्तियों के बीच में जो संविदा होती है वह व्यक्तियों के सामाजिक संदर्भ द्वारा निश्चित की जाती है। इसका अर्थ हुआ कि व्यक्ति के ऊपर सामाजिक संरचना प्रभावशाली होती है।* दुर्खीम के इस तर्क की व्याख्या करते हुए एरॉ लिखते हैं: "संविदा या अनुबन्ध व्यक्तियों के बीच में पूरे किये जाते हैं। लेकिन इनकी शर्तें और नियम समाज द्वारा निश्चित किये जाते हैं। समाज यह तय करता है कि कौन सी शर्त या नियम सही या गलत है, किसे स्वीकार करना चाहिये और किसे नहीं।"

रेमण्ड एरॉ ने दुर्खीम द्वारा किये गये सावयवी समाज की हर दृष्टि से व्याख्या की है। वे कहते हैं कि यदि सावयवी समाज को केवल संविदा या अनुबन्ध की दृष्टि से देखें तो यह दुर्खीम द्वारा दिये गये तर्क को उलट देना होगा। वास्तव में आधुनिक समाज को संविदा प्रधान बनाने का उत्तरदायित्व अर्थशास्त्रियों और स्पेन्सर जैसे कतिपय समाजशास्त्रियों का है। दुर्खीम का तो तर्क है कि व्यक्तियों के बीच में जो भी स्वतन्त्र विनिमय होते हैं, संविदा या अनुबन्ध द्वारा उन्हें पूरा किया जाता है। *इन सबके पीछे समाज की शर्तें सर्वोपरि होती हैं। अनुबन्ध की जो भी शर्तें और नियम होते हैं, वे समाज के मूल्यों और परम्पराओं की परिधि से बाहर नहीं होते। संविदा का अंतिम निर्णायक समाज ही होता है।* एरॉ का तो कहना है कि दुर्खीम के सावयवी समाज की विशेषता *सामाजिक विभेदीकरण* (Social Differentiation) या गैर-बराबरी है। एरॉ सावयवी समाज की परिभाषा करते हुए लिखते

हैं: "आधुनिक समाज की पहली और सबसे बड़ी परिभाषा यह है कि इसमें सामाजिक विभेदीकरण होता है और अनुबन्ध या संविदा तो इस विभेदीकरण की अभिव्यक्ति मात्र है।"

वास्तव में दुर्खीम के सावयवी समाज को सापेक्षिक रूप से समझना चाहिये। *वे कहते हैं कि सावयवी समाज स्पेन्सर के संविदागत सम्बन्धों (Contractual Relations) का समाज नहीं है।* पारसंस भी दुर्खीम के सावयवी समाज की ऐसी ही व्याख्या करते हैं। वे लिखते हैं : "दुर्खीम का सावयवी समाज स्पेन्सर के *संविदा सम्बन्धों (Relations of Contract) का प्रतिवाद (Anti-thesis) है।"*

पारसंस की व्याख्या एरॉ की तरह ही है लेकिन उनसे कुछ भिन्न। पहली बात तो यह है कि दुर्खीम अपने जीवन पर्यन्त उपयोगितावाद के विरोधी रहे। इसी कारण वे स्पेन्सर के संविदागत सम्बन्धों को अस्वीकार करते हैं। इससे आगे पारसंस की व्याख्या यह है कि अनुबन्ध या संविदा की जिन शर्तों को व्यक्ति स्वीकार करते हैं, *वे समाज में पहले से ही उपलब्ध हैं और उनका अस्तित्व संविदा से स्वतन्त्र है। पारसंस का यह कहना है कि सामाजिक सम्बन्धों और व्यापार-धन्धे में व्यक्तियों के बीच में जो भी सौदा या कार्य सम्पादन होता है, उसकी शर्तें समाज द्वारा पहले से ही निर्धारित होती हैं। संविदा तो केवल समाज की उपज मात्र है।*

यदि हम सावयवी समाज की कोई सांगोपांग व्याख्या करें तो यही कहेगें कि *इस समाज में सामाजिक विभेदीकरण, विशिष्टीकरण और गैर-बराबरी अधिक होती हैं। यह विभेदीकरण ही अनुबन्ध सम्बन्धों को जन्म देता है। समाज में जितना अधिक विभेदीकरण होगा, उतने ही लोगों के बीच में सौदेबाजी के सम्बन्ध संविदागत होगें। अतः जहाँ यांत्रिक समाज में सामूहिक चेतना होती है, दमनकारी कानून होते हैं, वहाँ सावयवी समाज में विकसित विभेदीकरण होता है, अपेक्षित रूप से सामूहिक चेतना अनुपस्थित होती है और इसके स्थान पर संविदागत सम्बन्ध अधिक होते हैं। इस समाज में दमनकारी कानून का स्थान प्रतिकारी कानून ले लेता है।*

बढ़ते श्रम विभाजन के कारण (Causes of Division of Labour)

दुर्खीम के सावयवी समाज की अवधारणा उद्विकास का एक परिणाम है। प्रारंभिक वर्षों में समाज की आवश्यकताएँ बहुत सीमित थी। इन आवश्यकताओं की पूर्ति सामान्य श्रम विभाजन द्वारा हो जाती थी। लेकिन जब समाज की आवश्यकताएँ बढ़ी तब समाज का विभेदीकरण भी बढ़ा। बढ़ते हुए विभेदीकरण के कारण श्रम विभाजन भी विकसित हुआ और इसके साथ जटिलताएँ भी आयी। बढ़ते हुए विभेदीकरण ने श्रम विभाजन को बढ़ाया और परिणामस्वरूप सावयवी समाज का उद्‌गम हुआ। इस समाज की विशेषताओं का विवरण और विश्लेषण हम अगले पृष्टों में देंगे।

सावयवी समाज की विशेषताओं का सिलसिले से उल्लेख करने के पहले हमें यह जानना चाहिये कि आखिर इस प्रकार के समाज में श्रम विभाजन होने के कारण क्या हैं? वे कौन से कारक हैं जो श्रम विभाजन को त्वरित गति देते हैं ? ये कारण निम्नलिखित है।

(1) **जनसंख्या के घनत्व में वृद्धि** : शायद संसार की आज सबसे बड़ी समस्या जनसंख्या विस्फोट है। कुछ उन्नत देशों को छोड़कर अफ्रीका और एशिया जैसे देशों में जनसंख्या विस्फोट ने भयावह रूप ले लिया है। जनसंख्या वृद्धि के साथ-साथ शहरीकरण

की प्रक्रिया भी त्वरित हो रही है। गाँव शहर बन रहे हैं और शहर, नगर या महानगर। जब जनसंख्या का घनत्व बड़े शहरों में बढ़ जाता है तब लोगों की आवश्यकताएँ भी विविध हो जाती हैं। कोई भी महानगर, उदाहरण के लिये हमारे देश में कलकत्ता, बम्बई और दिल्ली, जटिल श्रम विभाजन के दृष्टान्त हैं। औद्योगीकरण, शहरीकरण और आधुनिकीकरण ने महानगरों की जटिलता को हवा दी है। विभिन्न संस्कृतियों, धर्मों तथा वर्ग व जातियों के लोग महानगर में निवास करते हैं। लोगों की इस विभिन्नता ने महानगरों की आवश्यकताओं को भी विभिन्नता दी है। इस आधुनिक प्रक्रिया के परिणामस्वरूप श्रम विभाजन जटिल हो गया है और रोचक बात यह है कि आये दिन ऐसे समाजों की आवश्यकताओं के क्षितिज भी बदलते और बढ़ते रहते हैं। जितना अधिक जनसंख्या का घनत्व होगा उतना ही अधिक समाज विभेदीकरण की ओर बढ़ेगा।

(2) **जनसंख्या के नैतिक घनत्व में वृद्धि** : यह उल्लेखनीय बात है कि दुर्खीम के विवरण में हर स्थान पर नैतिकता का पहलू प्राथमिक स्थान ग्रहण करता है। दुर्खीम का तर्क है कि जनसंख्या में वृद्धि के साथ सामाजिक संरचना में जटिलता आती है। बहुत स्पष्ट है कि एक ही समूह अथवा व्यक्ति सभी कामों को नहीं कर सकते। अतः श्रम विभाजन अवश्यम्भावी है। वैसे उपयोगितावादियों और *सुखवादियों* (Hedonist) ने श्रम विभाजन के कारण कुछ दूसरे दिये हैं। उपयोगितावादी आग्रहपूर्वक कहते हैं कि श्रम विभाजन का कारण यह है कि लोग अधिक से अधिक विशिष्टीकरण करके सुख शांति चाहते हैं। सुखवादियों का भी यही आग्रह है कि श्रम विभाजन से आदमी की सुख शांति की खोज पूरी हो जाती है। दुर्खीम श्रम विभाजन के इन कारणों से असहमत हैं।

दुर्खीम के अनुसार श्रम विभाजन न तो व्यक्ति द्वारा अपने हित, रूचि अथवा संख्या की समझ पर निर्भर करता है और न यह उपयोगितावाद पर आधारित है। *दुर्खीम के अनुसार श्रम विभाजन एक विशुद्ध सामाजिक प्रक्रिया है।* इस प्रक्रिया का पहला पक्ष जनसंख्या की वृद्धि है। इसका दूसरा पक्ष नैतिक है। *यह समाज का नैतिक दायित्व है कि बढ़ती जनसंख्या के साथ प्रत्येक व्यक्ति को समाज में उचित स्थान और कार्य प्रदान करे।*

सावयवी समाज की विशेषताएँ

यांत्रिक समाज जनसंख्या के घनत्व में वृद्धि तथा जनसंख्या के नैतिक घनत्व में वृद्धि के कारण बराबर सावयवी समाज का स्वरूप ग्रहण करता है। इस समाज की विशेषताएँ इस प्रकार हैं :

(1) **विभेदीकरण की जटिल प्रक्रिया** : हमने ऊपर कहा है कि सावयवी समाज की आवश्यकताएँ बराबर बढ़ती रहती हैं। जितना अधिक समाज में विशिष्टकीकरण होगा, उतनी ही अधिक समाज की विशिष्ट आवश्यकताएँ होंगी। जो आवश्यकताएँ न्यूयार्क शहर के महानगर की हैं, वे बम्बई शहर की नहीं। वास्तविकता यह है कि विशिष्टीकरण की अधिकता समाज में विभेदीकरण करती है। हमारे देश में पंचवर्षीय योजनाओं, बड़े उद्योगों, कम्प्यूटरीकरण आदि के कारण एक छोटे गाँव से लेकर शहर तक विभेदीकरण आया है। कृषि में पूँजीवाद के सूत्रपात से क्रान्ति आयी है जिसे हम हरित क्रान्ति कहते हैं। गाँवों में भी वर्ग व्यवस्था आ गयी है। उपभोक्तावाद के क्षितिज, मीडिया के कारण बराबर बढ़ रहे

हैं। कुल मिलाकर तर्क यह है कि आये दिन गैर-बराबरी की दिसाएं बराबर जटिल हो रही है। इस प्रकार का विभेदीकरण मुख्यतया श्रम विभाजन द्वारा आता है और यही सावयवी समाज की बहुत बड़ी विशेषता है।

(2) **समाज के विभिन्न अंगों एवं व्यक्तियों में अन्योन्याश्रयन की वृद्धि** : औद्योगिक समाज की बहुत बड़ी विशेषता इसकी *प्रकार्यात्मक निर्भरता* (Functional Dependence) है। मद्रास का एक कारखाना अपने कच्चे माल के लिये दुनियाँ भर के देशों पर निर्भर रहता है। एक कारीगर के काम को दूसरा कारीगर आगे बढ़ाता है, और यह सिलसिला वस्तु को बाजार में उपभोक्ता तक पहुँचाता है। यह एक तरह की कड़ी है जो ठेठ गाँव के आदमी को सम्पूर्ण राष्ट्र तक पहुँचाती है। कुल मिलाकर औद्योगिक समाज में कोई भी कार्य अपने आप में पूर्ण नहीं है। एक का काम दूसरे पर निर्भर है। करघे से कपड़ा नहीं निकलेगा तो थोक व्यापारी तक कपड़ा नहीं पहुँचेगा। इसी को दुर्खीम प्रकार्यात्मक निर्भरता कहते हैं। *रोचक तथ्य यह है कि सावयवी समाज में अत्यधिक विविधता होते हुए भी प्रकार्यात्मक निर्भरता के कारण सम्पूर्ण समाज में सम्बद्धता पायी जाती है।*

(3) **श्रम विभाजन में वृद्धि तथा विभिन्न व्यवसायों और पेशों का विकास** : दुर्खीम ने यह तर्क दिया है कि सावयवी समाज में एक प्रकार का गतिशील घनत्व होता है। इससे उनका तात्पर्य यह है कि *यदि समाज में विभेदीकरण होता है तो इसके परिणामस्वरूप समाज के व्यक्तियों में प्रभावपूर्ण सम्पर्क होते हैं।* इसका मतलब यह हुआ कि लोग एक दूसरे से पृथक समूहों में नहीं रहते जैसा कि यांत्रिक समाज में होता है। सावयवी समाज में तो व्यक्ति खुले रूप से मिलते हैं। *वास्तव में सावयवी समाज खण्डों में बंट जाता है और एक खण्ड दूसरे खण्ड के साथ प्रकार्यात्मक रूप से जुड़ा रहता है। लेकिन यहाँ यह नहीं भूलना चाहिये कि घनत्व की गतिशीलता भौतिक घनत्व पर निर्भर है। और भौतिक घनत्व तब अधिक होता है जब बहुत बड़ी संख्या में लोग एक दूसरे के सम्पर्क में आते हैं। इस तरह अंतिम विश्लेषण में यह कहा जाना चाहिये कि सामाजिक विभेदीकरण समाज के सदस्यों में वृद्धि यानी जनसंख्या वृद्धि के कारण होता है।*

यह नहीं समझना चाहिये कि दुर्खीम जनसंख्या वृद्धि के समर्थक थे। माल्थस और डार्विन ने जब जनसंख्या वृद्धि के सिद्धान्त को प्रेषित किया तो उनका तात्पर्य यह था कि अधिक जनसंख्या में भोजन के वितरण के लिये प्रतियोगिता होगी—सही अर्थों में यह प्रतियोगिता जीविकोपार्जन के लिये होगी। लेकिन दुर्खीम जनसंख्या वृद्धि का कारण कुछ और बताते हैं। वे जीविकोपार्जन से आगे बढ़कर यह कहते हैं कि बढ़ी हुई जनसंख्या का उद्देश्य अपने लक्ष्यों को प्राप्त करना होता है—लोग जीवन में संतोष पाना चाहते हैं, सामाजिक प्रतिष्ठा चाहते हैं। *अतः दुर्खीम का तर्क है कि बढ़ती हुई जनसंख्या जीविकोपार्जन की प्रतियोगिता की अपेक्षा अपनी महत्वाकांक्षाओं और प्रतिष्ठा प्राप्ति के लिये संघर्ष करती है। यह प्रतिष्ठा समाज से मिलती है और इसी कारण श्रम विभाजन में वृद्धि होती है और विभिन्न व्यवसायों तथा पेशों का विकास होता है।*

(4) **सामूहिक प्रतिनिधान** : दुर्खीम ने *सामूहिक प्रतिनिधान* (Collective Representation) की अवधारणा का प्रयोग केवल श्रम विभाजन पुस्तक से ही किया हो, ऐसा नहीं है। इस अवधारणा का उल्लेख उन्होंने सामाजिक तथ्यों और धर्म के समाजशास्त्र

में भी किया है। इस अवधारणा के सम्बन्ध अपने मूल में सावयवी समाज के साथ है। इस समाज में लोगों के जो भी विचार, संवेग अनुबन्ध, रीति-रिवाज आदि होते हैं, इन सबकी अभिव्यक्ति सामूहिक प्रतिनिधानों में होती हैं। सामूहिक प्रतिनिधान एक प्रकार से सावयवी समाज की *सांझा संस्कृति* (Composite Culture) होती है। हमारे देश में होली, दिवाली, दशहरा, गणतन्त्र दिवस, गांधी जयन्ती आदि ऐसे अवसर है, जिनमें सावयवी समाज के सभी सदस्यों की भागीदारी होती है। अतः सीमित अर्थों में सामूहिक प्रतिनिधान सावयवी समाज की वे सामान्य संस्थाएं हैं जो साधारण जनजीवन का प्रतिनिधित्व करती हैं। *जो स्थान यांत्रिक समाज में सामूहिक चेतना का है, वही स्थान सावयवी समाज में सामूहिक प्रतिनिधान का है।*

(5) **प्रतिकारी कानून** : दुर्खीम ने श्रम विभाजन में कानून, अपराध, दण्ड आदि अवधारणाओं का खूब प्रयोग किया है। यांत्रिक समाज में पाया जाने वाला दमनकारी कानून एक तरह से सामान्य विश्वासों और संवेगों का अभिसूचक है। जब समाज में सदस्य लगभग एक ही स्तर पर होते हैं, तब उनमें सामूहिक चेतना की भूमिका सम्बद्धता लाने के लिये प्रभावी रूप से काम करती है। *इसका मतलब यह हुआ कि यदि लोगों का सामाजिक जीवन एक जैसा है तो वे समान विश्वासों और संवेगों में बराबर भागीदारी करते हैं। ठीक इसके विपरीत प्रतिकारी कानून सामाजिक विभेदीकरण का अभिसूचक है।*

होता यह है कि सावयवी समाज में कई प्रकार के *खण्ड* (Segment) होते हैं। प्रत्येक खण्ड की अपनी एक सांस्कृतिक, आर्थिक और *इथनिक* (Ethnic) पहचान होती है। ऐसे समाज में जितने अधिक खण्ड होंगे यानी जितना अधिक विभेदीकरण होगा, उतने ही अधिक कानून होंगे। इस कानून का उद्देश्य दण्ड देना न होकर नागरिकों को सामान्य जीवन में पुनर्स्थापन करना होता है। इसी कारण प्रतिकारी कानून को कई बार *पुनर्स्थापना कानून* (Restitutive Law) भी कहते हैं। सावयवी समाज की इस प्रकार प्रतिकारी कानून के रूप में एक विशेष पहचान है।

श्रम विभाजन के असामान्य स्वरूप
(Abnormal Forms of Division of Labour)

किसी महानगर की यह सामान्य तस्वीर है : सुबह से लेकर शाम तक भाग-दौड़ है। लोग न जाने कितने किलो मीटर की यात्रा सुबह से शाम तक कर लेते हैं। इस महानगर में ढेर सारे व्यवसाय हैं। किसी को बात करने का समय नहीं है। दूसरी ओर इधर इसी महानगर की किसी कॉलोनी में लुटेरे वृद्ध दम्पत्ति की हत्या कर देते हैं और घर की सभी मूल्यवान वस्तुऍ बटोरकर ले जाते हैं, जैसे चोरी-चकारी करना उनका एक धन्धा हैं। इसी महानगर में दिन दहाड़े काला बाजारी होती है और इसी के बहुत से दफ्तरों में रिश्वत की धनराशि एक हाथ से दूसरे हाथ में दौड़ती है। गुण्डों का धन्धा जैसे जमीन पर अनाधिकार कब्जा करना है, धन लेकर मौत का ठेका लेते हैं। इसी महानगर में श्रमिक नेता पूरी राजनीति करते हैं और रोचक बात यह है कि इतनी बड़ी जनसंख्या वाले महानगर में ऐसे भी व्यक्ति हैं जो अपने आपको नितान्त अकेला पाते हैं।

सावयवी समाज के इस विकृत स्वरूप को दुर्खीम ने देखा न हो, ऐसा नहीं हैं। अपनी पुस्तक के अंतिम खण्ड में वे अत्यधिक विभेदीकरण के दुष्परिणामों का उल्लेख भी करते हैं।

वे पूरी दृढ़ता के साथ कहते हैं कि श्रम विभाजन केवल एक सामान्य प्रघटना ही नहीं है, सभी सामाजिक तथ्यों की तरह या सभी जैवकीय तथ्यों की तरह इसमें भी व्याधिकीय स्वरूप या असामान्य तत्व होते हैं। सामान्य परिस्थितियों में यद्यपि श्रम विभाजन से सामाजिक सुदृढ़ता आती है, लेकिन कभी कभार कुछ ऐसा भी होता है कि हमें विपरीत परिणाम देखने को मिलते हैं।

हमें अत्यधिक विशिष्टीकरण वाले समाज में अपराधिक व्यवसाय तस्करी, कालाबाजारी, भ्रष्टाचार जैसी गतिविधियाँ भी देखने को मिलती है। सावयवी समाज का यह विकृत रूप स्पष्टतः सुदृढ़ता का निषेध है और फिर भी इसे विशिष्ट गतिविधि कहा जाता है। वास्तव में यह दुर्खीम के अनुसार श्रम विभाजन न होकर केवल विशुद्ध विभेदीकरण है। यह विभेदीकरण कुछ इस तरह का है जब किसी शरीर में केंसर और तपेदिक के कीटाणु विभेदीकरण करते हैं। दुर्खीम ने श्रम विभाजन के इस विकृत रूप को *ऐनोमिक* (Anomic) यानी असामान्य कहा है और इसके वे कुछ दृष्टान्त देते हैं।

सावयवी समाज में आये दिन औद्योगिक या वाणिज्य सम्बन्धी संकट आते रहते हैं। ये संकट आंशिक रूप से सावयवी सुदृढ़ता को आघात पहुँचाते हैं । इससे प्रमाणित होता है कि एक निश्चित अवस्था में पहुँचकर सावयवी समाज का विशिष्टीकरण बदलते और विकसित होते व्यवसायों के साथ तालमेल नहीं बैठ पाता। बैंक घोटाला, आतंकवाद आदि इसी तालमेल के अभाव को बताते हैं।

सावयवी समाज के श्रम विभाजन में एक और असामान्य स्वरूप पूँजी और श्रम के क्षेत्र में देखने को मिलता है। जब औद्योगिक कार्य अधिक विशिष्ट हो जाते हैं, तब सावयवी सुदृढ़ता अधिक संकटग्रस्त हो जाती है। बात यह है कि ज्यों-ज्यों इस प्रकार के समाजों में पूँजी का केन्द्रीयकरण होता है,श्रमिक वर्गों का संतोष गड़बड़ा जाता है। कई बार तो यह समझा जाता है कि श्रम विभाजन के परिणामस्वरूप सामाजिक जीवन में असामान्यतया आना एक अनिवार्यता है। *दुर्खीम आग्रहपूर्वक कहते हैं कि कई बार जब सावयवी समाज में व्यवसाय अत्यधिक विशिष्ट (Specialized) बन जाते हैं, तो इसका परिणाम समाज के लिये विघटनात्मक होता है।*

कॉम्ट ने भी श्रम विभाजन की व्याख्या की है। उनका तो निष्कर्ष है कि प्रत्येक परिस्थिति में श्रम विभाजन समाज की सुदृढ़ता का स्त्रोत होता है। दुर्खीम कॉम्ट के इस निष्कर्ष से संतुष्ट नहीं हैं। उनका तो कहना है कि जब कभी समाज में अत्यधिक विभेदीकरण आता है तब श्रम विभाजन के दुष्परिणाम निश्चित होते हैं। उनके अनुसार श्रम विभाजन की चरम स्थिति निम्न समस्याओं को जन्म देती है :

(1) व्यक्तिवाद का अत्यधिक विकास,

(2) व्यक्ति के अन्दर सामूहिक एवं पारस्परिक निर्भरता की भावना का अभाव

(3) प्रतिमानहीनता यानी ऐनोमी (Anomy)

यांत्रिक और सावयवी समाज की तुलना
(Comparison of Mechanical and Organic Society)

विशुद्ध रूप से कोई भी यांत्रिक समाज यांत्रिक नहीं होता और न सावयवी समाज विशुद्ध

रूप से सावयवी होता है। महत्वपूर्ण बात यह है कि ये दोनों समाज उद्विकास की प्रक्रिया से बराबर गुजरते रहते हैं। कोई यांत्रिक समाज विकसित होता हुआ आगे बढ़ जाता है और कोई पीछे। वास्तव में जैसा कि *रोबर्ट रेडफील्ड* (Redfield) कहते हैं इन दो प्रकार के समाजों में, यानी ग्रामीण और नगर में, बराबर निरन्तरता बनी रहती है। इस गतिशीलता के होते हुए भी कुछ बिन्दुओं पर हम इन दोनों समाजों में अन्तर कर सकते हैं। अन्तर करने से पहले हमें यह पुनः दोहराना चाहिये कि *समाज में इन दोनों प्रकारों में सुदृढ़ता होती है, अन्तर केवल सुदृढ़ता की प्रकृति में है। दुर्खीम का उद्देश्य यह बताना रहा है कि इन दोनों समाजों में समाज और व्यक्ति के सम्बन्ध किस प्रकार घटते बढ़ते हैं। कुल मिलाकर दुर्खीम का निष्कर्ष है कि दोनों समाजों में सम्पूर्ण सत्ता या प्रभाव समाज में होता है। समाज ही अंतिम निर्णायक है और व्यक्ति तो समाज के इशारे पर किसी भी कठपुतली की तरह गतिविधि करता है।*

निश्चित रूप से यांत्रिक और सावयवी समाज भिन्न हैं। लेकिन इनमें समानता भी है। उदाहरण के लिये दोनों समाज समूह की भावना को सर्वोपरि समझते हैं। दोनों समाजों के कानून में अन्तर होते हुए भी समाज शक्तिशाली रहता है। दोनों में सुदृढ़ता समाज रूप से पायी जाती है। अगले पृष्ठों में कतिपय बिन्दुओं पर समाज के इन दोनों प्रकारों का अन्तर देखेंगे:

(1) यांत्रिक समाज में भेदभाव नहीं होता, जबकि सावयवी समाज में पर्याप्त विभेदीकरण होता है

यांत्रिक समाज वस्तुतः बहशी, आदिम, या ग्रामीण समाज होता है। इस समाज में लोग लगभग एक समान होते हैं। उनकी जीवन पद्धति भी प्रायः एक ही लीक पर चलती है। सभी का व्यवसाय, पूजा-पाठ या राजनीतिक व्यवस्था एक समान होती है। इस समाज में गैर-बराबरी न्यूनतम होती है और सजातीयता अधिकतम। समाज के सदस्य हरफनमौला होते हैं। कहीं कोई विशिष्टीकरण नहीं। समाज का हर सदस्य सभी तरह के काम को अपने ढंग से कर लेता है। *यांत्रिक समाज इस भाँति सम्पूर्ण समाज (Whole Society) होता है।*

सावयवी समाज में विभेदीकरण होता है। प्रत्येक काम को करने के लिये कुछ विशिष्ट लोग होते हैं। कामों की यह दक्षता या विशिष्टता इस समाज को विकसित और विभेदीकृत बना देती है। इस समाज में गतिशीलता का घनत्व होता है और इसकी जनसंख्या में बराबर वृद्धि होती रहती है। जिसे हम नगरीय या महानगरीय समाज कहते हैं, वहीं वस्तुतः सावयवी समाज है।

(2) यांत्रिक समाज में व्यक्तिवाद का अभाव होता है, जबकि सावयवी समाज में वैयक्तिक चेतना को स्वतन्त्रता होती है

दुर्खीम के तत्कालीन समाज में उपयोगितावादी और सुखवादी व्यक्ति को प्रमुख स्थान देते थे। दुर्खीम को यह स्वीकार नहीं था। उनकी निश्चित धारणा थी कि यदि व्यक्तिगत चेतना को प्रधानता दी गयी तो ताश के पत्तों के महल की तरह समाज में व्यक्ति बिखर जायेंगे। यह इसी वैचारिकी के प्रभाव के कारण है कि दुर्खीम यांत्रिक समाज में व्यक्ति को निम्न स्थान देते हैं। यह कुछ ऐसे हैं जैसे सूरज की किरणों के आगे दीपक का प्रकाश प्रभावहीन हो जाता है।

इस समाज में पंच ही परमेश्वर है, जनता ही जनार्दन है। किसी भी व्यक्ति में यह क्षमता नहीं होती और न साहस होता है कि वह समाज के निर्णय के विपरीत अपनी अंगुली उठा सके।

सावयवी समाज में व्यक्ति स्वतन्त्र होता है। वह मनमाने ढंग से विनिमय करता है। यदि उस पर कोई नियन्त्रण है, तो बाजार का। व्यक्ति को इस तरह की स्वतन्त्रता होते हुए भी समाज के आगे उसका निर्णय अंतिम नहीं होता। सतही रूप से तो ऐसा लगता है कि व्यक्ति ने ही अनुबंध पर हस्ताक्षर किये हैं लेकिन अनुबंध का जो मुजमुन है, उसमें जो मूल्य और विश्वास हैं, वे समाज द्वारा ही स्वीकृत हैं। जिसे पाप और पुण्य कहते हैं, इसका निर्णय व्यक्ति नहीं करता, अन्ततोगत्वा समाज ही करता है। *अतः सावयवी समाज में व्यक्ति का स्थान प्रमुख होते हुए भी, पृष्ठभूमि में समाज ही प्रमुख होता है।*

(3) यांत्रिक समाज की सुदृढ़ता, सामूहिक चेतना द्वारा और सावयवी समाज की सुदृढ़ता, सामूहिक प्रतिनिधान द्वारा बनी रहती है

यांत्रिक समाज की आत्मा उसके विश्वासों और संवेगों में निहित है। गाय या बिल्ली को जान से मार देना, सामूहिक विश्वास और संवेग को आघात पहुँचाना है। यदि कोई जाने-अनजाने यह अपराध कर देता है तो समाज उसे दण्ड देता है। इसी कारण विश्वास और संवेग शक्ति के वे स्रोत हैं, जिनके माध्यम से समाज की एकता और सम्बद्धता बनी रहती है।

सावयवी समाज में सामूहिक चेतना क्षीण हो जाती है। यहाँ समाज की एकता को बनाये रखने का काम सामूहिक प्रतिनिधान करते हैं। इस समाज में जो भी गतिशीलता होती हैं, जैसी भी संविदा होती है, उसका प्रतिनिधित्व सामूहिक प्रतिनिधान करते हैं। वास्तव में सावयवी समाज में एकाधिक विशिष्टीकरण होते हें। इसमें अगणित संस्कृतियाँ होती है। इसमें कई भाषाई समूह होते हैं। इसमें पर्याप्त विभेदीकरण होता है। इसमें गैर-बराबरी का अन्तराल अधिक होता है। *इस सम्पूर्ण विविधता का प्रतिनिधित्व सामूहिक प्रतिनिधान करते हैं। जहाँ समाज की सुदृढ़ता सामूहिक चेतना से बनी रहती है, वहाँ सावयवी समाज की सुदृढ़ता बनाये रखने में सामूहिक प्रतिनिधानों का योगदान प्रभावपूर्ण होता है।*

(4) यांत्रिक समाज में दमनकारी कानून होता है, जबकि सावयवी समाज में प्रतिकारी या पुनर्स्थापना कानून होता है

यांत्रिक समाज अपराध और दण्ड की दृष्टि से सावयवी समाज से सर्वथा भिन्न है। यह अन्तर प्रायः जमीन आसमान जैसा होता है। *यांत्रिक समाज में अपराध वह है जो सामूहिक चेतना को ठेस पहुँचाए, उस पर आघात करे।* इस समाज में अपराध का सीधा मतलब होता है समाज की सुदृढ़ता में दरार पैदा करना। *सावयवी समाज में अपराध वह है जो संविदा या अनुबन्ध का उल्लंघन करे। यहाँ अपराध व्यक्तियों पर केन्द्रीत है, जबकि यांत्रिक समाज का अपराध सीधा समूह से सरोकार रखता है।*

यांत्रिक समाज की दण्ड की अवधारणा भी सावयवी समाज से पृथक है। यांत्रिक समाज में जब व्यक्ति को दण्ड दिया जाता है तो इसका मतलब उसे इस तरह दबाना है कि वह कभी भी भविष्य से सामूहिक विश्वास और संवेग को संदेह की दृष्टि से नहीं देखे। सावयवी समाज सुधारवादी है। उसका उद्देश्य दण्ड द्वारा व्यक्ति की समाज में पुनर्स्थापना करना है।

(5) यांत्रिक समाज की सुदृढ़ता नैतिकता पर आधारित होती है, जबकि सावयवी समाज की सुदृढ़ता अनुबन्ध पर निर्भर होती है

यांत्रिक समाज में कोई लिखा-पढ़ी नहीं होती, परम्परा के अनुसार लोग अपना काम करते हैं। जो भी अनुबन्ध या करार होते हैं, सब मौखिक। न कोई दस्तावेज और न कोई गवाह। लोगों के सम्बन्ध पूर्ण रूप से परम्परागत आचार और नैतिकता से बन्धे होते हैं। आज भी हमारे देश में एक आदिवासी के लिये अदालत द्वारा दण्डित होने पर कारागृह में रहना कोई शर्म या हीनता की बात नहीं हैं। लेकिन जब वह अपने पंचों द्वारा प्रताड़ित होता है, दंडित होता है, तो इससे बढ़कर उसके लिए डूब मरने की सी मनःस्थिति बन जाती है। कुल मिलाकर, यांत्रिक समाज की नींव नैतिकता और आचार की भूमि पर अवस्थित होती है।

सावयवी समाज में जहाँ लोग एक दूसरे को व्यक्तिगत रूप से नहीं जानते, नैतिकता की भूमिका बहुत सीमित होती है। इसका स्थान इस समाज में संविदा ले लेता है। इस समाज की सुदृढ़ता का आधार संविदा ही होती है।

(6) यांत्रिक समाज अपने सदस्यों को प्रत्यक्ष रूप से जोड़ता है, जबकि सावयवी समाज में यह जोड़ या एकता प्रकार्यात्मक निर्भरता द्वारा आती है

दुर्खीम आग्रहपूर्वक कहते हैं कि जिस तरह की सुदृढ़ता यांत्रिक समाज में होती है, कुछ वैसी ही सुदृढ़ता सावयवी समाज में भी होती हैं। यांत्रिक समाज में विशिष्टीकरण नहीं होता। लोग एक जैसे या मिलते-जुलते धन्धे करते हैं। जैसे हमारे यहाँ गाँव के लोग या आदिवासी खेती-बाड़ी करते हैं वैसे ही यांत्रिक समाजों में व्यक्ति अपने धन्धे को लेकर दूसरों पर निर्भर नहीं रहता। यहाँ लोग रूबरू एक दूसरे मिलते हैं और यही उनकी एकता है।

सावयवी समाज में व्यक्ति गुमनाम हो जाता है। उसका दूसरे व्यक्तियों के साथ जो भी सम्बन्ध होता है, वह कार्यों को लेकर होता है। मानवशास्त्री इसे प्रकार्यात्मक निर्भरता कहते हैं। इस समाज की एकता और सम्बद्धता प्रकार्यों के सम्बन्ध के कारण होती है। कपास के खेत में काम करने वाला खेतीहर सहज रूप से विदेश के बाजार से जुड़ जाता है। यह इस तरह कि यदि फ्रान्स या जर्मनी में पास की अत्यधिक माँग है और भारत से कपास के निर्यात में अधिक मूल्य मिलता है तो यहाँ खेतीहर के कपास का मूल्य भी बढ़ जाता है। सावयवी समाज की प्रकार्यात्मक निर्भरता इतनी सशक्त होती है कि वह सम्पूर्ण विभेदीकृत समाज को सुदृढता के कोख में समा लेती है।

(7) यांत्रिक समाज की संरचना सम्बद्धता में बंधी होती है, जबकि सावयवी समाज की व्यवस्था खण्डात्मक* (Segmental) *होती है

यांत्रिक समाज में संस्कृति, इथनीसिटी और जीवन पद्धति सजातीय होते हैं। इसी कारण इस समाज में लोग एक दूसरे के साथ प्रत्यक्ष रूप से जुड़े होते हैं। सावयवी समाज में ऐसा होना सम्भव नहीं होता। इस समाज में सांस्कृतिक, क्षेत्रीय, व्यावसायिक विभिन्नता होती है। इस कारण यह समाज *सांस्कृतिक-क्षेत्रीय-भाषायी खण्डों* में बंट जाता है। खण्डात्मक विभाजन जाति और वर्ग के अनुसार भी सावयवी समाज में देखने को मिलता है। *खण्डात्मकता और सजातीयता सावयवी और यांत्रिक समाजों का बहुत बड़ा अन्तर है।*

(8) यांत्रिक समाज में संरचना प्रायः सामान्य (Normal) होती है, जबकि सावयवी समाज में संरचना असामान्य (Abnormal) भी होती है

यांत्रिक समाज भाईचारे का समाज है, सजातीय समाज है। इस समाज में लोग जैसा कि मानवशास्त्री कहते हैं परिवार, कबीला, गौत्र और नातेदारी द्वारा जुड़े होते हैं। किसी गाँव के एक परिवार की बहू वस्तुतः सारे गाँव और नातेदारों की बहू समान होती है। बन्धुत्व की यह भावना सावयवी समाज में अनुपस्थित होती है। इस समाज में जनसंख्या का घनत्व होता है और इस कारण इसमें अतिभेदीकरण देखने को मिलता है। इस समाज में जोड़-तोड़, उठक-पटक, काला बाजारी, तस्करी और आतंकवादी भी होते हैं। जब विभेदीकरण की पराकाष्ठा हो जाती है, तो असामान्यता उभरकर सामने आ जाती है।

उपसंहार

दुर्खीम एक चरित्रवान व्यक्ति थे। एक स्थान पर *राल्फ वेल्डो इमरसन* (Ralph Waldo Emerson) लिखते हैं कि *ऐसे व्यक्ति उस समाज की आत्मा होते हैं जिसमें वे रहते हैं।* वास्तव में दुर्खीम अपने समय की विचारधारा, घटनाओं और परिस्थितियों के दर्पण थे। उनमें झाँक कर देखो और समाज की छवि उजागर हो जायेगी। दुर्खीम ने अपने मनोवांछित सिद्धान्तों को व्यवहार में लाकर अपने समय की घटनाओं को व्यवस्थित रूप से रखने का प्रयास किया।

जीवन-पर्यन्त दुर्खीम अपने समय के नैतिक मुद्दों के साथ पूरी तरह से समर्पित होकर संघर्षरत रहे। उनके जीवन का उद्देश्य यही था कि जिस फ्रान्स राष्ट्र के वे निवासी थे, उसका नैतिक-पुनर्जीवन किया जाये। लेकिन वे कभी भी अपने उद्देश्य प्राप्ति में किसी तरह की कोताही करना नहीं चाहते थे। उनकी यह दृढ़ मान्यता थी कि एक समाज वैज्ञानिक को अपने समाज की गतिविधियों में दखलंदाजी करनी चाहिये और उन्होंने यह देखा भी कि जिस तरह वैज्ञानिक पद्धति से उन्होंने जाँच पड़ताल की उसके प्रति लोगों का विश्वास भी बढ़ा। वे इस प्रकार के समाज विज्ञान का निर्माण करना चाहते थे, जो सार्वजनिक गतिविधियों की आधारशिला बन सके। लेकिन यह दुर्भाग्यपूर्ण था कि शिक्षा के क्षेत्र को छोड़कर वे कहीं भी समाजशास्त्रीय प्राप्तियों को सामाजिक विधान पर विस्तृत रूप से लागू नहीं कर पाये।

इतना परिसीमन होते हुए भी उन्होंने समाज सुधार के कुछ प्रस्ताव रखे। उत्तराधिकार के नियमों में उन्होंने कुछ संशोधन करवाये। श्रम विभाजन के असामान्य परिवारों पर रोक लगाने की कोशिश भी की ओर पेशेवर समितियों को व्यक्ति और समाज के बीच का मध्यस्थ बनाया। लेकिन वे कहीं पर भी कॉम्ट, स्पेन्सर या मार्क्स की तरह अपने वैज्ञानिक निष्कर्षों को निश्चित रूप से लागू नहीं कर सके। यहाँ यह कहना भी महत्वपूर्ण है कि जहाँ-जहाँ दुर्खीम ने अपनी रचनाओं में सामाजिक व्यवस्था और एकता का प्रश्न उठाया, लोगों ने उन्हें रुढ़िवादी करार किया।

इन कतिपय कमजोरियों के होते हुए भी दुर्खीम की रचनाएं वस्तुतः एक महान् लेखक की रचनाएँ है। उन्होंने समाजशास्त्र में संरचनात्मक प्रकार्यात्मक विश्लेषण के अनिवार्य नियमों को स्थापित किया, समाज के अध्ययन में मनोवैज्ञानिक विधियों की आलोचना की, उन्होंने नियमहीनता (Anomie), सामाजिक एकीकरण और सावयवी सुदृढ़ता जैसी अवधारणाओं

को प्रतिपादित किया और आधुनिक समाजशास्त्र के निर्माण में अत्यधिक योगदान दिया। सहजता से उनकी तुलना उनके जर्मन समकालीन मेक्स वेबर से की जा सकती है। आज भी उनकी रचनाओं में आचार और नैतिकता की जो सौंधी गंध है, सभी ओर महक रही है।

दुर्खीम युग प्रवर्तक थे, वे प्रत्यक्षवादी थे। वे *आनुभविकवादी* (Empiricist) थे, वे *अरूपान्तरणवादी* (Anti- reductionists) थे, और उन्होंने उपयोगितावादियों, सुखवादियों और व्यक्तिवादियों का दृढ़तापूर्वक खण्डन किया। किसी भी एक व्यक्ति के जीवन काल में यह सब योगदान निश्चित रूप से अपेक्षा से अधिक है।

समाजशास्त्रीय पद्धति के नियम : सामाजिक तथ्य
(Rules of Sociological Method : Social Fact)

दुर्खीम की *द रूल्स ऑफ सोशियोलोजीकल मेथड* यानी 'समाजशास्त्रीय पद्धति के नियम' रचना का प्रकाशन ई. 1895 में हुआ। इससे पहले वे श्रम विभाजन पुस्तक को लिख चुके थे। दुर्खीम के युग में जहाँ एक और दर्शनशास्त्र की पद्धति प्रचलित थी, वहीं दूसरी ओर *प्रत्यक्षवादी विधि* (Positivistic Method) समाजशास्त्र और अर्थशास्त्र में प्रभावी ढंग से प्रयुक्त होती थी। दुर्खीम समाजशास्त्र को एक स्वतन्त्र समाज विज्ञान की तरह स्थापित करना चाहते थे। किसी भी विज्ञान की व्याख्या में, चाहे वह विज्ञान प्राकृतिक हो या सामाजिक, तीन कसौटियों को काम में लिया जाता है: *सिद्धान्त* (Theory) *आधार सामग्री* (Data) और *विधि* (Method) यदि समाजशास्त्र को एक बौद्धिक विद्या की तरह स्थापित करना था तो इसके लिये भी इन तीनों तत्वों की आवश्यकता थी। श्रम विभाजन में दुर्खीम ने जहाँ पर्याप्त आधार सामग्री को एकत्र किया था, वहीं उन्होंने एक निश्चित विधि का प्रतिपादन भी किया और अन्त में श्रम विभाजन पर एक वैज्ञानिक विधि को तैयार किया। श्रम विभाजन के लेखन के बाद उनके लिये यह उपयुक्त था कि वे समाजशास्त्र के विधि सम्बन्धी कुछ नियमों को बनायें। इस पुस्तक में उन्होंने यही काम किया है।

दुर्खीम उपयोगितावाद के विरोधी थे। वे कॉम्ट के निम्न स्तरीय सिद्धान्त से भी असहमत थे। उनका आग्रह समाजशास्त्र के लिये एक ऐसी विधि को विकसित करना था जो तथ्य परक, वस्तुगत और आनुभविक हो।

विषय सामग्री

जब 1895 ई. में समाजशास्त्रीय विधि पर दुर्खीम की पुस्तक आयी तो इस पर समाज विज्ञानों में काफी अच्छी बहस हुई । उस समय की विधि सम्बन्धी प्रचलित विचारधारा को दुर्खीम ने झकझोर दिया। यह पुस्तक उपयोगितावाद का विरोध करती है। इसका विरोध व्यक्तिवाद से भी है। शायद इन दो कारणों से इसका प्रकाशन विवाद पूर्ण रहा। जहाँ तक पुस्तक के कलेवर का प्रश्न है, दुर्खीम की सभी रचनाओं में यह पुस्तक एकदम संक्षिप्त है। इस पुस्तक में क्लिष्टता और दुरूहता भी अधिक है। पेरेटो की तरह दुर्खीम के लेखन में भी कई स्थानों पर अस्पष्टता दिखाई देती है। पारसंस के एक सिद्धान्तवेत्ता होने की हैसियत से दुर्खीम की इस रचना का गहन अध्ययन प्रस्तुत किया है। यहाँ हम समाजशास्त्रीय पद्धति के नियम जिसे दुर्खीम ने रखा है, उनका विश्लेषण करने से पूर्व यह देखना पसंद करेंगे कि दुर्खीम कालीन यूरोपीय युग में समाज विज्ञानों में जो विधियाँ प्रचलित थी, उनका दुर्खीम पर कितना प्रभाव

पड़ा। इसके बाद हम समाजशास्त्रीय विधि का जिसे दुर्खीम ने प्रस्तावित की है, विस्तृत अध्ययन प्रस्तुत करेंगे।

विधि (Method) सम्बन्धी पृष्ठभूमि

19वीं शताब्दी के अन्त में समाज विज्ञानों में उपयोगितावाद का प्रभाव बहुत अधिक था। अर्थशास्त्रियों के अतिरिक्त समाजशास्त्रियों में स्पेन्सर ने भी इस विधि को सामाजिक प्रघटनाओं और सामाजिक वास्तविकताओं के अध्ययन के लिये उपयुक्त समझा। वास्तव में दुर्खीम आधुनिक समाज की उपयोगितावादी अवधारणा के प्रबल विरोधी थे। यदि उपयोगितावाद उत्तरी ध्रुव पर स्थित था तो दुर्खीम की विधि पद्धति दक्षिणी ध्रुव पर। *दुर्खीम ने अपने स्तर पर एक प्रत्यक्षवादी सिद्धान्त (Positivistic Theory) को बनाया जो उपयोगितावादी प्रत्यक्षवाद के विपरीत था।*

पारसंस *स्ट्रक्चर ऑफ सोशल एक्शन* में जहाँ सामाजिक क्रिया के ऐच्छिक सिद्धान्त को बनाने में सम्पूर्ण विधि पद्धति का अवलोकन करते हैं, वहाँ उनका कहना है कि दुर्खीम की विधि पद्धति के दो बहुत बड़े आधार हैं : (1) उपयोगितावादी व्यक्तिवाद का विरोध, और स्वयं (2) दुर्खीम का प्रत्यक्षवादी सिद्धान्त। मोटे तौर पर यह कहना चाहिये कि 19वीं शताब्दी के यूरोप में प्रत्यक्षवाद (Positivism) एक प्रभावपूर्ण विधि थी। इसे नकारा नहीं जा सकता। समाज विज्ञानों में प्रत्यक्षवाद *विज्ञानवाद* (Scienticism) से आया है। जब समाज वैज्ञानिकों को लगा कि उन्हें भी प्राकृतिक विज्ञानों की तरह एक विधि निश्चित करनी चाहिये, तब प्रत्यक्षवाद को *एडम स्मिथ* (Adam Smith) और *मार्शल* (Marshall) जैसे अर्थशास्त्रियों ने अपनाया। अर्थशास्त्र को प्रत्यक्षवादी समाज विज्ञान बनाने का श्रेय उपयोगितावाद को ही है। लेकिन प्रत्यक्षवाद के भी कई स्वरूप यानी ब्राण्ड हैं। एक प्रत्यक्षवाद तो उपयोगितावादी है, इसमें व्यक्तिवाद पर अधिक बल दिया जाता है। दूसरा प्रत्यक्षवाद स्वयं दुर्खीम का है जिसमें वे समाज या समूह पर बल देते हैं। यदि हम कहें कि दुर्खीम प्रत्यक्षवादी थे तो हमारा कथन सही है। लेकिन हमें यह भी कहना होगा कि दुर्खीम उपयोगितावादी प्रत्यक्षवादी नहीं थे। यह इसलिये कि उनका बल व्यक्तिवाद पर नही है। जब हम यहाँ दुर्खीम की विधियों की चर्चा करते हैं तो हमारा तात्पर्य अवलोकन, अनुसूची, साक्षात्कार आदि पद्धतियों से नहीं है। विधि तो एक तर्क है और इस तर्क द्वारा ही अनुसंधान को आगे बढ़ाया जाता है। दुर्खीम ने सामाजिक तथ्यों की जिस भाँति व्याख्या की है, उसे हमें यूरोप के तत्कालीन समाज में विधि-पद्धति के संदर्भ देखना चाहिये। यहाँ हम विधि सम्बन्धी इसी पृष्ठभूमि को रखेंगे।

उपयोगितावादी दुविधा (Dilemma)

यहाँ यह देखना अनिवार्य है कि उपयोगितावादी व्यवस्था के विधि सम्बन्धी लक्षण कौन से हैं। पारसंस इसे परिभाषित करते हैं। उनके अनुसार उपयोगितावाद की केन्द्रीय समस्या यह जानने की है कि *व्यक्ति किस प्रकार अपनी आवश्यकताओं और इच्छाओं को पूरा करते हैं।* समाज में प्रत्येक व्यक्ति की कुछ बुनियादी आवश्यकताएँ होती हैं। उसे रोटी, कपड़ा, मकान, स्वास्थ्य और शिक्षण सुविधाएँ चाहिये। इन बुनियादी आवश्यकताओं के अतिरिक्त व्यक्ति की कुछ महत्वाकांक्षाएं भी होती हैं। वह इन सबकी पूर्ति तर्क और विवेक द्वारा करता है।

स्पष्टतः यह उपयोगितावाद है। आवश्यकताएँ व्यक्तिनिष्ठ समझी जाती हैं। एक व्यक्ति की आवश्यकताएँ दूसरे व्यक्ति से भिन्न होती हैं और इसलिये जहाँ तक आवश्यकताओं की पूर्ति का सवाल है, एक व्यक्ति दूसरे व्यक्ति से भिन्न होता है। *अतः उपयोगितावादी यह मानकर चलते हैं कि आवश्यकताएँ बनी बनायी हैं। व्यक्ति को तो उन्हें केवल पूरा करना है।* अब जब व्यक्ति इन्हें पूरा करने का प्रयास करता है तो उसके सामने *दुविधा* (Dilemma) आती है। वह अपनी आवश्यकताओं की पूर्ति *साध्य-साधन* (Means-End) की पद्धति से करता है। अपना जीवन-स्तर ऊंचा उठाने के लिये व्यक्ति को अधिक आय चाहिये, इसे साध्य कहते हैं। अधिक धन उपार्जन करने के लिये समाज द्वारा स्वीकृत *साधन* (Means) होते हैं। साध्य-साधन की यह अवधारणात्मक रूपरेखा उपयोगितावाद का आधार है। अब यहाँ आकर उपयोगितावादी कहते हैं व्यक्ति तर्क और विवेक द्वारा यह निश्चित करता है कि किन साधनों से वह अपने साध्य को प्राप्त कर सकेगा।

उपयोगितावादी चाहे मार्शल हो या दुर्खीम, तथ्य को देखते हैं। प्राकृतिक वैज्ञानिक भी प्रयोगशाला में *पदार्थ* तथ्य (Fact) को देखते हैं। जब दुर्खीम उपयोगितावाद की इस व्याख्या को अपनाते हैं, तो उन्हें कठिनाई आती है। प्राकृतिक विज्ञानों की प्रयोगशाला में *तथ्य* को देखा जा सकता है, तोला जा सकता है, और मापा जा सकता है। अर्थशास्त्री भी गणित और सांख्यिकी द्वारा वस्तुओं का लेखा-जोखा कर सकते हैं। *लेकिन दुर्खीम इस तरह के उपयोगितावाद में कई कठिनाइयाँ पाते हैं। इन कठिनाइयों में बहुत बड़ी कठिनाई यह है कि उपयोगितावाद गुणात्मक तथ्यों (Qualititive Facts) का विश्लेषण नहीं कर पाता।* गुणात्मक तथ्यों का विश्लेषण स्पेन्सर भी नहीं कर पाये। इसी कारण उपयोगितावाद की समाज विज्ञानों में बहुत सीमित भूमिका है। दुर्खीम ने सामाजिक तथ्यों के नाप-तोल का अलग तरीका निकाला है। *वे प्रत्यक्षवादी तो हैं, लेकिन उपयोगितावाद के व्यक्तिवादी नहीं।* उनका कहना है कि व्यक्ति की अपेक्षा सामाजिक तथ्य जो समाज के ही अंग हैं, प्रत्यक्षवादी है।

दुर्खीमकालीन यूरोप में जहाँ उपयोगितावादी व्यक्तिवाद पर सभी समाज वैज्ञानिक बल देते थे, दुर्खीम ने नया प्रत्यक्षवाद रखा। उन्होंने व्यक्तिवाद पर कोई बल नहीं दिया। उनका दबाव समाज पर था। *अतः दुर्खीम के प्रत्यक्षवाद की केन्द्रीय विषय वस्तु सामाजित तथ्य थे, जबकि उपयोगितावाद में केन्द्रीय तथ्य व्यक्ति था।* दुर्खीम ने अपनी इस संक्षिप्त रचना में इस तथ्य पर जोर दिया है कि *जब हम समाजशास्त्र को एक स्वतन्त्र समाज विज्ञान की तरह स्थापति करते हैं तो हमें निश्चित रूप से यह भी तय करना पड़ेगा कि इसकी विधियाँ कौन सी होंगी, कौन सी आधार सामग्री होगी और कौन से सिद्धान्त होंगे।*

समाजशास्त्रीय पद्धति के नियम की पहली विशेषता जो दुर्खीम ने रखी है और जिसका उल्लेख हमने ऊपर किया है, वह उपयोगितावाद और व्यक्तिवाद का विरोध है। यहाँ दुर्खीम कहते हैं कि उपयोगितावादी-व्यक्तिवादी अध्ययन विधि प्रत्यक्षवादी तो है लेकिन इसका आधार व्यक्तिवाद है। व्यक्ति विवेकपूर्ण ढंग से अपनी आवश्यकताओं की पूर्ति करता है। उसमें तर्क है लेकिन दुर्खीम का आग्रह है कि व्यक्ति की आवश्यकताएँ स्वयं व्यक्ति पूरी नहीं करता, समाज यानी सामाजिक तथ्य करते है और इसलिये वे सामाजिक तथ्यों पर केन्द्रीत विधि को प्रत्यक्षवाद की तरह परिभाषित करते हैं। दूसरे शब्दों में, *जहाँ उपयोगितावाद का*

केन्द्र व्यक्ति है, वहाँ दुर्खीम के प्रत्यक्षवाद का केन्द्र सामाजिक तथ्य है।

दुर्खीम के समाजशास्त्रीय पद्धति के नियम की रचना छः अध्यायों में विभाजित है। वे प्रारम्भ में सामाजिक तथ्य के अर्थ को परिभाषित करते हैं। आगे चलकर वे सामान्य तथा व्याधिकीय तथ्यों के भेद को स्थापित करके उनका विवेचन भी करते हैं। इसके बाद वे सामाजिक तथ्यों की व्याख्या के नियम प्रस्तुत करते हैं। अपने अंतिम अध्याय में वे कुछ सामाजिक तथ्यों को समाजशास्त्रीय प्रमाणों के रूप में रखते हैं। यह पुस्तक श्रम विभाजन पुस्तक की समाप्ति के दो वर्ष बाद लिखी गयी। इसी कारण इसमें वे सामाजिक सुदृढ़ता के दृष्टान्त भी यथा सम्भव देते हैं। *पद्धति के नियम* पुस्तक को पूरा करने के बाद दुर्खीम ने धर्म के समाजशास्त्र पर अपनी रचना रखी है।

सामाजिक तथ्य (Social Fact) किसे कहते हैं ?

सामाजित तथ्य की कोई भी व्याख्या करने से पहले बहुत स्पष्ट रूप से यह कहना चाहिये कि दुर्खीम सामाजिक तथ्य का *व्यक्तिनिष्ठ* अर्थ स्वीकार नहीं करते। स्पष्टतः वस्तुनिष्ठा उपयोगितावाद का अंग है और दुर्खीम उपयोगितावाद स्वीकार नहीं करते है।

सामाजिक तथ्य की विशद् व्याख्या करना यहाँ आवश्यक है। लेकिन ऐसा कुछ करने से पहले हम इसकी परिभाषा को देखें। दुर्खीम ने इस अवधारणा को इस तरह रखा है :

> सामाजिक तथ्य काम करने का वह ढंग है जो निर्धारित हो अथवा अनिर्धारित, जो व्यक्ति पर एक बाहरी दबाव डालने के योग्य हो अथवा काम करने का वह तरीका हो, जो एक निर्दिष्ट समाज में सर्वत्र सामान्य है और साथ ही व्यक्तिगत अभिव्यक्तियों से स्वतन्त्र उसका अपना अस्तित्व बना रहता हो।

पारसंस ने सामाजिक तथ्य की दुर्खीम ने जिस तरह से व्याख्या की है, उस पर आलोचनात्मक टिप्पणी रखी है। जब दुर्खीम कहते हैं कि *समाजशास्त्रीय विधि का पहला नियम यह है कि हमें सामाजिक जीवन के तथ्यों को वस्तुओं (Things) की तरह लेना चाहिये।* इसका मतलब यह है कि जैसे हम वस्तुओं को देखते हैं, स्पर्श करते हैं, वैसे ही हमें सामाजिक तथ्यों को भी वस्तुतः *अवलोकनीय तथ्य* (Observable Fact) समझना चाहिये। सामाजिक तथ्य की इस प्रकार की व्याख्या ज्ञान के समाजशास्त्र मे आती है। जहाँ कहीं यूरोप में प्रत्यक्षवादी विज्ञान का विकास हुआ है, वहाँ *बराबर यह कहा गया है, इस पर बल दिया गया है कि वस्तुएं आनुभविक (Empirical) और अवलोकनीय (Observable) होती हैं।* आनुभविक तथ्य वास्तव में वस्तुनिष्ठ होता है, यह व्यक्तिनिष्ठ अर्थ से परे है। एक तथ्य, तथ्य है, हम इसे चाहे न चाहें। अवलोकन करने वाला अपना मनमाना अर्थ तथ्य पर लगाये, तो तथ्य इसे स्वीकार नहीं करता। दुर्खीम सामाजिक तथ्यों को भी दुनियाँ की *वस्तुओं* की तरह मानते हैं। उदाहरण के लिये रसायनशास्त्र के अनुसार लाल रंग कुछ निश्चित रसायनों के योग से बना है। अब किसी को लाल साड़ी या लाल कमीज पसन्द हो या न हो, लाल रंग तो लाल ही है। तथ्य की एक वस्तु की तरह यह व्याख्या है। यह प्रत्यक्षवाद है। ठीक इस तरह सामाजिक तथ्य भी लाल रंग या अन्य वस्तुओं की तरह वस्तु हैं। दिवाली या होली व्यक्तियों के लिये किसी दुखद घटना को याद दिलाने वाले हो सकते हैं, जैसे लाल रंग सांड को भड़काने के लिये हो सकता है। समाज के लिये तो होली और दिवाली त्यौहार हैं जो

हर्ष और उमंग देते हैं। इसी कारण दुर्खीम सामाजित तथ्य की दो अनिवार्य *विशेषताएँ* बताते हैं : (1) *बाह्यता (Exteriority)* *और* (2) *बाध्यता (Constraint).*

अपनी एक और व्याख्या में दुर्खीम सामाजिक तथ्य के कलेवर को अधिक विशाल करते हैं। वे लिखते हैं : "सामाजिक तथ्य कार्य करने, सोचने एवं अनुभव करने के वे तरीके हैं, जिनमें व्यक्तिगत चेतना से बाहर भी अस्तित्व बनाये रखने की उल्लेखनीय विशेषता होती है।"

दुर्खीम ने सामाजिक तथ्य को जिस प्रकार परिभाषित किया है और इसी तरह अन्य सिद्धान्त वेत्ताओं ने इन परिभाषाओं पर टिप्पणी की है, उससे बहुत स्पष्ट है कि *सामाजिक तथ्य देखा जा सकता है, यह अवलोकनीय है। एक दूसरी बात यह भी है कि सामाजिक तथ्य सोचने, विचारने और अनुभव करने का एक तरीका है।* जब विद्यार्थी विद्यालय में शिक्षा ग्रहण करने जाता है तो उसकी प्रारम्भ से ही यह सोच बन जाती है कि जो कुछ पुस्तकों में लिखा है, सब सत्य है यहाँ तक कि जो कुछ कागज पर लिखा है वह कागज भी सरस्वती का स्वरूप है। इसी तरह विवाह की कल्पना के साथ दुल्हन सास-ससुर के बारे में सोचने लगती है। यह सम्पूर्ण सोच या विचार सामाजिक तथ्य है। इसी तरह थाली में परोसी गयी वस्तु रोटी या सब्जी सामाजिक तथ्य है, इसे देखा जा सकता है, यह शाकाहारी भोजन है। सामाजिक तथ्य के बारे में तीसरी विशेषता यह है कि यह स्थायी या अस्थायी भी हो सकता है वास्तव में, दुर्खीम की परीभाषा में दुनियां भर की वस्तुएँ, कपड़ा, मकान, ईंजन, पुस्तक सभी सामाजिक तथ्य हैं। दूसरी तरफ देखी न जाने वाली वस्तुएँ, आदि भी सामाजिक तथ्य हैं। सामाजिक तथ्य का बहुत बड़ा मानदण्ड यह है कि *ये तथ्य* विशेष के न होकर, सम्पूर्ण समाज की धरोहर, विरासत और सम्पति होते हैं।

यदि प्राकृतिक विज्ञानों के लिये प्राकृतिक घटनाओं का अध्ययन विज्ञान है, तो सामाजिक प्रघटनाओं का अध्ययन करने वाला विज्ञान समाजशास्त्र है। *इसी कारण दुर्खीम ने समाजशास्त्र की परिभाषा करते हुए कहा है कि यह सामाजिक तथ्यों के अध्ययन का विज्ञान है। बाह्यता और बाध्यता, ये दोनो ही सामाजिक तथ्य की आत्मा हैं, कलेवर हैं।*

दुर्खीम ने सामाजिक तथ्य की व्याख्या दिन-प्रतिदिन की घटनाओं के दृष्टान्त देकर की है। वे कहते हैं कि बाह्य कारकों का व्यक्ति पर केवल प्रभाव ही नहीं होता, इनमें शक्ति भी होती है। व्यक्ति चाहे या ना चाहे, उसे इन बाह्य शक्तियों के सामने अपने आप को झुकाना ही पड़ता है। अगर व्यक्ति मनमाने ढंग से काम करना भी चाहे तो वह एकदम असफल हो जायेगा। कोई भी खेतीहर अफीम की खेती कर ले, यह उसकी स्वतन्त्रता नहीं है। उसे यह खेती करने के लिये राज्य सरकार से लाइसेन्स लेना पड़ेगा। बाजार में सौदा लेने के लिये राज्य द्वारा मान्यता प्राप्त, मुद्रा उसे काम में लेनी होगी। चाहे बैंक हो या डाकखाना, मीडिया हो या आवागमन, सभी के अपने नियम हैं, काम काज करने के तरीके हैं और व्यक्ति इन्हें अपनाने के लिये बाध्य हैं। इसी कारण दुर्खीम एक स्थान पर सामाजिक तथ्य की व्याख्या इस भाँति करते है :

> सामाजिक तथ्य क्रिया करने के वे सभी निश्चित या अनिश्चित (स्थायी या अस्थायी) तरीके हैं जो व्यक्ति पर बाह्य दबाव डालने में सक्षम है अथवा ये क्रिया करने के वे सभी तरीके है जो किसी भी समाज में पाये जाते हैं, जबकि इनके साथ ही ये अपने आप में व्यक्तिगत अभिव्यक्तियों से स्वतन्त्र अपना अस्तित्व रखते हैं।

सामाजिक तथ्य की विशेषताएँ (Characteristics)

दुर्खीम ने अपने पहले अध्याय में जहाँ वे सामाजिक तथ्य की परिभाषा देते हैं, इसकी विशेषताएँ देते हैं। कतिपय महत्वपूर्ण विशेषताएँ निम्न है :

(1) ***सामाजिक तथ्य में बाह्यता*** *(Exteriority)* ***होती है***

दुर्खीम समाजशास्त्रीय विधि के विश्लेषण में कुछ अवधारणात्मक पहलुओं पर काम करते हैं। श्रम विभाजन में उन्होंने उपयोगितावाद के विरोध स्वरूप व्यक्तिवाद का विरोध किया। समाजशास्त्रीय पद्धति के नियमों में वे तीन अवधारणाएँ बराबर प्रयोग में लाते है : (1) *व्यक्तिनिष्ठ* (Subjective), (2) *वस्तुनिष्ठ* (Objective) और *व्यष्टि या व्यक्तिगत* (Individual)। इन तीनों अवधारणाओं में पर्याप्त *अधिव्यापन* (Overlapping) है जिसे दुर्खीम व्यक्तिनिष्ठ कहते हैं वह व्यष्टि भी हो सकता है। दुर्खीम ने *सामाजिक* (Social) का विश्लेषण एक प्रक्रिया द्वारा किया है। *जो व्यष्टि या व्यक्तिगत नहीं है, वही सामाजिक है।* उनका आग्रह है कि दुनियाँ भर की वस्तुएँ दो भागों में बांटी जा सकती हैं –व्यष्टि या व्यक्तिगत और सामाजिक। दुर्खीम *व्यष्टिवादी प्रत्यक्षवादी* (Individualistic Positivist) नहीं थे। वे समाजपरक प्रत्यक्षवादी थे। अतः इन तीन अवधारणों–व्यक्तिनिष्ठ, वस्तुनिष्ठ और व्यष्टि में से जो *अवशिष्ट* (Residual) है, दुर्खीम के अनुसार सामाजिक है। *दूसरे शब्दों में वह वस्तु जो व्यक्तिनिष्ठ नहीं है, वस्तुनिष्ठ नहीं है, व्यष्टि (Individual) नहीं है, वह सामाजिक है। और यही सामाजिक तथ्य है। यह सामाजिक तथ्य व्यष्टि यानी व्यक्ति को अपने निर्णयानुसार क्रिया करने के लिये बाध्य करता है।* जब हम सामाजिक तथ्य को सम्पूर्ण तथ्यों का अवशिष्ट मानते है तब हमें यह अवश्य ध्यान में रखना चाहिये कि जो सामाजिक तथ्य है, उस पर व्यक्तिगत तथ्यों का तथा वस्तुनिष्ठ तथ्यों का प्रभाव भी अवश्य पड़ता है। यह इसलिये है कि व्यक्तिनिष्ठ, वस्तुनिष्ठ और व्यष्टि या व्यक्तिगत तथ्यों में अधिव्यापन होता है। दुर्खीम की सामाजिक तथ्य की इस अवधारणा को पारसंस ने निम्न चित्र में रखा है:

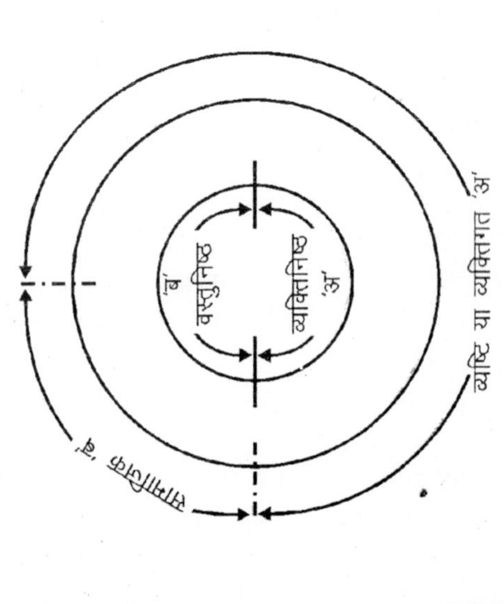

सामाजिक तथ्य सम्पूर्ण तथ्यों का अवशिष्ट मात्र है। चित्र के अतिरिक्त सूत्र रूप में इसे इस प्रकार प्रस्तुत करेंगे :

सामाजिक तथ्य (Social Fact) *सम्पूर्ण तथ्य* (Total Facts)
व्यक्तिनिष्ठ तथ्य (Subjective Facts)
वस्तुनिष्ठ तथ्य (Objective Facts)
व्यष्टि या व्यक्तिगत तथ्य (Individual Facts)

ये सामाजिक तथ्य व्यक्ति की चेतना से बाहर हैं। इनके बारे में व्यक्तिगत चेतना को कुछ भी नहीं सोचना पड़ता। व्यक्ति को तो बस बैंक में पहुँचते ही अपने काउन्टर के सामने वाली पंक्ति में खड़ा हो जाना है। गणेश चतुर्थी पर उसे यह नहीं सोचना है कि घर में क्या मिष्ठान बनेगा। उसका विधान समाज ने पहले से ही निश्चित कर रखा है : मोदक बनेंगे। इसी तरह किसी भी स्थान पर नियुक्ति के लिये उसे बनी बनायी पद्धति दे दी जाती है : प्रार्थना पत्र भरना है और एक निश्चित शुल्क देना है। किसी भी दृष्टि से देखें सामाजिक तथ्य व्यक्ति के स्वयं के सोच से बाहर है। इसके दृष्टान्तों में सामाजिक मूल्य, परम्पराएँ, रीति-रिवाज, तिथि, त्यौहार, राष्ट्रीय पर्व और ढेर सारे प्रतीक, अभिवादन के व्यवहार सम्मिलित हैं।

बाह्यता का मतलब है व्यक्तिगत चेतना से बाहर। व्यक्तिगत चेतना और सामूहिक चेतना इन दोनों में सामूहिक चेतना व्यक्ति को प्रभावित करती है और परिणामस्वरूप सामूहिक चेतना व्यक्तिगत चेतना बन जाती है। दुर्खीम विस्तारपूर्वक बताते हैं कि सामाजिक तथ्यों का प्रवेश व्यक्ति में समाजीकरण द्वारा होता है। अन्ततोगत्वा सामाजिक तथ्य वस्तुओं को देखने, महसूस करने और काम करने का तरीका हैं और यह सब जन्म के बाद ही समाजीकरण द्वारा व्यक्ति पर थोप दिया जाता है। जन्म होने के कुछ घण्टों बाद ही हम नवजात शिशु को दूध, नींद आदि प्राप्त करने के लिये बाध्य कर देते हैं। हम उसे स्वच्छता, शांति और अनुशासन के लिये मजबूर करते हैं। आगे चलकर हम उस पर यह दबाव डालते हैं कि वह दूसरों का सम्मान करें तथा समाज के रीति-रिवाजों और परम्पराओं को आदर की दृष्टि से देखे। बाद में चलकर यह सब दबाव घटने लगता है इसलिये कि व्यक्ति को जो कुछ सीखाया गया है, उसे सहज रूप से अपनाने की उसकी आदत बन जाती है। दुर्खीम स्पेन्सर की इस बात को स्वीकार करते हैं कि जब व्यक्ति बड़ा होकर अपने व्यवहार में शिक्षा के परिणामस्वरूप विवेकपूर्ण बन जाता है तो इन कतिपय आदतों को, रीति रिवाजों और तिथि-त्यौहारों को अस्वीकार भी कर देता है। लेकिन इस तरह का अन्तर व्यक्तिगत विचारधारा के कारण होता है। *वास्तव में, शिक्षा का उद्देश्य व्यक्ति का समाजीकरण करना है।* यदि ऐतिहासिक दृष्टि से देखे तो दुनिया भर में सामाजिक तथ्य अपने निर्णयानुसार व्यक्तित्व का निर्माण करते रहे हैं। व्यक्ति जो कुछ है, वह सामाजिक तथ्यों यानि सामूहिक विश्वासों, अभिवृतियों और व्यवहारों का परिणाम है। ये सब सामाजिक तथ्य इस तरह व्यक्ति की सोच व समझ से बाहर है।

(2) ***सामाजिक तथ्य में बाध्यता*** *(Constraint)* ***होती है***

जब सामाजिक तथ्य व्यक्तिनिष्ठ नहीं होते, वस्तुनिष्ठ नहीं होते और हर तरह से व्यक्ति के

लिये *बाहरी* होते हैं तो इनका व्यक्ति के व्यवहार पर पर्याप्त दबाव भी पड़ता है। सामाजिक तथ्यों की यह बाध्यता व्यक्ति के व्यवहार को समाज के मानक और मूल्यों के अनुरूप बनाने के लिये अभिप्रेरित करती है। व्यक्ति तो एक माध्यम है, एक निमित्त है, उसे तो समाज द्वारा निर्धारित दशा और दिशा को स्वीकार करना है। इसी कारण दुर्खीम कहते हैं कि *सामाजिक तथ्य कार्य करने का वह तरीका है जो व्यक्ति पर बाहर से दबाव डालने की क्षमता रखता है।*

यह सम्भव है कि व्यक्ति सामाजिक तथ्यों की अवहेलना कर ले। वह बैंक के काउन्टर की पंक्ति में खड़ा न रहे, नौकरी के लिये प्रार्थना पत्र न भरे, परिवार में मारपीट करे या सामाजिक तथ्यों की अवहेलना करके उच्चका और लफंगा हो जाये तो इसके परिणामस्वरूप उसे समाज के दण्ड को भुगतना पड़ेगा। यह दण्ड कई तरह का होता है। कानून एक तरह का सामाजिक तथ्य है। इसकी अवहेलना करने पर उसे कारागृह जाना पड़ सकता है, आर्थिक दण्ड देना पड़ सकता है। परम्पराओं और रीति-रिवाजों की अवहेलना उसे निन्दा का पात्र बना सकती है। आदिम समाजों में तो कारागृह की तुलना में सामाजिक निन्दा और उपहास अधिक कष्टदायक होते हैं। यदि हम सामाजिक तथ्यों को सावयवी समाज में देखे तो *संविदा या अनुबन्ध* (Contract) कानून और प्रकार्यात्मक निर्भरता, सभी सामाजिक तथ्यों की अभिव्यक्ति मात्र है। ये सब व्यक्ति पर दबाव डालते हैं और व्यक्ति चुपचाप इनके द्वारा बताई गयी दिशा में काम करता है। व्यक्ति चलता अवश्य है, कभी-कभी दौड़ता भी है लेकिन उसी मार्ग पर जिसे सामाजिक तथ्य निर्धारित करते हैं।

दुर्खीम समाजशास्त्रीय पद्धति के नियमों में जब बाध्यता का विश्लेषण करते हैं तो आग्रहपूर्वक कहते हैं कि यह दबाव आवश्यक नहीं है कि प्रत्यक्ष हो। कई बार इसका प्रभाव अप्रत्यक्ष भी होता है। वे लिखते हैं : "एक सामाजिक तथ्य बाह्य दबाव की शक्ति से पहचाना जाता है जिसका प्रयोग यह व्यक्ति पर करता है या उस पर प्रयोग कर सकने के योग्य है। इस शक्ति की उपस्थिति उसके लिये विशिष्ट अनुमति या इसका उल्लंघन करने वाले व्यक्ति के प्रतिरोध से जानी जाती है।"

*(3) **सामाजिक तथ्य अधिवैयक्तिक** (Super Individual) **है***

19वीं शताब्दी की बहुत बड़ी समस्या व्यक्ति बनाम समाज की रही है। *उपयोगितावादी व्यक्ति को समाज से ऊपर मानते हैं। दूसरी ओर दुर्खीम समाज को व्यक्ति से ऊपर मानते हैं।* इस तथ्य का उन्होंने पहली बार प्रतिपादन श्रम विभाजन में किया। जब वे समाजशास्त्रीय पद्धति की चर्चा करते हैं तो इसमें भी वे समाज के प्रभुत्व के पक्ष में तर्क देते हैं। उनका कहना है कि व्यक्ति की चेतना तो होती ही है लेकिन इस चेतना पर सामाजिक तथ्यों का दबाव इतना अधिक होता है कि व्यक्तिगत चेतना गौण हो जाती है। होता यह है कि समाज में जितने भी सामाजिक संगठन होते हैं, उन सबके काम करने की एक निश्चित पद्धति, नियम, उपनियम व परम्पराएँ होती हैं। ये सामाजिक संगठन विधि, धर्म तथा वित्तीय क्षेत्रों में पाये जाते हैं। हर एक धर्म की पूजा और उपासना की एक निश्चित विधि होती है। वित्तीय संस्थानों के काम करने के औपचारिक तरीके होते हैं। ये सब सामाजिक तथ्य हैं और व्यक्ति के व्यवहार को नियंत्रित करने की भूमिका अन्ततोगत्वा इन संगठनों के हाथ में चली जाती है।

(4) ***सामाजिक धारा*** *(Social Current)*

यह ठीक है कि सामाजिक तथ्यों का उद्‌गम औपचारिक और अनौपचारिक संगठनों वे नियम-उपनियम, आस्था और विश्वास तथा परम्पराओं में होता है। लेकिन दुर्खीम इस तथ्य को स्पष्ट करते हुए कहते हैं कि *सामाजिक तथ्यों का उद्‌गम स्थापित सामाजिक संगठनों ; ही होता हो, ऐसा नहीं है।* वे कहते हैं कि कुछ ऐसे भी सामाजिक तथ्य हैं जो सामाजिक संगठनों की तरह स्पष्ट तो नहीं है, *लेकिन उनका अन्य सामाजिक तथ्यों की तरह ही व्यक्ति के ऊपर वर्चस्व और वस्तुनिष्ठ होती है। ऐसे सामाजिक तथ्यों को दुर्खीम सामाजिक धाराए (Social Currents) कहते हैं।* उदाहरण के लिये जब कोई समूह किसी दलित, पद दलित या दुखी समूह को देखता है तो इस समूह के प्रति सहानुभूति उत्पन्न होती है। बाढ़ पीड़ित या भूकम्प पीड़ितों के प्रति हमदर्दी बताना वस्तुतः किसी एक व्यक्ति की चेतना के कारण नहीं है। होता यह है कि सम्पूर्ण समाज में रूझान ऐसे समूह के प्रति हो जाता है। *इस रुझान की उत्पत्ति व्यक्तिगत चेतना में न होकर सामूहिक विश्वास और संवेगों में होती है।* लोगों का विश्वास है कि आज ये लोग भूकम्प पीड़ित हैं, बाढ़ पीड़ित है, कल हम भी किसी ऐसी ही आपात स्थिति के शिकार हो सकते हैं। यह सब *सामाजिक धारा* (Social Current) है। दुर्खीम कहते हैं कि *जहाँ सामाजिक सम्बन्धों का सरोकार औपचारिक और अनौपचारिक संगठनों से होता है, वहीं इसका उद्‌गम सामाजिक धारा में भी हो सकता है। सामाजिक धारा से जनित सामाजिक तथ्य अपनी विशेष पहचान रखते हैं।* यह इसलिये कि जब कभी सामाजिक धारा समाप्त हो जाती है, व्यक्ति अपने आप अपनी व्यक्तिगत चेतना में पुनः आ जाता है।

(5) ***सामाजिक तथ्य विश्वासों, अभिवृतियों और समूह के व्यवहारों का सामूहिक पहलू है***

सामाजिक तथ्यों की विशेषताओं का दुर्खीम ने विवेचन बड़ी सावधानीपूर्वक किया है। वे यह स्थापित करना चाहते हैं कि यदि समाज का अध्ययन करना है तो सामाजिक तथ्यों का अध्ययन ही होना है। जिस प्रकार प्राकृतिक विज्ञानों में रसायनशास्त्र या भौतिकी के अध्ययन का क्षेत्र सुनिश्चित होता है, वैसे ही समाजशास्त्र का अध्ययन क्षेत्र भी सुस्पष्ट होना चाहिये। ऐसा कभी नहीं होता कि भौतिकी तरल पदार्थों का अध्ययन करे और रसायनशास्त्र गैस का अध्ययन करे। शायद इसी कारण दुर्खीम सामाजिक तथ्य की विशेषताओं को निश्चित सीमाओं में बांधते हैं। *किसी एक विचारधारा को जब हम प्रत्येक व्यक्ति की चेतना में पाते हैं या कोई एक आन्दोलन सभी व्यक्तियों द्वारा दोहराया जाता है तो यह सामाजिक तथ्य नहीं है।* यदि समाजशास्त्री सामाजिक तथ्य की विशेषता कुछ इस तरह बताते हैं तो यह उनका भ्रम है। *वास्तव में सामूहिक जीवन के विश्वासों, अभिवृतियों और व्यवहारों का सामूहिक रूप ही सामाजिक तथ्य हैं।*

सामाजिक तथ्य वास्तव में हमें पिछली पीढ़ियों से धरोहर के रूप में मिलते हैं। ये तथ्य बने बनाये होते हैं। हम उन्हें स्वीकार करते हैं, व्यवहार में लाते है इसलिये कि इनकी गहराई पीढ़ियों की है और इसी कारण ये तथ्य सामूहिक जीवन के अभिन्न अंग है। हमें शिक्षा ने बताया है कि इन सामाजिक तथ्यों में अधिकार है और इसलिये हमें इन्हें मान्यता व सम्मान देना चाहिये। जब अपनी व्यक्तिगत चेतना में व्यक्ति इन सामूहिक संवेगों को व्यक्त करता

है तो महत्वपूर्ण बात यह होती है कि इनकी भागीदारी करते समय व्यक्ति में एक विशेष उत्साह और ऊर्जा आ जाती हैं। यह इसलिये कि व्यक्ति जानता है कि यह सब करना उसका अपना कुछ नहीं है, केवल मात्र समाज का आदेश है।

(6) सामाजिक तथ्य वस्तुतः सामाजिकता** (Sociability) **है

सामाजिक तथ्यों की उत्पत्ति समाज से होती है। इनका विकास समाज की ऐतिहासिकता में है। किसी भी समाज में सामाजिक तथ्य व्यक्ति विशेष के नहीं होते, सम्पूर्ण समाज के होते हैं। जैसा समाज होगा, जैसा उसका मिजाज होगा, उसी के अनुरूप उसके सामाजिक तथ्य होंगे। भारतीय समाज में अभिवादन करते समय महिलाएँ पुरुषों से हाथ नहीं मिलाती। यह एक सामाजिक तथ्य है। इसकी एक ऐतिहासिकता है। इसका पीढ़ी दर पीढ़ी संचार हुआ है। दूसरे शब्दों में *सामाजिक तथ्य समाज की किसी न किसी आवश्यकता की पूर्ति करते हैं।* इसी कारण हम सामाजिक तथ्यों में सामाजिकता पाते हैं।

(7) सामाजिक तथ्यों में सार्वभौमिकता** (Universability) **होती है

सामाजिक तथ्य केवल कुछ समाजों में ही पाये जाते हों, ऐसा नहीं है। यह भी नहीं है कि सामाजिक तथ्य आदिम समाजों में ही मिलते हों। दुर्खीम इसे विस्तारपूर्वक बताते हैं कि सभी समाजो में सामाजिक तथ्य पाये जाते हैं। यह सम्भव है कि कुछ समाजो में सामाजिक तथ्यों की बाध्यता कमजोर हो, ढीली-ढाली हो। यहाँ यह भी कहना चाहिये कि सामाजिक तथ्य किसी तालाब के पानी की तरह ठहराव बनाये हुए हों, ऐसा नहीं है। प्रत्येक पीढ़ी कतिपय नवीन सामाजिक तथ्यों का सृजन करती है और आने वाली पीढ़ियों के लिये इन सामाजिक तथ्यों की बाह्यता और बाध्यता दोनों ही बढ़ जाते हैं।

(8) सामाजिक तथ्य वस्तुतः कार्य करने, सोचने और अनुभव करने के तरीके** (Ways of Acting, Thinking and Feeling) **है

दुर्खीम अपनी पुस्तक के पहले अध्याय में जब सामाजिक तथ्य की मीमांसा करते हैं, तो बार-बार यह कहते हैं कि *सामाजिक तथ्य काम करने, सोचने और अनुभव करने की पद्धति है।* उन्हीं के शब्दों में :

सामाजिक तथ्य कार्य करने, सोचने और अनुभव करने के तरीके हैं।

दुर्खीम के इस कथन का आशय यह है कि सामाजिक तथ्य व्यक्ति को सम्पूर्ण रूप से अपनी पकड़ में ले लेता है। यह पकड़ इतनी प्रबल होती है कि यदि कोई व्यक्ति अपने मस्तिष्क में कुछ सोचता है तो उसके सोच पर भी सामाजिक तथ्य का दबाव होता है। मानिये वह सोचता है कि अपने जीवन वृत को किस तरह योजना में बांधे। तब अपने आप उसका सोच उसके परिवार, नातेदारों, नियोजन के अवसर आदि के इर्द-गिर्द घुमता है। इसी तरह जब व्यक्ति इन्हीं क्रियाओं को करता है तो उनमें भी सामाजिक तथ्य की अभिव्यक्ति होती है। सामाजिक तथ्य का प्रभाव व्यक्ति पर इतना अधिक होता है कि उसकी सम्पूर्ण अनुभूति भी सामाजिक तथ्यों के परिवेश में आ जाती है। व्यक्ति के बहुआयामी जीवन पर हर तरह से सामाजिक तथ्यों का प्रभाव होता है।

(9) *सामाजिक तथ्यों को पीढ़ी-दर-पीढ़ी हस्तांतरित किया जाता है*

हमने पिछले पृष्ठों में कहा कि सामाजिक तथ्यों की ऐतिहासिकता, निरन्तरता और उनमें होने वाला बदलाव समाजीकरण द्वारा आते हैं। समाजीकरण औपचारिक भी होता है। शिक्षा एक ऐसा माध्यम है जिसके द्वारा सामाजिक तथ्यों का संचारण एक पीढ़ी से दूसरी पीढ़ी को होता है। होली, दिवाली के त्यौहार, व्रत, पूजन के समारोह और परम्परागत कानून, ये सभी अनौपचारिक शिक्षा के कारण व्यक्ति के जीवन में आते हैं। प्रारम्भ में तो व्यक्ति को सीखाया जाता है कि वह सामाजिक तथ्यों को अपने जीवन में उतारे और बाद में चलकर ये तथ्य अपने आप व्यक्ति के जीवन के अंग बन जाते हैं, व्यक्ति की आदतों में सम्मलित हो जाते हैं।

जब दुर्खीम सामाजिक तथ्य की व्याख्या करते हैं, तो ऐसा करने में उनका उद्देश्य समाजशास्त्र को एक निश्चित ज्ञान की शाखा के रूप में स्थापित करना है। ऐसा करने में वे अगस्त कॉम्ट की तरह नही कहते कि समाजशास्त्र समाज के अध्ययन का विज्ञान है। समाज में तो सब होता है—एक व्यक्ति अपने स्वार्थ के लिये दूसरे व्यक्ति की लाश पर अपने पांव जमाते हुए आगे निकल जाता है। समाज में अत्यधिक विविधता है। ऐसी अवस्था में दुर्खीम के लिये यह आवश्यक हो गया कि वे समाजशास्त्र की अध्ययन सामग्री को कुछ निश्चित सीमाओं में बांधे। इसी कारण उन्होंने कहा कि *समाजशास्त्र वह विज्ञान है जो समाज में प्रयुक्त सामाजिक तथ्यों का अध्ययन करता है।*

ये सामाजिक तथ्य व्यक्ति की चेतना से पैदा नहीं होते। इन तथ्यों की उत्पत्ति समाज की सामूहिक चेतना है। सामाजिक तथ्य व्यक्ति के विचार, उसकी क्रिया और उसकी अनुभूति में व्यक्त होते हैं। *एक तरह से सामाजिक तथ्य समाज के आंकड़े हैं जो गुणात्मक रूप में पाये जाते हैं।* अब प्रश्न उठता है कि यदि समाजशास्त्र सामाजिक तथ्यों का अध्ययन करता है तो समुद्र जैसे इस विशाल समाज में सामाजिक तथ्यों की पहचान कैसे की जाये। और जब पहचान हो जाये तो इन तथ्यों के अध्ययन की पद्धतियाँ कौन सी होगी। उदाहरण के लिये हम सामूहिक संवेगों, विश्वासों और परम्पराओं का अध्ययन करना चाहते हैं क्योंकि ये सामाजिक तथ्य है। दुर्खीम कुछ ऐसे *नियमों* (Rules) का प्रतिपादन करते हैं जिनका अवलोकन करके हम सामाजिक तथ्यों का वैज्ञानिक अध्ययन कर सकते हैं। अब हम इन नियमों का उल्लेख करेगें।

सामाजिक तथ्यों के अवलोकन के नियम
(Rules for the Observation of Social Facts)

संसार वस्तुओं से भरा पड़ा है। इसमें भाँति-भाँति की वस्तुएँ हैं। कहीं ईट-पत्थर हैं, तो कही हीरे-जवाहरात कही भवन हैं तो कहीं सड़कें, ईजन और कहीं खेत खलिहान। इधर कुछ सामाजिक वस्तुएं भी हैं—परिवार, विवाह, गोत्र, जाति, वर्ग, इत्यादि। प्राकृतिक विज्ञान सभी भौतिक वस्तुओं को अपने कलेवर में समा लेते हैं—इनका अध्ययन करते हैं। प्राकृतिक विज्ञानों ने एक निश्चित श्रम विभाजन किया है। भौतिक वस्तुओं को भौतिक विज्ञान देखता है; मोटे तौर पर रासायनिक पदार्थों का अध्ययन रसायनशास्त्र करता है और इसी तरह जीव विज्ञान और वनस्पतिशास्त्र अपने-अपने क्षेत्रों में काम करते हैं।

19वीं शताब्दी में जब प्राकृतिक विज्ञान नये-नये अविष्कारों द्वारा समाज के जीवन को सुख शान्ति की ओर ले जा रहे थे तब दुर्खीम और उसकी पीढ़ी के विचारकों ने सोचा कि जिस प्रकार प्राकृतिक विज्ञान प्राकृतिक *वस्तुओं* (Things) का अध्ययन करते हैं, ठीक इसी तरह समाज विज्ञानों को भी सामाजिक वस्तुओं का अध्ययन करना चाहिये। कुछ इस तरह की विचारधारा ने दुर्खीम को अभिप्रेरित किया कि वे *सामाजिक तथ्यों का वस्तुओं की तरह अवलोकन करें*। ऐसा करने के कुछ निश्चित लाभ हैं। जब रसायनशास्त्र किसी मरीज के रक्त की जांच करता है तो प्रयोगशाला में काम करने वाला व्यक्ति मरीज की सामाजिक आर्थिक प्रतिष्ठा को देखकर रक्त का परिणाम नहीं देता। उसके लिये तो रक्त केवल रक्त है, वस्तु है और उसे बिना किसी पूर्वाग्रह के रक्त को जाँचना है। वस्तु में कोई प्राण नहीं होता। उस पर कोई तनाव या शिकन नहीं आती और इसीलिये बिना किसी पक्ष या विरोध के उसकी जांच हो जाती है। कुछ इसी तरह सामाजिक तथ्य का मूल्यांकन भी किया जा सकता है, ऐसी धारणा दुर्खीम की थी। समाज के जो भी संवेग, मनोवेग, विश्वास आदि हैं उन्हें वस्तु की तरह समझना चाहिये, यह दुर्खीम का सुझाव है। जब वे समाजशास्त्रीय पद्धति के नियमों का उल्लेख करते हैं तो वे प्रथम तथा सर्वाधिक मौलिक नियम को जिसे समाजशास्त्रीय अनुसंधानकर्ताओं को अपनाना चाहिये, इस तरह रखते हैं :

सामाजिक तथ्यों पर वस्तुओं के रूप में विचार किया जाये (Consider Social Facts as Things)

विज्ञान वस्तुओं को समझे, उनका विश्लेषण करे इससे पहले ही इन वस्तुओं के बारे में व्यक्ति के मस्तिष्क में कुछ विचार होते हैं। जैसी जिसकी समझ होती है उसके अनुसार वह वस्तुओं को उसके दिमाग में बैठाता है। लोग समझते थे कि सूरज पृथ्वी के चारों ओर चक्कर लगाता है, लोग सोचते थे कि मलेरिया बुखार किसी बुरी शक्ति के श्राप के कारण है। होता यह है कि आदमी जिस पर्यावरण में रहता है, उसके बारे में कुछ न कुछ अपने विचार अवश्य बनाता है। ये विचार ही उसके व्यवहार को नियंत्रित करते हैं। आदमी के बारे में अपना मानस बना लेता है। यहाँ तक कि ऐसे ही अवलोकन द्वारा वह किसी भी विचारधारा का विश्लेषण कर लेता है। ऐसा करने में वह अवलोकन भी करता है लेकिन यह अवलोकन कुछ इस तरह का होता है जिसका प्रयोजन केवल पूर्व निर्धारित विचारधारा को प्रमाणित करना ही होता है। इस तरह का कोई भी विश्लेषण वस्तुगत परिणाम नहीं दे सकता।

दुर्खीम सामाजिक तथ्यों को, यहां तक कि संवेग और मनोभाव को, वैज्ञानिक पद्धति से देखना चाहते हैं। वे कहते हैं कि कई सामाजिक तथ्य मनोवैज्ञानिक होते हैं लेकिन इनका उद्‌गम समाज की यथार्थता होती है। इसी कारण ये तथ्य सामाजिक तथ्य हैं। समाजशास्त्रीय पद्धति के कुछ नियम दुर्खीम ने निश्चित किये हैं। ये नियम सामाजिक तथ्यों के अवलोकन से सम्बन्धित हैं। दुर्खीम द्वारा प्रतिपादित कुछ मुख्य नियम इन प्रकार हैं :

(1) सामाजिक तथ्यों को वस्तुओं की तरह देखना चाहिये। (Consider social facts as things)
(2) सभी पूर्वाग्रहों का उन्मूलन करना चाहिये। (All pre-conceptions must be eradicated)

(3) अध्ययन की विषय-सामग्री को परिभाषित करना चाहिये। (Define the subject-matter of study)
(4) सामाजिक तथ्यों को व्यक्तिगत प्रगटीकरणों से पृथक करके अध्ययन करना चाहिये। (Social Facts should be studied independent of their individual manifestations)

1. सामाजिक तथ्यों को वस्तुओं की तरह देखना चाहिये

समाजशास्त्रीय पद्धति के नियमों में दुर्खीम का आधार वाक्य यह है कि *सभी सामाजिक तथ्य वस्तु हैं।* विज्ञान वस्तुओं का अध्ययन करता है और इसलिये सामाजिक तथ्य भी समाजशास्त्री के लिये वस्तु ही हैं। यह बात नहीं है कि दार्शनिकों और मनोवैज्ञानिकों ने सामाजिक तथ्यों का अध्ययन नहीं किया हो। लेकिन इन तथ्यों के अध्ययन के पीछे जो बहुत बड़ी भूल रही है वह यह कि इन तथ्यों के बारे में हमने पहले से ही धारणाएं बना रखी हैं। रोचक बात यह है कि ये धारणाएँ वास्तविकता के साथ मेल नहीं खाती। समाजशास्त्र में इन पूर्व धारणाओं की भूल के प्रति दुर्खीम के पूर्ववर्ती समाजशास्त्रियों ने विचार न किया हो, ऐसा भी नहीं है। स्वंय दुर्खीम उद्धरण देकर कहते हैं कि सबसे पहली बार *कॉम्ट ने यह कहा था कि सामाजिक प्रघटनाओं को प्राकृतिक तथ्यों की तरह समझना चाहिये। कॉम्ट ने स्थापित किया कि समाजशास्त्र की अध्ययन सामग्री विचार (Idea) है।* उन्होंने विस्तार पूर्वक इस प्राक्कल्पना को रखा कि मनुष्य का विकास उद्विकास द्वारा हुआ है। यह उद्विकास एक निश्चित व्यवस्था से हुआ है और इसलिये समाजशास्त्र को उद्विकास की इस व्यवस्था का अध्ययन करना चाहिये। इस दृष्टि से सामाजिक तथ्यों को विज्ञान की तरह समझने का सबसे पहला प्रयास कॉम्ट का था यद्यपि उन्होंने इन तथ्यों को वस्तु के नाम से सम्बोधित न करके *प्राकृतिक तथ्यों* (Natural Facts) की तरह समझा।

स्पेन्सर ने भी मानव समाज को समाजशास्त्र की अध्ययन सामग्री की तरह प्रस्तुत किया। उनके लिये *समाज मनुष्यों का एक सहयोगी संगठन था, इसमें सहकार की भावना थी। और इसी सहकार व संगठन का अध्ययन, उनके अनुसार समाजशास्त्र की अध्ययन सामग्री थी।* इस दृष्टि से व्यक्तियों का संगठन समाज था। कहीं पर भी स्पेन्सर ने समाज को वस्तु की तरह नहीं समझा। वे तो विशुद्ध रूप से इसे मानवीय संगठन समझते थे। दुर्खीम ने कॉम्ट और स्पेन्सर दोनों की सामाजिक प्रघटना और समाज की अवधारणाओं का खण्डन किया है। कॉम्ट और स्पेन्सर इन सामाजिक प्रघटनाओं को या *समाज को एक अवधारणा मात्र समझते रहे। जैसे समाजशास्त्र की अन्य अवधारणाएँ हैं, वैसे ही उनके लिये सामाजिक प्रघटना और समाज भी केवल अवधारणा मात्र थे। दूसरे शब्दों में इन विचारकों ने कभी भी सामाजिक तथ्यों को वस्तु की तरह नहीं जाना।* इसका परिणाम यह हुआ कि समाजशास्त्री समाज के अध्ययन में वैज्ञानिक *तटस्थ उपागम* (Neutral Approach) नहीं अपना पाये। दुर्खीम कहते हैं कि जैसे ही सामाजिक प्रघटनाओं को हम वस्तु समझने लगते हैं, अपने आप उनके अध्ययन का उपागम वैज्ञानिक बन जाता है।

दुर्खीम सामाजिक तथ्यों के विश्लेषण की परम्परा को सम्पूर्ण समाज विज्ञानों में देखते हैं। उनका कहना है कि कॉम्ट और स्पेन्सर के अतिरिक्त कई अन्य समाज वैज्ञानिकों ने

सामाजिक तथ्य के अध्ययन की बराबर उपेक्षा की है। उदाहरण के लिये दर्शनशास्त्र में आचार संहिता का विशद् विवेचन मिलता है। आचार वह प्रघटना है जो वैयक्तिक चेतना के ऊपर है। लेकिन ये विचारक कहीं भी आचार संहिता के अध्ययन के लिये वैज्ञानिक पद्धति नहीं अपनाते, न ही वे आचार को तटस्थ और निरपेक्ष भाव से देखते हैं। इसके परिणामस्वरूप समाज विज्ञानों में जो वैज्ञानिक कसाव आना चाहिये, नहीं आ पाया।

राजनैतिक अर्थशास्त्र में सामाजिक तथ्यों का विवेचन किया जाता है। इन तथ्यों को वस्तुनिष्ठ रूप से भी देखा जाता है। लेकिन अर्थशास्त्रियों के लिये वस्तुनिष्ठा और कुछ न हो कर धन का संचय मात्र रह जाता है। वे कहते हैं कि *प्रत्येक व्यक्ति अधिक से अधिक धन संचय करना चाहता है।* दुर्खीम का इन अर्थशास्त्रियों से प्रश्न है: उन्हें कैसे ज्ञात हुआ कि आदमी का एक मात्र उद्देश्य धन प्राप्त करना है? इस प्रश्न के प्रति अर्थशास्त्री मौन हैं। दुर्खीम कहते हैं कि अर्थशास्त्रियों ने अपने मन में धारणा बना रखी है कि आदमी अधिकतम धन संचय करना चाहता है। मतलब हुआ अर्थशास्त्र के पास भी सामाजिक तथ्यों यानी वस्तुनिष्ठा के अध्ययन के लिये कोई वैज्ञानिक पद्धति नहीं है।

दुर्खीम सम्पूर्ण समाज विज्ञानों का गहन अध्ययन करने के बाद इस निष्कर्ष पर पहुँचते हैं कि *समाज विज्ञानों में कभी भी सावधानी पूर्वक यह स्थापित करने का प्रयत्न नहीं किया गया कि ये विज्ञान वस्तुतः विज्ञान हैं और इसके लिये उन्हें सामाजिक तथ्यों को केवल वस्तुओं की तरह देखना चाहिये।* अब जब दुर्खीम यह निश्चय कर लेते हैं कि समाजशास्त्र को सामाजिक तथ्यों का अध्ययन करना चाहिये, तब स्वाभाविक रूप से प्रश्न उठता है कि *इन तथ्यों की पहचान (Identification) कैसे की जाये?* इस पहचान के लिये दुर्खीम कुछ सूत्र रखते हैं:

सामाजिक तथ्यों की वस्तु की तरह पहचान के आधार

(Criteria for the Identification of Social Facts as Things)

दुर्खीम के विवेचन में अधिक स्थान इस समस्या को दिया गया है कि हम किन आधारों पर जाने कि अमुक घटनाएं सामाजिक तथ्य हैं। सामाजिक तथ्यों की घटना की तरह पहचान करने के उन्होंने निम्न लक्षण दिये हैं:

(1) **सामान्य विज्ञान तथ्य की पहचान करते हैं** : हम किसी भी विज्ञान को लें, प्राकृतिक या सामाजिक, सभी का सर्वप्रथम उद्देश्य अपने अध्ययन की प्रघटनाओं की पहचान होती है। रसायनशास्त्र पहचान करके पेट्रोलियम को अपने अध्ययन का तथ्य मानता है। ठीक इसी तरह समाज विज्ञानों और समाजशास्त्र को भी सामाजिक तथ्यों की पहचान निश्चित करनी चाहिये। यह विज्ञान की परम्परा है और समाजशास्त्र इसका अपवाद नहीं है।

(2) **तथ्य का एक निश्चित अर्थ होता है** : जब तक तथ्य के बारे में, उसके अर्थ के बारे में, सामान्य सहमति नहीं है, हम आगे नहीं बढ़ सकते। जो कुछ तथ्य का अर्थ लिया जाता है, वह स्पष्ट होना चाहिये। अर्थ के लिये तथ्य का अवलोकन आवश्यक है। अब यहाँ हमें जब तथ्य का अर्थ निकालना होता है *तो यह अर्थ बाहर से थोपा जाने वाला नहीं होना चाहिये। अर्थ वहीं होना चाहिये जो प्रघटना में अन्तर्भूत है।* जब अर्थशास्त्री कहते हैं कि मनुष्य धन संचय करना चाहता है तो आर्थिक प्रघटना के इस अर्थ को अर्थशास्त्री ने निकाला

है। क्या आर्थिक प्रघटना में इस तरह का अर्थ निहित है? यदि ऐसी संभावना बनती है तब तो प्रघटना का अर्थ सही है। अतः हमें जब प्रघटना के अर्थ को समझना होता है, तो इस अर्थ को प्रघटना में अनार्भूत मूल्यों और गुणों द्वारा ही निश्चित करना चाहिये।

(3) **जिस किसी वस्तु का हम अध्ययन करते हैं, उसे वस्तु मानकर चलना चाहिये**: सामाजिक प्रघटना के पहचान का एक और आधार दुर्खीम देते हैं। यदि वह सामाजिक प्रघटना है तो यह निश्चित करना चाहिये कि हम इसका अध्ययन एक वस्तु की तरह कर सकते हैं या नहीं। उदाहरण के लिये मनुष्य में संवेग हैं, मनोभाव हैं और यदि उन्हें हम सामाजिक तथ्य मानते हैं तो हमें तत्काल यह देखना पड़ेगा कि क्या इनको हम वस्तु रूप में देख सकते हैं। इसी तरह मनुष्य के सपने होते हैं, महत्वकांक्षाएँ होती हैं, जिन्हें सामाजिक तथ्य का दर्जा तभी प्राप्त होता है, जब इनको हम वस्तु की तरह देखें।

(4) **सामाजिक तथ्य आधार सामग्री (Data) हैं** : सामाजिक तथ्यों की एक और पहचान दुर्खीम ने दी है। सम्पूर्ण समाज की छवि, इसकी मनोवृति और इसका मिजाज सामाजिक तथ्यों में निहित होता है। अतः यदि समाज की कोई विश्वसनीय आधार सामग्री है तो वह सामाजिक तथ्य है। हम किसी भी प्रकार के समाज को यांत्रिक या सावयवी-अपने अध्ययन के लिये लें तो यह स्वीकार करके चलना चाहिये कि इसके सामाजिक तथ्य समाज के आधार सामग्री की तरह हैं।

(5) **सामाजिक तथ्यों का अध्ययन वस्तुनिष्ठ विधि द्वारा करना चाहिये** : अनुसंधानकर्ता को सामाजिक तथ्यों की पहचान करने में एक और बुद्धिमानी करनी होगी। वह बुद्धिमानी यह है कि जिन्हें हम सामाजिक तथ्य कहते हैं क्या वस्तुओं की तरह इनका वस्तुनिष्ठ अध्ययन किया जा सकता है। दुर्खीम यह मानकर चलते हैं कि जब तक सामाजिक तथ्यों को हम वस्तु मानकर नहीं चलते, उनका वस्तुनिष्ठ अध्ययन नहीं किया जा सकता।

(6) **सामाजिक तथ्य किसी सामान्य इच्छा से बदले नहीं जा सकते** : सामाजिक तथ्य में दृढ़ता होती है, ये तथ्य धरती से जुड़े होते हैं, इन्हें एकाएक बदल पाना मुश्किल है। हमारे कितने ही तीज-त्यौहार हैं, कितनी ही शोभायात्राएं हैं, कितनी की मान्याताएं है, जिन्हें कुछ लोगों के चाहने पर छोड़ा नहीं जा सका। सामाजिक तथ्य ठेठ जनजीवन में अपनी पेठ रखते हैं। छोटे-मोटे आन्दोलन इन सामाजिक तथ्यों को नहीं बदल सकते। कितने की प्रमाण जुटा लो, कितना ही तर्क दे दो, भारतीय समाज का यह सामाजिक तथ्य कि परिवार में पुत्र का जन्म वंशावली को निरन्तरता देता है, वृद्धावस्था में सहायक हो सकता है, जनमानस मानने को तैयार नहीं है। दुर्खीम कहते हैं कि सामाजिक तथ्य जमीन से जुड़ा होता है और इसलिये इसकी जड़े हिलाना सामान्य बात नहीं है। *दूसरे शब्दों में, सामाजिक तथ्य लगभग निरन्तर और स्थायी होता है।*

2. सभी पूर्वाग्रहों का उन्मूलन करना चाहिये

कथा हैः श्रवण कुमार अपने वृद्ध माता-पिता को कावड़ में बिठाकर सम्पूर्ण तीर्थों को ले गया। कथा हैः भीम ने जहाँ-जहाँ अपनी गदा को भूमि पर पटका, वहाँ-वहाँ कुण्ड बन गये। कथा हैः आबू पर्वत के अग्नि कुण्ड से क्षत्रियों की उत्पति हुई। कथाओं का यह सिलसिला अनन्त है। सामाजिक जीवन के बारे में भी कई तरह की लोकोक्तियाँ है। ये सब मिथक

ाेर आख्यान सम्पूर्ण भारतीय जनजीवन में देखने को मिलते हैं। क्या ये सामाजिक तथ्य ? क्या इनका वैज्ञानिक पद्धति से अवलोकन किया जा सकता है? यदि सामाजिक तथ्यों हम विज्ञान के स्तर पर रखना चाहते हैं तो इनका अवलोकन होना आवश्यक है।

दुर्खीम दृढ़तापूर्वक कहते हैं कि हमारे पूर्वजों के अनुभव ने इस बात को सिद्ध कर दिया कि सत्य के व्यावहारिक अनुभव के लिये स्वंय को संतुष्ठ कर लेना ही पर्याप्त नहीं है। दे हम सामाजिक तथ्य को वस्तु मानते हैं तो इसका दूसरा सिद्धान्त यह है कि हमें सभी अवधारणाओं को समाप्त कर देना चाहिये। इसका बहुत अच्छा दृष्टान्त दार्शनिक *डेकार्टे*)escarte) है। विज्ञान की नींव डालते समय यदि डेकार्टे ने सभी पूर्व विचारों को संदेह दृष्टि से नहीं देखा होता तो वे आगे नहीं बढ़ पाते। दुर्खीम की यह निश्चित सलाह है *समाजशास्त्री को उन सभी पूर्व अवधारणाओं की उपेक्षा करनी चाहिये जिनका उद्‌गम ज्ञान के बाहर हुआ है।* विज्ञान चक्षु-इन्द्रियों द्वारा ही ज्ञान प्राप्त करता है और इसलिये ाजिक तथ्य भी इस कसौटी पर सही उतरने चाहिये।

हमारे मिथक केवल पूर्वाग्रह हैं। इसी तरह हमारे कतिपय संवेग पूर्वाग्रह मात्र हैं। दुर्खीम मिथकों और पूर्वाग्रहों को छद्म वेश में आनुभविकता कहते हैं। इनका निर्माण केवल री इनके बारे में छाप के परिणामस्वरूप है। इन मिथकों और पूर्वाग्रहों को हम संवेगात्मक से देखते हैं। न तो इनमें कोई व्यवस्था होती है, न तर्क और न निर्वचन। *ये सब कथन न तो होते हैं लेकिन ये भ्रमित मस्तिष्क की अभिव्यक्ति मात्र हैं। हम स्वीकार करते हैं संवेगों का वैज्ञानिक अध्ययन तो किया जा सकता है, लेकिन ये संवेग वैज्ञानिक सत्य के ार या कसौटी नहीं बन सकते।*

सामाजिक तथ्यों के अध्ययन का दूसरा नियम, इसलिये, यह है कि जिन सामाजिक तथ्यों हम अध्ययन करते हैं सबसे पहले उन्हें परिभाषित करना चाहिये। यदि ये सामाजिक तथ्य न मिथक हैं, पूर्वाग्रह हैं, तो हमें इन्हें छोड़ देना चाहिये। *हमारे लिये तो सामाजिक तथ्य न वे ही तथ्य हैं जिनका वैज्ञानिक कसौटी पर अध्ययन किया जा सके।*

ध्ययन की विषय सामग्री को परिभाषित करना चाहिये

जशास्त्री के लिये यह आवश्यक है कि वह जिस विषय सामग्री का अध्ययन करता है, सामग्री को स्पष्ट रूप से परिभाषित करना चाहिये। उदाहरण के लिये अपराध की घटनाएं जैस तरह व्यक्ति को बुखार आना, शरीर पर गिल्टियाँ हो जाना, केवल बीमारी के प्रतीक से ही अपराध भी एक बाहरी लक्षण है। संस्कृत में एक श्लोक हैं जिसका अर्थ है कि भूखा आदमी अपराध नहीं करता। इस तरह अपराध तो एक बाह्य लक्षण है और इसका कारण भूख है। अतः अनुसंधानकर्ता को जिस सामग्री का वह अध्ययन करता है, उसका जिक तथ्य के संदर्भ में अर्थ स्पष्ट करना चाहिये।

ामाजिक तथ्यों को व्यक्तिगत प्रगटीकरणों से पृथक करके देखना चाहिये

तगत अभिरूचियाँ निश्चित रूप से व्यक्तिगत होती हैं। इन्हें सामाजिक तथ्य नहीं ा जा सकता। यहाँ हम पुनः दोहरायेगें की दुर्खीम व्यक्तिवाद के घोर विरोधी थे। इसी उनका आग्रह है कि वे वस्तुएं जो हर तरह से निजी हैं, उन्हें छोड़ देना चाहिये। बाह्य ताएँ केवल व्यक्तिगत अभिव्यक्ति हैं। अतः हमें उन विशेषताओं का विवेचन करना

चाहिये जो मूलतः सामाजिक प्रघटनाओं के निहित गुण है। दुर्खीम कहते हैं: "प्रत्येक समाजशास्त्रीय अध्ययन की विषय-वस्तु कुछ सामान्य बाह्य विशेषताओं के आधार पर पहले परिभाषित कुछ प्रघटनाओं के समूह को ग्रहण करें तथा इस परिभाषा की सीमा में आने वाली सभी प्रघटनाओं को इस समूह में सम्मिलित किया जाये।"

सामान्य तथा व्याधिकीय तथ्यों में भेद करने के नियम

(Rules for Distinguishing between the Normal and Pathological Facts)

सामाजिक तथ्यों का अध्ययन वस्तुओं की तरह किया जाना चाहिये। जिस भाँति प्राकृतिक विज्ञान वस्तुओं का अध्ययन अवलोकन द्वारा करते हैं, वैसे ही सामाजिक प्रघटनाओं का अध्ययन भी अवलोकन द्वारा होना चाहिये। दुर्खीम कहते हैं कि विज्ञान का यही सामान्य नियम है। लेकिन सभी सामाजिक तथ्य एक समान नहीं होते। इनके धरातल जुदा होते हैं, इनकी अन्तर्वस्तु भिन्न होती है। कुछ ऐसे तथ्य हैं जो अपराध से जुड़े हैं, काला बाजारी से जुड़े हैं, मारपीट से सरोकार रखते हैं और कुछ ऐसे तथ्य भी हैं, जो सृजनात्मक है, समाज की व्यवस्था को बनाये रखते हैं और व्यक्ति के व्यवहार पर लगाम लगाये रखते हैं। दुर्खीम कहते हैं कि यदि सामाजिक तथ्यों की सम्बद्धता और विघटनकारी दृष्टि से वर्गीकरण किया जाये तो ये तथ्य दो तरह के हैं: (1) *सामान्य तथ्य* (Normal Facts) तथा *व्याधिकीय तथ्य* (Pathological Facts)। यद्यपि इन तथ्यों की प्रकृति कुछ अर्थों में एक समान होती है, फिर भी इनमें भिन्नता है। क्या विज्ञान तथ्यों के इन प्रकारों का अन्तर स्पष्ट कर सकता है? यह प्रश्न सबसे अधिक महत्वपूर्ण है। महत्वपूर्ण इसलिये कि इसके उत्तर में विज्ञान की भूमिका निहित है। इससे विज्ञान और आदमी का सम्बन्ध निश्चित होता है। विज्ञान में दो तरह के सम्प्रदाय हैं: एक सम्प्रदाय का कहना है कि *विज्ञान हमें वह सब कुछ नहीं सीखाता है जिसे हमें जीवन में करना चाहिये। इस सम्प्रदाय के अनुसार चाहिये (Ought) से विज्ञान को कोई सरोकार नहीं है।* विज्ञान का सम्बन्ध तो केवल तथ्यों से हैं और ये तथ्य वे हैं जिनका अवलोकन किया जाता है, जिनका विश्लेषण किया जाता है। विज्ञान का *अच्छे* और *बुरे* से कोई मतलब नहीं है। यह तो केवल घटनाओं के पीछे जो कारण काम करते हैं, उनका विश्लेषण मात्र करता है। विज्ञान इस प्रश्न पर बराबर मौन रहता है कि हमें किन उद्देश्यों की प्राप्ति करनी चाहिये और इस प्राप्ति की विधि क्या है? भविष्य का मार्ग क्या है, उद्देश्यों की प्राप्ति कैसे की जाये? इसके उत्तर में वैज्ञानिक कहते हैं हमें अनुभूति और मूलधारणाओं द्वारा ऐसे निर्णय करने चाहिये।

वैज्ञानिकों में एक दूसरा सम्प्रदाय है। इस सम्प्रदाय का कहना है कि विज्ञान दुनियाँ को आलोकित कर सकता है। नये आविष्कार देकर सुख सुविधाएँ जुटा सकता है लेकिन यही विज्ञान हमारे हृदय को अंधकार में डुबोये रख सकता है। इसलिये हृदय को अपना रास्ता स्वंय खोजना चाहिये। इस तरह के विवाद पर टिप्पणी करते हुए दुर्खीम लिखते हैं: "विज्ञान अपने सम्पूर्ण या लगभग सम्पूर्ण महत्व तथा परिणामस्वरूप अपने अस्तित्व का प्रमुख औचित्य खो बैठता है। ऐसी यर्थाथता का ज्ञान व्यर्थ है जो हमारे जीवन में काम न आ सके। इस प्रश्न का हम उत्तर दे सकते हैं कि प्रघटनाओं के कारणों को बता करके विज्ञान उनकी सृष्टि के कारणों को प्रस्तुत करता है।"

दुर्खीम ने दृढ़तापूर्वक इस तथ्य को रखा है कि विज्ञान हमारे लिये शौकिया नहीं है। मानव जीवन में इसकी एक निश्चित भूमिका है। यदि विज्ञान हमें सर्वोतम लक्ष्य नहीं बता सकता तो वह उसे प्राप्त करने के लिये सर्वोतम साधन कैसे बता सकेगा। यदि विज्ञान अंतिम लक्ष्यों की प्राप्ति के लिये हमारा पथ प्रदर्शन नहीं कर सकता तो गौण लक्ष्यों अथवा साधनों के बारे में भी वह समान रूप से शक्तिहीन होता है।

जब समाजशास्त्र सामाजिक तथ्यों का अध्ययन करता है तब इसे सभी तरह के तथ्यों को देखना चाहिये। इसमें अपराध भी सम्मिलित है। वैसे अपराध कम या ज्यादा सभी समाजों में पाये जाते हैं। समाज तो किसी भी *सावयव* (Organism) की तरह है जैसे किसी भी शरीर में सामान्य *रुग्णता* (Morbidity) तो होती ही है। जब यह रूग्णता अपने सामान्य स्तर पर होती है तो मनुष्य इसकी चिन्ता नहीं करता। संस्कृत भाषा में एक लोकोक्ति है: शरीरं व्याधि मन्दिरं, यानी शरीर रोग का घर है। यह रोग जब असामान्य हो जाता है, तब चिन्ता का विषय बनता है। ठीक कुछ इसी तरह समाज में जब अपराध, कुरीतियाँ अधिक बढ़ जाती हैं तो इसे व्याधिकीय समझा जाता है। ऐसी अवस्था में इन असामान्य सामाजिक तथ्यों का अध्ययन भी समाजशास्त्र के अध्ययन क्षेत्र में आता है। यह *सामाजिक रूग्णता* (Social Morbidity) है। यदि सावयव के संदर्भ में ही चर्चा करें तो दो मुख्य प्रश्न उठते हैं: व्याधिकीय तथ्य किसे कहते हैं? और इसी तरह, स्वास्थ्य किसे कहते हैं? दुर्खीम ने इन दोनों प्रश्नों का उत्तर दिया है।

सामान्य तथ्य और असामान्य तथ्य किसे कहते हैं?

सामान्य तथ्य सावयव के संदर्भ में वह है जिसके अनुसार मनुष्य का शरीर अपने पर्यावरण के साथ अनुकूलन कर लेता है। सर्दी-गर्मी पड़ती है, मौसम में एकाएक परिवर्तन आते हैं। जब शरीर इन सबके साथ अपना ताल मेल स्थापित कर लेता है तो यह उसका स्वास्थ्य है। *स्वस्थ अवस्था में रूग्णता न्यूनतम होती है। समाज में भी जो व्यवस्था बनी हुई है वह चलती रहती है तो इसको बनाये रखने वाले सामाजिक तथ्य सामान्य हैं। इस अवस्था में व्याधिकीय कारक जैसे अपराध, डकैती, अपहरण, बलात्कार, आत्महत्या, आदि सामान्य यानी न्यूनतम होते हैं। इस तरह सामान्य सामाजिक तथ्य वे हैं जो समाज की यथास्थिति को बनाये रखते हैं और इनमें व्याधिकीय तत्व सामान्य दर में होते हैं, इतने अधिक नहीं होते कि समाज की व्यवस्था और कानून बिगड़ जाये। असामान्य सामाजिक तथ्य जब अत्यधिक व्यापक हो जाते हैं, समाज का सामान्य जन जीवन ठप्प हो जाता है, तो ऐसे तथ्य असामान्य सामाजिक तथ्य हैं।*

सामान्य और असामान्य तथ्यों में अन्तर

सामान्य और असामान्य तथ्यों का अन्तर इस प्रकार है:

(1) *व्यापकता:* दुर्खीम ने दोनों प्रकार के तथ्यों की पहचान के लिये कुछ नियम बनाये हैं। सामान्य तथ्यों की बहुत बड़ी पहचान यह है कि ये तथ्य *व्यापक* (General) होते हैं। विवाह, जाति, वर्ग, व्यवसाय, राजनीति, उत्पादन व्यवस्था, आदि ऐसे तथ्य हैं जो सम्पूर्ण समाज में पाये जाते हैं। हर व्यक्ति किसी न किसी व्यवसाय से, मित्रता से, गाँव या शहर से ज़ुड़ा

होता है। *यही इसकी व्यापकता है।* दुर्खीम व्यापकता के इस अन्तर को स्पष्ट करते हुए कहते हैं: "हम उन सामाजिक दशाओं को सामान्य कहेगें जो सर्वाधिक व्यापक हैं और दूसरी को अस्वस्थ या व्याधिपूर्ण।"

इस व्यापकता के पीछे बहुत बड़ा कारण यह है कि समाज के वे तथ्य जो अधिकतम लोगों के लिये लाभदायक होते हैं, व्यापक होते हैं–लगभग सभी उन्हें अपनाते हैं। व्यापकता के विपरीत असामान्य सामाजिक तथ्य हैं। असामान्य तथ्यों का प्रसार सीमित होता है। ये तथ्य समाज के लिये हानिकर होते हैं। इन तथ्यों की समाज निन्दा करता है। *इसी कारण असामान्य तथ्यों में व्यापकता बहुत कम होती है। अतः सामान्य और असामान्य सामाजिक तथ्यों का बुनियादी अन्तर यह है कि सामान्य सामाजिक तथ्यों में अधिकतम व्यापकता होती है जबकि असामान्य सामाजिक तथ्यों में व्यापकता सीमित होती है।*

इस बिन्दु पर पहुँच कर दुर्खीम ने एक महत्वपूर्ण बात कही है। उनका कहना है कि *सामान्य सामाजिक तथ्यों की यहं व्यापकता स्थान और काल की सापेक्षिक होती है।* अमेरीका में रोमांटिक विवाह सामान्य बात है। जबकि यही सामान्य बात हमारे देश के किसी गाँव या कस्बे में सामान्य नहीं होती। यह स्थान की सापेक्षिकता है। हमारे देश में कोई 50 वर्ष पहले स्त्रियों का जिन्स का पेन्ट पहनना व्यापक नहीं था। इसी देश में आज इस पहनावे की व्यापकता है। स्वतन्त्रता से पहले यहाँ अपराध की दर कम थी आज यह बढ़ गयी है। *अतः सामान्य और असामान्य तथ्य समय और स्थान के साथ सापेक्षिक हैं।*

(2) *उपयोगिताः* सामान्य व असामान्य तथ्यों में दूसरा अन्तर उपयोगिता का है। कोई भी समाज उन तथ्यों को स्वीकार नहीं करता जो समाज के लिये हानिकारक होते हैं। अतः इन दोनों प्रकारों के तथ्यों का बहुत बड़ा अन्तर उपयोगिता का है। इस संदर्भ में दुर्खीम का कहना है कि *यह आवश्यक नहीं है कि प्रत्येक सामान्य तथ्य अनिवार्य रूप से अधिक उपयोगी हो। इसी तरह से यह भी आवश्यक नहीं है कि वे तथ्य जो उपयोगी हों सामान्य तथ्य ही हों।* दुर्खीम लिखते हैं: "यदि यह सत्य है कि जो कुछ सामान्य है, वह आवश्यक हुए बिना उपयोगी हों, तो यह सत्य नहीं है कि जो कुछ उपयोगी है, वह सब सामान्य है।"

(3) *घटनाक्रमः* दुर्खीम ने सामान्य और असामान्य तथ्यों के नियमों का एक और अन्तर *घटनाक्रम* (Law of Course of Events) द्वारा भी प्रस्तुत किया है। जब कभी हम किसी सामान्य तथ्य की पहचान करते हैं तो हमें यह भी जान लेना चाहिये कि अतीत में क्या इस सामाजिक तथ्य को सामान्य तथ्य ही समझा गया था। यदि यह सामान्य तथ्य था तो इसके पीछे जो कारण थे उनका पता भी लगाना चाहिये। किसी भी तथ्य के सामान्य होने के लिये यह आवश्यक है कि इसके पीछे जो ऐतिहासिक कारण हों, घटनाएं हों, उनकी खोज भी पर्याप्त रूप से होनी चाहिये। असामान्य तथ्यों पर इस तरह की ऐतिहासिक कसौटी लागू नहीं होती।

(4) *समाज के विकास का स्तरः* सामान्य सामाजिक तथ्य सभी समाजों में एक समान व्यापकता और उपयोगिता रखते हों, यह आवश्यक नहीं है। हर समाज के विकास का अपना एक स्तर होता है। विकास की रेखा पर सभी समाज एक ही बिन्दु पर खड़े नहीं मिलते। मतलब हुआ सामान्य और असामान्य तथ्य समाज के विकास या पिछड़ेपन से जुड़े हुए हैं। आदिम समाज जो पिछड़ा होता है, उसमें जब चोरियाँ होती हैं तो कोई किसी की बकरी उठा

ले जाता है और कोई खेत में खड़ी फसल के एक भाग को काटकर ले जाता है। *जैसा समाज वैसे उसके असामान्य तथ्य,* महानगर के असामान्य तथ्य कुछ और तरह के होते हैं। यहाँ चोर पूरी कार को ही उठाकर ले जाते हैं।

इसलिये जब सामान्य और असामान्य सामाजिक तथ्यों की पहचान की जाती है, तब हमें सम्बन्धित समाज के विकास की अवस्था को अवश्य देखना चाहिये।

सामाजिक तथ्यों की व्याख्या के नियम
(Rules for the Explanation of Social Facts)

जब हम सामाजिक तथ्यों का विश्लेषण करते हैं तो निश्चित रूप से हमें इस विश्लेषण को उन समाजों के साथ जोड़ना है जिनमें ये सामाजिक तथ्य पाये जाते हैं। अधिकांश समाजशास्त्री जब सामाजिक प्रघटनाओं का—परिवार, जाति, वर्ग—अध्ययन करते हैं तो केवल यही देख लेते हैं कि ये प्रघटनाएं समाज के लिये कितनी उपयोगी हैं, इनकी भूमिका क्या है, और इनके साथ कौन से संवेग जुड़े हुए हैं। ऐसा करके वे समझते हैं कि उन्होंने अपना कर्तव्य पूरा कर लिया। उदाहरण के लिये कॉम्ट मानव जाति की सम्पूर्ण प्रगतिशील शक्ति का सम्बन्ध मनुष्य की इस मौलिक प्रवृति से जोड़ता है कि मनुष्य निरन्तर अपनी स्थिति में सुधार करता रहता है। यह सुधार करने की प्रेरणा, उसे प्रगतिशील शक्ति से मिलती है। स्पेन्सर के अनुसार यही प्रगतिशील शक्ति मनुष्य को अधिकाधिक सुख प्राप्ति की ओर धकेलती है। लेकिन दुर्खीम अगस्त कॉम्ट और स्पेन्सर के कथन से संतुष्ट नहीं हैं। उनका प्रश्न है: आखिर कोई भी तथ्य समाज के लिये उपयोगी क्यों है? इसका मतलब यह हुआ कि स्पेन्सर और कॉम्ट इन तथ्यों के साथ में यह मानकर चलते हैं कि इनमें कुछ ऐसे निहित तत्व हैं जो व्यक्तियों को सुख देते हैं। यह दृष्टिकोण स्पष्टतः उपयोगितावादी है। उनका तो तर्क है कि जब हम किसी सामाजिक प्रघटना की व्याख्या करते हैं तब हमें इस प्रघटना को उत्पन्न करने वाले प्रभावी कारणों तथा इन प्रघटनाओं द्वारा किये जाने वाले कार्यों की खोज करनी चाहिये। जब हम इस तरह की खोज कर लेगें तब हमारे लिये सामाजिक तथ्यों का विश्लेषण निश्चित हो जायगा।

प्रश्न है: सामाजिक तथ्यों की व्याख्या कैसे की जाये? दुर्खीम ने इस व्याख्या के कुछ नियम दिये हैं:

(1) **तथ्यों का उद्‌गम समाज से है, व्यक्ति से नहीं** : जिन्हें हम सामाजिक तथ्य कहते हैं, उनकी उत्पति की खोज की जानी चाहिये। यह देखा जाना चाहिये कि क्या जिन्हें हम सामाजिक तथ्य कहते हैं, अतीत में भी वे सामाजिक तथ्य समझे जाते थे। *किसी भी स्थिति में व्यक्तिगत चेतना को सामाजिक तथ्य का दर्जा नहीं देना चाहिये।*

(2) **सामाजिक तथ्य समाज की आवश्यकताओं की पूर्ति करते हैं** : बहुत स्पष्ट है, सामाजिक तथ्य व्यक्तिगत हितों की पूर्ति नहीं करते। सामाजिक तथ्यों का बहुत बड़ा उद्देश्य समाज की आवश्यकताओं को पूरा करना है।

(3) **सामाजिक तथ्य सामाजिक प्रक्रियाओं में निहित हैं** : सामाजिक तथ्य बेजान नहीं होते, उनमें ठहराव नहीं होता। इसी कारण इन तथ्यों की उत्पति को सामाजिक समूह की आन्तरिक संरचना में देखना चाहिये। कोई भी समाज सामाजिक प्रक्रियाओं द्वारा गतिशील

बना रहता है। इसी कारण सामाजिक तथ्यों की वास्तविक उत्पत्ति समाज और उसकी प्रक्रियाओं में देखने मिलती है।

समाजशास्त्रीय प्रमाणों की स्थापना से सम्बन्धित नियम
(Rules Relative to Establishing Sociological Proofs)

यदि हम कार्य के पीछे जो कारण हैं, उन्हें प्रमाणित करना चाहते हैं तो इसकी बहुत बड़ी पद्धति तुलना है। तुलनात्मक विधि द्वारा हम समानताओं और विभिन्नताओं का लेखा-जोखा कर सकते हैं। किसी भी समाजशास्त्रीय पद्धति का बहुत बड़ा उद्देश्य घटनाओं के पीछे जो कारण हैं, उसकी खोज करना है। समाजशास्त्री, प्रयोगशाला में तो काम करता नहीं, प्रघटनाएं उसके नियंत्रण से बाहर रहती हैं। *ऐसी अवस्था में एक मात्र तुलनात्मक पद्धति ही ऐसा नियम है जिसके द्वारा हम तथ्यों का विश्लेषण कर सकें। दुर्खीम के लिये, तुलनात्मक विधि एक विश्वसनीय विधि है जिसे समाजशास्त्री प्रयोग में ला सकते हैं। दुर्खीम तुलनात्मक विधि को अप्रत्यक्ष रूप से विज्ञान की प्रयोगात्मक विधि मानते हैं।*

दुर्खीम समाजशास्त्रीय विधियों में ऐतिहासिक विधि को उपेक्षा की दृष्टि से देखते हैं। यह उपेक्षा श्रम विभाजन में स्पष्ट हो जाती है। तुलनात्मक विधि पर बल देते हुए वे कहते हैं कि आत्महत्या के कई कारण होते हैं। इसका मतलब यह हुआ कि आत्महत्या कई प्रकार की है। किस आत्महत्या के पीछे कौन से कारण हैं, इसका ज्ञान तो हमें तुलनात्मक विधि द्वारा ही हो सकता है।

अपनी पुस्तक *समाजशास्त्रीय पद्धति के नियम* के अंतिम भाग में अपने कुछ निष्कर्ष देते हैं। उनका यह कहना है कि यदि समाजशास्त्र एक स्वतन्त्र अकादमिक विधा है तो इसे एक अपनी निश्चित अध्ययन विधि भी अपनानी होगी। उन्होंने समाजशास्त्र को एक विज्ञान की हैसियत देने की कोशिश अपनी रचनाओं में की है। उन्होंने इन रचनाओं में जहाँ तक सम्भव हुआ है, वैज्ञानिक विधियों को अपनाया है। वे पहले दर्जे के प्रत्यक्षवादी हैं। उच्च श्रेणी के आनुभविकवादी हैं। वे अवलोकन और तुलनात्मक विधि के प्रबल समर्थक थे। अपने इस उपसंहार में वे आग्रहपूर्वक कहते हैं कि *समाजशास्त्र एक विज्ञान हैं* और इसलिये अनिवार्य रूप से इसकी अध्ययन विधि भी वैज्ञानिक होनी चाहिये।

आत्महत्या : व्यक्ति और समाज (Suicide : Individual and Society)

यदि दुर्खीम की पुस्तक श्रम विभाजन सामूहिक चेतना की अवधारणा को प्रस्तुत करती है तो उनकी *'आत्महत्या'* (Suicide, 1987) सामूहिक दबाव के सिद्धान्त को। यदि कोई *आत्महत्या* पुस्तक का सतही विवेचन करे तो उसे लगेगा कि इसकी समस्याएं श्रम विभाजन से एकदम भिन्न् हैं। कहाँ तो यांत्रिक और सावयवी सुदृढ़ता और कहाँ सामूहिक चेतना और सामूहिक प्रतिनिधान की अवधारणाएं और कहाँ आत्महत्या। इस तरह जल्दबाजी में विकसित की गयी समझ सही नहीं है। पारसंस कहते हैं कि आत्महत्या में जिन आवधारणाओं और जिस सोच को प्रस्तुत किया गया है, वह श्रम विभाजन में उठायी गयी विचारधारा मात्र ही है। विशेषता यह है कि दुर्खीम ने श्रम विभाजन में जो मुद्दे उठाये थे, उन्हें सांख्यिकीय रूप से आत्महत्या में रखा है। यहाँ भी वे सुख शान्ति की अवधारणा की आलोचनात्मक पड़ताल करते हैं।

आत्महत्या दुर्खीम का एक वृहद् मोनोग्राफ है। यह रचना दुर्खीम ने सामूहिक चेतना के समानान्तर प्रस्तुत की है। वे इसमें यह प्रतिपादित करते हैं कि समाजशास्त्रीय विश्लेषण में सांख्यिकीय विधियाँ यद्यपि अनिवार्य नहीं है, फिर भी उपयोगी अवश्य हैं। दुर्खीम ने यूरोप की जनसंख्या के विभिन्न देशों से आँकड़े एकत्र किये हैं। इन आँकड़ों का उन्होंने दो तथ्यों के विश्लेषण के लिये प्रयोग किया है। पहला प्रयोग तो यह है कि आत्महत्या की दर में जो विभिन्नता दिखायी देती है, उसका विश्लेषण मनोविज्ञान, प्रजातीय, भूगोल आदि द्वारा किया गया है। वे इन सब तथ्यों को निरर्थक मानते हैं। आँकड़ों का दूसरा प्रयोग वे यह बताने में करते हैं कि उन्होंने आत्महत्या के विश्लेषण का जो समाजशास्त्रीय सिद्धान्त रखा है, वह प्रबल है। जब 1897 ई. में दुर्खीम ने आत्महत्या लिखी, तब सांख्यिकीय विज्ञान अधिक विकसित नहीं था।

वास्तव में आत्महत्या के पीछे जो *अभिप्रेरक* (Motive) होते हैं, उनके मापने की विधियाँ भी प्रमाणित नहीं थी। विशेष बात यह है कि दुर्खीम पहले व्यक्ति थे जिन्होंने समाजशास्त्र के किसी मोनोग्राफ में सांख्यिकीय पद्धति को अपनाया।

रेमण्ड एरॉ जब दुर्खीम की आत्महत्या का विश्लेषण विचारधारा के संदर्भ में करते हैं तो उनकी टिप्पणी है कि *यह पुस्तक सैद्धान्तिक स्तर पर उनके श्रम विभाजन से जुड़ी हुई है। वास्तविकता तो यह है कि जहाँ श्रम विभाजन पुस्तक समाप्त होती है, वहीं उनकी आत्महत्या की रचना प्रारम्भ होती है।* दुर्खीम सावयवी समाज के बढ़ते हुए श्रम विभाजन को स्वीकार करते हैं। वास्तव में वे इससे खुश हैं। सावयवी श्रम विभाजन एक सामान्य विकास है जिसमें समाज में गैर-बराबरी और विभेदीकरण बढ़ते हैं। वे इस तथ्य को स्वीकार करते हैं कि जब सावयवी समाज का उद्विकास होता है तब अपने आप विभिन्न धन्धों में अन्तर आता है, व्यक्तियों में विभेदीकरण विकसित होता है, परम्परा का दबाव घटने लगता है, तर्क बुद्धि विकसित होती है और किसी भी नये काम को करने के लिये व्यक्ति में पहल करने की क्षमता आती है। दुर्खीम स्वीकार करते हैं कि सावयवी समाज की केवल यह रूपहली तस्वीर ही नहीं, एक विकृत तस्वीर भी है। इस समाज में यह आवश्यक नहीं है कि प्रत्येक व्यक्ति सुख-शान्ति का भागीदार हो। *इसी समाज में तनाव से आक्रान्त व्यक्ति कभी भी आत्महत्या कर सकता है। आत्महत्या का मुद्दा इस तरह अत्यधिक रूप से विकसित श्रम से जुड़ा हुआ है। आत्महत्या व्यक्ति और समाज के तालतेल में व्यवधान होने की अभिव्यक्ति है। इस भाँति जहाँ आत्महत्या में दुर्खीम ने व्यक्ति और समाज के सावयवी समाज में जो सम्बन्ध है, उसका लेखा-जोखा है; वहीं इस पुस्तक में इस तथ्य का भी विवेचन है कि किन दशाओं में समाज का प्रभुत्व व्यक्ति पर देखने को मिलता है।*

वास्तव में, श्रम विभाजन पुस्तक के अंतिम खण्ड में दुर्खीम ने सावयवी समाज में पैदा हुई *व्याधिकीय* (Pathology) अवस्था का विवरण प्रस्तुत किया है। यहीं पर दुर्खीम ने *एनोमी* (Anomie) यानि मानकहीनता की अवधारणा को भी काम में लिया है। यद्यपि वे एनोमी का प्रयोग सावयवी समाज में पैदा हुए विघटनकारी कार्यों के विश्लेषण में करते हैं, आत्महत्या में आकर यह अवधारणा प्रभावी रूप से काम में ली गयी है। सावयवी समाज में एनोमी की अवधारणा को उन्होंने आर्थिक संकट, कामगार का अपने कार्य के साथ अनुकूल न होना, आदि के विश्लेषण में किया है। आधुनिक समाज जो वास्तव में विभेदीकृत समाज

है – गैर-बराबरी से भरे पड़े हैं, इन समाजों में कामगारों का अपने काम के प्रति असंतोष होना स्वाभाविक है। यह सम्भव नहीं है कि प्रत्येक व्यक्ति को उसकी मनोभावनाओं और इच्छाओं के अनुसार काम मिले। ऐसी अवस्था में व्यक्ति का निराशा और तनाव से घिर जाना स्वाभाविक है।

आत्महत्या व्यक्ति केन्द्रीत नहीं है। इसका सम्बन्ध सामूहिक जीवन या समाज से जुड़ा है। यांत्रिक समाज में व्यक्ति की भूमिका और उसके *कार्य* जन्म और सामूहिक दबाव या प्रभाव द्वारा निश्चित किये जाते हैं। ऐसे यांत्रिक समाज में किसी भी व्यक्ति के लिये यह सम्भव नहीं है कि वह मनमाना जीवन अपनाये। वह तो समाज द्वारा निर्धारित परम्पराओं, विश्वासों और भावनाओं के जुए को अपने कंधों पर उठाये फिरता है। ऐसे व्यक्ति में अपनी निजी इच्छाएँ और महत्वकांक्षाएँ नहीं होती। आधुनिक समाजों में व्यक्तिवाद प्रभावपूर्ण होता है। अपनी योग्यता के अनुसार प्रत्येक व्यक्ति चाहता है कि उसे अपनी इच्छानुसार नौकरी धन्धा मिले। वह चाहता है कि उसके जो भी इरादे हैं, पूरे किये जायें। *इस दृष्टि से आधुनिक सामाजिक व्यवस्था का यह नियम है कि व्यक्ति के साथ बराबर सामाजिक न्याय का सिद्धान्त लागू हो। दुर्खीम की निश्चित मान्यता है कि आधुनिक समाजों में स्थायित्व तभी सम्भव है, जब हम न्याय के प्रति सम्मान रखे। आज के आधुनिक समाजों की केन्द्रीय समस्या इसलिये व्यक्ति और समूह के सम्बन्धों की है।* ऐसे समाजों में व्यक्ति किसी भी स्थिति में सामाजिक दबाव को ऑख मूँदकर सहन करने के लिये तैयार नहीं है। इसके परिणाम स्वरूप व्यक्ति हमेशा चुनौतियों से घिरा रहता है। व्यक्ति की समाज से इतनी अधिक अपेक्षाएँ होती हैं किं समाज कभी भी इनकी पूर्ति नहीं कर सकता।

आत्महत्या पुस्तक में दुर्खीम जहाँ एक ओर आधुनिक समाजों के व्याधिकीय पहलुओ को देखते हैं, वहीं दूसरी ओर वे व्यक्ति और समूह के सम्बन्धों को भी उजागर करते हैं। एक ओर दुर्खीम यह बताने की कोशिश करते हैं कि किस सीमा तक व्यक्तियों के व्यवहार को सामूहिक वास्तविकता निश्चित करती है और वहीं दूसरी ओर कहाँ तक आत्महत्या व्यक्ति पर इस दबाव के परिणाम को आत्महत्या में देखता है। *जब आत्महत्या होती है तो इसका मतलब यह हुआ कि व्यक्ति ने समाज के दबाव को स्वीकार नहीं किया और उसके लिये उसकी जीवनी से बढ़कर और क्या हो सकता था, वह आत्महत्या कर लेता है। आत्महत्या इस तरह व्यक्ति और समाज के बीच के सम्बन्धों के दरार की अभिव्यक्ति है। इस कथन में दुर्खीम निश्चित है कि आत्महत्या कोई व्यक्तिगम्त घटना नहीं है। यह तो समाज द्वारा की गयी व्यक्ति की मौत है। हत्यारा समाज है, व्यक्ति नहीं।*

आत्महत्या पुस्तक की विषयवस्तु (Subject Matter of Suicide)

दुर्खीम ने 1897 ई. में अपनी रचना आत्महत्या लिखी थी। इससे पहले उनकी सभी पुस्तकों का अनुवाद 1938 ई. तक अंग्रेजी भाषा में हो गया था। केवल आत्महत्या ही ऐसी रचना है जिसका अंग्रेजी भाषा में अनुवाद 1951 ई. में हुआ। इसका यह अर्थ न लिया जाये कि किसी भी तरह आत्महत्या दुर्खीम की एक घटिया रचना है। वास्तव में अनुवाद की इस प्रक्रिया में कहीं न कहीं व्यवधान बना रहा और इस तरह एक लम्बी अवधि के बाद फ्रेन्च भाषा में कैद यह पुस्तक अंग्रेजी भाषा में आयी। आज तो समाजशास्त्रीय पुस्तकों में अमेरिका

और ब्रिटेन में सांख्यिकीय विधि का प्रयोग एक फेशन बन गया है। इस संदर्भ में 1897 ई. में दुर्खीम का पूरी दक्षता के साथ इस विधि का आत्महत्या में प्रयोग करना अपने आप में एक महत्वपूर्ण तथ्य है। जब दुर्खीम ने आत्महत्या सम्बन्धी आँकड़ों का संग्रह प्रारम्भ किया तो उनके सामने कई कठिनाइयाँ आयी। उन दिनों यूरोप में सरकारी कार्यालय आँकड़ों का संग्रह बड़े ही बेतरतीब ढंग से करते थे। कहीं भी आँकड़े किसी एक निश्चित विधि से नहीं रखे जाते थे। ऐसी अवस्था में दुर्खीम का आँकड़ों को एकत्र करना वास्तव में बड़ा भागीरथ कार्य था।

दुर्खीम की इस रचना की विधि ऐतिहासिक और सांख्यिकीय है वे इस पुस्तक में सम्पूर्ण रूप से समाजशास्त्रीय उपागम को अपनाते हैं। यह पहली बार था कि दुर्खीम ने व्यक्ति को समाज के साथ जोड़कर देखा। दुर्खीम के युग में व्यक्ति का स्थान सर्वोपरि था। अर्थशास्त्रियों का उपयोगितावाद सर्वोपरि था। दुर्खीम ने पहली बार सामाजिक *वास्तविकता को प्राथमिक स्थान दिया।*

आत्महत्या रचना का एक केन्द्रीय मुहावरा है : तर्क बुद्धि जीवन की समझ अपने आप में एक नैतिक प्रतिबद्धता है। दूसरे शब्दों में दुर्खीम का कथन है कि मनुष्य जीवन तर्क प्रधान है और यह तर्क बुद्धि ही नैतिकता है। आत्महत्या रचना को उन्होंने तीन खण्डों में बाँटा है। पहले खण्ड में वे आत्महत्या के *अतिरिक्त सामाजिक कारकों* (Extra Social Factors) का उल्लेख करते हैं। वे आत्महत्या के तत्कालीन प्रचलित कारकों जैसे मनोवैज्ञानिक, आनुवंशिक और भौगोलिक– को अस्वीकार करते हैं। इन्हीं कारकों को वे आत्महत्या के अतिरिक्त सामाजिक कारक कहते हैं।

पुस्तक के दूसरे भाग में वे उन सामाजिक कारकों की पहचान करते हैं जो आत्महत्या के लिये उत्तरदायी है। आत्महत्या के ये कारण पूर्ण रूप से सामाजिक हैं। यहाँ यह दोहराना चाहिये कि दुर्खीम अपनी *विधि* (Method) में *अ-रूपान्तरणवादी* (Anti-reductionist) थे। *उनका तर्क था कि सामाजिक प्रघटनाओं का विश्लेषण गैर-सामाजिक कारकों जैसे मनोविज्ञान, भूगोल, प्रजातीयता आदि द्वारा नहीं किया जाना चाहिये। दुर्खीम का यह आग्रह वस्तुतः सामाजिक कारणता (Social Causation) का है।* इसी खण्ड में वे आत्महत्या के तीन प्रकारों का विस्तृत विवेचन देते हैं।

दुर्खीम की रचना का तीसरा खण्ड महत्वपूर्ण है। यहाँ वे एक सामाजिक प्रघटना के रूप में आत्महत्या की सामान्य प्रकृति का विश्लेषण करते हैं। वे यह *स्थापित करते हैं कि आत्महत्या एक सामाजिक तथ्य है और इसे करना व्यक्ति की इच्छा पर निर्भर नहीं है।* यह तो निश्चित रूप से समाज का दबाव है जो व्यक्ति को अपने स्वयं के शरीर को नष्ट करने के लिये बाध्य करता है।

आत्महत्या की परिभाषा और अर्थ (Definition and Meaning)

दुर्खीम ने अपनी रचना के प्रारम्भ में ही आत्महत्या की प्रघटना की परिभाषा दी है। इस परिभाषा का मिजाज निषेधात्मक है। दुर्खीम के पूर्ववर्ती विचारकों ने आत्महत्या को जिस तरह परिभाषित किया था, वह दुर्खीम को स्वीकार नहीं था। किसी भी आलोचना को प्रस्तुत करने से पहले हम दुर्खीम द्वारा दी गयी परिभाषा की पड़ताल करेंगे। निश्चित रूप से दुर्खीम

की यह परिभाषा *विधिशास्त्रियों* (Jurists) से भिन्न है। दुर्खीम के अनुसार : "आत्महत्या वह होती है जिसमें व्यक्ति *सकारात्मक या नकारात्मक* रूप से ऐसा काम करता है जिसका परिणाम प्रत्यक्ष या अप्रत्यक्ष रूप से वह जानता है, उसके शरीर के नष्ट होने में है।"

दुर्खीम की आत्महत्या की इस परिभाषा का विश्लेषण रेमण्ड एरॉ ने किया है। उनके विश्लेषण से निम्न तथ्य स्पष्ट हैं :

(1) व्यक्ति का स्वयं का ऐसा कार्य जो प्रत्यक्ष या अप्रत्यक्ष रूप से उसके जीवन को नष्ट कर दे। जीवन को नष्ट करने के दो विकल्प उसके सामने हैं : एक विकल्प तो प्रत्यक्ष है। इसमें वह अपने आपको गोली दाग देता है और उसका तुरन्त देहान्त हो जाता है। यह आत्महत्या का प्रत्यक्ष और सकारात्मक विकल्प है। दूसरा विकल्प नकारात्मक या अप्रत्यक्ष है। इसमें व्यक्ति भोजन करना बन्द कर देता है, जीवन का पोषण समाप्त कर देता है या आग से धधकती हुई इमारत के बाहर नहीं निकलता। इस तरह की अप्रत्यक्ष गतिविधि जीवन लीला को समाप्त कर देती है।

(2) आत्महत्या करते समय व्यक्ति को यह मालूम होना चाहिये कि जो कुछ वह कह रहा है उसके परिणामस्वरूप उसकी मृत्यु हो जायेगी। यदि इस तरह की चेतना उसमें नहीं है तो और वह किसी क्रिया को करते समय मर जाता है तो यह केवल दुर्घटनावश हुई मृत्यु ही समझी जायेगी।

दुर्खीम द्वारा दी गयी आत्महत्या की इस परिभाषा में वे सब घटनाएं तो हैं जिन्हें सामान्यतया लोग आत्महत्या की श्रेणी में रखते हैं, लेकिन वे घटनाएँ भी हैं जिनमें व्यक्ति अपनी प्रतिष्ठा के कारण भी अपने आप को नष्ट कर देते हैं। जब युद्ध में किले को दुश्मन घेर लेते हैं जैसा कि राजस्थान के चित्तौड़गढ़ किले में हुआ और अपने ऐतिहासिक गौरव को रखने के लिये पुरुष व स्त्री जौहर करते हैं तो इसे भी आत्महत्या कहना चाहिये। इस तरह की आत्महत्या अपनी शूरवीरता और शान को बनाये रखने के लिये होती है। आत्महत्या के ये दृष्टान्त सामान्य आत्महत्या की श्रेणी में नहीं आते। सामान्य श्रेणी में तो निराश प्रेमी या प्रेमिका, दिवालिये व्यापारी या परीक्षा में असफल होने वाले विद्यार्थी के दृष्टान्त सम्मिलित हैं।

आत्महत्या की इस परिभाषा को अपने विश्लेषण की कसौटी मानकर दुर्खीम कुछ महत्वपूर्ण निष्कर्ष रखते हैं:

(1) किसी एक जनसंख्या में आत्महत्या की आवृति या उसकी दर लगभग एक जैसा होता है।

(2) आवृति की यह स्थिरता सम्पूर्ण समाज या प्रान्त या सम्भाग में देखी जा सकती है।

(3) आत्महत्या की आवृति या उसकी दर मनमाने ढंग से नहीं बदलती। इनमें जो भी उतार चढ़ाव होते हैं, उसके कई कारण हैं।

इस निष्कर्ष के बाद दुर्खीम कहते हैं कि यह एक समाजशास्त्री का काम है कि वह आत्महत्या की घटनाओं के उतार-चढ़ाव के जो कारण हैं, उनका पता लगाये। उसे यह देखना है कि ऑकड़ों की स्थिरता में जो परिवर्तन आता है, वह किन कारकों से जुड़ा हुआ है। यहाँ दुर्खीम की सामाजिक कारणता का विश्लेषण प्रारम्भ होता है।

आत्महत्या के अर्थ और उसकी परिभाषा के लिये हम सम्पूर्ण पुस्तक का एक गहन

अध्ययन करें तो हमें कुछ तात्विक तथ्य मिलेंगे। मुख्य बात यह है कि दुर्खीम *अ-रूपान्तरणवादी* (Anti-reductionists) थे और वे इसी कारण आत्महत्या का अर्थ सामाजिक कारणों में ही खोजते हैं। उनके विवरण के आधार पर, जो आत्महत्या के अर्थ को स्पष्ट करता है, तीन प्रस्ताव रखे जा सकते हैं :

(1) *जिस किसी धर्म प्रधान समाज में एकीकरण अधिक होगा, उतनी ही कम आत्महत्याएं इस समाज में होगी और इसी प्रकार जिस धर्म प्रधान समाज में एकीकरण जितना अधिक कमजोर होगा, आत्महत्याएं उतनी ही अधिक होगी।* उदाहरण के लिये कैथोलिक धर्मावलम्बियों में जिनमें रुढिवादिता होती है, धर्म का व्यक्ति पर नियन्त्रण अधिक होता है, आत्महत्याएं कम होती हैं। दुर्खीम ने देखा कि प्रोटेस्टेन्ट धर्मावलम्बियों में जिनमें व्यक्ति पर अनुशासन कम होता है, आत्महत्याएं अधिक होती हैं।
मतलब हुआ : एकीकरण जितना अधिक होगा आत्महत्याएं उतनी ही कम होगी, एकीकरण जितना थोड़ा होगा, आत्महत्याएं उतनी ही अधिक होगी। आत्महत्या और एकीकरण में विपरीत (Inverse) सम्बन्ध हैं।

(2) *जिस किसी समाज में पारिवारिक और नातेदारी एकीकरण अधिक होगा, उसमें आत्महत्याएं उतनी ही कम होगी। इसी तरह ऐसे समाज में जहाँ एकीकरण कम होगा, आत्महत्याएं उतनी ही अधिक होंगी।*
मतलब हुआ : अधिक एकीकरण में कम आत्महत्याएं और कम एकीकरण में अधिक आत्महत्याएं। यहाँ भी आत्महत्या और एकीकरण का विपरीत सम्बन्ध है।
ऐसे परिवार जिनमें पति-पत्नी झगड़ते रहते हैं, आये दिन मनमुटाव होता रहता है, आत्महत्या की दर बढ़ने की सम्भावना अधिक है। और ऐसे परिवार जिनमें मेल-जोल है, सभी आम राय से काम करते हैं यानि जो परिवार एकजुट है, उसमें आत्महत्या की सम्भावना थोड़ी है।

(3) *ऐसे समाज जिनमें राजैतिक एकीकरण और सुदृढ़ता अधिक है, उनमें आत्महत्याएं कम होती हैं जबकि उन देशों में जिनमें राजनैतिक अस्थिरता है, हिंसा की घटनाएं अधिक होती हैं यानि विघटन अधिक होता है उनमें आत्महत्या की दर ऊंची होती है।*
यहाँ भी दुर्खीम ने देखा कि एकीकरण जितना अधिक होगा, आत्महत्याएं उतनी ही कम होगी और एकीकरण जितना निम्न होगा आत्महत्याएं उतनी अधिक होंगी।

सामान्यतया किसी भी अनुशासित समाज में व्यक्ति समुदाय के आदेशानुसार दबाव और परम्परा के अनुसार काम करता है। सावयवी समाज में विभिन्नता के होते हुए भी यदि समाज में सम्बद्धता है तो आत्महत्याएं कम होंगी। *आत्महत्या का भूगोल, मनोविज्ञान और मानसिक रोग किसी से भी न तार्किक सम्बन्ध है और न ही आनुभविक। आत्महत्या एक ऐसा सामाजिक तथ्य है जिसका सम्बन्ध बराबर समाज और सामाजिक संरचना के साथ रहा है। अधिक खुलासे के साथ कहें तो आत्महत्या परिवार, नातेदारी, गोत्र, जाति, वर्ग और नगर तथा शहर से जुड़ी है। सामाजिक संरचना की ये संस्थाएं आत्महत्या की दर को, उसकी आवृति को निश्चित करती हैं। सब मिलाकर आत्महत्या सामाजिक सुदृढ़ता से जुड़ी है, सुदृढ़ता अधिक तो आत्महत्या कम, सुदृढ़ता कम तो आत्महत्या अधिक।*

आत्महत्या के अतिरिक्त सामाजिक कारक (Extra Social Factors of Suicide)

दुर्खीम आत्महत्या की समस्या और उसके अर्थ को परिभाषित करने के बाद व्यवस्थित रूप से उन विश्लेषणों का खण्डन करते हैं जो आत्महत्या को समझाते हैं। आत्महत्या कोई दुर्खीम के समय में ही समस्या बनकर नहीं उभरी थी। आदिकाल से आत्महत्या होती रही है। प्रत्येक युग ने अपने-अपने दृष्टिकोण से इसकी व्याख्या भी की है। दुर्खीम ने उनके समय में जिस तरह आत्महत्या की व्याख्या की जाती थी, उसका खण्डन किया है। इस खण्डन में वे पूर्ववर्ती विचारकों और मनोवैज्ञानिकों को भी सम्मिलित करते हैं। शायद दुर्खीम के आत्महत्या के मोनोग्राफ का इतना सम्मान इसलिये है कि उन्होंने परम्परागत विश्लेषण से मुक्ति प्राप्त की। ये सब रुढिगत कारक जो आत्महत्या के कारणों का विश्लेषण करते हैं, के अनुसार सही कारण नहीं है। *कारण तो हैं, लेकिन अतिरिक्त हैं।* आत्महत्या के सामाजिक कारणों को या समाजशास्त्र के आत्महत्या के सिद्धान्त को देने से पहले दुर्खीम अतिरिक्त कारकों का उल्लेख करके , उनका खण्डन करते हैं।

दुर्खीम ने आत्महत्या के अतिरिक्त कारकों में सामान्यतया कई कारक दिये हैं। यदि इन कारकों को श्रेणियों में बाँटा जाये तो पारसंस के अनुसार दो श्रेणियाँ बनती हैं: (1) मानसिक और मनोव्याधिकीय कारक और (2) आनुवंशिकता और पर्यावरण। आत्महत्या के कारकों की इन दो श्रेणियों का दुर्खीम खण्डन करते हैं। इस खण्डन के बाद वे आत्महत्या के प्रकार और स्वयं के आत्महत्या के सिद्धान्त का प्रतिपादन करते हैं।

मानसिक और मनोव्याधिकीय कारक (Psychological and Psychopathic Factors)

(1) **आत्महत्या के अभिप्रेरक (Motives)** : मनोवैज्ञानिकों ने और विशेषकर मनोरोग विशेषज्ञों ने आत्महत्या के कारणों का विशद् विवेचन किया है। मनोवैज्ञानिक यह दृढ़तापूर्वक कहते हैं कि किसी भी क्रिया के पीछे और विशेषकर किसी भी अपराध का कोई न कोई अभिप्रेरक अवश्य होता है। कोई किसी की चलते फिरते हत्या नहीं करता। और इसी तरह कोई भी व्यक्ति अपने हाथ से ही अपने माथे पर गोली नहीं मारता। इसके पीछे कोई न कोई अभिप्रेरण होता ही है।

दुर्खीम ने अभिप्रेरण के कारक को आत्महत्या के संदर्भ में देखा है। जब कभी हम आत्महत्या का विश्लेषण करें तो हमें यह नहीं भूलना चाहिये कि दुर्खीम ने अपनी इस वैज्ञानिक रचना में 26,000 आत्महत्याओं का अध्ययन किया है। यह अध्ययन यूरोप के सभी प्रमुख देशों को सम्मिलित करता है। इस निदर्शन में दुर्खीम ने विभिन्न उम्र समूहों, लिंग समूहों, विवाहितों आदि का प्रतिनिधित्व किया है। उनके सहयोगी *मारसल मॉस* (Marcel Mauss) ने इस क्षेत्रीय कार्य को किया है।

अभिप्रेरण सम्बन्धी अध्ययन इसी वृहद सर्वेक्षण का एक भाग है। *दुर्खीम ने पाया कि आत्महत्या की एक जैसी आवृति और दर में अभिप्रेरण का कारक समान रूप से पाया जाता है।* इसका अर्थ हुआ कि अभिप्रेरण *कोई प्रभावी चर (Variable) नहीं है।* आत्महत्या के किसी भी विश्लेषण में उपयोगितावादी आग्रहपूर्वक कहते हैं कि *मनुष्य की क्रियाएँ विवेकशील (Rational) होती हैं और इसलिये उसकी आत्महत्या भी विवेकशील है, यानि आत्महत्या के पीछे जो अभिप्रेरण है वह तथ्य पूर्ण हैं। लेकिन दुर्खीम को विश्लेषण में अभिप्रेरण का चर कहीं भी प्रभावी नहीं दिखायी देता। इसी कारण दुर्खीम आत्महत्या के एक*

कारक या विश्लेषण के रूप में अभिप्रेरण का कोई सरोकार नहीं मानते।

पारसंस ने और इसी तरह दुर्खीम की पुस्तक आत्महत्या के अनुवादक *जार्ज सिम्पसन* (George Simpson) ने भी इस बात को स्वीकार किया है कि दुर्खीम ने अभिप्रेरण के कारक को जिस तरह अस्वीकार किया है, वह संदेहास्पद है। इन आलोचकों का तर्क है कि आज *अभिप्रेरक विश्लेषण* (Motive Analysis) और संवेगात्मक जीवन के जो लक्षण हैं, उनकी व्याख्या के कई नये तरीके विकसित हो गये हैं। दुर्खीम के समय में *सिगमण्ड फ्रायड* (Sigmund Freud) ने *अचेतन मस्तिष्क* (Unconscious Mind) की व्याख्या प्रारम्भ की ही थी। वास्तव में दुर्खीम के समय अभिप्रेरक विश्लेषण की विधा विकसित नहीं हुई थी। और इसी कारण में वे निदर्शन समूह में इसकी समाज उपस्थिति पाकर इसके महत्व को नकार गये हों। इस संदेह के होते हुए भी यह निश्चित है कि दुर्खीम अभिप्रेरक कारक को आत्महत्या का कोई सशक्त कारण नहीं मानते । इसकी स्थिति तो अतिरिक्त कारक की ही बनी रहती है।

(2) **आत्महत्या का कारण उन्माद (Insanity) है** : वास्तव में दुर्खीम ने आत्महत्या के अतिरिक्त कारकों में मनोव्याधिकीय अवस्थाओं (Psychopathic States) का उल्लेख किया है। समाज में कुछ बीमारियों की दर सापेक्षिक रूप से स्थायी होती है। इस तरह की बीमारियों में पागलपन या उन्माद भी है। यदि हम तार्किक रूप से यह स्वीकार करें कि उन्माद प्रत्येक आत्महत्या में होता है तो कार्य-कारण खोजने का यह प्रयास सफल होगा। कई मनोवैज्ञानिकों का जिनमें *एस्क्विरोल* (Esquirol) भी है, का कहना है :

आत्महत्या में मानसिक अलगाव के सभी लक्षण मिलते हैं।

जब एक आदमी अपने हाथ से अपना शरीर नष्ट करता है तो वह उन्माद की अवस्था में है और यह उन्माद मानसिक अलगाव के कारण है। एस्क्विरोल इस तरह के आत्महत्या सम्बन्धी नियम को रखने के बाद यह सुझाव देते हैं कि क्योंकि आत्महत्या का कारण व्यक्ति स्वयं की इच्छा न होकर उसका उन्माद या मानसिक अलगाव है और इसलिये इस अपराध के कारण उसे दण्ड नहीं दिया जाना चाहिये। मनोरोग चिकित्सकों में *फेलरेट* (Falret) और *मोरेयूडिटोडर्स* (Moreaudetours) भी लगभग आत्महत्या का यही कारण बताते हैं। इन विद्वानों ने प्रश्न रखा है : क्या हमें आत्महत्या को मानसिक अलगाव का परिणाम समझना चाहिये ? इस प्रश्न का उत्तर मनोव्याधिकीय विद्वान सकारात्मक रूप में देते हैं। 1845 ई. में डॉक्टर *बोर्डिन* (Bourdin) ने एक छोटी सी पुस्तिका निकाली थी जिसने चिकित्सा की दुनियाँ में तहलका मचा दिया। *इस पुस्तिका में भी यही स्थापित किया गया है कि एक आदमी आत्महत्या अलगाव की स्थिति में ही करता है।*

दुर्खीम ने आत्महत्या के इस उन्मादी या पागलपन के कारण को स्वीकार नहीं किया है। उन्होंने तर्क दिया कि *कुछ उन्मादी व्यक्तियों द्वारा आत्महत्या कर लेने के आधार पर ही यह कहना कि सभी उन्मादी व्यक्ति आत्महत्या करते हैं या आत्महत्या करने वाले सभी व्यक्ति उन्मादी होते हैं, सही तर्क नहीं है।* यहाँ हम दुर्खीम के इस तथ्य को पुनः दोहरायेंगे कि *दुर्खीम उन्माद या पागलपन को आत्महत्या का कारण तो मानते हैं, लेकिन यह कारण अतिरिक्त या गौण है। यह मनोवैज्ञानिक सिद्धान्त का सामाजिक प्रघटना के विश्लेषण में रूपान्तरण (Reduction) मात्र है।*

(3) **खिन्नता का कारण** (Melancholy) : मानसिक व्याधिकी से जुड़ा हुआ आत्महत्या का दूसरा कारण खिन्नता है। इसमें व्यक्ति को कोई ऐसा सदमा या मानसिक आघात पहुँचता है जिसके कारण वह अपना दिमागी संतुलन खो बैठता है। उसमें तनाव आ जाता है और वह इस आघात को सहन नहीं कर पाता। उसको आत्महत्या ही एक सुरक्षित विकल्प दिखायी देता है। उदाहरण के लिये अपने किसी निकट के व्यक्ति की मृत्यु या व्यापार में एकाएक घाटा व्यक्ति के लिये असहनीय बन जाता है। ऐसी परिस्थिति में की गयी आत्महत्या खिन्नता के कारण की गयी आत्महत्या कही जाती है। आत्महत्या के इस मनोव्याधिकीय विश्लेषण को भी दुर्खीम अस्वीकार करते हैं।

(4) **प्रेत-बाधा (Obsessive) आत्महत्या का कारण** : आत्महत्या का यह कारण भी मनोव्याधिकीय है। व्यक्ति के दिमाग में कोई एक मानसिक ग्रन्थि पैदा हो जाती है। यह मानसिक ग्रन्थि उसकी स्वयं की महत्वाकांक्षा हो सकती है या पीड़ा भी। यह मानसिक ग्रन्थि उसे बराबर सालती रहती है। उस पर किसी हथोड़े की तरह चोट करती रहती है। इस ग्रन्थि के कारण वह आत्महत्या करने के लिये बाध्य हो जाता है। दुर्खीम अन्य मनोव्याधिकीय कारकों की तरह आत्महत्या के प्रेतबाधा कारक को भी अस्वीकार करते हैं।

(5) **आवेगात्मक (Impulsive) आत्महत्या का कारण** : आत्महत्या का आवेगात्मक कारण भी मनोवैज्ञानिक है। कई बार भावनाओं के वशीभूत होकर व्यक्ति आवेग में आ जाता है। यह आवेग उसे *अविवेकी* (Irrational) बना देता है। सामान्य आदमी से लेकर साहसी और बहादुर व्यक्तियों में भी कभी-कभी आवेग आ जाता है। इस आवेग में क्षण भर उसे लगता है कि यदि वह आत्महत्या कर ले तो सहज रूप से अपने आपको सभी तरह की चिन्ताओं से मुक्त कर लेगा। ऐसा व्यक्ति जब समुद्र के किनारे या पहाड़ के किसी चढ़ाव पर खड़ा होता है, तब एकाएक उसे आवेग आता है कि वह यदि एक छलांग लगा दे या पिस्तौल के घोड़े को दबा दे तो क्षण भर में मुक्त हो जायेगा। ऐसा आवेग लम्बे समय तक नहीं रहता। अभी आया और अभी गया। आने और जाने के बीच की अवधि ऐसी है, जिसमें व्यक्ति आत्महत्या कर सकता है।

उपसंहार

ऊपर हमने आत्महत्या के मनोव्याधिकीय और मनोवैज्ञानिक कारकों का उल्लेख किया है। दुर्खीम का कहना है कि कई मनोचिकित्सकों और मनोवैज्ञानिकों ने वैयक्तिक आत्महत्या का अध्ययन किया है और वे इस निष्कर्ष पर पहुँचे है कि इन आत्महत्याओं का कारण मानसिक बीमारी है। *मनोचिकित्सक कहते हैं कि अधिकांश लोग जो स्वयं अपनी जीवन लीला समाप्त करते हैं, मानसिक रूप से व्याधिकीय होते हैं। उनकी यह आत्महत्या मानसिक अवस्था की प्रवृति के कारण होती है। इस तरह के मनोवैज्ञानिक विश्लेषण का दुर्खीम तुरन्त खण्डन करते हैं।* दुर्खीम द्वारा दिये गये खण्डन को रेमण्ड एरॉ भी स्वीकार करते हैं। वे लिखते हैं :

> दुर्खीम यह स्वीकार करते हैं कि आत्महत्या करने के प्रति एक मनोवैज्ञानिक झुकाव होता है, इस झुकाव का विश्लेषण मनोव्याधिकीय पद में किया जा सकता है। कुछ निश्चित परिस्थितियों में स्नायु रोगी निश्चित रूप से अपने आपको मार देने की अवस्था में होते हैं, *लेकिन दुर्खीम कहते हैं कि वह शक्ति जो आत्महत्या को निश्चित करती है, मनोवैज्ञानिक न होकर सामाजिक होती है।*

हमें सावधानीपूर्वक इस तथ्य पर मनन करना चाहिये कि आत्महत्या के दो निर्णायक तत्व हो सकते हैं : मनोवैज्ञानिक झुकाव (Psychological Predisposition) और सामाजिक निश्चिय या संकल्प (Social Determination)। इन दोनों कारकों पर हमें विवाद करने की आवश्यकता है।

मनोवैज्ञानिक झुकाव और सामाजिक संकल्प या निश्चिय के सूत्र को सिद्ध करने के लिये दुर्खीम *सहवर्ती विभिन्नता* (Concomitant Variation) विधि को लगाते हैं। वे अलग-अलग जनसंख्याओं की आत्महत्या की दर पर विभिन्नता के सूत्र को लागू करते हैं और यह सिद्ध करने का प्रयास करते हैं कि *मनोव्याधिकीय स्थिति और अपराधों में कोई सहसम्बन्ध नहीं है।* दूसरे शब्दों में स्नायु रोगी का आत्महत्या करना आवश्यक नहीं है और इसी तरह हर आत्महत्या करने वाला स्नायु रोगी नहीं होता। *मतलब हुआ स्नायु रोग और आत्महत्या में कोई सहसम्बन्ध नहीं है।* उदाहरण के लिये दुर्खीम कहते हैं कि विभिन्न धर्मावलम्बियों का अध्ययन बताता है कि यहुदियों में स्नायु रोगी या पागल अधिक पाये गये थे, *जबकि इनकी जनसंख्याओं विशेषकर के अपराध करने वालों की दर बहुत थोड़ी थी।* इसका मतलब हुआ कि यहुदियों में स्नायु रोगी के अधिक होने पर आत्महत्या भी अधिक होनी थी लेकिन ऐसा नहीं पाया गया। स्पष्टतः मनोव्याधिकीय कारकों और आत्महत्या में सहसम्बन्ध नहीं है।

आत्महत्या के मनोवैज्ञानिक और व्याधिकीय कारणों का जो खण्डन दुर्खीम ने किया है उसके आधारर पर निश्चित रूप से यह कहा जा सकता है कि आत्महत्या का कारण मनोव्याधिकीय झुकाव न होकर सामाजिक निश्चय या संकल्प है। और सांख्यिकीय दृष्टि से आत्महत्या और मनोव्याधिकीय कारण सहगामी नहीं हैं।

आनुवंशिकता और पर्यावरण के कारक (Factors of Heredity and Environment)

मनोवैज्ञानिक और मनोव्याधिकीय कारकों को आत्महत्या का कारण अस्वीकार करते हुए दुर्खीम आनुवंशिकता और पर्यावरण का विश्लेषण करते हैं। आनुवंशिकता के अन्तर्गत वे *प्रजाती* (Race) को लेते हैं और पर्यावरण को वे उसके विशाल अर्थ *ब्रह्माण्ड* (Cosmic) रूप में लेते हैं। इसमें वे जलवायु और मौसम को सम्मिलित करते हैं। वास्तव में दुर्खीम जब प्रजाति और आत्महत्या के सहगामी सम्बन्धों को देखते हैं तो वे मद्यपान और कतिपय मनोव्याधिकीय कारकों को भी अपने विश्लेषण में सम्मिलित करते हैं। आनुवंशिकता और पर्यावरण का विश्लेषण वे विशुद्ध रूप से आनुभविक आधार पर करते हैं। वे इस निष्कर्ष पर पहुँचते हैं कि आत्महत्या का इन पूर्ववर्ती विचारकों ने जो विश्लेषण किया है, वह समस्या के निदान में, किसी भी तरह सहायक नही हैं। इस निष्कर्ष पर पहुँचते हुए भी *दुर्खीम यह सिद्ध करने में सफल नही हुए कि आनुवंशिकता और पर्यावरण का आत्महत्या से कोई सरोकार नहीं है।* दुर्खीम का आरोप तो यह है कि पूर्ववर्ती विचारकों ने आनुवंशिकता और पर्यावरण के आत्महत्या के साथ जो सम्बन्ध हैं, उन्हें पूरी तरह से प्रमाणित नहीं किया है। यहाँ हम आत्महत्या और प्रजाति तथा आत्महत्या और पर्यावरण के सह सम्बन्धों का उल्लेख करेगें।

(1) **क्या आत्महत्या के लिये प्रजाति उत्तरदायी है?** : समाज विज्ञानों में दुर्खीमकालीन

युग में यह लगभग स्थापित था *कि प्रत्येक प्रजाति में आत्महत्या करने की अवृति के कुछ निश्चित लक्षण होते हैं। इन विचारकों के अनुसार एक प्रजाति दूसरी प्रजाति से कुछ जैवकीय और मनोवैज्ञानिक लक्षणों से भिन्न है। दुर्खीम कहते हैं कि यदि इस तरह आत्महत्या का वास्तव में प्रजाति के साथ सम्बन्ध है तो यह भी स्थापित होना चाहिये कि प्रजाति में कुछ ऐसी जैवकीय प्रवृति (Organic disposition) है जो आत्महत्या करने के लिये प्रेरित करती है।*

क्या प्रजाति और आत्महत्या में कुछ इस तरह का सम्बन्ध है?

आत्महत्या और प्रजाति के सहगामी सम्बन्ध का विश्लेषण करने से पहले दुर्खीम प्रजाति को परिभाषित करते हैं। इन लक्षणों के होते हुए भी किसी न किसी कारण से समूह का एक या अधिक सदस्यों में अन्तर होता है और वह अन्तर एक व्यक्ति को दूसरे से भिन्न कर देता है। वास्तव में प्रजाति एक जैवकीय कोटि है और उसकी जो कुछ संस्कृति है वह सीखी हुई है। इसी कारण *प्रिचार्ड* (Prichard) लिखते हैं :

> प्रजाति पद से हमारा मतलब व्यक्तियों के उस समूह से है जिसमें कम या अधिक रूप में कुछ ऐसे लक्षण पाये जाते हैं जो आनुवंशिकता से एक पीढ़ी से दूसरी पीढ़ी को संचारित होते हैं, इन लक्षणें का उद्‌गम कैसा ही क्यों न हो।

दुर्खीम ने प्रिचार्ड के अतिरिक्त अन्य मानवशास्त्रियों जैसे *ब्रोका* (M. Broca) आदि की परिभाषा का उद्धरण देकर यह स्थापित किया है कि प्रजाति में जैवकीय लक्षण एक पीढ़ी से दूसरी पीढ़ी को संचारित होते हैं। इस जैवकीय संचारण में ऐसी जटिलता आ जाती है कि हमारे लिये एक प्रजाति को दूसरी प्रजाति से भिन्न एंग्लो-सेक्सन प्रजातियों का उल्लेख करते हैं, लेकिन कोई भी व्यक्ति स्पष्ट रूप से इन प्रजातियों के अन्तर को वैज्ञानिक स्पष्टता के साथ नही बता सकता। यहाँ महत्वपूर्ण बात यह है कि *कोई भी समाजशास्त्री जब प्रजाति के प्रभावों को सामाजिक प्रघटनाओं पर देखता है तो उसे सावधानीपूर्वक अपना अनुसंधान करना चाहिये।* इस तरह की समस्या को हल करने के लिए यह देखना चाहिये कि एक प्रजाति दूसरी प्रजातियों से किन लक्षणों के आधार पर भिन्न है। यह इसलिये कहना पड़ता हैं कि आज प्रजाति को लेकर समाज विज्ञानों में बड़ा भ्रम है।

प्रजाति के अर्थ के बाद यह देखना चाहिये कि किन प्रजातियों में आत्महत्या करने के प्रति अधिक झुकाव है और किन में कम। तथ्यों के आधार पर दुर्खीम पाते हैं कि *जर्मन* प्रजाति की आत्महत्या के प्रति अधिक प्रवृति है। लेकिन जब हम *जर्मन* कहते हैं तो निश्चित रूप से हमारा तात्पर्य राष्ट्रीयता से है, प्रजाति से नहीं। और जब इस तरह से हम आंकड़ों को देखते है तो हमारा निष्कर्ष सही नहीं निकलता। यह इसलिये कि जर्मनी में रहने वाले लोगों के जो भी कुछ लक्षण है वे आनुवंशिक नही हैं, सभ्यताजनक हैं दुर्खीम कहते हैं कि जब कभी विचारक प्रजाति और आत्महत्या के सहसम्बन्ध को देखते हैं तो वे प्रजाति की परिभाषा वैज्ञानिक अर्थ में नहीं दे पाते।

प्रजाति का अर्थ वस्तुतः आनुवंशिकता से है। दुर्खीम अपने खण्डन में आग्रहपूर्वक कहते हैं *कि आत्महत्या और आनुवंशिकता में कोई सहसम्बन्ध नहीं है।* यह कहना कि बढ़ती हुई उम्र के साथ आत्महत्या का प्रतिशित बढ़ जाता है, इस कल्पना के साथ मेल नहीं खाता कि आत्महत्या का मुख्य कारण आनुवंशिकता से संचारित होता है। कई बार आनुवंशिकतावादी

यह भी प्रमाण देते हैं कि एक ही परिवार में बार-बार आत्महत्या होना आनुवंशिकता और आत्महत्या का सह सम्बन्ध है। आनुवंशिकतावादी लेखक अपनी प्राक्कल्पना के प्रमाण में *प्रेवोस्ट-पेराडोल* (Prevost-Paradol) के परिवार का उल्लेख प्रायः करते हैं। 19वीं शताब्दी मे प्रेवोस्ट फ्रान्स के जाने-माने लेखक थे। वे अमेरीका में राजदूत भी थे। फ्रान्स और एशिया के युद्ध की घोषणा पर उन्होंने आत्महत्या कर ली। लगभग 30 वर्ष बाद उनके पुत्र ने एकदम भिन्न परिस्थितियों में आत्महत्या की। प्रेवोस्ट के परिवार में एक के बाद *कई* सदस्यों ने आत्महत्या की। *आनुवंशिकतावादी इन आत्महत्याओं का निष्कर्ष निकालते हैं कि इस परिवार में आत्महत्या के प्रति जो झुकाव था, वह आनुवंशिक था।* लेकिन दुर्खीम इस प्रकार की प्राक्कलपनाओं को अस्वीकार करते हैं। उनके अनुसार इस तरह का सम्पूर्ण विश्लेषण व्यक्तियों के लक्षणों पर आधारित है और इसमें कहीं भी इस तथ्य पर ध्यान नही दिया गया है कि व्यक्ति आत्महत्या सामाजिक बाध्यता के कारण करते हैं। इस बात के कोई पक्के प्रमाण नहीं हैं कि आनुवंशिकता आत्महत्या के गुणों को जैवकीय रूप से एक पीढ़ी से दूसरी पीढ़ी को देते हैं। यह सम्भव है कि कुछ ऐसे अवसर आ जाते हैं कि एक ही परिवार के लोग आत्महत्या कर लेते हैं। दुर्खीम आगे कहते हैं कि यदि जैवकीय मनोवैज्ञानिक आनुंवशिकता आत्महत्या के लिये उत्तरदायी है तो इसका प्रभाव पुरुष और स्त्रियों पर समान रूप से पड़ना चाहिये। किसी भी अर्थ में आत्महत्या *लैंगिक* (Sexual) नहीं है और इसलिये इसका कोई कारण नहीं दिखायी देता कि आनुवंशिकता केवल आदमियों को ही प्रभावित करती है और स्त्रियों को नहीं। यह इसलिये कि स्त्रियों में आत्महत्या न्यूनतम होती है। *अतः इस निष्कर्ष पर पहुँचना भूल नहीं होगी कि आत्महत्या का सम्बन्ध किसी भी तरह आनुवंशिकता से नहीं है।*

(2) **कहां तक पर्यावरण अर्थात भौगोलिक कारण आत्महत्या के लिये उत्तरदायी है?:** दुर्खीम आत्महत्या के सह सम्बन्ध को भौगोलिक कारकों के साथ देखते हैं। सभी भौगोलिक कारकों जैसे जलवायु, मौसमी तापमान, आदि को वे *ब्रह्माण्ड* (Cosmic) की वृहद श्रेणी में सम्मिलित करते हैं। भूगोलवेत्ता *मोरसेली* (Morselli) का कहना है कि आत्महत्या का देशान्तर रेखांश और अक्षांश के साथ सह सम्बन्ध है। इसी तरह यूरोप के उत्तर दक्षिण में न्यूनतम आत्महत्याएं होती है। इस प्रकार का सह सम्बन्ध बताते हुए दुर्खीम दबी जबान से बोलते हैं, लेकिन जलवायु और तापमान को आत्महत्या करने की प्रवृति के साथ जोड़ने में जिन तथ्यों की आवश्यकता है, वे उन्हें प्रस्तुत नही करते। *दुर्खीम का तो विश्वास है कि बिना किसी जलवायु और तापमान के, सभी देशों में आत्महत्या लगभग समान रूप से देखने को मिलती है।* यह अवश्य है कि किसी एक ऐतिहासिक युग में एक देश में आत्महत्याएं कम होती हैं और दूसरे युग में अधिक। जब सभ्यता के युग में रोम यूरोप की राजधानी थी, वहाँ आत्महत्याएं अधिक होती थी। लेकिन 20वी शताब्दी के प्रारम्भ में यहां आत्महत्या की प्रवृति कम हो गयी। *दुर्खीम कहते हैं कि आत्महत्या की अपेक्षा समाज की सुदृढ़ता या असुदृढ़ता उसकी दर को निश्चित करती है। वास्तव में हमें लोगों की आत्महत्या करने की प्रवृति को जलवायु व तापमान में न देख करके सभ्यता की सुदृढ़ता व असुदृढ़ता में देखना चाहिये।*

दुर्खीम के तत्कालीन समाज में मोन्टेस्क्यू के निष्कर्षों का प्रभाव भी अधिक था। मोन्टेस्क्यू का कहना था कि ऐसे देश जहाँ ढंड अधिक पड़ती है और कोहरा छाया रहता है,

आत्महत्या के लिये अनुकूल होते हैं। इस विचारधारा को यूरोप ने लम्बे समय तक स्वीकार किये रखा। यद्यपि *एस्क्विरोल ने इस तरह से सिद्धान्त को अस्वीकार किया था फिर भी फालरेट* (Falret) ने इस पर जोर दिया। दुर्खीम कहते हैं आंकड़े निश्चित रूप से किसी इस प्रकार के सिद्धान्त को अस्वीकार करते हैं। कही भी न तो सर्दी और न शरद ऋतु में आत्महत्या का दर अधिकतम स्तर तक पहुंचती है। आदमी जीवन लीला तब समाप्त करना पसन्द करता है जब मौसम उसके लिये किसी भी तरह से कष्टदायक नही होता। दुर्खीम आंकड़ों के आधार पर यह स्थापित करते हैं कि प्रत्येक मौसम में आत्महत्या का अनुपात निश्चित रूप से समान पाया जाता है।

दुर्खीम इस तथ्य को स्वीकार करते हैं कि सामान्यतया गर्मी के मौसम में आत्महत्याओं की दर बढ़ जाती है। शायद इसी पर *फेरी और मोरसेली* ने यह निष्कर्ष निकाला कि आत्महत्या का सम्बन्ध तापमान के साथ है। दुर्खीम का विश्लेषण दूसरी तरह का है। उनका कहना है कि *गर्मी के दिनों में दिन लम्बा होता है और उसमें आदमी को समूह से पृथक रहने का समय अधिक मिलता है, अतः उसकी आत्महत्या का कारण तापमान न होकर समूह से उसका पृथक्करण है। दूसरी तरफ सर्दी में दिन छोटा होता है और अन्तः क्रियाएं अधिक होती हैं। इस मौसम में आत्महत्या करने का अवसर बहुत कम मिलता है।*

उपसंहार

दुर्खीम की विधि अ-रूपान्तरवादी और प्रत्यक्षवादी थी। वे केवल तर्क के ऊपर किसी सिद्धान्त को स्वीकार करने के लिये तैयार नहीं थे। वे बराबर आनुभविकता पर जोर देते थे। यह उनकी आनुभविक तथ्यों की प्रमाणिकता ही थी जिसके आधार पर उन्होंने भूगोलवेत्ताओं के सभी निष्कर्षों को अस्वीकार किया। *उनका सामान्य तर्क तो यह था कि आत्महत्या एक सामाजिक प्रघटना है और भूगोल एक भौतिक प्रघटना सामाजिक प्रघटना का सही विश्लेषण भौतिक प्रघटना द्वारा नहीं किया जा सकता।* दूसरा, उन्होंने आनुभविक तथ्यों के आधार पर भूगोलवेत्ताओं के इस सिद्धान्त का खण्डन किया कि कहीं भी जलवायु और तापमान आत्महत्या को प्रभावित नहीं करते। आत्महत्या की प्रवृति पर निश्चित रूप से जो प्रभाव देखने को मिलता है, *वह राजनैतिक सुदृढ़ता और सामाजिक सुदृढ़ता का है।*

आत्महत्या का अतिरिक्त सामाजिक कारण : अनुकरण
(Extra Social Factor of Suicide : Imitation)

आत्महत्या रचना में दुर्खीम की बहुत बड़ी खोज उन कारकों की पहचान करना है जो आत्महत्या की प्रवृति के लिये उत्तरदायी हैं। दुर्खीम कोई शौकिया समाजशास्त्री नहीं थे। वे समाजशास्त्र का व्यावहारिक प्रयोग करना चाहते थे। इसी कारण उन्होंने आत्महत्या के कारकों की खोज की। उनके युग में आत्महत्या का विश्लेषण विचारकों ने नहीं किया हो, ऐसा नहीं था। *लेकिन किसी ने भी आत्महत्या के सामाजिक कारणों की पहचान नहीं की थी। पिछले पृष्ठों में हमने दो श्रेणियों के कारकों मनोव्याधिकीय-मनोवैज्ञानिक और आनुवंशिकता तथा पर्यावरण का विवरण दिया है। अतिरिक्त सामाजिक कारकों के विवेचन में आगे चलकर दुर्खीम एक और मनोवैज्ञानिक अतिरिक्त कारक का उल्लेख करते हैं। यह अतिरिक्त कारक अनुकरण* (Imitation) है। अनुकरण विशुद्ध रूप से एक मनोवैज्ञानिक कारक है। आम

बोलचाल में हम अनुकरण का मतलब नकल से लेते हैं। जैसा सब करते हैं, बिना सोचे समझे दूसरा व्यक्ति भी करने लग जाता है, यह अनुकरण है।

अनुकरण एक व्यक्ति को दूसरे व्यक्तियों के साथ जोड़ता है। लेकिन यह जोड़ किसी भी अर्थ में सामाजिक जोड़ नहीं होती। जैसा सभी पहन रहे हैं या जैसे अन्य लोग तालियों की गड़गड़ाहट करते हैं, वैसे करते हैं, वैसे ही समूह में बैठा व्यक्ति ताली बजाता है। *जो दूसरे लोग ताली बजा रहे हैं, उन्हें वह जानता भी नहीं है और दूसरे लोग भी ताली बजाने व्यक्ति को नहीं जानते।* वास्तव में छींकना, जम्हाई लेना, हँसना, आदि अनुकरण के दृष्टांत हैं। इसी कारण दुर्खीम इन्हें मनोवैज्ञानिक क्रियाएं मानता है। मनोवैज्ञानिकों का कहना हैं कि जब एक नगर या संभाग में लोग आत्महत्या करते हैं तो इसके अनुकरण में दूसरे संभावित लोग भी आत्महत्या करने लगते हैं। *मनोवैज्ञानिकों की दृष्टि में तो आत्महत्या एक संक्रामक रोग है जो अनुकरण द्वारा अपनाया जाता है।*

अनुकरण : अर्थ और परिभाषा

आत्महत्या की परिभाषा और अर्थ को स्पष्ट करते हुए दुर्खीम समाजशास्त्रियों से एक शिकायत करते हैं। उनका कहना है कि कई बार समाजशास्त्री जिन पदों और अवधारणाओं का अपने सिद्धान्त निरूपण में प्रयोग करते हैं, उन्हें परिभाषित नही करते। जब अवधारणा स्पष्ट नहीं होती तो रचनाकार और पाठक दोनों ही मनमाना अर्थ निकालने के लिये स्वतन्त्र हो जाते हैं। ऐसी ही कुछ दुर्घटना अनुकरण के साथ भी हुई है। मनोवैज्ञानिक यह तो आग्रहपूर्वक करते हैं कि आत्महत्या का एक सशक्त कारण अनुकरण है। लेकिन वे कहीं भी इसके अर्थ को साफगोई के साथ नही रखते। अतः हम आत्महत्या और अनुकरण के सहसम्बन्ध को देखें इससे पहले इसका अर्थ स्पष्ट कर लें। दूर्खीम कहते हैं कि उनकी समझ में मनोवैज्ञानिक और समाजवैज्ञानिक अनुकरण के तीन अर्थ निकालते हैं :

*(1) **चेतना का स्तरीकरण** (Levelling of Consciousness)*

किसी एक समूह के बीच में ही जब लोग एक या अनेक कारणों से समान गतिविधि करने लगते हैं तो समूह के अधिकांश सदस्यों में चेतना का स्तरीकरण हो जाता है। *प्रत्येक व्यक्ति की निजी चेतना होती है। जब वह समूह में होता है तो किसी कारण उसकी चेतना का स्तर (Level) दूसरे व्यक्तियों की चेतना के स्तर पर आ जाता है और इस तरह अनुकरण की उपस्थिति होती है।* बारिश के मौसम में जब सभी लोग सड़क पर चलते दिखायी देते हैं, एकाएक कुछ लोग बारिश समझकर अपनी छतरी खोल लेते हैं। इसका अनुकरण दूसरे लोग भी अपने आप कर लेते हैं। इसी तरह तालियों की गड़गड़ाहट भी होती है, जयघोष भी होते हैं या किसी रंगारंग कार्यक्रम में नाचने के लिये पाँव अपने आप थिरकने लगते हैं। *जो प्रक्रिया काम करती है वह यह कि समूह में सम्मिलित होने वाले लोगों की चेतना जब जन समूह के समान स्तर पर पहुँच जाती है, तब समूह का प्रत्येक व्यक्ति समूह की तरह सोचने लगता है, अनुभव करने लगता है।*

यह एक तरह की समन्वयता है—*व्यक्तिगत चेतना का स्तर अन्य व्यक्तियों के स्तर पर आ जाता है।* कुछ मनोवैज्ञानिक अनुकरण की इस परिभाषा को प्रयोग में लाते हैं। अनुकरण इस तरह बिना सोची समझी क्रिया है। इसे करने में व्यक्ति *मौलिक* रूप से कुछ भी नहीं

सोचताः *क्योंकि सभी ऐसा करते हैं, क्योंकि सभी गलत नहीं हो सकते, व्यक्ति भी ऐसा करता है।* कुछ इस तरह की सभी ने छतरी खोल ली है, उसे भी छतरी खोल लेनी है। इसमें व्यक्ति के स्वयं का कोई भी सोच नहीं है, उसकी स्वयं की कुछ भी समझ नहीं है। दुर्खीम कहते हैं कि अनुकरण की यह परिभाषा स्पष्ट कम है और अस्पष्ट अधिक। उन्हें यह स्वीकार नहीं है। उनका अस्वीकार करने के पीछे *बड़ा तर्क यह है कि अनुकरण करने वाला अपनी ओर से कुछ नहीं सोचता।*

(2) ***अनुकरण मनोवेगात्मक होता है*** *(Imitation is Impulsive)*

अनुकरण का दूसरा अर्थ मनोवेग के साथ जोड़ा जाता है। व्यक्ति की यह इच्छा होती है कि वह अपने आपका समाज के साथ समन्वय करे। जिस समाज का वह सदस्य है, उसकी परिपाटी को उसे अपनाना चाहिये। इसी कारण उसके मनोवेग सक्रिय हो जाते हैं और उसके इर्द-गिर्द जिस तरह का व्यवहार लोग करते हैं, वह भी करने लगता है। अपने समूह के रीति-रिवाजों, परम्पराओं और इसी तरह क्षेत्रीय कानून का वह अनुकरण करने लगता है। यह भी होता है कि समाज के रीति-रिवाजों को अपनाते हुए वह उनके अर्थ को भी नहीं जानता। विवाह की वेदी पर बैठा हुआ जोड़ा न तो अग्नि के साक्ष्य को समझता है और न सात फेरों के शास्त्रीय अर्थ को। वह तो केवल परम्परा से इन सब क्रियाओं के दौर से गुजरता है। इस संदर्भ में दुर्खीम लिखते हैं:

> किसी भी नैतिकता से परिपूर्ण परम्परा और रीति-रिवाज के अर्थ के बारे में अनभिज्ञ होकर भी हम उसका परिपालन करते हैं। हमारे परिपालन का कारण यह है कि इसके पीछे कोई न कोई सामाजिक अधिकार है।

(3) ***अनुकरण केवल अनुकरण के लिये होता है*** *(Imitation for Imitation only)*

अनुकरण का यह तीसरा अर्थ है। यह अर्थ सामान्यतया मनोवैज्ञानिकों द्वारा लिया जाता है। जिस क्रिया को हमारे सामने अन्य लोग करते हैं, हम भी उसे दोहरा देते हैं। अनुकरण में व्यक्ति यह नहीं सोचता कि उसे यह क्रिया क्यों करनी चाहिये। क्योंकि दूसरे लोग करते हैं, इसलिये वह भी करता हैः न तर्क, न कारण। वह देखता है कि युवक अब अपने सिर के बालों को चोटी में बांधते हैं, वह भी अनुकरण करने लगता है। वह देखता है कि युवा युवतियों की तरह कान में लोंग पहनने लगे हैं, तो वह भी पहनने लगता है। वह देखता है कि लोग अंग्रेजी के *यस* (Yes) के स्थान पर *याह* कहने लगें है तो वह भी करने लगता है। जब दूसरे जम्हाई लेते हैं, हँसते हैं और रोते हैं तो एक संक्रामण क्रिया की तरह सभी ऐसा करने लगते हैं। दुर्खीम को अनुकरण का यह अर्थ भी स्वीकार नहीं है। बुनियादी रूप से अनुकरण की यह मनोवैज्ञानिक व्याख्या है।

दुर्खीम अनुकरण की व्याख्या करने के बाद इस निष्कर्ष पर पहुँचते है कि *अनुकरण का कोई भी अर्थ जो समाज के प्राधिकार से न जुड़ा हो उन्हें स्वीकार नहीं है।* वास्तव में अनुकरण के जो तीन अर्थ ऊपर दिये गये हैं, परस्पर विरोधी हैं। पहला अर्थ, व्यक्ति की मौलिकता को स्वीकार नहीं करता। क्योंकि सभी लोग ऐसा करते हैं, वह भी ऐसा ही करता है मौलिक नहीं है। इसी तरह तीसरा अर्थ भी बुनियादी रूप से नकल मात्र है। क्योंकि सभी

लम्बी चोटी रखते हैं, वह भी लम्बी चोटी रखता है, केवल नकल है। *यदि अनुकरण का अर्थ जो दूसरा है लिया जाये तो दुर्खीम को स्वीकार है। जब समाज का आदेश है तब व्यक्ति परम्परा और रूढ़ियों को अपना लेता है। यह उसका नैतिक कर्तव्य है। यदि इस नैतिक कर्तव्य का वह पालन नहीं करता है तो समाज उसकी निन्दा करेगा, आलोचना करेगा। सात फेरों का अर्थ न जानते हुए भी पति-पत्नी का जोड़ा इसका परिपालन इसलिये करता है कि इसके पीछे समाज का आदेश है, समाज की मान्यता है। दुर्खीम को अनुकरण का यह तर्क तार्किक और सही लगता है।*

दुर्खीम को मनोवैज्ञानिकों द्वारा दी गयी अनुकरण की व्याख्या स्वीकार नहीं है। उन्होंने यूरोप के आत्महत्या की दर के आधार पर कहा कि *जब कभी सामाजिक पर्यावरण में बदलाव आता है तो एकाएक आत्महत्या की दर बदल जाती है। इधर सामाजिक पर्यावरण में एकाएक बदलाव हुआ तो उधर आत्महत्या की दर में भी एकाएक परिवर्तन आ जाता है।* सामाजिक पर्यावरण से दुर्खीम का मतलब परिवार, विवाह, गोत्र आदि से है। कभी भी सामाजिक पर्यावरण का प्रभाव एक निश्चित क्षेत्र से बाहर नहीं जाता। उदाहरण के लिये जर्मनी में आत्महत्या एक स्थानीय लक्षण है और इसका कारण प्रोटेस्टेन्ट धर्म है। फिर भी जर्मनी के तीन संभाग ऐसे हैं जो आत्महत्या की इस सामान्य प्रवृत्ति के अपवाद हैं। इन तीनों संभागों में आत्महत्या की दर न्यूनतम है। ऐसा लगता है कि ये संभाग टापू की तरह हैं जिनमें जर्मनी के आत्महत्या की दर की तुलना में न्यूनतम आत्महत्याएँ होती हैं। *इसका मतलब यह हुआ इन तीन संभागों में आत्महत्या के अनुकूल जिस तरह का सामाजिक पर्यावरण चाहिये, वह नहीं है।* यदि अनुकरण को आत्महत्या का कारण माना जाता तो निश्चित रूप से इन तीनों संभागों में भी आत्महत्या की वही दर होती, जो जर्मनी में थी।

वास्तव में आत्महत्या संक्रामक है—यह व्यक्ति से व्यक्ति को पहुँचती है, लेकिन अनुकरण कभी भी आत्महत्या की दर के सामाजिक पहलू को नहीं छुता। *यह सम्भव है कि अनुकरण द्वारा आत्महत्या की दर बढ़े। लेकिन जो आत्महत्या की असमान अभिवृति है उसे यह प्रभावित नहीं करती।* निश्चित शब्दों में दुर्खीम कहते हैं:

> बहुत कम अपवादों में, यह कहा जाना चाहिये कि अनुकरण आत्महत्या का मौलिक कारक नहीं है।

आत्महत्या और अनुकरण के सह सम्बन्धों पर आलोचनात्मक टिप्पणी करते हुए यह कहना चाहिये कि आत्महत्या निश्चित रूप से एक वैयक्तिक घटना है। लेकिन इसके जो कारण है, वे सामाजिक हैं। ऐसी अवस्था में दुर्खीम *गेब्रिल ट्रेड* (Gabriel Tarde) जैसे समकालीन मनोवैज्ञानिकों के आत्महत्या के विश्लेषण से सहमत नहीं है। दुर्खीम की दृढ़ मान्यता है कि *अनुकरण में किसी प्रकार का तर्क, मौलिकता, प्रयोजन तथा उद्देश्य नहीं होता।* इसके विपरीत आत्महत्या के पीछे कोई न कोई प्रयोजन अवश्य होता है। दुर्खीम ने आत्महत्या के सम्बन्ध में जो कतिपय निष्कर्ष रखें हैं, इस प्रकार है:

(1) किसी भी सामान्य समाज में आत्महत्या की मनोवैज्ञानिक और मनोव्याधिकीय कारकों के संदर्भ में सम्यक व्याख्या सम्भव नहीं है।

(2) आत्महत्या की व्याख्या आनुवंशिकता और पर्यावरण के कारकों द्वारा भी नहीं की जा

सकती।

(3) आत्महत्या की व्याख्या अनुकरण द्वारा भी होना सम्भव नहीं है।

(4) आत्महत्या निश्चित रूप से एक सामाजिक प्रघटना है और इसलिये इसके कारणों की खोज समाज में ही होनी चाहिये। सामाजिक पर्यावरण द्वारा ही आत्महत्या की समुचित व्याख्या सम्भव है। दूसरे शब्दों में, दुर्खीम के अनुसार आत्महत्या की व्याख्या सामाजिक कारकों जैसे सामाजिक सुदृढ़ता, सामूहिक चेतना, सामूहिक प्रतिनिधान और *मानकहीनता* (Anomie) के संदर्भ में की जानी चाहिये।

दुर्खीम का आत्महत्या के सम्बन्ध में जो समाजशास्त्रीय सिद्धान्त है, उसके निम्न लक्षण हैं:

(1) समाज में जितना अधिक धार्मिक एकीकरण होगा, उतनी ही आत्महत्या की दर कम होगी।

(2) समाज में जितना अधिक स्थानीय या घरेलू एकीकरण होगा, आत्महत्या की दर उतनी ही कम होगी।

(3) समाज में जितना अधिक राजनैतिक एकीकरण होगा, उतनी ही आत्महत्या की दर कम होगी।

(4) आत्महत्या तथा एकीकरण और सुदृढ़ता में विपरीत सम्बन्ध है। सूत्र रूप में इस विपरीत सहसम्बन्ध को हम इस भाँति रखेगें:

1. न्यूनतम आत्महत्या की दर = अधिकतम एकीकरण + अधिकतम सामाजिक सुदृढ़ता
2. अधिकतम आत्महत्या की दर = न्यूनतम एकीकरण + न्यूनतम सामाजिक सुदृढ़ता

आत्महत्या के प्रकार: तीन आदर्श प्रारूप (Types of Suicide: Three Ideal Types)

दुर्खीम ने आत्महत्या के ऑकड़ों को सांख्यकीय विश्लेषण द्वारा देखा है। उन्होंने ऑकड़ों के आधार पर आत्महत्या को तीन प्रकारों में रखा है। *स्ट्रक्चर ऑफ सोशल एक्शन* में पारसंस कहते हैं कि आत्महत्या के ये प्रकार वस्तुतः *आदर्श प्रारूप* (Ideal Type) हैं। ये इस तरह हैं:

(1) अहंवादी आत्महत्या (Egoistic Suicide)

(2) परार्थवादी आत्महत्या (Altruistic Suicide)

(3) मानकहीनता प्रतिमानहीनता मूलक आत्महत्या (Anomic Suicide)

इस अध्याय के शेष भाग में हम आत्महत्या के इन प्रकारों के अवधारणात्मक स्वरूप का विश्लेषण करते हुए इनके पारस्परिक सम्बन्धों को देखेगें। किसी न किसी तरह से इन अवधारणाओं के पीछे दुर्खीम के जो विचार हैं, उनका उल्लेख उन्होंने श्रम विभाजन में किया है। यहाँ वे अपने आशय को अधिक प्रखरता के साथ रखते हैं। श्रम विभाजन में दुर्खीम ने *यह स्थापित किया था कि जितना अधिक समाज में विभेदीकरण होगा, समाज उतना ही अधिक सुदृढ़ होगा। यहाँ आत्महत्या पुस्तक में वे कहते हैं कि अतिविभेदीकरण होने से समाज में विघटन तो आता है लेकिन, यदि समाज अधिक सुदृढ़ होगा, आत्महत्या की दर*

उतना ही कम होगी।

आत्महत्या की रचना का केन्द्रीय मुहावरा व्यक्ति और समाज के बीच के सम्बन्ध हैं। वे आत्महत्या की सामाजिक प्रघटना को मुख्य रूप से तीन कारणों के साथ जोड़ते हैं: (1) धर्म (2) सामाजिक पर्यावरण, और (3) राजनीति। हम आत्महत्या के इन तीनों प्रकारों का अगले पृष्ठों में सिलसिले वार वर्णन करेंगे।

अहंवादी आत्महत्या *(Egoistic Suicide)*

अहंवादी आत्महत्या प्रायः वे लोग करते हैं जिनका *अहं* (Ego) बहुत प्रबल होता है। ऐसे व्यक्ति अपने स्वयं को समाज से बहुत ऊंचा समझते हैं। उनकी व्यक्तिगत चेतना का तालमेल सामाजिक चेतना के साथ नहीं बैठता। ऐसा व्यक्ति समाज, समुदाय या समूह के सामूहिक जीवन से मुक्त होता है। अहंवादी व्यक्ति किसी तरह अपनी स्वार्थपूर्ति में लीन होता है। स्वयं के अहं के प्रबल होने के कारण यह व्यक्ति समाज के साथ कदम मिलाकर नहीं चल सकता। *परिणामस्वरूप इस व्यक्ति का जीवन उपेक्षित, एकाकी और तिरस्कृत हो जाता है।* उसके ऊपर समाज के नियंत्रण का कोई प्रभाव नहीं पड़ता। परिणामस्वरूप अहंवादी व्यक्ति समाज में रहकर भी अपने आपको अकेला व असहाय मानता है। अतः इस मानसिक तथा यथार्थ स्थिति में जब व्यक्ति और समूह के उद्देश्य भिन्न हो जाते हैं, सामाजिक चेतना एवं व्यक्तिगत चेतना में कोई साम्य नहीं रहता। जब अहंवादी व्यक्ति को लगता है कि समाज के बीच में वह अकेला रह गया है, आत्महत्या करने के अतिरिक्त, उसके पास कोई विकल्प नहीं है। *कई बार अहंवादी आत्महत्या को इसी कारण स्वार्थपरक आत्महत्या भी कहते हैं।*

अहंवादी आत्महत्या की घटनाएॅ सम्पूर्ण यूरोप में मिली हैं। दुर्खीम ने विभिन्न प्रकार के इन ऑकड़ों में सह सम्बन्ध देखने का प्रयास किया है। अहंवादी आत्महत्या के कारणों की वे खोज करते हैं। ऑकड़ों में इस खोज से सह सम्बन्ध मिलता है। उनके अनुसार अहंवादी आत्महत्या के निम्न लिखित चार मुख्य कारण हैं:

(1) धार्मिक,
(2) शिक्षा,
(3) सामाजिक पर्यावरण यानी परिवार और विवाह, और
(4) राजनीतिक अवस्था।

(1) **आत्महत्या और धर्म** : यदि दुर्खीम के काल के यूरोप के धार्मिक मानचित्र को देखें तो हमें वहाँ तीन मुख्य धर्म मिलते हैं: (1) कैथोलिक, (2) प्रोटेस्टेन्ट, और (3) यहूदी। इन तीनों धर्मावलम्बियों का अध्ययन दुर्खीम ने किया है। उन्होंने पाया कि *प्रोटेस्टेन्ट धर्म की तुलना में कैथोलिक और यहूदी धर्मों में आत्महत्या की दर बहुत थोड़ी है।* दुर्खीम धर्म और आत्महत्या के इन ऑकड़ों का तुलनात्मक अध्ययन प्रस्तुत करते हैं। उनका प्रश्न है: कैथोलिक और यहूदी धर्मों में आत्महत्या की दर कम क्यों हैं? इसके कारण क्या हैं? इन प्रश्नों का उत्तर देने से पहले, वे ऑकड़े प्रस्तुत करते हैं:

धर्म प्रधान देश	प्रति दस लाख निवासियों की आत्महत्या का औसत
1. प्रोटेस्टेन्ट धर्म प्रधान देश	190
2. मिश्रित धर्म प्रधान देश (प्रोटेस्टेन्ट तथा कैथोलिक)	96
3. कैथोलिक धर्म प्रधान देश	58

ऑकड़े स्पष्ट रूप से बताते हैं कि यूरोप के इन देशों में धर्म और आत्महत्या का एक निश्चित सह सम्बन्ध है। स्वीट्ज़रलैण्ड में कैथोलिक धर्मावलम्बियों की आत्महत्या की दर प्रोटेस्टेन्ट धर्मावलम्बियों से लगभग चार या पाँच गुणा कम है। इसी देश में यहूदियों में भी आत्महत्या का दर प्रोटेस्टेन्ट धर्मावलम्बियों से कम है। यह दर कैथोलिक धर्मावलम्बियों से भी निम्न है। *सब मिलाकर यहूदी और कैथोलिक धर्मावलम्बियों की आत्महत्या की दर प्रोटेस्टेन्ट धर्मावलम्बियों से कम है।* लेकिन यहूदियों का आत्महत्या की दर कम होने का कारण केवल धार्मिक ही नहीं है, सामाजिक भी है। एक और प्रश्न उठता है: कैथोलिक और यहूदी धर्मावलम्बियों के धर्म में ऐसी कौनसी बातें हैं जिनके कारण इनमें आत्महत्या की दर निम्न हो जाती है? इस प्रश्न का उत्तर दुर्खीम देते हैं।

कैथोलिक और प्रोटेस्टेन्ट दोनों ही ईसाई धर्म हैं, फिर भी इनमें अन्तर है। दोनों ही धर्म आत्महत्या निषेध पर समाज में जोर देते हैं। दोनों ही आत्महत्या करने वालों को नैतिक दृष्टि से पापी समझते हैं। दोनों ही धर्म कहते हैं कि कब्र के बाद नया जीवन प्रारम्भ होता है, जहाँ आत्महत्या करने वाले को सजा दी जाती है। फिर भी प्रोटेस्टेन्ट धर्म में आत्महत्या की दर अधिक है, और कैथोलिक में कम, ऐसा क्यों?

दुर्खीम का कहना है कि यहूदी धर्म में भी चर्च की धार्मिक क्रियाएँ यन्त्रवत की जाती है। लेकिन यहूदी और कैथोलिक दोनों सम्प्रदायों में आत्मा पर संयम रखने पर अधिक जोर दिया जाता है। कहा जाता है कि यदि आत्मा किसी कार्य को करने के लिये कहे तो ऑख बन्द करके इस कार्य को करना चाहिये। कैथोलिक धर्मावलम्बी तो यह स्वीकार करते हैं कि उनका धर्म बना बनाया है और उसमें कोई काट-छाँट नहीं की जा सकती। इस धर्म में प्राधिकार का सोपान बना हुआ है और इसमें किसी तरह का कोई परिवर्तन नहीं लाया जा सकता।

प्रोटेस्टेन्ट धर्म की संरचना कुछ अधिक लचीली है। इस धर्मावलम्बी के हाथ में बाईबिल की पौथी थमा दी जाती है और इस पौथी का कोई भी निर्वचन उस पर थोपा नहीं जाता। यहाँ व्यक्तिवाद को पूरी छूट है। इस कार्य में आत्मा की खोज को पूरी स्वतन्त्रता है। कैथोलिक, प्रोटेस्टेन्ट और यहूदी धर्मों को यदि तुलनात्मक दृष्टि से देखें तो *कैथोलिक और यहूदी धर्म में रूढ़िवादिता अधिक है।* व्यक्ति को किसी तरह की स्वतन्त्रता नहीं है, जबकि प्रोटेस्टेन्ट धर्मावलम्बी सापेक्षिक रूप से स्वतन्त्र होते हैं।

दुर्खीम प्रोटेस्टेन्ट धर्मावलम्बियों में आत्महत्या की दर कैथोलिक व यहूदी धर्मावलम्बियों की तुलना में बहुत अधिक पाते हैं। *इसी कारण उनका निष्कर्ष है कि किसी धार्मिक समाज में यदि सुदृढ़ता अधिक है जैसी कि वे कैथोलिक व यहूदी धर्मावलम्बियों में पाते हैं, तो उनमें*

आत्महत्या की दर निम्न होती है। प्रोटेस्टेन्ट धर्मावलम्बियों में सुदृढ़ता ढीली है, इसी कारण उनमें आत्महत्या की दर अधिक है। आत्महत्या और धर्म का इस प्रकार का सह सम्बन्ध दुर्खीम ने यूरोप के देशों में पाया।

(2) **आत्महत्या और शिक्षा** : अहंवादी आत्महत्या और शिक्षा में भी दुर्खीम ने सह सम्बन्ध पाया है। अपने अन्वेषण के ऑकड़ों को ध्यान में रखकर दुर्खीम प्रश्न उठाते हैं: क्या ज्ञान प्राप्ति या शिक्षा ग्रहण करने के परिणामस्वरूप लोगों का सामान्य विश्वास कमजोर हो जाता है और इसके परिणाम स्वरूप आत्महत्या की प्रवृति बढ़ जाती है? दुर्खीम ने अपने इस प्रश्न के उत्तर में ऑकड़ों की पड़ताल की है। वे कहते हैं कि यहूदियों में अकादमिक जीवन पद्धति अपनाने की परम्परा रही है। यूरोप के जिन देशों में यहूदी बहुतायत रूप से पाये जाते हैं, उनमें बौद्धिक जीवन प्राप्त करने की प्रबल भावना होती है। ऑकड़े बताते हैं कि अधिक शिक्षा या ज्ञान की प्राप्ति का परिणाम आत्महत्या करने की प्रवृति को बढ़ाता है।

शिक्षा और आत्महत्या के इस सह सम्बन्ध की व्याख्या में दुर्खीम कहते हैं कि जब एक यहूदी पढ़-लिख जाता है तो निश्चित रूप से समाज के सामान्य विश्वासों, संवेगों और विशेषकर धर्म की मान्यताओं में उसकी आस्था कमजोर हो जाती है। इस कमजोरी के कारण यहूदियों में ही क्यों, सभी पढ़े-लिखे लोगों में अनपढ़ लोगों की तुलना में आत्महत्या करने की प्रवृति अधिक होती है।

दुर्खीम पुनः ऑकड़ों का उल्लेख करते हुए कहते हैं कि *स्त्रियों की तुलना में पुरुषों में आत्महत्या करने की दर अधिक होती है।* सामान्यतया स्त्रियों में पुरुषों की तुलना में शिक्षा थोड़ी है। वे रुढ़िवादी होती हैं और धार्मिक ग्रन्थ उनके लिये जिस मार्ग को संचालित करते हैं, किसी अन्धे व्यक्ति की तरह वे इस पर चलती रहती हैं। *दुर्खीम का मतलब है कि जब कभी व्यक्ति समूह की सुदृढ़ता से अलग-थलग हो जाता है, वह अहंवादी आत्महत्या के निकट पहुँच जाता है।*

दुर्खीम ने व्यवसायों को भी शिक्षा के साथ जोड़ा है। वे कहते हैं कि प्रायः उच्च शिक्षा वाले व्यक्ति अच्छे धन्धों में लगे होते हैं। वर्ग व्यवस्था में उनका स्थान ऊंचा होता है। वे *उच्च शिक्षा व्यवसायियों में भी आत्महत्या का दर अधिक पाते हैं।*

(3) **आत्महत्या और सामाजिक पर्यावरण** : पिछले पृष्ठों में हमने देखा है कि दुर्खीम आत्महत्या और भौतिक पर्यावरण में कोई सह सम्बन्ध नहीं पाते हैं। लेकिन वे ऑकड़ों के आधार पर बताते हैं कि *सामाजिक पर्यावरण में उन्होंने परिवार और विवाह को सम्मिलित किया है। उनका निष्कर्ष है कि विवाहित व्यक्तियों की अपेक्षा अविवाहित व्यक्तियों में आत्महत्या की दर थोड़ी होती है।* इटली में उदाहरण के लिये दस लाख व्यक्तियों के पीछे 102 विवाहित व्यक्ति आत्महत्या करते हैं, जबकि अविवाहितों का दर केवल 77 है। विवाहितों में आत्महत्या अधिक होने का कारण परिवार में व्याप्त टूटन है। जब पति-पत्नी में सामंजस्य नहीं बैठता, तनाव बना रहता है, तब अहंवादी आत्महत्या की प्रवृति बढ़ जाती है।

दुर्खीम यह भी बताते हैं कि विवाहित व्यक्तियों की तुलना में विधुर आत्महत्या अधिक करते हैं। इसका बहुत बड़ा कारण यह है कि विधुर व्यक्ति परिवार से एकदम छुटा हुआ होता है। वह एकाकी जीवन बीताता है। यही उसका सामाजिक पर्यावरण उसे आत्महत्या करने के लिये अभिप्रेरित करता है।

(4) **आत्महत्या और राजनीतिक अवस्था** : दुर्खीम अपनी चिर-परिचित थीसिस पर दृढ़ हैं और कहते हैं कि जब किसी देश की राजनीतिक सुदृढ़ता में दरारें आने लगती हैं, सुदृढ़ता ढीली होने लगती है, तब आत्महत्या की दर बढ़ जाती है। वे कहते हैं कि ऐसे राजनीतिक समाज को उद्विकास और निर्माण की प्रक्रिया में होते हैं, उनमें आत्महत्या लगभग नहीं पायी जाती। जैसे ही कोई राष्ट्र विघटित होने लगता है, लोगों में अहंवादी आत्महत्या करने की प्रवृति बढ़ जाती है। रोम और ग्रीस में जब परम्परागत राजनीतिक व्यवस्था में उतार आया, तब अपने आप उसमें आत्महत्या की दर बढ़ गयी। लेकिन दुर्खीम यह भी कहते हैं कि जब कोई राष्ट्र आपात या संकटकालीन स्थिति में होता है, आत्महत्या का ग्राफ नीचे गिरने लगता है। फ्रान्स में 19वीं शताब्दी में जब-जब क्रान्तियाँ हुई हैं उस अवधि में आत्महत्या की दर घट गयी है। सम्पूर्ण यूरोप के ऑकड़े इस तथ्य को *प्रमाणित करते हैं कि आत्महत्या का सह सम्बन्ध राजनीतिक समाज के साथ जुड़ा हुआ है।*

***परार्थवादी आत्महत्या** (Altrustic Suicide)*

दुर्खीम ने वैसे स्पष्ट रूप से कहीं भी परार्थवादी आत्महत्या की परिभाषा नहीं दी है। वे और शायद ऐसा करने की आवश्यकता भी उन्हें नहीं थी। परार्थवादी आत्महत्या को कई बार पर सुख परक आत्महत्या भी कहते हैं। दुनियाँ में कई लोग ऐसे होते हैं जो समुदाय के हित के लिये स्वयं को न्यौछावर कर लेते हैं। स्वयं की ईहलीला समाप्त कर देते हैं। ऐसे व्यक्ति अपने आपको नगण्य समझते हैं। सामान्यतया यह माना जाता है कि अहंवादी आत्महत्या आदिम और असभ्य समाजों में नहीं होती। इस कथन में सच्चाई भी है। यह सत्य है कि दूर-दराज क्षेत्रों में रहने वाले आदिवासियों में अहंवादी आत्महत्या नहीं होती। इसका कारण यह है कि इन यांत्रिक समाजों में व्यक्ति अपने आपको समाज के विश्वास और संवेगों के साथ में जोड़ लेता है। उसकी पहचान उसके समाज से ही होती है। इन समाजों में व्यक्ति तो गुमनाम होता है। इसी कारण अहंवादी आत्महत्या इन समाजों में नहीं होती।

फिर भी इन समाजों में आत्महत्या तो होती है। यह आत्महत्या परार्थवादी होती है। दुर्खीम परार्थवादी आत्महत्या का विवेचन दो दृष्टान्तों द्वारा करते हैं। इन दृष्टान्तों के पीछे उनका महत्वपूर्ण सवाल यह है: क्या आदिम समाजों में आत्महत्या को करना समूह की आवश्यकता है? दूसरे शब्दों में कहाँ तक समुदाय यह चाहता है कि व्यक्ति अपनी ईहलीला समाप्त कर दे। इस महत्वपूर्ण प्रश्न को केन्द्रीय बनाकर दुर्खीम दो दृष्टान्त देते हैं। संयोगवश उनका पहला दृष्टान्त हमारे देश से सरोकार रखता है। वे कहते हैं कि जब पति की मृत्यु के बाद स्त्री विधवा हो जाती है, तब *परम्परा से समाज इस विधवा से यह अपेक्षा करता है कि वह अपने पति के साथ चिता में जल मरे।* यहाँ यह कहा जाता है कि पति के साथ जल मरने का निर्णय पत्नी लेती है। लेकिन इसमें पत्नी का निर्णय कोई निर्णय नहीं है। विधवा यह जानती है कि यदि वह सती नहीं होगी तो उसके वैधव्य का शेष जीवन समाज के दबाव के कारण दुखी हो जायेगा। अतः उसके सती होने का निर्णय वस्तुतः समाज का निर्णय है। समाज ऐसा समझता है कि सती होने पर उसकी पवित्रता बनी रहेगी। सती होना वस्तुतः आत्महत्या है। मध्यकालीन युग में स्त्रियाँ जौहर करती थी। यह भी आत्महत्या का एक प्रकार है। दुर्खीम का दूसरा दृष्टान्त जहाज के केप्टेन का है जो अपनी क्षति को सहन न कर सकने

के कारण, स्वयं के जीवन को समाप्त कर देता है।

दुर्खीम ने इन दो दृष्टान्तों के अतिरिक्त कई अन्य दृष्टान्त भी दिये हैं। ऐसा करने में वे *बारथोलीन* (Bartholin) का संदर्भ देते हैं। वे कहते हैं कि डेनिश फौजी अपनी वृद्धावस्था में खाट में पड़े रहकर मरना अपमानजनक मानता है। वृद्धावस्था और बीमारी से पीड़ित होकर मरना उसके लिये कलंक है। इसी कारण वे फौजी आत्महत्या कर लेते थे। कुछ देशों में यह भी परम्परा है कि जब कोई राजा या उसका सेनापति मर जाता है तो उसके अनुयायियों को आत्महत्या करने के लिये बाध्य किया जाता है।

दुर्खीम एक श्वांस में आदिम समाज में होनी वाली आत्महत्याओं का ब्यौरा दे जाते हैं। आदिम या यांत्रिक समाजों की ऐसी आत्महत्याएँ शहरों या सभ्य समाजों में होने वाली अहंवादी आत्महत्याओं से भिन्न हैं। इन आत्महत्याओं के कुछ विशिष्ट लक्षण हैं। दुर्खीम ने ऊपर आत्महत्या के जो दृष्टान्त दिये हैं वे आत्महत्या की निम्नलिखित तीन श्रेणियों में से किसी एक में आते हैं:

(1) आदमियों की वे आत्महत्याएँ जो वृद्धावस्था या बीमारी की दहलीज पर पहुँचने पर की जाती है,

(2) अपने पति की मृत्यु पर की गयी आत्महत्या—सती और जौहर,

(3) अपने मुखिया की मृत्यु पर अनुयायियों या नौकरों द्वारा आत्महत्या करना।

आत्महत्या की इन तीनों श्रेणियों में जब व्यक्ति अपने आपको नष्ट करता है तो वह यह जानता है कि ऐसा करने का निर्णय उसके स्वंय का है। न वह इसे अपना अधिकार मानता है। दूसरी तरफ इन परिस्थितियों में आत्महत्या करना वह अपना धर्म समझता है। यदि फौजी खाट में सड़-सड़ कर मरता है तो वास्तव में यह कलंक का जीवन है। पति की मृत्यु के बाद पत्नी का जीवित रहना, परलोक में पति का साथ छोड़ देना है। जब मालिक ही चला गया तो मातहतों का संसार को भोगना कृतघ्नता है। ऐसी कुछ मान्यताएं उन समाजों की है जिनके सदस्य आत्महत्या करने वाले हैं। इसीलिये दुर्खीम कहते हैं कि इन आत्महत्याओं के पीछे बहुत बड़ा उद्देश्य अपने धर्म का पालन करना है और यदि कोई इस धर्म का पालन नहीं करता तो समाज किसी न किसी रूप में दण्ड अवश्य देता है। समाज का दबाव और प्रभाव इन सब आत्महत्याओं के पीछे शक्तिशाली कारक है। *ऐसी आत्महत्याएं अतः समाज द्वारा थोपी गयी आत्महत्याएं हैं*।

दुर्खीम समाज के दबाव के कारण की गयी आत्महत्याओं को परार्थवादी आत्महत्या कहते हैं। इन आत्मह्त्याओं में व्यक्ति का स्थान बहुत गोण है। वह तो केवल निमित्त मात्र है और निर्देश तो समाज की परम्पराओं और रूढ़ियों का है। वे समाज जिनमें सामाजिक सुदृढ़ता अधिक होती है, परार्थवादी आत्महत्याओं की दर को बढ़ाती है। आदिम समाजों में यह सुदृढ़ता होती है और इसी कारण इन समाजों में परार्थवादी आत्महत्याओं की दर अधिक होती है। ठीक इसके विपरीत, वे समाज जिनमें सुदृढ़ता लुंज-पुंज होती हैं, ढीली-ढाली होती है, उनमें परार्थवादी आत्महत्या की दर निम्न होती है। यहाँ व्यक्तिवाद प्रभावी होता है।

परार्थवादी आत्महत्या से सम्बन्धित विश्लेषण को देने के बाद दुर्खीम कुछ तथ्यों को देते हैं। वे कहते हैं कि अधिकारियों की अपेक्षा सामान्य सैनिकों में आत्महत्या करने की दर अधिक होती है। "यहाँ इसका कारण व्यक्तिवाद अथवा अहं न होकर कुछ ओर है, क्योंकि

सैनिकों को सामूहिक जीवन यापन करना पड़ता है। अतः यह स्पष्ट है कि इस प्रकार की आत्महत्या व्यक्ति केवल अपने ही स्वार्थ के लिये न करके, कभी-कभी परोपकारी बनकर समाज या वृहद समाज के हितों के लिये भी अपनी जान दे देता है। यह परार्थवादी आत्महत्या है। उदाहरण के लिये साइगोन के बौद्ध भिक्षुकों ने अपने देश के लिये आत्मदाह किया।" स्वतन्त्रता आन्दोलन में या किसी युद्ध में जब जीवन लीला समाप्त की जाती है तो यह परार्थवादी आत्महत्या है।

यहाँ हमें यह कहना चाहिये कि परार्थवादी आत्महत्या की प्रवृति सामान्यतया विकसित देशों में नहीं देखने मिलती। इन देशों में तो व्यक्तिवाद अपनी पराकाष्ठा पर होता है। सभी लोग सुबह से शाम तक अपने स्वार्थ सिद्धि में लगे होते हैं। यहाँ आत्महत्या का जो सामान्य स्वरूप देखने को मिलता है, वह या तो अहंवादी होता है या प्रतिमानहीनता मूलक। अविकसित देशों और उनमें भी आदिम समाजों में आत्महत्या का जो प्रकार मिलता है, वह परार्थवादी होता है।

एशिया में कई देशों में इस शताब्दी के चौथे दशक में हजारों की संख्या में स्वतन्त्रता प्राप्ति के लिये परार्थवादी आत्महत्याएं की हैं। हाल में दक्षिण अफ्रीका में जो स्वतन्त्रता आयी है उसके पीछे भी कई परार्थवादी आत्महत्याओं का इतिहास है। *लगता है ज्यों-ज्यों दुनियाँ के देश विकसित होते जायेगें और व्यक्तिवाद का सिर ऊंचा उठता जायेगा, परार्थवादी आत्महत्याएं अपने न्यूनतम स्तर पर पहुँच जायेगी।*

मानकशून्यता या प्रतिमानहीनतामूलक आत्महत्या *(Anomic Suicide)*

आत्महत्या के आदर्श प्रारूप का तीसरा प्रकार प्रतिमानहीनता मूलक आत्महत्या है। सामाजिक जीवन में अत्यधिक विभेदीकरण, विशिष्टीकरण तथा श्रम विभाजन के कारण जैवकीय सुदृढ़ता की स्थिति में अपेक्षित सामाजिकता, सामूहिक चेतना और प्रकार्यात्मक निर्भरता की क्षमता का अभाव हो जाता है। व्यक्ति इन परिस्थितियों में समाज से अलग-थलग पड़ जाता है। दुर्खीम इसे प्रतिमानहीनता या मानकशून्यता की स्थिति कहते हैं। *अतःसामाजिक पार्थक्य और समूहगत सम्बन्ध के अभाव के कारण की गयी आत्महत्या प्रतिमानहीनता मूलक आत्महत्या है।*

दुर्खीम को आत्महत्या का यह तीसरा आदर्श प्रारूप अधिक रोचक लगता है। आधुनिक समाजों में सामान्य रूप से पायी जाने वाली यह प्रतिमाहीनतामूलक आत्महत्या जिसे दुर्खीम *एनोमिक* (Anomic) आत्महत्या भी कहते है, बहुत रोचक है। दुर्खीम ने एकत्र ऑकड़ों में आत्महत्या की आवृति और आर्थिक संकट में सह सम्बन्ध पाया है। सांख्यिकी बताती है कि *आर्थिक संकट की अवधि में और इससे अधिक रोचक अत्यंत समृद्धि में आत्महत्या की दर बढ़ जाती है। मतलब हुआ कि आर्थिक कठिनाइयों में और आर्थिक समृद्धि मे आत्महत्याएँ अधिक होती हैं।* एक और रोचक तथ्य ऑकड़ों के विश्लेषण से प्राप्त होता है और वह यह है कि जब राजनीतिक घटनाओं का तीव्रता के साथ उलटफेर होता है, तब भी आत्महत्या की आवृति में कमी आ जाती है। *उदाहरण के लिये युद्ध काल में आत्महत्या की दर न्यून हो जाती है।* दुर्खीम इस भाँति यूरोप के विभिन्न देशों के ऑकड़ों के विश्लेषण से दो निष्कर्ष निकालते हैं :

(1) सामाजिक अशांति के समय में आत्महत्या की दर बढ़ जाती है।
(2) महान घटनाओं के समय में (जैसे कि युद्ध) आत्महत्या की दर न्यून हो जाती है।

इन निष्कर्षों ने दुर्खीम को आत्महत्या के तीसरे आदर्श प्रारूप को बनाने के लिये प्रेरित किया और यह आदर्श प्रारूप एनोमिक आत्महत्या का है। इस अवधारणा को दुर्खीम ने श्रम विभाजन में भी काम में लिया था। वास्तव में दुर्खीम के सामाजिक दर्शन में *ऐनोमी* (Anomie) की अवधारणा केन्द्रीय है। उनकी प्राथमिक रूचि आधुनिक औद्योगिक समाजों में थी। आधुनिक समाज उनकी कुंठा थे। ये समाज सामाजिक विघटन और व्यक्ति तथा समाज के ढीले होते हुए सम्बन्धों से ग्रसित थे।

ऐनोमिक आत्महत्या वह प्रकार है जो *आर्थिक संकट से बढ़ता है। यह वह प्रकार है जिसकी आवृति विवाह-विच्छेद में देखने मिलती है।* दुर्खीम पुरुष और स्त्री के विवाह-विच्छेद और आत्महत्या की आवृति के सह सम्बन्ध की पड़ताल करते हैं।

वास्तव में, दुर्खीम को जो सांख्यिकी प्राप्त हुई है, उसका सही विश्लेषण करना कठिन हो जाता है। फिर भी वे कहते हैं कि विधुर व्यक्ति में परिव्यक्त स्त्री की तुलना में आत्महत्या करने की प्रवृति अधिक होती है। वैवाहिक जीवन में स्त्री की तुलना में पुरुष को स्वतन्त्रता अधिक रहती है। दुनियाँ भर में वैवाहिक जीवन की कुछ ऐसी परम्पराएँ हैं जिनके अनुसार पुरुष एक सीमा तक अपने आपको स्वतन्त्र अनुभव करते हैं। स्त्रियाँ इस तुलना में वैवाहिक जीवन में अधिक अनुशासित होती हैं। यहाँ यह नहीं भूलना चाहिये कि दुर्खीम ने ये जो कुछ निष्कर्ष निकाले हैं, इनका सम्बन्ध समकालीन यूरोप से है, आज के यूरोप से नहीं। जब व्यक्ति विधुर हो जाता है तब उसमें अनुशासनहीनता आ जाती है। उसकी इच्छाओं और संतोष में खाई आ जाती है। और इस कारण वह आत्महत्या कर लेता है।

दुर्खीम ऑकड़ों का विश्लेषण सावधानीपूर्वक करते हैं। वे कहते हैं कि *ऐनोमिक आत्महत्या में जीवित रहने की दशाएँ आधुनिक समाज में बिगड़ जाती हैं। ऐसे समाज में सामूहिक अस्तित्व पर रीति-रिवाज का नियंत्रण नहीं रहता, व्यक्ति दिन-रात भाग दौड़ में लगा रहता है, एक तरह की चूहा दौड़ है, गला काटने वाली प्रतियोगिता है। और इस जान लेवा भागदौड़ में उसकी महत्वकांक्षाएँ और उसका संतोष जैसे के जैसे धरे रह जाते हैं। व्यक्ति बेचेन हो जाता है, दिन रात असंतोष उसे सालता है और वह आत्महत्या के आवेग से ग्रसित हो जाता है।*

ऑकड़ों के आधार पर दुर्खीम ने ऐनोमिक आत्महत्या का जो विश्लेषण किया है, उसे हमने ऊपर रखा है। अब वे आत्महत्या का सामाजिक सिद्धान्त रखते हैं। वे दृढ़तापूर्वक कहते हैं कि आत्महत्या का जो आदर्श प्रारूप उन्होंने अपने तीन प्रकारों में रखा है, वह अनिवार्य रूप से मनोवैज्ञानिक है। *अहंवादी आत्महत्या वस्तुतः समाज के प्रति उदासीनता है; इसमें जीवन के प्रति किसी प्रकार का लगाव नहीं होता। परार्थवादी आत्महत्या वह आत्महत्या है जिसमें व्यक्ति में मनोविकार आ जाते हैं और ऐनोमिक आत्महत्या वह आत्महत्या है जिसमें व्यक्ति विरक्त हो जाता है, चिड़चिड़ा बन जाता है और उसे लगने लगता है कि आधुनिक जीवन में उसका अस्तित्व किसी मतलब का नहीं है। उसकी महत्वाकांक्षाएँ उससे कोसो दूर चली जाती हैं।*

जब दुर्खीम यह स्थापित कर देते हैं कि आत्महत्या के तीनों प्रकार वास्तव में

मनोवैज्ञानिक हैं। उदासीनता, मनोविकार, चिड़चिड़ापन या विरक्ति आदि सभी लक्षण निश्चित रूप से सामाजिक लक्षण नहीं है, इनकी विशेषता मनोवैज्ञानिक है। इसी कारण इन तीन प्रकार की आत्महत्याओं में व्यक्ति प्रधान है, मनोवैज्ञानिक लक्षण प्रखर हैं, सामाजिक लक्षण नहीं। यह सब कहने के बाद दुर्खीम अपने चरम निष्कर्ष में आत्महत्या की सामाजिक व्याख्या संक्षप में इस प्रकार प्रस्तुत करते हैं।

आत्महत्या एक निजी प्रघटना है यद्यपि अनिवार्य रूप से इसके कारण सामाजिक हैं। कुछ सामाजिक शक्तियाँ होती हैं जो सम्पूर्ण समाज में काम करती हैं। इन सामाजिक शक्तियों का उद्गम व्यक्तियों से नहीं है। लेकिन समाज से हैं। ये सामाजिक शक्तियाँ वास्तविक हैं, यथार्थ हैं। ये शक्तियाँ ही आत्महत्या का निर्धारण करती हैं, आत्महत्या की कारण हैं।

आत्महत्या के वास्तविक कारक वस्तुतः सामाजिक शक्तियाँ हैं। ये सामाजिक शक्तियाँ हर समाज के साथ बदलती हैं, हर समूह के साथ बदलती हैं, और हर धर्म के साथ बदलती है। इन सामाजिक शक्तियों का जन्म समूह से होता है और पृथक-पृथक व्यक्तियों से नहीं। इस तरह का निष्कर्ष हमें पुनः दुर्खीम की समाज की अवधारणा के बुनियादी तत्वों पर ले आता है। समाजों की प्रकृति *विजातीयता* (Heaterogeneity) की होती है। व्यक्ति समान नहीं होते। उनमें गैर-बराबरी होती है। समाजों में जो भी प्रघटनाएं हैं, वस्तुतः वे सामाजिक शक्तियाँ हैं जिनका आधार समाज होता है न कि व्यक्तियों का कोई जोड़ । सब व्यक्ति मिलकर ही सामाजिक शक्तियों को बनाते हैं और इसलिये शक्ति का कोई भी विश्लेषण समाज से जुड़ा होना चाहिये। *इस तरह समाज में कुछ विशिष्ट सामाजिक प्रघटनाएं होती हैं जो वैयक्तिक प्रघटनाओं पर नियंत्रण रखती हैं। ये समाज की ही शक्तियाँ हैं जो व्यक्तियों को स्वयं की हत्या करने के लिये बाध्य कर देती हैं, यद्यपि व्यक्ति इस विश्वास के साथ चलता है कि जो कुछ उसने किया है, केवल अपनी इच्छा से* ।

धार्मिक जीवन के प्रारंभिक स्वरूपः धर्म और ज्ञान मीमांसा
(The Elementary Forms of Religious Life: Religion and Epistemology)

दुर्खीम की सम्पूर्ण रचनाओं में *धार्मिक जीवन के प्रारंभिक स्वरूप* रचना सर्वोत्तम समझी जाती है। सर्वोत्तम इसलिये कि यह एक गहन अध्ययन है, अपनी प्रकृति में मौलिक है और इसमें जिस विचारधारा को दुर्खीम श्रम विभाजन के रचना काल से विकसित कर रहे थे, यहाँ अपनी चरम सीमा पर है। इस रचना में दुर्खीम ने आदिम समाजों के अध्ययन के आधार पर एक सिद्धान्त को विकसित किया है। वैसे दुर्खीम ने बहुत सामान्य काम किया है। आस्ट्रेलिया की जनजातियों की टोटम और गोत्र व्यवस्था उनके अध्ययन की विषय सामग्री है। फिर भी उन्होंने इसमें जो सिद्धान्त विकसित किया है, वह अपने आप में बहुत महत्वपूर्ण है। दुर्खीम के लिये धर्म कोई नया विषय नहीं था। अपने प्रारंभिक जीवन में यहूदी होने के कारण वे धर्म से अधिक जुड़े हुए थे। जब उन्होंने अपना लेखन कार्य प्रारम्भ किया, तब यांत्रिक समाजों की सुदृढ़ता में धर्म की भूमिका को अपने विश्लेषण का आधार बनाया था। इसके बाद उन्होंने उनके द्वारा सम्पादित शोध पत्रिका में धर्म की परिभाषा पर एक अच्छा निबन्ध लिखा था। आत्महत्या पर पुस्तक पूरी करने के पश्चात लगभग 15 वर्ष बाद उन्होंने धर्म के

प्रारंभिक स्वरूपों पर यह पुस्तक लिखी। *इस पुस्तक का बहुत बड़ा निष्कर्ष यह है कि किसी भी धर्म का सार समाज है। जैसा समाज होगा, वैसे ही उसके देवी-देवता होंगे। भगवान या देवी-देवता की छवि लोगों में कैसी होगी, इसे समाज निर्धारित करता है।* हमारे देश में कहते हैं कि एक बार रामचरित मानस के रचयिता तुलसीदास वृंदावन गये थे। वहाँ उन्होंने होठों पर बांसुरी धरे कृष्ण की मूर्ति को देखा। तुलसीदास ने मूर्ति को नमन करके कहा : यह छवि बहुत भव्य है लेकिन वे तो इस मूर्ति को धनुष बाण लिये देखना पसंद करते हैं। मतलब है देवी-देवताओं की मूर्तियाँ समाज द्वारा गड़ी गयी है। जैसा समाज चाहता है वैसी मूर्तियाँ है। दुर्खीम ने धर्म की व्याख्या कुछ इसी तरह से की है।

दुर्खीम की इस पुस्तक में तीन अवधारणाएँ प्रमुख हैं : समाज, विज्ञान और धर्म। इन तीनों अवधारणाओं में घनिष्ठ सम्बन्ध है। दुर्खीम के समकालीन पेरेटो और वेबर ने भी इन तीन अवधारणाओं के पारस्परिक सम्बन्धों को देखा है। सच में देखा जाये तो 19वीं शताब्दी के अन्त में धर्म की स्थिति संकटग्रस्त थी। विज्ञान के अनुसंधानों ने और विज्ञान की बढ़ती हुई साख के आगे आम जनजीवन ने धर्म के प्रति जो आस्था थी उसके प्रति संदेह पैदा कर दिये थे। दुर्खीमकालीन युग में पेरेटो ने धर्म की समस्या को उठाया। उन्होंने इसकी परिभाषा की। जब वे *अ-तार्किक क्रिया* (Non-Logical Action) की व्याख्या करते हैं तो इसमें मनोवेग, संवेग, विश्वास और मूल्यों के साथ धर्म को भी सम्मिलित करते हैं। *पेरेटो के लिये अ-तार्किक क्रिया का अध्ययन वस्तुतः धार्मिक क्रियाओं का अध्ययन था।* यही उनके लिये समाजशास्त्र के अध्ययन की विषय सामग्री थी।

कार्ल मार्क्स और अन्य विचारकों ने धर्म का विश्लेषण आर्थिक सन्दर्भ में किया है। मार्क्सवाद धर्म को भौतिक परिप्रेक्ष्य में देखता है। वेबर ने धर्म की समस्या को अपने अध्ययन का विषय क्षेत्र बनाया। उन्होंने विश्व के छः बड़े धर्मों का तुलनात्मक अध्ययन अपने अध्ययन के लिये लिया। वेबर की विशेषता यह है कि धर्म का सम्बन्ध वे पूँजीवाद के साथ जोड़ते हैं। उनका निष्कर्ष था कि ईसाई धर्म के काल्विन सम्प्रदाय में ऐसे आचार थे जो पूँजीवाद को विकसित करते थे। वेबर ने हिन्दू धर्म का अध्ययन भी किया। यहाँ उनका परिणाम था कि हिन्दू धर्म में ऐसे आचार नहीं हैं, जो पूँजीवाद को बढ़ावा दें।

रोचक बात यह है कि सभी *प्रत्यक्षवादियों* (Positivists) ने धर्म के किसी भी अध्ययन को उपेक्षा की दृष्टि से देखा है। दुर्खीम के युग में अकादमिक क्षेत्र में लोग यह मानकर चलते थे कि यदि कोई विचारक प्रत्यक्षवादी है, तो वह धर्म के अध्ययन से अपने आपको अछूता रखेगा। दुर्खीम का धर्म का अध्ययन रोचक इसलिये भी है कि प्रत्यक्षवादी होकर भी दुर्खीम ने धर्म का अध्ययन किया है। दुर्खीम ने अपने इस अध्ययन में धर्म और समाज के सम्बन्धों को रखा है। उन्होंने वेबर की तरह कोई तुलनात्मक अध्ययन नहीं किया। यदि हम इस रचना को विषय सामग्री की दृष्टि से देखें, तो यह बहुत सामान्य है। *उन्होंने आस्ट्रेलिया की कुछ जनजातियों और आदिम समाजों को अपने अध्ययन के लिये लिया है।* इन समाजों का उन्होंने विवरण दिया है। यह विवरण *टोटेम (Totem)* और *गोत्र (Clan) की सीमाओं में बंधा हुआ है। इससे आगे दुर्खीम नहीं बढ़ते। इस दृष्टि से देखें तो धार्मिक जीवन के प्रारंभिक स्वरूपों का यह अध्ययन एक मोनोग्राफ मात्र है।*

दुर्खीम का धर्म के अध्ययन का यह मोनोग्राफ, पारसंस की दृष्टि में अत्यंत उच्च कोटि

की रचना है। सतही तौर पर तो इस रचना में किसी भी पाठक को कोई महत्वपूर्ण तथ्य नहीं दिखायी देगा। सामान्य पाठकों की तो इसमें कोई रूचि नहीं हो सकती। इस रचना का बहुत बड़ा मूल्य यह है कि इसके अंतिम भागों में दुर्खीम ने जो सैद्धान्तिक विश्लेषण दिया है, उसकी तुलना कहीं देखने को नहीं मिलेगी। इसी कारण पारसंस कहते हैं कि *एक दृष्टि से धार्मिक जीवन के प्रारंभिक स्वरूप पुस्तक आस्ट्रेलिया की जनजातियों के टोटेमवाद पर एक तकनीकी मोनोग्राफ है, वहीं दूसरी दृष्टि से समाजशास्त्रीय सिद्धान्त में यह एक अत्यंत मूल्यवान कृति है।* यहाँ पर भी हम दुर्खीम के इस सैद्धान्तिक विश्लेषण से अधिक सरोकार रखते हैं। समाजशास्त्रीय सिद्धान्त के क्षेत्र में, पुनः पारसंस कहते हैं, जो विद्वान जुड़े हुए हैं उनके लिये दुर्खीम की यह पुस्तक एक मील का पत्थर है। कोई भी विचारक दुर्खीम के इस स्तर पर पहुँच पाया हो, इसमें पारसंस को संदेह है। सब मिलाकर दुर्खीम की यह कृति जहाँ सैद्धान्तिक है, वहीं अव्वल दर्जे की आनुभविक रचना भी है।

रेमण्ड ऐरौं एक उच्च् कोटि के सिद्धान्तवेत्ता हैं। उनका कहना है कि एक सामान्य आदिवासी समाज के अध्ययन के आनुभविक ऑकड़ों के आधार पर दुर्खीम ने धर्म के सम्पूर्ण सार को इस रचना में उड़ेल दिया है। यह पुस्तक वस्तुतः गागर में सागर है। मनुष्य के अन्तर्तम में जो विचार होते हैं, उन्हीं को उकेलने का काम दुर्खीम ने इस अध्ययन द्वारा किया है। एरॉ कहते हैं कि *दुर्खीम वास्तव में धर्म और समाज के साथ, विज्ञान को भी जोड़ते हैं।* दुर्खीम के युग में विज्ञान का बहुत बड़ा बौद्धिक और नैतिक प्रभाव औद्योगिक समाजों पर था। तब यूरोप के समाज *व्यक्तिवादी और विवेकशील* (Individualist and Rationalist) बन गये थे। विज्ञान की महिमा और गरिमा तब उच्चतम समझी जाती थी। कोई भी व्यक्ति विज्ञान को लांघ कर आगे बढ़ सकता था लेकिन किसी भी कीमत पर न तो विज्ञान की उपेक्षा कर सकता था और न इसके सबक को चुनौती दे सकता था। 20वीं शताब्दी के प्रारम्भ में पहुंच कर जनजीवन की यह धारणा बन गयी थी कि समाज में विज्ञान का स्थान सर्वोच्च है। विज्ञान की इस अवधारणा ने व्यक्तिवाद और विवेकशीलता को वृद्धि दी। इसके परिणामस्वरूप धर्म के प्रति लोगों के विश्वास में कमी आ गयी। हर एक समाज को कुछ सामान्य विश्वासों की आवश्यकता रहती है। ये विश्वास ही आदमी को जीवित रखते हैं। लेकिन जब ये विश्वास विज्ञान की आवश्यकताओं पर खरे नहीं उतरते तो समाज का आधार खिसक जाता है। इस समस्या का निदान दुर्खीम के पास था।

दुर्खीम ने जो सुझाव और प्रस्ताव रखे, वास्तव में चमत्कारी थे। *सबसे महत्त्वपूर्ण कथन जो दुर्खीम ने दिया वह यह था कि धर्म समाज की मान्यताओं का रूपान्तरण मात्र है। यदि समाज वैज्ञानिक और विवेकशील है तो धर्म भी वैज्ञानिक और विवेकशील बन जायेगा।*

दुर्खीम ने कहा कि आज तक का इतिहास यह बताता है कि मनुष्य ने कभी चाहे वह ईश्वर हो या देवी देवता, पूजा नहीं की है, जो वास्तविक न हो, जिसे लोग धार्मिक विश्वास कहते हैं, *वह वस्तुतः सामूहिक सामाजिक यर्थाथता है।* अगर धर्म और समाज के सम्बन्धों को इस तरह देखें तो ज्ञात होगा कि धर्म का विज्ञान विश्वास और मूल्यों का भी पुनर्निर्माण कर देगा। ऐसा दुर्खीम नहीं मानते कि केवल विज्ञान ही सामूहिक विश्वास का निर्माण कर देगा। लेकिन जैसा कि *बर्गसन* (Bergson) ने कहा है कि भविष्य के समाज में ऐसी क्षमता होगी कि वह नये देवी देवताओं को जन्म देगा। यह कोई नयी बात नहीं हैं। बर्गसन कहते हैं कि

अतीत में भी हमारे देवी-देवता थे, वे समाज के रूपान्तरण मात्र थे। उस युग में और बहुत सीमा तक आज भी विज्ञान और धर्म में जो प्रतिवाद है, उसका निदान दुर्खीम ने अपनी इस पुस्तक में प्रस्तुत किया है। सभी धर्मों में निहित जो यर्थाथता है, विज्ञान उसकी पहचान करता है और ऐसा करके किसी नये धर्म को जन्म न देकर हम में यह विश्वास पैदा करता है कि हम जैसे देवताओं की आवश्यकता प्रतीत करते हैं, उनका जन्म हो जायेगा। इस सम्बन्ध में दुर्खीम ने जो कहा है वह उन्हीं के शब्दों में इस तरह है : "धार्मिक हेतु केवल सामाजिक और नैतिक हेतुओं के प्रतीक हैं। (Religious interests are merely the symbolic form of social and moral interests)"

दुर्खीम ने धर्म और समाज के इस सम्बन्ध के विश्लेषण में कॉम्ट का उल्लेख किया है। कॉम्ट का कहना था कि एक व्यक्ति धर्म को व्यवस्थित रूप से स्थापित कर सकता है। दुर्खीम इसे स्वीकार नहीं करते। उनका तर्क है कि धर्म किसी व्यक्ति विशेष की उपज नहीं है, यह तो एक प्रकार का सामूहिक निर्माण है। होता यह है कि समाज के जो भी विचार, संवेग और विश्वास होते हैं, उनका रूपान्तरण धर्म में हो जाता है। कॉम्ट ने ऐसा कुछ नहीं कहा था।

धर्म की तिहरी विषय-वस्तु

धार्मिक जीवन के प्रारंभिक स्वरूपों को दुर्खीम ने विशेष अर्थ में लिया है। वे इसे *प्रारंभिक* (Elementary) इसलिये कहते हैं कि इसकी व्यापकता को उन्होंने आदिम समाजों यानि सरल समूहों में देखी है। समाज के विकास में आदिम समाज प्राथमिक हैं और उनमें जो धार्मिक व्यवस्था है, वह भी प्राथमिक ही है। इसी धारणा को केन्द्रीय बनाकर दुर्खीम ने पुस्तक का शीर्षक, धार्मिक जीवन के *प्रारंभिक स्वरूप*, रखा है। इस पुस्तक के कुल तीन खण्ड हैं। इन तीन खण्डों में उन्होंने जो कुछ विवरण और विवेचन दिया है, उसे रेमण्ड एरॉ ने तीन प्रकार की *विषय-वस्तुओं* (Themes) में बाँटा है :

(1) **गोत्र व्यवस्था और टोटेमवाद का विवरणात्मक अध्ययन** : इस भाग में दुर्खीम ने कई पृष्ठ स्याह किये हैं। यही उनकी विषयवस्तु है। इस सम्पूर्ण विषय-वस्तु का कोई भी संक्षिप्तीकरण बहुत कठिन है।

(2) **धर्म के सार का सिद्धान्त** : विषय वस्तु के दूसरे भाग में दुर्खीम गोत्र और टोटेम के अध्ययन के ऑकड़ों के आधार पर धर्म का जो सामान्य सिद्धान्त बनता है, उसका विवरण देते हैं। इसमें वे सर्वप्रथम धर्म की परिभाषा देते हैं। धर्म सार को रखते हैं।

(3) **धर्म का सामाजिक संदर्भ में निर्वचन** : विषय वस्तु के इस तीसरे भाग में दुर्खीम धर्म की अनिवार्य सामाजिक प्रकृति का विवेचन करते हैं और यहीं पर वे जिसे आज हम *ज्ञान मीमांसा का समाजशास्त्र* (Sociology of Knowledge) कहते हैं, उसे सैद्धान्तिक परिप्रेक्ष्य में प्रस्तुत करते हैं।

इस पुस्तक में दुर्खीम की अध्ययन विधि वही है जो हमें उनकी पूर्व रचनाओं में मिलती है। वे पहले चरण में धर्म की परिभाषा देते हैं और इसके बाद दूसरे चरण में उन सिद्धान्तों का खण्डन करते हैं जो इस समय प्रचलित थे। पुस्तक के अंतिम खण्ड में वे धर्म की सामाजिक अभिधारणा को रखते हैं। *सब मिलाकर इस रचना में उन्होंने आस्ट्रेलिया के*

आदिम समाजों की आधार-सामग्री के संदर्भ में यह स्थापित किया है कि धर्म की उत्पत्ति समाज से है। जैसा समाज होता है, वैसा ही उसका रूपान्तरण धर्म में होता है। ऐसा करते हुए दुर्खीम ने विज्ञान, समाज व धर्म की पारस्परिकता बतायी है।

धर्म की व्याख्या : पवित्र और पार्थिव (प्रोफेन)
(Analysis of Religion : Sacred and Profane)

आस्ट्रेलिया के आदिम समाज की गोत्र तथा टोटेम की व्याख्या करने से पहले दुर्खीम ने अपनी पुस्तक के प्रारंभिक भाग में धर्म के सम्बन्ध में कुछ बुनियादी प्रश्न रखे हैं। यहीं पर वे धर्म की व्याख्या करते हैं। यहीं पर उन्होंने पवित्र तथा प्रोफेन या पार्थिव की अवधारणाओं को प्रस्तुत किया है। वस्तुतः यह एक सैद्धान्तिक अभ्यास है। दुर्खीम जीववाद तथा प्रकृतिवाद के अतिप्राकृत सम्बन्धी सिद्धान्तों का खण्डन भी यहीं पर करते हैं। आगे चलकर उन्होंने टोटेमवाद तथा गोत्र का विवरण दिया है। यह सम्पूर्ण भाग वर्णनात्मक है।

धर्म की परिभाषा और अर्थ : पवित्र और पार्थिव तथा विश्वास और कर्मकाण्ड

'धार्मिक जीवन के प्रारंभिक स्वरूप' पुस्तक में दो परस्पर जुड़े हुए तत्व हैं: धर्म का सिद्धान्त तथा ज्ञान मीमांसा। दुर्खीम ने धर्म की व्याख्या करते हुए दो अवधारणाओं को रखा है : *पवित्र और पार्थिव* (Sacred and Profane)। दुर्खीम दुनियाँ भर की वस्तुओं को दो भागों में रखते हैं। पहली वस्तुएं वे हैं जो *मूर्त* (Concrete) हैं लेकिन यह आवश्यक नहीं है कि इस भाग की सभी वस्तुएं भौतिक ही हों। दूसरे भाग में वे वस्तुएं हैं *जो पवित्र नहीं हैं।* इन्हें दुर्खीम पार्थिव यानी प्रोफेन कहते हैं। दुर्खीम जब संसार की सम्पूर्ण वस्तुओं को इस तरह द्विभागी रूप में रखते हैं तो इस तरह के विभाजन के पीछे वस्तुओं में कोई *अन्तर्भूत* (Intrinsic) अन्तर नहीं होता। उदाहरण के लिये यदि नारियल के फल को पवित्र समझा जाता है तो यह इस कारण नहीं है कि नारियल में कुछ अन्तर्भूत या तात्विक ऐसे तत्व हैं जो इसे पवित्र वस्तुओं की श्रेणी में रखते हों। अन्य कतिपय फलों की तरह नारियल में पोषण के तत्व होते हैं। इसके तेल के माध्यम से भोजन बनाया जाता है और दक्षिण भारत के कतिपय राज्यों में इसकी अत्यधिक भौतिक उपयोगिता है। इन सब अन्तर्भूत लक्षणों के कारण नारियल को हमारे देश में पवित्र नहीं समझते। *नारियल को पवित्र बनाने वाले तत्व को समाज के सदस्यों का नारियल के प्रति सम्मानजनक दृष्टिकोण है। अतः कोई भी वस्तु पवित्र श्रेणी में तभी सम्मिलित की जाती है, जब समाज का इस वस्तु के प्रति सम्मान या आदर होता है।* एक और दृष्टान्त है। हमारे देश में कागज को सभी पवित्र समझते हैं। यदि बच्चों का पाँव कागज को छू जाता है तो हम उसे सीखाते हैं कि हाथ छूकर वे कागज से क्षमा माँगे। हमारे समाज की धारणा है कि ज्ञान सरस्वती की कृपा से अर्जित होता है और यह ज्ञान पुस्तक रूप में कागज में निहित है। अतः कागज का निरादर करना सरस्वती का निरादर करना है। *जनमानस की यही अभिव्यक्ति कागज को पवित्र बना देती है।* इसी भाँति अन्न भी देवता है यानि पवित्र है। सब मिलाकर दुर्खीम धर्म की परिभाषा देने से पहले प्रस्तावना में कहते हैं कि *किसी भी वस्तु में तात्विक या अन्तर्भूत रूप से ऐसे तत्व नहीं हैं जो उसे पवित्र या अपवित्र बनाते हों। समाज की वस्तुओं को देखने की अभिवृति ही वस्तु को पवित्र या पार्थिव श्रेणी में डाल देती है।*

आखिर पवित्र और पार्थिव की अवधारणा कौन बनाता है ? अपने आप में कोई भी वस्तु पवित्र या अपवित्र नहीं है। समाज जिसे पवित्र कहता है, वह पवित्र है। समाज जिसे पार्थिव कहता है, वह पार्थिव है। हिन्दी के उपन्यासकार भगवती चरण वर्मा की *चित्रलेखा* पुस्तक की केन्द्रीय विशेष वस्तु व्यक्ति और समाज, पाप और पुण्य है। यहाँ उपन्यास की नायिका (चित्रलेखा) यह स्थापित करती है कि न तो कुछ पवित्र है और न अपवित्र। जिसे समाज पवित्र कहता है, वही पवित्र है। इस तर्क का मतलब यह हुआ कि किसी समाज में कोई वस्तु पवित्र होती है और वही वस्तु दूसरे समाज में पार्थिव बन जाती है। उदाहरण के लिये मुसलतानों में सूअर का मांस टोटेम है, यानि निषेध है। वही यह मांस हिन्दुओं के लिये ग्राह्य है। दूसरी ओर गाय का मांस हिन्दुओं के लिये निषेध है, वही गैर-हिन्दुओं में ग्राह्य है। किसी समाज में संक्रान्त की अवधि में विवाह सम्पन्न करना वर्जित है और किसी में सामान्य। दुर्खीम का थीसिस है *कि पवित्र और पार्थिक की अवधारणा एक समाज से दूसरे समाज में बदलती रहती है। यह सापेक्षिक है।*

जब दुर्खीम धर्म की परिभाषा देते हैं तो इसमें बड़ी दृढ़ता के साथ कहते हैं कि सभी धर्मों का सार किसी सर्वशक्तिमान ईश्वर के प्रति विश्वास नहीं है। दुनियाँ में कई ऐसे ग्रन्थ हैं और बहुत उच्च कोटि के धर्म हैं, जिनमें वैयक्तिक रूप से कोई ईश्वर नहीं होता। उदाहरण के लिये बौद्धधर्म है या बुद्ध धर्म के कतिपय सम्प्रदाय है जो किसी सर्वशक्तिमान ईश्वर के प्रति कोई आस्था नहीं रखते। अतः *धर्म की परिभाषा किसी रहस्यात्मक या अतिप्राकृत धारणा द्वारा नहीं की जा सकती।* इस तरह की कतिपय धारणाएं हाल में देखी जाने लगी है। दुर्खीम कहते हैं :

> *प्राकृतिक (Natural)* को छोड़कर कोई अति प्राकृत शक्ति नहीं होती। लेकिन प्राकृतिक वस्तुओं के बारे में स्पष्ट विचार बनाने से पहले हमें रचनात्मक और वैज्ञानिक ढंग से सोचना चाहिये। किसी भी स्थिति में अतिप्राकृत की धारणा, प्राकृतिक व्यवस्था की धारणा से पहले नहीं आ सकती। धर्म की प्रारंभिक रूपरेखा रखने के बाद दुर्खीम इसकी परिभाषा देते हैं : पवित्र वस्तुओं में विश्वास और कर्मकाण्ड ही धर्म है। जब कई प्रकार की वस्तुओं में समन्वयन और अधीनीकरण के सम्बन्ध इस तरह के होते हैं कि उनकी एक जैसी व्यवस्था हो जाती है, तो समान *विश्वास* और *कर्मकाण्डों* का यह समूह धर्म कहलाता है।

दुर्खीम द्वारा दी गयी धर्म की इस परिभाषा का निष्कर्ष इस तरह है : धर्म सर्वप्रथम पवित्र को मानकर चलता है। इसके बाद पवित्र से जुड़े हुए विश्वासों का समूह में संगठन करता है और अन्त में यह धार्मिक समूह कर्मकाण्डों को लगभग वैज्ञानिक ढंग से व्यवहार में लाता है। इस तथ्य को दुर्खीम ने इस तरह रखा है :

> धार्मिक विचारों का प्रारंभिक स्वरूप केवल विश्वास होता है। इसके पश्चात इन सिद्धान्तों का व्यावहारिक स्वरूप आता है जो पवित्र से सम्बन्धित कर्मकाण्ड कहलाता है। *धर्म विश्वासों और व्यवहारों की एक स्वतन्त्र व्यवस्था है।*

धर्म की व्याख्या में दुर्खीम आगे चलकर कहते हैं कि जब धर्म के अन्तर्गत पवित्र वस्तुओं से सम्बन्धित विश्वास और कर्ममाण्ड होते हैं, तो ऐसी व्यवस्था अपने आप एक नैतिक समुदाय को जन्म देती है। चर्च या हमारे देश में मंदिर और मठ ऐसे ही नैतिक

समुदाय हैं। धर्म एक ऐसी शक्ति है जिसका उद्‌गम समाज है। इसके द्वारा समाज के संगठन तथा एकता को सहायता मिलती है। *सब मिलाकर दुर्खीम की धर्म की जो व्याख्या है, उसमें तीन अवधारणाएं सम्मिलित हैं : विश्वास, कर्मकाण्ड और नैतिकता।* सूत्र रूप से हम इस भांति रखेंगे :

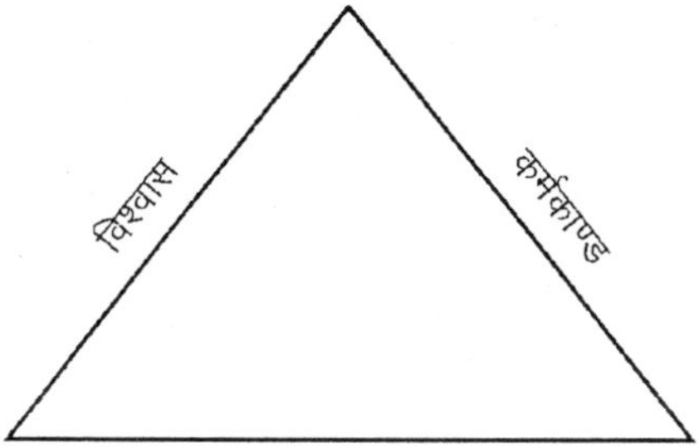

पवित्र और पार्थिव

पारसंस ने दुर्खीम द्वारा दी गयी पवित्र की अवधारणा का विश्लेषण किया है। वे कहते हैं कि जब व्यक्ति किसी वस्तु को पवित्र समझता है तो उसके पीछे कोई भी उपयोगितावादी धारणा नहीं होती। पवित्र वस्तु कोई *साधन* (Means) नहीं है जिसके द्वारा किसी *साध्य* (Ends) को प्राप्त किया जा सके। *पवित्र तो अपने आप में एक साध्य है।* पवित्र वस्तुओं के साथ सम्मान और आदर जुड़े हुए हैं। एक उपयोगितावादी विचारक तो कहेगा कि आस्ट्रेलिया की आदिम जाति को अपने टोटेम के जानवर को मार कर खा जाना चाहिये, कम से कम उसका पेट तो भरेगा। लेकिन इस आदिम जाति का सदस्य भूखों रहना पसन्द करेगा लेकिन कभी भी अपने टोटेम के जानवर को किसी भी उपेक्षा से नहीं देखेगा। यह जानवर तो इसके लिये पवित्र वस्तु हैं। उसके प्रति उसमें पर्याप्त सम्मान है। *अतः पवित्र वस्तु के साथ कुछ निश्चित विश्वास जुड़े होते हैं।* यहाँ दुर्खीम एक बुनियादी प्रश्न रखते हैं : पवित्र के प्रति जो भी विश्वास और आदर है, वह कहाँ से आया ? इनका उद्‌गम कहाँ है ? उत्तर में दुर्खीम कहते हैं कि स्पष्ट रूप से वस्तुओं के प्रति जो विश्वास और कर्मकाण्ड हैं, उनका उद्‌गम वह समाज है, जिसके वे सदस्य हैं।

पवित्र की विशेषताएँ

दुर्खीम ने पवित्र वस्तुओं के प्रति जिन अवधारणाओं को रखा है, उनमें हमें कुछ विशेषताएँ देखने को मिलती हैं। कतिपय विशेषताओं का यहाँ उल्लेख करेंगे :

(1) धर्म का सम्बन्ध पवित्र वस्तुओं के साथ होता है। ये पवित्र वस्तुएँ प्रायः अमूर्त होती हैं, भौतिक होती हैं। दुर्खीम पवित्र के इस मूर्त स्वरूप के प्रति अधिक आग्रही नहीं है। उनका कहना है कि अपवाद रूप में पवित्र वस्तुएँ *अमूर्त* (Abstract) भी हो सकती हैं।

(2) जब हम किसी वस्तु को पवित्र कहते हैं तो इसके पवित्र होने का कारण निश्चित रूप

से वस्तु में अन्तर्भूत लक्षण नहीं होते। दृष्टान्त के लिये फूलों को ले। फूलों में कोई तात्विक तत्व नहीं है जो उन्हें पवित्र बनाये। यह तो व्यक्तियों की इन वस्तुओं के प्रति आदर की अभिवृति है, जो उन्हें पवित्र बना देती है। अतः वस्तु के अन्तर्भूत लक्षण की अपेक्षा उसके प्रति समाज का जो दृष्टिकोण है, वही उसे पवित्र बनाता है। *वस्तु अपने आप में कुछ नहीं है।*

(3) ऐसा समझा जाता है कि पवित्र वस्तुओं में कुछ ऐसे गुण होते हैं, कुछ ऐसी विशेष शक्तियाँ होती हैं जो समाज के लिये लाभदायक या हानिकारक हो सकती हैं। वास्तव में ये वस्तुएँ लाभदायक होती ही है यह निश्चित रूप से कहना कठिन है लेकिन लोक मान्यता है कि पविन्न वस्तुओं में ऐसे गुण और ऐसी शक्ति होती है।

(4) लोग पवित्र वस्तुओं के प्रति सामान्य दृष्टकोण नहीं रखते। वास्तव में इन वस्तुओं के प्रति लोगों की अभिव्यक्तियाँ विशेष अभिव्यक्तियाँ होती है।

(5) पवित्र वस्तुएँ उपयोगी नहीं समझी जाती। इनकी बाजार में सौदेबाजी नहीं होती। धर्म का कोई भी सम्बन्ध उपयोगितावादी वस्तुओं के साथ नहीं होता। अनिवार्य रूप से धर्म का सम्बन्ध पवित्र वस्तुओं के साथ होता है।

(6) कुछ पवित्र वस्तुएँ ऐसी हैं जो मूर्त होती हैं और अपने रूप में आनुभविक होती है। इन वस्तुओं को देखा जा सकता है, अनुभव किया जा सकता है और सुना जा सकता है। ये वस्तुएँ वस्तुतः इन्द्रियजन्य होती हैं। ऐसी वस्तुओं का किसी भी सामान्य वैज्ञानिक विधि द्वारा अध्ययन किया जा सकता है। पत्थर, लकड़ी के टुकड़े, आभूषण, परिधान, स्थान और विभिन्न क्रियाएँ, पवित्र वस्तुओं के दृष्टान्त हैं।

प्रोफेन या पार्थिव : अर्थ व परिभाषा

पवित्र की परिभाषा देने के बाद दुर्खीम पार्थिक वस्तुओं के अर्थ को स्पष्ट करते हैं। उनकी दृष्टि में पार्थिव वस्तुएँ पवित्र वस्तुओं की प्रतिपाद हैं। *वे वस्तुएँ जो पवित्र नहीं है, पार्थिव हैं।* इस तरह की परिभाषा निषेधात्मक या विरोधाभासी है। दूसरे शब्दों में पवित्र का *प्रतिबन्ध* (Anti-thesis) पार्थिव है। इसका अर्थ यह नहीं हुआ कि पार्थिव वस्तुएँ निकम्मी हैं। इसके विपरीत ये वस्तुएँ समाज के लिये अत्यधिक उपयोगी हैं। इन वस्तुओं के अन्तर्भूत लक्षण आर्थिक और उपयोगिता होते है। मोटरगाड़ी, ईजन, तकनीक आदि हमारे लिये आर्थिक रूप से बहुत उपयोगी हैं। कोई भी वस्तु पवित्र या पार्थिव तब बनती है, जब हम उसे एक विशेष दृष्टिकोण से देखते हैं। सवारियों को ढोने वाली मोटर बस पार्थिव है, आर्थिक उपार्जन का साधन है। यही मोटर बस जब तीर्थयात्रियों को एक मंदिर से दूसरे मंदिर ले जाती है तो स्वयं पवित्र बन जाती है। फूलों की खेती करने वाले किसान के लिये फूल एक फसल है, पण्य वस्तु है, जिन्हें बाजार में बेचा जाना है। इस अभिव्यक्ति से फूल पार्थिव वस्तु हैं। जब कोई धर्मावलम्बी इन फूलों को अपने ईष्टदेव को चढ़ाता है तो ये फूल पवित्र बन जाते हैं। *लेकिन यह निश्चित है कि जब हम किसी वस्तु को उसमें अन्तर्भूत लक्षणों के आधार पर पार्थिव कहते हैं तो इसमें आर्थिक और उपयोगितावादी मूल्य निहित होते हैं।* पार्थिव की परिभाषा में दुर्खीम लिखते हैं : "पार्थिव वस्तुएँ प्रमुख रूप से आर्थिक और उपयोगी वस्तुएँ हैं। ये वस्तुएँ पवित्र वस्तुओं की प्रतिबन्ध होती हैं।"

पार्थिव वस्तुओं की विशेषताएँ

(1) पार्थिव वस्तुओं में उपयोगितावादी विशेषता निहित है। इसी कारण लोग इसे आर्थिक लाभ और हानि की दृष्टि से देखते हैं।

(2) इन वस्तुओं को कभी भी धार्मिक शक्ति के साथ नहीं जोड़ा जाता। न ही इनका सम्बन्ध अतिप्राकृत के साथ होता है।

(3) पार्थिव वस्तुएँ सामान्यतया लौकिक वस्तुएँ होती हैं और इसी कारण इन वस्तुओं को लोग तुलनात्मक दृष्टि से देखते हैं। जब बाजार में सौदा किया जाता है तब वस्तुओं की उपयोगिता तुलनात्मक रूप से देखी जाती है।

(4) लौकिक वस्तुओं के साथ व्यक्ति की धारणाएँ किसी भी बाजार की वस्तु की तरह समझी जाती है। इन लौकिक वस्तुओं के साथ तर्क और विवेक जुड़े होते हैं।

यदि हम धार्मिक और पार्थिव वस्तुओं को तुलनात्मक दृष्टि से देखें तो बहुत स्पष्ट हो जायेगा कि *धर्म के साथ विश्वास अपने प्रारंभिक रूप से ही जुड़ा हुआ है। इसी पर धार्मिक सिद्धान्त बने हैं।* इन विश्वासों को मूर्त रूप देने के लिये कर्मकाण्ड (Ritual) किये जाते हैं। यदि हम हिन्दू धर्म को देखें तो इसके अपने सिद्धान्त हैं। सिद्धान्तों को क्रियात्मक या व्यावहारिक रूप देने के लिये कर्मकाण्ड होते हैं। विभिन्न तरह के व्रत केवल धार्मिक सिद्धान्तों की क्रियान्विति मात्र हैं। सामान्य लोग धर्म के दर्शन को नहीं जानते। वे तो केवल इसकी क्रियान्विति से सरोकार रखते हैं। विवाह में सात फेरे अग्नि के समक्ष लगाने या पाणिग्रहण करने के पीछे क्या सिद्धान्त है, आम लोग इसे नहीं जानते वे तो केवल यही जानते हैं कि ये क्रियाएँ कर्मकाण्ड हैं और इनका परिपालन होना चाहिये। आम लोगों के लिये कर्मकाण्ड केवल कर्मकाण्ड है और इसलिये इसकी क्रियान्विति होनी चाहिये। इस भाँति धर्म का एक सैद्धान्तिक पहलू होता है और इसी से जुड़ा हुआ क्रियान्विति का पक्ष होता है। इस अध्याय के अगले भाग में हम *धार्मिक विश्वासों* (Religious Beliefs) और *कर्मकाण्डों* (Rituals) पर दुर्खीम के जो विचार हैं, उनकी व्याख्या करेंगे।

विश्वास और कर्मकाण्ड (Beliefs and Rituals)

दुर्खीम धर्म की व्याख्या दो टूक वाक्यों में करते हैं। उनका तो यह कहना है कि *धर्म विश्वास और धार्मिक क्रियाओं का एकीकृत रूप है जिसका सम्बन्ध पवित्र वस्तुओं से होता है।* वास्तव में धर्म से जुड़े हुए विश्वास केवल विचार ही नहीं है, न ही ये मात्र मोह भ्रम हैं। यह कहना सही नहीं होगा कि इन विश्वासों से जुड़े हुए विचारों में समाज की वास्तविकता नहीं है। सामान्यतया आम लोगों का विचार है कि धर्म से जुड़े हुए विश्वासों का समाज से कोई सरोकार नहीं होता। अपनी रचना में दुर्खीम कई प्रमाणों के आधार पर यह कहते हैं कि विचारों का सम्बन्ध हर तरह से समाज के साथ है। दूसरे शब्दों में, समाज की जो यर्थाथता है, वही विश्वासों के साथ जुड़े हुए विचारों में निहित है। अतः विचार समाज का पूर्णरूप से प्रतिनिधित्व करते हैं। एक अन्य स्थान पर दुर्खीम कहते हैं कि *समाज ही ईश्वर है।* हमारे देश में प्रायः कहते हैं पंच परमेश्वर है। कहते हैं, जनता जर्नादन है। इन सब अभिव्यक्तियों का निश्चित आशय यही है कि यदि कहीं परमात्मा है तो वह लोगों में हैं, पंचों में है, समाज में है। वास्तव में जनशक्ति परमात्मा के सदृश्य शक्ति है। दुर्खीम धर्म से जुड़े हुए विचारों

को एक निश्चित विचारधारा के रूप में रखते हैं। पारसंस ने तो *स्ट्रक्चर ऑफ सोशल एक्शन* में विचारों और कर्मकाण्डों के विश्लेषण को अपने अध्याय में बहुत बड़ा स्थान दिया है। कुछ इसी तरह का विश्लेषण रेमण्ड एरॉ ने भी *मेन करेन्ट्स इन सोशियोलॉजिकल थॉट* में दिया है।

धार्मिक विचार (Religious Ideas)

धार्मिक विचारों और कर्मकाण्डों में एक बहुत बड़ा बुनियादी अन्तर है। धार्मिक विश्वास तो *विचार* (Thought) का एक स्वरूप या प्रकार है, जबकि कर्मकाण्ड का तात्पर्य *क्रिया* (Action) से है। रोचक बात यह है कि धार्मिक विचारों और क्रिया को स्वायत होते हुए भी धर्म से जुदा नहीं किया जा सकता। किसी भी धर्म के विश्वास को जाने बिना क्रिया को नहीं समझा जा सकता। उदाहरण के लिये हमारे देश में मिथक जब हम पढ़ते या सुनते हैं कि श्रवण कुमार माता-पिता को उठाकर देशाटन पर निकलता है तो यह निश्चित रूप से एक कर्मकाण्ड या क्रिया है। इस क्रिया को हम तभी समझ सकते हैं जब हम इससे जुड़े हुए विश्वास को सही संदर्भ में समझ लें। विश्वास यह है कि हर स्थिति में माता-पिता आदरणीय हैं, सम्माननीय हैं। यदि धर्म विश्वासों से बना है और विश्वास के साथ क्रियाएँ जुड़ी हुई हैं, तो हमें क्रियाओं को समझने के लिये विश्वासों को समझना पड़ेगा। *धर्म, विश्वास और क्रिया एक दूसरे से संश्लिष्ट हैं।* पारसंस धार्मिक विश्वासों या विचारों को विश्लेषण के लिये पृथक करके देखते हैं। वे स्पष्ट शब्दों में लिखते हैं कि *धार्मिक विश्वास वे विश्वास हैं जिनका सरोकार पवित्र वस्तुओं से हैं और कर्मकाण्ड वे क्रियाएँ हैं, जिन्हें धार्मिक वस्तुओं के सम्बन्ध में किया जाता है।* इसी तरह दुर्खीम के अर्थ में धर्म एक एकीकृत व्यवस्था है और इसका सम्बन्ध विश्वासों और धार्मिक क्रियाओं से हैं जो पवित्र वस्तुओं से जुड़ी हुई हैं।

कर्मकाण्ड (Rituals)

प्रत्यक्षवादियों ने कर्मकाण्डों का किसी भी प्रकार का विवेचन उपेक्षा की दृष्टि से देखा है। यदि हम अर्थशास्त्रियों को देखें तो उनके लिये धर्म का कोई भी विवेचन निषेध है। यह इसलिये कि, उनकी समझ में धर्म का वस्तुओं के उत्पादन, वितरण विनिमय और उपभोग से कोई सम्बन्ध नहीं है। अर्थशास्त्र ही क्यों अन्य समाज विज्ञान भी जो प्रत्यक्षवादी हैं, धर्म की कोई भी व्याख्या बेमतलब समझते हैं।

पारसंस का कहना है कि जब प्रत्यक्षवादी धर्म की उपेक्षा करते हैं तो उनका सम्बन्ध *साधन-साध्य* (Means-Ends) से जुड़ा होता है। इन प्रत्यक्षवादियों के लिये साध्य एक निश्चित आनुभविकता है, जिसे प्राप्त किया जाना है। इस साध्य की वैज्ञानिक रूप से प्रामाणिकता की जाँच की सकती है। वे ये स्वीकार करते हैं कि यदि उपयुक्त साधनों को काम में लाया जा सके तो साध्य की प्राप्ति हो सकती है। अब जब दुर्खीम का उल्लेख करते हैं तो उनका कहना है कि आस्ट्रेलिया के आदिम समाज में कई ऐसे कर्मकाण्ड हैं जिनके करने से उन्हें जो प्राप्ति होती है वह आनुभाविक नहीं है। फिर भी वे इन कर्मकाण्डों को बराबर करते हैं। आज के इस वैज्ञानिक युग में हम सरलता से इन आदिम जातियों के कर्मकाण्डों को निरर्थक कर सकते हैं। हम कह सकते हैं कि जिन कर्मकाण्डों को साधन समझ कर वे काम में लाते हैं इनसे उनको साध्य यानि लक्षय प्राप्त नहीं होता। दुर्खीम कहते हैं कि इस

तरह का हमारा सोच या हमारी ऐसी समझ गलत है। वास्तव में, ये कर्मकाण्ड धार्मिक विश्वासों के साथ जुड़े हुए हैं और इसी कारण इन्हें क्रियान्वित किया जाता है। दुर्खीम के कहने का यह आशय है कि *कर्मकाण्ड विवेकपूर्ण तकनीकी नहीं है। इनका पूरा सम्बन्ध विश्वासों से है।*

दुर्खीम ने ऊपर जो कुछ कर्मकाण्डों के बारे में कहा है उसे हम थोड़ा बोधगम्य रूप में रखेगें। जब प्रत्यक्षवादी कहता है कि किसी कारखानें में आधुनिकीकरण लाने के लिये पर्याप्त पूँजी का निवेश किया जाता है तो साध्य-साधन योजना में यह साधन है। अधिक निवेश होगा तो अधिक लाभ मिलेगा। इस अर्थ में लाभ साध्य है, उद्देश्य है। यहाँ साधन और साध्य का *विवेकपूर्ण* (Rational) सम्बन्ध है। लेकिन जब ट्रोब्रियन्ड टापू के आदिवासी वार्षिक मेले में बड़े-बड़े पत्थरों को लुड़का कर यह स्वीकार करके चलते हैं कि इससे उनके इलाके में अधिक वर्षा होगी, तो उनका यह सोच अर्थात् साधन-साध्य वैज्ञानिक और तकनीकी दृष्टि से सही नहीं है। शायद ये आदिवासी भी इस बात को समझते हों क्योंकि कई बार उन्होंने वार्षिक मेले में पत्थर लुड़कार भी सूखे का अनुभव किया होगा। फिर भी वे इस कर्मकाण्ड को पीढ़ी दर पीढ़ी व्यवहार में लाते हैं। यह उनके लिये साधन है। रोचक बात यह है कि इस साधन से उन्हें साध्य अर्थात् वर्षा प्राप्त होती है या नहीं, इससे इनका कोई सरोकार नहीं। निष्कर्ष यह निकला कि *कर्मकाण्ड के अविवेकपूर्ण (Irrational) और अ-तार्किक होने पर भी लोग इसको व्यवहार में लाते हैं। यह इसलिये कि इसका सम्बन्ध कर्मकाण्ड से जुड़ा है।* कितने ही ऐसे लोग होंगें जो साल-दर-साल व्रत और कथा करते हैं, जबकि इससे जुड़ी हुई प्राप्ति अर्थात् साध्य उन्हें कभी भी प्राप्त नहीं हुआ होगा। *कर्मकाण्ड के साथ अविवेकशीलता बराबर जुड़ी हुई है। लेकिन यह क्रिया दूसरी और विश्वास से बंधी हुई है।*

दुर्खीम के विश्लेषण में कर्मकाण्ड साधन-साध्य की योजना से जुड़ा हुआ नहीं है। वे स्वयं अनेकानेक दृष्टान्तों द्वारा यह स्थापित करते हैं कि आस्ट्रेलिया की आदिम जाती द्वारा किये जाने वाले कर्मकाण्ड अपने उद्देश्य की पूर्ति नहीं करते। फिर भी आदिवासी इन कर्मकाण्डों को निरन्तर अपने व्यवहार में क्यों लाते हैं? इसके उत्तर में जो तथ्यपूर्ण बात सामने आती है वह यह है कि *ये कर्मकाण्ड समुदाय के लोगों को एक सूत्र में बांधते हैं। उनमें एकता स्थापित करते हैं।* जब ये आदिवासी कर्मकाण्ड के नाम पर एक जुट होते हैं तो निश्चित रूप से उनमें एकता के भाव आते हैं। सही बात तो यह है कि ये कर्मकाण्ड लोगों को प्रत्यक्ष सम्पर्क में लाते हैं और इन कर्मकाण्डों को व्यवहार में लाने का कारण समाज में एकता लाना है। इसीलिये दुर्खीम *जब चर्च की व्याख्या करते हैं तो उनका कहना है कि चर्च में रविवार को धर्मावलम्बियों का प्रार्थना के लिये उपस्थित होना धर्मावलम्बियों को एकता के सूत्र में बांधना है। इसी कारण धर्म एक नैतिक समुदाय के निर्माण में अपना निश्चित योगदान करता है।* हमारे देश में किसी एक मठ या तीर्थ का उद्देश्य कर्मकाण्ड के माध्यम से एक विशेष सम्प्रदाय को एक सूत्र में बांधना होता है। विश्वास और कर्मकाण्ड कुल मिलाकर समाज की यर्थाथता और सम्बद्धता से जुड़े हुए हैं। एक समान धर्म और कर्मकाण्डों को अपनाने वाले लोग अन्ततोगत्वा समान अभिवृत्तियों को रखते हैं और ये अभिव्यक्तियाँ ही नैतिक समुदाय को बनाती हैं।

जब दुर्खीम विश्वास और कर्मकाण्ड की व्याख्या करते हैं तो कभी भी वे प्रत्यक्षवाद से हटते नहीं हैं। जिस किसी व्याख्या में हम अर्थशास्त्री को प्रत्यक्षवादी कहते हैं, उसी व्याख्या में दुर्खीम भी सौ प्रतिशत प्रत्यक्षवादी थे। दुर्खीम किसी भी एक धर्म के विश्वासों को उच्च स्थान देते हों, ऐसा नहीं है। धर्म में, चाहे कैसा भी हो, प्रतीकों को बहुत बड़ा महत्व है। लेकिन अन्तर्भूत विशेषताओं के आधार पर ये प्रतीक महत्वपूर्ण नही हैं। किसी भी एक कर्मकाण्ड पर यह तर्क लागू नहीं होता। कर्मकाण्ड प्रतीक नहीं होते। इनका स्वरूप आनुभविक होता है–इन्हें इन्दियों से जांचा और परखा जा सकता है। इसी कारण दुर्खीम धर्म के प्रारम्भिक तत्व के आधार पर कर्मकाण्डों को पहला अर्थात् बुनियादी लक्षण पाते हैं जबकि उनके विचारों में विश्वासों का स्थान दूसरा है। वास्तव में कर्मकाण्ड मूर्त होते हैं, इनकी व्याख्या की जा सकती है, इनका प्रमाणीकरण हो सकता है। धर्म की यह व्याख्या दुर्खीम को पहले दर्जे का *प्रत्यक्षवादी पद्धतिशास्त्री* (Positivistive Methodologist) बना देता है।

जीववाद और प्रकृतिवाद का खण्डन (Rejection of Animism and Naturism)

दुर्खीम का पुस्तक लिखने का अपना एक विशेष तरीका है जैसा वे अपनी आत्महत्या की रचना और श्रम विभाजन में करते हैं, वैसा ही *धार्मिक जीवन के प्रारंभिक स्वरूपों* में भी सबसे पहले धर्म की व्याख्या करते हैं, इसके बाद वे अपना सैद्धान्तिक खण्डन देते हैं और अन्त में आनुभाविक सामग्री को प्रस्तुत करते हैं। हमने इस अध्याय के प्रारम्भ में यह कहा कि दुर्खीम ने अपनी पुस्तक की विषय वस्तु को तीन भागों में रखा है: धर्म का सार, अन्य सिद्धान्तों का खण्डन और आनुभविक अध्ययन सामग्री। दुर्खीम के समय में दो सिद्धान्त ऐसे थे जो धर्म की व्याख्या मानवशास्त्रीय आधार पर करते थे। ये सिद्धान्त हैं *जीववाद* (Animism) और *प्रकृतिवाद* (Naturism)। बहुत संक्षिप्त रूप में जीववाद के अनुसार *धार्मिक विश्वास वे विश्वास हैं जो आत्मा (Spirit) से जुड़े हैं। ये आत्माएं और कुछ न होकर आदमी के अनुभवों का रूपान्तरण मात्र हैं।* अनुभव का यह रूपान्तरण जीववाद और प्रकृतिवाद दोनों पर लागू होता है। मनुष्य का विश्वास आत्मा से जुड़ा हुआ है, इस तरह का रूपान्तरण या कथन दुर्खीम को स्वीकार नहीं था। मूल रूप में चाहे आत्मा या जीव में विश्वास हो यह एक मनोवैज्ञानिक धारणा है, इसी कारण दुर्खीम को स्वीकार नहीं है। हम थोड़े विस्तार के साथ जीववाद और प्रकृतिवाद का अर्थ स्पष्ट करेंगे। और फिर दुर्खीम द्वारा दी गयी आलोचना या उनके द्वारा प्रस्तुत खण्डन।

जीववाद (Animism)

आज से लगभग सौ वर्ष पहले *एडवर्ड टाईलर* (Edward Tylor) ने धर्म की व्याख्या करते हुए जीववाद की अवधारणा को रखा था। टाईलर ने धर्म के विकास को क्रम में बांधने का प्रयास किया है। उनकी पीढ़ी की परम्परा उद्विकास की परम्परा थी और इसलिये उनके लिये आवश्यक था कि वे धर्म के क्रम विकास को व्यवस्थित रूप में रखें। टाईलर की अटकल थी कि आदिम समाज के व्यक्तियों ने अपने आपको घोर संकट में पाया होगा। उन्होंने देखा होगा कि जंगल की नीरव शांति में पेड़ के पते का मर्मर शब्द भी गुंजकर प्रतिध्वनि उत्पन्न करता है। शांत सरोवर की लहरों में उन्हें संगीत लहरी दिखायी दी होगी। रात को ओस के कण घरती पर गिरते हुए दिखायी दिये होंगे। यह सब देखकर उन्हें लगा होगा कि कोई ऐसी

अलौकिक शक्ति है जो इन सब अचेतन वस्तुओं में, चेतन होकर बोलती है, मुखरित होकर गाती है। तब आदिम जाति समाज के मनुष्यों ने सोचा होगा कि प्रेतात्मा और जीवात्मा सभी ओर विद्यमान हैं। *ये प्रेतात्माएं और जीवात्माएं अलौकिक शक्तियाँ हैं, अनुपम सत्ता है, और इनके प्रति उसे झुकना चाहिये।*

टाईलर ने आदिम समाज के व्यक्ति की मनोदशा की कल्पना की। इस व्यक्ति ने देखा होगा कि उसके शरीर में कोई आत्मा है, जो उसे निद्रा में छोड़कर कहीं दूर-दूर विचरण के लिये जाती है। जंगलों और पहाड़ों को लाँघती है। समुद्रों को पार करती है और पुनः लौटकर उसके शरीर में आ जाती है। यह जीवात्मा है। दूसरी आत्मा वह है जो देवी-देवता के निकट है, उसके समकक्ष है, अंतरिक्ष में स्वतन्त्र विचरण करती है। यह आत्मा प्रेतात्मा है। *अलौकिक के प्रति आदिम जाति के इस अनुभव की कल्पना करके टाईलर ने जीवात्मा और प्रेतात्मा का सिद्धान्त रखा। ये दोनों सिद्धान्त मिलकर जीववाद का सिद्धान्त कहलाते हैं।* जीवात्मा के सिद्धान्त के अनुसार यह माना जाता है कि मनुष्य की आत्मा उसकी मुत्यु के बाद जीवित रहती है और प्रेतात्मा के सिद्धान्त के अनुसार अंतरिक्ष में प्रेतात्माएं वैयक्तिक रूप से रहती हैं।

इस प्रकार *टाईलर का जीववाद वह है जिसमें अमूर्त, अलौकिक या जीवात्मा और प्रेतात्मा में तथा भूत, पूर्वज, पेड़-पौधों , पिशाच, सभी में आध्यात्मिक शक्ति का आरोप किया जाता है। यह माना जाता है कि इन वस्तुओं में भी अलौकिक शक्ति विद्यमान है।*

जीववाद की विशेषताएं

(1) जीववाद की अवधारणा, टाईलर के अनुसार, अपने आप में कोई धर्म नहीं है। यह तो एक आदर्श प्रारूप या मॉडल है जिसके द्वारा धर्म के उद्विकास का अध्ययन किया जाता है।

(2) जीववाद में जीवात्मा की अवधारणा है। जीवात्मा वह है जो जीवित व्यक्तियों के शरीर में निवास करती है। मुत्यु के बाद या शरीर नष्ट हो जाने के बाद यह जीवात्मा बनी रहती है। दूसरी और प्रेतात्मा देवी-देवताओं की तरह शक्तिशाली होती है। अतः जीववाद अपने पूर्ण विकसित रूप मे प्रेतात्मा और जीवात्मा के प्रति विश्वास प्रकट करता है और उन्हें नियंत्रित करने के लिये उपासना के उपागम को अपनाता है।

(3) प्रेतात्का और जीवात्मा दोनों ही अलौकिक शक्ति के रूप हैं और उन्हें पेड़, पौधा, पत्थर, पूर्वज आदि सभी पदार्थों में देखा जा सकता है।

(4) मनुष्य प्रकृति के साथ होने वाले अपने संघर्ष मे प्रेतात्मा और जीवात्मा की उपासना या जादू द्वारा वशीभूत करके सुरक्षित रहना चाहता है।

प्रकृतिवाद (Naturism)

जीववाद का एक और स्वरूप प्रकृतिवाद है। प्रकृतिवाद वस्तुतः जीववाद का विस्तार है। इस सिद्धान्त के अनुसार अलौकिक शक्ति का आरोप प्रकृति पर किया जाता है। प्रकृतिवादी मानते हैं कि बिजली की चमक, बादलों की गर्जना और भूकम्प के झटकों में अलौकिक शक्ति का रूप है। जब बाढ़ आती है तो यह अलौकिक शक्ति का प्रकोप है तथा इसे शान्त करने के लिये भेंट और बलि चढ़ानी चाहिये। प्रकृतिवाद अलौकिक शक्ति को इस तरह प्रकृति के

विभिन्न तत्वों में देखता है।

प्रकृति में अलौकिक शक्ति निवास करती है, इस मान्यता के अनुसार लोग *प्रकृति को भय, श्रद्धा और सम्मान की दृष्टि से देखते हैं।* आदि मानव ने जब तूफान के तांडव को देखा होगा, उसे लगा होगा कि उसकी मुठ्ठी भर शक्ति अलौकिक शक्ति के सामने कुछ भी नहीं है। भय और श्रद्धा से उसका सिर प्रकृति के सामने झुक गया होगा। अतः प्राकृतिक वस्तुओं की उपासना है।

दुर्खीम से पहले कतिपय मानवशास्त्रियों ने जीववाद और प्रकृतिवाद की आलोचना की थी। लेकिन दुर्खीम की आलोचना का दृष्टिकोण कुछ दूसरा ही था।

जीववाद और प्रकृतिवाद का दुर्खीम द्वारा दिया गया खण्डन

दुर्खीम अव्वल दर्जे के प्रत्यक्षवादी और आनुभविकतावादी थे। उन्होंने जीववाद और प्रकृतिवाद का खण्डन *बहिष्करण या घटाने* (Elimination) के नियम द्वारा किया है। इन दोनों सिद्धान्तों का आधार *भ्रम* (Illusions) है। ये दोनों सिद्धान्त पूर्व वैज्ञानिक विश्लेषण हैं और विज्ञान की किसी कसौटी पर सही नहीं उतरते। इनका विश्लेषण न तो मनोविज्ञान कि कसौटी पर किया जा सकता है और न ही भौतिक विज्ञानों की। रोचक बात यह है कि आज के आदमी के लिये न तो बड़े तूफान और भूकम्प अलौकिक हैं और न अति प्राकृत की शक्तियाँ। दुर्खीम ने जीववाद और प्रकृतिवाद का खण्डन निम्नलिखित बिन्दुओं में किया है:

(1) दोनों ही सिद्धान्त आनुभविकता से परे हैं, पूर्ण रूप से भ्रमपूर्ण है। एरॉ इन दो सिद्धान्तों की आलोचना दुर्खीम के संदर्भ में करते हैं कि ये सामूहिक मायामोह हैं। किसने देखा कि मनुष्य की दो आत्माएँ हैं और इसका प्रमाणीकरण कैसे करें कि एक आत्मा ब्रह्माण्ड में धूमती रहती है।

(2) टाईलर ने इन दोनों धर्मों की उत्पत्ति के जो स्त्रोत बताये हैं और इनके जो लक्षण हैं वे किसी भी तरह पवित्रता के लक्षण नहीं है। पवित्रता की भावना को ये लक्षण गलत तरीकों से ग्रहण करते हैं।

(3) धर्म को समझने के लिये पवित्रता को समझना पड़ेगा और यह पवित्रता प्रकृति की भयानक वस्तुओं और आत्मा के साथ कभी भी जोड़ी नहीं रह सकती।

दुर्खीम *बहिष्करण या घटाने के नियम* (Law of Elimination) को यहाँ लगाते हैं। वे कहते हैं कि *जब विश्वास और कर्मकाण्ड मनोवैज्ञानिक नहीं हैं, वास्तविक नहीं हैं, आनुभविक नहीं हैं, तो निश्चित रूप से सामाजिक हैं।* विश्वासों की अवधारणा समाज से पैदा होती है और यह समाज ही है जो वस्तुओं को पवित्र और पार्थिक बना देता है। जिसे पवित्र कहते हैं वह वस्तुतः एक प्रतीक है और इस प्रतीक के माध्यम से ही पवित्रता के लक्षण वस्तु पर थोपे जाते हैं। वस्तु में अन्तर्भूत रूप से ऐसी कोई विशेषता नहीं होती। *इसी कारण किसी भी प्रत्यक्षवादी की तरह दुर्खीम धार्मिक विचारों में अन्तर्निहित सामाजिक यथार्थता (Social Reality) की खोज करते हैं। ये धार्मिक विश्वास और विचार किसी भी हालत में न तो बाह्य पर्यावरण का प्रतिनिधित्व करते हैं और न व्यक्त की आनुवंशिकता का।* और यदि कोई कहे कि विचारों में बाह्य पर्यावरण या वैयक्तिक आनुवंशिकता का प्रभाव है तो यह भयंकर भूल होगी। भूल इसलिये कि इस तरह की मान्यता को वैज्ञानिक कसौटी पर नहीं

कसा जा सकता। इससे आगे धार्मिक विचारों के जो विशिष्ट लक्षण हैं, वे पवित्र वस्तुओं के गुणों को नहीं दर्शाते। घटाने के नियमों को लगाते हुए दुर्खीम कहते हैं कि धार्मिक विचार केवल माया मोह न होकर अवलोकनीय यर्थाथता को बताते हैं।

दुर्खीम का यह तर्क है कि धार्मिक विश्वासों के प्रति हमारा जो सम्मान और आदर है, उसका सम्बन्ध नैतिक आधिपत्य के कारण है। केवल भौतिक वस्तु–भूकम्प या बाढ़–भय उत्पन्न कर सकती है, लेकिन आदर और सम्मान नहीं। समाज तो एक *नैतिक यर्थाथता* (Moral Reality) है। और एक ऐसी प्रघटना है जिसकी प्रकृति आनुभविक है और जिसका व्यक्ति पर नैतिक प्राधिकरण होता है। *यही वह रास्ता है जिसके द्वारा दुर्खीम अपना प्रसिद्ध प्रस्ताव रखते हैं : परमात्मा या अन्य कोई पवित्र वस्तु समाज का प्रतीकात्मक प्रतिनिधित्व है* (God or any other sacred object is a symbolic representation of Society)। वास्तव में, दुर्खीम ने धर्म के विश्वासों और कर्मकाण्डों को जो टाईलर द्वारा माया मोह में फंसा दिये गये थे, उन्हें उबार कर वास्तविकता और वैज्ञानिकता के आधार पर खड़ा कर दिया।

गोत्र और टोटेम (Clan and Totem)

अपनी पुस्तक की केन्द्रीय विषय सामग्री प्रस्तुत करने के बाद दुर्खीम ने विस्तारपूर्वक गोत्र और टोटेम का विवरण दिया है। पुस्तक का बहुत बड़ा भाग इसी विवरण से अटा पड़ा है। यहाँ हम संक्षेप में आस्ट्रेलिया के आदिम समाज में पाये जाने वाले टोटेमवाद व गोत्र का वर्ण करेंगे। इस सम्बन्ध में किसी भी विवरण को देने से पहले अत्यन्त महत्वपूर्ण बात यह है कि दुर्खीम टोटेमवाद को धर्म का सबसे अधिक सरल रूप मानते हैं। *धर्म के उद्विकास में टोटेमवाद प्राथमिक है और इसी कारण यह सबसे अधिक सरल है। दुर्खीम के लिये, धर्म के उद्विकास की श्रृंखला में टोटेमवाद दुनिया में सबसे पहला और मौलिक धर्म है।*

उद्विकास की प्रक्रिया में टोटेमवाद के कई स्वरूप हो गये। इसकी उत्पत्ति तो एक ही धर्म से है, और वह एक धर्म टोटेमवाद है। दुर्खीम का कहना है कि आस्ट्रेलिया ही नहीं दुनिया भर के धर्मों में टोटेमवाद का कोई न कोई स्वरूप अवश्य देखने मिलता है। इसी कारण धर्म के किसी भी अध्ययन में अगणित धर्मों की व्याख्या करने की अपेक्षा एक ही धर्म का अध्ययन करना पर्याप्त है। टोटेमवाद वस्तुतः सभी धर्मों का प्रतिनिधि रूप है। इस सामान्य धर्म में क्या है? इसमें दुर्खीम गोत्र और टोटेम को सम्मिलित करते हैं।

गोत्र एक संवंशी (Kindred) समूह है। यह सामान्यतः बहिर्विवादी बन्धुओं (kins) का समरक्तीय समूह होता है। यह एक पक्षीय होता है और इसके सदस्य एक ही पूर्वज की संतान होते हैं। पूर्वज मानव,मानव सम प्राणी पशु, पेड़ पौधा या निर्जीव वस्तु कुछ भी हो सकता है। यह पूर्वज ही टोटम होता है। इस भांति टोटम गोत्र की उत्पत्ति का रूपान्तरण है। एक टोटेम के साथ अपनी पहचान करने वाले गोत्र अपने आप को समवंशी मानते हैं क्योंकि उनकी उत्पत्ति एक ही पौधे या जानवर से हुई है। टोटेम का गोत्र में यह रूपान्तरण सामान्यतया मां के माध्यम से होता है, लेकिन आस्ट्रेलिया की आदिम जातियों का मानना है कि अपवाद रूप में टोटेम का रूपान्तरण मां के अतिरिक्त किसी अन्य माध्यम से भी हो सकता है। *इस आदिम जाति में प्रत्येक गोत्र के अपने-अपने टोटेम होते हैं, लेकिन कभी-कभी वैयक्तिक टोटम भी होते हैं।*

सामाजिक मानवशास्त्र में गोत्र व्यवस्था पर बड़े उल्लेखनीय अध्ययन हुए हैं। *फर्थ टीकोपिया* और *फोर्टस* ने *टेलन्सी* पर अधिकृत रूप से अनुसंधान किया है। इन अध्ययनों में बबसे पहली बार हमें बंधुत्व, गोत्र और वंश पर सैद्धान्तिक साहित्य प्राप्त होता है। *फोक्स* (J.R. Fox) ने गोत्र की व्याख्या करते हुए कहा है कि एक गोत्र के सदस्य अपनी उत्पत्ति किसी पूर्वज से जो सामान्यतः पौराणिक होता है, जोड़ते हैं। वास्तव में, किसी भी समूह के वास्तविक पूर्वज का सही-सही पता लगाना कठिन है। जिन मानवशास्त्रियों ने, उनमें दुर्खीम भी सम्मिलित हैं, आस्ट्रेलिया के आदिम समाजों में अध्ययन किया है, उन्होंने गोत्र के अध्ययन के साथ टोटम को भी जोड़ा है।

टोटेम या टोटेमवाद उन प्रघटनाओं से सम्बन्धित है जिनमें गोत्र अपनी उत्पत्ति किसी पशु या पक्षी के साथ जोड़ते हैं। *ऐसे गोत्र अपने उद्गम के पशु या पक्षी के मांस को नहीं खाते या उसे चोट नही पहुंचाते। ये गोत्र अपने टोटेम पूर्वज के सम्मान में जादू-टोना या धार्मिक संस्कार करते हैं। वास्तव में टोटेम किसी भी समूह के बहुत सीमित लक्षणों को बताता है और इसलिये टोटेम और टोटेमवाद विशाल गोत्र संरचना के केवल अभूतपूर्व पहलु मात्र हैं। टोटेम गोत्र का एक अंग है, सम्पूर्ण गोत्र नहीं।*

दुर्खीम द्वारा अध्ययन किये गये आस्ट्रलिया के आदिम समाजों में टोटेम को कई रूपों में रखा जाता है। प्रत्येक टोटेम का एक *प्रतीक* (Emblem) होता है। इन आदिवासियों के सभी गोत्रों में टोटेम कई प्रतीकों में देखने मिलता है, जैसे लकड़ी के टुकड़े या सुन्दरता से तराशे हुए पत्थर, जिनमें टोटम को एक प्रतीक के रूप में तस्वीर या आकृति बनाकर रखा जाता है। सामान्य वस्तुओं जिन्हें ये आदिवासी चुरिंग (Churinga) कहते हैं, एक बार जब इन्हें टोटेम स्वीकार कर लिया जाता है तो प्रतीकों में रखा जाता है। टोटेम कही जाने वाली वस्तुओं में वे सब पवित्र गुण होते हैं, जो टोटेम के साथ जुड़े होते हैं। आस्ट्रेलिया के आदिवासियों के ये टोटेम आदिवासी यथार्थता की प्रतीकात्मक अभिव्यक्ति हैं। उदाहरण के लिये जिस तरह किसी देश के झण्डे को हम एक प्रतीक रूप में देश की शान और आदर के साथ जोड़ते हैं वैसे ही एक तरह से चुरिंग एक झण्डे की तरह सम्पूर्ण आदिम समाज की प्रतिष्ठा का प्रतीक है। मानव जाति के इतिहास में टोटेम जैसे कई प्रतीक विभिन्न प्रतीकों में देखने को मिलते हैं। टोटेम-पौधा, पक्षी या जानवर होता है। यह पौधा या जानवर प्रतीक यानि मूर्त रूप में रखा जाता है जो टोटेम के साथ। इस भांति आस्ट्रेलिया के आदिम समाजों में पवित्र वस्तुओं का एक लम्बा-चौड़ा क्षेत्र बन जाता है। इस क्षेत्र में वे पौधे या जानवर होते हैं जो मूर्तरूप से टोटेम माने जाते हैं। इसके बाद वे प्रतीक होते हैं जिनमें टोटेम का प्रतिनिधित्व होता है और इन दोनों के माध्यम से पवित्र वस्तु के लक्षणों को व्यक्ति तक पहुँचाया जाता है। उदाहरण के लिये किसी गोत्र का टोटेम कबूतर है। यह कबूतर दो स्वरूपों में देखने को मिलता है। एक कबूतर तो वह जो जीवित है, पेड़-पौधों पर बैठता है और अपना चुग्गा लेता है। कबूतर का दूसरा स्वरूप प्रतीकात्मक होता है। यहाँ कबूबर की छवि या उसकी तस्वीर किसी दीवार, पत्थर, लकड़ी आदि पर बना दी जाती है। टोटेम के ये दोनों स्वरूप (जीवित या छवि रूप में) आदिवासियों के लिये सम्मान के पात्र होते हैं। इन्हीं को आदिवासी चुरिंग कहते हैं।

इस तरह का विवरण जो दुर्खीम ने दिया है, बहुत सामान्य है। इस विवरण के बाद

दुर्खीम टोटेमवाद की व्याख्या करते हैं। वे टोटेम को पूर्वजों की पूजा के साथ नहीं जोड़ते। वे टोटेम का सम्बन्ध किसी भी *पशु की पूजा (Animal Worship) के साथ नहीं मिलाते और इसी तरह से वैयक्तिव टोटेमवाद को गोत्र के टोटेमवाद से नहीं जोड़ते। उनका यह भी कहना है कि किसी भी स्थानीय समूह के टोटेम बुनियादी टोटेम के साथ जुड़े नहीं होते व तो ऐतिहासिक और तार्किक रूप से गोत्र के टोटेमवाद को ही महत्व देते हैं। रेमण्ड एरॉ द्वारा दुर्खीम के टोटेमवाद की जो व्याख्या दी गयी है, इस प्रकार है:*

> दुर्खीम के लिये सबसे पहली बात यह है कि ऐतिहासिक और तार्किक दृष्टि से गोत्र का टोटेमवाद सर्वप्रथम है।

रोचक बात यह है कि टोटेम के साथ जुड़े हुए विश्वास और कर्मकाण्ड लगभग वही हैं जो धर्म के साथ जुड़े होते हैं। आस्ट्रेलिया के आदिवासियों की यह मान्यता है कि पार्थिव वस्तुओं की तुलना में धार्मिक वस्तुएं अत्यधिक महत्वपूर्ण हैं। *एक ऐसी अज्ञात और अवैयक्तिक शक्ति है जो बिना किसी भेदभाव के किसी भी पौधे या पशु में पायी जाती है। यह इस अवैयक्तिक और अपरिचित शक्ति के प्रति है कि लोग अपने विश्वास और आराधना को सम्बोधित करते हैं।* टोटेम के प्रति आदिवासियों की जो आदर और सम्मान की अभिव्यक्ति है, इसे दुर्खीम कुछ इस प्रकार रखते हैं: किसी भी गोत्र में टोटेमवाद का स्थान सबसे पहला है। इस पवित्रता की भावना को किसी वस्तु के साथ जोड़ा जाता है, यह महत्वपूर्ण नहीं है। महत्वपूर्ण यह है कि लोगों में पवित्रता की कोई न कोई भावना अवश्य है। आदिवासी जनजीवन वस्तुओं को निश्चित रूप से पवित्र और पार्थिव स्वरूपों में देखते हैं। जब एक आदिवासी किसी धार्मिक उत्सव में अपनी भागीदारी करता है, तब उसके दिमाग में कहीं न कहीं यह भावना अवश्य रहती है कि इस उत्सव में सम्मिलित लोगों में जो शक्ति है वह निश्चित रूप से उसकी वैयक्तिक शक्ति से कई गुना अधिक है। यह उच्च स्तर की वास्तविकता ही किसी भी समाज की शक्ति है और इसी कारण प्रत्येक व्यक्ति इस शक्ति के प्रतीक की उपासना करता है।

कुल मिलाकर दुर्खीम का यह निष्कर्ष है कि आस्ट्रेलिया के आदिवासियों के टोटेम के प्रति जो पवित्रता के भाव हैं, विश्वास हैं और उनसे जुड़े हुए कर्मकाण्ड हैं, वे सब उस सामूहिक शक्ति के प्रतीक हैं जिन्हें सम्पूर्ण समाज मान्यता देता है। अकेले व्यक्ति में जो अटूट और अपार शक्ति होती है, वह टोटेम की उपासना के कारण ही होती है। इसी कारण जब किसी गोत्र का व्यक्ति प्राकृतिक आपदाओं से जुझता है तो वह जानता है कि इस संघर्ष में वह अकेला ही नहीं है। इसमें वे सब लोग है जिनकी उत्पत्ति किसी एक टोटेम से है। टोटेम के प्रति गोत्र के लोगों का विश्वास और उनके कर्मकाण्ड समाज की यथार्थता के प्रतीक हैं–किसी अति प्राकृत शक्ति के नहीं।

ज्ञान मिमांसा (Epistemology)

धार्मिक जीवन के प्रारंभिक स्वरूप की इस रचना में वास्तव में दुर्खीम ने तीन तरह के अध्ययन प्रस्तुत किये हैं। एक अध्ययन आस्ट्रेलिया की कतिपय जनजातियों में पायी जाने वाली गोत्र एवं टोटेम व्यवस्था से जुड़ा है। दूसरा अध्ययन धर्म के सार रूप में पाये जाने वाले सिद्धान्तों से सम्बन्धित है। तीसरे अध्ययन में दुर्खीम *मानव विचारों के स्वरूपों का समाजशास्त्रीय*

निर्वचन करते हैं। यहां वे विचारों की कतिपय कोटियाँ बनाते हैं और यही विषय वस्तु ज्ञान मिमांसा है। वास्तव में ज्ञान मीमांसा *ज्ञान के समाजशास्त्र* (Sociology of Knowledge) का अध्ययन क्षेत्र है। ज्ञान के समाजशास्त्र की अवधारणा समाजशास्त्र की अपेक्षित रूप से नयी विद्या है। रोबर्ट मर्टन ने व्यवस्थित रूप से इस अवधारणा को अपनी रचना *सोशल थ्योरी एण्ड सोशल स्ट्रक्चर* (Social Theory and Social Structure, Revised, 1957) में पहली बार रखा था। दुर्खीम के रचना काल में समाजशास्त्र में ऐसी कोई विशिष्ट विद्या नहीं थी। जब मर्टन ज्ञान के समाजशास्त्र के विकास को देखते हैं तो वे दुर्खीम को इस विद्या का जनक मानते हैं। मानहीम ने इस परम्परा को आगे बढ़ाया।

दुर्खीम जब धर्म की व्याख्या करते हैं तो इससे वे *विचारों* (Ideas) की भूमिका को महत्वपूर्ण स्थान देते हैं। विचार स्वतः पैदा नहीं होते। इनके उद्गम का स्त्रोत आनुभविकता है। जब व्यक्ति सामाजिक तथ्यों को देखता है, उसकी बाह्यता और दबाव को समझाता है, तब उसमें विचार आते हैं। *सामाजिक यथार्थता के अभाव में विचारों का अस्तित्व नहीं है।* उन्होंने देखा की आस्ट्रेलिया के आदिवासी टोटेम की उपासना करते हैं, उसे शक्ति का स्त्रोत मानते हैं। टोटेम में यह शक्ति कहां से आयी? टोटेम तो मात्र कोई पक्षी है, कोई पशु है या कोई पौधा है। इसका प्रतीक तो एकदम बेजान है। ऐसे टोटेम से शक्ति का उद्गम नहीं हो सकता। दुर्खीम टोटेम में शक्ति इस तरह मानते हैं कि यह सामूहिक विश्वासों और कर्मकाण्डों का प्रतीक है। जब व्यक्ति टोटेम की उपासना करता है तब उसे अनुभूति होती है कि जैसे आदिम समाज की सामूहिक शक्ति का संचार उसके शरीर में हो गया हो। इस कारण व्यक्ति के विचारों के जो विभिन्न स्त्रोत हैं, उनका उद्गम सामूहिक शक्ति से है।

जब कार्ल मार्क्स ज्ञान की मीमांसा करते हैं तो उनका सिद्धान्त है कि मनुष्य की जो भी चेतना है, वह अन्तत्वोगत्वा वर्ग चेतना है। वर्ग की दशाएं व्यक्ति की दशाएं बन जाती है। कुछ इसी तर्क पर दुर्खीम ने धार्मिक जीवन के प्रारंभिक स्वरूपों में यह स्थापित किया कि मनुष्य के ज्ञान का सम्बन्ध उसके समाज से ही है। मनुष्य की संस्कृति, धर्म, सहित्य और भौतिक वस्तुओं के सम्बन्ध में जो भी ज्ञान व जानकारी है वह उसका सैद्धान्तीकरण मात्र है, यद्यपि दुर्खीम श्रम विभाजन में ज्ञान की मीमांसा किसी स्पष्टता के साथ नहीं करते फिर भी अपने आगे की कृतियों में उन्होंने पूर्ण रूप से यह स्थापित किया है कि मनुष्य का किसी भी वस्तु के बारे में जो कुछ ज्ञान है, उसका उद्गम समाज है। आत्महत्या का ज्ञान समाज की सुदृढ़ता और यथार्थता से जुड़ा है। बहुत स्पष्ट है: ढीली सुदृढ़ता में आत्महत्या नहीं है, सामूहिक है। टोटेम के प्रति आदर और सम्मान वास्तव में किसी पशु-पक्षी या पौधे की अन्तर्भूत शक्ति के कारण नहीं हैं, वरन् समाज की शक्ति का सम्मान है। रेमण्ड एरॉ दुर्खीम के विश्वास और कर्मकाण्ड की व्याख्या के उपसंहार में कहते हैं कि दुर्खीम ने मानव विचारों की कोटियाँ बनाने में ज्ञान की मीमांसा पर्याप्त रूप से की है। आज जिसे हम ज्ञान का समाजशास्त्र कहते हैं, उसके जनक रूप में दुर्खिम को स्वीकार करना निर्विवाद है।

5

जार्ज सिमेल

(Georg Simmel, 1858-1918)

जार्ज सिमेल जर्मन थे। 19वीं शताब्दी में समाजशास्त्र के विकास में यूरोप के विचारकों, मुख्य रूप से फ्रान्स के अगस्ट कॉम्ट, इंग्लैण्ड के हरबर्ट स्पेन्सर और जर्मनी के सिमेल का योगदान बहुत महत्वपूर्ण रहा है। सिमेल एक प्रबुद्ध विचारक थे। उन्होंने विविध प्रकार के विषयों पर लिखा है। कुल मिलाकर उनकी बीस पुस्तकें हैं। इनके अतिरिक्त कई फुटकर निबन्ध है। यद्यपि उन्होंने व्यवस्थित रूप से किसी समाजशास्त्रीय सिद्धान्त का प्रतिपादन नहीं किया, फिर भी एक विद्या के रूप में समाजशास्त्र को विकसित करने के लिये उन्होंने बहुत कुछ किया है। सिमेल ने समाजशास्त्र को एक नई दिशा दी है। उस युग में *जर्मन विचारधारा* (German Ideology) बहुत प्रभावपूर्ण थी। इधर फ्रान्स और इंग्लैण्ड में कॉम्ट और हरबर्ट स्पेन्सर का प्रभाव था। स्पेन्सर ने समाज और शरीर रचना की समानता को बताया था। यह उनका प्रकार्यवाद था। समाजशास्त्र में उसे *सावयवी सिद्धान्त* (Organicist Theory) कहते हैं। *सिमेल सावयवी सिद्धान्त के प्रखर विरोधी थे।* उन्होंने डटकर स्पेन्सर का विरोध किया। एक दूसरी धारा जर्मनी में भी। इस विचारधारा का कहना था कि समाज को दार्शनिक रूप में देखना चाहिये। वे कहते थे कि समाज जैसी कोई वास्तविक वस्तु नहीं है। समाज तो केवल व्यक्तियों की अन्तः क्रियाओं में निहित है।

स्पेन्सर और अगस्ट कॉम्ट यह मानते थे कि जिस तरह प्राकृतिक विज्ञान प्राकृतिक प्रघटनाओं का अध्ययन करते हैं वैसे ही समाजशास्त्र को सामाजिक प्रघटनाओं का अध्ययन करना चाहिये। इसका मतलब हुआ कि प्राकृतिक नियमों की तरह समाज के नियम भी बनने चाहिये। सिमेल इससे सहमत नहीं थे। वे जर्मन विचारधारा से भी सहमत नहीं थे। जो कुछ उन्होंने स्थापित किया वह बहुत सामान्य है: समाज में व्यक्ति कुछ भी नहीं है। वे दूसरे व्यक्तियों के साथ अन्तः क्रियाएँ करते हैं। ये अन्तः क्रियाएँ *स्वरूप* (Forms) बनाती हैं। इन स्वरूपों को हम दुनियाँ के इतिहास में अलग-अलग रूपों में देखते हैं। ये रूप इतिहास की विभिन्नता और संस्कृति की विशेषता के साथ बदलते हैं। *जिसे हम समाज कहते हैं वह व्यक्ति नहीं है। समाज तो अन्तः क्रिया की प्रक्रियाओं का जाल मात्र है।* ये अन्तः क्रियाएँ बराबर चलती रहती है। इसी कारण सिमेल का समाजशास्त्र (1) अन्तः क्रियाओं, (2) अन्तःक्रिया के स्वरूपों, और (3) अन्तः क्रिया की प्रक्रिया से बना हुआ है।

इस भाँति जब जर्मन समाजशास्त्री सिमेल का हम विश्लेषण करते हैं तो हमारा यह विश्लेषण तीन बिन्दुओं पर मुख्यतया केन्द्रित होता है:

(1) अन्तः क्रियाओं के स्वरुप (Forms of Interaction)
(2) अन्तः क्रिया की प्रक्रियाएँ-सहयोगात्मक और असहयोगात्मक (Process of Interaction: Associative and Dissociative)
(3) औपचारिक समाजशास्त्रः (Formal Sociology)

अतः इस अध्याय में हम सिमेल की विचारधारा को या उनकी सामाजिक विचारक की हैसियत को इन उपरोक्त तीन बिन्दुओं पर देखेगें।

जीवन रेखाचित्र (Life Sketch)

जॉर्ज सिमेल का जन्म मार्च 1, 1858 में जर्मनी के बर्लिन शहर में हुआ था। इन दिनों में जब जॉर्ज ने लिखना प्रारम्भ किया तब यूरोप के बौद्धिक क्षेत्र में खलबली मच गयी। अपनी परिवार के सात बच्चों में सिमेल छोटा था। उसके पिता यहूदी थे। बाद में चलकर उन्होंने ईसाई धर्म को अपना लिया। यह बड़ी रूचिकर बात है कि सम्पूर्ण यूरोप और अमेरीका में यहूदियों ने आर्थिक और बौद्धिक क्षेत्र में नेतृत्व प्रदान किया है। मर्टन, पारसंस, पिटर ब्लाऊ, कार्ल मार्क्स, ये सब चोटी के विचारक यहूदी धर्म को मानने वाले थे। सिमेल जब बाल्यावस्था में थे तभी उनके पिता का देहान्त हो गया था। उनकी मृत्यु के बाद सिमेल परिवार के एक विश्वस्त मित्र ने जॉर्ज सिमेल का पालन-पोषण किया। कभी भी सिमेल ने जब वे छोटे थे, परिवार में अपने आपको सुरक्षित नहीं माना। स्नातक बनने के बाद उन्होंने बर्लिन विश्वविद्यालय से इतिहास और दर्शनशास्त्र की शिक्षा पाई। उस समय के नामी-गिरामी विद्वान उनके सहपाठी थे।

सिमेल ने अपना अध्यापन कार्य बर्लिन विश्वविद्यालय से प्रारंभ किया वे विभिन्न विषयों में व्याख्यान देते थे। उनके बारे में रुचिकर बात यह है कि वे जर्मन विचारधारा के विपरीत थे। उसके समय यूरोप में दो विचारधाराएँ प्रभावशाली थीः (1) ब्रिटिश-फ्रान्स विचारधारा, और (2) जर्मन विचारधारा। अपने व्याख्यानों में वे इन दोनों विचारधारों का खण्डन करते थे। ब्रिटिश-फ्रान्स विचारधारा को वे यह कह कर अस्वीकार करते थे कि समाजशास्त्र कभी भी प्रत्यक्षवादी विज्ञान नहीं बन सकता। जर्मन विचारधारा का खण्डन वे और तरह से करते थे। इस विचारधारा की मान्यता थी कि मनुष्य में *स्वतन्त्र इच्छा शक्ति* (Free will) है और इस कारण समाजशास्त्र को *अद्वितीय घटनाओं* (Unique events) का अध्ययन करना चाहिये। यह जर्मन विचारधारा का दर्शन था। सिमेल इसे भी अस्वीकार करते थे। इन दोनों अस्वीकृतियों के होते हुए भी बर्लिन विश्वविद्यालय में सिमेल एक लोकप्रिय प्राध्यापक थे। विद्यार्थियों को वे कई विषयों में व्याख्यान देते थे। जहाँ एक ओर ये विषय तर्कशास्त्र पर थे वहीं दूसरी ओर ये विषय दर्शन के इतिहास और आचारशास्त्र तक पहुँच जाते थे। कभी-कभी तो यह होता था कि एक ही शिक्षण सत्र में वे समाजशास्त्र में कई नई विधाओं का सूत्रपात करते थे। सिमेल के साथ सब कुछ ठीक होते हुए भी उनका जीवन बौद्धिक क्षेत्र में अच्छा नहीं था। प्रायः उनकी निंदा की जाती थी और ऐसा होना स्वाभाविक भी था। क्योंकि वे बराबर अपने जीवन काल में ब्रिटिश और फ्रान्सीसी विचारधारा का खण्डन करते रहे। उन्होंने जर्मन विचारधारा जो 19वीं शताब्दी के मध्य में एक शक्तिशाली विचारधारा थी, उसी का खण्डन किया। मज़े की बात यह है कि कार्ल मार्क्स के संघर्ष

सिद्धान्त को भी उन्होंने अस्वीकार किया। जिसे मार्क्स उत्पादन की विधियाँ कहते हैं, सिमेल ने इसे असहयोगात्मक प्रक्रियाओं का नाम दिया। 20 वीं शताब्दी के प्रारम्भ तक मार्क्स का संघर्ष सिद्धान्त प्रभावशाली रहा और इस कारण सिमेल ने असहयोगात्मक प्रक्रियाओं के विश्लेषण में जिस संघर्ष को प्रतिपादित किया, वह दब गया।

कृतित्व (Major Works)

सिमेल ने खूब लिखा है। 20 किताबों के अतिरिक्त उनके जो फुटकर निबन्ध छपे हैं वे कई प्रकार के बौद्धिक समाचार पत्रों में है। उनके कुछ निबन्ध तो ऐसे हैं जो उनकी मृत्यु के बाद भी प्रमुखता से प्रकाशित हुए हैं। उनकी पुस्तकों में उन्होंने समाज विज्ञानों के कई क्षेत्रों को छुआ है—आचार शास्त्र, समाजशास्त्र और संस्कृतिशास्त्र। उनकी पहली पुस्तक *ऑन सोशल डिफरेन शिएशन* (On Social Differentiation) सन् 1890 में प्रकाशित हुई। यह पुस्तक सिमेल की केन्द्रीय पुस्तक है जिसमें समाजशास्त्रीय समस्याओं की पड़ताल की है। इस वर्ष के कई वर्षों बाद तक सिमेल ने जो कुछ लिखा वह आचार और दर्शनशास्त्र के इतिहास पर था। इस संदर्भ में उनकी पुस्तक *दि प्रॉब्लम्स ऑफ दि फिलोसोफी ऑफ हिस्ट्री* (The Problems of the Philosophy of History) एक मुख्य ग्रन्थ है। समाजशास्त्र के क्षेत्र में उनकी एक और छोटी पुस्तक है: *फण्डामेन्टल क्वेशचन्स ऑफ सोशियोलोजी* (Fundamental Question of Sociology)। यह पुस्तक एक उल्लेखनीय कृति है। यदि सिमेल की कृतियों का संक्षेप में मूल्यांकन किया जाय तो कहना होगा कि उन्होंने समाजशास्त्र, दर्शनशास्त्र औरआचार के क्षेत्रों में बहुत कुछ लिखा है। ये सब कृतियाँ महत्वपूर्ण हैं। इनके होते हुए भी यह कहा जाता है कि वे अपने जीवनकाल में समाजशास्त्र को किसी एक *सम्प्रदाय* (School) में नहीं बांध पाये। अपने मरने के कुछ समय पहले उन्होंने अपनी डायरी में यह टिप्पणी जड़ी: "मैं जानता हूँ कि किसी बौद्धिक परम्परा के बिना मैं मर जाऊगाँ। और शायद यह मेरी नियति है।" सही है कि सिमेल कोई बौद्धिक परम्परा नहीं स्थापित कर पाये। अमेरीका में *रोबर्ट पार्क* (Robert Park) सिमेल के पक्के अनुयायी थे। आज भी जो कोई पार्क को पढ़ता है उसे स्पष्ट रुप से दिखायी देगा कि पार्क सिमेल से अत्यधिक प्रभावित थे। यह एक बौद्धिक परम्परा ही है। पार्क ही क्यों यूरोप के महाद्वीप में ऐसे कई विचारक थे जो सिमेल से प्रभावित थे। आज भी यूरोप और अमेरीका में सिमेल और उसकी कृतियों को गंभीरता से पढ़ा पढ़ाया जाता है।

बौद्धिक संदर्भ (Intellectual Context)

सिमेल के विचारों को कई बौद्धिकों ने प्रभावित किया है। मुख्य रूप से वे *कांत* (Kant) से प्रभावित थे। कांत का प्रभाव इतना अधिक था कि कई लोग सिमेल को *नवीन कांत* (Neo-Kant) कहते हैं। कांत से जो कुछ उन्होंने सीखा है वह अन्तः क्रिया प्रक्रियाओं का विश्लेषण, और प्रकार्यात्मक सम्बन्ध है। सिमेल की कृतियों में डार्विन और स्पेन्सर का प्रभाव भी मुखर है। प्रारम्भ में तो ऐसा लगता है कि सिमेल डार्विन और स्पेन्सर से बहुत अधिक प्रभावित है पर बाद में चलकर वे अपनी कृतियों में कांतवादी बन जाते हैं। कान्त के ज्ञान के सिद्धान्त को सिमेल ने विस्तार के साथ रखा है। ऐसा करने में सिमेल आनुभविकता का विरोध करते हैं और समाज की व्याख्या समय, स्थान और मानसिक श्रेणियों के माध्यम से

करते हैं। जब सिमेल ने औपचारिक समाजशास्त्र को विकसित किया तब वे वास्तव में अन्तः क्रियाओं के स्वरुप को देखते हैं। यह स्वरुप और इसकी *अर्न्तवस्तु* (Content) दो प्रक्रियाओं से बने हैं: सहयोगात्मक और असहयोगात्मक।

जॉर्ज सिमेल : स्वरूपात्मक समाजशास्त्र (George Simmel: Formal Sociology)

सम्पूर्ण 19वीं शताब्दी में जो भी विचारक हुए, अगस्ट कॉम्ट और हरबर्ट स्पेन्सर या वेबर और पेरेटो, सभी की यह कोशिश थी कि समाजशास्त्र को एक विज्ञान सम्मत समाजविज्ञान बनाया जाये। वास्तव में इस शताब्दी में प्राकृतिक विज्ञान प्रभावशाली हो गये थे। यह इन विज्ञानों के कारण ही था कि भाप के इंजिन चले, रेलगाड़ियाँ चली और संचार साधनों का आविष्कार हुआ। विज्ञान की इन उपलब्धियों का प्रभाव सभी ज्ञान की शाखाओं पर पड़ा। इसी कारण समाजशास्त्री विचारधारा में भी बदलाव आया। सिमेल ने अगस्ट कॉम्ट, हरबर्ट स्पेन्सर और सम्पूर्ण जर्मन विचारधारा को नकार दिया। उन्होंने स्थापित किया कि समाज जैसी कोई वस्तु अपने यथार्थ रूप में नहीं है। इस तर्क के आधार पर यह कहना अनुचित होगा कि समाजशास्त्र समाज का अध्ययन करता है। समाज का परिवेश बहुत वृहद है। सूरज के नीचे जो कुछ है, सभी समाज है। *इस कारग सिमेल राजनीति, आचार, व्यवसाय, धर्म या ऐसे ही समाज के किसी अंग को समाजशास्त्र की अध्ययन सामग्री नहीं बनाते। न ही इन सब वस्तुओं का जोड़ समाज को बनाता है। समाज को तो अन्तः क्रियाओं के अध्ययन का समाज विज्ञान है।* देखा जाय तो हमारी आर्थिक, राजनीतिक, साहित्यिक प्रक्रियाओं के मूल में अन्तःक्रियाएँ होती है। इन अन्तः क्रियाओं में, यदि हम खोज करें तो स्वरूप होते हैं। इन स्वरूपों का अध्ययन समाजशास्त्र करता है।

व्यक्ति और समाज (Individual and Society)

सिमेल ने अन्तः क्रियाओं के स्वरूप के अध्ययन के लिये व्यक्ति और समाज के सम्बन्धों की चर्चा की है। वे कहते हैं कि व्यक्ति अपने आप में कुछ नहीं है। जो कुछ वह करता है यह सब समाज की देन है। यदि व्यक्ति अपराध करता है, तस्करी में लिप्त होता है तो उसने यह सब समाज से सीखा है। और यदि व्यक्ति समाज को ऊँचा उठाता है, शाश्वत मूल्यों के प्रति प्रतिबद्धता बताता है, अपने से बड़ों का आदर करता है तो यह सब भी समाज से ही सीखा है। अन्तः क्रियाओं के ये वृहद स्वरूप हैं। इन्हीं स्वरूपों का अध्ययन स्वरूपात्मक समाजशास्त्र (Formal Sociology) करता है। स्वरूपात्मक समाजशास्त्र का मूल आधार समाजीकरण है। बहुत समय पहले (1940) बोगारडस ने सामाजिक विचारों के विकास पर एक पुस्तक लिखी थी। इस पुस्तक को आज भी आदर के साथ देखा जाता था। इसमें वे सिमेल के विचारों की व्याख्या करते हैं। वे कहते हैं कि *यदि सिमेल का बहुत थोड़े शब्दों में परिचय दिया जाय तो यह कहना होगा कि सिमेल का स्वरूपात्मक समाजशास्त्र और कुछ न होकर समाजीकरण के स्वरूप (Forms of Socialization) हैं। यदि हम व्यक्ति के समाजीकरण को देखें तब हमें उसके विभिन्न स्वरूप उभरते हुए दिखायी देगें। एक दृष्टान्त लिजिये। चली आती एक कहानी है, और हमारे देश की है। एक नौजवान लड़का बहुत बड़ी चोरी में मृत्युदण्ड पाता है। फाँसी पर लटकने से पहले जब उसे कहा जाता है कि उसकी अंतिम इच्छा क्या है? तब वह अपनी माँ को मिलने की बात कहता है। उसे माँ से मिलने*

की इज़ाजत दी जाती है। लोगों का ख्याल था कि वह बड़े भावात्मक रुप से माँ के पाँव छुएगा, रोयेगा और अपने अपराध के लिये लज्जित होगा। लेकिन जब वह माँ से मिला तो उसने माँ के कान कुतर लिये, उसने मुँह को नोच लिया।

इस कहानी का सिमेल की व्याख्या के रूप में क्या अर्थ हुआ। अर्थ यह है कि *माँ ने अपने लड़के का समाजीकरण इस भाँति किया कि वह अपनी वयस्क अवस्था में पहुँच कर नामी अपराधी हो गया। इस अपराध का प्रारम्भ अपनी स्कूल के सहपाठी की पेंसिल और पुस्तक चुराने से था। सिमेल कहते हैं कि समाजीकरण हमें कई स्वरूप प्रदान करता है। इस कहानी में समाजीकरण का स्वरूप असहयोगात्मक है।* सिमेल ने आग्रहपूर्वक कहा है कि स्वरूपात्मक समाजशास्त्र सामाजिक अन्तःक्रियाओं को जो बार-बार दोहराई जाती है उनका अध्ययन करता है। एक परिवार में हम अतिथि के स्वागत को देखते हैं, दूसरे परिवार में भी देखते हैं कि अतिथि का स्वागत होता है। और पाते हैं कि सभी समाज़ों में अतिथि देवता की तरह होता है। अतिथि के प्रति हमारी यह भावना समाजीकरण के कारण है। इसी कारण समाज में अन्तः क्रियाओं के स्वरूप बन जाते हैं।

सिमेल ने समाजीकरण के स्वरूपों को दुनियाँ के इतिहास के विभिन्न युगों में देखा है। ये सब स्वरूप या तो मित्र के हैं या शत्रु के; या सहयोगात्मक है या असहयोगात्मक; या निकटता के हैं या दूरी के। समाजीकरण जब एक जैसा होता है तो इसका परिणाम एकता में दिखायी देता है। इसी कारण सिमेल अपने बहुत बड़े विश्लेषण के बाद इस निश्चय पर पहुँचते हैं कि *समाजशास्त्र वस्तुतः समाजीकरण का विज्ञान है। और आगे चलकर वे अधिक स्पष्ट रूप से कहते हैं कि समाजशास्त्र एकता के स्वरूपों (Forms of Unity) के अध्ययन का विज्ञान है। उन्होंने स्वरूपों के कई दृष्टान्त दिये हैं जैसे कि नेता और अनुयायी। और राजा और प्रजा। यदि स्वरूप न हों तब समाजीकरण हो ही नहीं सकता।* यह तो स्वरूप ही है जिनके आधार पर हम बच्चों का समाजीकरण करते हैं।

स्वरूपों का वर्गीकरण: स्वरूप और अर्न्तवस्तु
(Classification of Forms: Form and Content)

स्वरूपात्मक समाजशास्त्र की सबसे बड़ी समस्या इस रणनीति को निश्चित करने की है कि हम आनुभाविक घटनाओं में से स्वरूपों का पता कैसे लगाएँ। सिमेल की इस समस्या को हम भारतीय इतिहास के मध्यकाल में देखें। इस काल में दिल्ली के सिंहासन पर मुगल थे और दूसरी ओर राजपूत और मराठे थे। मेवाड़ के राजपूतों को जीतने के लिये अकबर जैसे मुगल बादशाह ने जयपुर के मानसिंह से समझौता किया। दोनों में विवाह सम्बन्ध हुए। इन्हीं राजपूतों के सहयोग से मेवाड़ के खिलाफ हल्दीघाटी में लड़ाई हुई। इस लड़ाई में एक ओर मुगल और राजपूत थे और दूसरी और राजपूत ही थे। जो मेवाड़ के राजा थे। ये सब बातें हमने दृष्टान्त रूप में रखी हैं। इनका विश्लेषण यह है कि इतिहास के इस युग में जहां एक स्वरूप सहयोगात्मक है वहीं दूसरा स्वरूप संघर्ष यानी असहयोगात्मक है। *अतः जब हमें स्वरूपों की पहचान करनी होती है तब हम आनुभविक सामग्री को एकत्र करते हैं। इस सामग्री में से स्वरूप और अर्न्तवस्तु को अलग करते हैं।*

अब प्रश्न उठता है: स्वरूप व अर्न्तवस्तु में क्या अन्तर है? यद्यपि सिमेल से बहुत स्पष्ट

शब्दों में *स्वरूप और अर्न्तवस्तु के अन्तर को नही रखा है फिर भी यह कहा जा सकता है कि अर्न्तवस्तु वह है जिसमें विविधता है। यह विविधता विजातीय (Heterogeneous) है।* इस विजातीयता का विश्लेषण करने से हमें कुछ तथ्य ऐसे मिलेंगे जो बार-बार दोहराए जाते हैं। इन तथ्यों में हमें स्वरूप मिलते हैं। ये स्वरूप या तो सहयोग के होते हैं या असहयोग के। *इस भाँति यदि सिमेल के स्वरूपात्मक समाजशास्त्र की परिभाषा दी जाय तो कहना होगा कि यह समाजशास्त्र सहयोग और संघर्ष दोनों प्रकार के स्वरूपों का अध्ययन करता है।*

सूत्र रूप में इसे कुछ इस तरह रखेंगे:

स्वरूपात्मक समाजशास्त्र= सहयोग+संघर्ष

स्वरूपात्मक समाजशास्त्र की अभिव्यक्ति समाजीकरण में होती है।

स्वरूपों में द्वन्द्व (Dialectics in Forms)

सिमेल से पहले कार्ल मार्क्स हुए थे। ये दोनों ही विचारक जर्मन विचारधारा की उपज थे। इस समानता के होते हुए भी दोनों के रास्ते अलग थे। मार्क्स ने यह प्रबन्ध रखा कि समाज में संसाधन सीमित है और उन पर अधिकार करने के लिये बराबर वर्ग संघर्ष होता है। सिमेल भी संघर्ष के हिमायती है। वे यह स्वीकार करते हैं कि स्वरूपों के जो प्रकार हमें उपलब्ध है उनमें संघर्ष भी है। इतिहास का कोई ऐसा युग नहीं मिलेगा जिसमें संघर्ष न हुआ हो। लेकिन वे तर्क देते हैं: समाज में सहयोग के स्वरूप भी मिलते हैं। यहाँ आकर मार्क्स और सिमेल जुदा-जुदा हो जाते हैं।

सिमेल का कहना है कि अन्त में चलकर व्यक्ति जो भी है वह समाज की उपज ही है। यह स्वरूप पर्याप्त मात्रा में उपलब्ध है। लेकिन ऐसा भी देखा गया है कि व्यक्ति समाज की उपज होते हुए भी समाज का विरोध करता है। सिमेल की भाषा में यही द्वन्द्व है। भारतीय समाज का एक दृष्टान्त लें। महात्मा गाँधी बहुत सीमित रूप में गुजराती समाज की उपज थे। यह समाज रुढ़िवादी था। इसमें अछूतों का स्थान निम्नतम स्तर पर था। इसी समाज की उपज होकर गाँधीजी ने अस्पृश्यता का विरोध किया। यह द्वन्द्व है। यही पर सिमेल एक और तथ्य रखते हैं। वे कहते हैं कि समाज में जहाँ सामंजस्य (Harmony) होता है वहीं संघर्ष भी होता है। आनुभाविक रूप से संसार में कोई भी समाज ऐसा नहीं मिलेगा जहाँ केवल सामंजस्य हो और संघर्ष नहीं। संघर्ष तो देवताओं की दुनियाँ में भी मिलता है। देखा जाय तो एक व्यक्ति का दूसरे के साथ जो सम्बन्ध होता है वह या तो अधिकारी का होता है या अधीनस्थ का। लेकिन बिना किसी अधिकार के व्यक्तियों में सम्बन्ध नहीं होते। सिमेल के स्वरूपात्मक समाज के कुछ महत्वपूर्ण तथ्य है जिनका हमने ऊपर उल्लेख किया है। ये तथ्य *कुंजी तथ्य* (Key facts) हैं। ये इस प्रकार हैं:

(1) समाजीकरण,

(2) स्वरूप और अर्न्तवस्तु,

(3) सहयोगात्मक और असहयोगात्मक स्वरूप, तथा

(4) समाज में सामंजस्य और संघर्ष

उपसंहार

सिमेल की कृतियों में कई प्रकार की अव्यवस्था है। कहीं वे एक बात कहते हैं और बाद में

चलकर उसी का विरोध करते हैं। लेकिन यदि हम किसी व्यवस्था को स्थापित करें तो इससे स्पष्ट हो जाता है कि उनका समाजशास्त्र से क्या तात्पर्य है। मुख्य बात तो यह है कि सिमेल समाजशास्त्र को एक व्यवस्थित रूप देना चाहते थे। अपने इस प्रयास में उन्होंने अगस्ट कॉम्ट और स्पेन्सर का विरोध किया यानी वे उद्‌विकासवाद के विरोधी हो गये। उन्होंने सावयववाद अर्थात् शरीर संरचना और समाज की समानता को स्वीकार नहीं किया। दूसरे शब्दों में वे प्रकार्यवाद के विरोधी थे, उद्‌विकास के विरोधी थे।

सिमेल का विरोध जर्मन विचारधारा से भी था। यह विचारधारा आदर्शवाद को स्वीकार करती थी। उन्होंने जर्मन विचारधारा के इस सैद्धान्तिक पहलु को भी अस्वीकार किया। सिमेल को एक प्रबुद्ध विचारक का स्थान इसलिये दिया जाता है कि उन्होंने सावयववाद और जर्मन विचारधारा सम्प्रदाय दोनों के मध्य का रास्ता अपनाया। इस दृष्टि से सिमेल का समाजशास्त्र को योगदान महत्वपूर्ण बन जाता है। दुर्खीम ने जहाँ उन तत्वों पर ध्यान दिया जो समाज को एक सूत्र में बांधे रखते हैं वहाँ सिमेल ने *सूक्ष्म समाजशास्त्रीय* (Micro Sociological) प्रयास को अपनाया। उन्होंने अपना सारा ध्यान या कहिये सरोकार सामाजिक प्रक्रियाओं पर रखा। यह सामाजिक प्रक्रियाओं के कारण—सहयोगात्मक या असहयोगात्मक—ही है कि सिमेल एक नवीन समाज की कल्पना करते हैं। स्वरूपात्मक समाजशास्त्र के रूप में वे सामाजिक अन्तःक्रियाओं पर अपने सिद्धान्त को बनाते हैं।

आज समाजशास्त्र एक तकनीकी प्रक्रिया के दोर से गुजर रहा है। कई नवीन अवधारणाएँ आई है। इस संदर्भ में यदि कोई सिमेल को याद करना भूल जाता है तो वह समाजशास्त्र की मुख्य धारा को भूल जाता है। आज भी रोबर्ट पार्क, थियोडोर केपलो, रोबर्ट मटर्न आदि के साथ सिमेल का नाम आदर से लिया जाता है। सिमेल किसी भी अर्थ में दुर्खीम या मेक्स वेबर से कमज़ोर नहीं थे। जहाँ मार्क्स ने उत्पादन सम्बन्धों में संघर्ष यानी असहयोगात्मक प्रक्रियाओं को देखा है। वहां सिमेल ने अनाःक्रिया व्यवस्था में संघर्ष यानि असहयोगात्मक प्रक्रियाओं को देखा है।

6

मैक्स वेबर

(Max Weber, 1864-1920)

रेमण्ड एरॉ ने अपनी पुस्तक '*मेन करेन्ट्स इन सोशियोलोजिकल थॉट*' (*Main Currents in Sociological Thought*, 1967) की दूसरी जिल्द में एक स्थान पर लिखा है कि समाजशास्त्र एक वृहद विज्ञान के रूप में सामाजिक क्रिया का अध्ययन करता है। इसी सन्दर्भ में उल्लेखनीय है कि वेबर ने लीक से हटकर व्यक्ति का अध्ययन सामाजिक क्रिया करने वाले एक एक्टर (Actor) की तरह किया है। उनके पूर्ववर्ती विचारकों ने समाजशास्त्र को सदैव सामाजिक संरचनात्मक संदर्भ में देखा था। उदाहरण के लिये स्पेन्सर (Spencer) ने सामाजिक जीवन के उद्‌विकास को सावयवी उद्‌विकास की तरह देखा। दुर्खीम का संदेश दूसरा था। उन्होंने सामाजिक सम्बद्धता को संस्थागत संगठन के रूप में रखा। मार्क्स का समाज के प्रति दृष्टिकोण और ही था। उनका आग्रह था कि उत्पादन सम्बन्धों और बदलती हुई सामाजिक संरचना के संदर्भ में वर्गों के बीच में संघर्ष होना स्वाभाविक है।

इन सब विचारकों की तुलना में यदि हम मैक्स वेबर के योगदान को देखें तो लगेगा कि वे तत्कालीन विचारकों से हटकर थे। यह पहली बार था कि उन्होंने सामाजिक क्रिया के साथ में व्यक्ति द्वारा लगाये गये अर्थ को प्राथमिकता दी। दुर्खीम, मैक्स वेबर या पेरेटो समाज विज्ञान में और विशेषकर समाजशास्त्र में मनोविज्ञान की किसी भी भूमिका को नकारते थे। समाजशास्त्री मनोवैज्ञानिक संदर्शों के साथ अछूत जैसा व्यवहार करते थे। वेबर ने यह स्वीकार नहीं किया। उन्होंने कहा कि जब व्यक्ति किसी क्रिया (Action) को करता है तो उसके पीछे वह अपने स्वयं का कोई न कोई अर्थ अवश्य लगता है। वेबर ने पहली बार समाजशास्त्र को मनोविज्ञान के साथ जोड़ा। जहाँ मैक्स वेबर वस्तुवादी हैं वहीं वे व्यक्तिवादी भी हैं। वे दृढ़तापूर्वक कहते हैं कि व्यक्ति का कोई भी कार्य उद्देश्यपूर्ण या लक्ष्योन्मुख (goal oriented) होता है। व्यक्ति एक ओर जहाँ तार्किक होता है, वहीं दूसरी ओर उसका अभिस्थापन मूल्यों के प्रति भी होता है। इस भाँति वेबर की सामाजिक क्रिया सोद्देश्य पूर्ण, तार्किक, और मूल्यपरक ठहरती है।

मैक्स वेबर की प्रतिष्ठा समाजशास्त्रीय साहित्य में बहुत ऊंची है। आधुनिक समाजशास्त्र को उन्होंने बहुत कुछ दिया है। किंग्सले डेविस तो यहाँ तक कहते हैं कि मैक्स वेबर आधुनिक समाजशास्त्र के जनक थे। डोनाल्ड मेकरे (Donald G. MacRae, *Modern Masters*) ने वेबर के क्रियाकलापों पर एक मोनोग्राफ तैयार किया है। उसमें उन्होंने कहा है कि जर्मनी के इस करिश्माई विचारक का देहान्त जून 14, 1920 में हुआ। उस समय शाम के पाँच बजे थे। दिनभर बूंदा-बांदी हो रही थी। पाँच बजे के बाद वेबर के विद्यार्थी कार्ल

लोवन्स्टेन उनके घर आये यानी म्यूनिख पहुँचे। कार्ल ने देखा कि वेबर बीमार अवस्था में अपने बिस्तर पर अकेले पड़े थे। कुछ समय वे उनके पास बैठे। उन्होंने देखा कि वेबर अपने जीवन के अन्तिम समय में मौत के साथ जूझ रहे थे। थोड़े समय कार्ल रुके और चल दिये। जब तक कि वेबर की पत्नी मेरियन (Marianne) घर में दूसरी ओर किसी कमरे में आराम कर रही थी तब तक वे मर चुके थे। एक शानदार, महान बौद्धिक जीवन का अन्त इस तरह बिना किसी सेवा के, अकेली अवस्था में समाप्त हो गया। उनकी उम्र लगभग 56 वर्ष की थी और मरने के कुछ महीनों पहले ही उन्होंने प्रोफेसर की चेयर को ग्रहण किया था। यदि वे जीवित रहते तो उनका विचार था कि अगले सत्र में वे समाजवाद पर व्याख्यानों की एक कड़ी प्रस्तुत करते। पर विधाता को यह स्वीकार नहीं था।

जीवन की यह कैसी विडम्बना है कि जब तक वेबर जीवित थे, जर्मनी में उनकी प्रतिष्ठा एक सामान्य व्यक्ति की जैसी थी। मृत्यु के बाद जर्मनी ही नहीं सम्पूर्ण यूरोप और अमेरिका में उनकी इज्जत बहुत अधिक बढ़ गयी। जीवन में जो ऊंचाई उन्हें कभी नहीं मिली, मृत्यु के बाद कई गुना बढ़ गयी। प्रश्न है, मरणोपरान्त वेबर की इस प्रतिष्ठा में वृद्धि का कारण क्या है? डोनाल्ड ने इसकी व्याख्या की है। वे कहते हैं कि वेबर की मृत्यु के बाद यूरोप में करिश्मा पद का प्रयोग एक फैशन बन गया। अखबारनवीस भी करिश्मा पद के फैशन के शिकार हो गये। हुआ यह कि वेबर के बाद के विचारकों ने उन्हें करिश्में का विचार बताना प्रारम्भ कर दिया। वेबर के मरणोपरान्त यश बढ़ने का डोनाल्ड द्वारा दिया गया यह विश्लेषण फूहड़ दिखता है। पदों के प्रयोग का यह फैशन कभी भी स्थायित्व नहीं देता।

वेबर की यश वृद्धि का दूसरा कारण जैसा कि डोनाल्ड कहते हैं उनका प्रोटेस्टैन्ट आचार पर किया गया कृतित्व है। उनकी यश वृद्धि का एक और कारण भी है। अमेरिका और जर्मनी के पुस्तकालयों में वेबर की सम्पूर्ण कृतियों का भण्डार किसी को भी देखने के लिये मिल सकता है। इस भण्डार ने समाजशास्त्री ही नहीं सामान्य पाठक को भी वेबर के रुबरू कर दिया। मरणोपरान्त यश वृद्धि का विश्लेषण हम किसी भी तरह करें, लेकिन यह निश्चित है कि वेबर का बौद्धिक स्तर बहुत वृहद था। उन्होंने दुनियाभर के साहित्य को पढ़ा था और विद्वता में उनका कोई सानी नहीं था। इसी कारण कई समाजशास्त्रियों व सामान्य लोगों के लिये मैक्स वेबर सर्वोत्कृष्ट समाजशास्त्री थे। उनका समानान्तर खोजना कठिन है। अर्थशास्त्र में जो स्थान मार्शल और किन्स का है, मानवशास्त्र में जो पद मेलिनोस्की या रेडक्लिफ ब्राउन का है, भौतिकशास्त्र में जो दर्जा आइन्सटीन का है, कुछ ऐसा ही दर्जा मैक्स वेबर का समाजशास्त्र में है। वे तो आज भी आधुनिक समाजशास्त्र में कभी भी समाप्त नहीं होने वाले ज्ञान के स्रोत हैं।

वेबर न तो राजनीति के पैगम्बर थे और नांहि मार्क्स की तरह किसी धर्मनिरपेक्ष धर्म की स्थापना करने वाले थे। वास्तव में वे, किसी भी वैचारिकी से ऊँचे थे। उनकी महत्त्वपूर्ण विशेषता यह थी कि वे यूरोप व अमेरिका के औद्योगिक समाज का विश्लेषण बढ़ी खूबी के साथ कर लेते थे। और इसी कारण उनका समाजशास्त्र में आज भी दर्जा बहुत ऊंचा है।

जीवन रेखाचित्र (Life Sketch)

मैक्स वेबर का जन्म 21 अप्रैल 1864 ई. में जर्मनी के एरफुर्त नामक स्थान पर हुआ था। उनका परिवार प्रोटेस्टेन्ट धर्म का अनुयायी था। उनके पिता के पूर्वजों का मुख्य धन्धा कपड़े

का था। उनकी माँ जर्मनी की ही थी और उनके पिता फौज में नौकरी करते थे। वेबर के पिता की ख्याति उदार दल के नेता के रूप में थी। वे अपने माता-पिता की ज्येष्ठ सन्तान थे। इनका घर जर्मनी के प्रमुख राजनीतिज्ञों तथा बर्लिन विश्वविद्यालयों के प्रतिष्ठित प्राध्यापकों का संगम था। मैक्स वेबर की बाल्यावस्था इस भाँति बौद्धिक लोगों के सम्पर्क में गुजरी।

मैक्स वेबर की स्कूली शिक्षा 1882 ई. में समाप्त हो गयी। फिर उन्होंने हाइडेलबर्ग विश्वविद्यालय में कानून की पढ़ाई प्रारम्भ कर दी। यद्यपि उनका दाखिला विधि संकाय में हुआ था, फिर भी वे नियमित रूप से अर्थशास्त्र और दर्शनशास्त्र की कक्षाओं में भी पढ़ने के लिये बैठते थे। प्रारम्भ से ही वेबर एक मेघावी छात्र थे।

उन्होंने 1883 में सैनिक शिक्षा के लिये अपनी सेवाएँ दीं। जब सैनिक शिक्षा समाप्त हो गयी, वे हाइडलबर्ग विश्वविद्यालय में लौटने की बजाय बर्लिन विश्वविद्यालय में उच्चतर शिक्षा के लिये आ गये। यहाँ उन पर नाइस्त और गोरके की विचारधारा का बहुत बड़ा प्रभाव पड़ा। नाइस्त के माध्यम से ही उनका ब्रिटिश संसदीय प्रणाली से परिचय हुआ। उधर गोरके ने इनका परिचय जर्मन विधि के विविध पक्षों से कराया। कुछ समय तक गार्टिगन में निवास करने के बाद वे 1886 ई. में बर्लिन लौट आये। यहाँ उन्होंने विधि की परीक्षा उत्तीर्ण की और फौज़दारी न्यायालय में एक पद स्वीकार कर लिया।

न्यायालय में काम करना मैक्स को रास नहीं आया। अब उन्होंने अपना ध्यान शोध कार्यों में लगाया। उन्होंने 1889 ई. में डॉक्टरेट की उपाधि प्राप्त की। उनके शोध प्रबन्ध का विषय "मध्ययुगीन व्यापारिक संगठनों का इतिहास" था। जीवनयापन के लिये किस व्यवसाय को किया जाय, इस सम्बन्ध में वेबर बराबर अधरझूल में रहे। इस असमंजस की स्थिति में उन्होंने कानूनी संस्थाओं का अध्ययन किया। इस अध्ययन के परिणामस्वरूप 1891 ई. में उनकी पुस्तक "रोम का खेतिहर इतिहास तथा सार्वजनिक और वैयक्तिक कानून की महत्ता" शीर्षक से प्रकाशित हुई।

इस पुस्तक में उन्होंने रोमन समाज के आर्थिक, राजनीतिक और सामाजिक जीवन का विश्लेषण किया।

अनुसंधान कार्य के अतिरिक्त वेबर ने व्यावहारिक जीवन में भी अपनी भागीदारी प्रारम्भ कर दी। वे वेराइन फुर सोत्सिया पोलिटिक नामक समिति के सदस्य बन गये। इस समिति का उद्देश्य श्रमिकों को समाजवादी जीवन-पद्धति की ओर लाना था। समिति के सदस्य शैक्षणिक समाजवादी (Academic Socialist) के नाम से जाने जाते थे। वस्तुतः यह समिति ब्रिटिश फेबियन सोसाइटी का जर्मन स्वरूप था। इस सोसाइटी ने वेबर को एक ऐसा मंच दिया जिसके माध्यम से वे अपने अनुसंधानों का प्रयोग व्यावहारिक जीवन में कर सके। इसी मंच के माध्यम से वेबर कारखानों में काम करने वाले मजदूरों व राजनीतिक नेताओं के सम्पर्क में आ सके।

अब वेबर ने विश्वविद्यालय में अध्यापन के कार्य को अपनाया। इसी अवधि में 1893 ई. में उन्होंने एक महिला से विवाह किया जिसका नाम मैरियन श्विटज़र था। बर्लिन विश्वविद्यालय में मैक्स वेबर ने लगभग दो वर्षों तक काम किया, इसके बाद 1894 ई. में उनकी नियुक्ति फ्राइबर्ग विश्वविद्यालय में अर्थशास्त्र के प्रोफेसर के पद पर हो गयी। इस

विश्वविद्यालय को छोड़कर 1896 ई. में वे हाइडेलबर्ग विश्वविद्यालय आ गये। 1897 ई. तक पहुँचते-पहुँचते जब वे केवल 33 वर्ष के थे, मानसिक बीमारी से ग्रसित हो गये। कई दिनों तक वे अपने कमरे की खिड़की खोलकर बाहर शून्य में एकटक देखते रहते थे। इस मानसिक बीमारी ने उन्हें बाध्य कर दिया कि वे अपने शैक्षणिक कार्य को रोक दें। लगभग चार वर्ष तक वे इस बीमारी के साथ जूझते रहे। जब थोड़ा बहुत सुधार हुआ तो उनकी रुचि धार्मिक विश्वासों ओर आर्थिक क्रियाओं के प्रति जागृत हो गयी। परिणामस्वरूप 1904 ई. में उनकी पुस्तक *प्रोटेस्टैन्ट आचार तथा पूँजीवादी की आत्मा* (*Protestant Ethic and the Spirit of Capitalism*) प्रकाशित हुई। अमेरिकी यात्रा का पहला अवसर वेबर को 1905 ई. में मिला। यह वह अवसर था जब सेन्ट लुई में आयोजित वैज्ञानिक विश्व कांग्रेस में भाग लेने वे अमेरिका गये थे। 20वीं शताब्दी के अर्थ-अभिज्ञान का अनुभव उन्होंने अमेरिका में किया। यहीं उनका सम्पर्क अमेरिका जैसे वृहद समाज के उत्कर्ष और उसके शासन के लिये कर्मचारीतन्त्र की संरचना के साथ हुआ।

मैक्स वेबर की आर्थिक दशा कोई बहुत अच्छी नहीं थी। उनके स्वास्थ्य ने उन्हें आर्थिक रूप से झकझोर दिया। स्वास्थ्य ठीक होने पर वे पुनः हाइडेलबर्ग विश्वविद्यालयों में आ गये। यहाँ अब उनका स्वास्थ्य इतना अच्छा नहीं था कि वे संतोषजनक रूप से अपने व्याख्यान दे सकें। इसी बीच 1907 ई. में उन्हें अपने परिवार की विरासत में भारी धनराशि मिली। इसी धनराशि ने उन्हें आत्म-निर्भर बना दिया। अब उन्होंने विश्वविद्यालय में अध्यापन करना बन्द कर दिया और सारा समय लेखन कार्य को दे दिया जो उनके जीवन पर्यन्त चलता रहा।

वेबर के जीवनकाल में यूरोप में पहला विश्वयुद्ध हुआ। युद्ध की अवधि में वेबर ने एक राजनैतिक लेखक के रूप में अत्यधिक सम्मान प्राप्त किया। युद्ध काल में वे सैनिक चिकित्सालय प्रशासन के साथ जुड़ गये। इसी अनुभव ने उन्हें अधिकारतन्त्र पर काम करने के लिये प्रेरित किया। वेबर का नाम नवम्बर क्रान्ति के पश्चात् वाइमर संविधान के प्रथम मसविदे के तैयार करने के साथ भी जुड़ा है। जीवन के अन्तिम वर्षों में यद्यपि वे जर्मन डेमोक्रटिक पार्टी में एक प्रमुख सदस्य थे, परन्तु राष्ट्रीय सभा (National Assembly) तक वे नहीं चुने जा सके। अपने जीवन के अन्तिम दो वर्षों में वे 1918 ई. में वियना विश्वविद्यालय में अर्थशास्त्र के प्रोफेसर बन गये। 1920 ई. में जब वे केवल 56 वर्ष के ही थे, उनका निमोनिया से देहान्त हो गया।

बौद्धिक पृष्ठभूमि (Intellectual Background)

वेबर का बौद्धिक सन्दर्भ बहु-आयामी था। यद्यपि वे स्वयं दार्शनिक नहीं थे, किन्तु उन्होंने विश्वविद्यालय-विद्यार्थी जीवन में ही दर्शनशास्त्र के महत्त्वपूर्ण सम्प्रदायों के बारे में जान लिया था। वे धर्मत्वज्ञ भी नहीं थे। फिर भी उनकी विविध कृतियाँ यह प्रमाणित करती हैं कि उनका तत्वशास्त्र (Theology) में अध्ययन बहुत वृहद था। एक आर्थिक इतिहासकार की तरह, जो लेखन उपलबध था, उसे उन्होंने पढ़ा था। उनका मस्तिष्क विधि विज्ञान में रुचि रखना था और वे इतिहास तथा कानून के दर्शनशास्त्र में पारंगत थे। प्राचीन और आधुनिक इतिहास में उनका ज्ञान विश्वकोषीय था। उनके समय में समाजशास्त्र का जो भी समृद्ध एवं

मूल्यवान साहित्य था, उससे वे पूरी तरह परिचित थे।

अपने समय की बौद्धिक शक्तियों के साथ वेबर का गहरा जुड़ाव था। उनकी समाज विज्ञान की पद्धतियाँ भी तत्कालीन समाज विज्ञानों से प्रभावित थीं। वे कांट के दर्शनशास्त्र को अच्छी तरह समझते थे और उसे अपनी कृतियों में ढ़ालना चाहते थे। दिल्थे (Dilthey) और रिकर्ट (Rickert) आदि दर्शनशास्त्रियों का प्रभाव भी वेबर पर पर्याप्त था। शायद वेबर सबसे अधिक प्रभावित आर्थिक इतिहासकारों से थे। इन इतिहासकारों में वेल्हेम रोचर (Welhem Rocher) तथा कार्ल नाइज (Carl Knies) सम्मिलित हैं। जब वेबर ने प्रोटेस्टेण्ट आचार में आर्थिक पहलुओं को लिया तब वे इन अर्थशास्त्रियों के आर्थिक इतिहास से अछूते नहीं रहे।

समाजशास्त्रियों में वेबर पर अत्यधिक प्रभाव सीमेल और टॉनीज का था। टॉनीज की जैमेनशेफ्ट तथा जैसलशेफ्ट की अवधारणाओं से वेबर बहुत कुछ प्रभावित थे। इधर समाजशास्त्री सीमेल तो वेबर के परम मित्र थे। जिसे सीमेल सामाजिक स्वरूप (Social Forms) कहते हैं, उसे वेबर आदर्श प्रारूप (Ideal Type) के रूप में रखते हैं। जब वेबर विवेकपूर्ण आर्थिक व्यवस्थाओं में धन के महत्त्व को निर्णायक मानते हैं तो वे निश्चित रूप से सीमेल की *फिलोसोफी ऑफ मनी* (*Philosophy of Money*) से प्रभावित दिखाई देते हैं।

यहाँ यह भी कहना चाहिये कि वेबर आर्थिक इतिहासकार वेरनर सोम्बार्ट (Werner Sombart) से भी अत्यधिक प्रभावित रहे। वास्तव में, वेबर और सोम्बार्ट में पारस्परिक बौद्धिक लेन-देन भी था। इसी भाँति जब हम मैक्स वेबर की अध्ययन सामग्री को थोड़ा बौद्धिक परिप्रेक्ष्य में देखें तो सहज रूप में ज्ञात हो जायेगा कि उन पर नाइस्त (Nietzche) और मार्क्स का प्रभाव बहुत अधिक था। यद्यपि वेबर का यह दावा था कि मनुष्य की मानसिकता केवल सामाजिक हितों की अभिव्यक्ति मात्र ही नहीं होती। बावजूद इसके वे मार्क्स और नाइस्त की विचारधारा से पूरी तरह प्रभावित थे।

मार्क्स का कृतित्व काल 1883 ई. में उनकी मृत्यु के साथ ही समाप्त हो गया। इधर मैक्स वेबर का कृतित्व काल 1920 ई. तक था। वेबर मार्क्स से बहुत अधिक प्रभावित थे। 19वीं शताब्दी के मध्य तक समाजशास्त्र और समाज विज्ञानों में यह बहस बराबर चल रही थी कि सामाजिक परिवर्तन के लिये विचारों ओर भौतिक साधनों का योगदान किस सीमा तक है। इस बहस में नाइस्त की स्थापना थी कि सामाजिक परिवर्तन का कारण विचार है। बहस का दूसरा पहलू मार्क्स ने प्रस्तुत किया। उन्होंने कहा कि उत्पादन की विधि और उत्पादन सम्बन्ध ही, यानि भौतिकता ही, सामाजिक परिवर्तन का निर्धारण करते हैं। वेबर ने मार्क्स की इस थीसिस को स्वीकार नहीं किया। इस विरोध के होते हुए भी वेबर के स्तरीकरण और आर्थिक व्यवहार के सिद्धान्तों की जड़ें मार्क्स की थीसिस में हैं। शायद इसी कारण वेबर मार्क्स के बहुत बड़े प्रशंसक थे। उनकी विद्वता का कोई सानी नहीं था। असल में वेबर की दृष्टि में मार्क्स एक ऐसे विचारक थे जो आम आदमी की जमीन से जुड़े हुए थे। यद्यपि वेबर ने मार्क्स की बड़ी कड़वी आलोचना की है, यहाँ तक कहा है कि मार्क्स का निर्वचन घटिया किस्म का है, फिर भी वे मार्क्स की बौद्धिक वरिष्ठता के प्रति बराबर सम्मानपूर्वक रहे।

वेबर ने एक बार अपने एक विद्यार्थी से कहा था "किसी भी समकालीन विद्वान, और इसी तरह किसी भी समकालीन दार्शनिक का मूल्यांकन नाइस्त और मार्क्स के सन्दर्भ में ही किया जा सकता है। वे विचारक जिन्होंने समाज विज्ञानों में कुछ भी काम किया है यदि नाइस्त व मार्क्स के योगदान का सन्दर्भ नहीं देते, तो अपने आपको व दूसरों को धोखा देते हैं। हम जिस बौद्धिक दुनिया में रहते हैं उसके आकार-प्रकार को बहुत अधिक रूप में नाइस्त और मार्क्स ने बनाया है।"

वेबर के इस कथन का उल्लेख बौमगारटेन (Boumgarten) ने किया है। इस कथन के सन्दर्भ में जब हम वेबर की कृतियों को देखते हैं तो यह निश्चित रूप से ज्ञात होता है कि न तो उन्होंने अपने आपको धोखा दिया और न ही अपने विद्यार्थियों को किसी धोखे में रखा। सच्चाई यह है कि वेबर का जो भी काम है, जो भी कृतियाँ हैं, वे नाइस्त व मार्क्स के विशाल वट वृक्ष के नीचे विकसित हुई हैं।

सामाजिक सन्दर्भ (Social Context)

वेबर और जार्ज सीमेल दोनों ही समकालीन थे। सीमेल ने इस बात के लिये बहुत संघर्ष किया कि वे समाज का विश्लेषण अधिक से अधिक वस्तुनिष्ठा से कर सकें। इसी प्रकार का प्रयास वेबर ने भी किया। इस समानता के होते हुए भी दोनों में बहुत बड़ा अन्तर था। सीमेल ने अपनी समकालीन राजनीतिक और सामाजिक लड़ाई से अपने आपको पूरी तरह खींच लिया। वे जहाँ अपने स्वयं को यहूदी धर्म से पृथक् समझने लगे वहीं वे विश्वविद्यालय में रहकर भी इससे अजनबी बने रहे। जिस स्थिति में सीमेल थे उसमें उनके लिये वस्तुनिष्ठ विधि को अपनाना सरल था। वे तो इस दुनियां में रहकर भी इस दुनियां के बाहर की बात करते थे। वेबर ऐसा नहीं कर पाये। वे प्रोटेस्टेन्ट पिता के पुत्र थे। दूसरी ओर उनके युग में कई राजनीतिक ओर सामाजिक मुद्दे थे। वे मुद्दे सीमेल के सामने भी थे। लेकिन जहाँ सीमेल इन मुद्दों से पीछे हट गये, वहीं वेबर ने अपने पूरे दम-खम के साथ इनका मुकाबला किया। वेबर इस दुनियां में रहकर इस दुनियां की चर्चा करते थे।

सीमेल और वेबर की इस असमानता का कारण शायद इन दोनों विचारकों की पारिवारिक पृष्ठभूमि की भिन्नता थी। बहुत कम उम्र में सीमेल के पिता का देहान्त हो गया। अपनी माता के साथ उनके सम्बन्ध अच्छे नहीं कहे जा सकते। सीमेल को कभी भी भावनात्मक रूप से ऐसा नहीं लगा कि वे कहीं भी अपने परिवार के बहुत निकट हैं। वेबर की पारिवारिक स्थिति कुछ दूसरी थी। उनका अपने माता-पिता के साथ बहुत गहरा सम्बन्ध था। वे दोनों के साथ संवेगात्मक रूप से जुड़े हुए थे। माता-पिता ही क्यों, वेबर का अपने रिश्तेदारों के साथ भी अटूट सम्बन्ध था। जहाँ सीमेल ने अपने आपको परिवार व नातेदारों से खींच लिया, वहीं वेबर की पहचान ही अपने परिवार व नातेदारों से थी। यहाँ वेबर ने यह कोशिश की कि इस पारिवारिक सम्बद्धता को छोड़कर वे वस्तुनिष्ठा विधि को अपनाएँ। व्यक्तिनिष्ठा और वस्तुनिष्ठा के इस खिंचाव ने वेबर के मानसिक संतुलन को कमजोर कर दिया। कोई चार वर्ष तक वेबर मानसिक विक्षिप्ति अवस्था में रहे।

वेबर के समकालीन राजनीतिक ऊहापोह में पूरा भाग लिया। अपने युग की इन शक्तियों के साथ उन्होंने बराबर संघर्ष किया। जब वे मजदूरों के कल्याण की बात सोचते

थे, समाजवाद का प्रशिक्षण देते थे, तब भी उनके सामने ज्ञान के क्षेत्र में अपने आपको एकदम अलग करने का प्रयास चलता रहता था।

19वीं शताब्दी के फ्रान्स और जर्मनी के विचारकों की तुलना में वेबर का स्थान शीर्ष पर बन जाता है। शीर्ष इसलिये कि वेबर का जो भी लेखन पुस्तक रूप में दुनिया को उपलब्ध है लगभग वह सारा लेखन पहले अकादमिक जर्नल में छपा है। किसी भी विचारधारा को पुस्तक रूप में रखने से पहले वेबर उसे बौद्धिक पाठकों के सामने रखते थे। वेबर की लिखने की एक विशेष पद्धति थी। उनकी लिखावट जो जर्मन भाषा में है, बहुत क्लिष्ठ और गहन है। सामान्य पाठक के लिये यह लिखावट कम बोधगम्य है। लेकिन जब वेबर व्याख्यान देते थे, उनकी भाषाशैली एकदम बदल जाती थी। उन्होंने कई सार्वजनिक व्याख्यान दिये थे—एकदम सरल और सुगम। जिस तरह की वेबर की लेखन-पद्धति थी वैसी ही उनकी शब्द-योजना भी थी। जब वेबर राजनीतिज्ञों से बात करते थे तो उनकी भाषा ऐसी होती थी जो उनके समझ में आ जाती थी। वेबर का यह विश्वास था कि जब राजनीतिक श्रोताओं को सम्बोधित किया जाता है तो उनकी शब्दावली अलग होती है—एकदम राजनैतिक। दूसरी और जब श्रोता अकादमिक होते हैं तब उनके लिये दूसरी शब्दावली होती है।

वेबर अकादमिक काम को एक पवित्र और ऊंचा काम समझते थे। वे उन प्रोफेसरों की आलोचना करते थे जो अपने लेखन या व्याख्यान में वैज्ञानिक तटस्थता नहीं रखते। उनके सोचने और लिखने का आधार पूर्णतया वैज्ञानिक था। वे कभी भी विज्ञान और मूल्यों का घालमेल नहीं करते थे। वे आश्वस्त थे कि जब वैज्ञानिक विचारधाराओं से मूल्यों को पृथक् किया जाता है तब विद्वता सुरक्षित रहती है। मूल्य-तटस्थता लेखन को अराजकता से बचा लेती है। वेबर ने चाहे परिवार या राजनीतिक गतिविधियों के बारे में लिखा हो अथवा धर्म के विषय में, उन्होंने अपना सरोकार रखते हुए मुल्यों के प्रति बराबर तटस्थता बरती है। सम्पूर्ण तटस्थता अपनाते हुए भी वेबर ने अपने जीवन के अंतिम काल में लिखा कि शक्ति और राजनीति का क्षेत्र वस्तुतः शैतान का क्षेत्र (Domain of the Devil) है।

प्रमुख कृतियाँ (Major Works)

मैक्स वेबर का जीवन कभी भी फूलों की सेज नहीं रहा। उन्होंने अपने कृतित्व में जो कुछ रखा है वह सब कभी अन्त नहीं होने वाले लम्बे संघर्ष का परिणाम है। जिन गहराईयों में वेबर ने छलांग लगाई थी, बहुत कम लोग ऐसा कर पाते हैं। वेबर एक साथ कई समस्याओं के साथ जूझते थे। इन समस्याओं से जब वे बाहर आते थे तो उनका शरीर लहु-लुहान हो जाता था। कई बार तो वे अपने जुझारूपन के कारण टूटे से दिखते थे। अपने इर्द-गिर्द की दुनिया से स्वयं को अलग रखकर उन्होंने कई त्रासदियाँ झेली, फिर भी जो कुछ उन्होंने लिखा, जो कुछ उनका समाजशास्त्र को योगदान है, उनका कोई सानी नहीं।

मैक्स वेबर की सम्पूर्ण रचनाएँ जर्मन भाषा में हैं। सन् 1922 के बाद (जबकि उनका देहान्त 1920 में हो गया था) इन पुस्तकों का अंग्रेजी भाषा में अनुवाद प्रारम्भ हुआ। वेबर ने अपने जीवनकाल में कुल चार पुस्तकें लिखी हैं। यहाँ हम उनकी रचनाओं के अंग्रेजी नाम और प्रथम प्रकाशन वर्ष को इंगित करते हैं। उनकी प्रमुख कृतियाँ निम्नलिखित हैं:

(1) *द प्रोटेस्टैण्ट इथिक एण्ड द स्पिरिट ऑफ केपिटलिज़्म* (1904-05)
(2) *द सिटी* (1921)
(3) *द थ्योरी ऑफ सोशल एण्ड इकॉनामिक आर्गेनाइजेशन* (1927)
(4) *सोशियोलोजी ऑफ रिलीजन* (1922)

उपरोक्त रचनाओं से वेबर ने तत्कालीन समाज से जुड़ी हुई कई समस्याओं पर लिखा है। उदाहरण के लिये 19वीं शताब्दी में औद्योगिक क्रान्ति के परिणामस्वरूप आधुनिक पूँजीवाद का जन्म हो गया था। कारखानों के विशाल उत्पादनों के सामने कुटीर व्यवसाय, दस्तकारी और हस्तशिल्प सिसकने लगे थे। लोगों को ऐसा लगने लगा था कि पूँजीवाद की छाया तले छोटे उद्योग दम तोड़ देंगे। इधर मार्क्स ने कहा कि धर्म अफीम की तरह है और इसका पूँजीवादी से कोई सरोकार नहीं। 19वीं शताब्दी के यूरोप के ये दो मुद्दे बहुत स्पष्ट थे: पूँजीवाद और धर्म। इन मुद्दों पर मैक्स वेबर ने प्रोटेस्टेण्ट इथिक एण्ड द स्पिरिट ऑफ केपिटलिज्म, सोशल एण्ड इकॉनोमिक आर्गेनाईज़ेशन तथा धर्म के समाजशास्त्र में विस्तारपूर्वक विवेचन किया है। तत्कालीन यूरोप की समस्या शहरों के आर्विभाव की भी थी। वेबर ने शहरी संरचना पर भी विस्तार से लिखा है। सच्चाई यह है कि वेबर ने अपनी सम्पूर्ण कृतियों में तत्कालीन समस्याओं पर खुलकर विवेचन किया है। एक और समस्या वेबर के युग की रही है। यह समस्या समाजशास्त्र को एक समाज विज्ञान की तरह स्थापित करने की थी। जिस तरह प्राकृतिक विज्ञान मूल्य-तटस्थता बरतते हुए प्राकृतिक प्रघटनाओं का अध्ययन करते हैं, उसी तरह वेबर का आग्रह था कि सामाजिक प्रघटनाओं का अध्ययन भी वैज्ञानिक मुहावरे के साथ किया जाये।

रेमण्ड एरॉ ने मैक्स वेबर की सम्पूर्ण रचनाओं को विषयवस्तु के आधार पर चार कोटियों में प्रस्तुत किया है। ये कोटियाँ वस्तुतः बौद्धिक कोटियाँ हैं। एरॉ द्वारा दी गयीं कोटियों को हम इस तरह रखेंगे:

(1) विधिशास्त्र, आलोचना और दर्शनशास्त्र से सम्बन्धित अध्ययन (Studies Related to Methodology, Criticism and Philosophy)

अध्ययन की यह विषय सामग्री अनिवार्य रूप से इतिहास, समाजशास्त्र और समाज विज्ञानों से सरोकार रखती है। ये अध्ययन ज्ञान-विज्ञान (Epistemology) तथा दर्शनशास्त्र की विषय सामग्री का अपने अन्दर समावेश करते हैं। वास्तव में इन अध्ययनों का उपागम इतिहास में आदमी के दर्शन को ढूँढना है। दूसरे शब्दों में वे इस कोटि के अध्ययनों के माध्यम से विज्ञान और मानव क्रिया (human action) के सम्बन्धों को देखते हैं।

(2) ऐतिहासिक कृतियाँ (Historical Works)

यहाँ यह अवश्य कहना चाहिये कि यद्यपि मैक्स वेबर की प्रमुखतः चार कृतियाँ है फिर भी उनकी कुछ कृतियाँ ऐसी हैं जो या तो अंग्रेजी में अनुवादित नहीं हुई हैं या अप्रकाशित हैं। इन कृतियों के अतिरिक्त वेबर ने अपने शिक्षण काल में विश्वविद्यालय में कुछ व्याख्यान भी दिये हैं। ऐतिहासिक कृतियों में ये व्याख्यान और फुटकर निबन्ध भी सम्मिलित हैं। इतिहास के क्षेत्र में उन्होंने प्राचीन संसार में प्रचलित कृषि क्षेत्र में होने वाले उत्पादन सम्बन्धों का उल्लेख किया है। विश्वविद्यालय में दिये जाने वाले एक व्याख्यान की कड़ी में वे यूरोप के

सामान्य आर्थिक इतिहास का उल्लेख करते हैं। अन्यत्र जर्मनी या तत्कालीन यूरोप की आर्थिक समस्याओं का लेखा-जोखा रखा है।

(3) धर्म के समाजशास्त्र से जुड़े हुए अध्ययन (Studies in the Sociology of Religion)

धर्म के समाजशास्त्र का अध्ययन प्रोटेस्टैण्ट आचार और पूँजीवाद से प्रारम्भ होता है। इस प्रसिद्ध कृति के बाद वेबर ने दुनिया के छः बड़े धर्मों का तुलनात्मक अध्ययन प्रस्तुत किया। यह अवश्य है कि अपने जीवनकाल में वे केवल पाँच धर्मों का ही अध्ययन कर पाये। स्पष्टतः एक धर्म छूट गया। इस तुलनात्मक अध्ययन में उन्होंने धार्मिक सम्प्रदायों और दूसरी और आर्थिक दशाओं तथा सामाजिक स्थितियों के पारस्परिक सम्बन्धों को देखा है।

(4) आर्थिक व्यवस्था और समाज (Economy and Society)

यह वेबर की अन्तिम कृति थी जिसका प्रकाशन उनके मरणोपरान्त हुआ। वे इस कृति पर काम कर रहे थे तब प्रथम विश्व युद्ध समाप्त हो गया था। अभी छठे धर्म का तुलनात्मक अध्ययन शेष था और वेबर निमोनियाँ के शिकार हो गये।

वेबर की सभी कृतियों का यहाँ विस्तार से विश्लेषण प्रस्तुत करना कठिन है। फिर भी हमारी कोशिश होगी कि हम रेमण्ड एरॉ ने जो उपरोक्त चार कोटियाँ दी हैं उनको थोड़े विस्तार के साथ अगले अध्यायों में रखेंगे। यहां उपसंहार में यह कहना है कि वेबर जो कुछ भी थे, जैसे भी थे, अपने काल की उपज थे। 18वीं और 19वीं शताब्दी का यूरोप गतिहीन नहीं था। इन शताब्दियों में तीन-तीन क्रान्तियाँ हुईं। 20वीं शताब्दी के दूसरे दशक में प्रथम विश्व युद्ध हुआ। और सबसे अधिक परिवर्तन तो सामन्त काल के पतन और पूँजीवाद के आर्विभाव से हुआ। विचारकों की किसी भी पीढ़ी के लिये अपने युग की ये चुनौतियाँ किसी स्थिति में सामान्य नहीं थी।

विचारकों की कड़ी में हम आग्रहपूर्वक कहते रहे हैं कि किसी भी एक विशेष विचारक को ऐतिहासिक वृत से पृथक् करके नहीं देखा जा सकता है। विचारक को समझने के लिये संदर्श और सन्दर्भ, दोनों ही आवश्यक हैं। दूसरी महत्त्वपूर्ण बात यह है कि यद्यपि जिसे हम व्यवस्थित और वैज्ञानिक समाजशास्त्र कहते हैं इसका प्रारम्भ 18वीं शताब्दी के अन्त में हुआ, फिर भी समाज की संरचना और इससे जुड़ी हुई समस्याओं पर ईसा पूर्व काल से ही चिन्तन प्रारम्भ हो गया था। यदि पारसंस या इस अर्थ में वेबर, दुर्खीम और मार्क्स ने समाज के बारे में सोचा है तो कुछ इसी प्रकार की सोच प्लेटो अरस्तू और इब्न खाल्दुन की भी थी।

आदर्श प्रारूप (The Ideal Type)

मैक्स वेबर व्यक्तिकरण और विशिष्टीकरण के विपरीत थे। इतिहास में जो व्यक्तिकरण है उसे वे उपेक्षा की दृष्टि से देखते थे। समाज विज्ञान के इस तरह के सन्दर्भ की पृष्ठभूमि में उन्होंने आदर्श प्रारूप की अवधारणा को प्रस्तुत किया। इस अवधारणा को रखते हुए उन्होंने तार्किक तथा आनुभाविक आधार पर कहा कि कोई भी विज्ञान चाहे प्राकृतिक हो या समाज विज्ञान, सम्पूर्ण यथार्थता को उसके हू-ब-हू रूप में नहीं समझ सकता। दूसरी बात, कोई भी वैज्ञानिक व्यवस्था सम्पूर्ण समाज के यथार्थ को किसी भी एक अवधारणा में नहीं समेट

सकती। वेबर ने इस तथ्य को, और वेबर ही क्यों, सभी सामाजिक विचारकों ने यह आग्रहपूर्वक कहा है कि सामाजिक यथार्थता अनन्त (Infinite) होती है। उसमें पर्याप्त विविधता होती है। इस तरह के यथार्थ का कोई भी अमूर्तिकरण सम्भव नहीं है। उदाहरण के लिये वेबर ने जब पूँजीवाद और प्रोटेस्टेण्ट धर्म की आचार संहिता का अध्ययन प्रारम्भ किया तो उन्हें लगा कि धर्म और पूँजीवाद की सामान्य अवधारणाएँ (General Concepts) धार्मिक आचार और पूँजीवाद को समझने में सहायक नहीं होतीं। ऐसी सामान्य अवधारणाओं द्वारा जब हम पूँजीवाद या अधिकारीतन्त्र की व्याख्या करते हैं तो इसमें कुछ न कुछ छूट जाने का भय बराबर रहता है। विधि की इस दुविधा से छुटकारा पाने के लिये वेबर ने आदर्श प्रारूप की अवधारणा को रखा।

आदर्श प्रारूप विधि की आवश्यकता क्यों ? (Why Method of Ideal Type?)
आदर्श प्रारूप की अवधारणा को प्रस्तुत करने के पीछे वेबर के कुछ और भी कारण थे। टेलकट पारसंस ने आदर्श प्रारूप की अवधारणा को वृहद विधि पद्धति के सन्दर्भ में रखा है। उनका कहना है कि काई भी वैज्ञानिक अवधारणा निश्चित यथार्थ को समझने में सहायक नहीं होती। इस सन्दर्भ में समाजशास्त्री या इतिहासकार विशाल यथार्थ में से कुछ भागों को अपने अध्ययन के लिये पसन्द कर लेता है। और रुचिकर बात यह है कि इन चयनित भागों के अध्ययन के लिये हमारे पास कोई भी विधि सम्मत पद्धति उपलब्ध नहीं होती। इसी कारण वेबर ने आदर्श प्रारूप की अवधारणा को रखा है। इस अवधारणा को वेबर ने इसलिये भी रखा कि तत्कालीन समाज विज्ञानों में अध्ययन की विधियाँ आदर्शात्मक दर्शनशास्त्र से ली गयी थीं। इस कठिनाई को देखते हुए वेबर ने वेरस्टेहन (Verstehen) विधि शास्त्रीय उपागम को समाज विज्ञान के लिये काम में लिया। वेरस्टेहन विधि में जहाँ क्रिया के व्यक्तिनिष्ट पहलू आ जाते हैं वहीं विचार, मानव और मूल्यों की अवधारणाओं का भी समावेश हो जाता है। वेबर के इस तरह के उपागम में सैद्धान्तिक दृष्टि से एक भ्रम पैदा हो सकता था और यह भ्रम यह है कि वे आदर्शवादी (Idealistic) अवधारणाओं के जाल में उलझ जाते और इसमें व्यक्तिनिष्ठ अवधारणाओं का समावेश यथार्थता में हो जाता। इस तरह की दुविधा ने वेबर को आदर्श प्रारूप विधि अपनाने के लिये प्रेरित किया। आदर्श प्रारूप की अवधारणा वस्तुनिष्ठता के विपरीत है।

वेबर का आदर्श प्रारूप के निर्माण के पीछे जो विश्लेषण है उससे तो स्पष्ट है कि वेबर विधिशास्त्र के क्षेत्र में कठिनाई में थे। यह तो निश्चित है कि वास्तविक यथार्थ बहुत वृहद है। इस यथार्थ को समझने के लिये आदर्श प्रारूप व्यक्तिनिष्ठता की ओर अधिक झुकाव रखते हैं। यदि व्यक्तिनिष्ठता के आ जाने के प्रति अनुसंधानकर्ता सतर्क हो जायें तब इस बात की सम्भावना है कि वस्तुनिष्ठता का निर्वाह हो सके।

आदर्श प्रारूप के कई दृष्टांत हैं। जब इतिहासकार या समाजशास्त्री पूँजीवाद, समाजवाद, उत्पादकता, मन्दिर आदि अवधारणाओं को देखते हैं तो ये वेबर के अनुसार आदर्श प्रारूप के दृष्टांत हैं। स्वयं इतिहासकार या समाजशास्त्री आदर्श प्रारूप को बनाते हैं। एक बार अनुसंधान होने के बाद किसी आदर्श प्रारूप को रद्द भी किया जा सकता है, कूड़ेदान में भी फैंका जा सकता है। उदाहरण के लिये पूँजीवाद, समाजवाद, या सामन्तवाद की जो अवधारणा

आज प्रचलित है, शायद पचास वर्ष पहले इन अवधारणाओं का अर्थ दूसरा था। आदर्श प्रारूप का निर्माण इसीलिये किया जाता है कि किसी भी अवधारणा की हाल में जो स्थिति है उसका एक तार्किक और आनुभाविक निर्वाह आदर्श प्रारूप में हो जाये।

वेबर ने अपने अध्ययन के लिये कुछ आदर्श बनाये थे इन आदर्श प्रारूपों में सामाजिक क्रिया, प्रभुत्व, अधिकारीतन्त्र आदि सम्मिलित हैं। अंग्रेजी साहित्य में वेबर के समाजशास्त्र पर कुछ उल्लेखनीय कृतियाँ हैं जिनमें आदर्श प्रारूप का उल्लेख एक विधिशास्त्र के रूप में हुआ है। उदाहरण के लिये रैनहार्ड बेण्डिक्स (Reinhard Bendix, 1960) जुलियेन फ्रेण्ड (Julien Freund), और टेलकट पारसंस (Talcott Parsons) प्रमुख हैं।

आदर्श प्रारूप का अर्थ और परिभाषा
(Meaning and Definition of Ideal Type)

मैक्स वेबर स्वयं ने विधिवत रूप से आदर्श प्रारूप की परिभाषा दी है। 19वीं शताब्दी में अध्ययन विधि के क्षेत्र में दो मुद्दे महत्त्वपूर्ण थे।

एक मुद्दा तो वैचारिक (Ideological) विधि से जुड़ा था। दूसरा मुद्दा तुलनात्मक विधि (Comparative Method) का था। इस सम्बन्ध में दार्शनिकों में बहुत बड़ा विवाद था। डिल्थे (Dilthey) और रिकर्ट (Rickert) समाज विज्ञान की विधियों में दो पृथक् ध्रुवों पर खड़े थे। वेबर ने इन दोनों ध्रुवों के मध्य में आदर्श प्रारूप को रखा। डिल्थे से वेबर ने यह स्वीकार किया कि समझ (Verstehen) और मूल्य समाजशास्त्र की बुनियादी अवधारणाएँ हैं। रेकर्ट से उन्होंने यह सीखा कि विज्ञान तो आखिर विज्ञान ही है, चाहे वह मानसिक क्रियाओं का अध्ययन करता हो, भौतिक प्रघटनाओं का या सामाजिक गतिविधियों का। मतलब हुआ वेबर ने डिल्थे से समझ और मूल्यों को लिया और रेकर्ट ने समाजशास्त्र को विज्ञान का स्थान दिया। डिल्थे के विरोध में उन्होंने इस तथ्य को स्वीकार नहीं किया कि समझ और मूल्य को ले लेने से समाजशास्त्र विज्ञान नहीं रहेगा। दूसरे शब्दों में मूल्य और समझ को लेकर भी समाजशास्त्र विज्ञान बना रह सकता है। रेकर्ट का उन्होंने इस तथ्य पर विरोध किया कि विज्ञान और इतिहास परस्पर विरोधी नहीं है। उन्होंने तो कहा कि समाजशास्त्र एक विज्ञान है जिसकी अध्ययन सामग्री इतिहास से ली जाती है। यह इस सन्दर्भ में है कि वेबर ने आदर्श प्रारूप की व्याख्या एक विधि के रूप में की है।

वेबर कालीन यूरोप का दूसरा मुद्दा तुलनात्मक विधि से जुड़ा था। यदि हमें सामाजिक स्थितियों जैसे कि क्रान्ति, वर्ग, धर्म, समाजवाद आदि का तुलनात्मक अध्ययन करता है तो इसकी विधि आदर्श प्रारूप ही है। यह इन दो मुद्दों के सन्दर्भ में है कि वेबर ने आदर्श प्रारूप को परिभाषित किया है:

"आदर्श प्रारूप, प्राक्कल्पनात्मक मूर्त स्थितियाँ (व्यक्ति, सामाजिक दशा, परिवर्तन, क्रान्ति वर्ग आदि) हैं। इनका निर्माण सामाजिक यथार्थ के आधार पर किया गया है और इनका निश्चित उपयोग तुलनात्मक है।"

वेबर ने आदर्श प्रारूप के कई दृष्टान्त भी दिये हैं जिनमें चर्च, धार्मिक सम्प्रदाय, ईसाई सम्प्रदाय आदि हैं। वेबर के अनुसार आदर्श प्रारूप सामान्य या मूर्त नहीं है। इनकी प्रकृति

प्राक्कल्पनाजनक है। आदर्श प्रारूप में कई आईटम (Item) हैं जिन्हें हम वास्तविकता में पा सकते हैं। ये आदर्श प्रारूप यथार्थ में भी रूढ़िबद्ध दृष्टि से पाये जा सकते हैं।

रेमण्ड एरॉ ने वेबर की आदर्श प्रारूप की व्याख्या विधिशास्त्र के विशाल सन्दर्भ में की है। इसके निर्माण का उद्देश्य अनुसंधानकर्ता की समझ को विकसित करना है। जहाँ एक तरफ इसका सन्दर्भ हमारे समाज से है वहीं दूसरी तरफ विज्ञान से। विज्ञान की प्रक्रिया विवेकपूर्ण (Rational) होती है। इसलिये आदर्श प्रारूप का निर्माण समाजशास्त्र को एक विज्ञान का दर्जा देने के लिये और अध्ययन सामग्री को समझने के लिये किया गया है। वे कहते हैं:

"आदर्श प्रारूप का निर्माण इसलिये भी किया गया है कि हम कार्य-कारण की व्याख्या सही तरह से कर सकें। आदर्श प्रारूप हमें ऐतिहासिक तत्त्वों को समझने में सहायक होता है। लेकिन ये ऐतिहासिक या सामाजिक तत्त्व सम्पूर्ण न होकर आंशिक ही होते हैं।"

जुलियेन फ्रेण्ड (Julien Freund) ने आदर्श प्रारूप की व्याख्या वैज्ञानिक पद्धति से की है। प्राकृतिक विज्ञान की बहुत बड़ी विशेषता यह है कि यह अपने अनुसंधान में काम में आने वाली अवधारणाओं की व्याख्या स्पष्ट रूप से करता है। जब समाज विज्ञानों में अवधारणों को परिभाषित करने का प्रश्न उठता है तो प्रायः ये परिभाषाएँ अस्पष्ट रह जाती हैं। इन परिभाषाओं से गलतफ़हमी और भ्रम पैदा होता है। वेबर ने आदर्श प्रारूप की जो व्याख्या की है, उसका विश्लेषण करते हुए जुलियेन फ्रेण्ड कहते हैं:

"आदर्श प्रारूप, सब मिला कर उन सभी अवधारणाओं का जोड़ है जिनका निर्माण विशेष विशुद्ध रूप से अनुसंधान के उद्देश्य से करते हैं।"

लेविस कोज़र (Lewis Coser) ने भी आदर्श प्रारूप का विश्लेषण करते हुए कहा कि यह वह विधि है जिसका प्रयोग तुलनात्मक अध्ययन के लिये किया जाता है। इसके निर्माण में एक या अधिक बिन्दुओं को सम्मिलित किया जाता है। तथा इसके अन्तर्गत समष्टि में पाई जाने वाली घटनाओं का संश्लेषण किया जाता है। यह बहुत स्पष्ट है कि आदर्श प्रारूप नैतिक दृष्टि से आदर्श ही हों, ऐसा नहीं है। इसके अन्तर्गत वैश्याघर का अध्ययन भी किया जा सकता है। जहाँ एक तरफ आदर्श प्रारूप किसी एक व्यक्तित्व पर आधारित हो सकता है, वही इसका केन्द्र सामूहिकता (collectivity) भी हो सकती है।

आदर्श प्रारूप के लक्षण (Characteristics of Ideal Type)

यह निश्चित है कि आदर्श प्रारूप का प्रयोग सामान्यतः वेबर ने तुलनात्मक अध्ययन के लिये किया है। धर्म के क्षेत्र में तेबर ने दुनिया के जिन पाँच धर्मों का अध्ययन किया है उसकी विधि आदर्श प्रारूप ही रही है। दूसरा, आदर्श प्रारूप वेबर की अध्ययन विधि रही है। इस अध्ययन विधि पर वेबर के मरणापरान्त कई आलोचनाएँ हुई हैं। जब टेलकट पारसंस सामाजिक क्रिया के स्वैच्छिक सिद्धान्त का निरुपण "द स्ट्रक्चर ऑफ सोशल एक्शन" में करते हैं, तब जहाँ तक वेबर की अध्ययन विधि का प्रश्न है पारसंस का केन्द्र आदर्श प्रारूप होता है। रेमण्ड एरॉ ने भी आदर्श प्रारूप के लक्षयों का विवेचन विस्तार से किया है। यहाँ हम आदर्श प्रारूप के कतिपय केन्द्रीय और महत्त्वपूर्ण लक्षणों का विवरण देंगे:

(1) आदर्श प्रारूप में जो कुछ है उसका वास्तविक जीवन में होना आवश्यक नहीं है

आदर्श प्रारूप में वेबर ने जिन लक्षणों को रखा है, अनिवार्य नहीं है कि ये लक्षण वास्तविक प्रघटना में भी वैसे ही मिलें। हो सकता है, आदर्श प्रारूप के कुछ लक्षण वास्तविक प्रघटना में मिलें भी सही और न भी। उदाहरण के लिये पूँजीवाद के आदर्श प्रारूप को हम लेवें। इसमें हम पूँजीवाद के कपितय लक्षण सम्मिलित करते हैं। लेकिन जब हम पूँजीवाद को अमेरिका या भारत में साकार रूप में देखते हैं तो शायद आदर्श प्रारूप के कतिपय लक्षण इसमें न मिलें।

वेबर ने आदर्श प्रारूप को यथार्थ से भिन्न इसलिये किया है कि सम्पूर्ण यथार्थ को समझाना किसी भी समाजशास्त्री के लिये सम्भव नहीं है। समाजशास्त्री जिस भू-भाग और कालावधि में समाज के विशिष्ट अंग को देखता है, उसी से जुड़े हुए आदर्श प्रारूप को बनाता है। आदर्श प्रारूप तो पूँजीवाद के विभिन्न प्रकारों और अन्तिम लक्षणों को देखता है यद्यपि ये प्रकार और लक्ष्य वास्तव में नहीं दिखते हों।

(2) आदर्श प्रारूप एक विवेकी बल्यू-प्रिन्ट (Rational Blue-Print) है

जिस समस्या से जुड़े एक क्षेत्र पर आदर्श प्रारूप बनाया जाता है, विवेकपूर्ण ढंग से उसका एक खाका या मानचित्र आदर्श प्रारूप में प्रस्तुत किया जाता है। वास्तविक दुनिया में यथार्थ बराबर बदलता रहता है। उसमें निरन्तर उतार-चढ़ाव आते हैं। आदर्श प्रारूप में इन उतार-चढ़ावों का कोई समावेश नहीं होता।

उदाहरण के लिये वेबर ने प्रोटेस्टैन्ट धर्म के आचार और पूँजीवाद की आत्मा पर आदर्श प्रारूप बनाया है। वेबर कालीन भारत में हिन्दू धर्म में ऐसे आधार नहीं थे जो पूँजीवाद को जन्म देते। लेकिन आज भारत में पूँजीवाद और धर्म की अवधारणाओं में बहुत बड़ा अन्तर आ गया है। आदर्श प्रारूप तो विवेकपूर्ण कार्य-कारण पर बनता है जबकि यथार्थ बराबर बदलता रहता है। ऐसी स्थिति में आदर्श प्रारूप का मुख्य आधार विवेक होता है।

(3) आदर्श प्रारूप का सम्बन्ध नैतिक रूप से किसी आदर्श (Ideal) से नहीं होता

सामान्य बोलचाल में हम आदर्श (Ideal) का तात्पर्य अनुकरणीय समझते हैं। जब हम कहते हैं कि महात्मा गाँधी आदर्श पुरुष थे तो इससे हमारा तात्पर्य यही है कि वे हमारे लिये अनुकरणीय हैं। आदर्श प्रारूप में इस तरह की कोई अनुकरणीय बात नहीं है। यहाँ आदर्श से मतलब किसी तर्क के अन्तिम छोर से है।

(4) आदर्श प्रारूप में मूल्य नहीं होते

आदर्श प्रारूप को वेबर आदर्श इसलिये कहते हैं कि इसमें अनुसंधानकर्त्ता के मूल्य अनुपस्थित होते हैं। जब हम हिन्दू धर्म के अध्ययन के लिये आदर्श प्रारूप बनाते हैं तो यहाँ केवल एक सांस्कृतिक संस्था का अध्ययन मात्र है। अनुसंधाकर्त्ता हिन्दू धर्म के जिन तत्त्वों की अच्छाई या बुराई करता है या हिन्दू धर्म में यह होना चाहिये और यह नहीं ऐसा मूल्यों का समावेश भी आदर्श प्रारूप में नहीं होता।

(5) आदर्श प्रारूप प्राक्कल्पनात्मक (Hypothetical) होता है

लेविस कोज़र ने आदर्श प्रारूप का एक महत्त्वपूर्ण लक्षण इसकी प्राक्कल्पनात्मक प्रकृति को बताया है। यह बहुत स्पष्ट है कि आदर्श प्रारूप वास्तविकता या यथार्थ नहीं है। ऐसी हालत में जबकि आदर्श प्रारूप मूल्यों के अभिस्थापन (Value Orientation) पर आधारित है, अनुसंधानकर्त्ता प्रघटना के बारे में अपनी प्राक्कल्पनाएँ बनाता है। कोज़र कहते हैं कि आदर्श प्रारूप का सम्बन्ध उन दशाओं से होता है जो अध्ययन की जाने वाली प्रघटनाओं को उभार कर रखती हैं। यह भी हो सकता है कि आदर्श प्रारूप द्वारा दी गयी प्राक्कल्पनाओं का सरोकार उन परिणामों से हो जो प्रघटनाओं के कारण पैदा होते हैं। यदि हम आधुनिक पूँजीवाद के मूल कारणों को जानना चाहते हैं तब हमें प्रोटेस्टैण्ट धर्म को ऐसे आदर्श प्रारूपों को बनाना चाहिये जो सुधारवाद के परिणामस्वरूप इसमें आये हों। ऐसा करने पर हम यह निश्चित कर पायेंगे कि धर्म और पूँजीवाद को जो आदर्श हमने बनाया है वह आनुभाविक आधार पर इन प्रघटनाओं में कहाँ तक पाया जाता है।

जुलियेन फ्रेण्ड (Julien Freund) ने आदर्श प्रारूप की मीमांसा में कहा है "यद्यपि आदर्श प्रारूप यथार्थ नहीं होता फिर भी यह हमें एक ऐसी अवधारणात्मक युक्ति देता है जिसकी सहायता से हम आनुभाविक यथार्थ के विकास को समझ सकते हैं, इसका विश्लेषण कर सकते हैं।"

(6) आदर्श प्रारूप न तो सत्य होता है और न झूठ

कहीं भी वेबर ने यह नहीं कहा है कि आदर्श प्रारूप के लक्ष्य ज्ञान-बोध से जुड़े होते हैं। नांहि आदर्श प्रारूप किसी एक पूर्ण वैज्ञानिक व्यवस्था को बनाते हैं। इनका निर्माण इसलिये किया जाता है कि बिना किसी अस्पष्टता के इस शोध-प्रणाली के माध्यम से जिस विषयवस्तु का हम अध्ययन करते हैं उसके बारे में जानकारी प्राप्त कर सकें। जुलियेन फ्रेण्ड का तो कहना है:

"आदर्श प्रारूप एक प्रकार की विशुद्ध प्रयोगात्मक प्रविधि है, जिसका निर्माण समाज वैज्ञानिक अपने मनमाने ढंग से करता है। इसका निर्माण का कारण केवल खोज करना होता है। यदि कोई आदर्श प्रारूप समाज वैज्ञानिक के अनुसंधान में कारगर सिद्ध नहीं होता तो बिना किसी हिचक के वह उसे फैंक देता है।"

सच्चाई यह है कि आदर्श प्रारूप का मूल्य केवल इसी में है कि उसकी अनुसंधान करने में प्रभावोत्पादकता कितनी है। यदि अनुसंधान में कोई आदर्श प्रारूप सहायक नहीं है तो अनुसंधानकर्ता दूसरे आदर्श प्रारूप का निर्माण कर सकता है। इस दृष्टि से देखा जाये तो आदर्श प्रारूप न तो सही है और नही झूठा। अनुसंधान में किसी भी तकनीकी टूल (Tool) की तरह आदर्श प्रारूप या तो उपयोगी होते हैं या अनुपयोगी।

(7) आदर्श प्रारूप का सम्बन्ध विज्ञान की अवधारणा से जुड़ा हुआ है

आदर्श प्रारूप कहाँ तक उपयोगी है और कहाँ तक नहीं, इसका सम्बन्ध विज्ञान की अवधारणा के साथ जुड़ा है। यदि विज्ञान का उद्देश्य कभी समाप्त नहीं होने वाले अनुसंधान से है तो इसका यह मतलब हुआ कि अनुसंधानकर्ता जिन अवधारणाओं को काम में लेता है वे

अवधारणाएँ भी निरन्तर रूप से पीछे छूट जाती हैं। लेकिन विज्ञान के चरण तभी आगे बढते हैं जब उसकी अवधारणाएँ पीछे रह जाती हैं। निश्चित रूप से नयी अवधारणाओं का सूत्रपात विज्ञान की गति को तेज करता है। इसका अर्थ यह निकला कि यदि हमें विज्ञान को आगे बढ़ाना है तो हमारे लिये यह आवश्यक है कि उसमें प्रयुक्त आदर्श प्रारूप में भी अनिवार्य रूप से बदलाव आना चाहिये।

(8) यह भी सम्भव है कि एक ही प्रघटना के अध्ययन के लिये विभिन्न आदर्श प्रारूप बनाये जायें

समाज वैज्ञानिक का किसी भी अनुसंधान में अन्तिम लक्ष्य यह होता है कि वह अध्ययन की गयी घटना के सम्पूर्ण पहलुओं का सही तरह से अध्ययन करें। जब वैज्ञानिक का लक्ष्य हर तरह से किसी सामाजिक घटना को समझने का होता है तो एक घटना को समझने के लिये अनेकानेक आदर्श प्रारूपों का निर्माण किया जाये।

उदाहरण के लिये समाज वैज्ञानिक ईसाई धर्म को समझने के लिये एक आदर्श प्रारूप का निर्माण करता है। यह भी हो सकता है कि ईसाई धर्म को यह एक-जातीय अवधारणा मानकर कई आदर्श प्रारूप बनाए। एक प्रारूप आदिम ईसाई धर्म पर दूसरा मध्यकालीन ईसाई धर्म पर, तीसरा कैथोलिक या प्रोटेस्टैण्ट ईसाई धर्म के स्वरूपों पर। उन सबके लिये अनुसंधानकर्त्ता आदर्श प्रारूप बना सकता है। यह भी सम्भव है कि इस प्रकार बनाया गया कोई एक आदर्श प्रारूप दूसरे आदर्श प्रारूप के समान भी न हो। लेकिन सभी आदर्श प्रारूपों में यह बात अनिवार्य रूप से मिलेगी कि प्रत्येक आदर्श प्रारूप का विचार ईसाई धर्म को समझना है।

वास्तविकता यह है कि अनुसंधानकर्त्ता के किसी भी घटना के बारे में जितने विचार होंगे उतने ही आदर्श प्रारूप बनाये जा सकते हैं।

(9) आदर्श प्रारूप का आधार मूल्य अभिस्थापन (Value Orientation) होता है

जुलियेन फ्रेण्ड का आग्रह है कि आदर्श प्रारूप अपने केन्द्रीय रूप में मूल्य अभिस्थापन से जुड़ा होता है। जिसे हम समष्टि कहते हैं, वह अनन्त है। इस समष्टि में विविधता होती है। ऐसी स्थिति में कोई भी अनुसंधानकर्त्ता कभी भी सम्पूर्ण समष्टि के यथार्थ को नहीं जान सकता। इसीलिये हमारी यथार्थता का ज्ञान आंशिक होता है। अब जब अनुसंधानकर्त्ता आदर्श प्रारूप बनाता है तो उसका समाज की वस्तुओं और विचारों के बारे में जो मूल्य अभिस्थापन है, वह आदर्श प्रारूप में अवश्य आता है। इसके परिणामस्वरूप जिस आंशिक यथार्थ को हम समझते हैं वह हू-ब-हू रूप में तो पूर्ण यथार्थ नहीं होता लेकिन एक सीमा तक यथार्थ के निकट अवश्य होता है। आदर्श प्रारूप अगणित इसलिये होते हैं कि उनका उद्देश्य यथार्थ के सादृश्य होना है।

(10) आदर्श प्रारूप की सही भूमिका बोधगम्यता (Intelligibility) को बढ़ाना है

सामाजिक घटनाओं, प्रघटनाओं, आदि के बारे में हमारी जानकारी विस्तृत और स्पष्ट नहीं होती। तार्किक आधार पर जब हम प्रघटनाओं के बारे में आदर्श प्रारूप बनाते हैं तो प्रघटना से सम्बन्धित बोधगम्यता में वृद्धि होती है। उदाहरण के लिये यदि हम यूरोप के मध्य युग

में पायी जाने वाली शिल्पकार व्यवस्था का अध्ययन करना चाहते हैं तो हम शिल्पकार समूहों के संगठन के सामान्य और विशिष्ट लक्षणों के आधार पर एक आदर्श प्रारूप बनायेगें। इस आदर्श प्रारूप की तुलना हम आनुभाविक यथार्थता से करेंगे। यह अध्ययन हमें इस योग्य बनायेगा कि किस सीमा तक मध्यकालीन यूरोपीय समाज शिल्पकारों का एक समाज था या उसमें पूँजीवादी आर्थिक व्यवस्था के कुछ लक्षण भी थे। यह करने के बाद हम घटना का कार्य-कारण के आधार पर विश्लेषण करेंगे।

(11) आदर्श प्रारूप प्रघटना की स्पष्ट अभिव्यक्ति का साधन है

कुछ ऐसे समाजशास्त्री और इतिहासकार हैं जो आदर्श प्रारूप का इसलिये विरोध करते हैं कि इसमें लेशमात्र भी यथार्थता नहीं होती। इसमें तो केवल प्राक्कल्पनाओं का गठजोड़ होता है। वे कहते हैं कि यदि वेबर के अनुसार प्राक्कल्पनाएँ यथार्थ नहीं हैं, केवल प्राक्कल्पनाएँ मात्र हैं तब वेबर के मरने के 60 वर्ष बाद भी अधिकारीतन्त्र के बारे में जो कुछ लिखा है, वह केवल आदर्श प्रारूप है। इसे इतनी लम्बी अवधि बाद भी सही मानकर क्यों पढ़ा जा रहा है।

वेबर आदर्श प्रारूप की कमियों को जानते थे। उन्होंने तो केवल इसके माध्यम से यथार्थ के जानने की एक रूपरेखा मात्र रखी है। वेबर ने तो अपने आलोचकों को कई बार कहा था कि वे आदर्श प्रारूप में सुधार करें और इससे उत्तम अवधारणात्मक विधियों को प्रस्तुत करें। यदि समाजशास्त्र एक विज्ञान है तो अनिवार्य रूप से इसकी अध्ययन विधियाँ भी वैज्ञानिक होनी चाहिये।

आदर्श प्रारूप के प्रकार (Kinds of Ideal Type)

प्रत्येक आदर्श प्रारूप में किसी न किसी स्तर पर अमूर्तिकरण अवश्य होता है। यह अमूर्तिकरण ऐतिहासिक, सामाजिक यथार्थवादी और विशुद्ध रूप से तार्किक हो सकता है। वेबर ने सामाजिक यथार्थ को जानने के लिये जिन आदर्श प्रारूपों का निर्माण किया है, उन्हें लेविस कोज़र तीन प्रकारों में रखते हैं :

(1) ऐतिहासिक विशिष्टताओं पर बने आदर्श प्रारूप,

(2) सामाजिक यथार्थ से जुड़े आदर्श प्रारूप, और

(3) विवेकपूर्ण व्यवहार से जुड़े आदर्श प्रारूप।

यहाँ हम थोड़े विस्तार के साथ इन आदर्श प्रारूपों को देखेंगे।

(1) ऐतिहासिक विशिष्टताओं पर बने आदर्श प्रारूप

वेबर द्वारा निर्मित कुछ आदर्श प्रारूप ऐसे हैं जिन्हें ऐतिहासिक विशिष्टताओं और सांस्कृतिक क्षेत्रों की पहचान से जोड़ा जाता है। यूरोप के इतिहास में घटनाएँ तो बहुत घटी हैं। फ्रान्स की राज्य क्रान्ति हुई, सामन्ती युग आया, प्रथम विश्व युद्ध हुआ और इसी तरह यूरोप में कई उलट फेर हुए। वेबर यूरोप की समष्टि के इन सभी तत्त्वों से प्रभावित नहीं थे। लेकिन उन्होंने यूरोप के सांस्कृतिक क्षेत्र में घटने वाली कुछ विशिष्टताओं के बारे में आदर्श प्रारूप बनाये हैं। इतिहास से जुड़े हुए इन आदर्श प्रारूपों में प्रोटेस्टैण्ट आधार या आधुनिक पूँजीवाद है।

वेबर के आदर्श प्रारूप की एक कोटि इस प्रकार ऐतिहासिक विशिष्टताओं और सांस्कृतिक क्षेत्रों से जुड़ी हुई है।

(2) सामाजिक यथार्थ से जुड़े आदर्श प्रारूप

यूरोप और अमेरिका में वेबर कालीन युग में एक निश्चित सामाजिक यथार्थ था। यथार्थ के कई रूप उपलब्ध थे। औद्योगिक क्रान्ति आ गयी थी और औद्योगिक संगठनों को सुचारू रूप से चलाने के लिये किसी न किसी अधिकारीतन्त्र की आवश्यकता थी। इसी भाँति यूरोप के पूँजीवाद से जुड़ी हुई सामन्ती व्यवस्था थी। पश्चिमी यूरोप में सामन्ती व्यवस्था कोई 12वीं शताब्दी से चलकर 14वीं शताब्दी में समाप्त हो गयी। पूर्वी यूरोप यानी रुस व समाजवादी देशों में सामन्ती व्यवस्था का उदय 16वीं शताब्दी में हुआ। ऐसी अवस्था में सामन्तवाद यूरोपीय समाज का खलने वाला यथार्थ था। इस यथार्थ का अमूर्तिकरण वेबर ने सामन्तवाद के आदर्श प्रारूप में किया। सामन्तवाद का यह आमूर्तिकरण यूरोप के ऐतिहासिक और सांस्कृतिक सन्दर्भों में देखने को मिलता है।

(3) विवेकपूर्ण व्यवहार से जुड़े आदर्श प्रारूप

वेबर के कतिपय आदर्श प्रारूपों का सम्बन्ध विवेक या युक्तायुक्त (Rational) अवधारणाओं से है। रेमण्ड एरॉ ने इस तरह के आदर्श प्रारूपों को विशेष प्रकार के व्यवहारों को विवेकपूर्ण पुनर्निर्माण (rationalizing reconstruction of a particular kind of behaviour) कहा है। वेबर के अनुसार आर्थिक गतिविधियों के क्षेत्र से जुड़े हुए सभी आदर्श प्रारूप इस तीसरी प्रकार की कोटि में रखे जाते हैं।

आदर्श प्रारूप की संरचना (Formulation of Ideal Type)

आदर्श प्रारूप समाज विज्ञान में को भी बने बनाये नहीं मिलते। अनुसंधानकत्रा को इनका निर्माण करना पड़ता है। सामान्यतया अनुसंधान समाप्त होने के बाद किसी भी आदर्श प्रारूप का जीवन काल समाप्त हो जाता है। मार्टिनडेल (Martindale) ने किसी भी आदर्श प्रारूप के निर्माण के दो आधार बताये हैं :

1. वस्तुनिष्ठा की सम्भावना (Objective Possibility)
2. पर्याप्त कारण-कार्य सम्बन्ध (Adequate Causation)

(1) वस्तुनिष्ठा की सम्भावना

किसी भी आईटम को आदर्श प्रारूप की श्रेणी में रखने से पहले यह अवश्य देखना चाहिये कि इसके बारे में अनुसंधानकर्त्ता को पूर्ण वैज्ञानिक जानकारी है। इसका मतलब यह हुआ कि आदर्श प्रारूप का अध्ययन वस्तुनिष्ठा पद्धति से किये जाने की सम्भावना है।

(2) पर्याप्त कारण-कार्य सम्बन्ध

वस्तुनिष्ठ अध्ययन की सम्भावना को ध्यान में रखकर, अब अनुसंधानकर्त्ता को यह देखना चाहिये कि अध्ययन की घटना में जो विभिन्न आइटम सम्मिलित हैं वे तार्किक रूप से बिखरे हुए न हों। उनमें कारण-कार्य सम्बन्ध अनिवार्य रूप से होने चाहिये। कारण-कार्य सम्बन्ध

शून्य से सौ प्रतिशत तक हो सकते हैं। इसमें अनुसंधानकर्त्ता को यह देखना चाहिये कि आईटमों के बीच में जो कारण-कार्य सम्बन्ध हैं वे पर्याप्त हों, कारण-कार्य सम्बन्धों का सरोकार अनुसंधान के परिणामों से होता है। उदाहरण के लिये, यदि हम धर्म के समाजशास्त्र का अध्ययन कर रहे हैं और हम इसके परिणामस्वरूप धर्म के प्रकारों को स्थापित करते हैं तो तब हमें यह देखना चाहिये कि इन प्रकारों में पर्याप्त कारण-कार्य सम्बन्ध हैं।

जब एक बार आदर्श प्रारूप का निर्माण हो जाता है, और यह निर्माण प्राकृतिक विज्ञानों में भी होता है, तब हम ऐसी स्थिति में होंगे जब प्रघटनाओं का तुलनात्मक अध्ययन कर सकेगें। करेगें यह कि आदर्श प्रारूप को अपना फ़ीता या पैमाना मानकर अन्य आनुभाविक घटनाओं का इसके माध्यम से तुलनात्मक अध्ययन करेंगे। यहाँ यह स्पष्ट हो जाना चाहिये कि आदर्श प्रारूप की तुलना आनुभाविक यथार्थता से नहीं की जाती। आदर्श प्रारूप तो एक तरह का परिमाणन है जिसका उपयोग समाज की विभिन्न यथार्थताओं की तुलना में किया जाता है।

आदर्श प्रारूप आनुभाविक विश्लेषण की एक पद्धति है। अध्ययन करने के समय आनुभाविक घटना के बारे में अनुसंधानकर्त्ता का जो वैज्ञानिक ज्ञान है उसे आदर्श प्रारूप में रखा जाता है। इसके माध्यम से जब प्रघटना के बारे में समझ आ जाती है उसी क्षण इसकी उपयोगिता समाप्त हो जाती है। समाज की यथार्थता को समझने के लिये वेबर ने इस अवधारणात्मक विधि को विकसित किया था। किसी न किसी रूप में आदर्श प्रारूप सभी प्राकृतिक विज्ञानों में होते हैं। वेबर ने आदर्श प्रारूप का निर्माण यथार्थता जानने के लिये किया था। स्वयं आदर्श प्रारूप कभी भी यथार्थता नहीं होते। आदर्श प्रारूप नैतिक दृष्टि से आदर्श नहीं हैं। यह तो अनुसंधान के लिये वेबर की दृष्टि से आदर्श हैं। समाज वैज्ञानिकों ने आदर्श प्रारूप को किसी भी प्राक्कल्पना की तरह समझा है। रुचिकर बात यह है कि जिस प्रकार कोई भी प्राक्कल्पना सत्य या असत्य हो सकती है, वैसे ही आदर्श प्रारूप भी अपनाया या जुठलाया जा सकता है। अनिवार्य रूप से आदर्श प्रारूप एक अध्ययन विधि है, विधिशास्त्र का एक अंग मात्र है।

अधिकारीतन्त्र (Bureaucracy)

अधिकारीतन्त्र वास्तव में वेबर द्वारा बनाये गये आदर्श प्रारूपों का एक दृष्टान्त है। वेबर की कृतियों का सम्बन्ध यूरोप और अमेरिका के 20वीं शताब्दी के दो दशकों से है। 19वीं शताब्दी में औद्योगिक क्रान्ति की जड़ें जम गयी थीं। जब सामान्य साहूकार किसी व्यवसाय को करता था तो उसमें किसी तरह के अधिकारीतन्त्र की आवश्यकता नहीं थी। लेकिन जब औद्योगिक क्रान्ति के परिणामस्वरूप विशाल तादाद में उत्पादन शुरू हुआ तब किसी न किसी प्रकार के अधिकारीतन्त्र की आवश्यकता अवश्य पड़ी। यद्यपि औद्योगिक क्रान्ति के पहले भी सरकार में अधिकारीतन्त्र का कोई न कोई प्रकार अवश्य था, लेकिन औद्योगिक क्रान्ति ने अधिकारीतन्त्र को अधिक सुदृढ़ किया, उसे विस्तृत आकार दिया। चर्च तथा राजाशाही में भी किसी न किसी प्रकार का अधिकारीतन्त्र अवश्य प्रचलित था। इन सब तथ्यों ने मैक्स वेबर को अधिकारीतन्त्र का व्यवस्थित रूप से अध्ययन करने के लिये प्रेरित किया।

आधुनिक युग में व्यक्तियों की गतिविधियों को समझने के लिये किसी न किसी तरह

के अधिकारीतन्त्र की आवश्यकता अवश्य रहती है। इस तन्त्र की बड़ी विशेषता यह है कि इसकी बुनियाद युक्तिसंगत सिद्धान्तों पर होती है। अधिकारीतन्त्र का संगठन और उसके कामकाज करने की पद्धति अवैयक्तिक नियमों पर चलती है। इसमें काम करने वाले व्यक्तियों को विभाग दे दिये जाते हैं और अपने विशिष्टीकरण के आधार पर ये विभाग अपना कामकाज करते हैं। अधिकारीतन्त्र जन्मजात लक्षणों पर नहीं चलाये जाते, इनका आधार विशिष्टीकरण (Specialization) होता है।

जुलियेन फ्रेण्ड ने वेबर के अधिकारीतन्त्र का व्यवस्थित अध्ययन प्रस्तुत किया है। उनके अनुसार अधिकारीतन्त्र वस्तुतः प्राधिकार का कानूनी स्वरूप है। आजकल प्रायः अधिकारीतन्त्र का अर्थ राज्य के कार्यालयों से लिया जाता है। राज्य में किसी न किसी प्रकार के अधिकारीतन्त्र का होना ऐतिहासिक है। जुलियेन फ्रेण्ड कहते हैं कि प्राचीन मिश्र, रोमन चर्च, चीन एशिया, और यूरोप के कई देशों में भी मौर्य साम्राज्य में यानी प्राचीन युग में राजाओं, महाराजाओं की शासन पद्धति किसी न किसी तरह के अधिकारीतन्त्र द्वारा अवश्य चलती थी।

प्राचीन अधिकारीतन्त्र की प्रकृति भी बपौती की अवधारणा पर निर्भर थी। इसका मतलब यह हुआ कि अधिकारियों को न तो कोई वास्तविक कानूनी अधिकार थे और न कोई आर्थिक सुरक्षा। इस तरह का अधिकारीतन्त्र मनमाने ढंग से चलाया जाता था। आज के अधिकारीतन्त्र को यदि हम देखें तो स्पष्ट हो जायेगा कि यह तन्त्र प्राचीन अधिकारीतन्त्र से भिन्न है। अब अधिकारियों को कानूनी हक प्राप्त हैं, वे अपने कार्यालय को अपनी इच्छा के अनुसार नहीं चला सकते। प्रजातान्त्रिक व्यवस्था में, इसलिये अधिकारीतन्त्र निरपेक्ष नियमों द्वारा संचालित होते हैं।

अधिकारीतन्त्र का इतिहास कुछ ऐसा रहा है कि इसका सम्बन्ध बराबर सरकार से जुड़ा रहा है। जब कभी अधिकारीतन्त्र की बात होती है तो सामान्य लोग इसका सम्बन्ध सरकार से जोड़ते हैं। जब कहा जाता है कि अधिकारीतन्त्र में लालफीताशाही चलती है, तो इसका सामान्य अर्थ यह लिया जाता है कि सरकारी कार्यालयों में लालफीताशाही और भ्रष्टाचार है।

मध्यकाल बीतने के बाद यूरोप व एशिया में जो अधिकारीतन्त्र पैदा हुआ उसकी जड़ें उद्योग के विकास के साथ जुड़ी हुई हैं। हमारे देश में भिलाई कारखाने का अधिकारीतन्त्र उद्योगजनित है। कई पब्लिक सेक्टर जो खाद का उत्पादन करने में, उर्जा के विकास में लगे हैं, ये अधिकारीतन्त्र आधुनिक हैं जिनका सरोकार औद्योगिक विकास के साथ है। इस तरह का अधिकारीतन्त्र अनिवार्य रूप से गैर-सरकारी है। जब वेबर ने अधिकारीतन्त्र की अवधारणा को विकसित किया तो उनकी दृष्टि में उद्योग का विकास और सरकार का प्रजातन्त्रीकरण था। प्रजातन्त्रीकरण से हमारा मतलब यह है कि अब अधिकारीतन्त्र पर वंशानुगत प्रभुत्व नहीं चलता। यह अतीत की बात हो गयी। अब तो अधिकारीतन्त्र प्रजातन्त्र की व्यवस्था के अनुसार चलते हैं।

अधिकारीतन्त्र की व्यवस्था केवल सरकार और कारखानों में ही नहीं होती, उन्हें शिक्षा के क्षेत्र में भी देखा जा सकता है। पश्चिमी यूरोप, अमेरिका और हमारे देश में ही देखें, शिक्षण संस्थाओं में अधिकारीतन्त्र की आवश्यकता बराबर बढ़ रही है। यह कहना गलत नहीं होगा कि दुनिया भर के अधिकारीतन्त्रों में बहुत अधिक व्यक्ति नौकरी पाते हैं। ये तन्त्र अपने कर्मचारियों को एक विशिष्ट संस्कृति की ओर अभिप्रेरित करते हैं। नौकरशाह—किसी भी

देश को लें, कम या अधिक भ्रष्ट होते हैं। कहना यह चाहिये कि जितने अधिक विकास कार्यक्रम होगें, उतना ही अधिक अधिकारीतन्त्र सुदृढ़ होगा।

अधिकारीतन्त्र की परिभाषा (Definition of Bureaucracy)

अंग्रेजी शब्द 'ब्यूरोक्रेसी' (Bureaucracy) में ब्यूरो (Buereau) का अर्थ होता है कार्यालय या दफ्तर और 'क्रेसी' (Cracy) का मतलब तन्त्र या शासन से है। इस सम्पूर्ण पद का मतलब हुआ कार्यालय का तन्त्र या शासन। इससे स्पष्ट हुआ कि किसी भी प्रतिष्ठान के कार्य को जब कोई कार्यालय चलाता है या उसके अधिकारी चलाते हैं तो यह अधिकारीतन्त्र कहलाता है। वेबर ने जिस सन्दर्भ में अधिकारीतन्त्र को परिभाषित किया है उसमें उन्होंने कई संरचनात्मक तत्त्वों (Structural Traits) को काम में लिया है। इस अर्थ में, वेबर के अनुसार, अधिकारीतन्त्र एक ऐसा स्थायी संगठन है जिसमें कई व्यक्तियों के सहयोग को लेकर कार्यालय चलाया जाता है। इनमें से प्रत्येक व्यक्ति अपने काम में विशिष्ट या उस्ताद होता है। अधिकारीतन्त्र में व्यक्ति पारिवारिक जीवन से पृथक् होकर अपने कार्यों का सम्पादन करता है। इसका मतलब यह है कि घर से जब व्यक्ति कार्यालय के लिये निकलता है तो वह अपने व्यक्तित्व को खूंटी पर टाँग देता है और एकदम अवैयक्तिक होकर कार्यालय के नियमों के अनुसार पूरी तरह के सेक्यूलर (Secular)होकर अपने काम को करता है। जब किसी मकान के आगे कार्यालय का लिपिक अपने ओहदे की पट्टी लगाता है तो यह विस्मयकारी है। कार्यालय के अधिकारी की गतिविधियाँ हर तरह से अवैयक्तिक होती हैं और घर के आगे लगाई हुई नाम की यह पट्टी जिस पर कार्यालय का औहदा लिखा लिखा हुआ है, अधिकारी या लिपिक को वैयक्तिक बना देता है।

यहाँ यह कहना या याद दिलाना आवश्यक है कि वेबर ने आदर्श प्रारूप में जो प्राक्कल्पनाएँ रखी हैं वे आनुभाविक यथार्थता से मेल खा जायें यह आवश्यक नहीं है। इसी कारण अधिकारीतन्त्र अपने दैनिक काम-काज में कई भ्रष्ट रूप ले लेता है। यहाँ हम अधिकारीतन्त्र के कतिपय लक्षणों का उल्लेख करेंगे।

अधिकारीतन्त्र के लक्षण (Characteristics of Bureaucracy)

*(1) **विशिष्ट सेवाएँ** (Specific Services)*

अधिकारीतन्त्र में काम करने वाले अधिकारियों, बाबुओं और अन्य कर्मचारियों के काम करने का क्षेत्र निश्चित रूप से विभाजित होता है। अपने क्षेत्र में काम करने के लिये व्यक्तियों के अधिकार और उनकी शक्तियाँ सेवा नियमों के अनुसार निश्चित की जाती हैं। सम्पूर्ण कार्यालय को विभिन्न भागों में निश्चित सेवाओं और प्राधिकारों के साथ बाँट दिया जाता है। किसी समस्या पर निर्णय लेने का प्राधिकार जिन व्यक्तियों के पास होता है उनका भी निर्धारण कर लिया जाता है। सम्पूर्ण अधिकारीतन्त्र एकजुट होकर आपसी सहयोग द्वारा कार्यालय के लक्ष्यों को प्राप्त करने के लिये काम करता है।

*(2) **कार्य सम्पादन में अधिकारियों की सुरक्षा***
(Protection of Officials in the Exercise of Their Functions)

प्रत्येक कार्यालय के कुछ विशेष नियम, उपनियम होते हैं। इन नियमों उपनियमों के अनुसार

अधिकारियों की सुरक्षा की जाती है। अधिकारियों को उनकी एक निश्चित आयु तक सार्वजनिक सेवाएँ करने का अवसर दिया जाता है। इसके अनुसार अधिकारी का जीवन पूर्ण रूप से सार्वजनिक सेवा के लिये निहित होता है। यह अपेक्षा की जाती है कि अधिकारी कार्यालय सेवाओं के अतिरिक्त किसी गौण व्यवसाय को नहीं अपनायेगा।

*(3) **कार्यालय के काम-काज का सौपनिक संगठन***
(Hierarchical Organizatiion of Office Functions)

प्रत्येक कार्यालय में एक ऐसी प्रशासनात्मक व्यवस्था होती है जिसकी संरचना अधिनस्थ और कार्यकारी पद के अनुसार होती है। इस सोपानिक व्यवस्था में निम्न पदों के कार्यकारी उच्च पदों के कार्यकारियों को अपील कर सकते हैं। कार्यालय के सर्वोच्च अधिकारी के पास प्राधिकारों का केन्द्रीकरण होता है।

*(4) **प्रतियोगी परीक्षा द्वारा अधिकारियों की भर्ती***
(Recruitment of Officials on the Basis of Competitive Examination)

अधिकारीतन्त्र में कार्य करने वाले अधिकारियों की नियुक्ति किसी एक व्यक्ति की इच्छा पर नहीं होती। इसके लिये प्रतियोगी परीक्षा होती है, इन कर्मचारियों को अपने कार्यों के सम्पादन के लिये विशिष्ट प्रशिक्षण दिया जाता है। इस तरह की नियुक्तियों की प्रकृति संविदात्मक (Contractual) होती है।

*(5) **नियमित पारिश्रमिक का भुगतान** (Payment of Regular Remuneration)*

किसी भी कार्यालय का कार्य बिना पारिश्रमिक के नहीं होता। यह पारिश्रमिक वेतन के रूप में दिया जाता है। वेतन को निश्चित ग्रेड में रखा जाता है। वेतन का यह ग्रेड उच्चोच्चता (Rank) के आधार पर होता है। रैंक का यह आधार इस बात पर निर्भर करता है कि अधिकारी किस तरह का उत्तरदायित्व वहन करता है। सामान्यतः जिसका उत्तरदायित्व और जिसके कार्य सम्पादन में असुरक्षा अधिक होती है उसे अधिक वेतन मिलता है।

*(6) **वरिष्ठ अधिकारी अनुशासनात्मक कार्यवाही कर सकता है** (Superior can Take Disciplinary Action against Subordinates)*

कार्यालय के नियमों के अनुसार वरिष्ठ अधिकारी का यह उत्तरदायित्व है कि वह अधीनस्थ कर्मचारियों के काम-काज में ताल-मेल बैठाने का प्रयास करे। इसमें ढील देखते हुए वह उन पर अनुशासनात्मक कार्यवाही कर सकता है।

*(7) **अधिकारियों की आर्थिक सुरक्षा** (Economic Protection to Officials)*

यह अधिकारीतन्त्र का उत्तरदायित्व है कि वह अधिकारियों और कर्मचारियों के भविष्य की आर्थिक सुरक्षा के लिये या भविष्य निधि की व्यवस्था करे। यह इसलिये कि कर्मचारी अपने सम्पूर्ण जीवन को कार्यालय के कार्यों के सम्पादन में लगा देता है। वृद्धावस्था में उसे इसकी सुरक्षा देना कार्यालय का ही उत्तरदायित्व है।

(8) कर्मचारियों के लिये पदोन्नति के अवसर
(Opportunities of Promotion to Officials)

प्रत्येक कार्यालय में कर्मचारियों की जो उच्चोच्च व्यवस्था होती है, उसमें पदोन्नति के अवसर अवश्य निहित होते हैं। यह निश्चित किया जाता है कि कर्मचारी या अधिकारी की जिस पद पर नियुक्ति होती है, उस पद से सेवानिवृति तक उसकी पदोन्नति अवश्य होनी चाहिये।

(9) कार्यालय की गतिविधियाँ निरन्तर चलती हैं
(Official Business is Conducted on a Continuous Basis)

कार्यालय में कर्मचारी आते हैं, कार्य करते हैं और सेवानिवृत हो जाते हैं। कर्मचारियों की इस गतिशीलता के रहते हुए कार्यालय का काम निरन्तर रूप से चलता रहता है।

(10) कार्यालय का कारोबार लिखित आधार पर चलता है
(Official Business is Conducted on the Basis of Documents)

कार्यालय का काम लिखित होता है। इसके लिये फाईल होती है। आम बोलचाल में लोग कहते हैं कि कार्यालय में फाईल बोलती है। इसका मतलब है कार्यालय की सम्पूर्ण कार्यवाही लिखित में होती है। इस लिखित कार्यवाही को फाईल में रखा जाता है।

मैक्स वेबर ने अधिकारीतन्त्र को जब आदर्श प्रारूप में रखा तो उनका सन्दर्भ सरकारी कार्यालयों और औद्योगिक प्रतिष्ठानों से था। इसकी व्याख्या करने में वे यह बार-बार कहते हैं कि इसमें काम करने वाले व्यक्ति अपने क्रियाकलापों में अवैयक्तिक होते हैं। इसके सम्पूर्ण संगठन को अनुशासनात्मक नियमों द्वारा सूत्र में बांध लिया जाता है। आज हमारे देश में तथा दुनिया के अन्य भागों में जो भी अधिकारीतन्त्र हैं वह एक प्रकार की संगठनात्मक संरचना है जिसका मुख्य उद्देश्य संगठन के लक्ष्यों को प्राप्त करना है।

आज जब वित्तीय संस्थाओं का उदारीकरण हुआ है और हमारे देश में तो सरकार ने जिस आर्थिक उदारीकरण की नीति चलायी है इसके होते हुए अधिकारीतन्त्र के सुदृढ़ होने की सम्भावना अधिक है। अधिकारीतन्त्र को कानूनी वैधता भी मिली है। आये दिन कर्मचारी अपनी माँगों की पूर्ति के लिये हड़ताल और चुनौतियाँ देते रहते हैं। ऐसी दशा में अधिकारीतन्त्र की जड़ें अधिक मजबूत हो रही हैं। आज जब सरकार, सार्वजनिक उपक्रम तथा गैर-सरकारी संगठन जनजीवन में अपना प्रवेश अत्यधिक रूप से कर रहे हैं, अधिकारीतन्त्र के सुदृढ़ होने की सम्भावना अधिक दिखाई पड़ती है।

सामाजिक क्रिया (Social Action)

मैक्स वेबर के अधिकारीतन्त्र के आदर्श प्रारूप का विवेचन हमने पिछले पृष्ठों में किया है। अधिकारीतन्त्र की तरह सामाजिक क्रिया भी आदर्श प्रारूप का एक प्रकार है। वेबर की पीढ़ी के विचारकों के सामने बहुत बड़ी चुनौती समाजशास्त्र को परिभाषित करने की थी। एक ओर वेबर की समस्या सामाजिक क्रिया की अवधारणा में तार्किकता (Rationality) को पर्याप्त स्थान देने की थी, दूसरी ओर वे व्यक्तिनिष्ठा को भी सामाजिक क्रिया के विश्लेषण में स्थान देना चाहते थे। उनकी यह कोशिश थी कि मनोविज्ञान और समाजशास्त्र एक सूत्र में बंध जायें। वे इसी सन्दर्भ में समाजशास्त्र की परिभाषा देते हुए कहते हैं सामाजिक क्रिया का

अध्ययन ही समाजशास्त्र है। रेमण्ड एरॉ ने वेबर के इस प्रयास का विश्लेषण करते हुए कहा है कि समाजशास्त्र सामाजिक क्रिया का वृहद विज्ञान है। इस दृष्टि से वेबर ने सामाजिक क्रिया की जो कोटियाँ बनायी हैं, वे वस्तुतः अमूर्त हैं और अवधारणात्मक व्यवस्था के रूप में उनकी उपयोगिता सामाजिक क्षेत्र में है। स्वयं वेबर सामाजिक व्यवहार के सन्दर्भ में भी यह कहते हैं सामाजिक क्रिया का अध्ययन ही समाजशास्त्र है। वेबर के शब्दों में:

"समाजशास्त्र वह विज्ञान है जिसका उद्देश्य सामाजिक व्यवहार के बारे में निर्वचनात्मक समझ प्राप्त करना है। यह इसलिये कि इस समझ के द्वारा सामाजिक व्यवहार के कारण, और इसके प्रभावों का विश्लेषण किया जा सके।"

वास्तविकता यह है कि सामाजिक क्रिया द्वारा हम समष्टि की यथार्थता का सही अध्ययन कर सकते हैं। सामाजिक क्रिया तो सही अर्थों में विधिशास्त्र है। स्वयं वेबर ने वर्ग, स्थिति, राजनैतिक दल, परिवर्तन, धर्म, अधिकारीतन्त्र और ऐसी ही कई सामाजिक घटनाओं का विश्लेषण सामाजिक क्रिया की विधि द्वारा किया है। डॉन मार्टिन्डेल (Don Martindale) ने वेबर के सामाजिक क्रिया सिद्धान्त को सामाजिक व्यवहारवाद की एक शाखा के रूप में स्वीकारा है। मैक्स वेबर, डिल्थे (Dilthey) और रिकर्ट (Rickert) से अत्यधिक प्रभावित थे। डिल्थे एक नवीन आदर्शवादी (New Idealist) थे जबकि रिकर्ट नवीन कांतवादी (New Kantian)। रिकर्ट सामाजिक क्रिया की अवधारणा में डिल्थे के विपरीत थे। कांतवादियों का कहना था कि विज्ञान का क्षेत्र ऐसा है जिसमें प्रघटनाओं का विश्लेषण किया जाता है। और यह बेमतलब है कि जिस प्रघटना का अध्ययन किया जा रहा है उसका सरोकार व्यक्तियों से है या भौतिक दुनियां से। वास्तविकता तो यह है कि प्रघटना प्रघटना है और विज्ञान विज्ञान। रिकर्ट कांतवादी थे।

दूसरी ओर डिल्थे नवीन आदर्शवादी थे। वे जोर देकर कहते हैं कि मानव भौतिक व्यवहार से भिन्न है। मनोविज्ञान भी कार्य-कारण नियमों को बनाता है और इसका उद्देश्य भी प्रघटनाओं के बीच होने वाले सम्बन्धों का विवरण देना होता है। डिल्थे तर्क देते हैं कि समाजशास्त्र अभी इस अवस्था में नहीं पहुँचा है कि भौतिक प्रघटनाओं की तरह उनमें स्पष्टता आ जाये। नव कांतवादी रिकर्ट मनोविज्ञान का प्रयोग समाज विज्ञानों में करना चाहते हैं। उनका कहना है कि इतिहास और विज्ञान में बहुत बड़ा अन्तर है। विज्ञान का काम प्राकृतिक प्रघटनाओं के बीच में होने वाले कार्य-कारण का विश्लेषण करना है। इस प्रकार विज्ञान की अवधारणाएँ निश्चित नियम हैं जबकि इतिहास की अवधारणाएँ मूल्यों के बेजोड़ संरूप हैं।

इसी तरह के तर्क मैक्स वेबर के समय में केवल डिल्थे और रिकर्ट ने ही नहीं दिये थे कई अन्य वैज्ञानिकों ने भी इस क्षेत्र में विस्तारपूर्वक काम किया था। अपने समय के दार्शनिकों के विवाद को मैक्स वेबर ने सामाजिक क्रिया के आदर्श रूप में रखने का प्रयास किया था। नवीन आदर्शवादी अपने इर्द-गिर्द के संसार को क्रिया का क्षेत्र मानते थे जबकि नवीन कांतवादी इस दुनिया को ज्ञान प्राप्त करने का साधन मानते थे। वेबर पर इन दोनों विचारधाराओं, नवीन आदर्शवादी और नव कांतवादी, का प्रभाव था। व्यावहारिक दुनिया में सामाजिक परिवर्तन की प्रक्रिया अनवरत चलती रहती है। अतः इस दुनिया का अध्ययन ऐतिहासिक और वैज्ञानिक दोनों तरह से किया जा सकता है। विज्ञान अपने उद्‌यों की प्राप्ति

तभी कर पाता है जब वह मूल्य मुक्त हो और उसका स्वतन्त्र अस्तित्व हो। विज्ञान में हमारी पसन्द-नापसन्द काम नहीं करती। वेबर ने कहा कि सामाजिक क्रिया को ऐतिहासिक और वैज्ञानिक दृष्टि से समझना चाहिये। इसका मतलब हुआ कि समाजशास्त्र को नवीन आदर्शवादियों और नवीन कांतवादियों का समन्वय करना डिल्थे और रिकर्ट को एक कड़ी में बांधती है।

वेबर पर रिकर्ट जैसे नवीन कांतवादियों का प्रभाव यह था कि अन्तिम विश्लेषण में यथार्थता को सिद्धान्त के स्तर पर नहीं लाया जा सकता। संस्कृति का इस अर्थ में कोई विज्ञान नहीं हो सकता। इसी कारण वेबर कहते हैं कि सामाजिक प्रघटनाओं द्वारा कभी भी पूर्वकथनीयता नहीं आ सकती। इससे अधिक, बेजोड़ वस्तुओं को समझने के लिये मूल्यों को समझना आवश्यक है। रिकर्ट के इस नवीन कांतवाद में वेबर ने कुछ सुधार भी किया है। आदर्शवादी कहते हैं कि मूल्यों में भी परिवर्तन आता है। इसी कारण वेबर इस बात से सहमत हैं कि इतिहास का लक्ष्य कभी भी सार्वभौमिक मूल्य व्यवस्था पर आधारित नहीं हो सकता। नवीन कांतवादियों की तरह वेबर ने यह भी स्वीकार किया कि सामाजिक और प्राकृतिक प्रघटनाएँ किसी भी अर्थ में एक समान नहीं होतीं यद्यपि दोनों ही प्रघटनाएँ हैं। आदर्शवादियों की तरह ही वेबर का भी यह विश्वास था कि सांस्कृतिक प्रघटनाओं के अध्ययन में हमें समझ (understanding) की अवधारणा का उपयोग करना पड़ेगा। यह समझ ही सामाजिक क्रिया का केन्द्र-बिन्दु है।

वेबर ने डिल्थे और रिकर्ट की बहस में किसी एक की विचारधारा को स्वीकार नहीं किया। उन्होंने एक मध्यम मार्ग अपनाया। डिल्थे की विचारधारा से वे अर्थ (Meaning) तथा मूल्यों (Values) को समाजशास्त्र की बुनियादी विषयवस्तु के रूप में स्वीकार करते हैं। इसका मतलब हुआ समाजशास्त्र वह समाज विज्ञान है जिसके अध्ययन के केन्द्रीय बिन्दु सामाजिक क्रिया में निहित अर्थ और मूल्य हैं। रिकर्ट यानी नव कांतवादियों से उन्होंने यह आधार प्राप्त किया है कि विज्ञान तो एक विज्ञान होता है चाहे वह मनोवैज्ञानिक, सामाजिक या भौतिक प्रघटनाओं का अध्ययन ही क्यों न करता हो। रिकर्ट की तरह वे इतिहास को विज्ञान का विरोधी नहीं मानते।

सामाजिक क्रिया की परिभाषा और अर्थ
(Definition and Meaning of Social Action)

आनुभाविक विश्लेषण में आदर्श प्रारूप एक महत्त्वपूर्ण अध्ययन विधि है। सामाजिक क्रिया के आदर्श प्रारूप में वेबर, डिल्थे और रिकर्ट का समावेश करते हैं। यहाँ हम सामाजिक क्रिया की परिभाषा और उसके अर्थ को स्पष्ट करेंगे।

वेबर ने सामाजिक क्रिया की परिभाषा इस भाँति की है:

"हम सामाजिक क्रिया (Handeln) किसी भी मानव अभिवृत्ति या गतिविधि (Verhalten) को कहेंगे, जिसके साथ कर्त्ता अपना व्यक्तिनिष्ठ अर्थ (Sinn) निहित करता है।"

एक अन्य स्थान पर वेबर ने सामाजिक क्रिया को परिभाषित करते हुए लिखा है:

"सामाजिक क्रिया एक ऐसी क्रिया है जिसका व्यक्तिनिष्ठ अर्थ एक या अनेक कर्त्ता देते

हैं। इसमें दूसरे लोगों की अभिवृत्तियाँ और क्रियाएँ होती हैं जिन्हें अन्तः क्रियाओं में देखा जा सकता है।"

उपसंहार में वेबर कहते हैं कि समाजशास्त्र अपने अन्तिम अर्थ में एक ऐसा विज्ञान है जो सामाजिक क्रिया की निर्वचनात्मक समझ (Deutend Verstehen) को विकसित करता है जिसके माध्यम से क्रियाओं के बीच में जो कारण-कार्य विश्लेषण होता है उसे रखा जा सके।

ऊपर हमने वेबर द्वारा दी गयी सामाजिक क्रिया और उसकी परिभाषा को दिया है। ये परिभाषाऐं अपने अर्थ में बुनियादी हैं। इनसे यह स्पष्ट है कि वेबर ने सामाजिक क्रिया की अवधारणा के साथ ही निर्वचनात्मक समझ को प्रस्तुत किया है। इस समझ को वेबर जर्मन शब्दावली में वरस्टेहन (Verstehen) कहते हैं। बड़े आग्रह के साथ वेबर का कहना है कि यदि सामाजिक क्रियाओं में हमें कर्त्ता का वैयक्तिक दृष्टिकोण प्राप्त नहीं होता तो किसी भी अर्थ में समाजशास्त्रीय सिद्धान्त का वह अंग नहीं हो सकता। इसका मतलब यह हुआ कि वेबर की रुचि कर्त्ता के केवल उस व्यवहार से है जिसमें वह अपने स्वयं का अर्थ लगाता है। जिन अवधारणाओं के साथ वेबर अपना सरोकार बताते हैं वे सब आनुभाविक हैं। अपने कृतित्व काल के अन्तिम वर्षों में वेबर ने यह भी कहा कि कर्त्ता द्वारा दिया गया मूल्य अर्थ, तार्किक या भावनात्मक भी हो सकता है। उदाहरण के लिये, क्रोध या हर्ष भी सामाजिक क्रिया के अन्तर्गत आ जाते हैं।

टेलकट पारसंस ने वेबर की सामाजिक क्रिया की अवधारणा की व्याख्या की है। उनका कहना है कि वेबर ने निर्वैयक्तिक प्रक्रियाओं को सामाजिक क्रिया से निकाल कर भूल की है। किसी भी विज्ञान के लिये जिसका सम्बन्ध सामाजिक क्रिया से है निर्वैयक्तिक प्रक्रियाओं और वस्तुओं को सम्मिलित करना आवश्यक है। यह आवश्यक है कि सम्मिलित करने का यह निर्णय परिस्थितियों पर निर्भर करता है।

निर्वचनात्मक समझ (Interpretative Understanding)

मैक्स वेबर ने जिस तरह समाजशास्त्र और सामाजिक क्रिया को परिभाषित किया है इसमें उनका केन्द्रीय उद्देश्य प्रघटनाओं के बारे में एक ऐसी समझ (Understanding) पैदा करना है जिसकी प्रकृति निर्वचनात्मक (Interpretative) हो। निर्वचनात्मक समझ एक प्रकार से सामाजिक क्रिया की जान है। अपने आप में गतिविधि कुछ नहीं है, लेकिन गतिविधि के सम्पादन में जब कर्त्ता किसी अर्थ को निहित करता है तो यह सामाजिक क्रिया बन जाती है। वेबर द्वारा विकसित सामाजिक क्रिया की अवधारणा सूत्र रूप में इस प्रकार है:

सामाजिक क्रिया = गतिविधि + अर्थ

या

सामाजिक क्रिया - अर्थ = गतिविधि

सामाजिक क्रिया के बारे में अर्थ का निर्वचन होना आवश्यक है। निर्वचन से ही हम अपनी समझ विकसित कर सकते हैं। इस सम्बन्ध में हम भगवती चरण वर्मा—हिन्दी के लब्ध प्रतिष्ठित कथाकार की कहानी "दो बांके" का उदाहरण देंगे।

कहानी बड़ी सरल है। द्वितीय विश्व युद्ध हो रहा था, इधर कोई व्यक्ति अपनी पत्नियों

से परेशान था। कभी-कभी तो ये पत्नियाँ अपने पति की पिटाई भी कर देती थीं। किसी ने सलाह दी कि पत्नियों की मार और प्रताड़ना से बचने के लिये उन्हें युद्ध में भर्ती हो जाना चाहिये और देखिये वे भर्ती हो गये। उन्हें मोर्चे पर तैनात कर दिया गया। एक दिन मोर्चे पर दुश्मनों ने गोलियों की बौछार कर दी। पत्नियों से परेशान होने वाले ये फौजी सर पर पाँव रख कर बेतहाशा अपनी फ़ौज़ के दूसरे मोर्चे की ओर दौड़े। उन्हें भागते हुए आते देखकर दूसरे मोर्चे ने अर्थ लगाया कि ये फौजी "गोली-गोली" बोलते हुए यह सन्देश देने आये थे कि दुश्मन की गोलियाँ उनके स्वयं के मोर्चे तक आ गयी हैं। कहानी के इस भाग की गतिविधि का अब निर्वचन करते हैं। फ़ौज़ियों के भागकर आने और गोली-गोली बोलने की गतिविधि का अर्थ, यदि फ़ौज़ियों के निहित उद्देश्य से देखें तो यह है कि वे गोलियों की बौछार से भयभीत हो गये थे। यह व्यक्तिनिष्ठ विवेचन है। दूसरी ओर अपनी ही फ़ौज़ की चौकी के फ़ौज़ियों ने इसका अर्थ यह निकाला कि वे जान हथेली पर रखकर दुश्मन की गोली की बौछारों की सूचना देने दौड़ते आये थे। वास्तव में वे बाँके थे और सिफारिश की गयी कि उन्हें बहादूरी का रेडक्रास दिया जाये। अत: वेबर के अनुसार कर्त्ता की क्रिया की समझ कर्त्ता के अर्थ और मूल्यों के अनुरूप होना चाहिये। ऐसा न करने पर क्रिया के बारे में हमारी समझ विकृत हो सकती है। जो पत्नियों से भयभीत होने वाले थे, बाँके हो गये और रेडक्रास पारितोषिक के विजेता बन गये। सब मिलाकर, सामाजिक क्रिया के बारे में हमें अपनी समझ निर्वचन द्वारा विकसित करनी चाहिये।

कई बार सामाजिक क्रिया की निर्वचनात्मक समझ को वेबर ने निर्वचनात्मक समाजशास्त्र (Interpretative Sociology) का नाम भी दिया जाता है। निर्वचनात्मक समझ कार्य-कारण के साथ जुड़ी होती है। वेबर का तर्क है कि मनुष्य की सामाजिक क्रिया को केवल प्राकृतिक विज्ञानों की विधि द्वारा नहीं जाना जा सकता। प्राकृतिक प्रघटनाओं का विश्लेषण तो उनके बाह्य सम्बन्धों द्वारा नहीं जाना जा सकता। प्राकृतिक प्रघटनाओं की सही समझ के लिये निर्वचनात्मक समझ को काम में लेना आवश्यक है। करना यह चाहिये कि व्यक्तिनिष्ठ अर्थ का विश्लेषण वैज्ञानिक अनुसंधान की प्रविधियों द्वारा होना चाहिये। दूसरे शब्दों में जब मनुष्य की सामाजिक क्रिया का विश्लेषण व्यक्तिनिष्ठ और वैज्ञानिक प्रविधियों के जोड़ से किया जाता है तो यह निर्वचनात्मक समझ को आगे बढ़ाता है।

जुलियन फ्रेण्ड वेबर की निर्वचनात्मक समझ के बारे में कहते हैं:

"एक आनुभविक ज्ञान शाखा होने के कारण समाजशास्त्र का सरोकार व्यक्तिनिष्ठ अर्थ का निर्वचन करना मात्र है।"

सामाजिक क्रिया के प्रकार (Types of Social Action)

मैक्स वेबर से पहले विल्फ्रेडो पेरेटो ने सामाजिक क्रिया की अवधारणा को अपने सिद्धान्तकरण में प्रयोग में लिया था। उन्होंने इस समस्या को उठाया था कि समाजशास्त्र की परिभाषा किस प्रकार दी जाये। इसी सन्दर्भ में उन्होंने कहा कि समाजशास्त्र वह समाज विज्ञान है जो अतार्किक क्रियाओं (Non-Logical Action) का अध्ययन करता है। उनके अनुसार तार्किक क्रियाएँ वे हैं जिन्हें विवेकपूर्ण (Rational) ढंग से समझा जा सकता है। तार्किक क्रिया की परिभाषा व तर्कशास्त्र और गणित के नाम छोड़ देते हैं। अतार्किक क्रियाएँ

ऐसी होती हैं जिनमें व्यक्ति संवेग और भावनाओं द्वारा काम करता है। इस तरह पेरेटो के अनुसार क्रिया के दो भाग हैं:

(1) तार्किक और

(2) अतार्किक

मैक्स वेबर ने क्रिया की अवधारणा को और विस्तृत सन्दर्भ में रखा है। वे कहते हैं कि कोई भी क्रिया शून्य में नहीं होती। यदि सामाजिक पर्यावरण के सन्दर्भ हैं तो यह अनिवार्य रूप से अन्य कर्त्ताओं और सामाजिक पर्यावरण के सन्दर्भ में होती है। वेबर ने सामाजिक क्रिया के जिन प्रकारों को दिया है, वे अनिवार्य रूप से उनके आदर्श प्रारूप के अंग मात्र हैं। इन्हें हम यहाँ देगें:

(1) तार्किक क्रिया : लक्ष्य के प्रति अभिस्थापित (Rational Action: Oriented to Goal)

पेरेटो की तार्किक क्रिया की तरह ही मैक्स वेबर की यह तार्किक क्रिया है। इसमें कर्त्ता अपनी क्रिया का सम्बन्ध तार्किक रूप से लक्ष्य के साथ जोड़ता है। एक इंजीनियर को लीजिये। वह किसी नदी पर पुल बनाना चाहता है। पुल की ऊंचाई, चौड़ाई, भार वहन शक्ति आदि लक्ष्यों को तकनीकी ढंग से परिभाषित करता है। इस पुल को बनाने के लिये जिस तरह की क्रियाओं को उसे करना है यानी पुल के कितने खम्भे होंगें, कितनी सीमेन्ट चाहिये, कितने तकनीशियन चाहिये उन सब की योजना वह तार्किक ढंग से बनाता है। यदि पुल बनाने की क्रिया पुल के लक्ष्य के अनुरूप बनती है तो सब ठीक-ठाक हो जाता है। यहाँ इंजीनियर लक्ष्य को ध्यान में रखकर क्रिया का सम्पादन करता है। यह क्रिया हर तरह से लक्ष्य के प्रति अभिस्थापित होती है, सरोकार रखती है। वेबर की यह तार्किक क्रिया है।

रेमण्ड एरॉ ने तार्किक क्रिया के विश्लेषण के लिये एक दृष्टान्त दिया है। स्टॉक एक्सचेन्ज में जब एक सटोरिया घुसता है तो अपना रुपया दाँव पर लगाने से पहले वह बड़े विस्तार से, पूरी तरह तर्क द्वारा हिसाब-किताब करता है। ऐसा नहीं होता कि सटोरिया भावावेश में आकर धन का नियोजन करता हो। उसकी पूर्ण क्रिया विवेकपूर्ण और तार्किक होती है। अतः जब वेबर तार्किक क्रिया के प्रकार को रखते हैं तो निश्चित रूप से यह क्रिया वह होती है जिसका अभिस्थापन या रुझान लक्ष्य को प्राप्त करने का होता है। इसी कारण वे इस क्रिया को लक्ष्य अभिस्थापित क्रिया (goal-oriented action) कहते हैं।

(2) तार्किक क्रिया : मूल्य के प्रति अभिस्थापित (Rational Action: Oriented to Value)

क्रिया का दूसरा प्रकार तर्कपूर्ण होने के साथ मूल्यों के प्रति भी अभिस्थापित होता है। ऐसी मूल्य की ओर रुझान वाली तार्किक क्रिया विश्वास पर आधारित होती है। कुछ ऐसी क्रियाएँ होती हैं जो कर्त्ता की दृढ़ धारणाओं पर निर्भर होती हैं। इन क्रियाओं के करने में कर्त्ता कभी भी यह नहीं सोचता कि इनके करने के परिणामस्वरूप कर्त्ता का भविष्य क्या होगा। जब वह अपने वृद्ध माता-पिता की सेवा-सुश्रुषा करता है तो उसकी यह दृढ़ धारणा है कि माता-पिता के प्रति उसके जो मूल्य थे, उनकी पूर्ति हुई है। ऐसी क्रिया का रुझान हर प्रकार के मूल्यों के प्रति होता है। वह मूल्यों की उपेक्षा के लिये किसी प्रकार का समझौता नहीं करता।

राजस्थान में जब अल्लाउद्दीन खिलजी ने चित्तौड़ के किले पर आक्रमण किया तो सैकड़ों महिलाओं ने ज़ौहर किया। ज़ौहर मूल्यों से जुड़ा है। मूल्य यह है कि ये स्त्रियाँ आक्रमणकारी के सामने अपने आदर को बनाये रखेंगी, उनके हाथों निरस्कृत नहीं होगी। ज़ौहर को करना प्रतिष्ठा का मूल्य है। इस तरह की क्रिया का अभिस्थापन मूल्यों की प्राप्ति के लिये होता है।

मूल्यों की भी एक सोपानिक व्यवस्था है—कुछ मूल्य प्रमुख होते हैं तो कुछ गौण। लेकिन मूल्यों का विस्तार वृहद होता है। मूल्य राजनैतिक, धार्मिक, आर्थिक यानी जीवन के प्रत्येक क्षेत्र में फैले होते हैं। इन मूल्यों को ऊंचा उठाना कर्त्ता अपना कर्त्तव्य समझता है। मूल्य अभिस्थापित तार्किक क्रिया बिना किसी शर्त और प्रतिबद्धता के होती है।

रेमण्ड एरॉ ने तार्किक तथा मूल्य अभिस्थापित क्रिया के प्रकार के बारे में प्रश्न रखा है: जब यह सामाजिक क्रिया मूल्यों की प्राप्ति के लिये होती है, तो यह तार्किक किस भाँति हैं? इसका उत्तर एरॉ देते हुए कहते हैं कि यह क्रिया तार्किक इसलिये है कि इसके करने से कर्त्ता को सफलता मिलती है या नहीं, यह चिन्ता वह कभी नहीं करता। इस क्रिया पर किसी का नियंत्रण नहीं होता। मूल्य ही इस क्रिया में लक्ष्य होते हैं, और इन्हें प्राप्त करने के लिये ही यह क्रिया की जाती है। दूसरा, मूल्य अभिस्थापित क्रिया की दिशा को रिवाज़ नहीं निर्धारित करते। यह तो कर्त्ता की मूल्यों के प्रति दृढ़ता है जो वह एक निश्चित काम को करता है। स्वतन्त्रता की लड़ाई में ऐसे बहुत से सामान्य व्यक्ति थे जो विस्मृति के गर्त में डूब गये फिर भी उन्होंने देश की स्वतन्त्रता के मूल्य की प्राप्ति के लिये अपने आप को बलि कर दिया। ऐसी अवस्था में मूल्य की प्राप्ति ही तार्किक क्रिया है। वास्तविकता तो यह है कि मूल्य प्राप्ति की यह तार्किक क्रिया व्यक्ति को आन्तरिक सम्बद्धता देती है। यह क्रिया तो व्यक्ति के दृढ़ विश्वास के कारण होती है।

(3) भावनात्मक या संवेगात्मक क्रिया (Affective or Emotional Action)

क्रिया का यह भावनात्मक स्वरूप है। यह मस्तिष्क की वह स्थिति है जिसमें आदमी आवेश में आकर क्रिया को कर देता है। इस प्रकार की क्रिया का सम्बन्ध न तो किसी लक्ष्य से होता है और नांहि किन्हीं मूल्यों से जुड़ी होती है। किसी विशेष परिस्थिति में कर्त्ता किसी संवेगात्मक स्थिति में आ जाता है और क्रिया को कर देता है। संवेग की एक स्थिति है: दो व्यक्ति सामान्य और सहज रूप से बातचीत कर रहें हैं। कुछ ऐसा प्रसंग चल जाता है कि दूसरा व्यक्ति पहले व्यक्ति के माता-पिता के प्रति अश्लील शब्दों का प्रयोग करता है। यह प्रयोग उसके संवेगों को उद्वेलित करता है और देखते ही देखते दूसरे व्यक्ति के गाल पर थप्पड़ लगा देता है। विशुद्ध रूप से यह क्रिया संवेगात्मक है। इसी तरह अभी ही स्कूल से लौटे हुए बच्चे को किसी बात पर क्रोध करके माँ घर से बाहर कर देती है। यह क्रिया भी संवेगात्मक है। कई बार संवेगात्मक स्थिति में कर्त्ता हत्या भी कर देता है।

संवेगात्मक क्रिया को समझा नहीं जा सकता। यह भावना प्रधान होती है। वास्तव में ऐसी क्रिया के विश्लेषण को मनोवैज्ञानिक और मनोविश्लेषक ही कर सकते हैं। कुछ आलोचकों ने वेबर ही की इस प्रक्रिया को अधिक विस्तृत रूप दिया है। वे कहते हैं कि इस तरह की क्रिया को तुरत-फुरत भावावेश में हो जाती है, इन्द्रियों को तुष्टि देती है। कुछ आलोचकों ने यह भी कहा है कि संवेगात्मक क्रिया का अध्ययन क्षेत्र वस्तुतः मनोविज्ञान ही है, समाजशास्त्र नहीं।

(4) परम्परागत क्रिया (Traditional Action)

वेबर की क्रिया के इस प्रकार में रिवाज़, विश्वास और वैयक्तिक आदतों को सम्मिलित किया गया है। प्रत्येक समाज और समूह में जन्म, विवाह, मृत्यु, त्यौहार आदि होते हैं। इनके साथ में जुड़े हुए रिवाजों और विश्वासों की एक बहुत बड़ी तालिका होती है। ऐसी क्रियाएं जो रिवाजों, विश्वासों और आदतों द्वारा संचालित होती हैं, परम्परागत क्रियाएं हैं। इस क्रिया में स्वयं कर्त्ता को किसी लक्ष्य को निर्धारित नहीं करना पड़ता। वह मानकर चलता है कि परम्पराओं, विश्वासों आदि में ही अन्तर्निहित लक्ष्य होते हैं। उसका तो काम केवल यही है कि उद्देश्यों के बारे में कुछ भी सोचे बिना, आंख बन्द कर परम्पराओं का पालन करता चले। लक्ष्य की तरह मूल्यों के बारे में भी वह कुछ नहीं सोचता। जब रिवाजों और परम्पराओं का परिपालन पीढ़ी दर पीढ़ी होता आया है, तो वह मानता है कि इसमें कोई न कोइं मूल्य अवश्य होंगे। इसके सम्पादन में कर्त्ता संवेगात्मक भी नहीं होता। वह तो सहज क्रिया मानकर इन क्रियाओं को करता रहता है। रुढ़िवादी और प्रगतिशील समाजों में भी बराबर परम्परागत क्रियाएँ होती रहती हैं। इस क्रिया को आदर्श प्रारूप का एक प्रकार देने के पीछे वेबर की यही भावना बलवती थी।

सामाजिक क्रियाओं के आदर्श प्रारूप का आखिर इतना महत्त्व क्यों?
(Why So Much Importance to Ideal Type of Social Action ?)

रेमण्ड एरॉ और पारसंस ने आदर्श प्रारूप की विस्तृत व्याख्या की है। ये दोनों ही सिद्धान्तवेत्ता बिना किसी लाग-लपेट के अपना विश्लेषण प्रस्तुत करते हैं। जब एरॉ सामाजिक क्रिया के प्रकारों पर अपनी उपसंहारात्मक टिप्पणी रखते है तो एक स्थान पर कहते हैं कि आखिर सामाजिक क्रिया के इन प्रकारों में ऐसी कौनसी बात है कि वेबर के मरने के बाद भी पिछले छः सात दशकों में सिद्धान्तवेता इन पर बराबर काम कर रहे हैं। एरॉ का यह प्रश्न स्वाभाविक है। और रुचिकर बात यह है कि स्वयं उन्होंने सामाजिक क्रियाओं के प्रकारों को समाजशास्त्रीय सिद्धान्त में महत्त्वपूर्ण स्थान दिया है। वे सामाजिक क्रिया के प्रकारों को निम्न कारणों से आज भी सिद्धान्तकरण में उपयोगी मानते हैं :

(1) यह अमूर्त स्तर की अवधारणात्मक व्यवस्था है
(It is an Abstract Level Conceptual System)

वेबर समाजशास्त्र को सामाजिक क्रिया का एक व्यापक विज्ञान (Comprehensive Science) मानते हैं। इस दृष्टि से क्रियाओं के प्रकार एक ऐसी अमूर्त अवधारणाओं की व्यवस्था बनाते हैं जिनका क्षेत्र में क्रियान्वयन किया जा सकता है। वास्तविकता यह है कि क्रिया का यह कोटिकरण या वर्गीकरण अमूर्तिकरण का उच्चतम स्तर है। इसे सुविधा पूर्वक आनुभाविक अध्ययन में काम में लिया जा सकता है।

(2) सामाजिक क्रिया का व्यापक विज्ञान
(Comprehensive Science of Social Action)

जब वेबर समाजशास्त्र को सामाजिक क्रिया का अध्ययन कहते हैं तब वे इस बात पर जोर देते हैं कि सामाजिक क्रिया का यह विज्ञान अपनी परिधि में बहुत व्यापाक है। वेबर ने यहाँ

व्यापक पद की व्याख्या की है। इसका मतलब वे कर्त्ता क्रिया का जो अर्थ देता है उसकी समझ से जोड़ते हैं। उदाहरण के लिये पेरेटो की परिभाषा में क्रिया वह है जिसे कर्त्ता नहीं लेकिन अवलोकनकर्त्ता का अर्थ देता है। वेबर इसके विपरित हैं। वे कहते हैं कि क्रिया का जो अर्थ कर्त्ता देता है वही सही अर्थ है। उसी की समझ वेबर की सामाजिक क्रिया देती है। यही उसकी व्यापकता है।

(3) वेबर की क्रिया के प्रकार तत्कालीन समाज के निर्वचन में सहायक हैं (Weberian Types of Action Provide Interpretation of the Contemporary Era)

रेमण्ड एरॉ उपरोक्त बिन्दुओं में यह बताना चाहते हैं कि आज वेबर की मृत्यु के बाद भी सामाजिक क्रिया के प्रकार महत्त्वपूर्ण बने हुए हैं, उसके पीछे कारण कौनसे हैं। इसी सिलसिले में उनका कहना है कि सामाजिक क्रिया के इन प्रकारों से हमें यह भी ज्ञात हो जाता है कि जिस युग में वेबर ने अपनी रचनाएँ लिखीं, उस युग में यूरोप के सामने कौनसी समस्याएँ थी। क्रियाओं के प्रकारों से यह स्पष्ट होता है कि वेबर कालीन यूरोप में विज्ञान तथा औद्योगिकरण के आर्विभाव के परिणामस्वरूप विवेकपूर्ण व्यवहार महत्त्वपूर्ण बन गया था। इसी व्यवहार के कारण तार्किक क्रिया का क्षेत्र भी व्यापक हो गया था। अब लोग बराबर यह समझने लगे थे कि किसी भी प्रतिष्ठान या संगठन के लक्ष्यों की प्राप्ति तार्किक क्रियाओं के द्वारा ही हो सकती है।

(4) विज्ञान और राजनीति के स्वतन्त्र सम्बन्ध
(Independent Relations between Science and Politics)

यद्यपि मैक्स वेबर कभी भी एक राजनीतिज्ञ नहीं थे, फिर भी उनका एक यह सपना था कि वे किसी तरह राजनीतिज्ञ बन जायें। वास्तव में वे जीवन पर्यन्त एक प्रोफेसर ही रहे। यद्यपि कभी-कभार उन्होंने पत्रकार का कार्य अवश्य किया। यह होते हुए भी उनकी यह दिली इच्छा थी कि वे एक राजनीतिज्ञ के आदर्श प्रारूप को तैयार करें, एक वैज्ञानिक के आदर्श प्रारूप को रखें। यह प्रश्न वेबर के लिये व्यक्तिगत होकर भी दार्शनिक था।

यद्यपि वेबर इस तरह का कोई आदर्श प्रारूप नहीं बना पाये फिर भी उन्होंने क्रिया के प्रकारों का वर्गीकरण इस तरह से बनाया है कि इसमें जीवन के राजनीति, विज्ञान, धर्म आदि विषय भी आ जाते हैं, वास्तव में किसी भी वैज्ञानिक का लक्ष्य ऐसे प्रस्तावों को बनाना है जिनमें विभिन्न तथ्यों के बीच में कारण-कार्य सम्बन्ध होते हैं। ऐसा ही प्रयास क्रियाओं के प्रकार में वेबर ने किया है। वे इन प्रकारों के माध्यम से ऐसा व्यापक निर्वचन करना चाहते हैं जो संसार भर के लिये वैध (Valid) सिद्ध हो। जो क्रियाओं का वर्गीकरण वेबर ने बनाया है, उनका दावा है, सार्वभौमिक रूप से सत्य है।

वैज्ञानिक व्यवहार, इसीलिये लक्ष्य प्राप्ति के तार्किक क्रिया और मूल्यों का जोड़ हैं। मूल्य सत्य हैं और तार्किकता, तर्कशास्त्र और अनुसंधान का नियम है। वैध परिणामों को पाने के लिये तार्किकता और मूल्य दोनों से कभी मुक्ति नहीं मिल सकती। इसलिये वेबर कहते हैं कि विज्ञान तार्किकता की एक प्रक्रिया है और आधुनिक पश्चिमी समाज की यह एक विशेषता है। अतः जब कभी हम आधुनिक समाज की कल्पना करते हैं तो हमें किसी भी

निर्वचन में तार्किकता और मूल्यों को प्राथमिकता देनी होगी। और यही दोनों लक्षण सामाजिक क्रिया के प्रकारों में देखने को मिलते हैं।

प्रभुत्व और शक्ति (Domination and Power)

प्रभुत्व और शक्ति, वेबर द्वारा संरचित राजनीतिक समाजशास्त्र की केन्द्रीय अवधारणाएँ हैं। कई बार इन दोनों को एक ही समझ लिया जाता है। वेबर ने इन दोनों को पृथक् अवधारणा के रूप में रखा है और वे इनमें अन्तर भी बताते हैं। प्रभुत्व को अंग्रेजी में डोमीनेशन (Domination) कहते हैं। वास्तव में अंग्रेजी शब्द 'डोमीनेशन' जर्मन शब्द 'हेरशेफ्ट' (Herrschaft) से अनुवादित है। जर्मन भाषा में हरे को स्वर यानी मास्टर कहते हैं। अंग्रेजी शब्द 'डोमीनेशन' का मूल लेटिन शब्द 'डोमीनश' (Dominus) है। इसका मतलब होता है स्वामी जिसके आदेश को उसका अधीनस्थ मानने के लिये बाध्य है।

वेबर ने प्रभुत्व का एक आदर्श प्रारूप भी बताया है। इस प्रारूप में प्रभुत्व के तीन प्रकार हैं:

(1) युक्तायुक्त प्रभुत्व,
(2) परम्परागत प्रभुत्व, और
(3) करिश्मायुक्त प्रभुत्व।

इस तरह के आदर्श प्रारूप का आधार अभिप्रेरण है। वेबर ने प्रभुत्व की व्याख्या करते हुए कहा है कि इसका बुनियादी आधार कर्त्ता द्वारा दिया गया आदेश (Command) है। इस आदेश में शक्ति होती है। कोई भी आदेश बिना शक्ति के नहीं होता। लेकिन दूसरी ओर प्रत्येक शक्ति में आदेश का होना अनिवार्य नहीं है। प्रभुत्व केवल राजनीतिक गतिविधि में ही नहीं होता। यह हमें कई प्रकार की संस्थाओं में भी देखने के मिलता है। हर एक व्यक्ति या समूह अपनी इच्छा (Will) को बलपूर्वक रखता है। इसी कारण प्रभुत्व सभी समूहों में देखने को मिलता है।

प्रभुत्व की परिभाषा (Definition of Dominition)

प्रभुत्व में सामान्यतः एक तो स्वामी होता है और दूसरा उसका अधीनस्थ। अधीनस्थ के लिये यह आवश्यक है कि वह अपने स्वामी के आदेश का आज्ञापालन करे। इसे इस भाँति वेबर ने परिभाषित किया है:

"प्रभुत्व वह स्थिति है जिसमें स्वामी का आज्ञापालन वे व्यक्ति या समूह करते हैं जो अपनी स्थिति को स्वामी के कारण मानते हैं।"

यह निश्चित रूप से कहा जाना चाहिये कि जब स्वामी के आदेशों का पालन होता है, तब पालन करने वाला व्यक्ति या समूह किसी न किसी अभिप्रेरण (Motivation) के कारण ऐसा करता है। वह जानता है कि यदि आदेशों का पालन नहीं किया गया तो उसकी स्थिति खराब हो जायेगी। यह निश्चित है कि जहाँ कहीं आदेश होता है उसमें अनिवार्य रूप से शक्ति निहित होती है।

शक्ति (Power)

मैक्स वेबर की शक्ति की अवधारणा, जैसाकि हमने इस अध्याय के प्रारम्भ में कहा है, एक

लोकप्रिय अवधारणा है। जर्मन भाषा में वेबर ने शक्ति पद के लिये मेच्ट (Macht) शब्द का प्रयोग किया है। शक्ति एक आनुभाविक अभिव्यक्ति है और इसे व्यावहारिक स्वरूप में देखा जा सकता है। सामाजिक सम्बन्धों में शक्ति का प्रयोग होता है। इसकी परिभाषा में वेबर कहते हैं:

"सामाजिक सम्बन्धों में जब कोई व्यक्ति ऐसी स्थिति में हो कि दूसरे के प्रतिरोध करने पर भी, अपनी इच्छा को पूरी कर पाये, तो यह शक्ति है।"

शक्ति के दो मुख्य स्रोत हैं। रैनहार्ड बेन्डिक्स (Reinhard Bendix) ने अपनी पुस्तक "मैक्स वेबर" (Max Weber, 1960) में बड़े विस्तार के साथ शक्ति के स्रोतों का उल्लेख किया है। इसका विश्लेषण करने से पहले हम भारतीय समाज से जुड़े हुए दो दृष्टान्त देंगे।

जब जिले का अधिकारी लोगों की गतिविधि के लिये धारा 144 की निषेधाज्ञा लागू करता है तो सरकार द्वारा उसे ऐसा करने का अधिकार है। वह जानता है कि यदि यह धारा नहीं लगायी गयी तो शहर में शरारतें शुरू हो जायेंगी और परिणामस्वरूप कानून-व्यवस्था बिगड़ जायेगी। निषेधाज्ञा लगाने का यह अधिकार जिलाधीश को कानून के मातहत मिला है। लोग इसकी आज्ञा का पालन के लिये बाध्य हैं। यहाँ जिलाधीश की निषेधाज्ञा की शक्ति का स्रोत राज्य सरकार है जोकि संस्थापित प्राधिकार है। यह राज्य ही है जो शक्ति के प्रयोग के लिये आदेश देता है। इसमें प्रभुत्व है और इस प्रभुत्व का वितरण राज्य करता है। इस सबका मतलब यह हुआ कि वह शक्ति जो किसी संस्थापित संगठन द्वारा दी जाती है और जब व्यक्ति इसका प्रयोग करता है तो यह प्राधिकार (Authority) या प्रभुत्व है। प्रत्येक प्राधिकार या प्रभुत्व की स्थिति में शक्ति का होना अनिवार्य है।

अब दूसरा दृष्टान्त लीजिये। आपके शहर में लता मंगेशकर आती है। एक विराट संगीत समारोह आयोजित होता है। लता मंगेशकर की लोगों में जो छवि है इसके अनुसार अधिकांश लोग इस समारोह में आते हैं। लता मंगेशकर में लोगों को आकर्षित करने की शक्ति है, लेकिन उसे यह शक्ति न तो जिलाधीश से मिली है और न किसी अन्य संस्था से। उसकी यह शक्ति उसने स्वयं अर्जित की है। अतः शक्ति वह है जिसमें प्राधिकार नहीं होता और जहाँ कहीं प्राधिकार है वहाँ शक्ति का होना अनिवार्य है। यदि स्रोतों की भाषा में बात करें तो कहेंगे की प्राधिकार का स्रोत राज्य का संगठन होते हैं जबकि शक्ति के स्रोत स्वयं व्यक्ति या समूह में निहित होते हैं। इसका यह भी मतलब हुआ कि प्रभुत्व और प्राधिकार दोनों अवधारणाएँ एक ही हैं। दोनों में शक्ति होती है।

प्रभुत्व के प्रकार (Types of Domination)

प्रभुत्व में शक्ति का समावेश होता है। अतएव जब कोई अपनी इच्छाओं को दूसरों के व्यवहार पर लागू कर रहा होता है तो वह अपनी शक्ति का प्रदर्शन कर रहा होता है। वास्तव में सामाजिक व्यवहार में आये दिन हम शक्ति की अभिव्यक्ति करते हैं। कई बार पति-पत्नि के सम्बन्धों में भी शक्ति का प्रदर्शन देखने को मिलता है। बाजार में लेन-देन करते समय भी हम सौदेबाज़ी करते हैं यानी शक्ति का उपयोग करते हैं। डिनर टेबल पर, वक्ताओं के मंच पर, खेल के मैदान में या किसी अकादमिक वाद-विवाद में आये दिन हमें शक्ति का

प्रयोग देखने को मिलता है। जिसके पास शक्ति है, वह अपनी इच्छाओं और संकल्पों को दूसरों के न चाहने पर भी उन पर लाद देता है।

प्रभुत्व एक ऐसी स्थिति है जिसमें एक ओर शासक होता है और दूसरी ओर शासित। शासक एक समूह भी हो सकता है। लेकिन यह निश्चित है कि शासन करने वाला समूह आकार में छोटा होता है। जब हम शासक पद का प्रयोग करते हैं तो हमारा इससे राजा-महाराजा या किसी ठाकुर से तात्पर्य नहीं है। इसका साधारण अर्थ यह है जिसके पास वैध शक्ति है, वही स्वामी है यानी शासक है। वह स्वामी एक स्तर पर वाइस चांसलर भी हो सकता है या दफ्तर या हेड क्लर्क भी। जिसे हम शासित कहते हैं वह भी परम्परागत अर्थ में प्रजा या रैयत नहीं है। ये वे लोग हैं जो स्वामी के आदेशों का आज्ञापालन करते हैं। इस अर्थ में अधीनस्थ सेवाओं में लगे हुए लोग शासित हैं। यह भी महत्त्वपूर्ण बात है कि दुनिया भर में शासित समूह के लोग पूरी व्यक्तिगत निष्ठा के साथ स्वामी के आदेशों का पालन करते हैं। यहाँ यह भी कहना चाहिये जहाँ प्रभुत्व होता है वहीं उसमें शक्ति का समावेश अनिवार्य रूप से समाहित रहता है। हमने पिछले अध्याय में कहा है कि जहाँ कहीं प्रभुत्व है, शक्ति अवश्य होती है। लेकिन प्रत्येक शक्ति में प्रभुत्व नहीं होता। इस कारण शासक और शक्ति के सम्बन्ध वस्तुतः प्राधिकारी (Authority) सम्बन्ध होते हैं। प्रभुत्व में मालिक को आदेश देने का अधिकार होता है और शक्ति में जो ये प्राधिकार सम्बन्ध हैं उनमें अनिवार्य रूप से वैधता (Legitimacy) होती है। जिस दिन शासित प्राधिकार सम्बन्धों की इस वैधता को स्वीकार नहीं करते, उसी दिन शासक का प्रभुत्व समाप्त हो जाता है।

बिना शासित के शासक का कोई अस्तित्व नहीं है। यदि शासित हैं और वे शासक के आदेश को मानते हैं तो निश्चित रूप से उनके सम्बन्ध प्राधिकारी सम्बन्ध हैं। रैनहार्ड बेण्डिक्स ने वेबर की प्रभुत्व की अवधारणा का विस्तृत विवेचन किया है। उनके अनुसार किसी भी प्रभुत्व के लिये निम्न दशाओं का होना आवश्यक है:

(1) एक व्यक्ति जो शासन करता है या आदेश देता है।
(2) एक व्यक्ति जिस पर शासन किया जाता है यानि शासित है या एक समूह जिस पर शासन होता है यानी शासित है।
(3) शासक की यह इच्छा कि वह शासित के व्यवहार को प्रभावित करेगा।
(4) इस बात के प्रमाण होना चाहिए कि शासक के आदेशों का पालन वस्तुनिष्ठा से हो रहा है।
(5) प्रत्यक्ष या अप्रत्यक्ष रूप से यह भी पता लगना चाहिये कि शासित व्यक्ति या समूह व्यक्तिगत (Subjective) होकर आदेशों का पालन करना चाहते हैं।

प्रभुत्व सम्पन्न नेतृत्व (Domination Leadership)

रैनहार्ड बेण्डिक्स प्रभुत्व की व्याख्या के कुछ और विश्लेषण देते हैं। जो प्रभुत्व सम्पन्न है और जिसके पास शक्ति का केन्द्रीयकरण है वही शासित समूह का नेतृत्व करता है। प्रभुत्व के नेतृत्व के कतिपय सामान्य लक्षणों को उन्होंने निम्न बिन्दुओं में रखा है:

(1) शासित समूह के सदस्यों की यह आदत सी बन जाती है कि ये बिना किसी हिचकिचाहट के स्वामी के आदेशों का पालन करते हैं। “यस सर”, “हुकुम”, “साहब”

इत्यादि पद उनकी इस आदत की अभिव्यक्ति हैं।

(2) शासित यह चाहते हैं कि प्रभुत्व की प्रक्रिया चलती रहे। यह इसलिये कि प्रभुत्व के साथ में उनके निजी स्वार्थ जुड़े होते हैं। यह प्रभुत्व ही है जिससे शासित को लाभ होता है।

(3) शासित प्रभुत्व की प्रक्रिया में भागीदार होते हैं क्योंकि जिन कार्यों में प्रभुत्व होता है, उनका बँटवारा इन अधीनस्थों में ही होता है।

(4) प्रभुत्व की निरन्तरता ही प्रभुत्व के भागीदारों को लाभ देती है। इसलिये ये भागीदार प्रभुत्व की निरन्तरता के लिये हमेशा जी-जान लगाने को तैयार रहते हैं।

प्रभुत्व का वर्गीकरण (Classification of Domination)

वेबर ने प्रभुत्व का आदर्श प्रारूप प्रस्तुत किया है। यह आदर्श प्रारूप वेबर का राजनीतिक समाजशास्त्र है। उन्होंने प्रभुत्व के तीन प्रकार राजनीतिक गतिविधियों के विश्लेषण के लिये बनाये हैं:

(1) करिश्माई प्रभुत्व (Charismatic Domination)

(2) परम्परागत प्रभुत्व (Traditional Domination)

(3) कानूनी प्रभुत्व (Legal Domination)

वेबर ने प्रभुत्व के आदर्श प्रारूप के जिन प्रकारों को रखा है वे विशुद्ध रूप से इतिहास में कहीं नहीं मिलते। इसका एक प्रकार दूसरे प्रकार के साथ प्रायः मिल जाता है। होता यह है कि जो कानूनी प्रभुत्व है, वह कई बार परम्परागत प्रभुत्व के साथ मिलता है। ऐसा भी होता है कि करिश्माई प्रभुत्व के साथ कानूनी और परम्परागत प्रभुत्व भी मिल जाते हैं। यद्यपि वेबर ने प्रभुत्व के प्रकारों को जिस क्रम में रखा है, वह एक ऐतिहासिक क्रम है। लेकिन बेण्डिक्स कहते हैं कि यदि सबसे अंतिम करिश्माई प्रभुत्व के प्रकार का विश्लेषण पहले किया जाय तो इससे वेबर को समझना सरल हो जायेगा। प्रभुत्व के विकास की दृष्टि से भी शायद सबसे पहली बार करिश्माई नेतृत्व जिसे वेबर कई बार जादुई का नेतृत्व कहते हैं, आदिम समाजों में देखने को मिला है। काल विभाजन की दृष्टि से करिश्माई नेतृत्व का विश्लेषण अधिक तर्क संगत होगा। अतः हम यहाँ करिश्माई नेतृत्व के विश्लेषण से वेबर के राजनीतिक समाजशास्त्र का प्रारम्भ करेंगे।

करिश्माई प्रभुत्व (Charismatic Domination)

करिश्माई नेतृत्व अजीबो-गरीब या अनन्य (Unique) होता है। लगता है इसमें कहीं न कहीं जादुई शक्ति होती है। मैक्स वेबर कहते हैं कि इस नेतृत्व में प्रभुत्व होता है। इसका मतलब हुआ ऐसे नेतृत्व का आधार शक्ति होती है। कहीं भी निश्चित शब्दों में वेबर ने करिश्माई नेतृत्व की परिभाषा नहीं दी है। लेकिन वे इसे दोहराते हैं कि करिश्माई नेतृत्व में असाधारण गुण (Extraordinary Qualities) होते हैं। अतएव, इस नेतृत्व की प्रकृति असाधारण तथा अस्थायी होती है। करिश्माई नेतृत्व आये दिन समाज में जन्म लेता है ऐसा नहीं समझा जाता। समाज जब कभी आपात स्थिति में होता है तथा सभी ओर अंधेरा ही अंधेरा दिखायी देता है एवं जब ऐसा लगता है कि सम्पूर्ण समाज या देश ही किसी अंधी गली में प्रवेश कर

गया है और जहां से बाहर निकलने के लिये उसे कोई रोशनी नहीं दिखाई देती तभी ऐसा नेतृत्व सम्भव होता है। *गीता* में कृष्ण कहते हैं कि जब-जब भारत में धर्म के प्रति ग्लानी उत्पन्न होगी मैं युगपुरुष की तरह जन्म लेता रहूँगा। वे कहते हैं: "यदा-यदा ही धर्मस्य ग्लानिर्भवति भारत" आर फिर आगे "सम्भावामि युगे युगे"। उदाहरण के लिये जब हमारा देश स्वतन्त्रता की लड़ाई में जूझ रहा था, गांधी जी ने इसका नेतृत्व किया। विदेशी शक्ति को बिना किसी हिंसात्मक लड़ाई के बाहर निकाल देना, किसी भी व्यक्ति के लिये असाधारण बात थी। इन्हीं असाधारण गुणों के कारण यह देश गांधी जी को करिश्माई नेता मानता है। मध्यकाल में यूरोप में भी कई करिश्माई नेता हुए। इटली के एकीकरण के लिये मेजिनी जैसे करिश्माई नेताओं ने देश को नेतृत्व दिया। बिस्मार्क ने जर्मनी को दिशा दी। यदि सतही रूप से देखें तो प्रत्येक देश में आपात स्थिति में या चुनौतीपूर्ण दशाओं में करिश्माई नेतृत्व अवश्य उभरकर आया है। और इतिहास के इन्हीं दृष्टान्तों ने वेबर को करिश्माई नेतृत्व के प्रारूप के निर्माण में सहायता दी है।

करिश्माई नेतृत्व और उसका संगठन (Legitimacy and Organization of Charismatic Leadership)

वेबर ने जहाँ कानूनी और परम्परागत नेतृत्व की चर्चा की है वहीं वे कहते हैं कि नेतृत्व के ये प्रकार समाज में स्थायी होते हैं। कानूनी नेतृत्व को हम उन व्यक्तियों में देखते हैं जिन्हें कानून द्वारा कुछ शक्तियाँ प्रदत्त होती हैं। न्यायालय के न्यायाधीश, सचिवालय के सचिव, जिले के जिलाधीश, ये सब कानूनी नेतृत्व के दृष्टान्त हैं। इनके सभी कार्य कानून के अन्तर्गत होते हैं। इन्हें न्यायालय में चुनौती दी जा सकती है। ठीक इसी तरह परम्परागत नेतृत्व को हम परिवार, जाति, गाँव आदि में देख सकते हैं। ऐसे नेतृत्व को जो शक्तियाँ प्राप्त होती हैं, उनका स्रोत परम्पराएँ, रिवाज़, आदतें आदि हैं। परिवार का मुखिया या इसी तरह जाति का पँच परम्परागत होता है। इनके पास जो भी शक्ति है, वह इन्होंने अर्जित नहीं की है। जाति या परिवार ने यह शक्ति उन्हें दी है।

करिश्माई नेतृत्व इन दोनों के नेतृत्वों से भिन्न है। जाति, परिवार या गाँव कई पीढ़ियों से चले आ रहे हैं, इनका अपना एक इतिहास है। सबसे बड़ी बात यह है कि ये नेतृत्व निरन्तर हैं, स्थायी हैं। जबकि करिश्माई नेतृत्व एक व्यक्ति का नेतृत्व है जिसका आधार उसके असाधारण गुण होते हैं। ये गुण ही उसकी शक्ति हैं। जब ऐसे नेतृत्व में असाधारण गुण लुप्त हो जाते हैं या उनका क्षय हो जाता है तो यह नेतृत्व आने वाले समय के गर्त में खो जाता है। अतः इसकी प्रकृति ही अस्थायी होती है।

करिश्माई नेतृत्व का उद्गम संकटपूर्ण स्थिति में होता है। यदि इस तरह का नेतृत्व संकटपूर्ण स्थिति या आपात दशाओं का सामना करने में सफल हो जाता है तो उसकी इस असाधारण क्षमता का आधार ऐसी विपरीत दशा ही होती है। जन-जीवन यह समझने लगता है कि व्यक्ति के असाधारण शारीरिक और मानसिक गुणों ने उसे सफलता की श्रेणी में रखा है। मतलब यह हुआ कि कठिनाइयाँ ही करिश्माई नेतृत्व को पैदा करती है। इस तरह के नेतृत्व के कई प्रकार होते हैं। इसे पैगम्बरों, तीर्थंकरों, महन्तों, जादूगरों राजनीतिज्ञों और चिकित्सकों में देखा जा सकता है।

करिश्माई, परम्परागत तथा कानूनी नेतृत्व की बहुत बड़ी विशेषता उसकी वैधता है। समाज के लोग जब किसी भी नेतृत्व को वैध नहीं मानते तो अपने आप नेतृत्व समाप्त हो जाता है। जब हम कहते हैं कि किसी देश में अराजकता है तो इसका सामान्य अर्थ यह हुआ कि राज्य की प्रजा या नागरिक राज्य के आदेशों को वैधता नहीं देते। वैधता एक सामाजिक लक्षण है और जब तक अन्य नेतृत्वों की तरह करिश्माई नेतृत्व को भी वैधता प्राप्त नहीं होती वह नेतृत्व को चुनौती है। उसका अन्त निकट है।

करिश्माई नेतृत्व के मुख्य लक्षण (Main Characteristics of Leadership)

मैक्स वेबर जहाँ समाजशास्त्री थे, वहीं वे इतिहास के भी प्रकाण्ड पण्डित थे। वे सभ्यताओं के अध्ययन में पारंगत थे। उन्होंने जहाँ कहीं आदर्श प्रारूप बनाये हैं, उनकी यह कोशिश रही है कि वे दुनिया भर के इतिहास और सभ्यताओं को समेटकर आदर्श प्रारूप में रख लेवें। करिश्मा के नेतृत्व के जो मुख्य लक्षण उन्होंने बताये हैं, उनका हम यहाँ उल्लेख करेंगे:

*(1) **आपात स्थिति** (Emergency Situation)*

जब समाज में किसी न किसी प्रकार की आपात स्थिति आती है—युद्ध, भुखमरी, अतिवृष्टि, बेरोज़गारी या अन्य कोई दशा, तब करिश्माई नेतृत्व पैदा होता है। जब सुकरात ने तत्कालीन निरंकुश शासकों के शोषण का पर्दाफाश किया तब वे बहुत सामान्य व्यक्ति होकर भी करिश्माई नेता की तरह उभर कर आये। भरी सभा में उन्होंने ज़हर का प्याला पी लिया। आपात स्थितियाँ चुनौती देती हैं, और ये चुनौतियाँ करिश्माई नेतृत्व को जन्म देती हैं।

*(2) **असाधारण शारीरिक और मानसिक लक्षणों से युक्त***
(Extraordinary Gifts of Body and Mind)

करिश्माई नेता सामान्य नहीं होता। वह सामान्य से ऊपर उठकर खास या विशेष बन जाता है। उसके शरीर की बनावट उसे लोगों की समझ में असाधारण बना देती है। मस्तिष्ट के चमत्कार भी कुछ ऐसे ही होते हैं। यह करिश्माई नेता ही हैं जो मरे हुओं को जीवित कर देता है, ताम्बे के सिक्कों को अशर्फी बना देता है।

*(3) **अस्थायी नेतृत्व** (Temporary Leadership)*

समाज पर जब-जब आपत्तियाँ आती हैं, समाज ललचाई दृष्टि से ऐसे नेतृत्व के उदय की अभिलाषा रखता है जो उन्हें कठिनाईयों से मुक्त कर सके। करिश्माई नेता ही ऐसी चुनौतियों का सामना कर सकता है।

*(4) **करिश्माई नेता: बहुत महान् भी, बहुत कुख्यात भी***
(Charismatic Leader: High Profile, or Very Notorious)

वेबर दृढ़तापूर्वक कहते हैं कि यह आवश्यक नहीं है कि करिश्माई नेता समाज को उबारने वाला ही हो। इस तरह का नेतृत्व जहाँ एकदम सर्वोत्तम हो सकता है वहीं निकृष्ट भी होता है। समाज में जहाँ उच्च करिश्माई नेता हुए हैं वहाँ ऐसे नेता भी होते हैं जो समाज को गर्त में ढ़केल देते हैं। आदिम समाजों में तो करिश्माई नेतृत्व की कोटि में सामान्यत: जादूगर ही

रखे जाते हैं। भला हो या बुरा, नेतृत्व में असाधारण लक्षण अवश्य होते हैं। किसी भी रंगमंच के नाटक पर यदि नायक प्रभुत्व वाला है तो खलनायक में भी किसी न किसी प्रकार के असाधारण लक्षण अवश्य होते हैं।

(5) ***सामूहिक उत्तेजना*** *(Collective Exciтement)*

कभी-कभी करिश्माई नेता का उद्‌भव एक ऐसी मनोवैज्ञानिक स्थिति में होता है जब साधारण नागरिक को कठिनाइयों से बाहर निकलने का कोई रास्ता नहीं दिखायी देता। लोगों में एक सामूहिक उत्तेजना होती है और नेतृत्त उभरकर सामने आता है। 1940 ई. में जब अंग्रेजों ने बंगाल का विभाजन किया तब लोग बहुत उत्तेजित थे—क्या करें क्या न करें। ऐसी अवस्था में बाल गंगाधर तिलक महाराष्ट्र में असाधारण लक्षणों वाले व्यक्ति के रूप में सामने आये जब लोग भावावेश में उत्तेजित होते हैं, तब करिश्माई नेतृत्व उन्हें दिशा देता है।

(6) ***क्रान्तिकारी या रेडिकल दृष्टिकोण*** *(Revolunationary or Radical Perspective)*

कभी-कभी समाज को ऐसा लगता है कि वह सामाजिक बुराईयों के गर्त में डूब गया है। दीमक की तरह ये बुराईयाँ समाज को खा रही हैं। ऐसी अवस्था में क्रान्तिकारी परिवर्तन की आवश्यकता समझी जाती है। विभाजन के पहले हमारे देश में बाल-विवाह, विधवा-विवाह निषेध आदि बुराईयों से सम्पूर्ण समाज घिरा हुआ था। तब बंगाल में एक ऐसा नेतृत्व पैदा हुआ जिसे हम विवेकानन्द, रामाकृष्ण परमहंस, ईश्वरचन्द्र विद्यासागर में देखते हैं जिन्होंने वास्तव में एक करिश्माई नेता की तरह काम किया। इधर महर्षि दयानन्द ने पंजाब में हिन्दू धर्म की कट्टरवादिता पर गहरी चोट की। अतः यह भी देखा गया है कि करिश्माई नेतृत्व का सम्बन्ध क्रान्तिकारी परिवर्तनों से भी होता है।

जब हम करिश्माई नेतृत्व की व्याख्या करते हैं तब हमें यह अवश्य ध्यान में रखना चाहिये कि यद्यपि इस तरह का नेतृत्व किसी स्वामी की तरह आदेश नहीं देता। यह होने पर भी करिश्माई नेता के उपदेश या उसके प्रवचन ही आदेश की तरह काम करते हैं। वास्तव में करिश्माई नेता से जुड़े जो अनुयायी होते हैं उनकी नेता के प्रति अटूट प्रतिबद्धता होती है। यह प्रतिबद्धता विवाद का विषय नहीं होती, यह तो विश्वास का विषय होती है।

करिश्माई नेतृत्व अन्य प्रभुत्व के आदर्श प्रारूपों से भिन्न (Charismatic Leadership is Different from Other Ideal Types of Domination)

करिश्माई नेतृत्व वस्तुतः किसी एक व्यक्ति का नेतृत्व है। कुछ बिन्दुओं पर करिश्माई नेतृत्व परम्परागत और कानूनी नेतृत्व के समान है। परम्परागत नेता जब परिवार, जाति या गाँव पर अपना प्रभुत्व रखता है, तो उसे इन संस्थाओं की परम्पराओं, धरोहर और रिवाज़ों का परिपालन करना पड़ता है। ठीक कुछ इसी तरह करिश्माई नेता को भी समाज की परम्पराओं या सम्प्रदाय की धरोहर को निरन्तरता देनी पड़ती है।

दूसरा, परम्परागत नेतृत्व स्थायी होता है जबकि करिश्माई नेता के जाने के बाद उसके समूह में कमजोरी आ जाती है। वास्तव में, करिश्माई नेतृत्व तो आपात स्थिति की उपज होती है।

थोड़ी बहुत समानता होते हुए भी करिश्माई नेतृत्व निश्चित रुप से परम्परागत और

कानूनी नेतृत्व से भिन्न होता है। होता यह है कि जब आपात स्थिति समाप्त हो जाती है तो करिश्माई नेतृत्व के उत्तराधिकारी की समस्या उभरकर आती है। आपात स्थिति समाप्त हो जाती है और इधर करिश्माई नेता अलग हो जाता है या उसकी मृत्यु हो जाती है तब उसके नेतृत्व का उत्तराधिकारी कौन होगा, यह विवाद का प्रश्न हो जाता है। ऐसे नेतृत्व का जो भी उत्तराधिकारी होता है, उस पर यह भार आ पड़ता है कि वह करिश्माई नेतृत्व की परम्परा को बनाये रखे।

समाज में करिश्माई नेतृत्व के उत्तराधिकारी की कुछ परम्पराएँ देखने को मिलती हैं। एक तरीका यह है कि जो व्यक्ति करिश्माई नेतृत्व का उत्तराधिकारी बनता है, यदि अनुयायियों में यह भरोसा है कि वह पहले करिश्माई नेतृत्व के करिश्में को यथावत बनाये रखेगा तब वे उसके आदेशों का पालन करते हैं। तथ्य यह है कि जब तक उत्तराधिकारी करिश्माई नेता यह सिद्ध नहीं कर देता है कि वह आने वाले समय में भी आपातकालीन चुनौतियों का सामना कर सकेगा, तो उसका नेतृत्व बना रहता है। नेतृत्व के उत्तराधिकारी को बनाने का एक और तरीका भी है। यदि उत्तराधिकारी करिश्माई नेता के उन सब असाधारण गुणों से सम्पन्न है जो मौलिक करिश्माई नेता में थे तो अनुयायी इस तथ्य के लिये प्रतिबद्ध होते हैं कि वे उसकी आज्ञापालन करें।

यहाँ यह स्पष्ट है कि प्रभुत्व का करिश्माई नेतृत्व का प्रकार अन्य आदर्श प्रकारों से भिन्न है। इस स्थिति में प्रभुत्व और शक्ति दोनों ही असाधारण गुणों वाले व्यक्ति में निहित होते हैं। इस तरह के असाधारण गुणों वाले व्यक्ति दुनिया भर के समाजों में देखने मिलते हैं।

करिश्माई नेतृत्व और संगठन (Charismatic Leadership and Organization)

यह समझना भूल होगी कि करिश्माई नेतृत्व किसी संगठन के तंत्र (network) से बंधा नहीं होता। मंदिर का पुजारी, महन्त या मठाधीश स्वयं ही अपने सम्प्रदाय को चलाता हो, ऐसा नहीं है। वीरान जंगल में पड़े रहने वाले ओगड़ बाबा का भी कोई न कोई संगठनात्मक तंत्र अवश्य होता है। इस संगठन के सदस्य करिश्माई नेता के शिष्य होते हैं। ये शिष्य भी समान स्तर के नहीं होते। उनमें भी स्तरीकरण होता है। संगठन में शिष्यों का एक वर्ग ऐसा होता है जिसे अभिजात कहा जा सकता है। ये सभी सामान्य सदस्य और अभिजात वर्ग अपनी कर्त्तव्यनिष्ठा करिश्माई नेतृत्व के प्रति समर्पित करते हैं। किसी में इतना साहस नहीं होता कि वह अपने नेता की आलोचना कर सके।

हमारे देश में कई करिश्माई नेता हैं जिनके अपने संगठन हैं। वल्लभ सम्प्रदाय के तीर्थ नाथद्वारा (राजस्थान) में तिलकायत महाराज का, जो करिश्माई नेतृत्व है, उनका एक निश्चित संगठन है जो वल्लभ सम्प्रदाय के अनुयायियों को एक सूत्र में बाँधे रखता है। इसी तरह का लेकिन इससे अधिक तिरुपति बालाजी का एक प्रबन्ध संगठन है। महेश योगी, सांईबाबा, चन्द्रस्वामी, और धीरेन्द्र ब्रह्मचारी—ये सभी किसी न किसी रुप में करिश्माई नेता रहे हैं। उनकी सम्पूर्ण व्यवस्था संगठन द्वारा चलाई जाती है। करिश्माई नेता धार्मिक सम्प्रदायों में ही होते हों ऐसा नहीं है। शिक्षा, राजनीति आदि व्यापक क्षेत्रों में भी करिश्माई नेता होते हैं। यासर अराफात, नेल्सन मंडेला तथा हमारे देश में जवाहरलाल नेहरु आदि अपने क्षेत्र में करिश्माई नेता रहे हैं। कला, साहित्य, विज्ञान सभी में हमें करिश्माई नेता देखने को मिलेंगे।

यहाँ इस तथ्य का उल्लेख करना चाहिये कि करिश्माई नेतृत्व के संगठन में जो लोग काम करते हैं उन्हें कोई नियमित आय नहीं होती। फिर भी इस तरह की व्यवस्था अवश्य होती है कि संगठन के कार्यकर्ता अपना भरण-पोषण कर सकें। गाँधीजी के आश्रम में काम करने वाले कार्यकर्ताओं का कोई केडर नहीं था। उनकी प्रतिबद्धता तो एक विचारधारा के प्रति थी। फिर भी उन कार्यकर्ताओं का जीविकोपार्जन हो जाता था।

करिश्माई नेतृत्व की वित्तीय व्यवस्था
(Financial Organization of Charismatic Leadership)

यह सही है कि करिश्माई नेतृत्व की कार्यप्रणाली बिना आर्थिक सहायता के नहीं चल सकती। इसी कारण इस नेतृत्व के संगठन का यह भी उद्देश्य होता है कि वह कहीं न कहीं से आर्थिक सहायता प्राप्त करने का प्रयास करे। सामान्यतया संगठन की आर्थिक व्यवस्था दान, भेंट और सहायता से चल जाती है। यह सत्य है कि आर्थिक सहायता नियमित रूप से नहीं आती। फिर भी करिश्माई नेतृत्व के अनुयायी किसी न किसी तरह से व्यवस्था चलाये रखने के लिये किसी न किसी कोष का निर्माण अवश्य करते हैं।

वे करिश्माई नेतृत्व जिनके मिशन और कार्य-सूची (agenda) क्रान्तिकारी होते हैं, लुटपाट करके भी अपनी आर्थिक व्यवस्था को बनाये रखते हैं। करिश्माई नेतृत्व का बुनियादी उद्देश्य किसी आपात स्थिति को सुलझाना या समाज में रेडिकल परिवर्तन लाना होता है। ऐसे समूहों को वित्तीय सहायता अपने अनुयायियों से मिल जाती है। ये अनुयायी प्रत्यक्ष या अप्रत्यक्ष हो सकते हैं। हमारे देश में नक्सलवादी आन्दोलन *पीपुल्स वार ग्रुप* (*People's War Group*) आदि में ऐसे कई करिश्माई नेता हैं जो किसी न किसी तरह से अपने काम को चलाने के लिये धन संग्रह कर लेते हैं।

उपसंहार

करिश्माई नेतृत्व वास्तव में जादुई नेतृत्व है। मानव इतिहास में इस तरह का नेतृत्व बराबर देखने को मिलता है। ऐसे नेता में शारीरिक और मानसिक ऐसे कुछ असाधारण लक्षण होते हैं जो उसे आपात स्थिति का सामना करने की शक्ति देते हैं। एक तरह से करिश्माई नेतृत्व में चमत्कारी गुण होते हैं। इस नेतृत्व में प्रभुत्व होता है—यह नेता स्वामी होता है और इसके अनुयायी इसकी असाधारण शक्ति के आगे अपना सिर झुका देते हैं। यह नेतृत्व परम्परागत और कानूनी नेतृत्व से भिन्न होता है। इस नेतृत्व के पास जो भी प्रभुत्व और शक्ति होते हैं, वे उन्हें किसी सरकार या संस्था से प्राप्त नहीं होते। शारीरिक और मानसिक असाधारण शक्ति जो ऐसे नेता में होते हैं उसका अर्जन स्वयं नेता ही करता है। इस कारण ऐसे नेतृत्व में परम्परागत और कानूनी नेतृत्व की तरह स्थायित्व नहीं होता। नेतृत्व के चले जाने के बाद उत्तराधिकारी नेतृत्व यदि असाधारण लक्षणों से रहित होता है तो सम्पूर्ण संगठन टूट जाता है। वेबर ने ऐसे नेतृत्व की संरचना ऐतिहासिक अवलोकन और आनुभाविक यथार्थता के आधार पर की है। आदिवासी समाज में तो करिश्माई नेतृत्व का आधार बल और पुरुषार्थ रहा है। आज भी भारतीय समाज में नेतृत्व के इस प्रकार को देखा जा सकता है। सामान्यतः यह नेतृत्व आपात स्थिति की उपज होती है। जब समाज में आपात स्थिति नही होती तो ऐसे नेतृत्व का उद्गम सामान्यतः नहीं होता।

परम्परागत नेतृत्व (Traditional Leadership)

इस अध्याय के पिछले भाग में हमने करिश्माई नेतृत्व का वर्णन किया है। वेबर ने प्रभुत्व के जो तीन प्रकार दिये हैं वे केवल अपने विशुद्ध रूप (Pure Type) में हैं। वास्तव में आदर्श प्रारूप को वेबर ने इतना अधिक अमूर्त रूप से देखा है कि वह इतिहास के प्रत्येक युग में पाया जाता है। यह अवश्य है कि प्रभुत्व का कोई भी एक प्रकार विशुद्ध नहीं होता।

रैनहार्ड बेण्डिक्स का तर्क है कि प्रभुत्व के किसी भी प्रकार को देखें उसमें वैधता (Legitimacy) अवश्य होती है। यदि करिश्माई नेतृत्व है और अनुयायी आदेशों को नहीं मानते तो मतलब हुआ हस तरह के नेतृत्व की वैधता नहीं है। यही बात परम्परागत नेतृत्व पर भी लागू होती है। जहाँ तक परिवार के सदस्य कुलपिता (Patriarch) का कहना मानते हैं तो यह कुलपिता के अधिकारों की वैधता है। लेकिन जब कुलपिता के आदेशों को परिवार के सदस्य नहीं मानते हैं तो यहाँ वैधता समाप्त हो जाती है। वैधता का यही प्रश्न कानूनी नेतृत्व पर भी लागू होता है।

नेतृत्व की दुसरी विशेषता किसी न किसी तरह के संगठन (Organization) का होना है। प्रत्येक नेतृत्व में औपचारिक या अनौपचारिक संगठन होता है। नेतृत्व के बने रहने के लिये वित्तीय आधार होता है। इस तरह का संगठन, हमने देखा है, करिश्माई नेतृत्व में होता है। पारम्परिक और कानूनी नेतृत्व में भी संगठन जैसी कोई व्यवस्था अवश्य होती है।

वेण्डिक्स ने प्रभुत्व के प्रकारों की तीसरी विशेषता संघर्ष बतायी है। वे कहते हैं कि प्रभुत्व का कोई भी प्रकार हो, उसमें शक्ति अवश्य होती है। शक्ति कभी भी समान रूप से नहीं बाँटी जाती। जब तक शक्ति असमान होती है, उसका प्रभाव बना रहता है। जैसे ही शक्ति समान भागों में बँट जाती है, उसका अस्तित्व समाप्त हो जाता है। अतः जब करिश्माई, परम्परागत या कानूनी नेतृत्व में शक्ति होती है तो उसे अधिक से अधिक अपने हिस्से में लेने के लिये संघर्ष अवश्य होता है। कभी यह संघर्ष प्रत्यक्ष होता है और कभी अप्रत्यक्ष। करिश्माई नेता को उसके स्वयं के ही अनुयायी उसे नेतृत्व के पद से हटाने का प्रयास करते हैं। बहुत बार यह प्रयास गोपनीय होते हैं। सामन्तवाद जोकि परम्परागत नेतृत्व का एक दृष्टान्त है, उसमें छोटे-मोटे जागीरदार अवसर मिला तो खुलकर अधिकतम शक्ति लेने के लिये संघर्ष करते थे। महाभारत में कौरवों और पाण्डवों में युद्ध शक्ति का संघर्ष था। इतिहास साक्षी है कि मुगल साम्राज्य में बेटे ने सत्ता पाने के लिये बाद से विद्रोह किया। और आज की राजनीति में तो जिसे आम लोग कुर्सी की लड़ाई कहते हैं, वह वस्तुतः वेबर की अवधारणा में शक्ति पाने का संघर्ष है।

बेण्डिक्स ने वेबर द्वारा दिये गये प्रभुत्व के प्रकारों का वर्णन इन्हीं तीन लक्षणों के आधार पर किया है। जैसाकि हमने यहाँ कहा कि प्रभुत्व के तीनों प्रकारों में निम्न विशेषताएँ बराबर पायी जाती हैं:

(1) प्रभुत्व के प्रति वैधता,

(2) संगठन, और

(3) शक्ति के लिये संघर्ष

परम्परागत प्रभुत्वः कुलपिता
(Traditional Domination: Patriarch)

वेबर ने परम्परागत नेतृत्व को सभी सभ्यताओं और दुनियाभर के इतिहास में समान रूप से फैला हुआ पाया है। परिवार का मुखिया परम्परागत नेता है। यदि परिवार का आकार बड़ा होता है, परिवार की प्रकृति संयुक्त होती है तो यह मुखिया कुलपिता कहा जाता है। ऐसा मुखिया परिवार के सदस्यों को एकता के सूत्र में बांधे रखता है। कुलपिता की विशेषता यह है कि वह अपने सदस्यों को परिवार में भोजन, पानी, निवास प्रदान करता है और उनकी देखभाल करता है। परिवार के ये सदस्य एक ही छत के नीचे रहते हैं, एक ही चूल्हे से पके भोजन को ग्रहण करते हैं और इन सबका एक ही सम्मिलित कोष (Purse) होता है। एक ही छत के नीचे रहने के कारण इन सदस्यों में भौतिक निकटता भी होती है।

कुलपिता के प्रभुत्व की वैधता (Legitimacy of Patiarch Domination)

कुलपिता का नेतृत्व कानूनी नेतृत्व से भिन्न होता है। किसी कार्यालय में बॉस (Boss) का अपने अधीनस्थों के साथ सम्बन्ध संविदागत (Contractual) होता है। इन सम्बन्धों का संचालन कार्यालय के नियम, उपनियम द्वारा होता है। जब अधीनस्थ अधिकारी स्थानान्तरित होता है या नौकरी छोड़ देता है तो उसके बॉस संविदागत सम्बन्ध समाप्त हो जाते हैं। ऐसी अवस्था परम्परागत नेतृत्व में नहीं आती। कुलपिता के परिवार के साथ जो सम्बन्ध होते हैं, पुत्र-पुत्री, पति-पत्नी, सास-ससुर, पोते-पोती आदि के साथ सम्बन्ध होते हैं। यहाँ किसी तरह की संविदा नहीं होती। परम्परागत नेतृत्व की शक्ति की यह विशेषता प्रभुत्व के अन्य प्रकारों से भिन्न है। अतः परम्परागत प्रभुत्व का आधार पुत्रीय (Filial) होता है।

पिता का प्रभुत्व एक प्रकार का घरेलू या परिवार सम्बन्धी नेतृत्व है। इस नेतृत्व को उत्तराधिकारी के नियमों के अनुसार संचालित किया जाता है। यह सत्य है कि परिवार के मुखिया के पास परिवार को चलाने के लिये न तो कोई स्टाफ होता है और न कोई अन्य साधन जिसके माध्यम से वह परिवार के सदस्यों को एक सूत्र में बांध सके। परिवार में सबकुछ यानी शक्ति संचालन इस बात पर चलता है कि मुखिया के प्राधिकार को परिवार के सदस्य कहाँ तक आदर की दृष्टि से देखते हैं। सच्चाई यह है कि परिवार के सदस्यों का मुखिया के साथ जो सरोकार होता है, वह पूर्णरूप से व्यक्तिगत सम्बन्धों पर निर्भर है। वास्तव में परिवार के मुखिया और सदस्यों का यह सम्बन्ध परम्परागत चला आ रहा है। शुरु में जब परिवार के मुखिया को सदस्यों द्वारा आदर दिया जाता था तो उसका कारण जादू था। यह समझा जाता था कि यदि सदस्य पिता की आज्ञा नहीं मानेंगे तो वे पिता के जादू के शिकार हो जायेंगे। आज भी पिता और सन्तान का सम्बन्ध धर्म पर आधारित है। कोई पिता संतान का अशुभ नहीं चाहता और कोई संतान पिता को दुखी नहीं करती। धार्मिक भावना यह है कि माता-पिता को दुखी करके कोई संतान सुखी नहीं रह सकती। रुचिकर बात यह है कि आज समाज के वैज्ञानिक और सैक्यूलर (Secular) होने पर भी पिता और संतान का सम्बन्ध धर्म द्वारा संचालित होता है। वास्तव में पिता के प्रभुत्व का आधार परम्पराएँ होती हैं और परम्पराएँ पुत्रीय होती हैं। ऐसी अवस्था में कुलपिता या परिवार के मुखिया के आदेश सर्वोपरि समझे जाते हैं। लेकिन यह समझना गलत होगा कि परिवार में पिता का परम्परागत

प्रभुत्व बेलगाम होता है—वह जैसा करना चाहे कर सकता है। मुखिया की भूमिका परम्परा की बेड़ियों से जकड़ी होती हैं। सामान्यतः पिता परम्परागत क्षेत्र तक अपने आपको सीमित रखता है लेकिन जैसे ही वह इस क्षेत्र से बाहर पहुँच जाता है जिसे परम्पराएँ स्वीकार नहीं करती, तो उसके आदेशों की वैधता समाप्त हो जाती है। इस सम्बन्ध में बुनियादी तत्त्व यह है कि परम्परागत प्रभुत्व का आधार समाज के पुराने रीति-रिवाज़ और नियम-उपनियम हैं। यदि पिता इन परम्पराओं से मुक्त हो जाता है तो उसका अस्तित्व ही समाप्त हो जाता है।

परम्परागत प्रभुत्व का संगठन (Organization of Traditional Domination)

कुलपिता के सामने संगठन की समस्या तब आती है जब उसकी सम्पत्ति में वृद्धि होती है। एक घर के स्थान पर दो या तीन घर हो जाते हैं, एक कमाने वाले के अतिरिक्त अधिक लोग कमाने लगते हैं। अब आवश्यकता पड़ती है अपने आश्रितों के लिये सम्मिलित भोजन की व्यवस्था की। इस बात की भी व्यवस्था करनी पड़ती है कि खेती बाड़ी का बँटवारा किया जाये। कुछ नये बर्तन लाये जायें। इस तरह एक छोटा संगठन स्थापित कर लिया जाता है। इस संगठन के होते हुए भी पुत्रीय (Filial) प्रभुत्व को कोई आँच नहीं आती। आश्रितों को भी कोई कठिनाई नहीं होती। चाहे वे पृथक घर में निवास करते हों, फिर भी सम्मिलित सम्पत्ति के प्रति सभी रुचि रखते हैं। यह रुचि ही कुलपिता के प्रभुत्व को बनाये रखती है। परिवार के वे सदस्य जिनके पास जीविकोपार्जन के लिए धन नहीं होता वे तो कुलपिता के प्रभुत्व को हर तरह से स्वीकार करते हैं। वेबर का तर्क यह है कि परम्परागत नेतृत्व में छोटा या बड़ा कोई संगठन अवश्य होता है। छोटे परिवार में भी महत्त्वपूर्ण निर्णय मुखिया द्वारा ही लिये जाते हैं। इसके लिये भी किसी तरह का अनौपचारिक संगठन अवश्य होता है।

वेबर ने ऐतिहासिक दृष्टि से यह पाया कि कुछ कुलपिता ऐसे होते हैं जिनके पास बहुत बड़ी जागीर होती है। इस जागीर में ही उनका व्यक्तिगत शासन चलता है। यूरोप में सामन्तवादी व्यवस्था थी। सामन्त का अपना एक निश्चित भू-भाग था। इस भू-भाग को वह अपने भाई-बन्धुओं में बांट देता था। इस तरह की व्यवस्था को वेबर पेट्रिमोनिएलिज्म (Patrimonialism) अर्थात् वंशानुगत मानते थे। इस भू-भाग की व्यवस्था जिन भू-स्वामियों को दी जाती थी, बैरन स्वयं तो खेती नहीं करते थे लेकिन वे यह काम खेतिहारों को दे देते थे। इस तरह की जटिल व्यवस्था में जो कुलपिता का संगठन होता था वह अत्यधिक उलझा होता था। वेबर ने फ्रान्स के कुलपिता तथा बैरन व्यवस्था का विस्तृत विवेचन दिया है।

हमारे देश में भी कुलपिता का एक अन्य प्रकार देखने को मिलता है। इसे जागीरदारी और जमींदारी व्यवस्था में पाया जा सकता है। हमारे यहाँ विस्तृत भू-भाग का स्वामी कुलपिता परम्परागत प्रभुत्व का महत्त्वपूर्ण दृष्टान्त है। इसे मध्यकालीन इतिहासकार सामान्त (Feudal) के नाम से जानते हैं। सामन्ती व्यवस्था वस्तुतः ऐसी जागीरदारी व्यवस्था थी जिसमें शासक या सामन्त जागीर को अपनी बपौती समझता था। यह बपौती उसे उत्तराधिकार में अपने पूर्वजों से मिलती थी। इस सम्पूर्ण जागीर की व्यवस्था वह अकेला नहीं कर सकता था। ऐसी अवस्था में वह जागीरों को कई टुकड़ों में अपने भाई बन्धुओं में बाँट देता था। यह जागीर ऐसी धरोहर थी जिसमें कुलपिता केन्द्रीय शासक था और उसके

भाई-बंधु छोटी-छोटी जागीरों के मालिक हुआ करते थे।

यूरोप या हमारे देश की सामन्त व्यवस्था को बनाये रखने के लिये एक विशाल संगठन की आवश्यकता होती थी। इस संगठन के दो प्रकार थेः

(1) सामन्त के केन्द्रीय शासन का संगठन, और
(2) जागीर स्तर का संगठन। ऐसे संगठन में नियमित और निश्चित कर्मचारी होते थे जिन्हें वेतन दिया जाता था। भूमिकर आदि द्वारा इस संगठन को आय होती थी, और इसी आय से केन्द्रीय और जागीर संगठन कानून और व्यवस्था बनाये रखते थे, बाहरी आक्रमण से प्रजा को सुरक्षा देते थे।

वास्तव में वेबर ने सामन्ती व्यवस्था को जो उन्हें पश्चिमी यूरोप में देखने को मिली, उसे विस्तृत कुलपिता यानी पेट्रिमोनिएलिज्म के रूप में रखा है।

शक्ति के लिये संघर्ष (Conflict for Power)

वेबर जब प्रभुत्व के प्रकारों की चर्चा करते हैं तो उनके ध्यान में यह बराबर रहता है कि वे शासक और शासित की चर्चा कर रहे हैं। प्रभुत्व का मतलब ही हैः (1) शासक और (2) शासित। शासित सदैव यह प्रयास करता है कि शासक के अधिकार का एक हिस्सा उसे भी मिल जाय। क्योंकि शासित शासक के साथ जुड़ा होता है वह अधिक कुशलता से सम्पूर्ण व्यवस्था को समझता है। वह यह भी जानता है कि प्रभुत्व का प्रयोग किस भाँति किया जाता है। इसी कारण शासित का यह प्रयास रहता है कि वह जब भी अवसर मिले शासक की शक्तियों को हथिया लेवे। एक सामान्य तरीका तो यह है कि वह कुशलता के साथ शासक की सहायता न करे। इसके परिणामस्वरूप जागीर में उद्योग धन्धों का विकास धीमा हो जाता है। वेबर ने फ्रान्स और यूरोप के अन्य देशों का उल्लेख किया है जहाँ शक्ति के संघर्ष में उद्योग धन्धे ठप्प हो गये थे।

हमारे देश में प्राचीन तथा मुस्लिम काल में सामन्तों तथा जागीरदारों में शक्ति के लिये अनवरत संघर्ष हुए हैं। बिपन चन्द्रा ने एक स्थान पर लिखा है कि अंग्रेजों के भारत में प्रवेश से पहले हमारे यहाँ के जागीरदार व जमींदार बराबर आपस में लड़ रहे थे। उनकी जागीर में कृषि से आने वाली आय बहुत कम हो गयी थी और किसानों की सामान्य दशा खस्ता हो गयी थी। मराठे और सिख जो शक्तिशाली शासक समझे जाते थे इस युग में आपस में लड़ रहे थे। कई जागीरदार और जमींदार संक्रामक रोगों और सामाजिक बुराईयों में फंस गये थे। सम्पूर्ण मुगलकालीन राजा अधिकतम शक्ति पाने के लिए बराबर लड़ाई में जुटे रहते थे। इस तरह जब एक बार प्रभुत्व का एक प्रकार अपने शीर्ष स्थान पर पहुँच जाता था तो उसका आशय शक्ति के लिये संघर्ष से बंध जाना था। दृढ़तापूर्वक वेबर कहते हैं कि प्रभुत्व का कोई भी प्रकार हो उसे एक अवस्था में पहुँचकर शक्ति पाने के लिये संघर्ष करना ही पड़ता है।

कानूनी प्रभुत्वः कानूनी तार्किकता का उदय
(Legal Domination : Emergence of Legal Rationality)

मैक्स वेबर ने दुनिया भर के इतिहास को आदर्श प्रारूप के निर्माण के काम में लिया है। इतिहास ही क्यों उन्होंने जीवित सभ्यताओं का अध्ययन भी कुशलतापूर्वक किया था। चाहे

उनहोंने प्रभुत्व पर लिखा हो, सामाजिक क्रिया या धर्म तथा पूँजीवाद पर, उन सबके पीछे उनका महत्त्वपूर्ण उद्देश्य पश्चिमी सभ्यता के विशिष्ट लक्षणों की पड़ताल करना था। प्रभुत्व के जिन स्वरूपों—करिश्मा, परम्परागत और कानूनी, का उन्होंने अध्ययन किया है उसका उद्देश्य भी पश्चिमी सभ्यता के लक्षणों को जानना है। वास्तव में, करिश्माई तथा परम्परागत नेतृत्व के प्रकार एक ऐसी पृष्ठभूमि प्रस्तुत करते हैं जिसके माध्यम से कानूनी प्रभुत्व को समझा जा सकता है।

प्रभुत्व के नेतृत्व के अध्ययन के पीछे वेबर के तीन मुख्य लक्ष्य रहे हैं:

(1) परम्परागत तथा करिश्माई नेतृत्व का अध्ययन तुलना करने के लिये पर्याप्त सामग्री देता है। इस सामग्री का प्रयोग उन्होंने अपने अध्ययन में जगह-जगह किया है। आदर्श प्रारूप का एक बड़ा उद्देश्य तुलनात्मक अध्ययन करना रहा है और इस अर्थ में इसका प्रयोग वेबर ने अच्छी तरह किया है।

(2) प्रभुत्व के आदर्श प्रारूप का एक और उद्देश्य अवधारणाओं के निर्माण में है। वेबर की अध्ययन पद्धति बहुत स्पष्ट थी। उन्होंने प्राचीन मिश्र, बेबिलोन, यूनान, आयरलैण्ड, रुस तथा अफ्रीकी देशों की कानूनी व्यवस्था का सभ्यता के स्तर पर अध्ययन किया। इस अध्ययन में उन्होंने यह देखने की कोशिश की कि किन बिन्दुओं पर कानून में तार्किकता दिखायी देती है, कानून के प्रकार कौन-से हैं और इसकी पद्धतियाँ कौनसी अपनायी जाती हैं। उदाहरण के लिये उन्होंने पाया कि उत्तरी यूरोप में राजा अदालत की कार्यवाही को नहीं देखता था, वह तो कार्यवाही के आधार पर फैसला करता था। करिश्माई अवधारणा के अनुसार इस राजा में कोई कानूनी बुद्धिमता भी नहीं थी। वह करता यह था कि जिन व्यक्तियों में लड़ाई-झगड़ा होता था, उन्हें पास बुलाकर समझौता करवा देता था। कानून की व्यवस्था जो कुछ भी थी वह इसी रूप में कई सभ्यताओं में देखने मिलती हैं।

(3) वेबर ने कानूनी प्रभुत्व के आदर्श प्रारूप के संदर्भ में अपने ऐतिहासिक अध्ययन में यह भी देखा कि कानून की वैधता और उसके संगठन में समय-समय पर किस प्रकार बदलाव आया है। यह अवश्य है कि कानूनी प्रभुत्व में संगठन जैसी कोई वस्तु प्राचीन सभ्यताओं में देखने नहीं मिलती। वेबर के कानून या विधि का समाजशास्त्र इस तथ्य में निहित है कि वे कानूनी संस्थाओं का तुलनात्मक अध्ययन करते हैं। इस अध्ययन से जो कुछ उन्हें प्राप्त हुआ उसके आधार पर कानूनी प्रभुत्व की अवधारणा को उन्होंने विकसित किया। वेबर ने बाद के इतिहास में यह भी देखा कि कानून को लागू करने के लिये किस प्रकार संगठनात्मक व्यवस्था बनायी जाती थी। अधिकारीतन्त्र की अवधारणा भी जिसका हमने पिछले अध्याय में उल्लेख किया है, कानूनी प्रभुत्व का ही एक भाग है।

प्रारम्भिक अनुचिंतन (Introductory Consideration)

वेबर का विचार है कि कानूनी प्रभुत्व का विकास संसार भर की सभ्यताओं में धीरे-धीरे हुआ है। यह बहुत स्पष्ट है कि प्रारंभिक काल में कानून का सम्बन्ध न तो पवित्र परम्पराओं के साथ रहा है और न इसका सरोकार किसी महान् व्यक्ति या नायक के साथ। जिस किसी

देश में हमें कानूनी प्रभुत्व देखने मिलता है, निश्चित रुप से वह परिश्रमपूर्वक और सोच समझकर बनाया हुआ होता है। वेबर, हीगेल (Hegal) से बहुत प्रभावित थे। ठीक हीगेल की ही तरह उनका तर्क था कि प्रकृति में चक्रीय परिवर्तन होता रहता है। गर्मी होती है, वर्षा आती है और फिर सर्दी पड़ती है। प्रकृति के सभी कार्य एक चक्र की तरह पुनः पुनः आते चले जाते हैं। मानवीय घटनाएँ वेबर के दर्शन में कभी भी चक्रीय नहीं होती। उनकी मान्यता थी कि इतिहास में तत्व या घटनाएँ कभी भी दोहराई नहीं जाती। इतिहास का सही विश्लेषण तो यह है कि हम यह न देखें कि लोग क्या करते हैं, लेकिन यह सोचें कि लोगों के अपनी क्रियाओं के बारे में क्या विचार हैं। प्रत्येक आदमी हमेशा तार्किक और भावात्मक होता है। इसमें कहीं भी विकल्प को स्थान नहीं है।

अनिवार्य रूप से वह तार्किक भी होगा और भावुक भी। अब हमें इतिहास के अध्ययन में इस बात का पता लगाना चाहिये कि आदमी में जो तार्किकता है, उसके पीछे भावनाएं कौनसी हैं और इससे आगे भावनाओं को उसके तर्क के साथ क्या सम्बन्ध हैं। यहाँ आकर उनका कहना है कि भौतिक और आदर्शात्मक हित व्यक्ति के व्यवहार को प्रत्यक्ष रुप से नियंत्रित करते हैं।

हीगेल के ही दर्शन को अधिक मुखर करते हुए वेबर कहते हैं कि इतिहास में मनुष्य की जो भी क्रियाएं हैं, वे केवल घटनाएँ मात्र हैं जिनका सम्बन्ध समय और स्थान के साथ होता है। इतिहास का विश्लेषण आदमी की क्रियाओं, समय और स्थान को नहीं देखता। वह तो केवल क्रियाओं को ही देखता है। हीगेल ने यह कहा था कि क्रियाओं को अन्दर से देखने का यह तरीका हमें सुदृढ़ धरातल पर रखता है। अब हम ऐसी स्थिति में आ जाते हैं जहाँ पहुँच कर तार्किक रूप से जुड़ी हुई अवधारणाओं का पता लगाते हैं। वेबर ने आदर्श प्रारूप द्वारा तार्किक शुद्धता को स्थापित किया है। वे कहते हैं कि वर्तमान में इतिहास समाप्त हो जाता है, नांकि भविष्य में। और भविष्य वह है जिसे आदमी नहीं जानता। भविष्य द्वारा हमें कोई ज्ञान प्राप्त नहीं होता। यदि कुछ भविष्य में हैं तो आशाएँ, अभिलाषाएँ और सबसे अधिक भय।

जेकब बुरखर्ट (Jacob Burckhardt) ने एक स्थान पर यह निश्चयपूर्वक लिखा है कि प्रत्येक इतिहास आधुनिकता की चौखट पर आकर दम तोड़ देता है। इतिहास का भविष्य से कोई सरोकार नहीं होता। इसी कारण जेकब लिखते हैं कि भविष्य की अग्रिम जानकारी वाहियात (Future known in advance is an absurdity) है। भविष्य के विषय में सोचना वाहियात इसलिये है कि यह मनुष्य को उसकी इच्छाओं के विषय में भ्रमित कर देता है और दुखदायी बात यह है कि व्यक्ति मौत आने से पहले ही मौत के बारे में सोचने लगता है।

वेबर ने अपने युग की बौद्धिक परम्परा से बहुत कुछ सीखा। यद्यपि उन्होंने प्रभुत्व के प्रकारों का अध्ययन किया है, फिर भी उन्होंने बार-बार इस तथ्य को दोहराया है कि उनका यह अध्ययन इच्छाधीन है। वास्तव में उन्होंने ऐतिहासिक अध्ययन में मनुष्यों के अनुभवों को आदर्श प्रारूप में ढ़ाला है। हम सभी का यह अनुभव रहा है कि कई लोग ऐसे हैं जो अपने निर्णय हमारे ऊपर थोप देते हैं। हमारा यह भी अनुभव है कि हमारी परम्पराएँ, रिवाज़ और जाति-बिरादरी हमारे ऊपर बराबर दबाव बनाये रखते हैं। हम यह भी जानते हैं कि किसी न

किसी तरह की कानूनी व्यवस्था हमारे व्यवहार पर चौकसी रखती है। प्रभुत्व के इन तीनों प्रकारों को वेबर क्रमशः व्यक्तित्व (Charisma), आदेश देने वाले पिता-परम्परा (Tradition) तथा कानूनी प्राधिकार के रूप में देखते हैं। उन्होंने पाया कि इतिहास के पन्ने इस तथ्य के साक्षी हैं कि समाज पर प्रभुत्व सामान्यतः करिश्मा, परम्परा और कानून का रहा है। इस तरह का निष्कर्ष वेबर ने दुनिया भर की सभ्यताओं के अध्ययन से निकाला है। प्रभुत्व के आदर्श प्रारूप धर्म, पूँजीवाद, अधिकारीतन्त्र सभी में दिखायी देते हैं।

कानूनी तार्किकता का उदय (Emergence of Legal Rationality)

यह निश्चित है कि कानूनी प्रभुत्व का जो स्वरूप आज हम विकसित और विकासशील देशों में पाते हैं उसके विकास में सैकड़ों वर्षों का इतिहास निहित है। वेबर की दृष्टि में कानूनी प्रभुत्व का मतलब तार्किकता से है। वेबर कानून या विधि के समाजशास्त्र के जनक थे। इसे परिभाषित करते हुए उन्होंने कहा है कि समाजशास्त्र की यह वह विधा है जो कानूनी अवधारणाओं में बढ़ती हुई तार्किकता का अध्ययन करती है। कानून और तार्किकता एक ही सिक्के के दो पहलू हैं। यदि कोई कानून है तो निश्चित रूप से उसमें तर्क और विवेक होंगे। कोई भी कानून तर्क और विवेक की अवहेलना नहीं कर सकता। कानून में तर्क की इसी भूमिका की खोज वेबर पश्चिमी सभ्यता में देखते हैं जो कानून तथा तार्किकता के विकास में सहायक समूह और ऐसी कौनसी संस्थाऐं हैं जो कानून तथा तार्किकता के विकास में सहायक या अवरोधक रही हैं। इससे वेबर का तात्पर्य यह जानने का है कि वे कौनसे सामाजिक समूह, मौलवी, और मनु हैं जो कानूनी पद्धतियों को एक स्वरूप देते हैं। वेबर का निश्चित रूप से यह मानना है कि कानूनी व्यवस्था में एक ऐसी प्रक्रिया बराबर काम करती है जो तार्किकता को बढ़ाती है। वास्तव में वेबर इसे युक्तिकरण (Rationalisation) की प्रक्रिया कहते हैं। वेबर ने कानूनी प्रभुत्व में तार्किकता या युक्तिकरण के विकास को जिस तरह सभ्यताओं में पाया है उसका सारांश देते हुए वे लिखते हैं:

"सैद्धान्तिक दृष्टिकोण से कानून और उसकी प्रविधि का विकास निम्न चरणों में हुआ है। प्रथम, कानूनी पैगम्बरों ने करिश्माई कानून का प्रकटन किया, द्वितीय चरण में आनुभाविकता और कानून का ज्ञान कानूनी प्रतिष्ठानों ने किया, तृतीय, कानून का आरोपण (Imposition) धर्मनिरपेक्ष (Secular) या धर्मतान्त्रिक शक्तियों ने किया। चतुर्थ, और अंतिम, कानून को व्यवस्थित रूप से विस्तृत किया तथा इसे न्याय के व्यावसायिक प्रशासन द्वारा बांध दिया। इस काम को करने में उन लोगों को लगाया जिनके पास कानूनी प्रशिक्षण था और जो औपचारिक रुप से इसमें पढ़े-लिखे थे।"

वेबर ने कानून के उदय को जिन चार चरणों में रखा है, वे वस्तुतः सैद्धान्तिक संरचना मात्र हैं। वास्तव में देखा जाय तो कानून में युक्तिकरण का विकास कई चरणों में हुआ है, केवल इन चारण चरणों में ही नहीं। यह भी नहीं है कि सभी समाज इन चार चरणों में से गुजरे हैं। इस तथ्य का वेबर ने स्पष्टीकरण पूर्वी और पाश्चात्य दोनों सभ्यताओं के अध्ययन से किया है।

करिश्माई, कानूनी प्रकटन (Charismatic, Legal Revelation)

दुनियाभर में आज कानून बनाने का जो तरीका है वह पूरी तरह से तर्कपूर्ण है। इस अवस्था

पर पहुंचने से पहले जो कानून व्यवहार में लाया जाता था उसकी प्रकृति करिश्माई थी। पैगम्बर, संत या साधु या अवतार इस प्रकार के कानून को समाज के सामने प्रस्तुत करते थे। इसी कारण ऐसे कानून को करिश्माई प्रकटन (revelation) कहते हैं। इस युग में लिखने के लिये कोई लिपी नहीं थी। केवल सुनकर ही ज्ञान एक पीढ़ी से दूसरी पीढ़ी तक पहुंचाया जाता था। अतः न्याय की जो विधि थी वह पीढ़ी दर पीढ़ी सुनी-सुनायी जाती थी। यही कानून का प्रकटन था। भगवान बुद्ध के शिष्य आनन्द एक बार प्रवचन दे रहे थे। उनके किसी शिष्य ने उनके सामने अपनी शंका रखी। इस शंका का निवारण आनन्द ने कुछ इस प्रकार दियाः मैने बुद्ध से यही सुना है—इतिभया श्रुता। वास्तव में यही प्रकटन है जो कानून के रूप में पीढ़ियों तक चलता रहा। पैगम्बर मोहम्मद ने जो कुछ कहा यानी जो प्रकटन किया वही कुरान बन गया। सम्पूर्ण शरीयत कानून इसी प्रकटन पर निर्भर है। गीता में कृष्ण ने जो कहा (लिखा नही) वही कृष्ण का उपदेश है जो एक प्रकार से अलिखित कानून है। ये कानून क्योंकि किसी देव पुरुष, अवतार, तीर्थंकर या पैगम्बर द्वारा दिये गये हैं, इसी कारण इन्हें करिश्माई प्रकटन करते हैं।

हमारे देश में ही नहीं दुनियाभर में इस तरह की कानूनी भविष्यवाणियाँ होती रही हैं। इन भविष्यवाणियों का बुनियादी नियम यह है कि कानून कभी बनाया नहीं जाता, इसका तो प्रकटन मात्र होता है। उन दिनों में जब कोई झगड़े-फसाद होते थे तो उनका निर्णय किसी देव वाणी या वेद वाक्य के संदर्भ में किया जाता था। एक दूसरा विकल्प भी था। अपराधी को शारीरिक दण्ड दिया जाता था—आँख के बदले आँख और दाँत के बदले दाँत। शायद इससे पहले कानून की आदिम विधि अपनायी जाती थी। खून खराबा होता था। बदला लेने की भावना इस तरह की विधि में प्रमुख थी। लेकिन बाद में चलकर पुरोहितों और कानून में विशिष्टता रखने वाले अवतारों ने अपनी शक्ति का संवर्धन किया। कभी-कभी इस प्रकार के करिश्माई व्यक्ति देव वाणी द्वारा फैसले किया करते थे या शारीरिक यंत्रणा का मार्ग दर्शन करते थे।

कानून बनाने की ऐसी विधि प्राचीन काल में सामान्य रूप से प्रचलित थी। वेबर ने ऐसे कानून के कई प्रमाण मिश्र, बेबीलोन, रूस और उत्तरी यूरोपीय देशों से प्रस्तुत किये हैं। इन प्रमाणों के आधार पर उन्होंने कानून के उदय में तार्किकता कैसे आयी इसे बताने का प्रयास किया है। यह निश्चित है कि कानून में आज जो विवेक और तार्किकता देखने को मिलती है उनका उदय रातों-रात नहीं हुआ। वास्तव में करिश्माई कानूनी प्रकटन की प्रक्रिया में ही आगे चलकर तार्किकता आयी। यह भी सत्य है कि जब कानून अपनी प्रारम्भिक अवस्था में था, जब इसका किसी देव पुरुष से प्रकटन होता था, फिर भी इसमें थोड़ी बहुत तार्किकता तो अवश्य होती थी। यह अवश्य है कि जब अपनी प्रारंभिक अवस्था में कानून का आधार परम्परागत पवित्रता से जुड़ा होता था या जिसमें जादुई समस्या आती थी तो इसके लिये उस समाज में निश्चित जादुई तरीके भी थे। और जब जादुई तरीके निश्चित हो जाते थे तो ऐसे कानून को शक्ति के साथ लागू किया जाता था। जादुई तरीके अपनाने के बाद जो दण्ड दिया जाता था उसपर कोई प्रश्न चिन्ह नहीं लगा सकता था। वास्तविकता यह है कानून के इन जादुई तरीकों में कहीं न कहीं थोड़ी बहुत तार्किकता अवश्य होती थी।

प्राचीन विश्व में जो भी करिश्माई कानून था, उसका आधार, इस भाँति परम्परा थी।

अतः जब कभी हम कानूनी प्रभुत्व की चर्चा करते हैं तब हमें इस बुनियादी तथ्य को अवश्य ध्यान में रखना चाहिये। आधुनिक संसार में जो भी कानून हमें देखने मिलते हैं उनका आधार किसी न किसी रूप में करिश्माई प्रकटन अवश्य होता है। हमारे देश में आज जब हम आदिम समाज की कानूनी व्यवस्था का विवेचन करते हैं तो इसमें एक मत यह है कि इन समाजों में कुछ प्रथागत कानून हैं जो इनकी पहचान को बनाये रखते हैं। इन्हीं प्रथागत कानूनों को भारतीय दण्ड संहिता में सम्मिलित किया जाना चाहिये। कम से कम इस तरह की विचारधारा इस तथ्य की पुष्टि करती है कि कानून में प्रथाओं और इसके साथ-साथ तार्किकता की महत्त्वपूर्ण भूमिका होती है।

कई बार यह भी देखने में आता है कि परम्परागत समाजों में लोग कानून को एक तरफ रखकर भावनात्मक हो जाते हैं। भावनाओं और संवेगों की यह भूमिका दुनियाभर के कानून में देखने मिलती है। लेकिन यह भावनात्मक अभिव्यक्ति और उसका व्यवहार मूल्यों और मानकों की परिधि में समेट लिया जाता है।

कानून का आरोपण (Imposition of Law)

इस अध्याय में हम इस तथ्य पर वेबर के विचार प्रस्तुत कर रहे हैं कि जिसे हम आज आधुनिक कानूनी व्यवस्था कहते हैं उसका विकास किस भाँति धीरे-धीरे हुआ है। दुनियाभर के समाजों में कुछ समूह ऐसे रहे हैं जिन्होंने वर्तमान कानून व्यवस्था, और इसकी विधियों को विकसित करने में सहयोग दिया है। कानून का उदय जैसाकि हमने कहा है कई चरणों में हुआ है। इसका पहला चरण वह था जिसमें करिश्माई व्यक्तियों अर्थात् पेगम्बरों, अवतारों आदि ने कानून को प्रकटन के रूप में प्रस्तुत किया। इसके विकास का दूसरा चरण इसके आरोपण का है। हम किसी भी विकास के चरण को लें यह बहुत ही स्पष्ट है कि समाज ने कानून बनाने की संभावना की पूरी खोज की है। समाज को नियंत्रण में रखने के लिए समाज के सदस्यों ने यह बराबर कोशिश की कि अपराधी व्यक्ति को दण्ड देने के लिये करिश्माई कानून यानी पेगम्बरों और अवतारों द्वारा दिये गये कानून की पूरी व्यवस्था हो। इस तरह का प्रयास करिश्माई प्रकटन में कानूनी व्यवस्था की खोज करता है। वेबर इसे कानून का पता लगाना (Law-Finding) कहते हैं। जितने भी करिश्माई कानून हैं उनका विधिवत गठन नहीं होता, उनकी कोई लिखित संरचना नहीं होती। जब कभी समाज के सामने कोई समस्या आती है तो इसके निपटारे के लिये करिश्माई कानून का पता लगाया जाता है। उदाहरण के लिये, यदि किसी हिन्दू परिवार में बिल्ली को मार दिया जाता है तो करिश्माई कानून इसके लिये सोने की बिल्ली बनाकर दान में देने की व्यवस्था देता है। धीरे-धीरे जब समाज आधुनिक होने लगा तब वेबर कहते हैं कानून की रचना होने लगी। तकनीकी शब्दों में इसे कानून की रचना या गठन (Law-Making) कहते हैं। आधुनिक कानून के उदय का दूसरा चरण इसके आरोपण का है।

जब कानून की रचना लोगों पर लागू करने के लिये की गयी तब इसमें कहीं भी चेतन रूप से परम्पराओं की भूमिका को नकारा नहीं गया। कानून रचना में पवित्र परम्पराओं की बड़ी भूमिका है और इसीलिये इन परम्पराओं को कानून के गठन में पूरे आदर के साथ देखा जाता है। होता यह है कि जहाँ कहीं करिश्माई कानून में अपराध के लिये दण्ड की व्यवस्था

नहीं मिलती वहां नये कानून की रचना की जाती है। जहाँ तक सम्भव हो किसी भी अपराध के लिये दण्डित करने से पहले करिश्माई कानून का पता लगाना होता है। यदि करिश्माई कानून में दण्ड की व्यवस्था नहीं मिलती तो कानून की रचना नये तरीके से की जाती है।

नये कानून की रचना जिसकी प्रकृति पंथनिरपेक्ष (Secular) होती है, आपात स्थिति में सरलता से हो जाती है। लेकिन ऐसा करने में सेना की सलाह लेना आवश्यक है। यूरोप में कानून का जो आधुनिक और व्यवस्थित रूप उभर कर आया है उसके पीछे पहले और दूसरे विश्व युद्ध की भूमिका निर्णायक रही है। सामान्यतः आपात स्थिति में बनाया गया कानून धीरे-धीरे नित्य का सामान्य (Routine) कानून बन जाता है।

जहाँ कानून के नागरिकों पर आरोपण का प्रश्न है, वेबर आग्रहपूर्वक कहते हैं कि इसकी सम्पूर्ण विधि इन दो प्रक्रियाओं से अनिवार्य रूप से जुड़ी होती है। ये प्रक्रियाएँ हैं:

(1) कानून का पता लगाना, और
(2) कानून की रचना करना।

इन दोनो प्रक्रियाओं में आरोपण यानी कानून को क्रियान्वित करने का काम सरकार करती है। बिना क्रियान्वयन के करिश्माई कानून या धर्मनिरपेक्ष कानून बेमतलब हो जाता है। इसी कारण वेबर कानून के आरोपण या क्रियान्वयन को कानून की प्राण वायु कहते हैं।

चर्च तथा कानूनी तार्किकता (Church and Legal Rationality)

यूरोप में एक ऐसा समय भी था जब राजतन्त्र का सम्पूर्ण नियंत्रण चर्च के हाथ में था। इंगलैण्ड का हेनरी सप्तम सिंहासन पर रहेगा या नहीं, इसकी पुष्टि चर्च करता था। चाहे चर्च का कानून हो या धर्मनिरपेक्ष कानून, तार्किकता दोनों में थी। जब हम कानूनी प्रभुत्व की चर्चा करते हैं तो यह निश्चित है कि चर्च का कानूनी प्रभाव राज्य पर था। इधर दूसरी ओर एशिया की सभ्यताओं को देखें—दजला फरहात, मिश्र या सिन्धु नदी घाटी, सभी में धार्मिक कानून का धर्मनिरपेक्ष कानून से कोई अन्तर नहीं था, दोनों एक थे। उदाहरण के लिये मनु ने कानून की जो रचना की उसका आधार धर्म और धार्मिक संस्कार थे। अंग्रेजों के आने से पहले यानी ताज़िरात-ए-हिन्द के बनने से पहले प्रत्येक अपराध के लिये दण्ड की खोज मनु या धार्मिक ग्रन्थों में की जाती थी। उदाहरण के लिये, मनु ने कहा कि ब्राह्मण का मूल्य सेना के जवान से चार गुणा अधिक है, एक व्यापारी से आठ गुण अधिक हैं और एक शूद्र से सौलह गुणा ज्यादा है। मनु के अनुसार यदि एक ब्राह्मण संयोगवश एक बिल्ली, मेढ़क या कुत्ते को मार देता है तो उसका दण्ड यही है कि वह तीन दिन तक केवल दूध पीकर ही रहेगा। इस तरह एशिया की इन सभ्यताओं में अनौपचारिक विधिशास्त्र प्रचलित था।

रोम में कानून व्यवस्था ऐसी थी जिसमें धार्मिक कानून को धर्मनिरपेक्षता से प्रथक् किया गया था। वास्तव में रोम के सामाजिक जीवन में दो तरह के कानून थे:

(1) धार्मिक कानून और
(2) लौकिक कानून (Temporal Law)। पुरोहितों और मठाधीशों को रोम में यह अधिकार नहीं था कि वे धर्म निरपेक्ष विधि व्यवस्था में किसी प्रकार का हस्तक्षेप कर सकें। यह अलग बात है कि रोम की सामाजिक व्यवस्था में धार्मिक रीति-रिवाज़ों की भूमिका महत्त्वपूर्ण थी।

बाद में चलकर यूरोप में भी राज्य ने चर्च के कानून को लौकिक कानून से भिन्न कर दिया। इन देशों में धर्मनिरपेक्ष कानून जीवन के हर क्षेत्र में चर्च के कानून से भिन्न था। वस्तुस्थिति यह है कि चर्च के कानून ने यूरोप में कानूनी तार्किकता को बल दिया, उसे सुदृढ़ बनाया। वेबर का तो यहाँ तक कहना है कि चर्च के कानून में लौकिक कानून की तुलना में औपचारिक तार्किकता अधिक थी। इसी कारण जिसे हम औपचारिक तार्किकता कहते हैं उस पर चर्च के कानून (Canon Law) का प्रभाव अधिक था। इस प्रभाव के कारणों को वेबर ने निम्न बिन्दुओं में रखा हैं।

(1) चर्च का कानून प्रकृति के नियमों में बंधा हुआ है। जिस भाँति प्रकृति की गतिविधियाँ नियामक विचारों (Normative Ideas) पर चलती हैं, उसी तरह व्यक्ति का चरित्र भी अपनी प्रकृति से ही नियामक विचारों द्वारा बंधा हुआ है।

(2) चर्च के कानून में व्यावसायिक कानून की विधियाँ सम्मिलित होती हैं। इस कानून के आधार पर बड़ी तार्किकता और प्राचीन दर्शन होता है। चर्च के कानून का यह पक्ष लौकिक कानून को अत्यधिक प्रभावित करता है।

(3) यह चर्च ही था जिसने अपनी हैण्डबुक में सबसे पहली बार कानून को व्यवस्थित स्वरूप में रखा।

(4) मध्यकालीन यूरोप में जब विश्वविद्यालयों में कानून का अध्यापन चला तो यह प्रयास बराबर रहा कि चर्च के कानून को धर्मनिरपेक्ष कानून से पृथक् करके पढ़ाया जाये। इस व्यवस्था ने भी अनौपचारिक तार्किकता (Formal Rationality) को बल दिया है।

(5) चर्च में भी एक कानूनी व्यवस्था होती है। किसी भी नैतिक अपराध के लिये चर्च दण्ड देती है। चर्च के पादरियों ने भी यह आग्रहपूर्वक कहा कि चर्च के कानून को लौकिक कानून से पृथक् करके देखा जाय। लौकिक कानून में जब कोई न्याय-निर्णय (Adjudication) दिया जाये तो इसमें राज्य द्वारा रचित कानून का सहारा लिया जाये।

राज्य और कानूनी सम्बन्ध (State and Legal Relationships)

यूरोप और एशिया के कई दिशों में लम्बी अवधि तक पवित्र परम्पराओं तथा करिश्माई कानून के आधार पर समाज की व्यवस्था चलती रही। यह युग प्राचीन युग था। इस युग में, यह अवश्य कहना चाहिये कि कम से कम चर्च के कानून और नियम में बुनियादी रूप से तार्किकता अवश्य थी। इसके प्रमाण भी हैं कि इसी युग में जैसाकि रोम में हुआ चर्च के कानून का लौकिक कानून के क्रियान्वयन में किसी प्रकार का दखल नहीं था। अपराधियों को दण्ड देने के लिये धार्मिक ग्रन्थों में कानून की खोज की जाती थी। धीरे-धीरे मध्य युग में आकर कानून की इस व्यवस्था में परिवर्तन आया।

ज्यों-ज्यों राज्य का विस्तार हुआ, उसकी शक्ति में सुदृढ़ता आयी। धर्मनिरपेक्ष कानून (Secular Law) ने परम्परा और रीति-रिवाज़ पर आधारित कानून को प्रभावित किया। यूरोप में मध्य में शासक की शक्ति में वृद्धि हुई और इसके परिणामस्वरूप उसका कानूनी प्रभुत्व बढ़ गया। अब यह राज्य के लिये अनिवार्य हो गया कि वह आम जनता को सुरक्षा प्रदान करें। राज्य में कानून और व्यवस्था बनाये रखने के लिये भी राज्य को कानून बनाना

पड़ा। इस भाँति इस युग में जहाँ एक ओर राज्य के कानून में वृद्धि हुई, वहीं दुसरी ओर, ठीक इसके विपरीत धार्मिक कानून या चर्च का कानून अपने आप में सिमट कर रह गया। राज्य में कानून व्यवस्था बनाये रखने के लिये सेना तथा पुलिस का गठन किया। इस पर होने वाले खर्च को पूरा करने के लिये कई प्रकार के कर लगाये गये। इन करों को प्राप्त करने के लिये निश्चित कानून बनाये गये।

जब राज्य ने कानून की रचना प्रारम्भ कर दी तो इसके परिणामस्वरूप एक पृथक् न्यायपालिका का निर्माण भी हो गया। अब न्याय-निर्णय का कार्य न्यायाधीश के हाथ में आ गया। मध्य काल में फौज़दारी कानून की अपेक्षा निज़ी कानून (Private Law) बाद में आया। समाज में शाँति बनाये रखने के लिये फौज़दारी कानून में अधिकतम तार्किकता को लागू किया गया। न्याय-निर्णय की प्रक्रिया भी व्यवस्थित हो गयी। प्राचीन युग में जो कानूनी प्रकटन (Legal Revelation) और लोक न्याय था इसका प्रभाव धीरे-धीरे कम होने लगा। यदि हम वेबर के इस अवलोकन को भारतीय जनजातियों के सन्दर्भ में देखें तो स्पष्ट होगा कि यद्यपि अब भी इन समूहों में न्याय पद्धति का आधार उनकी परम्पराएँ और रीति-रिवाज़ हैं, फिर भी अब जब भारतीय दण्ड संहिता सभी पर लागू होती है, आदिवासियों के परम्परागत न्याय व्यवस्था शीघ्रता से कमजोर होती जा रही है। अब आदिवासियों का बहुत बड़ा प्रतिशत न्याय-निर्णय के लिये अदालत और कचहरी में आने लगा है।

जब राज्य कानून को बनाता है तो इसमें तार्किकता की मात्रा अधिक होती है। इसके परिणामस्वरूप न्याय प्राप्त करने के लिये जो शारीरिक यंत्रणा दी जाती थी वह भी समाप्त हो गयी। ग्रामीण समुदाय में, हमारे देश में, अपराधी को निर्दोष सिद्ध करने के लिये उबलते हुए तेल के कड़ाह में हाथ रखने को कहा जाता था। यदि हाथ जलता नहीं था, तो अपराधी निर्दोश था और यदि जल जाता था तो उसका अपराधी होना सिद्ध था। परीक्षण की ऐसी पद्धतियाँ सरकारी कानून बनने के बाद समाप्त हो गई। यह इसलिये कि राज्य कानून बनाता है, इस कारण प्रभुत्व शक्ति उसके हाथ में होती है।

मध्यकालीन यूरोप में एक और तथ्य देखने को मिलता है। इस युग में कानून की रचना करने का काम राज्य का था। राज्य ने सम्पूर्ण शक्ति को अपने हाथों में केन्द्रित कर लिया था। इस कारण इस युग में राज्य शक्ति और कानून का आगार बन गया था। दूसरी बात यह हो गयी कि जिस क्षेत्र में राजा का राज्य था उस क्षेत्र में कानून व्यवस्था एक समान हो गयी। मैक्स वेबर कानून के इस व्यअस्थीकरण को सम्पूर्ण यूरोप के ऐतिहासिक सन्दर्भ में देखते हैं। इस सिलसिले में दो तथ्य स्पष्ट रूप से उभरकर हमारे सामने आते हैं। यह पहली बार था कि राज्य ने कानून रचना के उत्तरदायित्व को अपने हाथों में ले लिया। इसके परिणामस्वरूप चर्च का कानून और इसी तरह लौकिक कानून कमजोर हो गये। दूसरा महत्त्वपूर्ण तथ्य यह है कि अब कानून का आधार सामाजिक परम्पराएँ और विधियाँ तो रही लेकिन तर्कसम्मत विधि की भूमिका महत्त्वपूर्ण बन गयी। इसी तार्किकता ने अधिकारीतन्त्र को भी बढ़ावा दिया, उसे शक्तिशाली बनाया।

कानूनी विशेषज्ञों द्वारा कानून की रचना (Law Making by Legal Notables)

वेबर ने दृढ़तापूर्वक इस बात को रखा कि कानून का पता लगाने (Law-Finding) तथा

कानून रचना की प्रक्रिया में समुदाय की परम्पराओं का योगदान महत्त्वपूर्ण है। यदि हमारे देश में देखे तो मध्यकालीन युग में कानून बनाने के लिये शास्त्रकारों से कहा जाता था कि वे धार्मिक ग्रन्थों की मीमांसा करके और लोक परम्पराओं का अवलोकन करके कानून का पता लगायें और इसके उपरान्त कानून की रचना करें। मुसलमानों के लिये कानून बनाने के लिये मौलवियों की सहायता ली जाती थी। कोई भी कानून समुदाय के रीति-रिवाज़ों और परम्पराओं की उपेक्षा करके वैधता प्राप्त नहीं कर सकता। लेकिन इस तथ्य को मानते हुए भी वेबर कहते हैं कि इस प्रकार का कानून हमें वैज्ञानिक विश्लेषण की ओर कहीं नहीं ले जाता। यह भी अवश्य है कि हम उन व्यक्तियों की पहचान भी नहीं कर सकते हैं जो कानून बनाने में अपनी भागीदारी रखते हैं। इतिहास में इसके प्रमाण हैं कि जब कभी लोगों का जादू तथा करिश्माई कानून से विश्वास हट गया तब यह आवश्यकता पड़ी कि कानून की व्याख्या वे लोग करें जो इसमें विशिष्टता रखते हैं। वेबर का कहना है कि इस आवश्यकता ने वकीलों की भूमिका को महत्त्वपूर्ण कर दिया। वकालत एक व्यवसाय बन गया और न्यायाधीशों और वकीलों के प्रयास से कानून की जादू तथा पवित्र परम्परा से मुक्ति हो गई।

कानून में आनुभविक प्रशिक्षण (Empirical Training in the Law)

जिसे हम आज वकील कहते हैं, प्राचीन काल में इस काम को पुरोहित, पैगम्बर या अवतार किया करते थे। आज जो वकील हैं, वे इस व्यवसाय में प्रशिक्षिति हैं। पिछले दिनों में वकीलों को गिल्ड व्यवस्था में व्यावहारिक प्रशिक्षण दिया जाता था। बराबर अदालत में वकीलों को व्याख्यान दिये जाते थे और इस व्यवसाय के लिये तैयार किया जाता था। यहाँ यह फिर दोहराना चाहिये कि कानून बनाने की प्रक्रिया में राज्य के प्रभुत्व का बहुत अधिक महत्त्व था। इसी कारण कानूनी प्रभुत्व के क्षेत्र में राज्य की भूमिका निर्णायक होती थी।

विश्वविद्यालयों में कानूनी शिक्षा (Legal Education in the Universities)

यूरोप में कानूनी प्रशिक्षण की एक और विधि विकसित हो गयी। अब तक वकील उसे कहा जाता था जिसे वकालत करने का अधिकार राज्य देता था। अब विश्वविद्यालयों ने वकालत की शिक्षा अपने अपने हाथ में ले लिया। विश्वविद्यालय ही कानूनी शिक्षा देने के लिये उत्तरदायी समझे जाते थे। और यह इन्हीं विश्वविद्यालयों के कारण ही था कि मध्यकालीन यूरोप में रोम के कानून को जीवित रखा जा सका।

आधुनिक राज्य और शक्ति संघर्ष
(The Modern State and the Struggle for Power)

इस अध्याय के पिछले भाग में हमने विस्तारपूर्वक इस तथ्य की विवेचना की है कि किस प्रकार आधुनिक राज्य का उदय विभिन्न प्रकार की कानूनी व्यवस्था के माध्यम से हुआ। पश्चिमी यूरोप में पारिवारिक करिश्मा और पितृसत्तात्मक सरकार ने किस भाँति सम्पूर्ण प्राधिकार का केन्द्रीयकरण अपने हाथों में कर लिया था। इस पारिवारिक प्राधिकार पर करिश्माई नेतृत्व और सामन्तवाद ने अपना प्रभाव डाला और शक्ति के इस केन्द्रीकरण को कमजोर कर दिया। वेबर ने विभिन्न धर्मों के तुलनात्मक अध्ययन द्वारा यह भी स्थापित किया

कि पारिवारिक प्रभुत्व को समाप्त करने वाला दूसरा कारण चर्च का प्रभाव था। और इसके बाद धीरे-धीरे यूरोप के अगणित देशों में कानून ने अनिवार्य रूप से तार्किक स्वरूप ग्रहण कर लिया। आज यूरोप और विकासशील देशों में राज्य का जो स्वरूप देखने को मिलता है वे वेबर के कानूनी प्रभुत्व की अवधारणा का दृष्टान्त हैं।

आधुनिक राज्य और उसकी वैधता (Modern State and its Legitimacy)

आधुनिक राज्य किसे कहते हैं? इस प्रश्न के उत्तर में वेबर किसी भी राज्य के निम्नलिखित अनिवार्य तत्व प्रस्तुत करते हैं:

(1) राज्य में एक प्रशासनात्मक और कानूनी व्यवस्था होती है जिसे विधि निर्माण द्वारा बदला जा सकता है।
(2) एक ऐसा प्रशासनात्मक तन्त्र जो विधान द्वारा बनाये गये कानून के अनुसार सरकारी कामकाज को चलाये।
(3) राज्य का एक ऐसा प्राधिकार जो सभी नागरिकों पर कानूनी रूप से लागू हो सके।
(4) सरकार जब कभी आवश्यक समझे शारीरिक शक्ति का प्रयोग कर सके। शक्ति के प्रयोग को सभी नागरिक वैध मानते हैं।

वेबर ने किसी भी आधुनिक राज्य के लिये यह आवश्यक माना है कि उसमें एक निश्चित और समान रूप से लागू होने वाली दण्ड संहिता हो, एक परिष्कृत अधिकारीतन्त्र हो, अनिवार्य विधिशास्त्र हो तथा शारीरिक शक्ति के प्रयोग को वैधता हो। वेबर बराबर कहते हैं कि किसी भी प्रकार के प्रभुत्व में वैधता होना आवश्यक है। इस प्रभुत्व में किसी न किसी प्रकार का संगठन अवश्य होता है और इसी तरह अधिकतम शक्ति पाने के लिये प्रकट या प्रच्छन्न संघर्ष भी होता है। उदाहरण के लिए, करिश्माई प्राधिकार का अस्तित्व इस विश्वास में है कि यह अपने असाधारण लक्षणों द्वारा मानव जीवन में उलट-फेर कर सकता है। जब लोगों का विश्वास असाधारण लक्षणों से उठ जाता है, तब करिश्माई नेतृत्व समाप्त हो जाता है, इसका अस्तित्व तो केवल तब तक रहता है जब तक इसकी वैधता बनी रहती है। ठीक इसी तरह कानूनी प्रभुत्व का अस्तित्व तभी तक है जब तक लोग राज्य के कानून को वैधता देते हैं। यह अवश्य है कि किसी भी कानून में परिवर्तन यदि राज्य चाहे तो विधि निर्माण द्वारा कर सकता है।

शक्ति संघर्ष (Struggle for Power)

राजनीति के समाजशास्त्र की व्याख्या करते हुए वेबर कहते हैं कि जहाँ कहीं शक्ति होती है, वहाँ इसे प्राप्त करने के लिये संघर्ष भी होता है। यहीं पर वे अधिकारीतन्त्र की भी चर्चा करते हैं। राज्य का जो कानून होता है उसकी क्रियान्विति अधिकारीतन्त्र द्वारा होती है। इसका अर्थ हुआ अधिकारीतन्त्र में भी शक्ति होती है। इसके बँटवारे के लिये अधिकारियों में ऊपर से नीचे तक संघर्ष होता है। अधिकारीतन्त्र की तरह आधुनिक राज्य में राजनीतिक दल भी होते हैं। इन राजनीतिक दलों में शक्ति पर काबिज होने के लिये बराबर होड़ लगी रहती है। जिस दल में सामर्थ्य होता है वही दल सत्तारुढ़ दल पर अब अपना प्रभुत्व जमाने का प्रयत्न करते हैं और इस तरह संघर्ष का सिलसिला बराबर चलता रहता है।

सामाजिक स्तरीकरण का सिद्धान्त: वर्ग, प्रस्थिति एवं शक्ति
(Theory of Social Stratification: Class, Status and Power)

मैक्स वेबर ने अपने अध्याय के प्रारभिक वर्षों में पूर्वी जर्मनी के खेतिहरों का अध्ययन किया था। इस सिलसिले में उन्होंने पहली बार प्रस्थिति समूह (Status Group) की अवधारणा को प्रस्तुत किया। ऐसे समूह से उनका तात्पर्य जुन्कर्स (Junkers), उद्योगपतियों और सरकारी कर्मचारियों से था। तत्कालीन जर्मनी में आदमी की सामाजिक प्रतिष्ठा को इसी तरह समझा जाता था। जर्मनी में जब शादी ब्याह की चर्चा होती थी तो प्राय: कहा जाता था कि दुल्हा या दुल्हिन की प्रस्थिति ऊंची थी या नीची। ऐसे अवसरों पर लोग आज भी ऊंची प्रस्थिति के बारे में बहुत अधिक चेतन है। वेबर का कहना है कि समान प्रस्थिति वाले व्यक्तियों को आर्थिक सन्दर्भ में नहीं समझा जा सकता। प्रत्येक सामाजिक समूह की एक उपसंस्कृति होती है। यह उपसंस्कृति ही इस समूह की जीवन पद्धति है। इस तरह के तत्त्व प्रस्थिति समूहों को बनाते हैं। निश्चित रूप से जर्मनी के खेतिहर श्रमिकों की जो सामाजिक प्रस्थिति थी, वह जुन्कर अर्थात् उद्योगपतियों की सामाजिक प्रस्थिति से भिन्न थी।

वेबर ने सामाजिक प्रस्थिति समूहों को वर्गों से भिन्न किया है। लेकिन आनुभाविक स्थिति में ऐसा होता है कि कई बार जिसकी आर्थिक स्थिति अच्छी होती है, उसकी सामाजिक प्रस्थिति भी बढ़िया होती है। आनुभाविकता से ऐसी स्थिति भी देखने मिलती है कि बहुतसों की आर्थिक स्थिति अच्छी नहीं होती फिर भीं उनकी प्रस्थिति ऊंची होती है। यदि हमारे देश के सन्दर्भ में देखें तो जमींदारी और जागीरदारी प्रथा के उन्मूलन के बाद राजा-महाराजाओं की आर्थिक स्थिति खस्ता हो गई फिर भी समाज प्रस्थिति की दृष्टि से इन्हें आज भी सम्मानीय मानता है। वेबर ने प्रस्थिति समूहों और वर्गों को ऐसे ही कुछ लक्षणों के अनुसार प्रथक किया है। यह पृथकता केवल विश्लेषण के लिये है। वास्तविकता में प्रस्थिति समूह और वर्ग इस भाँति घुले-मिले होते हैं कि उन्हें पृथक करना कठिन हो जाता है।

वेबर प्रस्थिति समूह और वर्ग की अवधारणा को थोड़े विस्तार से देखते हैं। वे वर्ग को केवल आर्थिक इकाई के रूप में नहीं लेते न ही अनिवार्य रूप से वर्ग को बाजार के सन्दर्भ में देखते हैं। वर्ग के साथ में आर्थिक स्थिति के अतिरिक्त सम्पूर्ण जीवन पद्धति जुड़ी होती है। जब वेबर सामाजिक स्तरीकरण की चर्चा करते हैं तो वे बार-बार कार्ल मार्क्स का उल्लेख भी करते हैं। समाजशास्त्रीय साहित्य में भी जब कभी स्तरीकरण पर विवाद होता है तो बराबर मार्क्स और वेबर की चर्चा भी होती है। मार्क्स ने स्तरीकरण पर वृहद् साहित्य का निर्माण किया है। यह दुर्भाग्यपूर्ण है कि यद्यपि वेबर ने स्तरीकरण, प्रस्थिति समूह, वर्ग और शक्ति पर बहुत कुछ लिया है, फिर भी यह लिखावट किसी भी कृति में एक ही स्थान पर लिपिबद्ध नहीं है। स्तरीकरण से जुड़ा हुआ उनका साहित्य बड़ी फुटकर स्थिति में है। इस तरह का साहित्य वे पूरा नहीं कर पाये क्योंकि उनका देहान्त हो गया था।

वेबर के स्तरीकरण का सिद्धान्त लगभग 20 पृष्ठों में सिमटा पड़ा है। जो कुछ हमें इस सन्दर्भ में प्राप्त है उससे यह स्पष्ट है कि वेबर ने मार्क्स के एक-आयामी (One-Dimensional) वर्ग की व्याख्या की आलोचना की है। आलोचकों का कहना है कि मार्क्स के एक-आयामी स्तरीकरण को अस्वीकार करके वेबर ने बहु-आयामी

(Multi-Dimensional) स्तरीकरण के मॉडल को रखा है। मार्क्स का कहना था कि समाज की बुनियादी संरचना आर्थिक है। यह आर्थिक संरचना ही राजनीतिक, दार्शनिक, साहित्यिक, धार्मिक आदि अधिसंरचनाओं (Superstructure) को निर्धारित करती है। बुनियादी आर्थिक संरचना से मार्क्स का तात्पर्य उत्पादन विधि, उत्पादन शक्तियों और उत्पादन सम्बन्धों से है। सब मिलाकर मार्क्स यह मानकर चलते हैं कि वर्ग का निर्धारण यानी सामाजिक स्तरीकरण का निर्धारण आर्थिक संरचना करती हैं। वेबर ने इसे स्वीकार नहीं किया। उन्होंने आर्थिक निर्धारण का पूरी तरह से खण्डन किया। वैकल्पिक रूप से उन्होंने बहु-आयामी वर्ग व्यवस्था या स्तरीकरण का प्रस्ताव रखा। जहाँ तक मार्क्स और वेबर के सामाजिक स्तरीकरण की व्याख्या का प्रश्न है, दोनों एक दूसरे से असहमत हैं। मार्क्स ने जैसाकि हमने कहा है केवल आर्थिक निर्धारणवाद को ही स्वीकार किया है जबकि वेबर ने वर्ग व्यवस्था को कई अन्य कारकों से सन्दर्भ में भी देखा है। थोड़े में यह कहना होगा कि जहाँ मार्क्स के विश्लेषण का सन्दर्भ सामाजिक संरचनात्मक है वहीं वेबर सामाजिक क्रिया को अपना मुख्य संदर्श मानकर चलते हैं। मार्क्स ने इतिहास को ताकतवर शक्ति के रूप में रखा है जबकि वेबर तार्किकता (Rationality) को अपना मुहावरा मानकर चलते हैं। मार्क्स ने अभिवृतियों, मूल्यों और महत्त्वाकाक्षाओं को उपेक्षा की दृष्टि से देखा, वहाँ वेबर ने सामाजिक क्रिया के आधार पर इन सब तत्त्वों को अपने विश्लेषण में प्रमुख स्थान दिया। वेबर के लिये सामाजिक स्तरीकरण के किसी भी सिद्धान्त में संवेगात्मक और अतार्किक अभिप्रेरण भी महत्त्वपूर्ण स्थान रखते हैं। यदि मार्क्स और वेबर के सामाजिक स्तरीकरण के विश्लेषण का संदर्श सामाजिक संरचनात्मक है वहाँ वेबर का संदर्श सामाजिक क्रिया है।

वेबर की सामाजिक वर्ग की व्याख्या में मनोविज्ञान का कोई स्थान नहीं है। वे व्यक्तिनिष्ठ मूल्यों, अभिवृतियों, और मान्यताओं को भी पूरी उपेक्षा से देखते हैं। वेबर की विशेषता यह है कि वे जहाँ सामाजिक क्रिया पर जोर देते हैं, व्यक्तिपरक दृष्टिकोण को मान्यता देते हैं, वहीं वे विवेकपूर्ण व्यवहार को भी अपने विश्लेषण में सम्मिलित करते हैं। यहाँ हम फिर दोहरायेंगे कि वेबर की सम्पूर्ण कृतियों में तार्किकता एवं विवेकीकरण उनके प्रत्येक विश्लेषण में केन्द्रित है। संक्षेप में, जहाँ मार्क्स की वर्ग की व्याख्या एक आयामी है, वहाँ वेबर की बहु-आयामी। इस तरह की प्रस्तावना के बाद ही हम वेबर की वर्ग सम्बन्धित व्याख्या कर सकते हैं। मार्क्स की वर्ग की व्याख्या के संदर्भ के बिना वेबर की वर्ग व्याख्या नहीं समझी जा सकती।

वर्ग किसे कहते हैं? (What is Class?)

वेबर के लिये स्तरीकरण और कुछ न होकर समाज में जो संगठित शक्ति निहित है उसकी अभिव्यक्ति मात्र है। सच्चाई तो यह है कि किसी भी समाज की प्राण वायु उसकी शक्ति में निहित है। वेबर अपने विश्लेषण के लिये इस शक्ति को तीन कोटियों में रखते हैं: (1) आर्थिक शक्ति, (2) सामाजिक शक्ति, और (3) राजनीतिक शक्ति। जो आर्थिक शक्ति है वह हमें वर्ग में दिखायी देती है। सामाजिक शक्ति का संगठन प्रस्थिति समूहों में देखने को मिलता है और राजनीतिक शक्ति प्रभुत्व में निहित होती है। इस तरह सामाजिक स्तरीकरण के तीन निश्चित आयाम हैं: वर्ग, प्रस्थिति और शक्ति। ये तीनों ही आनुभाविक स्तर पर एक

दूसरे से घुले-मिले होते हैं। विश्लेषण के लिये हम इन तीनों को पृथक् कर सकते हैं लेकिन आनुभाविक स्तर पर इन्हें अलग देखना बहुत कठिन है। विश्वविद्यालय के किसी एक विभाग में प्रोफेसर की एक निश्चित आर्थिक स्थिति होती है, वेतनमान होता है। यह उसका वर्ग है, स्तरीकरण का आर्थिक पहलू है। प्रोफेसर की एक प्रतिष्ठा है, समाज में उसका एक स्थान है। यह सब उसे एक निश्चित प्रस्थिति समूह में रखता है। तीसरा, प्रोफेसर की कुछ शक्तियाँ हैं, वह परीक्षा में मूल्यांकन करता है, ज्ञान का तथाकथित भण्डार है, अपने लेखन द्वारा राज्य का नीति निर्धारण कर सकता है और ऐसे ही कई अन्य तत्त्व हैं जो उसे शक्ति प्रदान करते हैं। ये सब तत्त्व आनुभाविक स्थिति में ऐसे घुले-मिले होते हैं जो उसे एक निश्चित वर्ग में रखते हैं।

वेबर ने वर्ग की व्याख्या की है। उनके अनुसार वर्ग को संगठित करने वालों को एक सूत्र में बांध कर रखने वालों की एक सामान्य स्थिति और सामान्य नियति होती है। यह सामान्य स्थिति और सामान्य नियति उनके आर्थिक वस्तुओं पर नियंत्रण करने का नियंत्रण न करने पर निर्धारित होती है।

वेबर ने वर्ग की व्याख्या उत्पादक सम्बन्धों और वस्तुओं के अर्जन के सन्दर्भ में की है। बहुत थोड़े में कहें तो वेबर के अनुसार व्यक्तियों का कोई भी समूह जो एक ही वर्ग की स्थिति में है, वर्ग है। वर्ग की उपेक्षा वेबर ने वर्ग स्थिति (Class Situation) का उल्लेख अधिक किया है। इसका मतलब हुआ किसी भी समूह के वर्ग होने के लिये कुछ निश्चित दशाएँ होती हैं। ये दशाएँ जीवन के अवसर (Life Chances), आर्थिक हेतु (Economic Interests) और बाजार की अवस्थाओं (Market Conditions) से जुड़ी हैं। दूसरे शब्दों में, व्यक्ति के जीवन में कई मौके आते हैं। व्यक्ति की वर्ग स्थिति, बाजार की दशाएँ निश्चित करती हैं। एक स्थान पर वर्ग की व्याख्या करते हुए वेबर लिखते हैं:

"वर्ग का सम्बन्ध लोगों के किसी भी एक ऐसे समूह से है जो एक सामान्य स्थिति में यानि जीवन के एक अवसर में होते हैं और जिनकी एक सामान्य नियति होती है। यह सामान्य स्थिति और सामान्य नियति उनके आर्थिक वस्तुओं पर नियंत्रण करने या नियंत्रण न करने पर निर्भर होती है।"

वेबर ने वर्ग की व्याख्या किसी एक ही स्थान पर की हो, ऐसा नहीं है। हमें यह व्याख्या जगह-जगह पर देखने को मिलती है। यदि वर्ग की सम्पूर्ण व्याख्याओं को लें तो तीन तथ्य उभर कर हमारे सामने आते हैं:

1. जीवन के अवसर (Life Chances)
2. आर्थिक हेतु और (Economic Interests)
3. बाजार की दशाएँ (Market Conditions)

*1. **जीवन के अवसर** (Life Chances)*

वेबर ने वर्ग की जो परिभाषा दी है उसमें जीवन के अवसर की अवधारणा केन्द्रीय है। अवसर से उनका मतलब इस तथ्य से है कि जो वस्तुएँ बाजार में उपलब्ध हैं, जो सेवाएँ समाज में पाई जाती हैं, उनका लाभ कोई भी व्यक्ति ले सकता है या नहीं। उदाहरण के लिये, आज जब हमारा देश उत्तरआधुनिकता की ओर दौड़ रहा है, कम्प्यूटर यानी सोफ्टवेयर से

जुड़ी हुआ दक्षता का महत्त्व बढ़ रहा है। इसके माध्यम से आर्थिक आय प्राप्त करने का एक अवसर है। अब इस अवसर का लाभा व्यक्ति ले सकता है या नहीं, यह उसे किसी भी वर्ग में सम्मिलित करता है। जीवन में कई मौके आते हैं, इन मौकों पर नियंत्रण पाना, धन कमाना या नहीं कमाना व्यक्ति को एक वर्ग विशेष में रख देता है।

जीवन के अवसर की अवधारणा का मतलब वर्ग की स्थिति से नहीं है। ये अवसर वर्ग को निश्चित नहीं करते। वर्ग को निश्चित करने वाले तत्व तो बाजार से जुड़े होते हैं। अतः जीवन के अवसर वे हैं जिन्हें बाजार निश्चित करता है या दूसरे शब्दों में आर्थिक संरचना निश्चित करती है। वेबर की वर्ग की यह व्याख्या आगे चलकर स्पष्ट हो जाती है। ये गुलाम बाज़ार में अपने श्रम को किसी सम्पत्ति की तरह बेचने नहीं जाते। मतलब हुआ गुलामों के जीवन में बाजार का कोई महत्त्व नहीं है। यह इसलिए कि वे स्वयं अपने मालिक की सम्पत्ति हैं। इन गुलामों के भाग का निर्धारण बाजार की पण्य, वस्तुएँ या सेवाएँ नहीं करती। इसलिये ये गुलाम तकनीकी अर्थ में वर्ग नहीं है। वेबर इन्हें केवल प्रस्थिति समूह (Status Group) कहते हैं। इसका मतलब हुआ कि वेबर वर्ग को व्यक्तिनिष्ठ अर्थ (Subjective Meaning) के रूप में देखते हैं।

2. ***आर्थिक हेतु*** *(Economic Interests)*

वेबर का कहना है कि वर्ग का निर्धारण व्यक्ति के आर्थिक हेतु करते हैं। एक स्थान पर वे लिखते हैं: "वह कारक जो वर्ग को बनाता है, निश्चित रूप से आर्थिक हेतु है। और इन आर्थिक हेतुओं का सम्बन्ध बाजार के अस्तित्व में है।"

अपनी पुस्तक द *सोशल साइकोलॉजी ऑफ वर्ल्ड रिलिजन्स (The Social Psychology of World Religions)* में उन्होंने वर्ग की स्थिति का उल्लेख करते हुए लिखा है: "वर्ग की निश्चित और विशिष्ट स्थितियों का निर्णय बाजार ही करते हैं।"

इतना कहने के बाद, जल्दी ही वेबर यह भी कहते हैं कि बाजार का महत्त्व अनिवार्य रूप से वर्ग निर्धारण में हमेशा महत्त्वपूर्ण होता हो ऐसा नहीं है। भू-स्वामी और छोटे किसान की वर्ग स्थितियाँ बहुत ही कम तादाद में बाजार से जुड़ी होती हैं। ऐसा कहकर वेबर यह कहना चाहते हैं कि बाजार की अन्तर्निहित सम्पत्ति बराबर वर्गों को निश्चित करती हों ऐसा नहीं है। वास्तविकता तो यह है कि कई बार बाजार की दशाएँ ऐसी होती हैं जो व्यक्तियों के आर्थिक हितों पर थोप दी जाती हैं।

3. ***बाजार की दशाएँ*** *(Market Conditions)*

जिस भाँति आर्थिक हेतुओं का निर्धारण सामाजिक क्रिया करती हैं वैसे ही बाजार की दशाओं को भी सामाजिक क्रिया पक्का करती हैं। बाजार की दशाओं के बारे में वेबर का कहना है कि बाजार में मुद्रा के बदले में वस्तुओं के बदलने के सभी अवसर उपलब्ध होते हैं। लोग यह भी जानते हैं कि बाजार में वस्तुओं के भाव कैसे चढ़ते-उतरते हैं। लोगों की अभिवृतियाँ दामों और बाजार की प्रतियोगिता से परिचित होती हैं। इस भाँति जहाँ एक ओर बाजार, वर्ग की स्थिति का एक भाग है वहीं वर्ग का निर्धारण बाजार के प्रति कर्त्ता का जो अभिस्थापन है, रुझान है, उसके द्वारा निश्चित होता है।

वेबर ने वर्ग की अवधारणा में बाजार की भूमिका को महत्त्वपूर्ण स्थान दिया है। लेकिन यही पर्याप्त नहीं है। वे यह भी कहते हैं कि वर्ग की परिभाषा वर्ग में सम्मिलित व्यक्तियों के अभिप्रेरण और निश्चय पर निर्भर है। जो कर्त्ता बाजार में विनिमय करता है वह बाजार में अन्तःक्रिया करने वाले कर्त्ताओं को भी समझता है। इसलिये वेबर कहते हैं कि वर्ग की किसी भी परिभाषा में सामाजिक क्रिया के समाजशास्त्र का अत्यधिक महत्त्व है। यदि इस दृष्टि से देखें तो वेबर वर्ग की व्याख्या वरस्टेहन (Verstehen) के संदर्श में करते हैं:

(1) वेबर के लिये वर्ग विशुद्ध रूप से एक आनुभाविक अवधारणा है। इसमें व्यक्तियों के हेतु और अर्थ या जिसे वेबर समझ (Verstehen) कहते हैं, निहित है।
(2) वर्ग के हेतु वस्तुतः व्यक्ति के हेतु हैं। इस दृष्टि से वर्ग की किसी भी व्याख्या में व्यक्ति का स्थान सर्वोपरि है।
(3) जिसे हम वर्ग हेतु कहते हैं वह वस्तुतः आदमी की अभिप्रेरणाओं और व्यक्तिपरकता की अभिव्यक्ति मात्र है।
(4) जिसे वर्ग हेतु कहा जाता है वह आम व्यक्ति के दिन-प्रतिदिन के उपयोग में आने वाले हेतु हैं। यह सही है कि वर्ग की किसी भी अवधारणा में सम्पत्ति या सम्पत्ति का अभाव महत्त्वपूर्ण है लेकिन केवल सम्पत्ति का होना या न होना वर्ग को निश्चित नहीं करता। वर्ग को निश्चित करने का काम तो सम्पत्ति के प्रयोग को दिया जाने वाला अर्थ (Meaning) करता है।

वेबर की कृतियों में तार्किक व्यवहार को पहला स्थान है। इसके साथ ही वे यह भी कहते हैं कि किसी भी क्रिया को करने के पहले साध्य यानी लक्ष्य को निर्धारित करता है। जब एक बार लक्ष्य निर्धारित हो जाता है जब वह तार्किकता के आधार पर उन साधनों को निश्चित करता है जो उसे लक्ष्य प्राप्ति में सहायक हों। इसी संदर्भ में वेबर लिखते हैं:

सामाजिक क्रिया अभिस्थापन, अर्थ, और निश्चय वर्ग की अवधारणा का निर्णय करते हैं। वर्ग एक सामाजिक दुनिया (Social World) है जिसका निर्माण कोई भी जीवन्त व्यक्ति करता है।

वर्ग की कोटियाँ (Class Categories)

वेबर के अनुसार कोई भी वर्ग की स्थिति (Class Situation) वह है जिसे व्यक्ति का अभिस्थापन और उसकी दशाएँ उसकी अभिवृतियाँ और सबसे अधिक उसकी समझ एक जैसे नहीं होते। इसका परिणाम होता है कि वर्ग की स्थितियाँ भी एक जैसी नहीं होतीं। जिस तरह कर्त्ता के अर्थ भिन्न होते हैं वैसे ही वर्ग की स्थितियाँ भी भिन्न होती हैं। इस तरह की जटिल स्थितियों के आधार पर वर्गों का विभाजीकरण किया जाये तो हमारे सामने विभाजीकरण की यह तालिका बहुत लम्बी हो जायेगी। इस तथ्य को ध्यान में रखकर वेबर ने मुख्य रूप से वर्गों को तीन श्रेणियों में बाँटा है:

(1) सम्पत्ति वर्ग (Property Class)
(2) उपलब्धि वर्ग (Acquisition Class)
(3) मध्यम वर्ग (Middle Class)

सम्पत्ति वर्ग (Property Class): इस वर्ग में वे लोग सम्मिलित हैं जो सम्पत्ति के स्वामी हैं और प्रत्यक्ष रूप से सम्पत्ति का नियंत्रण करते हैं। इनकी आय का स्रोत सम्पत्ति का किराया तथा उससे होने वाले लाभ हैं। सम्पत्ति वर्ग का यह पहलु सकारात्मक विशेषाधिकारों का है। सम्पत्ति के स्वामित्व के कारण इस वर्ग को विशेष सुविधाएँ हैं। सुविधाओं की दृष्टि से यह वर्ग एक ध्रुव पर खड़ा है। इसी का दूसरा नकारात्मक ध्रुव वह है जिसके पास कोई विशेषाधिकार नहीं होते, नांहि कोई सुविधाएँ होती हैं। इस वर्ग को वेबर नकारात्मक विशेषाधिकार सम्पत्ति वर्ग (Negatively Privileged Property Class) कहते हैं। इसके अनतर्गत ऋणी वर्ग, गरीब और गुलाम आते हैं। ये वे लोग हैं जो स्वयं दूसरों की सम्पत्ति हैं।

उपलब्धि वर्ग (Acquisition Class): इस वर्ग को भी वेबर ने सकारात्मक विशेषाधिकार उपलब्धि वर्ग (Positively Privileged Acquisition Class) तथा नकारात्मक विशेषाधिकार वर्ग (Negatively Privileged Class) में बांटा है। सकारात्मक विशेषाधिकार उपलब्धि वर्ग में वे लोग सम्मिलित हैं जो उत्पादन प्रतिष्ठानों पर अपना नियंत्रण रखते हैं। इन वर्गों की सुरक्षा इसमें है कि आर्थिक नीति को अपने पक्ष में प्रभावित करते हैं। नकारात्मक रूप से विशेषाधिकार वर्ग वे हैं जिनमें कुशल, अर्द्ध-कुशल और कामगार सम्मिलित होते हैं।

मध्यम वर्ग (Middle Class): उपरोक्त दो वर्गों के बीच में यानी सम्पत्ति वर्ग और उपलब्धि वर्ग, मध्यम वर्ग आता है। यह वर्ग दोनों वर्गों के बीच में होने के कारण न तो विशुद्ध रूप से गरीब होता है और न कोई बड़ा धनवान। सामान्य नौकरी-पेशा लोग इस वर्ग में पाये जाते हैं।

यदि हम वेबर द्वारा दिये गये वर्गों की श्रेणियों को देखें तो बहुत स्पष्ट है कि उनकी वर्ग की अवधारणा बहु-आयामी है। दूसरा, वेबर वर्ग की इस अवधारणा में सामाजिक क्रिया को एक निश्चित स्थान देते हैं। वे यह नहीं मानते और ऐसा करने में वे मार्क्स से असहमत हैं कि इस वर्ग व्यवस्था में कामगार उत्पादन व्यवस्था से कट जाता है या उसका अलगाव हो जाता है। इसी भाँति वे यही भी कहते हैं कि श्रमिकों के शोषण की प्रक्रिया ऐसी वर्ग व्यवस्था में कोई मुद्दा नहीं है। बहुत महत्त्वपूर्ण बात वेबर की वर्ग की अवधारणा में यह है कि वे वर्ग संघर्ष को स्वीकार नहीं करते जिसे मार्क्स कहते हैं, वह वास्तव में विभिन्न वर्गों में पाये जाने वाले व्यक्तियों का संघर्ष है। वर्ग की इस तरह की अवधारणा में व्यक्तियों के बीच में संघर्ष होता है वर्गों में नहीं। यह इसलिये कि वर्ग एक संरचना नहीं है, इसमें तो व्यक्तियों की दूसरे व्यक्तियों के बारे में समझ ही महत्त्वपूर्ण है। अतः यदि कोई संघर्ष होता है तो यह सामाजिक क्रिया के कारण है, वर्ग के कारण नहीं।

यदि उपरोक्त कथन को और अधिक स्पष्ट रखें तो कहना चाहिये कि हमें वर्ग संघर्ष में व्यक्तियों को वर्ग मानकर नहीं चलना चाहिये। वर्ग का सदस्य होकर भी व्यक्ति सामने वाले व्यक्तियों की क्रियाओं को अपने लक्ष्य व मूल्यों के आधार पर समझता है। वेबर वर्ग-संघर्ष में यह देखते हैं कि व्यक्ति की क्रिया के बारे में समझ क्या है। ये व्यक्ति वर्ग के सदस्य होते हैं। इस दृष्टि से वर्ग और कुछ न होकर सामाजिक कर्त्ताओं की क्रियाओं का स्वरूप मात्र है।

वर्ग की स्थितियों में गतिशीलता की संभावना
(Possibility of Mobility between Class Situations)

वेबर ने एक स्थान पर लिखा है कि "किसी भी वर्ग की स्थिति में एकाधिक वर्ग स्थितियाँ होती हैं। इसमें एक व्यक्ति किसी वर्ग स्थिति से दूसरी वर्ग स्थिति में आ सकता है। यह गतिशीलता है।" उदाहरण के लिये भारत के किसी भी राज्य में राजपत्रित अधिकारी विभिन्न वर्ग स्थितियों में काम करते हैं। कोई राजपत्रित अधिकारी रसद विभाग में काम करता है, कोई शिक्षा विभाग में और कोई न्यायापालिका में। ये सब वर्ग की विभिन्न स्थितियाँ हैं। लेकिन वर्ग एक ही है—राजपत्रित अधकारी। इसमें रसद विभाग का अधिकारी शिक्षा विभाग में आ सकता है।अतः वर्ग की विभिन्न स्थितियाँ होने के कारण व्यक्तियों में गतिशीलता के होने की सम्भावना बराबर बनी रहती है।

वेबर ने सामाजिक स्तरीकरण के सिद्धान्त के तीन आयामों में रखा है: वर्ग, प्रस्थिति और शक्ति। वर्ग एक आर्थिक अवधारणा है जिसका निर्धारण बाजार के सन्दर्भ में होता है। मार्क्स वर्ग का आधार उत्पादन के साथ जोड़ते हैं जबकि वेबर इसे बाजार के साथ जोड़ते हैं। वर्ग की किसी भी व्याख्या में जीवन के अवसर, आर्थिक हेतु और बाजार की दशाएँ महत्त्वपूर्ण हैं। लेकिन जो नया क्षितिज वर्ग को वेबर ने दिया है वह सामाजिक क्रिया का है। यह कर्त्ता की समझ ही है जो वर्ग का निर्धारण करती है। यही एक ऐसा बिन्दु है जो वेबर को मार्क्स से जुदा करता है। वर्ग की इस सम्पूर्ण अवधारणा को हमने पिछले पृष्ठों में रखा है। अगले भाग में हम प्रस्थिति समूह की व्याख्या करेंगे और अन्त में शक्ति की।

प्रस्थिति समूह (Status Group)

वेबर ने सामाजिक स्तरीकरण को तीन आयामों में देखा है: आर्थिक, सामाजिक और राजनैतिक। आर्थिक पहलू से उनका तात्पर्य वर्ग से है, सामाजिक से उनका मतलब प्रस्थिति से है, और राजनीति से तात्पर्य शक्ति से है। इस भाँति किसी भी सामाजिक स्तरीकरण में वर्ग, प्रस्थिति और शक्ति तीनों सम्मिलित होते हैं। ये तीनों समूह अपने आप में पृथक-पृथक या विशिष्ट (Exclusive) होते हैं। पिछले भाग में हमने वर्ग की व्याख्या की है और यहाँ दोहरायेंगे कि वर्ग उनकी दृष्टि में वर्ग की विशेषता है। यही विशेषता उनके वर्ग की परिभाषा को मार्क्स के वर्ग की परिभाषा से पृथक करती है।

जब सामाजिक क्षेत्र में शक्ति का निरूपण होता है, तो यह सामाजिक प्रस्थिति या प्रतिष्ठा होती है। वे सभी व्यक्ति जिनकी प्रतिष्ठा और सम्मान का एक समान आकलन होता है और जो एक जैसी जीवन-पद्धति को अपनाते हैं, प्रस्थिति समूह में सम्मिलित होते हैं। व्यक्ति की शक्ति का एक स्त्रोत उसकी प्रतिष्ठा भी होती है। व्यक्ति की प्रतिष्ठा जितनी ऊंची होगी उतनी ही अधिक उसके पास शक्ति होगी। अपनी पुस्तक "क्लास, स्टेटस एण्ड पावर" (Class, Status and Power) में एक स्थान पर वेबर लिखते हैं:

वर्ग के विपरीत प्रस्थिति समूह सामान्यतः समुदाय होते हैं। ये समूह प्रायः आकारहीन (Amorphous) होते हैं, लेकिन प्रस्थिति के साथ जो सम्मान जुड़ा हुआ है उसे अनिवार्य रूप से वर्ग के साथ नहीं जोड़ा जा सकता। इसके विपरीत सामान्य स्थिति में प्रस्थिति समूह वर्ग के विपरीत होते हैं।

मैक्स वेबर ने प्रस्थिति समूह की जो व्याख्या की है उसमें वे वर्ग के साथ इसके सम्बन्धों की व्याख्या भी करते हैं। सैद्धान्तिक स्तर पर प्रस्थिति समूह एक दूसरे से भिन्न हैं। इसी कारण इन समूहों को वे अपने आप में जुदा या विशिष्ट मानते हैं। विशिष्टता होते हुए भी कहीं-कहीं दोनों समूह मिल जाते हैं। उदाहरण के लिये, एक साहित्यकार की सामाजिक प्रतिष्ठा होती है। लेकिन यही साहित्यकार यदि आर्थिक दृष्टि से भी अत्यधिक सम्पन्न होता है तो यहाँ आर्थिक और प्रस्थिति दोनों समूह आपस में मिल जाते हैं। ऐसी भी स्थिति हो सकती है कि साहित्यकार की दृष्टि में लेखक शीर्ष स्थान पर हो लेकिन आर्थिक दृष्टि से खस्ते हाल हो। इधर सामाजिक प्रस्थिति तो लेखक को सम्मान देती है, पर वर्ग की दृष्टि से खस्ते हाल होता है। वेबर ने प्रस्थिति और वर्ग समूह के सम्बन्धों को विस्तार से देखा है और अपने निष्कर्ष में कहते हैं कि दोनों समूह स्तरीकरण के पहलू होते हुए भी एकान्तिक या विशिष्ट हैं। और एकान्तिक होते हुए भी एक दूसरे का समावेश कर लेते हैं।

वेबर ने प्रस्थिति की अवधारणा की व्याख्या प्रतिष्ठा के आकलन द्वारा की है। प्रतिष्ठा एक ऐसी अवधारणा है जो स्तरीकरण को बनाती है। वेबर ने स्तरीकरण का जो सिद्धान्त दिया है उसमें वे वर्ग और प्रस्थिति को पृथक् अवधाराओं के रूप में रखते हैं। इन दोनों के अन्तर को हमने ऊपर रखा है, इसे हम तालिका में इस भाँति प्रस्तुत करेंगे:

वर्ग और प्रस्थिति समूह में अन्तर
(Distinction Between Class and Status Group)

	वर्ग		प्रस्थिति
1.	वर्ग का निर्माण या इसकी उपज बाजार की स्थिति में होती है।	1.	प्रस्थिति में बाजार जैसी कोई वस्तु नहीं होती।
2.	वर्ग तो केवल आर्थिक स्थिति मात्र है।	2.	प्रस्थिति का उदय समुदाय से होता है।
3.	उपार्जन और अर्जन जीवन में प्राप्त होने वाले अवसरों पर निर्भर हैं।	3.	प्रस्थिति एक खास प्रकार की जीवन-पद्धति, उपभोग, और सामाजिक सम्मान और प्रतिष्ठा पर निर्भर है।

प्रस्थिति या प्रतिष्ठा की व्याख्या (Analysis of Status or Prestige)

प्रस्थिति और प्रतिष्ठा की व्याख्या वेबर के साहित्य में अत्यधिक अनियमित है। प्रस्थिति को वे कहीं भी स्पष्ट और निश्चित शब्दों में पारिभाषित नहीं करते। एक स्थान पर वे कहते हैं कि प्रस्थिति समूह की सदस्यता वर्ग को प्रभावित करती है और वहीं यह भी कहते हैं कि वर्ग प्रस्थिति समूह को निर्धारित करते हैं। वास्तविकता यह है कि वेबर ने स्तरीकरण के विश्लेषण में प्रस्थिति का विश्लेषण जिस भाँति किया है, उससे प्रस्थिति के तीन अर्थ निकलते हैं। रुचिकर बात यह है कि यह तिहरी परिभाषा इसे और अधिक जटिल बना देती है। इन तीनों अर्थों को हम यहाँ सिलसिले से रखेंगे:

(1) प्रस्थिति यानी निर्दिष्टकाल (Epoch)

कई स्थानों पर वेबर ने प्रस्थिति का अर्थ ऐतिहासिक सन्दर्भ में लिया है। किसी युग विशेष को वे प्रस्थिति समूहों (Epoch or Status Groups) का निर्दिष्टकाल मानते हैं। यहाँ वे प्राचीन रोम और मध्यकालीन युगों का उल्लेख करते हैं। वे कहते हैं कि जिस निर्दिष्टकाल में आर्थिक संगठन एकाधिकार और पूजा-पद्धति विषयक होते हैं उसमें प्रस्थिति समूह महत्त्वपूर्ण हो जाते हैं। यहाँ वे प्रस्थिति समूह की अवधारणा को एक ऐसी स्थिति में रखते हैं जहाँ प्रतियोगिता नाम मात्र की भी नहीं होती।

हमारे देश के मध्यकाल में राजा-महाराजा या ठिकानेदार एक तरह के प्रस्थिति समूह थे। इसी भाँति आधुनिक युग में जब उपनिवेशवादी ब्रिटिश युग था आर्थिक व्यवस्था पर शासकों का एकाधिकार था। किसी भी तरह की आर्थिक प्रतियोगिता नहीं थी। ऐसे ही ऐतिहासिक निर्दिष्टकारों में वेबर ने प्रस्थिति समूह की व्याख्या की है।

(2) प्रस्थिति अर्थात् सम्मान का सामाजिक आकलन (Estimation)

यहाँ वेबर प्रस्थिति को केवल मात्र सम्मान का सामाजिक आकलन समझते हैं। प्रस्थिति की यह वह स्थिति होती है जिसमें व्यक्ति की प्रतिष्ठा सापेक्षिक रूप से वर्ग पर निर्भर रहती है। एक स्थान पर वे कहते हैं कि आज की स्थिति में प्रतिष्ठा को बनाने वाला प्रमुख कारक वर्ग है। जिसके पास सम्पत्ति है, जो कारखानों पर नियंत्रण रखता है, जो राजनीति में प्रभावशाली होता है। उसी की प्रतिष्ठा ऊंची होती है। बहुत स्पष्ट रूप से वेबर यह बताने के कोशिश करते हैं कि वर्ग और प्रस्थिति पृथक्-पृथक् होने पर भी प्रस्थिति वर्ग द्वारा निर्धारित होती है।

(3) प्रस्थिति माने वर्ग स्थिति का निर्णायक

कई बार वेबर ने प्रस्थिति को एक ऐसे कारक के रूप में रखा है जो व्यक्ति के वर्ग को निर्धारित करता है। वे कहते हैं कि वर्ग पूर्व स्थिति प्रस्थिति समूह है। दूसरे शब्दों में, यदि व्यक्ति की प्रतिष्ठा न हो, समुदाय में उसका सम्मान न हो, तो उसका वर्ग में स्थान ऊंचा नहीं बन सकेगा। उनके अनुसार प्रस्थिति तो एक व्यक्ति का दूसरे व्यक्तियों द्वारा आकलन या मूल्यांकन है। यह मूल्यांकन ही उसे वर्ग विशेष में रखता है।

वेबर ने निश्चित रूप से प्रस्थिति समूह और वर्ग की व्याख्या पश्चिमी यूरोप की ऐतिहासिक जानकारी के आधार पर की है। ये इतिहास के तत्त्व ही हैं जिन्होंने वेबर को प्रस्थिति के तीन अर्थ प्रस्तुत करने के लिये प्रेरित किया। उनके आशय को यदि देखें यह स्पष्ट है कि प्रस्थिति का निर्धारण समुदाय करता है यह निर्धारण ही आकलन या मूल्यांकन है। यदि हम अपने देश में गाँधीजी को राष्ट्रपति कहते हैं तो यह एक मूल्याँकन है जिसे प्रत्यक्ष या अप्रत्यक्ष रूप से सम्पूर्ण राष्ट्र ने किया है। दूसरी व्याख्या जो प्रस्थिति समूह की हो सकती है वह यह कि कुछ निर्दिष्ट कारणों में घटनाओं और स्थितियों में हमें लगाता है कि वर्ग प्रतिष्ठा वर्ग को बनाती है। सार यह है कि स्तरीकरण के किसी भी सिद्धान्त में जहाँ वर्ग और प्रस्थिति एक दूसरे को प्रभावित करते हैं, वहीं दूसरी ओर यह दोनों घटक अपने आप में एकान्तिक होते हैं, स्वायत्त होते हैं।

शक्ति (Power)

सामाजिक स्तरीकरण के सिद्धान्त में वेबर ने शक्ति की अवधारणा को बहुत कम विकसित किया है। वे शक्ति का अर्थ राजनीतिक शक्ति के रूप में लेते हैं। शक्ति का आरोपण आर्थिक और सामाजिक क्षेत्रों पर वेबर ने नहीं किया है। सच में देखा जाये तो वेबर पूरी तरह से एक राजनीतिक प्राणी थे। उनके जीवन में ऐसे अवसर कई बार आये जब उन्होंने अकादमिक जीवन को छोड़ देने की बात सोची। वे कहते हैं कि उनका जीवन तो राजनीति के लिये है, बौद्धिक लेखन के लिये नहीं। वे राजनीति में गहरी रूचि रखते थे व उनका सम्पूर्ण रुझान पूँजीवाद की ओर था और वे इसके प्रति चेतन भी थे। उन्होंने अपने जीवन के इसी दृष्टिकोण के कारण शक्ति की अवधारणा का उल्लेख किया है।

वेबर ने शक्ति की परिभाषा दी है और वे इसका अन्तर प्राधिकार से करते हैं। उनकी शक्ति की परिभाषा समाज विज्ञानों में बहुत लोकप्रिय है। हमने इसे राजनीति की परिभाषा में दिया है। एक स्थान पर शक्ति के अर्थ को प्रयोग में लाते हुए वे कहते हैं:

"सामाजिक सम्बन्धों में शक्ति का मतलब उस प्रत्येक अवसर से है जिसमें अपने स्वयं की इच्छाओं को दूसरों के विरोध करने पर भी पूरा किया जा सके।"

जिस भाँति वेबर ने यह कहा कि प्रस्थिति का अर्थ अनियमित है, उसी प्रकार वे यह भी कहते हैं कि शक्ति का अर्थ भी अनियमित है। इस अनियमितता के होते हुए भी वेबर ने शक्ति की जो परिभाषा दी है वे परिभाषा व्यक्तियों के समूहों पर लागू होती है। उन्होंने शक्ति और प्राधिकार (Authority) दोनों की व्याख्या की है। वे कहते हैं कि शक्ति में प्राधिकार का होना आवश्यक नहीं है। पर जहाँ पर प्राधिकार होता है वहाँ शक्ति अनिवार्य रूप से होती है। प्राधिकार की बहुत बड़ी विशेषता वैधता (Legitimacy) है। यदि लोग या समुदाय किसी भी शक्ति को वैध मानते हैं तो यह शक्ति प्राधिकार बन जाती है।

शक्ति और प्राधिकार की अवधारणाओं में अन्तर करने के बाद वेबर ने वैध प्राधिकार के तीन प्रकार बताये। वैध प्राधिकार वस्तुतः प्रभुत्व है। इसका जो आदर्श प्रारूप है उसमें तीन प्रकार के प्रभुत्व की चर्चा वेबर ने की है: (1) करिश्माई प्रभुत्व, (2) परम्परागत प्रभुत्व, और (3) कानून सम्बन्धी प्रभुत्व।

प्रभुत्व के इस आदर्श प्रारूप का विस्तृत वर्णन हम पूर्व में भी कर चुके हैं। यहाँ हम वेबर के सामाजिक स्तरीकरण को सूत्ररूप में इस भांति रखेंगे:

वेबर के सामाजिक स्तरीकरण के घटक: वर्ग, सामाजिक प्रस्थिति और शक्ति

मैक्स वेबर ने सामाजिक स्तरीकरण के सिद्धान्त को ऐतिहासिक विधि द्वारा प्रस्तुत किया है। उन्होंने पश्चिमी यूरोप के खेतिहरों, बुनकरों, और उद्योगपतियों का अध्ययन किया था। इसके अतिरिक्त उन्हें कार्ल मार्क्स के दो वर्गों का स्तरीकरण भी उपलब्ध था। काल मार्क्स के लिये वर्ग का आधार उत्पादन सम्बन्ध थे। वेबर ने इसे अस्वीकार किया। उनके लिये वर्ग की अवधारणा के तीन मुख्य लक्षण हैं: (1) जीवन के अवसर (2) आर्थिक हेतु और (3) बाजार की दशाएँ। इन्हीं तीन तत्त्वों के आधार पर वे वर्ग की व्याख्या करते हैं।

वर्ग का निर्धारण, वेबर कहते हैं, बाजार की दशाएँ निश्चित करती हैं। अपने मूल में वर्ग का आधार आर्थिक है। आर्थिक क्षेत्र में कई अवसर आते हैं ये अवसर ही व्यक्ति को धनी

या गरीब बना देते हैं। वेबर की वर्ग की अवधारणा में मुख्य या केन्द्रीय भूमिका सामाजिक क्रिया की है। और सामाजिक क्रियाएँ वे हैं जो लक्ष्य प्राप्ति से जुड़ी हुई होती हैं क्योंकि लक्ष्य अनेकानेक होते हैं, वर्ग की स्थितियाँ भी अनेक होती हैं। वर्ग की परिभाषा की इन कठिनाइयों के होते हुए भी वेबर ने सकारात्मक और नकारात्मक धुरी पर वर्ग के तीन प्रकार दिये हैं: (1) सम्पत्ति वर्ग, (2) उपलब्धि वर्ग, (3) मध्यम वर्ग।

वेबर ने वर्गों का यह विभाजीकरण पूँजीवादी समाज की विशेषताओं पर किया है। एक प्रकार से वर्ग का यह विभाजीकरण अमेरिकी समाज का प्रतीक है। मानों उन्होंने वर्गों का अमरीकीकरण कर दिया हो। शायद इसी कारण वेबर की प्रतिष्ठा समाजवादी देशों की अपेक्षा पूँजीवादी देशों में अधिक है। वेबर का जितना चलन अमेरिका में है उतना चलन स्वयं उनके देश जर्मनी में नहीं।

प्रोटेस्टैण्ट आचार और पूँजीवाद की आत्मा
(Protestant Ethic and the Spirit of Capitalism)

धर्म के समाजशास्त्र के अन्तर्गत ही वेबर ने धर्म और पूँजीवाद के सम्बन्धों की व्याख्या की है। एक ओर वे प्रोटेस्टैण्ट धर्म के आचार और पूँजीवाद की आत्मा की पड़ताल करते हैं, वहीं वे दूसरे स्थान पर यह देखने का प्रयास करते हैं कि हिन्दू और कन्फयूशियस धर्म ने और इसी अर्थ में बौद्ध धर्म ने पूँजीवाद की आत्मा को क्यों प्रभावित नहीं किया। प्रोटेस्टैण्ट धन के आचार और पूँजीवाद पर छठे दशक में कुछ गोष्ठियाँ हुई हैं। इन बहसों, विवादों और गोष्ठियों के सन्दर्भ में हम प्रोटेस्टैण्ट, कन्फ्यूशियस या बौद्ध धर्मों के सत्त्वों (Essence) की काई व्याख्या नहीं करेंगे। नांहि वेबर ने ऐसा कुछ किया है। वेबर तो केवल यह देखना चाहते थे कि विभिन्न धर्मों में जो आचार होते हैं वे कहाँ तक पूँजीवाद को बढ़ाते हैं या पीछे की ओर धकेलते हैं।

वेबर ने धर्म और पूँजीवाद के जिस थिसिस को रखा है उसे लेकर उनकी बड़ी आलोचना हुई है। बौद्धिकों ने वेबर के विषय में कई गलत ब्यान भी दिये हैं। हमारे देश में तो वेबर के हिन्दू धर्म के प्रति विचारों को लेकर कई बार बवेला भी उठा है। जब इंग्लैण्ड में वेबर की पुस्तक *प्रोटेस्टैण्ट धर्म और पूँजीवाद* आयी तो ब्रिटिश बौद्धिकों ने यह भ्रम पैदा करने का प्रयास किया कि वेबर एक दार्शनिक या सिद्धान्तवेत्ता ही थे। आलोचकों ने इस पुस्तक पर कई व्यंग्य भी कसे। यह बात सही है कि जब कभी वेबर को अवसर मिलता था और विशेषकर जब कोई मुद्दा संवेदनशील होता था, वे विवादपूर्ण टिप्पणी करने से कभी चुकते नहीं थे। यह निश्चित है कि विवादों के घेरे में बंधे हुए वेबर एक विचारक की दृष्टि से सुदृढ़ और सशक्त थे। गै (E.F. Gay) जो आर्थिक इतिहास में एक विशिष्ट हस्ताक्षर थे, उन्होंने कहा है कि पिछली पीढ़ी के अर्थशास्त्र के इतिहास में वेबर के टक्कर का कोई विद्वान नहीं था। क्लार्क (W.E. Clark) जोकि भारतीय दर्शनशास्त्र में एक प्रतिभावान विद्वान थे, उन्होंने कहा कि वेबर ने हिन्दू और बौद्ध धर्मों का जो विश्लेषण किया है, वह सम्पूर्ण भारतीय धार्मिक और राजनीतिक व्यवस्था का अनन्य ग्रन्थ है।

कई बार यह कहा जाता है कि वेबर ने पूँजीवाद विकास का कारण प्रोटेस्टैण्ट धर्म को बताया है। फ्रेण्ड (Julien Freund) का कहना है कि वेबर का इस तरह का विश्लेषण

वाहियात है। वास्तव में जब मार्क्स ने अधिभौतिक (Metaphysical) मान्यताओं पर यह कहा कि सभ्यता की सभी घटनाओं के पीछे केवल मात्र आर्थिक कारण है, तब वेबर ने भी दृढ़तापूर्वक कहा कि सभी घटनाओं के पीछे धर्म ही मुख्य कारण है। वेबर के थीसिस का इतना सरल निष्कर्ष निकालना जैसाकि कई सिद्धान्तवेत्ताओं ने किया है, वेबर के साथ अन्याय है। वास्तव में वेबर ने प्रोटेस्टेण्ट आचार और पूँजीवादी आत्मा का जो सम्बन्ध स्थापित किया है, उसे वृहद सभ्यताओं से सन्दर्भ में देखना होगा।

वेबर यह स्वीकार करते हैं कि भारतीय, चीनी तथा रोम और बेबीलोन की सभ्यताओं में पूँजीवाद अपनी भ्रूण अवस्था में उपस्थित था। यह मजेदार बात है कि इन सभ्यताओं में पूँजीवाद के बीज होते हुए भी विवेकीकरण नहीं आया जोकि आधुनिक पूँजीवाद के विकास में निहित है। अब प्रश्न उठता है: पूँजीवाद का भ्रूण बेबीलोन, चीन, रोम आदि सभ्यताओं में क्यों विकसित नहीं हुआ और इसका विकास केवल पश्चिमी समाजों में ही क्यों हुआ? यह कैसे हुआ कि इन सभ्यताओं में तो यह भ्रूण नष्ट हो गया और पश्चिमी सभ्यताओं में विकसित हो गया? अर्थव्यवस्था की आन्तरिक गतिशीलता की कोई भी व्याख्या हमें इन प्रश्नों का उत्तर नहीं दे पाती। इन प्रश्नों के उत्तर को वेबर ने यूरोप के पूँजीवादी उद्यमियों के प्रयास में देखा है।

वेबर ने जब ईसाई धर्म और पूँजीवाद के सहसम्बन्ध को रखा तो वे जानते थे कि उनके इस थीसिस को लेकर गलतफ़हमी हो सकती है। इसी कारण उन्होंने विशेष रूप में यह कहा कि प्रोटेस्टैण्ट धर्म और पूँजीवाद के सम्बन्धों को यांत्रिक सम्बन्धों (Mechanical Relations) की तरह नहीं लेना चाहिये। अपने स्पष्टीकरण में वेबर ने कहा था कि मनुष्य जीवन में जो विवेकीकरण (Relationalisation) है उसका स्रोत प्रोटेस्टैण्ट लोकाचारों (Ethos) में था। धर्म के इस लोकाचार ने ही पूँजीवाद की आत्मा को विकसित किया। दूसरे शब्दों में लोगों के जीवन में जो तार्किकता और विवेकीकरण होते हैं वे प्रोटेस्टैण्ट धर्म के लोकाचार या नीति संहिता से ही प्राप्त होते हैं। यह होते हुए भी पूँजीवाद का कारण केवल ये लोकाचार ही नहीं है। यहाँ वेबर का उद्देश्य पूँजीवाद के उदय की खोज करना नहीं है। उनका उद्देश्य तो केवल पूँजीवाद की आत्मा के विकास की खोज करना है। यहाँ पर हम रेमण्ड एरॉ द्वारा दिये गये कथन को रखेंगे। जो वेबर की स्थिति को अधिक स्पष्ट रूप से रखते हैं। एरॉ का कथन है:

"प्रोटेस्टैण्ट धर्म केवल एक ही कारण नहीं है, लेकिन पूँजीवाद के कई कारणों में एक कारण अवश्य है। इससे अधिक यह कहना चाहिये कि पूँजीवाद के कतिपय पहलुओं में केवल यही एक कारण है। पूँजीवाद के सम्बन्ध में वेबर ने केवल उन तत्वों की पहचान की जो पश्चिमी देशों के पूँजीवाद में उपलब्ध थे। इससे यह प्रमाणित है कि पूँजीवाद के विकास के कारण विभिन्न सभ्यताओं के साथ बदलते हैं।"

वेबर के कहने का तात्पर्य यह है कि पश्चिमी पूँजीवाद में कुछ ऐसे लक्षण थे जो भारत, रोम और चीन के पूँजीवाद में नहीं थे जिन्होंने धर्म के लोकाचार की मदद से पूँजीवाद को विकसित किया। वेबर ने यह पाया कि पश्चिम के पूँजीवाद में कुछ खास तरह की विशेषताएँ थी और इन्हीं के कारण ईसाई धर्म के काल्विन सम्प्रदाय के लोकाचारों ने पूँजीवाद को विकसित किया। ईसाई धर्म में भी कई सम्प्रदाय है। धर्म, विज्ञान (Theology) और दर्शन

की दृष्टि से इन धार्मिक सम्प्रदायों में अन्तर है, लेकिन जहाँ तक नीति संहिता और लोकाचार का प्रश्न है, सभी सम्प्रदायों में आचार समान रूप से पाये जाते हैं। वेबर का आशय यह है कि यदि प्रोटेस्टेण्ट, कैथोलिक, प्रेस बिटेरियन आदि धार्मिक सम्प्रदायों का धर्म विज्ञान (Theology) की दृष्टि से विश्लेषण करें तो हमें अन्तर मिलेगा लेकिन यदि इन धर्मों के आचारों को देखें तो उनमें समानता मिलेगी। वेबर की रुचि धर्म के विज्ञान में नहीं थी। धर्म के उद्देश्य को भी वे अपने विश्लेषण के लिये नहीं लेना चाहते थे। उनकी रुचि तो लोगों के उन मनोवैज्ञानिक अभिप्रेरणों को जानने की थी जो धार्मिक विश्वासों और व्यवहारों के साथ जुड़े थे।

वेबर ने सिद्धान्त रूप में यह रखा कि धार्मिक विश्वास और व्यवहार अभिप्रेरणाओं को जन्म देते हैं। इन अभिप्रेरणाओं के माध्यम से व्यक्ति धार्मिक क्रियाएँ करता है। वेबर ने आदर्श प्रारूप में इन अभिप्रेरणाओं (Motivations) को रखा है। ये अभिप्रेरणाएँ जहाँ तक सम्भव है सुसंगत होती हैं। इनमें वेबर कहीं भी ऐतिहासिक यथार्थता नहीं ढूँढ़ते। वे तो विवेकीपूर्ण यूटोपिया (Rational Utopia) के माध्यम से यह खोजते हैं कि किस भाँति ये अभिप्रेरणाएँ पूँजीवाद की आत्मा को बनाने के लिये वास्तविक रूप से काम करती हैं। दूसरे शब्दों में, धार्मिक विश्वासों और व्यवहारों से उत्पन्न मनोवैज्ञानिक अभिप्रेरणाएँ वास्तविक जीवन में पूँजीवाद की आत्मा को बनाती हैं। परिणामस्वरूप जब वेबर ने काल्विनवाद का उल्लेख किया तो उनके विचार में यह था कि इस सम्प्रदाय के अनुयायियों में कुछ खास प्रकार के आचार हैं। इन आचारों को उन्होंने 17वीं शताब्दी में पहचाना था। वेबर ने जब काल्विनवादी आचार या लोकाचार का विश्लेषण किया तब काल्विन की मृत्यु हुए कोई 150 वर्ष हो गये थे। इसलिये किसी का यह कहना कि स्वयं काल्विन ने वेबर के थीसिस का खण्डन किया था, दोषपूर्ण है।

काल्विन द्वारा दिये गये आचारों का आदर्श प्रारूप (Calvin's Ideal Types of Ethics)

काल्विन समाज सुधारक थे। उन्होंने प्रोटेस्टैण्ट समूहों का नेतृत्व किया। प्रोटेस्टैण्ट समूहों में मेथोडिस्ट (Methodists) और बपटिस्ट (Baptiststs) आदि सम्प्रदाय सम्मिलित हैं। इन सम्प्रदायों में जिस तपश्चर्या का उल्लेख है, उसमें वेबर की रुचि थी। प्रोटेस्टैण्ट समूहों और इस तरह प्यूरिटनवाद में धर्म विज्ञान (Theology) की दृष्टि से विभिन्नता होते हुए भी आचार संहिता लगभग एक समान थी। इसी आचार संहिता ने पश्चिमी पूँजीवाद में जो पूँजीवाद भ्रूण था, उसे बढ़ावा दिया। वेबर ने प्रोटेस्टैण्ट सम्प्रदाय के कतिपय आचारों का उल्लेख किया है। इन सभी आचारों को उन्होंने विधि शास्त्र की दृष्टि से एक आदर्श प्रारूप में रखा है। इस आदर्श प्रारूप में पाँच प्रस्ताव (Propositions) हैं जो तार्किक दृष्टि से अपने आपमें स्वतन्त्र हैं, लेकिन आनुभाविक रूप से उनमें अन्तर्निभरता है। ये प्रस्ताव निम्नलिखित हैं:

(1) ईश्वर अनुभवातीत निरपेक्ष होता है जिसने इस दुनिया को बनाया है और जो इस पर राज्य करता है। लेकिन मनुष्य के सीमित मस्तिष्क द्वारा इसे समझा नहीं जा सकता और नांहि उस तक मनुष्य को पहुँच हो सकती है।

(2) इस सर्वशक्तिमान और रहस्यपूर्ण ईश्वर ने मनुष्य की सभी आत्माओं का पूर्व निर्धारण

(Predestination) या तो शाश्वत मोक्ष या शाश्वत पाप या मौत में कर दिया है और इसका कारण जानना मनुष्य की सम्भावित समझ के पूर्णतया बाहर है।

(3) ईश्वर ने अपनी स्वयं की महिमा के लिये संसार की सृष्टि की है।

(4) ईश्वर की इसी महिमा के लिये उसने आदमी को आदेश दिया है कि इसपर चिन्ता किये बिना की उसका पूर्व निर्धारण मोक्ष या नरक में हुआ है, उसे पृथ्वी पर स्वर्ग लाने के लिये पूरा परिश्रम करना चाहिये।

(5) दुनिया की सभी वस्तुएँ, मनुष्य की प्रकृति और हाड़-माँस, पाप और मौत में लिप्त हैं जिनसे ईश्वरीय कृपा के बिना कोई भी छुटकारा नहीं पा सकता।

वेबर ने काल्विनवाद के इन आचारों को आदर्श प्रारूप के रूप में बड़े कठोर परिश्रम के बाद में रखा है। उन्होंने ईसाई विचारधारा और इसके इतिहास का गहन अध्ययन किया और इसके बाद ही इस आदर्श प्रारूप का निर्माण किया। इस आदर्श प्रारूप से कुछ बातें बहुत स्पष्ट हो जाती हैं। काल्विनवाद के इन सिद्धान्तों में कहीं भी रहस्यवाद (Mysticism) नहीं है। सभी वस्तुएँ स्पष्ट हैं। वास्तविकता यह है कि मनुष्य ससीम है और ईश्वर असीम। मनुष्य साकार है और ईश्वर निराकार। हमारे यहाँ मध्यकाल में यानी हिन्दी साहित्य के रीतिकाल में यह विवाद चला कि ईश्वर साकार है या निराकार, असीम है या ससीम। कबीर ने ईश्वर को निराकार कहा जब कि तुलसी और सूर ने इसे साकार कहा। कुछ इसी तरह की व्याख्या वेबर ने की है। वे कहते हैं कि ईसाई धर्म में ईश्वर की अवधारणा निराकार की है। इस असीमित ईश्वर के साथ मनुष्य के सीमित मस्तिष्क की कोई बातचीत नहीं हो सकती। दोनों के बीच में किसी भी तरह का संचार या संवाद कठिन ही नहीं असम्भव भी है। जब सीमित मस्तिष्क वाला मनुष्य असीमित ईश्वर से सम्पर्क नहीं कर सकता तब ऐसे ईश्वर के लिये कर्मकाण्ड करना फूलमाला और बलि चढ़ाना बेमतलब है। इसका अर्थ तो यह निकलता है कि मनुष्य को प्राकृतिक व्यवस्था बनाये रखने के लिये विज्ञान की खोज करनी चाहिये। एरॉ ने काल्विनवाद के इस प्रस्ताव की व्याख्या में कहा है कि काल्विन का दर्शन अप्रत्यक्ष रूप से मूर्ति पूजा और कर्मकाण्ड के सभी स्वरूपों का विरोध करना है और इसके विपरीत वैज्ञानिक अनुसंधान को विकसित करने पर ज़ोर देना है।

काल्विनवाद की इस व्याख्या से स्वाभाविक रूप से यह प्रश्न उठता है कि काल्विनवादी इन नये आचारों के सन्दर्भ में क्या करें? इसके उत्तर में यह अर्थ निकलता है कि इस सम्प्रदाय के अनुयायियों को परमात्मा ने जो काम दिया है, उसे करना चाहिये। इसी के आधार पर काल्विनवादियों को एक ऐसा गणराज्य बनाना चाहिये जो हर तरह से ईश्वर के नियमानुसार काम करें। उन्हें परमात्मा के साम्राज्य की स्थापना इस धरती पर करनी चाहिये। एरॉ कहते हैं कि काल्विनवाद की इस तरह की व्याख्या जो स्वर्ग को धरती पर लाने की है, व्यावहारिक रूप में नहीं रखी जा सकता। लेकिन काल्विन जो स्वर्ग को धरती पर लाने की है, व्यवहारिक रूप में नहीं रखी जा सकती। लेकिन काल्विन की आचार संहिता के कुछ भागों को तो निश्चित रूप से लागू किया जा सकता है। काल्विनवादी कुछ सम्प्रदायों ने दुनिया की सफलता के लिये आर्थिक विकास किया है। कोई भी व्यक्ति स्वर्ग या नरक की चिन्ता को छोड़कर, निर्भय होकर अपना काम कर सकता है। इसी भाँति स्वयं को दिये हुए कार्य को विवेकीकरण और नैरन्तर्यता से करना एक तरह से ईश्वर के आदेशों का पालन

करना है। वेबर ने दृढ़तापूर्वक कहा है कि काल्विनवाद और पूँजीवाद में गहन सम्बन्ध है। इस सम्बन्ध का विवेचन करने से पहले हम आधुनिक पूँजीवाद की व्याख्या करेंगे जिसे वेबर ने रखा है।

आधुनिक पूँजीवाद और इसकी आत्मा (Modern Capitalism and its Spirit)

वेबर एक मँजे-मँजाये विधि शास्त्री थे। वे जर्मनी की आनुभाविक परम्परा से पूरी तरह जुड़े हुए थे। उन्हें जर्मनी ही नहीं यूरोप की ऐतिहासिक विचारधारा से भी पूरा लगाव था। इसी कारण उन्होंने अनुसंधान में वस्तुनिष्ठ कठोरता को पूरी तरह लागू किया है। प्रोटेस्टैण्ट आचारों में उन्होंने पश्चिमी पूँजीवाद की जो व्याख्या की है, वह उनके लिये नयी नहीं थी। अपने अकादमिक जीवन के प्रारम्भ में ही जब वे कानूनी इतिहास पर लिख रहे थे, उनका सम्पर्क पूँजीवाद के विश्लेषण से हुआ था। उन्होंने भौतिक कारकों की व्याख्या, हू-ब-हू मार्क्स की अवधारणा के अर्थ में की थी। इससे आगे वेबर का डॅक्ट्रेट का थीसिस भी आर्थिक विश्लेषण से जुड़ा था। उन्होंने मध्यकाल की ट्रेडिंग कम्पनियों की आर्थिक व्याख्या की थी।

अर्थव्यवस्था पर वेबर पुख्ता रूप से कुछ लिखना चाहते थे कि अपना मानसिक संतुलन खो बैठे। इसके बाद जब वे ठीक हो गये तब उन्होंने अपने समय की आर्थिक व्यवस्था का विश्लेषण पूरी गम्भीरता के साथ किया। उन्होंने आधुनिक पूँजीवाद को अपनी व्याख्या का आधार बनाया। प्रारम्भ में तो उनका उद्देश्य मार्क्स द्वारा दिये गये निर्वचन का खण्डन करना था, पर बाद में चलकर इस खण्डन ने समाजशास्त्रीय सिद्धान्त का रूप ले लिया। इस वृहद पृष्ठभूमि के सन्दर्भ में हमें वेबर द्वारा दी गयी पूँजीवाद की व्याख्या को समझना चाहिये।

पूँजीवाद किसे कहते हैं? (What is Capitalism?)

वेबर की पूँजीवाद की परिभाषा और व्याख्या मार्क्स से भिन्न नहीं थी। प्रारम्भ में तो वेबर ने मार्क्स को ही पूँजीवादी व्याख्या का प्रणेता माना। सच में देखा जाय तो वेबर मार्क्स की ऐतिहासिक विधि से अत्यधिक प्रभावित थे। बाद में चलकर मार्क्स की पूँजीवाद की अवधारणा जो क्लासिकल अर्थशास्त्रीय सिद्धान्त के निकट थी, वह वेबर को प्रभावित नहीं कर पायी। इस भिन्नता के होते हुए भी जहाँ तक पूँजीवादी व्यवस्था की विवरणात्मक कोटियों का प्रश्न है, वेबर मार्क्स के अधिक निकट थे। मार्क्स और सोम्बार्ट (Sombart) ने यह कहा था कि आर्थिक व्यवस्था का जो स्वरूप उस समय के युग में यूरोप में था, वह निश्चित रूप से अनन्य था। इसी सन्दर्भ में वेबर ने कहा कि पूँजीवादी की व्याख्या में उद्यम (Enterprise) की बुनियादी इकाई है। संगठित पूँजीवादी उद्यम में मुनाफा लेना मुख्य उद्देश्य होता है। बाजार में जो आदान-प्रदान होता है खरीद-फरोख्त होती है, उसमें धन की उपलब्धि करना और मुनाफा लेना केन्द्रीय लक्ष्य होता है। अतः वेबर का तर्क है कि जब किसी पूँजीवादी संगठन की स्थापना होती है, तो उसका मात्र उद्देश्य अधिकतम मुनाफा लेना होता है।

पारसंस ने वेबर द्वारा परिभाषित पूँजीवादी व्यवस्था पर विस्तृत टिप्पणी लिखी है। वे आग्रपूर्वक कहते हैं कि पूँजीवाद का अस्तित्व प्रत्येक स्थिति में बाज़ार के सम्बन्धों पर निर्भर है। पारसंस ने वेबर द्वारा परिभाषित पूँजीवाद पर अपनी टिप्पणी में लिखा है:

"पूँजीवाद एक ऐसी व्यवस्था है जिसका उद्देश्य मुनाफा प्राप्त करना होता है। यह मुनाफाखोरी बाजार के सम्बन्धों से बंधी होती है।"

वास्तव में वेबर पूँजीवाद को उद्यम की ऐसी व्यवस्था मानते हैं जो पश्चिमी समाज में नयी नहीं है। इसके कई स्वरूप विभिन्न युगान्तरों और स्थानों पर देखने को मिलतें हैं। जब कभी अवसर मिला है लोगों ने बराबर मुनाफाखोरी की है। पारसंस की शैली में ही एरॉ ने भी वेबर द्वारा दी गयी पूँजीवाद की परिभाषा पर अपनी टीका की है: "वेबर ने पूँजीवाद के सत्व (Essence) को जिस तरह ग्रहण किया है उसके अनुसार इस व्यवस्था का उद्देश्य अधिकतम मुनाफा लेना है। इस मुनाफे का स्रोत काम (Work) और उत्पादन का तार्किक संगठन है।"

जिसे पारसंस बाज़ार के सम्बन्ध कहते हैं, उसे अपनी टिप्पणी में एराँ उत्पादन का तार्किक संगठन कहते हैं। वास्तविकता यह है कि पश्चिमी पूँजीवाद में मुनाफा लेने कि प्रवृत्ति दो कारणों से आयी—एक तो मुनाफा लेने की व्यक्ति की इच्छा और दूसरा, तार्किक संगठन। सभी समाजों में ऐसे व्यापारी रहे हैं जिनमें धन प्राप्त करने के लिये अटूट उत्सुकता होती है। पर यह उत्सुकता किसी बाज़ार या संगठिन उद्यम से पूरी होती है। पश्चिमी पूँजीवाद में ऐसे दृष्टान्त नहीं मिलते जिनमें व्यक्ति युद्ध या आक्रमण द्वारा अधिकतम धन प्राप्त करना चाहता हो। यह प्रवृत्ति तो एशिया में थी। हमारे देश पर मौहम्मद गोरी और गजनवी ने जो आक्रमण किये उनका केवल मात्र उद्देश्य अपार धन लुटकर अपने देश में ले जाना था। पश्चिमी पूँजीवाद में धन का संचय मुनाफाखोरी और अर्जनशीलता द्वारा होता था। अत: वेबर के अनुसार पूँजीवादी व्यवस्था मुनाफाखोरी की व्यवस्था थी। यह मुनाफाखोरी बाज़ार या उत्पादन तथा कार्य के माध्यम से होती थी।

वेबर ने पूँजीवाद के कतिपय लक्षणों को ऐतिहासिक विधि द्वारा प्रस्तुत किया है। मुख्य रूप से वे आधुनिक पूँजीवाद का आधार विवेकीकरण और अधिकारीतन्त्र को मानते हैं। यहाँ हम इन लक्षणों का उल्लेख करेंगे।

पूंजीवाद के लक्षण (Characteristics of Capitalism)

(1) धन का संचय (Accumulation of Money)

जिसे आधुनिक पूँजीवाद कहते हैं इसकी विशेषता धन के असीमित संचय में है। इस व्यवस्था में व्यक्ति अधिकतम लाभ तो लेता ही है साथ में उसकी यह प्रबल इच्छा भी होती है कि वह धन का संचय भी अधिकतम रूप में करे। धन के संचय की यह इच्छा उसे किसी रिवाज़ या परम्परा से बांधती नहीं है। नांहि वह यह सोचता कि इससे अधिक संचय नहीं करना है। उसके लिये तो धन संचय खुले आकाश की तरह है या विस्तृत वसुंधरा की तरह है। वह अच्छी तरह से जानता है कि धन धन को पैदा करता है।

(2) विवेककरण (Rationalisation)

वेबर ने पूँजीवाद अर्जनशीलता (Acquistiveness) का अन्तर लालच या धन संचय की मनोवैज्ञानिक मूल अभिवृत्ति से किया है। धन संचय का लालच जो एक मनोवैज्ञानिक भावना है, केवल आधुनिक समाज में ही हो ऐसा नहीं है। यह लालच किसी न किसी रूप से सभी

समाजों में रहा है। जिसे हम पूँजीवादी अर्जनशीलता कहते हैं वह वस्तुतः विवेकीकरण है। हम धन का संग्रह सट्टेबाजी से नहीं करना चाहते। धन संचय की पूँजीवादी अर्जनशीलता के पीछे तार्किकता या विवेकीकरण होते हैं। इस तरह का अर्जन, वेबर कहते हैं, किसी भी विवेकशीलता से चलाये गये उद्यम से होता है। ऐसे उद्यम में उच्च स्तर की अनुशासनात्मक व्यवस्था होती है।

वेबर कहते हैं कि आधुनिक पूँजीवादी अर्जनशीलता प्राचीन पूँजीवाद से एक और अर्थ में भी भिन्न है। पिछले दिनों में भी व्यापारी कमाता था। इस अर्जन में वह रातों-रात करोड़पति बन जाता था, या दिवालिया भी हो जाता था। इस अर्जन के पीछे उसकी जोखिम लेने की प्रवृत्ति और साहसिकता थी। लेकिन इस अर्जन पर नियंत्रण नहीं था। वह तो येन-केन प्रकारेण धन अर्जन करना चाहता था। आधुनिक पूँजीवाद में धन संचय का माध्यम व्यक्ति का विवेकीकरण है। आधुनिक पश्चिमी देशों के पूँजीवाद को इसलिये वेबर तार्किक पूँजीवाद (Rational Bourgeois Capitalism) कहते हैं।

(3) संगठित उद्यम (Organized Enterprises)

पहले के अर्थशास्त्रियों ने धन संचय का कारण व्यक्ति के साहस और अटकलबाजी से समझाया था। आधुनिक पूँजीवाद में धन कमाने के लिये बहुत बड़े साहस और जोखिम लेने की आवश्यकता नहीं है। आर्थिक उपार्जन एक निश्चित सामाजिक-आर्थिक व्यवस्था में किया जाता है। आर्थिक व्यवस्था को हटाकर, आधुनिक पूँजीवाद में धन अर्जन की कोई सम्भावना नहीं है। जो कुछ धन संचय आधुनिक पूँजीवाद में किया जा सकता है, वह बाजार या उद्यम की व्यवस्था में किया जा सकता है। अर्जन का आधार हर स्थिति में विवेकीकरण ही होता है जिसे कार्ल मार्क्स वर्ग-संघर्ष कहते हैं, उसे वेबर विवेकीकरण कहते हैं। जैसे वर्ग-संघर्ष के बिना सर्वहारा की मुक्ति नहीं है, वैसे ही विवेकीकरण के बिना पूँजीवाद नहीं है।

(4) अधिकारीतन्त्र (Bureaucracy)

वेबर ने बार-बार यह दोहराया है कि आधुनिक पूँजीवाद अपनी प्रकृति में तार्किक बुर्जुआ पूँजीवाद है। इस पूँजीवाद का मुख्य लक्षण अधिकारीतन्त्र का संगठन (Bureaucratic Organization) है। बाज़ार के सम्बन्धों में इस तन्त्र द्वारा अधिकतम मुनाफा लिया जाता है।

इसी कारण यदि आधुनिक पूँजीवाद का कोई महत्त्वपूर्ण अन्तर प्राचीन पूँजीवाद से किया जाय तो यह है कि इस पूँजीवाद में किसी तरह का अधिकारीतन्त्र नहीं था। वेबर ने अधिकारीतन्त्र की व्याख्या कतिपय लक्षणों द्वारा की है। यह एक ऐसा स्थायी संगठन है जिसमें कई व्यक्ति पारस्परिक सहयोग द्वारा काम करते हैं और हर एक व्यक्ति का अपना एक विशिष्ट काम होता है। अपने निजि काम से पृथक् जिसे व्यक्ति अपने परिवार, जाति-बिरादरी या गाँव के लिये करता है, इस तन्त्र में करता है। जब हम डाकखाने की खिड़की पर बाबू से डाक सामग्री लेते हैं तो वह हमारे लिये अपरिचित है, लेकिन अधिकारीतन्त्र के एक कर्मचारी की तरह वह अपने कार्य का सम्पादन करता है। अधिकारीतन्त्र में अवैयक्तिकता होती है और यही इस तन्त्र की विशेषता है। और अन्त में, अधिकारीतन्त्र में जो भी लोग काम करते हैं उन्हें नियमानुसार पारिश्रमिक मिलता है। इसका

यह भी मतलब है कि अधिकारीतन्त्र के पास अपने स्वयं के आर्थिक स्त्रोत होते हैं जिनके आधार पर यह सम्पूर्ण उद्यम चलता है।

(5) तकनीकी (Technology)

अधिकारीतन्त्र के साथ तकनीकी भी जुड़ी हुई है। आधुनिक पूँजीवादी व्यवस्था में तकनीकी विकास की भूमिका बहुत महत्त्वपूर्ण है। होता यह है कि ज्यों-ज्यों तकनीकी का विकास होता है, उत्पादन में वृद्धि होती है और इस भाँति पूँजीवादी व्यवस्था अधिक तार्किक बन जाती है।

(6) प्रतियोगिता (Competition)

वेबर ने पूँजीवादी अवधारणा के साथ में प्रतियोगिता को भी जोड़ा है। बात यह है कि सम्पूर्ण उत्पादन की प्रक्रिया बाजार के साथ बंधी होती है। बाजार में वस्तुओं के भाव पर कोई नियंत्रण नहीं होता। ऐसी अवस्था में प्रतियोगिता ही एक ऐसी प्रक्रिया है जो वस्तुओं के दोमों को विवेकीकरण के माध्यम से नियंत्रण में रखती है। बाज़ार में विनिमय पद्धति भी तकनीकी दृष्टि से अत्यधिक जटिल हो जाती है। प्रतियोगिता का बहुत बड़ा कारण शाख, बैंकिग और वित्त होते हैं।

(7) वर्ग सम्बन्ध (Class Relations)

पूँजीवाद पर वेबर के अतिरिक्त मार्क्स और सोमबार्ट ने भी काम किया है। वेबर कहते हैं कि पूँजीवादी व्यवस्था में वर्गों के बीच में सम्बन्ध होते हैं, लेकिन उन सम्बन्धों का आधार प्रतियोगिता होती है। मार्क्स इसे स्वीकार नहीं करते, उनके अनुसार वर्गों के सम्बन्ध परस्पर विरोधी (antagonistic) होते हैं। सामबार्ट भी वेबर की तरह वर्ग सम्बन्धों को प्रतियोगिता के स्तर पर रखते हैं। यदि संक्षेप में पूँजीवाद को परिभाषित किया जाये तो मार्क्स पूँजीवाद व्याख्या में जो स्थान वर्ग को है और सोमबार्ट की व्याख्या में जो भूमिका प्रतियोगिता की है, वेबर के विश्लेषण में वही स्थान दफ्तरशाही का पूँजीवादी व्यवस्था में है।

पूँजीवाद की व्याख्या: वेबर और मार्क्स
(Analysis of Capitalism: Weber and Marx)

वेबर ने पूँजीवाद की जो परिभाषा दी है वह सार रूप में कुछ इस प्रकार है: "पूँजीवाद एक ऐसी उद्यमशीलता है जिसका उद्देश्य मुनाफे का असीमित संचय करना है। इसकी कार्य पद्धति अधिकारीतन्त्र और विवेकीकरण पर निर्भर है।"

वेबर की पूँजीवाद की उपरोक्त अवधारणा मार्क्स से मिलती है। समानता के होते हुए भी दोनों में अन्तर है। इन दोनों की परिभाषाओं में समानता यह है कि दोनों ही विचारक यह मानकर चलते हैं कि पूँजीवाद का सत्व बाजार की मध्यस्थता से मुनाफा लेना है। दूसरा, वेबर इस तथ्य को अस्वीकार नहीं करते कि पूँजीवादी उद्यमशीलता में कामगार भी होते हैं। ये कामगार उत्पादन के साधनों के मालिक को अपने श्रम बेचने के लिये कानूनी रूप से स्वतन्त्र हैं। दोनों विचारकों में तीसरी समानता यह है कि मार्क्स की तरह वेबर भी इस बात को स्वीकार करते हैं कि आधुनिक पूँजीपति अपनी उद्यमशीलता में अधिक से अधिक तकनीकी साधनों को काम में लाते हैं। पूँजीपति इन तकनीकी साधनों में बराबर सुधार लाते हैं जिससे उन्हें अतिरिक्त मुनाफा प्राप्त हो सके।

पूँजीवाद की व्याख्या में मार्क्स और वेबर में समानता होते हुए भी विभिन्नता है। वेबर के अनुसार आधुनिक समाज और पूँजीवाद का जो प्रमुख लक्षण है वह उनका अधिकारीतन्त्र और विवेकीकरण है। उत्पादन के साधनों का स्वामी कोई भी हो, वेबर आग्रह करते हैं कि पूँजीवाद में हर स्थिति में अधिकारीतन्त्र और विवेकीकरण होते हैं।

वेबर की बहुत बड़ी विशेषता एक और भी है। वे कहते हैं कि आधुनिक पूँजीवाद का जो स्वरूप हमारे सामने है उसे निर्धारित करने में प्रोटेस्टैण्ट आचारों का योगदान महत्त्वपूर्ण हैं। इसकी व्याख्या करने से पहले हम पूँजीवाद की आत्मा जिसे वेबर स्पिरिट (Spirit) कहते हैं, परिभाषित करेंगे।

पूँजीवाद की आत्मा या स्पिरिट (Spirit of Capitalism)

जिसे वेबर पूँजीवाद की आत्मा कहते हैं उसे समझने के लिये हमें वेबर के सामाजिक क्रिया सिद्धान्त को ध्यान में रखना पड़ेगा। उनके अनुसार सामाजिक क्रिया वह गतिविधि है जिसके पीछे कर्त्ता के मूल्य और अर्थ निहित होते हैं। वेबर के लिये सामाजिक क्रिया उद्देश्य प्रेरित होती है। क्रिया को करने के लिये मूल्य और मानक होते हैं जिसे वेबर ने साध्य-साधक के रूप में रखा है। जब वे पूँजीवाद की आत्मा का उल्लेख करते हैं व मूल्यों की भूमि को भी निश्चित करते हैं तो उनकी दृष्टि में स्पिरिट का अर्थ गेस्ट (Geist) मूल्यों से हैं। आर्थिक गतिविधियों के प्रति जो मानसिक अभिवृत्तियाँ होती हैं वे ही पूँजीवाद की आत्मा या स्पिरिट हैं। पारसंस ने वेबर द्वारा दी गयी पूँजीवाद की आत्मा पर टिप्पणी करते हुए कहा है:

मनुष्य की वे मानसिक अभिवृत्तियाँ जिनका रुझान या अभिस्थापन आर्थिक गतिविधियों के लिए होता है, पूँजीवाद की आत्मा है।

अपनी पुस्तक *प्रोटेस्टैण्ट इथिक एण्ड द स्पिरिट ऑफ केपिटेलिज्म* में वेबर सर्वप्रथम आधुनिक पूँजीवाद का विवरणात्मक लेखा-जोखा प्रस्तुत करते हैं। इसके बाद बताते हैं कि आनुभविक रूप से पूँजीवाद के साथ में मूल्यों की एक पूरी कड़ी जुड़ी होती है जिसे पेरेटो मस्तिष्क की दशा यानी संवेग और क्रियाएँ कहते हैं, उसे वेबर मूल्य कहते हैं। इन मूल्यों को हम भाषाई अभिव्यक्तियों के माध्यम से समझ सकते हैं। वेबर ने पूँजीवादी स्पिरिट की व्याख्या विवरणात्मक कोटियों (Descriptive Categories) द्वारा की है। वेबर ने पूँजीवाद की आत्मा की व्याख्या जिन बिन्दुओं में की है, उन्हें हम यहाँ देंगे।

पूँजीवादी आत्मा की परिभाषा और लक्षण

पूँजीवाद की आत्मा अपनी प्रकृति में मानसिक है। धन के प्रति लोगों का जो मानसिक दृष्टिकोण होता है, वही पूँजीवाद की आत्मा है। अमेरिका में पूँजीवाद का सम्बन्ध उपयोगितावाद से लिया जाता है। वहाँ का आदमी पूनर्जन्म के चक्र को स्वीकार नहीं करता। उनके लिये जो कुछ है, सब इसी जन्म में है। इसी कारण उनके जीवन का मुहावरा प्रायः खाओ, पीओ और मौज़ करो होता है। इधर हमारे देश में पूँजीवाद के प्रति कुछ दूसरा दृष्टिकोण है। यहाँ समझा जाता है कि पैसा तो माया है, आज है कल नहीं। लक्ष्मी चंचल होती है। इस तरह की कई मानसिक अभिवृत्तियाँ हमें जैन धर्म, बौद्ध धर्म या यहूदी धर्म में मिल सकती हैं। इन अभिवृत्तियों का स्रोत व्यक्तियों के मूल्य होते हैं और ये मूल्य ही पूँजीवादी की आत्मा है।

पूँजीवादी की आत्मा के कुछ महत्तवपूर्ण लक्षण निम्न प्रकार हैं:

(1) व्यावसायिक समूह और धार्मिक आचारों का पालन

अपने स्थान पर, पूँजीवाद मुनाफाखोरी है। लेकिन विभिन्न धर्मावलम्बियों का जो विभिन्न व्यावसायिक समूहों में होते हैं, धर्म की पालना के व्यवहार अलग-अलग होते हैं। यह धार्मिक आचारों का पालन करना ही पूँजीवाद की आत्मा को बनाता है। वेबर ने जर्मनी के कुछ भागों में पाया कि कैथोलिक धर्मावलम्बियों की तुलना में प्रोटेस्टैण्ट धर्मावलम्बी पूँजीवादी उद्यमों में अधिक संख्या में पाये जाते हैं। इसी भाँति प्रोटेस्टैण्ट धर्मावलम्बियों की संख्या अन्य धर्मावलम्बियों की तुलना में वैज्ञानिक तकनीकी और व्यवसाय में अधिक पायी जाती है। इन आँकड़ों को देते हुए वेबर स्वीकार करते हैं कि इस तरह का सांख्यिकीय प्रमाण अधिक विश्वसनीय नहीं है फिर भी इस तथ्य को बताना है कि धार्मिक आचार संहिता का प्रभाव पूँजीवाद की आत्मा के निर्माण में महत्त्वपूर्ण होता है। यह निश्चित है कि काल्विनवादियों के मूल्यों का झुकाव दूसरे धर्मावलम्बियों की तुलना में पूँजीवादी आत्मा की ओर अधिक होता है।

(2) पूँजीवाद की आत्मा और मानसिक अभिवृत्तियों में अर्थपूर्ण सम्बन्ध

वेबर ने जर्मन समाज के अध्ययन में पाया कि लोगों का जो अर्थपूर्ण व्यवहार होता है, उनके जो मूल्य होते हैं, उनका गहन सम्बन्ध पूँजीवाद की आत्मा के साथ होता है। दूसरे शब्दों में यह कहना चाहिये कि पूँजीवाद की आत्मा का स्वरूप भला या बुरा वैसा ही होता है जैसी मूल्यों की संरचना होती है।

(3) प्रोटेस्टेण्ट धर्म और पूँजीवाद का निकट सम्बन्ध

अपने तुलनात्मक अध्ययन में वेबर ने एक प्रश्न रखा: यह किस कारण है कि आधुनिक पश्चिमी देशों में विवेकीकरण सम्मत बुर्जुआ पूँजीवाद प्रमुख रूप से आया और दूसरी संस्कृतियों में ऐसा कुछ नहीं हुआ? इस प्रश्न का उत्तर वेबर ने भौतिकवादी और आदर्शपरक अभिवृत्तियों के माध्यम से दिया है। वे कहते हैं कि पूँजीवादी अधिकारीतन्त्रवादी दृष्टि से चीन और भारत में भौतिक दशाएँ अच्छी थी, लेकिन इन्हीं देशों के धर्मों में आर्थिक आचार संहिता जो कि सांस्कृतिक पहलु है कमजोर था।

इन देशों के मूल्य और उनकी संस्कृति, पर्याप्त भौतिक दशाओं के होते हुए भी पूँजीवाद के विकास के प्रतिकूल थी। ठीक इसके विपरीत प्रोटेस्टैण्ट धर्मावलम्बियों में जो आचार संहिता थी, वह पूँजीवाद की आत्मा के विकास के अनुकूल थी। इस तरह के निष्कर्ष से वेबर ने स्थापित किया कि प्रोटेस्टैण्ट धर्म और पूँजीवाद में प्रकार्यात्मक सम्बन्ध थे। अतः पूँजीवाद की आत्मा प्रतिकूल या अनुकूल मूल्यों पर निर्भर करती है। दूसरे शब्दों में, प्रोटेस्टैण्ट धर्म की आचार संहिता यानी मूल्य संरचना पूँजीवाद की आत्मा के विकास के अनुकूल थी जबकि चीन और भारत में मूल्य या संस्कृति संरचना पूँजीवाद की आत्मा के विकास के प्रतिकूल थी।

(4) पूँजीवाद की आत्मा परम्परावाद के विपरीत होती है

वेबर ने पाया कि पश्चिमी समाज में जहाँ आधुनिक पूँजीवाद है, लोग परम्परा से चले हुए व्यवहार को स्वीकार नहीं करते। इन लोगों के लिये केवल एक ही मुहावरा काम करता है: केवल एक ही आचार संहिता होती है, और वह यह कि अधिकतम धन को कमाना एक पवित्र कार्य है। इस अधिकतम धन को पाने के लिये चली आ रही परम्पराओं को अपनाना उनके लिये आवश्यक नहीं है। अतः परम्परावाद से छुटकारा पाना ही पूँजीवाद की आत्मा को सशक्त करना है।

(5) श्रमिकों के प्रति नवीन दृष्टिकोण

जब लोगों के जीवन का उद्देश्य अधिकतम धन कमाना होता है, तो उनका श्रमिकों के प्रति दृष्टिकोण भी बदल जाता है। वेबर तो यहाँ तक कहते हैं कि व्यक्ति का उद्देश्य अधिकतम धन कमाना हो या न हो, वे श्रमिक को एक अनिवार्य बुराई की तरह नहीं लेते। उसकी तरफ भी वे एक सकारात्मक दृष्टि से देखते हैं। वे यह मानते हैं कि आदमी की सबसे बड़ी आचार संहिता मनुष्य की गरिमा को मानना है। गरिमा के ये लोकाचार ही श्रमिक को उच्च स्थान देते हैं। वेबर कहते हैं कि समाज में प्रत्येक व्यक्ति का जब तक वह स्वस्थ है, उसमें काम करने की शक्ति है तब तक उसे अपने धन्धे से सेवानिवृत नहीं होना चाहिये। योग्य और शक्तिशाली होकर भी यदि वह काम नहीं करता तो इसका मतलब है वह अपने नैतिक उत्तरदायित्वों से मुकर रहा है।

(6) नियंत्रण और अनुशासन

यह सत्य है कि पूँजीवाद की आत्मा व्यक्ति को इस ओर प्रेरित करती है कि उसे असीमित धन उपार्जन करना चाहिये और अपने आपको परम्परावाद से मुक्त रखना चाहिये, फिर भी इसका यह अर्थ नहीं कि वह हर तरह के अनुशासन और नियंत्रण से मुक्त हो। स्थिति इससे कुछ विपरीत है। देखा यह गया है कि असीमित धन को कमाने के लिये व्यक्ति बराबर धार्मिक आचार संहिता की परिधि में काम करता है। उसकी धार्मिक संहिता कहती है कि उसे ईमानदारी से काम करना चाहिये। उसे हर तरह से तार्किक होना चाहिये। इस तरह से कमाया हुआ धन उसके लिये धर्मसम्मत था। अतः पूँजीवाद की आत्मा का आधार आचार संहिता और मूल्यों में निहित है।

वेबर ने पूँजीवाद की व्याख्या करने के साथ-साथ धार्मिक आचार संहिता का भी वृहद विश्लेषण किया है। उनकी व्याख्या में एक ओर पूँजीवाद है और दूसरी ओर धार्मिक आचार संहिता। जब धार्मिक आचार संहिता का प्रभाव आधुनिक पूँजीवाद पर पड़ता है जो वेबर की परिभाषा में यह पूँजीवाद की आत्मा या सत्व है। पूँजीवाद तो हर युग में किसी न किसी रूप में रहा है। एक अदना सा व्यापारी भी मुनाफाखोरी करता है। पूँजीवाद के लिये एक बहुत बड़ी पूर्व आवश्यकता भौतिक साधनों की होती है। इस तरह के भौतिक साधन कई सभ्यताओं में उपलब्ध थे। इन भौतिक साधनों पर आधारित पूँजीवाद का भ्रूण भी इन सभ्यताओं में उपलब्ध था। लेकिन इस भ्रूण के समुचित विकास के लिये जो आचार संहिता होनी चाहिये थी वह इन देशों के धर्मों में नहीं थी। इसी कारण इन देशों में पूँजीवाद की

आत्मा जागृत नहीं हो पायी। कैथोलिक धर्म की तुलना में, प्रोटेस्टैण्ट धर्म यानी काल्विनवादी सम्प्रदाय में धार्मिक आचार संहिता सशक्त थी। और इसी कारण इन धर्मावलम्बियों में आधुनिक पूँजीवाद का जीवन्त विकास हुआ। सब मिलाकर, वेबर का यही कहना है कि जब तक धार्मिक आचार संहिता प्रभावी हीं होती पूँजीवाद की आत्मा का जन्म नहीं होता।

धर्म और आधुनिक पूँजीवाद : दुनियाँ के महान् धर्मों का तुलनात्मक अध्ययन (Religion and Modern Capitalism: Comparative Study of World's Great Religions)

दुनिया के महान् धर्मों का अध्ययन करने के लिये वेबर ने एक प्रकल्प तैयार किया। इसका उद्देश्य धर्म का तुलनात्मक अध्ययन करना था। इस अध्ययन का प्रकाशन उन्होंने तीन जिल्दों में प्रस्तुत किया। उनकी योजना दुनिया के छः बड़े धर्मों: (1) कन्फ्यूशियस धर्म, (2) बौद्ध धर्म, (3) हिन्दू धर्म, (4) यहूदी धर्म, (5) ईसाई धर्म और (6) इस्लाम धर्म के अध्ययन की थी। अपने जीवन काल में वे इस्लाम और यहूदी धर्म का अध्ययन नहीं कर पाये।

शेष चार धर्मों का अध्ययन तीन जिल्दों में प्रकाशित है। धर्म के अध्ययन की इन कड़ियों में वे यह जानना चाहते थे कि इन धर्मों का आर्थिक आचारों के साथ क्या सम्बन्ध है। मौटे तौर पर उनका उद्देश्य धर्म और समाज के सम्बन्धों को जानना था।

दुनिया के धर्मों के आर्थिक आचार (Economic Ethics of the World Religion)

वेबर के अध्ययन का मुख्य मुद्दा यह जानना था कि विभिन्न धर्मों में जो भी आचार हैं वे कहाँ तक पूँजीवादी आत्मा के विकास में प्रसांगिक हैं। दुनिया के महान् धर्मों का अध्ययन करते हुए उन्होंने इसकी मीमांसा भी की है कि किन धर्मों को महान् समझा जाये। इस दृष्टि से उनके लिये दुनिया के महान् धर्म वे हैं जिनके अनुयायियों की संख्या बहुत अधिक है। उन्होंने पाया कि हिन्दू, बौद्ध, ईसाई और इस्लाम ऐसे धर्म हैं जिनके मानने वालों की संख्या दूसरे धर्मों की तुलना में बहुत ज्यादा है। यहूदी धर्मावलम्ब यद्यपि अल्प संख्या में हैं, लेकिन इनमें से अधिकांश व्यापारी हैं और इसलिये वेबर को इनके अध्ययन में रुचि थी।

वेबर ने धर्म के समाजशास्त्र में जो वृहद् अध्ययन किये हैं उनका विश्लेषण यहाँ गहराई से नहीं किया जा सकता। हम जो कुछ कर सकते हैं वह यही है कि इन धर्मों की एक सामान्य रूपरेखा प्रस्तुत करें। सबसे बड़ी आवश्यकता यह है कि हमें यह जानना चाहिये कि इन धर्मों के अध्ययन के पीछे वेबर के उद्देश्य क्या थे। निश्चित रूप से वेबर इन धर्मों की ईश्वरीय मीमांसा (Theology) करना नहीं चाहते थे। उनका उद्देश्य तो उन मनोवैज्ञानिक और व्यवहारगत कारकों को जानना था जो आदमी की गतिविधियों को, जिनका सम्बन्ध आर्थिक है, अभिप्रेरित करने का काम करती हैं। दूसरे शब्दों में वेबर उन व्यावहारिक अभिप्रेरकों की पहचान करना चाहते थे जो पूँजीवाद की आत्मा को बढ़ावा देते है, उन्हें सशक्त करती हैं। वेबर अपनी पुस्तक के पहले भाग की भूमिका में दृढ़तापूर्वक कहते हैं कि आर्थिक आचार किसी भी तरह से आर्थिक संगठन पर निर्भर हो, ऐसा नहीं है। यह भी नहीं है कि केवल धर्म ही आर्थिक संगठन का निर्धारण करता हो। अतः हमें अर्थव्यवस्था का विश्लेषण केवल आचार या धर्म के माध्यम से नहीं करना चाहिये। और इसी तरह नांहि हमें धर्म को केवल आर्थिक या नैतिक दृष्टि से देखना चाहिये।

रेमण्ड एरॉ ने भी इस प्रश्न को उठाया है। वे कहते हैं कि जब वेबर ने विभिन्न धर्मों के तुलनात्मक अध्ययन को उठाया तो शायद इसके पीछे कुछ निश्चित कारण रहे होंगे। एरॉ की दृष्टि से दुनिया के महान् धर्मों के तुलनात्मक अध्ययन के पीछे निम्न दो बिन्दु मुख्य हैं।

तुलनात्मक अध्ययन के कारणः एरॉ के अनुसार

काल्विनवाद में ऐसी आचार संहिता थी जिसने पश्चिमी सभ्यता में पूँजीवाद की आत्मा को जन्म दिया। वेबर ने प्रश्न रखा कि क्या पश्चिमी सभ्यता के बाहर भी कुछ ऐसे धर्म हैं जिनकी आचार संहिता इन देशों के पूँजीवादी की आत्मा को जागृत कर सके। वेबर की खोज स्पष्ट थीः क्या पश्चिमी सभ्यता के बाहर ऐसे धर्म हैं जो आर्थिक व्यवहार को प्रभावित कर सकें? इस प्रश्न के उत्तर में वेबर ने महान् धर्मों का तुलनात्मक अध्ययन प्रारम्भ किया।

वेबर के तुलनात्मक अध्ययन को पूरा करने का दूसरा उद्देश्य यह खोज करना था कि विभिन्न धर्मों में बुनियादी धार्मिक प्रकार कौनसे हैं और इन बुनियादी धार्मिक प्रकारों के पीछे लोगों की आर्थिक अभिवृत्तियाँ कौनसी हैं?

जब वेबर ने चीन के कन्फ्यूशियस धर्म को अपने अध्ययन के लिये चुना तो उनकी मुख्य रुचि चीन के भौतिकवादी विवेकीकरण (Material Rationality) को समझना था जो चीनी समाज की पहचान है। यह निश्चित है कि एक धर्म में भौतिक विवेकीकरण वहीं विवेकीकरण है जो प्रोटेस्टैण्ट धर्म में मिलता है। लेकिन चीन का भौतिक विवेकीकरण पश्चिम के पूँजीवाद की आत्मा को विकसित करने के प्रतिकूल था। इसी कारण चीन में भौतिक विवेकीकरण के होने पर भी पूँजीवाद की आत्मा जागृत नहीं हुई।

वेबर ने जब चीन के धर्म का अध्ययन किया तो उनका उद्देश्य केवल कन्फ्यूशियस धर्म और पूँजीवाद के सम्बन्धों का निर्धारण करना नहीं था। चीनी समाज को समझने के लिये चीन की भौतिक दशाओं, वित्तीय संस्थाओं, शहरी प्रघटनाओं, किसानों, व्यापारियों आदि सभी को उन्होंने अपने अध्ययन में शामिल किया। तत्कालीन चीन में प्रचलित जो सामन्तवादी प्रशासन था उसका अध्ययन भी उन्होंने किया। उन्होंने यह भी देखा कि केन्द्रीय सरकार और स्थानीय प्रशासकों में किस प्रकार के सम्बन्ध हैं। वेबर ने इससे आगे सैनिक शक्ति के निर्माण और अधिकारीतन्त्र की मीमांसा भी की।

I

चीन का कन्फ्यूशियस धर्म (Confucious: Religion of China)

बेबर ने चीन की सामाजिक व्यवस्था को, जो अपने ढंग की शास्त्रीय व्यवस्था है, प्रस्तुत किया है। इसे यदि अमेरिकी सामाजिक व्यवस्था और इसी तरह यूरोपीय सामाजिक व्यवस्था की दृष्टि से देखें तो हमें कई समानताएँ और विभिन्नताएँ देखने को मिलती हैं। चीन की सामाजिक संरचना में दो बुनियादी पहलू उभर कर सामने आते हैं। पहले पहलू का सम्बन्ध उनकी पारिवारिक व्यवस्था से है और दूसरा पहलू राजनीतिक है। पारिवारिक व्यवस्था के अन्तर्गत नातेदारी व्यवस्था भी सम्मिलित है। चीन में गौत्र व्यवस्था पितृवंशीय है और प्रत्येक पितृवंशीय समूह बहिर्वैवाहिक (Exogamous) है। प्रायः प्रत्येक गाँव बहिर्वैवाहिक होता है। इसका मतलब यह है कि कोई भी गौत्र अपने समूह के सदस्यों में विवाह सम्बन्ध नहीं रख

सकता। इस दृष्टि से गाँव का एक व्यक्ति अपने गाँव में ही विवाह नहीं कर सकता। ये गौत्र पुनः छोटे-छोटे समूहों में बँट जाते हैं। ये उपगौत्र पूरी तरह से जमीन से जुड़े होते हैं और चीनी समाज में पूर्वजों की जो पूजा होती है उससे बंध जाते हैं।

चीनी पारिवारिक व्यवस्था जिसका उल्लेख हमने ऊपर किया है, पूरी तरह से अमेरिका की पारिवारिक व्यवस्था से भिन्न है। इस परिवार में उच्च स्तर की सामूहिक सुदृढ़ता देखने को मिलती है। इसमें पिता का अधिकार बड़ा कठोर होता है। बच्चों से यह अपेक्षा की जाती कि वे परिवार के मुखिया के आदेशों को पूरी तरह से शिरोधार्य करें। चीन में सम्पूर्ण परिवार अपने मुखिया को आदर और सम्मान की दृष्टि से देखता है। यूरोप और अमेरिका के समाज में स्त्रियों को जो स्वतन्त्रता होती है, उसका लेस मात्र भी चीनी समाज में देखने को नहीं मिलता। हर दृष्टि से चीनी समाज में व्यक्ति की अपेक्षा परिवार एक ताकतवर इकाई है।

स्तरीकरण

चीनी समाज में परिवारों के आधार पर कोई स्तरीकरण नहीं देखने को मिलता। वहाँ एकाकी परिवार को कोई स्थान नहीं है। उनमें तो परिवार का एक ही प्रकार है जिसमें परिवार के सभी सदस्य सम्मिलित होते हैं। लेकिन इसका यह तात्पर्य नहीं कि इस समाज में कोई गैर-बराबरी नहीं होती। यहाँ स्तरीकरण का आधार धन है। यूरोप में जिस प्रकार की वर्ग व्यवस्था है या जैसी हमारे देश में जाति व्यवस्था है, वैसी कोई सौपानिक व्यवस्था चीन में नहीं पायी जाती। जहाँ तक धन्धों के वरण का प्रश्न है, सभी व्यक्तियों को समान अवसर उपलब्ध हैं। कोई भी व्यक्ति किसी भी धन्धे को कर सकता है। इसमें परिवार और गौत्र का कोई दबाव नहीं होता। इस दृष्टि से देखें तो चीन की व्यावसायिक व्यवस्था ऐसी ही है जैसी पश्चिमी के पूँजीवादी देशों में देखने को मिलती है।

राज्य व्यवस्था

चीन में राज्य एक तरह का धर्मतन्त्र है। यह धर्मतन्त्र विशुद्ध रूप से ईसाई राजनीतिक संरचना से भिन्न है। राज्य का सम्राट स्वर्ग पुत्र (Son of Heaven) के रूप में सम्मानजनक समझा जाता था। राजा का स्थान परमात्मा और समाज के बीच में था। परमात्मा तक पहुँचने का माध्यम राजा ही था। यदि इस माध्यम में कोई व्यवधान आता था तो निश्चित रूप से परमात्मा तक पहुँचने का रास्ता बन्द हो जाता था। इस भाँति चीन के लोगों की धार्मिकता का केन्द्र उनका सम्राट था।

धर्म और प्रशासन

वेबर ने चीनी राज्य तन्त्र की व्यवस्था से जुड़ी हुई प्रशासनात्मक व्यवस्था का भी उल्लेख किया है। चीन के धर्म की बहुत बड़ी विशेषता यह रही है कि यहाँ सभी धार्मिक अधिकार सम्राट के हाथ में थे। इसी कारण यहाँ किसी भी तरह की पुरोहित व्यवस्था नहीं थी। यह अवश्य है कि सम्राट की देख-रेख में अधिकारियों का एक विशेष वर्ग था। यह विशेष वर्ग मंदारिन (Mandarin) का था। ये अधिकारी ही सम्पूर्ण प्रशासन को चलाते थे। कुछ अर्थों में यह मंदारिन व्यवस्था सम्पूर्ण राजनीति तन्त्र को चलाती थी। कहीं-कहीं तो चीन का यह अधिकारीतन्त्र सारी दुनिया में अनूठा था। लेकिन जिस तरह का बुर्जुआ पूँजीवादी यूरोप में

था उसे विकसित करने की क्षमता चीन के इस अधिकारीतन्त्र में नहीं थी।

चीन में जो अधिकारी यानि मंदारिन थे उनकी सम्राट द्वारा नियुक्ति कुछ परीक्षाओं को उत्तीर्ण करने के बाद होती थी। सामान्यत: भर्ती की इस योग्यता में कहीं भी भेदभाव नहीं किया जाता था। सामान्यतः अधिकारीतन्त्र के लिये कुछ प्रशासनिक सिद्धान्तों का मानना अनिवार्य था। उदाहरण के लिये, किसी भी राजकीय अधिकारी का उस प्रान्त में पद स्थापन नहीं किया जा सकता था जहाँ उसके परिवार को कोई सदस्य रहता हो। किसी एक दफ्तर में यह कर्मचारी तीन वर्षों से अधिक नहीं रह सकता था और इस नियम का पालन बड़ी सख्ती से किया जाता था। इस तरह राजनीतिक व्यवस्था में सम्राट के सबकुछ होने पर भी दफ्तरों में काम करने वाले लोग यानि मंदारिन अपनी नौकरी को वंशानुगत रूप से नहीं करते थे। ये कर्मचारी कभी भी इस दिशा में केन्द्रीय शक्ति को चुनौती नहीं दे सकते थे। रुचिकर बात यह है कि चीन की राजनीतिक व्यवस्था ने सामन्तवाद को कभी भी उभरने नहीं दिया। सम्राट के अतिरिक्त किसी भी अन्य अधिकारी का राज्य में एकाधिकार नहीं था। यह अधिकार वर्ग बन्द व्यवस्था नहीं थी। प्रत्येक बार नये अधिकारी नियुक्त होते थे और नियुक्ति का यह अधिकार सम्राट को था।

किसी भी अधिकारीतन्त्र के समुचित विकास के लिये जो अवसर चाहिये उन पर चीन में अंकुश था। पहली बात तो यह है कि अधिकारीतन्त्र के नियम कुछ उच्च अधिकारियों के छोटे समूह पर ही लागू होते थे। वे अधिकांश अधीनस्थ जो दिन-प्रतिदिन के राजकीय कार्य करते थे, उनपर अधिकारीतन्त्र के नियम लागू नहीं होते थे। इन अधीनस्थ कर्मचारियों की नियुक्ति, भुगतान और नियंत्रण व्यक्तिगत मंदारिन के हाथ में थे। यह मंदारिन भी ऐसी स्थिति में अधीनस्थ कर्मचारियों पर निर्भर था क्योंकि उसे स्थानीय दशाओं की कोई जानकारी नहीं थी। इधर अधीनस्थ कर्मचारी स्थानीय पारिवारिक समूह, ग्रामीण संगठनों और गिल्ड के साथ अपना सम्बन्ध जोड़ लेते थे। ऐसी अवस्था में चीन की प्रशासनिक व्यवस्था स्थानीय लोगों की इच्छाओं के विपरीत किसी आमूल परिवर्तनवादी योजना को नहीं रख सकती थी। चीन का अधिकारीतन्त्र इन बंदिशों में केवल एक अधिसंरचना मात्र रह गया और स्थानीय स्तर पर व्यक्तियों पर किसी भी प्रकार का नियंत्रण लाने में असफल रहा। दूसरी ओर पश्चिमी राज्य व्यवस्था में ऐसा कुछ नहीं हुआ। अधिकारीतन्त्र ठेठ दूर दराज़ के गाँव तक अपना नियंत्रण कर सका।

एक और कठिनाई चीन के अधिकारीतन्त्र के साथ थी। मंदारिन जो कुछ टैक्स की उगाही स्थानीय स्तर पर करता था उसका बहुत बड़ा भाग केन्द्र को भेज दिया जाता था। ऐसी अवस्था में उसे अपने स्वयं के वेतन के लिये भी खाली हाथ रहना पड़ता था। उसके लिये एक ही रास्ता बचता था और वह यह कि टैक्स के एक भाग को वह स्वयं अपने पास रख लेवे।

चीन की दफ्तरशाही की एक और खासियत थी। यह दफ्तरशाही किसी भी अर्थ में विशिष्ट (specialized) नहीं थी। मंदारिनों की कोई तकनीकी विशेषता भी नहीं थी। नांहि उन्हें जो प्रशिक्षण दिया जाता था वह तकनीकी था। ऐसी अवस्था में ये मंदारिन अपने दैनिक कामकाज में राजकीय क्रियाकलापों में अधीनस्थों पर निर्भर थे। ऐसी दफ्तरशाही का स्वरूप केवल पितृसत्तात्मक था। वेबर इसे पेट्रिमोनियल दफ्तरशाही या अधिकारीतन्त्र नाम देते हैं।

चीन के धर्म के लौकिक होने पर भी वहाँ आधुनिक पूँजोवाद क्यों नहीं पनपा?

वेबर ने चीन की सम्पूर्ण सामाजिक रचना का विवरणात्मक प्रारूप रखा है। मंदारिन यानि अधिकारी वर्ग और पारिवारिक समूहों के बीच में आर्थिक उद्यमवाद के विकास की सम्भावना बराबर बनी रहती थी। यह भी ठीक है कि चीन के ऐतिहासिक युगों में बराबर शिल्पकारिता का विकास हुआ था। पर्याप्त मात्रा में उद्योग धन्धें भी चले थे। जगह-जगह गिल्ड भी पाये जाते थे। इन सब तथ्यों के होने पर भी वहाँ आधुनिक पूँजीवाद नहीं आया। पारसंस ने वेबर द्वारा दी गयी चीन की आर्थिक संरचना पर टिप्पणी करते हुए कुछ ऐसा ही प्रश्न रखा है। पारसंस कहते हैं: "अगर जैसा कि प्रायः कहा जाता है, लोगों पर प्रतिबन्ध और पाबन्दियों न हों, तो आधुनिक पूँजीवादी विकास सरलता से हो जाता है, तो चीन में आधुनिक युग आने से पहले कभी का पूँजीवाद आ गया होता।"

जहाँ तक उद्योग धन्धों का प्रश्न है, चीन में लोगों की पूरी स्वतन्त्रता थी। जो जैसा चाहता, अपनी पसन्द का व्यवसाय कर सकता था। व्यवसायों के वरण में राज्य का कोई हस्तक्षेप नहीं था। लेकिन जब हम आर्थिक आचारों की चर्चा करते हैं तो सम्पूर्ण समस्या जटिल हो जाती है। रुचिकर बात यह है कि चीनी समाज ने निश्चित रूप से उपयोगितावाद और दुनियादारी को अपने मूल्यांकन में सर्वोच्च स्थान दिया था। वेबर आग्रहपूर्वक कहते हैं कि दुनिया के किसी भी समाज में धन को इतना ऊंचा स्थान प्राप्त नहीं था जितना चीन में।

चीनी समाज को सम्पूर्ण रूप से दुनियावी और लौकिक बनाने का श्रेय कन्फ्यूशियस धर्म की रूढ़िवादिता को है। यह कहना आवश्यक है कि मंदारिन वर्ग की आचार संहिता कन्फ्यूशियस द्वारा प्रभावित थी। मंदारिन वर्ग एक ऐसा वर्ग था जिसके सदस्य सुसभ्य, शिक्षित और भद्र थे। यह भी सर्वविदित है कि कन्फ्यूशियस धर्म विशुद्ध रूप से आचार परक सिद्धान्त था। इसमें व्यवहार के नीति वचनों का संग्रह है और इसमें कहीं भी अधिभौतिक तत्त्व नहीं है। यह सच्चाई भी है कि कन्फ्यूशियस धर्म का अधिभौतिक अटकलबाजी से कोई सरोकार नहीं था। उसके लिये तो यह अटकलबाजी बेमतलब और व्यर्थ थी। कन्फ्यूशियस के नीति वचनों में कहीं पर भी भविष्य के जीवन की कोई चर्चा नहीं है। नांहि वे किसी मोक्ष की अवधारणा को रखते हैं। कन्फ्यूशियस सिद्धान्त तो इसी जीवन के व्यवहार से सरोकार रखता है। भविष्य में मनुष्य का क्या होगा, इस इस बारे में कन्फ्यूशियस मौन हैं। वे इतना अवश्य कहते हैं कि यदि व्यक्ति अपने वर्तमान जीवन में अच्छा काम करेगा तो उसका इस दुनिया में नाम रहेगा, यश रहेगा।

चीन के इस रुढ़िवादी धर्म में विवेकीकरण न हो, ऐसा नहीं है। यहाँ के सम्पूर्ण समाज में पूरा अनुशासन देखने को मिलता है। इस धर्म की केन्द्रीय अवधारणा समन्वय या अनुशासन की है। यह सम्पूर्ण ब्रह्माण्ड जिस तरह अनुशासित है वैसे ही मनुष्य का यह सूक्ष्म समाज समन्वयता से भरा है। चीन के पढ़े लिखे लोग और इसी तरह उच्च वर्ग के लोग ब्रह्माण्ड के इस अनुशासन के अनुसार ही जीवित रहना चाहते हैं। चीनी लोग कोई ऐसा काम नहीं करते जिसमें उनका अपने स्वयं पर जो नियंत्रण है, वह कहीं ढ़ीला हो जाये और परिणामस्वरूप उनके स्वयं का समाज गड़बड़ा जाये।

वेबर ने चीनी समाज की पूरी तस्वीर प्रस्तुत की है। इस समाज में ऐसी बुराईयाँ नहीं है जो उसे खराब कर दें। वहाँ पाप की कोई अवधारणा नहीं है। यदि वहाँ कुछ है तो इसे

लोग भूल कहते हैं। इस समाज का हर व्यक्ति प्रयास करता है कि वह हर तरह से पूर्ण व्यक्ति बन जाये। वहाँ का कोई भी विवेकपूर्ण व्यक्ति भावनाओं और संवेगों के बहाव में नहीं आता। जैसी भी परिस्थितियाँ आती हैं, उनका सामना वह दृढ़ता से करता है। चीन के एक सामान्य आदमी का मुख्य लक्ष्य सामाजिक व्यवस्था के साथ पूरा समन्वय करके जीवित रहने का होता है। हर व्यक्ति की यह हार्दिक इच्छा होती है कि वह समाज का आभूषण बन कर रहे, भार बनकर नहीं।

चीनी समाज में व्यक्ति का यह उत्तरदायित्व नहीं है कि वह दूसरे व्यक्तियों के कंधे के भार को अपने ऊपर उठा ले, न ही उसका समाज की दशा के साथ कोई सरोकार होता है। उसका तो केवल यही उत्तरदायित्व है कि वह पूरी तरह अपने स्वयं के कत्तव्यों का पालन करे। इन कत्तव्यों को वेबर ने दो भागों में बाँटा है: (i) अपने स्वयं को एक शिक्षित व्यक्ति की तरह उत्तरदायी बनाये तथा (2) दूसरों के साथ अच्छा व्यवहार करे। जब वह दूसरों के साथ व्यवहार करे तो उसमें पूरी धर्मपरायणता होनी चाहिये। चीनी समाज की केन्द्रीय विशेषता पुत्रोचित धर्मनिष्ठा (Filial Piety) है। उस समाज में लोगों की सामान्य अभिवृत्ति अपने छोटे लोगों के लिए पितृवत व्यवहार करने की है। एक सरकार अधिकारी से यह आशा की जाती है कि वह अधिनस्थ कर्मचारियों के प्रति अपना व्यवहार पिता-पुत्र जैसा रखे। सच में देखा जाये तो कन्फ्यूशियस की यह धारणा थी कि चीन का सम्पूर्ण समाज वैयक्तिक सम्बन्धों के ताने बाने से जुड़ा है। इसमें हर व्यक्ति समझता था कि उसका आचरण हर तरह से धर्मपरायण था।

कन्फ्यूशियस धर्मावलम्बी जिस समाज में रहते थे उसके साथ उनका पूरा सामंजस्य था। यदि कोई व्यक्ति इस समाज के मुख्य प्रारूप को बदलने का प्रयास करता था तो कभी भी उसे गलत दृष्टि से नहीं देखा जाता था। यदि कोई धर्म में भी बुनियादी अन्तर लाना चाहता था, तो उसकी बात सुनी जाती थी। सच में देखा जाये तो मंदारिन और कर्मचारी राज्य की पूजा पद्धति को अपना धार्मिक कर्त्तव्य समझकर प्रजा में काम करते थे।

कन्फ्यूशियस धर्मावलम्बी अपनी धर्मपरायणता के बारे में कोई विवेचन, चिन्तन या मनन करते हों, ऐसा नहीं है। यह व्यवहार तो मानों उनकी आदत का एक भाग था। कोई भी धर्मावलम्बी उनकी धर्मपरायणता या निष्ठा पर कोई शंका रखता हो या उसमें निहित अर्थ की व्याख्या करता हो, ऐसा नहीं है। इस तरह का कोई भी प्रयास एक बेमतलब अधिभौतिक कल्पना मात्र थी। कन्फ्यूशियस तो अपनी समाज व्यवस्था का एक बेजुबान भाग मात्र थी। यह अवश्य है कि उनकी धर्मपरायणता में विवेकीकरण था लेकिन धर्म के अनुयायी कभी भी इस विवेकीकरण पर कोई बहस करते हों, ऐसा नहीं था। ठीक इसी तरह जो पुत्रोचित धर्म निष्ठा थी और उससे जुड़े हुए कर्मकाण्ड थे उसे वे मूक प्राणी की तरह व्यवहार में लाते थे। वे धर्म के नीति वचन को कभी भी विवेकीकरण की दृष्टि से नहीं देखते थे।

जैसा दुनिया के अन्य समाजों में होता है, चीनी समाज में भी लोकप्रिय जादू और अंधविश्वासों की कोई कमी नहीं थी। इसे भी कन्फ्यूशियस धर्म के बौद्धिक अनुयायियों ने बिना किसी विरोध के स्वीकार कर लिया था। यह ठीक है कि पढ़े लिखे और बौद्धिक अनुयायी जादू और अंधविश्वासों के फेर में नहीं पड़ते थे क्योंकि यह उनकी प्रतिष्ठा के विपरीत था, फिर भी इन्हें दूर करने का कोई प्रयास नहीं किया। ऐसी अवस्था में अशिक्षित

और सामान्य जनता जादू और अंधविश्वासों के जाल में फँसी रही।

ऐसा नहीं है कि चीन में जीवन को पूर्णता देने का कोई प्रयास न हुआ हो। लोग ऐसा समझते थे कि क्लासिकल ग्रन्थों को पढ़कर ही पूर्णता प्राप्त की जा सकती है। कन्फ्यूशियस धर्मावलम्बियों में भद्र या शरीफ़ धर्मावलम्बी वह था जो इन क्लासिकल ग्रन्थों को पढ़ता था। इस समाज में जन्म और धन किसी भी व्यक्ति को भला मानस नहीं बनाते थे। भला मानव तो वह था जो शास्त्रीय ग्रन्थों का अध्ययन करता था। पढ़ाई-लिखाई की यह अवधारणा जो चीनी समाज में थी, पश्चिमी समाज से बहुत भिन्न थी। वहाँ किसी ने यह नहीं समझा कि इन क्लासिकल कृतियों में संशोधन भी किया जा सकता है। सच्चाई यह है कि उस समाज में ज्ञान प्राप्ति की अभिलाषा गतिशील नहीं थी। उसमें कहीं भी सुधार की कल्पना नहीं थी। समाज और क्लासिकल ग्रन्थ दोनों ही गतिहीन थे।

यह सत्य है कि कन्फ्यूशियस की आचार संहिता में सही अर्थों में पर्याप्त विवेकीकरण था। दुनियादारी भी उस धर्म में तार्किक थी। इस धर्म की विचारधारा में पारलौकिक संसार का कोई स्थान नहीं था। यह भी सत्य है कि कन्फ्यूशियस धर्म धन, लम्बे जीवन और यश बनाये रखने के मूल्यों पर निर्भर था, लेकिन उसमें जो भी विवेकीकरण था उसकी सीमाएँ केवल बुनियादी परम्पराओं की स्वीकृति तक ही थी। वे बिना किसी सन्देह के परम्परागत और धार्मिक जादुई तत्त्वों को स्वीकार करते थे। और ये तत्त्व चाहे राज्य के हों, पूर्वज पूजा के या लोकप्रिय जादू के। इससे आगे, किसी भी कन्फ्यूशियस महानुभाव का आदर्श परम्परागत रुढ़िवादी आदर्श था। उनके जीवन का आधार बंधे-बंधाये साहित्यिक, सांस्कृतिक और क्लासिकल ग्रन्थ थे। कन्फ्यूशियस की शिक्षा पद्धति पूर्णरूप से गतिहीन थी और उसमें पश्चिम विज्ञान की तरह गति की कोई धड़कन नहीं थी। सब मिलाकर कन्फ्यूशियस धर्म के नैतिक मूल्य हर तरह से कर्त्तव्यपरायणता या धर्मपरायणता से बंधे थे। पूर्वजों ने जो भी सामाजिक व्यवस्था दी, बिना किसी प्रश्न के इस समाज के सदस्यों ने इसे स्वीकार कर लिया। ऐसी धर्मपरायणता के प्रति या सामाजिक अनुशासन के प्रति, किसी भी प्रकार के विद्रोह के लिये इस समाज में कोई स्थान नहीं था। कन्फ्युशियस धर्म में विवेकीकरण था, लेकिन इसे लोगों ने बिना किसी विवाद को ज्यों का त्यों स्वीकार कर लिया। सोरोकिन ने कहा कि कन्फ्यूशियस धर्म के प्रति इस प्रकार की निष्ठा और कुछ न होकर पूर्णरूप से रुढ़िवादिता थी।

पश्चिमी समाज में जहाँ प्रोटेस्टैण्ट धर्म का लोकाचार आया, वहाँ एक प्रकार से क्रान्तिकारी शक्ति का उदय हुआ। इस समाज में यह विवाद उठा कि बिना किसी आलोचना के लोगों को धर्मपरायण क्यों होना चाहिये? जब यह कहा गया कि प्रोटेस्टैण्ट धर्मावलम्बी को ईश्वरीय साम्राज्य की स्थापना इस दुनिया में करानी चाहिये तो इसे लोगों ने नीति वाक्य की तरह नहीं लिया। उन्होंने तो विवेकीकरण द्वारा दुनिया के साथ अनुकूलन किया। आर्किमिडेज (Archimedes) ने एक स्थान पर कहा है: "मुझे खड़ा रहने के लिये एक जगह दीजिये और मैं दुनिया को घुमा दूंगा।" और वास्तव में प्रोटेस्टैण्ट धर्मावलम्बियों ने कुछ इस प्रकार की गतिशीलता अपने समाज में दी। सच्चाई यह है कि कन्फ्यूशियस आचार संहिता दुनिया को घुमा नहीं सकी क्योंकि इसकी दुनियादारी में खड़े रहने के लिये कोई जगह नहीं दी। प्रोटेस्टैण्ट आचार संहिता ने, दूसरी और अपने अनुयायियों को ताकत से खड़े होने का

मौका दिया, और इसकी दुनिया बदल गयी।

प्रोटेस्टैण्ट आचार संहिता और कन्फ्यूशियस नीतिपूरक विवेकीकरण में यह एक बुनियादी अन्तर था। इस अन्तर के अतिरिक्त और भी कुछ विभिन्नताएँ इन दोनों आचार संहिताओं में थी। उदाहरण के लिये, कन्फ्यूशियस धर्म ने लोकप्रिय जादू की गहरी जड़ों को कहीं भी हाथ नहीं लगाया। जबकि प्रोटेस्टैण्ट धर्म ने जादू को मूल से समाप्त कर दिया। दूसरा, चीनी समाज में जो भी मंदारिन का अधिकारीतन्त्र था, उसमें विशिष्टीकरण का पूरा अभाव था। इधर यूरोप में प्रोटेस्टैण्ट धर्म का अधिकारीतन्त्र अपनी हुनर में उस्ताद था। जर्मनी में जो तार्किक बुर्जुआ पूँजीवाद आया, उसके पीछे पश्चिमी सामाजिक व्यवस्था की सार्वभौमिक आचार संहिता थी। यह निश्चित रूप से कहा जा सकता है कि इस सार्वभौमिक आचार संहिता की बहुत बड़ी विशेषता यह थी कि इसे सभी आदमियों पर अवैयक्तिक रूप से लागू किया जा सकता था। वेबर ने अपने विश्लेषण में कुछ महत्त्वपूर्ण निष्कर्ष निकाले हैं जिनका यहाँ उल्लेख किया जाना चाहिये।

एक दृष्टि से देखा जाये तो चीन के कन्फ्यूशियस धर्म में वे सब दशाएँ उपस्थित थीं जो आर्थिक आचार संहिता को जन्म दे सकती थीं। वहाँ पर तकनीकी आविष्कार हुए थे, पर उनका प्रयोग केवल परम्परागत ही रहा। उस समाज में औद्योगिक विकास भी हुआ, बड़ी तादात में उद्योग धन्धे चले लेकिन पश्चिमी देशों की तरह इन धन्धों में जिस तरह के संगठन की आवश्यकता थी, वह नहीं थीं। व्यापार के क्षेत्र में पर्याप्त स्थानान्तरण चीन में था, काम करने के सभी समान अधिकार थे। राज्य ने आर्थिक हेतु के लिये संगठनों को स्वायत्ता भी दी थी। यह सब होने पर भी वहाँ पश्चिमी देशों जैसा पूँजीवाद क्यों नहीं आया?

वेबर ने इस प्रश्न का उत्तर अपने निष्कर्ष में दिया है। कहते हैं कि कभी भी कन्फ्यूशियस धर्म ने अपनी आचार संहिता को विवेकीकरणक की दृष्टि से नहीं देखा। इस समाज ने पुत्रोचित धर्मनिष्ठा को नीतिपरक विवेकीकरण की दृष्टि से नहीं परखा। इस भाँति उन्होंने अपने अध्ययन को क्लासिकल ग्रन्थों तक ही सीमित रखा। इन्हीं कुछ कारणों से चीनी समाज स्वयं में गतिशीलता न लाकर अपनी परम्पराओं के भार से ही दब गया।

II

हिन्दू सामाजिक व्यवस्था (The Hindu Social System)

वेबर की कृतियों में भारतीय समाज का उल्लेख कई स्थानों पर मिलता है। जहाँ तक भारत में समाज और धर्म का प्रश्न है, वेबर ने अपनी तीसरी जिल्द में इसका उल्लेख किया है। उनकी पुस्तक *द रिलिजन ऑफ इण्डिया* का अनुवादित संस्करण ग्लेन्को फ्री प्रेस से 1958 में निकला था। इसमें वे हिन्दू धर्म के अतिरिक्त बौद्ध धर्म को भी सम्मिलित करते हैं। उनका यह अध्ययन चीन के अध्ययन की तरह ही है। इसके तुरन्त बाद वे हिन्दू धर्म के शास्त्र सम्मत सिद्धान्तों का उल्लेख करते हैं। इसके आगे वे बौद्ध धर्म की चर्चा करते हैं। पुस्तक के अन्त में वेबर धार्मिक विश्वास के प्रभाव को भारतीय समाज के धर्मनिरपेक्ष आचारों पर देखते हैं। भारतीय समाज पर किसी भी टिप्पणी को करने से पहले, हर विदेशी विचारक की तरह वेबर भी यह मानकर चलते हैं कि यहाँ की सामाजिक व्यवस्था का आधार मूल में है। इन विद्वानों में से कुछ का विचार रहा है कि भारत में जाति व्यवस्था आदिम (Primitive) व्यवस्था है। वास्तव में यह सच्चाई नहीं है। वेबर ने जाति व्यवस्था के जिस स्वरूप को देखा वह कई

प्रक्रियाओं में से निकल कर आयी थी। सबसे पहले कबीले थे। कबीले आदिम जाति बने। सामाजिक संरचना का स्वरूप आगे बढ़ा, वर्ण आये और इससे आगे जातियाँ आयीं।

वेबर के भारतीय समाज से सम्बद्ध विचार कई अन्य पुस्तकों में भी मिलते हैं। वेबर भारतीय सामाजिक व्यवस्था, धार्मिक व्यवस्था और इन सबके प्रभाव को धर्मनिरपेक्ष क्षेत्रों में जानना चाहते थे। भारत से जुड़े हुए विचार *रिलीजन ऑफ इण्डिया: द सोशियोलोजी ऑफ हिन्दूइज्म एण्ड बुद्धिज्म* (Religion of India: The Sociology of Hinduism and Buddhism), *ऐसेज इन सोशियोलोजी* (Essay in Sociology), *इकोनोमी एण्ड सोसाइटी* (Economy and Society), तथा *जनरल इकॉनोमिक हिस्ट्री* (General Economic History) में भी व्यक्त किये हैं। उन्होंने भारतीय संस्थाओं और व्यवहारों का विवरण अपने तर्कों के प्रमाण में दिया। इन सब कृतियों में वेबर ने जहाँ कहीं भारतीय सामाजिक व्यवस्था का उल्लेख किया है उसमें उन्होंने एक बहुत बड़ी विषय सामग्री पर अपने विचार रखे हैं। इस विषय सामग्री में कृषक संरचना, ग्रामीण समुदाय, जाति, साहित्यकार और बौद्धिक व्यावसायिक समूह, विधि व्यवस्था प्रकार तथा उसके आचार व्यवस्था के साथ सम्बन्ध और इन सबसे आगे हिन्दू और बौद्ध धर्म के आचार आदि सम्मिलित हैं। यदि इन विषयों की दृष्टि से देखें तो वेबर का धर्म का अध्ययन अनिवार्य रूप से समाजशास्त्रीय अध्ययन बन जाता है। भारत में बौद्धिकों ने वेबर की कृतियों पर अपना ध्यान आकर्षित किया है। ऐसा करने में प्रायः हमारे यहाँ वेबर के हिन्दू और बौद्ध धर्म पर बहस और चिन्तन हुआ है। यह देखने का प्रयास भी हुआ है कि वेबर ने धार्मिक आचारों के प्रभाव को आर्थिक विकास के सन्दर्भ में किस भाँति रखा है।

सुरेन्द्र मुंशी (*Max Weber on India: An Introductory Critique, Contributions to Indian Sociology*, 1958) का तो कहना है कि भारत में वेबर की चर्चा कभी भी गम्भीरता से नहीं हुई है। जहाँ वेबर ने हिन्दू और बौद्ध धर्म का अध्ययन प्रस्तुत किया है वहाँ भी भारतीय विद्वानों ने कोई सजगता नहीं बतायी है। इसके विपरीत, यह आवश्यक है कि विदेशी लेखकों ने, वेबर ने, भारत पर जो कुछ लिखा है उस पर बहस की है। इस अभाव के होते हुए भी भारतीय समाजशास्त्री एक दम मौन रहे हों, ऐसा नहीं है। 1960 ई. के प्रारम्भ में एक सेमीनार का आयोजन हुआ जिसमें भारतीय आर्थिक विकास में सांस्कृतिक मूल्यों की भूमिका पर बहस हुई। इस सेमीनार में एम.एन. श्रीनिवास, डी.ज़ी. कर्वे और मिल्टन सिंगर आदि भी सम्मिलित हुए। इन दो सेमीनारों के अतिरिक्त छठें ओर सातवें दशक में वेबर के निष्कर्षों पर फुटकर निबन्धों द्वारा बहस चलायी गयी। सेमीनारों, गोष्ठियों और निबन्धों में इस थीसिस पर चर्चा हुई कि वेबर ने हिन्दू और बौद्ध धर्म पर जो कुछ लिखा उसकी भारत के लिये क्या प्रासंगिकता है। इस प्रासंगिकता पर योगेन्द्र सिंह ने (*Perspectives on Capitalism*, 1989) अपने एक फुटकर लेख में वेबर की थीसिस पर कुछ बुनियादी प्रश्न रखे हैं।

वेबर द्वारा भारतीय समाज और धर्म पर उठाये गये प्रश्न

प्रश्नों का कोई भी उल्लेख करने से पहले यह कहना उचित होगा कि वेबर के अध्ययन का उद्देश्य दुनिया के बड़े धर्मों का तुलनात्मक अध्ययन करना था। वे यह जानना चाहते थे कि

प्रोटेस्टैण्ट आचार संहिता में जिस तरह के आचार धर्म में थे, कहाँ तक वे हिन्दू धर्म में भी पाये जाते हैं?

वेबर के लिए विवेकीकरण, अधिकारीतन्त्र ऐसे मुद्दे थे जिनकी उपस्थिति को वे हिन्दू सामाजिक व्यवस्था और धर्म में खोजना चाहिते थे। सब मिलाकर उनका उद्देश्य यूरोसेन्ट्रिक (Euro-centric) था।

वेबर ने भारतीय सामाजिक व्यवस्था और धर्म का जो अध्ययन रखा उससे जुड़े हुए जो मुख्य प्रश्न थे, जिनकी पड़ताल वे करना चाहते थे, कुछ इस तरह है:

(1) भारतीय समाज में ऐसे कौनसे विशिष्ट विश्वास हैं जो शीघ्रता से बदलते हुए भारतीय समाज के साथ सामंजस्य रखते हैं और यदि ऐसे विश्वासों की शिनाख्त हो जाये तो उनपर जोर कैसे दिया जा सकता है?

(2) ऐसे कौनसे विशेष विश्वास हैं जिनकी आर्थिक विकास के साथ विसंगति है?

(3) क्या हिन्दू धर्म और उसकी पारलौकिक तपश्चर्या के आचार आधुनिक तार्किक आर्थिक विकास के मार्ग में बाधक हैं?

(4) क्या जाति, परम्परागत संयुक्त परिवार और धार्मिक सम्प्रदाय, भारत में वैज्ञानिक अभिवृत्तियों में आड़े आते हैं?

(5) क्या आधुनिक प्रकार के आर्थिक औद्योगिकरण की गतिविधियाँ हिन्दू धर्म के परम्परागत धार्मिक आचारों के कारण गतिशील नहीं हो पायी हैं?

1958 ई. में वेबर की कृतियों का अंग्रेजी में अनुवाद होने के बाद भारतीय समाज के अध्ययनकर्त्ताओं ने पिछले दो दशकों से इस विषय पर बहुत कुछ कहा है, लिखा है। वास्तव में, वेबर ने जिन मूल्य व्यवस्थाओं को उठाया है उनमें विवेकीकरण मुख्य है। उन्होंने धार्मिक आचारों के सम्बन्धों को आर्थिक विकास या पूँजीवाद के संदर्श में देखा है। वेबर ने जो प्रश्न उठाया है वह मुख्यतः सांस्कृतिक, आर्थिक विकास और आधुनिकीकरण से जुड़ा हुआ है।

भारतीय सामाजिक व्यवस्था यानि जाति व्यवस्था

वेबर भारतीय सामाजिक व्यवस्था का मूल आधार जाति मानते हैं। जिस भाँति चीन के समाज में नातेदारी समूह और अधिकारीतन्त्र सामाजिक संरचना के केन्द्रीय आधार थे वैसे ही वेबर भारतीय सामाजिक संरचना का आधार जाति व्यवस्था मानते हैं। वेबर का कहना है कि भारत में धार्मिक विश्वास और सामाजिक स्तरीकरण प्रत्यक्ष रूप से जुड़े हुए हैं। अन्य शब्दों में सामाजिक गैर-बराबरी को वेबर धार्मिक विश्वासों के साथ जोड़ते हैं। उदाहरण के लिये, जो ब्रह्मा के मुँह से पैदा हुआ है, वह समाज में उच्च है और जो उनके चरण से जन्मा है, वह नीच है। इस तरह की गैर-बराबरी का उदय स्पष्ट रूप से धार्मिक है। जब व्यक्ति का एक जाति में जन्म हो जाता है तो वह दूसरी जाति में नहीं जा सकता। वेबर स्पष्ट रूप से जाति व्यवस्था को एक प्रस्थिति समूह (Status Group) मानते हैं।

जाति की विशेषताएँ

वेबर ने जब जाति व्यवस्था पर लिखा था, उसके बाद तो इस व्यवस्था में कई परिवर्तन आये हैं। आज जाति व्यवस्था में जो जटिलता है उसे समझना बहुत कठिन है। आरक्षण की नीति

ने एक तरह के जाति संघर्ष को जन्म दिया है। भारतीय समाजशास्त्रियों और मानवशास्त्रियों ने जाति पर जो अनुसंधानात्मक साहित्य तैयार किया है वह अधिक से ज्यादा है। यहां हम वेबर ने जो जाति की अवधारणा दी है वहीं तक अपने आपको सीमित रखेंगे। जाति के सम्बन्ध में वेबर की जो बुनियादी मान्यता थी वह यह है कि जाति और धर्म एक दूसरे से पृथक् नहीं है। जाति ही धर्म है और धर्म ही जाति है। सच्चाई यह है कि जाति का जो स्वरूप वेबर ने रखा है उसमें विजातीय (Heterogenity) बहुत अधिक है। उसके कुछ बुनियादी लक्षण इस तरह हैं:

(1) **अन्तर्वैवाहिकी समूह** (Endogamous Group): जाति एक अन्तवैवाहिकी समूह है। एक ही जाति के लोग अपनी ही जाति में विवाह सम्बन्ध रखते हैं। वेबर ने जाति की परिभाषा करते हुए लिखा है: "जाति वह है जिसमें अगणित अन्तर्वैवाहिकी समूह होते हैं जो सामान्यतया स्थानीय होते हैं। ये समूह वंशानुगत होते हैं तथा इनमें एक निश्चित उच्चोच्च व्यवस्था होती है।"

(2) **वंशानुगत व्यवसाय** (Hereditary Occupations): अपवाद को छोड़कर जाति समूह सामान्यतः वंशानुगत व्यावसायिक समूह होते हैं। इसके अनुसार समाज का विभाजन वंशानुगत श्रम पर आधारित होता है। कई जातियों के नाम, यद्यपि सभी के नही, व्यवसाय के आधार पर होते हैं।

(3) **धार्मिक निर्योग्यताएँ** (Religious Barriers): जातियों में कुछ धार्मिक निर्योग्यताएँ होती हैं। अस्पृश्यता इसका एक दृष्टान्त है। दलित जाति के लोग मन्दिर में प्रवेश नहीं कर सकते, धार्मिक ग्रन्थों को नहीं पढ़ सकते, किसी प्रकार की तपश्चर्या नहीं कर सकते। जातियों के बीच में रोटी-बेटी व्यवहार नहीं होता। सम्पूर्ण जाति व्यवस्था पवित्र और अपवित्र की अवधारणा में बँटी होती है।

(4) **उच्चोच्च व्यवस्था** (Hierarchy): जाति व्यवस्था का आधार सौपानिक होता है। इस सौपानिक व्यवस्था में स्पष्टता नहीं है। कुछ जातियाँ ऐसी हैं जो बराबरी की सौपानिकता का दावा करती हैं। इस अस्पष्टता के होते हुए भी यह निश्चित है कि इस व्यवस्था में शीर्ष स्थान ब्राह्मणों का है। इसमें सबसे नीचे दलित जातियाँ हैं और मध्य में क्षत्रिय और वैश्य। सामान्यतः इस उच्चोच्च व्यवस्था का आधार क्रियाएँ या कर्मकाण्ड हैं। एक और आधार रोटी-बेटी व्यवहार का भी है। सम्पूर्ण जाति व्यवस्था में प्रत्येक जाति के कार्य भी निश्चित हैं। वेबर ब्राह्मण जाति को पुरोहित जाति की तरह मानते हैं।

(5) **जन्मजात सदस्यता** (Membership by Birth): जाति की सदस्यता जन्म से होती है। इस व्यवस्था में ऐसा कोई युक्तिकरण नहीं है जिसके द्वारा व्यक्ति अपनी जाति को बदल सके।

भारत और चीन: सामाजिक व्यवस्था में अन्तर
(India and China: Difference in Social System)

हमने प्रारम्भ में ही कहा है कि वेबर कन्फ्यूशियस और हिन्दू धर्म का तुलनात्मक अध्ययन करना चाहते थे। वे यह जानना चाहते थे कि जिस भाँति प्रोटेस्टैण्ट धर्म की आचार संहिता ने पश्चिमी पूँजीवादी को जन्म दिया, क्या इसी तरह की कोई धार्मिक आचार संहिता भारत

और चीन के धर्मों में थी? अपने इसी उद्देश्य से प्रेरित होकर वेबर ने हिन्दू धर्म की आचार संहिता को समझने के लिए, जाति व्यवस्था की भूमिका को अपनी पुस्तक में सबसे पहले रखा है। जाति की जैसी अवधारणा उनकी थी, उसे हमने ऊपर रखा है। अब वे भारतीय सामाजिक व्यवस्था की तुलना, समानता और अन्तर को चीन की सामाजिक व्यवस्था के सन्दर्भ में रखते हैं:

(1) चीन की तरह भारत में भी एक महिमामय और भव्य राजनीतिक संरचना थी। इस संरचना की महिमा तो थी लेकिन इसमें स्थायित्व नहीं था।

(2) चीन ने पुत्रोचित अधिकारीतन्त्र को विकसित किया। इसके पास एक अनुशासित सेना थी लेकिन किसी भी अर्थ में आधुनिक पश्चिमी देशों की तरह अधिकारीतन्त्र नहीं था। यह अवश्य है कि चीन के अधिकारीतन्त्र का संगठन भारत से बढ़िया था।

(3) चीन और भारत दोनों में राज्य की अवधारणा एक अधिसंरचना थी। इसका मतलब यह है कि इन दोनों देशों में राज्यतन्त्र, सामान्य जनजीवन तक नहीं पहुँच पाया था। दूसरे शब्दों में, सामान्य आदमी तक इसकी पहुँच नहीं थी। चीन में राज्य व्यवस्था मंदारिन से नीचे नहीं पहुँच पायी ओर भारत में इसकी पकड़ जागीरदारों और जमींदारों तक ही थी। दोनों ही देशों में स्वायत शासन या स्थानीय शासन लोगों की आवश्यकताओं को पूरा नहीं करता था।

(4) चीन और भारत दोनों के शिल्पकार और व्यापारी अपने उद्योग के विकास में स्वतन्त्र थे। दोनों ही देशों के दूर-दूर के देशों के साथ व्यापारिक सम्बन्ध थे। पूँजीवादी विकास की कमी नहीं थी। भारत के नगर-सेठ विश्व विख्यात थे, धन का अभाव उन्हें कभी नहीं था। यह सब होते हुए भी दोनों देशों में किसी भी युग में विवेकीकरण पर आधारित बुर्जुआ पूँजीवाद का, जैसाकि पश्चिमी देशों में था, विकास नहीं हुआ।

शास्त्र सम्मत हिन्दू धर्म (Hindu Orthodoxy)

वेबर ने भारतीय सामाजिक व्यवस्था को जाति व्यवस्था के रूप में देखने के बाद अपने अध्ययन की बुनियादी समस्या को उठाया है। उन्होंने फिर इस मुद्दे पर विचार किया कि भारत के हिन्दू धर्म का इस सामाजिक व्यवस्था के साथ और विशेष करके आर्थिक विकास या पूँजीवाद के साथ क्या सम्बन्ध था। मुख्यतः उन्होंने दो प्रश्न उठाये:

(1) क्या हिन्दू धर्म का मनुष्य की दिन-प्रतिदिन की गतिविधियों पर कोई प्रभाव था? यदि हाँ तो,

(2) इसने आर्थिक व्यवहारों को क्या कोई नयी दिशा दी, उन्हें प्रभावित किया? धार्मिक व्यवहार कहाँ तक धर्मनिरपेक्ष थे?

अपने इन दो प्रश्नों के उत्तर के लिये वेबर ने हिन्दू धर्म के मौलिक सिद्धान्तों की पड़ताल की। धार्मिक ग्रन्थों, महाकाव्यों आदि के अध्ययन के बाद वेबर ने हिन्दू धर्म की दो विशेषताएँ पायीं: (1) पुनर्जन्म (Transmigration of Soul) और (2) कर्म (Retribution)

पुनर्जन्म के विषय में महत्तवपूर्ण तथ्य यह है कि मनुष्य जन्मों के चक्र में बंधा होता है। जब तक उसे मोक्ष नहीं मिलता वह कई योनियों में जन्म लेता है। *गीता* में कहा है कि मनुष्य

का शरीर नाशवान है, लेकिन आत्मा अनन्त है, अजर है, निरन्तर है। *गीता* कहती है: अजो नित्य शाश्वतों अयम पुराणों नप हन्यते अपि हन्य माने शरीरे। मतलब है यह आत्मा शाश्वत है, शरीर के नष्ट होने पर भी यह नष्ट नहीं होती। एक अन्य स्थान पर *गीता* में कहा है: इस आत्मा को शस्त्रादि नहीं काट सकते, इसको आग नहीं जला सकती तथा इसको जल गीला नहीं कर सकता और वायु नहीं सुखा सकती। यह आत्मा निःसन्देह नित्य, सर्वव्यापक, अचल, स्थिर रहने वाले सनातन है। पुनर्जन्म का यह सिद्धान्त धर्म निरपेक्ष जीवन को गहराई से छूता है।

एक सामान्य हिन्दू धर्मावलम्बी इस संसार को निवास का एक पड़ाव मात्र समझता है। इस जीवन को बिताने के बाद उसे दूसरे जीवन में प्रवेश पाना है। संसार तो एक सराय मात्र है। उसे तो एक बंजारे की तरह माल-असबाव छोड़कर दूसरे जन्म जाना है। पुनर्जन्म की यह भावना सांसारिकता को एक माया मात्र समझती है। माया मनुष्य को ठगती है—माया महाठगिनी में जानि। इसी सन्दर्भ में हिन्दू धर्मावलम्बी समझता है कि इस संसार में जो भी प्राप्ति की जाती है वह सब यहीं रह जायेगी, उसे तो दूसरे जन्म में जाना है।

हिन्दू धर्म का दूसरा बहुत बड़ा सैद्धान्तिक आधार कर्म है। कर्म को धर्म के अर्थ में भी समझा जाता है। मनुष्य का कर्त्तव्य तो केवल अपने धर्म को करना है। इसी धर्म का परिणाम कया होगा, इसे तो केवल ईश्वर जानता है। कालिदास ने *मेघदूत* में मछुआरों का उल्लेख किया है। यह ठीक है कि मछलियों को मारना एक निर्दयी का काम है। मछुआरे इसे भली प्रकार जानते हैं। लेकिन वे कहते हैं कि ईश्वर ने उन्हें मछली मारने का काम सौंपा है। अतः निर्दयी होते हुए भी मछली मारना उनका धर्म है, कर्त्तव्य है। *गीता* में कृष्ण कहते हैं कि कर्मण्येवाधिकारेस्ते मा फलेषु कदाचन। अर्थ यह है कि मनुष्य का धर्म केवल अपने कर्म को करना है और ऐसा करते हुए उसे फल के विषय में नहीं सोचना चाहिये।

हिन्दू धर्म में पुनर्जन्म और कर्म की धारणाओं के अतिरिक्त और भी कई अन्तर्निहित तत्त्व हैं। आत्मा सनातन है और निश्चित रूप से उसे ईश्वर ने नहीं बनाया है। मनुष्य का कर्म आत्मा के भाग्य को निर्धारित करता है। इन दोनों सिद्धान्तों को संयुक्त रूप में देखें तो वेबर कहते हैं कि हिन्दू धर्म का विवेकीकरण पूर्णरूप से एक बन्द विवेकीकरण है। बन्द इसलिये कि हिन्दू समुदाय कभी भी इन सिद्धान्तों को तर्क की कसौटी पर नहीं कसता और इसी कारण ये दोनों सिद्धान्त आनुभाविकता की कसौटी यानि वैज्ञानिकता पर खरे नहीं उतरते। इस सिलसिले में वेबर को एक और आपत्ति है। यह आपत्ति मोक्ष के बारे में है। मोक्ष की कामना तो सभी करते हैं, लेकिन इसे पाने की जो विधि है वह असाधारण और अविवेकपूर्ण है। यह कहना कि मनुष्य को मोक्ष पाने के लिये इस संसार में रहना चाहिये लेकिन इस संसार में रहकर भी उसे इस संसार के बाहर रहना चाहिये। मनुष्य को कर्त्तव्य करना चाहिये, लेकिन इसके परिणाम से दूर रहना चाहिये। यह सब व्यवहार में लाना बहुत कठिन है।

हिन्दू धर्म का वेबर द्वारा किया गया निर्वचन

रेन्हार्ड बेण्डिक्स ने वेबर की हिन्दू समाज और धर्म सम्बन्धी व्याख्या का विश्लेषण किया है। वे कहते हैं कि वेबर ने हिन्दू धर्म की व्याख्या करने के बाद उसे एक निश्चित सन्दर्भ में रखा

है। इस सिलसिले में वे दो महत्त्वपूर्ण तथ्य रखते हैं:

(1) हिन्दुओं में कुछ उच्च शिक्षित व्यक्ति ही ऐसे थे जो मोक्ष की समस्या पर किसी तरह का चिन्तन करते थे। यह तथ्य भारतीय इतिहास के सभी युगों में देखने को मिलता है। बौद्धिकों को छोड़कर आम हिन्दू जनता कभी भी मोक्ष के बारे में किसी तरह का गहन चिन्तन नहीं करती। यदि हम हिन्दू धर्म के सभी सम्प्रदायों—वैष्णव, शैव और शाक्त—को मिलाकर देखें तो वेबर कहते हैं कि पाँच प्रतिशत से भी कम लोग औपचारिक ढंग से किसी सम्प्रदाय विशेष के सदस्य हैं। इसका अर्थ यह हुआ कि अधिकांश हिन्दू जनता सभी सम्प्रदायों को समानरूप से मानती है। उदाहरण के लिये, वैष्णव और शैव दोनों ही हरिद्वार में तीर्थ के लिये आते हैं। अन्तर केवल यही है कि वे लोग जो वैष्णव सम्प्रदाय के हैं, हरिद्वार को हरि अर्थात् कृष्ण का स्थान मानते हैं और यही पर शैव मार्गी हिन्दू इस स्थान को हरद्वार अर्थात् शंकर का द्वार समझ कर आते हैं। सम्प्रदाय को लेकर किसी तरह का उपासना में विशिष्टीकरण नहीं है।

हिन्दू धर्म में ही यह होता हो ऐसा नहीं है। वेबर के अनुसार प्राचीन यूनान में भी सभी धर्मावलम्बी एपोलो (Appolo) और डिओनिसस (Dionysus) की पूजा समानरूप से करते थे। चीन में भी कुछ इसी तरह से बुद्ध और कन्फ्यूशियस के मन्दिरों क़ी समान रूप से पूजा होती थी। वेबर तो यहाँ तक कहते हैं कि हिन्दू धर्मावलम्बी न केवल जैन और बुद्ध वरन् ईस्लाम और ईसाई दोनों के धर्म गुरुओं की उपासना करते थे। सच में देखा जाये तो हिन्दू धर्मावलम्बियों की सांसारिक दुनिया को पूरी शान के साथ बिताने की इच्छा थी। धर्म का प्रयोग भी अच्छी वस्तुओं को पाने के लिये और दुर्भाग्य को टालने के लिये किया जाता था। हिन्दू धर्मावलम्बी किसी भी ऐसे अवसर को छोड़ना नहीं चाहते थे जिससे उनका अगला धर्म सुधर जाय।

(2) वेबर का दूसरा निष्कर्ष जिस पर बेण्डिक्स ने टिप्पणी की है वह यह है कि हिन्दू धर्मावलम्बी सांसारिक होकर भी अपने धर्म के बुनियादी विचारों से प्रभावित थे। यह सही है कि हिन्दू धर्म की पारलौकिकता ने कभी भी औसत हिन्दू धर्मावलम्बी को दुनिया की भौतिक वस्तुओं की प्राप्ति से पृथक् नहीं किया। वेबर लिखते हैं:

"एशिया के लोग दुनियाभर में अपने असीमित और वृहद् लालच के लिये बदनाम हैं। लेकिन धन प्राप्ति का उनका यह लालच ऐसा है जिसमें वे सभी साधनों से—चालाकी और तरकीब से, धन संचय करना चाहते हैं। एशिया में अर्थ प्राप्ति के जो विवेकीकरण के तरीके हैं, वे अनुपस्थित थे।"

बेण्डिक्स का कहना है कि वेबर ने हिन्दू धर्म की जो ऊपर व्याख्या की है वह सतही है। इसमें विरोधाभास है। एक तरफ तो वेबर कहते हैं, जैसा दुनिया के अन्य देशों में भी होता है लोग धार्मिक प्रश्नों को दुनियावी रुचि से देखते हैं और ऐसा करते हुए उन पर धार्मिक सिद्धान्तों और दर्शन का कोई प्रभाव नहीं पड़ता। दूसरी ओर, वेबर का विश्लेषण है कि इन्हीं धार्मिक सिद्धान्तों के कारण लोग भौतिक वस्तुओं को प्राप्त करना चाहते हैं। इस तरह का रुझान शिक्षित अल्पसंख्यकों और मध्यम वर्ग के लोगों में देखने को मिलता है। इस विरोधाभास का उत्तर इसके विश्लेषण में ही है। वेबर ने बताया है कि शास्त्र सम्मत

सिद्धान्तों ने अपने आप में दुनियावी अनुकूलन के साथ बदल दिया। यह होते हुए भी निश्चित रूप से हिन्दू धर्म के मूलभूत सिद्धान्तों—पुनर्जन्म और कर्म ने सम्पूर्ण जाति व्यवस्था को प्रभावित किया है। वेबर की दृष्टि में जाति व्यवस्था को स्वयं ईश्वर ने बनाया है। कृष्ण कहते हैं: चारों वर्णों की सृष्टि मैने की है। यह जाति व्यवस्था एक ऐसे हस्तान्तरण का साधन है जो एक तरफ बौद्धिक अभिजात के विचारों को और दूसरी ओर आम जनता की धर्म के प्रति जो सांसारिक रुझान है, उसे जोड़ता है। यह ठीक है कि धर्म में जो दर्शन का ऊंचा स्थान है उसे आम आदमी नहीं जानता। आम आदमी की चिन्ता तो किसी तरह दोनों समय के भोजन का जुगाड़ करना होता है। ऐसी अवस्था में संस्कृत विद्वानों और बौद्धिकों ने यह काम तो किया कि आम लोगों को पुनर्जन्म और कर्म के सिद्धान्त से परिचित करा दिया। परिचय करने का यह काम स्पष्ट है ब्राह्मणों और उच्च जातियों ने किया। यद्यपि हिन्दू धर्म के सिद्धान्त जटिल हैं, पर आम जनता पुनर्जन्म और कर्म से सतही रूप से ही सही अवश्य परिचित है।

वेबर के अनुसार हिन्दू धर्म ने किस भाँति आर्थिक जीवन को प्रभावित किया

प्रोटेस्टैण्ट धर्म की आचार संहिता ऐसी थी जिसने पश्चिमी पूँजीवाद को जन्म दिया। इस धर्म का धर्मावलम्बी ईश्वरीय स्वर्ग को पृथ्वी पर लाने के भागीरथ काम में जुट गया। और जब तथाकथित स्वर्ग पृथ्वी पर आया तो उसका सांसारिक सुख बढ़ गया। यह सब पूँजीवाद की आत्मा के सशक्त होने के कारण हुआ। इस तरह का कुछ निष्कर्ष वेबर का धर्म और अर्थव्यवस्था के सम्बन्धों में भी था। भारत में धर्म की आचार संहिता प्रोटेस्टैण्ट धर्म की तरह नहीं थी। अतः धर्म का आर्थिक जीवन पर कोई सकारात्मक असर नहीं पड़ा। धन के अर्जन के लिये जिस तरह की बौद्धिक पूर्व आवश्यकता हो सकती है वैसी भारत में धार्मिक संस्थागत विकास में देखने नहीं मिली। वेबर कहते हैं कि भारतीय विचारकों के लिये यह दुनिया तो कोई अस्थायी पड़ाव था और उन्होंने मनुष्य के आर्थिक व्यवहार पर कोई दबाव नहीं डाला।

फ्रेण्ड ने वेबर द्वारा दी गयी धार्मिक आचार संहिता की व्याख्या करते हुए कहा है कि पश्चिमी सभ्यता में कुछ इस तरह की विशेषता थी जिसने एक तार्किक अर्थ व्यवस्था को जन्म दिया। अर्थव्यवस्था ही क्यों इस सभ्यता ने एक तार्किक विधिशास्त्र, कला और साहित्य को भी जन्म दिया। जिस तरह का विवेकीकरण पश्चिमी सभ्यता में था, इसका अभाव एशिया की सभ्यताओं में हो, ऐसा नहीं है। सच्चाई यह है कि भारतीय सभ्यता में भी पर्याप्त विवेकीकरण था। लेकिन कभी भी इस विवेकीकरण का प्रयोग सभ्यता ने नहीं किया। यहाँ फ्रेण्ड, वेबर के कथन को स्पष्ट करते हुए कहते हैं कि यद्यपि वेबर ने पश्चिमी सभ्यता की विशेषताओं को रखा है लेकिन यह समझना भूल होगी कि वे इस सभ्यता को दुनिया की अन्य सभ्यताओं के सामने ऊंचा मानते थे।

वेबर ने अपने सम्पूर्ण विश्लेषण में यह स्थापित किया है कि भारत की सामाजिक व्यवस्था और धार्मिक आचार संहिता में ऐसे तत्त्व नहीं थे जो धर्मनिरपेक्ष गतिविधियों को और पूँजीवादी भावना को शक्तिशाली बनायें। वेबर के तुलनात्मक अध्ययन के परिणामों को संक्षेप में हम निम्न बिन्दुओं में रखेंगे।

1. भारतीय सामाजिक व्यवस्था और विशेषकर इसकी परम्पराएँ अत्यधिक रूढ़िवादी थी। इस रूढ़िवादिता ने आर्थिक विकास के मार्ग में रोड़े पैदा किये।
2. जाति से जुड़े हुए कर्मकाण्ड ने वृहद् उद्यमों को आगे बढ़ने से रोका।
3. भारतीय सामाजिक व्यवस्था ने लोगों को पूर्णरुप से पारलौकिक लक्ष्यों को प्राप्त करने की ओर प्रेरित किया। परिणामस्वरुप दुनियावी विकास नहीं हो सका।
4. पुनर्जन्म और कर्म के सिद्धान्तों ने आर्थिक विकास को कभी प्रोत्साहित नहीं किया। लोग हमेशा यही सोचते रहे कि वर्तमान जन्म तो एक अस्थायी निवास है और जो कुछ धर्म है उसे नाम मात्र के लिये करना ही उसके भविष्य को संवारेगा। *भगवद् गीता* ने व्यक्ति के कर्त्तव्यों को कभी भी आर्थिक विकास के साथ नहीं जोड़ा।
5. कई बार पढ़े-लिखे व्यक्ति भी विकास का साधन जादू में समझते रहे। राजा-महाराजाओं का भी यह विश्वास रहा कि जादू और धार्मिक अनुष्ठान देश की सुरक्षा करेंगे।

इस तरह की आचार संहिता ने सभी तरह के उद्यमों के होने पर भी भारतीय सभ्यता में पूँजीवाद को विकसित नहीं होने दिया।

वेबर की थीसिस पर भारतीय समाजशास्त्रियों की प्रतिक्रिया (Response of Indian Sociologists to Weber's Thesis)

निश्चित रूप से वेबर उन कतिपय पश्चिमी समाजशास्त्रियों में से एक हैं, जिन्होंने प्रत्यक्ष या अप्रत्यक्ष रूप से भारतीय समाज विज्ञानों पर सोचने के लिये बाध्य किया है। यह भी सत्य है कि वेबर का समाजशास्त्र को जो योगदान है उस पर भारतीय इतिहासकारों, राजनीतिशास्त्रियों, समाजशास्त्रियों और सामान्य विचारकों ने काफी बहस की है। देश के विश्वविद्यालयों में, राजनीतिशास्त्र और समाजशास्त्र मे वेबर को पाठ्यक्रमों में सम्मानजनक स्थान प्राप्त है। लगता है, भारतीय समाज विज्ञान में वेबर को बहुत बड़ी प्रतिष्ठा मिली है। योगेन्द्र सिंह और सुरेन्द्र मुंशी जैसे समाजशास्त्री आज भी भारतीय समाज विज्ञान में वेबर की प्रासंगिकता की खोज करते हैं।

वेबर ने जब दुनिया के बड़े धर्मों के तुलनात्मक अध्ययन को लिया था तो उनका उद्देश्य यह जानना था कि जब दुनिया की सभी बड़ी-बड़ी सभ्यताओं में धर्म में प्रकट या प्रच्छन्न रूप से भौतिकवादिता, उद्यमशीलता, व्यवसाय आदि थे, तब फिर क्या कारण था कि आधुनिक पूँजीवाद का जन्म केवल यूरोप में ही हुआ। उनका दूसरा सवाल यह था कि जब पश्चिमी सभ्यता में कुछ ऐसे लक्षण थे जिन्होंने धार्मिक आचार संहिता को पूँजीवादी आत्मा के विकसित होने में सहायता दी तो भारत और चीन की सामाजिक व्यवस्था में ऐसा कौनसा अभाव था जिसने पूँजीवाद को विकसित नहीं होने दिया। अपने उद्देश्य की पूर्ति में वेबर नकारात्मक परिणामों पर पहुंचते हैं। भारतीय समाज की रूढ़िवादिता और शास्त्र सम्मत हिन्दू धर्म ने ऐसी आचार संहिता विकसित नहीं की जो गैर-धार्मिक यानि आर्थिक क्रियाओं को प्रभावित कर सके।

वेबर की प्राप्तियों को हमने बराबर दोहराया है। यह सब इसलिये किया है कि इन प्राप्तियों पर हमारे यहाँ के विचारकों की कई प्रतिक्रियाएँ हुई हैं। ऐसा लगता है कि छठे और

सातवें दशक में वेबर पर हमारे देश में जो कुछ लिखा गया, गोष्ठियों में कहा गया, उसमें सभी की आम राय यह रही कि वेबर ने भारतीय सामाजिक रूढ़िवादिता और धर्म पर जो कुछ लिखा है, वह न तो सैद्धान्तिक रुप से और न आनुभाविक स्तर पर खरा उतरता है। जो भी आलोचनाएँ सामने आयीं, उन सभी में वेबर को पूर्णतया अस्वीकार किया गया है।

वेबर के योगदान पर लिखने वाले विदेशी लेखकों में कन्टोवस्की (D. Kantowski), माइरन विनर (Myron Weiner) और मिल्टन सिंगर (Milton Singer) आदि के नाम सम्मलित हैं।

भारतीय समाजशास्त्रियों में योगेन्द्र सिंह, सुरेन्द्र मुंशी, एस.सी. दुबे, आदि सम्मलित हैं। दोनों तरह के विचारकों ने वेबर के योगदान की जो आलोचना की है, इसे हम नीचे प्रस्तुत करेंगे।

वेबर की आलोचना

(1) वेबर की बहुत बड़ी आलोचना यह है कि उनमें पर्याप्त मात्रा में पूर्वाग्रह था। उन्होंने भारतीय समाज की व्याख्या यूरोपीय समाज के यथार्थ की दृष्टि से की है। उन्होंने जब यूरोप की सभ्यता में विवेकीकरण और अधिकारीतन्त्र को प्रमुख रुप से पाया, तो इसकी खोज भारतीय और चीनी समाज में प्रारम्भ कर दी। इस तरह की यूरोप पर केन्द्रित विचारधारा भारतीय समाज पर लागू हो ही जाये यह आवश्यक नहीं है। वास्तविकता यह है कि उनकी रुचि केवल यूरोप के धर्मों में थी और भारत तथा चीन के धर्मों का अध्ययन उन्होंने केवल अपनी थीसिस को परखने के लिये किया था।

(2) 1960 ई. में भारतीय समाजशास्त्रियों का जो सिम्पोजियम आयोजित हुआ था उसकी सर्वसम्मत राय यह थी कि हिन्दू धर्म के परम्परागत सांस्कृतिक मूल्यों ने कभी भी भारत के आर्थिक विकास में रोड़ा नहीं डाला। वेबर की यह भूल थी कि उन्होंने दो स्वतंत्र सभ्यताओं की जो विभिन्न युगों व परिस्थितियों में हुई, अपनी तुलना के लिये लिया।

(3) माइरन विनर का यह आग्रह है कि हिन्दू धर्म ने जहाँ पारलौकिकता पर जोर दिया है, वहीं बराबर महत्त्व दुनियावीं क्रियाकलापों पर भी दिया है। वास्तविकता यह है कि वेबर ने कभी भी हिन्दू धर्म को उसकी सम्पूर्णता में नहीं लिया। इस धर्म में कई सम्प्रदाय हैं। उन्होंने केवल कुछ सम्प्रदायों के आधार पर ही अपने निष्कर्ष प्रस्तुत किये हैं। उदाहरण के लिये, उन्होंने वैष्णव धर्म का कहीं भी उल्लेख नहीं किया है। जबकि वैष्णव धर्मावलम्बीयों पूँजीवाद के विकास में हमेशा अग्रणी रहे हैं। स्वयं मनु ने यह कहा कि वैश्य जाति को आर्थिक समृद्धि के लिये जो कुछ भी किया जा सकता है करना चाहिये। मनु ने यहाँ तक कहा है कि व्यापारिक वर्ग को राजा को सलाह देना चाहिये कि वे पूँजीवादी विकास के लिये जो कुछ कर सकते हैं करें।

सुरेन्द्र मुंशी वेबर की आलोचना में लिखते हैं कि गुजरात और राजस्थान में वैष्णव धर्मावलम्बियों की बहुलता है। और ये वैष्णव धर्मावलम्बी ही हैं जिन्होंने गुजरात और पश्चिमी बंगाल में अपने व्यवसाय का विकास पर्याप्त रूप से किया। जब वेबर यह कहते हैं कि भारतीय समाज में पूँजीवाद का जन्म धर्म की आन्तरिक प्रक्रियाओं से नहीं हुआ तब गुजरात और राजस्थान में किसी भाँति पूँजीवाद का विकास हुआ। सुरेन्द्र

मुंशी प्रमाण देते हुए कहते हैं कि गुजरात में सूती कपड़ा मिलों का जो उद्योग विकसित हुआ है वह अपने समय में दुनिया में सबसे बड़ा था। कॉटन टेक्सटाइल के इस उद्यम का जन्म अनिवार्य रूप से भारत में हुआ है, उसमें सम्पूर्ण नियोजन भारतीयों का रहा है और उसके प्रशासन को भी देशी मेनेजरों ने ही चलाया है।

(4) वेबर ने कर्म की व्याख्या करते हुए *गीता* का उल्लेख किया है और लिखा है कि *गीता* ने व्यावहारिक जीवन में उद्यमशीलता को विकसित नहीं किया। सुरेन्द्र मुंशी इसे स्वीकार नहीं करते। वे कहते हैं कि आर्यों के युग में हमें बड़े-बड़े शहरों का उल्लेख मिलता है। इन शहरों में व्यापारी बड़ी भव्य इमारतों में रहते थे। आर्य युग के बाद जैन और बौद्ध काल में हमें ऐसे व्यापारियों का उल्लेख मिलता है जिनके पास अपार धन था और बहुत बड़ी प्रतिष्ठा थी। हेलेन लेम्ब (Helen Lamb) ने भी इस तरह के उल्लेख किये हैं।

(5) वेबर ने बराबर जोर देकर कहा कि सामान्य भारतीय लालची होता है। वह कुछ देशी चालाकियाँ करके मालोमाल बनना चाहता है। उसमें नाम को भी विवेकीकरण नहीं होता। यह कथन भी आलोचकों को स्वीकार नहीं है। हेलेन लेम्ब तो यहाँ तक कहते हैं कि यह सबसे पहले भारतीय ही थे जिन्हें गणित का पर्याप्त ज्ञान था। सबसे पहले यहीं पर शून्य की अवधारणा को प्रस्तुत किया गया। संस्कृत साहित्य में जो पुरानी कृतियाँ हैं उनमें व्यापार, कर, ब्याज, ऋण आदि समस्याओं की गणना के लिये कई फार्मूलें थे। कुछ देशी फार्मूलें तो आज भी काम में लिये जाते हैं जिनमें बिना कागज कलम के सम्पूर्ण हिसाब पूरा हो जाता है। ऐसे समाज को यह कहना कि इसमें धन प्राप्त करने की एक अतार्किक लालच है, सही नहीं है।

(6) वे आलोचक जिन्होंने वेबर को गहराई से परखा है उनका कहना है कि वेबर यह दृढ़तापूर्वक कहते हैं कि हिन्दू धर्म में गुप्तोपासना तथा जादू का बहुत बड़ा महत्त्व है। रोजल (Roesel) ने इस तरह की मीमांसा को स्वीकार नहीं किया है। पहली बात तो यह है कि वेबर ने कहीं भी अपने इस तरह के विश्लेषण में प्रमाण प्रस्तुत नहीं किये हैं। यदि हम सामान्य जनता के धार्मिक व्यवहार को देखें तो हमें कहीं भी ऐसे तथ्य नहीं मिलते जिनपर यह कहा जा सके कि हिन्दू धर्मावलम्बी मोक्ष प्राप्ति या कर्मकाण्ड में जादू का प्रयोग करते हैं। बद्रीनाथ का तो कहना है कि वेबर कि केन्द्रीय भूल यह थी कि उन्होंने कहीं भी हिन्दू धर्म को गहराई से नहीं देखा।

(7) 1965 ई. में श्यामाचरण दुबे ने भारत के आर्थिक विकास में सांस्कृतिक समस्याओं के मुद्दे पर आनुभाविक अध्ययन प्रस्तुत किया। यद्यपि वे वेबर का सन्दर्भ तो नहीं देते लेकिन जो कुछ उनकी प्राप्ति है उसके आधार पर वेबर का कथन सही नहीं उतरता। दुबे का पहला कथन तो यह है कि हिन्दू धर्म की अनिवार्य समानताओं को किसी भी एकीकृत रूप में रखना बड़ा कठिन कार्य है। और दूसरा यह कि कभी भी सांस्कृतिक अर्थों में हिन्दू धर्म आर्थिक विकास के प्रतिकूल नहीं रहा। दूबे के अतिरिक्त कई अन्य समाज वैज्ञानिक हैं जो क्षेत्रीय आधार पर यह स्थापित करते हैं कि धार्मिक कारक आर्थिक विकास को अवरुद्ध नहीं करते।

मिल्टन सिंगर ने हिन्दू धर्म के आचारों को अपनी भूमिका बनाकर औद्योगिक नेतृत्व का

अध्ययन किया है। वे सैद्धान्तिक स्तर पर वेबर की पूर्व निर्धारण की धारणा की व्याख्या करते हैं। उनका निष्कर्ष है कि भारतीय समाज की बहुत सी बुनियादी संस्थाएँ जैसेकि जाति, संयुक्त परिवार, धार्मिक सम्प्रदाय, परम्परागत व्यवसाय आदि कम से कम मद्रास शहर में जो उनका आनुभाविक अध्ययन क्षेत्र था, उद्यमशीलता में आड़े नहीं आते।

(8) योगेन्द्र सिंह ने भारतीय परम्पराओं के आधुनिकीकरण की चर्चा अखिल भारतीय स्तर पर की है। वे कहते हैं कि वेबर ने धर्म और आर्थिक विकास की जो चर्चा की है उसका विश्लेषण करना कठिन है। उनके अनुसार वेबर का निष्कर्ष अधिक से अधिक एक आदर्श प्रारूप हो सकता है। आनुभाविक स्तर पर उन्हें सही पाना बहुत कठिन है। योगेन्द्र सिंह तो कहते हैं कि धार्मिक आचार संहिता आधुनिक आर्थिक विकास के प्रतिकूल हो यह सत्य नहीं है। कहीं भी यह आचार संहिता आधुनिक तकनीकी का विरोध, उद्योग, और कृषि में नहीं करती। सच्चाई यह है कि भारत के लोग और विशेषकर हिन्दू धर्मावलम्बियों ने विवेकपूर्ण विधियों को आगे बढ़कर अपनाया है।

उपसंहार

जब वेबर ने दुनिया के महान् धर्मों का तुलनात्मक अध्ययन की समस्या को उठाया था तब उनके सामने यूरोपीय सभ्यता प्रमुख थी। वहाँ उन्होंने पाया कि इस सभ्यता में विवेकीकरण तथा अधिकारीतन्त्र को स्वीकार करने के बुनियादी तत्त्व थे। पश्चिमी सभ्यता की इस विशेषता ने ही आधुनिक पूँजीवाद को विकसित किया। एशिया में भारत और चीन की सभ्यताओं में भी भौतिक सुविधाएँ, व्यापार, वाणिज्य सभी कुछ थे। चीन और भारत दोनों में राज्य तन्त्र भी अनुकूल था। अपेक्षित रूप से शान्ति भी थी। फिर भी लोगों में पूँजीवादी विकास को जन्म देने के लिये जिस आत्मा (Spirit) को विकसित करने के तत्त्व होने चाहिये वे नहीं थे। दूसरे शब्दों में हिन्दू सामाजिक व्यवस्था यानि जाति व्यवस्था और धर्म की आचार संहिता ऐसी नहीं थी जो पूँजीवाद को आधुनिक रूप दे सके। पुनर्जन्म और कर्म की अवधारणा ने लोगों को एक बंधी बंधाई विचारधारा में सीमित कर दिया।

वेबर की इस थीसिस को भारतीय समाजशास्त्रियों ने पिछले तीन दशकों में गम्भीरता से लिया है। कहना चाहिये चुनौतीपूर्ण रूप में लिया है। ऐसा लगता है कि वेबर का भारतीय समाज और धर्म का अध्ययन गहरा नहीं था। आज भी हिन्दू धर्म को परिभाषित करना बड़ा कठिन है। एक धार्मिक सम्प्रदाय में जिस आचार संहिता को प्रमाणित समझा जाता है, दूसरे सम्प्रदाय में इसका प्रतिरूप तैयार मिलता है। ऐसी स्थिति में हिन्दू धर्म को किसी भी तरह उसके एकीकृत रूप में देखना बहुत कठिन है। जाति व्यवस्था भी इसी तरह जटिल है। इन सब धार्मिक और सांस्कृतिक मूल्यों को ध्यान में रखकर हाल में जो अध्ययन प्रकाशित हुए हैं, आनुभाविक आधार पर सिद्ध करते हैं कि वेबर की थीसिस भारत में सही नहीं उतरती। भारतीय सभ्यता की अपनी एक ऐतिहासिक पहचान है और इस पहचान की तुलना दूसरी सभ्यता के साथ करना तार्किक दृष्टि से ठीक नहीं है। यहीं आकर वेबर कठिनाई में पड़ जाते हैं।

7

विलफ्रेडो पेरेटो

(Vilfredo Pareto, 1848-1923)

विलफ्रेडो पेरेटो इटली के निवासी थे। उनकी पुस्तक, *माइन्ड एण्ड सोसाइटी* एक शास्त्रीय ग्रन्थ है। अपनी मृत्यु के कुछ समय पहले उन्होंने एक टिप्पणी जड़ीः

> मैने समाजशास्त्र पर इस उद्देश्य से लिखा है और इस उद्देश्य को मैं फिर दोहराऊगाँ कि मैं अपने जीवन में प्रयोगात्मक वास्तविकता का पता लगाना चाहता था। और यह प्रयोगात्मक विधि वह है जो भौतिकशास्त्र, रसायनशास्त्र, जीवविज्ञान और अन्य विज्ञानों में सफल सिद्ध हुई है।

पेरेटो का उपरोक्त बयान दो बातों को स्पष्ट रुप से बताता है। और ये दो बातें उन्होंने तब लिखी हैं जब वे मृत्यु शय्या पर थे। देखा जाय तो उन्होंने समाजशास्त्र के अर्थ और उसकी विधियों पर बहुत खुलासे से लिखा है। *माइन्ड और सोसाइटी* उनकी अनुपम देन है। इस ग्रन्थ के चार भाग है और इसे उन्होंने बड़ी मेहनत से लिखा है। इस पुस्तक की भूमिका में वे स्वंय लिखते हैं कि एक जोड़ी कमीज और एक जोड़ी पेंट के साथ उन्होंने अपना समय इस पुस्तक लेखन में लगाया है। पुस्तक बहुत गहन है और जब पहली बार कोई पाठक इसे पढ़ता है तब उसके पल्ले कुछ नहीं पड़ता। उनकी लेखन शैली बड़ी दुरूह है। एक बार और पुस्तक को पढ़ना पड़ता है। थोड़ा बहुत हाथ लगता है और कहीं पुनः पढ़ने पर कुछ समझ में आता है। एक तो पेरेटो स्वंय स्पष्ट नहीं है और दूसरा पाठक स्वंय भ्रमित हो जाता है। लेकिन पढ़ने के बाद, समझ में आने के बाद यह प्रभाव पूरी तरह से पड़ जाता है कि पेरेटो वास्तव में एक महान् विचारक थे, अव्वल दर्जे के तार्किक थे। क्या मालूम, पेरेटो अपने दिमाग में क्या सोचते थे। उन्हें अर्थशास्त्रियों और समाजशास्त्रियों की भूलें खोजने में बड़ा आनंद आता था। लगता है उनमें भूल प्राप्त करने की कोई सनक थी।

पेरेटो का उद्देश्य एक ऐसी व्यवस्था स्थापित करना था जो समाजशास्त्र को उस स्तर पर पहुँचा दे जिस स्तर पर भौतिक और रसायनशास्त्र हैं। उन्होंने देखा कि रसायन विज्ञान योगिकों का विश्लेषण करता है। इसमें एक पदार्थ दूसरे पदार्थ पर निर्भर रहता है। इन विज्ञानों की तरह वे समाजशास्त्र के विभिन्न पदार्थों यानी चरों को देखना चाहते थे। *समाजशास्त्र में वे सभी चरों का अध्ययन तो नहीं करते, लेकिन कुछ चरों को व्यवस्थित रूप से देखते हैं। उन्होंने समाजशास्त्रीय विश्लेषण में केवल अतार्किक (Non-logical) चरों का ही विस्तार से अध्ययन किया है। मतलब हुआ, समाजशास्त्र अतार्किक क्रियाओं का अध्ययन है।*

देखा जाय तो पेरेटो की रुचि समाजशास्त्र और अर्थशास्त्र में थी। अपने जीवन काल में

वे इंजीनियर थे। उन्होंने अपना व्यावसायिक जीवन इसी धन्धे से किया। इस धन्धे से जुड़ा हुआ गणितशास्त्र है। अब उनकी रुचि गणितशास्त्र में हो गयी। इसमें कोई आश्चर्य नहीं है। सम्पूर्ण यूरोप में गणितशास्त्र बौद्धिकों का अव्वल दर्जें का शौक था। अगस्ट कॉम्ट, सिमेल सभी गणित के शौकिन थे। पेरेटो ने अर्थशास्त्र को गणितशास्त्र की तर्ज पर रखा। इस भाँति पेरेटो का उद्देश्य *समाजशास्त्र और अर्थशास्त्र को प्रयोगात्मक-तार्किक स्तर पर रखना था।*

यह प्रश्न भी स्वाभाविक है कि पेरेटो ने समाजशास्त्र की व्याख्या किस भाँति की। रेमण्ड एरॉ और पारसंस ऐसे सिद्धान्तवेत्ता है जिन्होंने पेरेटो का विश्लेषण एक सैद्धान्तिक विचारक के रूप में किया है। इन्हीं दो लेखकों के आधार पर लेविस कोजर ने—*मास्टर्स ऑफ सोशियोलोजिकल थॉट* में, पेरेटो की व्याख्या की है। ये सभी लेखक पेरेटो की पदावली में समाजशास्त्र की परिभाषा देते हैं। *पेरेटो समाजशास्त्र को ऐसा समाज विज्ञान मानते हैं जो अतार्किक क्रियाओं (Non-logical actions) का अध्ययन करता है।* हम अपनी लड़की को पराया धन-अमानत समझते हैं। जैसे मंदिर में बिना प्रसाद के पहुँचना अशिष्टता है, वैसे ही लड़की के घर बिना कुछ उपहार के जाना अशिष्टता है। लड़की के प्रति हमारी ये सब क्रियाएँ पेरेटो की पदावली में अतार्किक है। यह हमारी समझ में नहीं आता कि जिस लड़की का हमने पालन-पोषण किया उसे हम दूसरे घर पहुँचा देते हैं और जहाँ तक बन सके उसे कुछ न कुछ देते रहते हैं। तर्क तो गणितीय होता है। फिर भी समाजशास्त्र हमारे इस व्यवहार को अतार्किक होते हुए भी अध्ययन करता है। *इस भाँति समाजशास्त्र मनुष्यों की अतार्किक क्रियाओं का अध्ययन करता है।*

जब अतार्किक क्रियाओं का अध्ययन किया जाता है तब उसकी कुछ वैज्ञानिक विधियाँ भी होनी चाहिये। यदि अध्ययन की विधियाँ वैज्ञानिक नहीं होगी तो समाजशास्त्र का एक विज्ञान होने का दावा सिद्ध नहीं हो पायगा। पेरेटो इस समस्या का निदान देते हैं। वे कहते हैं कि *समाजशास्त्र अतार्किक क्रियाओं का तार्किक विधि से अध्ययन करता है*। ऊपर के दृष्टान्त में वह तर्क देगा कि अपनी लड़की तो आखिर अपनी लड़की है। जब हम अपने जीवन के संध्याकाल में पहुँचेगें तब यही लड़की हमारी सहायता करेगी। हमारे दुख दर्द में हमारी लड़की ही आयेगी। यह तर्क है। इसी कारण वे कहते हैं कि समाजशास्त्र अतार्किक क्रियाओं को तार्किक रूप से देखता है।

अतार्किक अध्ययन के लिये पेरेटो ने दो मनोवैज्ञानिक अवधारणाओं को प्रस्तुत किया है। इन अवधारणाओं में पहली अवधारणा *विशिष्ट चालक* (Residues) की है। और दूसरी *भ्रान्त तर्क* (Derivations) की है। यह दोनों अवधारणाएँ मनुष्य के व्यवहार को समझने में सहायक है। पेरेटो इन्हें अध्ययन विधि कहते हैं। अध्ययन विधि के इस पेकेज़ को वे *तार्किक प्रायोगिक* (Logico-experimental) कहते हैं। इस पेकेज में उन्होंने यह कहा है कि विशिष्ट चालक और कुछ न होकर हमारे *मनोभाव* (Sentiments) है। ये मनोभाव सभी व्यक्तियों में होते हैं। चेतन और अचेतन अवस्था में लोग इन मनोभावों से प्रेरित होकर काम करते हैं। हम जब अपनी लड़की को उपहार देते हैं तो इसमें हमारे कोई तर्क न होकर केवल मनोभाव ही होते हैं। दूसरी ओर मनुष्य में *भ्रान्त तर्क* (Derivations) होते हैं। यह तर्क वास्तविकता से दूर है लेकिन इसका प्रयोग हम केवल मन को शांति देने के लिये करते हैं। जब हम यह कहते हैं कि हमारी लड़की हमारी कठिनाइयों में सहायता देगी तो यह एक भ्रान्त

तर्क है। यह तर्क हमें भी भ्रम में रखता है और लड़की को भी। मनोभाव और भ्रान्त तर्क प्रायोगिक तार्किक व्यवस्था में सहायक होते हैं। यह अवश्य है कि रेमण्ड ऍरा और कोज़र ने यह बराबर कहा है कि पेरेटो की यह अवधारणाएँ स्पष्ट नहीं है। इस आलोचना के होते हुए भी समाज में होने वाली अतार्किक क्रियाओं के तार्किक अध्ययन के लिये इनकी उपयोगिता है।

पेरेटो ने समाजशास्त्र के लक्ष्य को स्थापित कर दिया कि यह समाज विज्ञान अतार्किक क्रियाओं का अध्ययन करता है। इसके बाद उन्होंने तार्किक प्रायोगिक विधि को भी प्रस्तावित किया। इससे आगे वे विधि से जुड़ी हुई दो और अवधारणाओं का उल्लेख करते हैं ये हैं *व्यक्तिनिष्ठ* (Subjective) और *वस्तुनिष्ठ (Objective)। जब हम वस्तुओं को देखते हैं तो या तो उन्हें अपनी वैयक्तिक दृष्टि से देखते हैं और फिर हम इसे वस्तुनिष्ठ दृष्टि से देखते हैं। जहाँ व्यक्तिनिष्ठ और वस्तुनिष्ठ दोनों ही दृष्टिकोण मिल जाते हैं तो यह निश्चित रूप से वैज्ञानिक उपागम है।* केवल व्यक्तिनिष्ठ निष्कर्ष समाजशास्त्र को विज्ञान नहीं बनाता और न इस तरह वस्तुनिष्ठ दृष्टिकोण। जब हम तार्किक-प्रायोगिक विधि को काम में लेते हैं तब हमें इन दोनों के सामंजस्य पर पूरा ध्यान देना चाहिये।

पेरेटो ने समाजशास्त्र और उसकी विधियों का विश्लेषण किया है। उनका दूसरा कार्य *अभिजात वर्ग के परिभ्रमण* का है। उनका यह सिद्धान्त वस्तुतः सामाजिक परिवर्तन का सिद्धान्त है। यह महत्वपूर्ण बात है कि 19 वीं शताब्दी के सभी विचारकों ने सामाजिक परिवर्तन के सिद्धान्त पर अपने विचार रखें हैं। किसी ने उद्‌विकासीय सिद्धान्त रखा है तो किसी ने चक्रीय सिद्धान्त। उन्होंने रेखीय सिद्धान्त को अस्वीकार किया है। वास्तव में वे सामाजिक स्वरूपों के चक्रीय सिद्धान्त को रखते हैं। उनका कहना है कि एक निश्चित समय में जो सामाजिक स्वरूप होते हैं वे दूसरे समय में बदल जाते हैं और फिर पुराने स्वरूप आ जाते हैं। स्वरूपों का यह चक्र चलता ही रहता है। उदाहरण के लिये अभिजात वर्ग के वे लोग जो आज हुकूमत चलाते हैं कल उन्हें सड़क छाप लोग उखाड़ फैकेगें। और इन सड़क छाप लोगों को जो अभिजात वर्ग में आ जाते हैं पुनः सड़क पर धकेल दिया जायेगा। अभिजात दर्ग के परिभ्रमण का यह सिद्धान्त उनका सामाजिक परिवर्तन का सिद्धान्त है। पेरेटो से पहले अर्थशास्त्री मार्शल ने जो सिद्धान्त रखा था उसका विरोध भी इन्होंने किया है। सब मिलाकर पेरेटो समाजशास्त्र और अर्थशास्त्र को प्राकृतिक विज्ञानों की तरह प्रत्यक्षवादी विज्ञान बनाना चाहते थे।

जीवन रेखाचित्र (Life Sketch)

विल्फ्रेडो फेडेरिको दामासो पेरेटो का जन्म ईटली में हुआ था। उनके माता-पिता इटली से निर्वासित कर दिये गये। इसके राजनीतिक कारण थे। पेरेटो के पिता इटली के स्वतन्त्रता सैनानी मेज़िनी और गेरीबाल्डी के प्रशंसक थे। इन दोनों ने इटली के एकीकरण के लिये कई आन्दोलन किये और अन्त में चलकर सफल भी हुए। पेरेटो इन दोनों के मुरीद थे। अपने क्रिया-कलापों में पेरेटो के पिता उदारवादी थे और वे प्रजातान्त्रिक समानता के लिये जूझने वाले व्यक्ति थे। यह सब तत्कालीन हुकूमत को स्वीकार नहीं था और इनके परिवार को देश निकाला दे दिया। पेरेटो तब केवल 10 वर्ष के थे। इस तरह बालक पेरेटो ने अपनी शिक्षा

पेरिस और इटली के तूरीन में पायी।

यह संयोग की बात थी कि जब पेरेटो वयस्क हुए तब उन्होंने अपने पिता का विरोध किया। जब पेरेटो के बारे में कुछ लिखा जाता है तब यह अवश्य कहा जाता है कि वे *फासीस्टवादी* (Fascist) थे। उन्होंने अपने जीवनकाल में उदार विचारों का बराबर विरोध किया। अपने स्वभाव से वे प्रतिक्रियावादी थे। जब इटली की सत्ता ने कई उदारवादियों को मौत के घाट उतर दिया तब इनका समर्थन करने वालों में पेरेटो भी थे। *वे अपने जीवन पर्यन्त उदारवाद, स्वतन्त्रता और समाजवाद के विरोधी थे।* कहते हैं उनका रोम-रोम फासीवादी था। उनकी मौत के बाद जब इटली में पूंजीवाद को विकसित करने का प्रयास किया गया तब पेरेटो के विचारों को अमल में लाने की कोशिश भी वहाँ की सरकार ने की।

पेरेटो का जीवन एक इंजिनियर, गणितशास्त्री, अर्थशास्त्री और समाजशास्त्री का था। जब वे समाजशास्त्र के प्रोफेसर थे तब मुसोलिनी जैसा फासीस्टवादी उनका विद्यार्थी था। जब फासीस्टवादी अपनी किसी लड़ाई में नारे लगाते हैं और परचे बाटतें हैं तब वे पेरेटो के *कोटेशन* देना कभी नहीं भूलते। वे लोग जो अधिनायकवाद या फासीवाद को समझना चाहते हैं उनके लिये पेरेटो की कृतियां अमूल्य निधि है।

पेरेटो ऊँचे दर्जे के तार्किक थे। समाजशास्त्र के निर्माण में उन्होंने अपनी इसी तर्कना शक्ति का पूरा उपयोग किया है। जो भी समाजशास्त्री उनकी *ट्रिटाइज* (Treatise) को पढ़ता है यह स्वीकार करता है कि पेरेटो तर्क करने में कहीं पर भी दूसरे दर्जे के समाजशास्त्री नहीं है। तर्क के अतिरिक्त उनकी दूसरी विशेषता गणित है उन्होंने अपने अर्थशास्त्र में ही नहीं समाजशास्त्र में भी गणित का प्रयोग किया। ये पेरेटो ही थे जिन्होने अर्थशास्त्र में गणितशास्त्रीय साम्यानुकूलन व्यवस्था को स्थापित किया है। अपने समय के इटली और फ्रान्स के अग्रणी समाचार पत्रों में वे खूब छपे हैं। वे द्विभाषी थे—इटली और फ्रान्स की भाषा को वे समझते थे और उसमें अधिकृत रूप से लिखते थे।

बौद्धिक पृष्ठभूमि (Intellectual Context)

पेरेटो की कृतियों में यूरोप की दो परम्पराओं का निर्वाह पर्याप्त रूप से हुआ है। जब वे देश निकाले में फ्रान्स में रहे, वही शिक्षा-दीक्षा पायी तब उन्होंने अपने आप आपको फ्रान्स की परम्परा में ढाल दिया। इधर इटली की परम्परा भी उनके जीवन में आ गयी। उनके व्यक्तित्व विकास में ये दोनों परम्पराएँ स्पष्ट रूप से उभरकर आती है। इटली के बौद्धिक समाज में *मेकियावेली* (Machiavelli) का बड़ा आदर था। मेकियावेली राजनीतिशास्त्र के विशेषज्ञ थे। उनका झुकाव फासीवाद की ओर था। इसमें रुचिकर बात यह है कि पेरेटो मेकियावेली को अपना आदर्श समझते थे। उनका फासीवाद के प्रति जो रुझान था वह मेकियावेली के ही कारण था।

पेरेटो डार्विन से भी प्रभावित थे। उन्होंने हरबर्ट स्पेन्सर के उद्‌विकास की भी पड़ताल की थी। उस युग में मीड (Mead) का बड़ा नाम था। मीड ने अपनी कृतियों में व्यक्ति और समाज के सम्बन्धों को देखा है। उनका कहना था कि व्यक्ति के लिये समाज सबसे ऊपर है। व्यक्ति तो समाज की प्रतिकृति मात्र है। इस विचारधारा ने भी पेरेटो को प्रभावित किया। पेरेटो पर शायद सबसे बड़ा प्रभाव मोस्का (Mosca) का था। मोस्का ने अपनी

पुस्तक *दि रुलिंग क्लास* (The Ruling Class) पर बहुत कुछ लिखा है। अपने लेखन में ये भी फासीवादी थे।

फासीवाद के अतिरिक्त पेरेटो तटस्थ्य सिद्धान्त के प्रणेता भी थे। वे पूरी शक्ति के साथ हरबर्ट स्पेन्सर और कॉम्ट के उद्विकास तथा प्रगति के सिद्धान्त को अस्वीकार करते हैं। एक स्थान पर मुसोलिनी ने पेरेटो के लिये यह टिप्पणी दीः "पेरेटो बुर्जुआ कार्ल मार्क्स थे।" इसका मतलब यह हुआ कि जिस तरह मार्क्स ने सर्वहारा वर्ग की हिमायत की कुछ इसी तरह पेरेटो ने बुर्जुआ वर्ग की हिमायत की।

कृतित्व (Major Works)

पेरेटो ने बहुत कुछ लिखा है, अर्थशास्त्र और समाजशास्त्र में। प्रारम्भ में उनके कुछ फुटकर निबन्ध अर्थशास्त्र में थे। इन्हीं के कारण वे सन् 1892 में राजनीतिक अर्थशास्त्र (Political Economics) के प्रोफेसर हो गये। उन्होंने इटली का एक वाकया अपनी *ट्रिटाइज* में लिखा है। वे इटली में आयोजित एक सेमीनार में भाग लेने गये थे। उस समय के नामी गिरामी अर्थशास्त्री इस बैठक में उपस्थित थे। यहाँ पेरेटो ने कहा कि अर्थशास्त्र एक प्रत्यक्षवादी समाज विज्ञान (Positive Social Science) है। उनका यह कहना था कि बैठक के कई सदस्यों ने उनकी टाँग खीचनी शुरु कर दी। जैसा कि बैठकों में होता है पेरेटो को भी चुप्पी साधनी पड़ी। इसी बैठक के बाद शाम को पेरेटो भोजन प्राप्त करने के लिये किसी होटल की तलाश में निकले। बैठक में उपस्थित एक भागीदार से उनकी भेंट हो गयी। पेरेटो ने बैठक के भागीदार से पूछा कि क्या वे उन्हें कोई ऐसी होटल बता सकते हैं जहाँ मुफ्त में खाना मिले। पेरेटो ने यह इसलिये पूछा कि वे उस शहर में अजनबी थे। भागीदार ने तपाक से उत्तर दियाः कहीं भी ऐसी होटल तो नही मिलेगी जो मुफ्त में खाना दे देवे। हाँ, यह अवश्य है कि किसी होटल में सस्ता खाना मिल जायगा और किसी में मँहगा।" अब पेरेटो के बोलने की बारी थीः "यही तो समाजशास्त्र का सिद्धान्त है।" कहने का तात्पर्य यह है कि अर्थशास्त्र को एक प्रत्यक्षवादी विज्ञान बनाने में पेरेटो का योगदान अमूल्य है। उन्होंने राजनीतिक अर्थशास्त्र पर 1896-97 में एक महत्वपूर्ण पुस्तक लिखी। इसके बाद सन् 1906 में उन्होंने अर्थशास्त्र का एक मेन्युल भी तैयार किया। समाजशास्त्र में उनकी पुस्तक *दि सोशिलिस्ट सिस्टम* (The Socialist Systems) एक शास्त्रीय ग्रन्थ है। इसके बाद *ट्रिटाइज ऑन जनरल सोशियोलोजी* (Treatise on General Sociology-1916) प्रकशित हुई। इस पुस्तक का अंग्रेजी अनुवाद न्यूयार्क से *माइन्ड एण्ड सोसाइटी* (Mind and Society) के नाम से 1935 में प्रकाशित हुआ। यह पुस्तक चार खण्डों में निकली है। सामान्यतया यह पुस्तक *ट्रिटाइज* के नाम से जानी जाती है।

ट्रिटाइज में पेरेटो ने प्रजातान्त्रिक व्यवस्था पर कटु व्यंग किये हैं। इन व्यंगों ने ही मुसोलिनी को पेरेटो की ओर आकर्षित किया। यह इसी पुस्तक के कारण है कि मुसोलिनी जब सत्ता में आये तब उन्होंने पेरेटो को इटली की सीनेट की सदस्यता के लिये मनोनीत किया। यह दूसरी बात है कि पेरेटो ने इसे स्वीकार नही किया।

पेरेटो की समाजशास्त्र को देन (Pareto's Contribution to Sociology)

पेरेटो की समाज विज्ञानों को कई तरह की देन है। गणितशास्त्र में उन्होंने गणितीय

साम्यानुकूलन के सिद्धान्त को बनाया। अर्थशास्त्र में उन्होंने राजनीतिक अर्थशास्त्र को अपनी ऊँचाइयों पर रखा। इसका एक *मेन्युअल* भी तैयार किया। उन्होंने जो कुछ गणितशास्त्र और अर्थशास्त्र पर लिखा है इसका उद्देश्य इन विधाओं को वैज्ञानिक स्तर पर रखना है। वे हर तरह से अर्थशास्त्र को एक निश्चित और प्रत्यक्षवादी समाजविज्ञान मानते थे। समाजशास्त्र को भी उनकी देन है। उन्हें ऊँचे दर्जे का विचारक समझा जाता है। इस हैसियत से उनकी देन दो क्षेत्रों में है:

(1) *वैज्ञानिक समाजशास्त्र की अवधारणा* (Conception of Scientific Sociology)
   (a) तार्किक क्रिया (Logical Action),
   (b) अतार्किक क्रिया (Non-Logical Action),
   (c) विशिष्ट चालक (Residues),
   (d) भ्रान्ततर्क (Derivations)

(2) अभिजात वर्ग का परिभ्रमण (Circulation of Elites)

पेरेटो की देन अनन्य है। यहाँ हम केवल उपरोक्त दो तरह के योगदान की ही चर्चा करेंगे।

वैज्ञानिक समाजशास्त्र की अवधारणा (Conception of Scientific Sociology)

पेरेटो की समाज की अवधारणा एक व्यवस्था की है। वे कहते हैं कि किसी भी व्यवस्था की तरह *समाजशास्त्र भी एक व्यवस्था (System) है।* व्यवस्था में अगणित भाग होते हैं। समाज में भी अगणित भाग हैं। इसमें राजनीति, अर्थव्यवस्था, धर्म, परिवार, वर्ग आदि हैं। प्रत्येक भाग की अपनी एक पहचान है। हम निश्चित रूप से कह सकते हैं कि जो उत्पादन, विनिमय, वितरण और उपभोग है, आर्थिक क्रिया है। इसी तरह आत्मा और परमात्मा का सम्बन्ध धर्म का क्षेत्र है। प्रत्येक क्षेत्र की अपनी एक पृथक शिनाख्त है। हम कह सकते है कि यहाँ अर्थशास्त्र शुरु होता है, और वहाँ समाप्त होता है। *इस शिनाख्त के होते हुए भी पेरेटो कहते हैं कि समाज का एक भाग दूसरे भागसे और सम्पूर्ण भागों से जुड़ा हुआ है।* राजनीति एक पृथक भाग है लेकिन यह मालिक और मजदूरों के सम्बन्धों को निश्चित करता है। शिक्षा एक भाग है लेकिन धर्म और अर्थ दोनों ही इसे प्रभावित करते हैं। पेरेटो का तर्क यह है कि *समाज के भाग अन्तर्निभर है। एक भाग में परिवर्तन करते हैं तो इससे अन्य भाग परिवर्तित होते है। समाज की इस सम्पूर्ण व्यवस्था में मनुष्य एक अणु (Molecule) है।* समाज की इस व्यवस्था को प्रभावित करने वाली तीन दशाएँ है:

(1) मानव अतिरिक्त पर्यावरण (Extra human environment)
(2) समाज से बाहर के तत्व (Other elements exterior to the society)
(3) व्यवस्था के आन्तरिक तत्व (Inner elements of the system): जैसे हेतु, ज्ञान, मनोभाव, विशिष्ट चालक और भ्रान्त तर्क।

समाज की व्यवस्था को व्यवस्थित बनाने में उपरोक्त सभी तीन कारक महत्वपूर्ण है। इन सब कारकों का विवरण पेरेटो ने दिया है। लेकिन सबसे अधिक विस्तार से उन्होंने मनोभावों और भ्रान्त तर्कों को दिया है। समाजशास्त्र की परिभाषा वे इन्हीं *अतार्किक* (Non logical) और तार्किक (Logical) अवधारणाओं द्वारा किया है। जब हम समाजशास्त्र को

परिभाषित करते हैं तब हमें तार्किक, अतार्किक, विशिष्ट चालक और भ्रान्त तर्क सभी का उल्लेख करना पड़ेगा। ये सब तत्व मिलकर ही समाजशास्त्र की परिभाषा और उसकी विषयवस्तु को बताते।

समाजशास्त्र की परिभाषा (Definition of Sociology)

माइण्ड एण्ड सोसाइटी में पेरेटो ने समाजशास्त्र को परिभाषित किया है। वे यह मानकर चलते हैं कि जैसा हमने ऊपर कहा है समाज एक व्यवस्था है। इस व्यवस्था के विभिन्न भाग आपस में जुड़े हुए हैं। व्यवस्था में परिवर्तन लाने वाले कारक पर्यावरण तथा आन्तरिक और बाह्य व्यक्ति और व्यवस्थाएँ है। उन्होंने इसी संदर्भ में समाजशास्त्र को परिभाषित किया है। वे यह भी आग्रह करते हैं कि *समाजविज्ञानों की दुनियाँ में केवल अर्थशास्त्र ही ऐसा है जो निश्चित है, गणितीय है और जिसे मापा जा सकता है।* अर्थशास्त्र की तर्ज पर ही वे समाजशास्त्र को भी बांधने का प्रयास करते हैं। ऐसा करने में वे मनुष्य के मनोभावों और तर्कों की अवधारणा को भी काम में लाते हैं। उन्होंने समाजशास्त्र की परिभाषा इस भाँति दी है:

> समाजशास्त्र अतार्किक क्रियाओं का अध्ययन करता है।

जब हम अतार्किक क्रिया की बात करते हैं तो स्वाभाविक रूप से तार्किक क्रिया की बात भी आती है। यानी मनुष्य की क्रियाएँ तार्किक और अतार्किक दोनों होती हैं। पहले हम दोनों की व्याख्या करेंगे।

तार्किक क्रिया (Logical Action)

पेरेटो ने समाजशास्त्र को परिभाषित करते हुए दो अवधारणाओं को प्रस्तावित किया है: तार्किक क्रिया और अतार्किक किया। इन दो अवधारणाओं से जुड़ी हुई और अवधारणाएँ हैं। *वस्तुनिष्ठ क्रिया* (Objective action) और *व्यक्तिनिष्ठ क्रिया* (Subjective action)। जब व्यक्ति तार्किक क्रिया करता है तब वह इन दोनों अवधारणाओं के अर्न्तगत अपने निर्णय लेता है। अवधाराओं का एक और *सेट* है: साधन और साध्य (Means and End)। जब व्यक्ति किसी क्रिया को करता है तब उसके कुछ साध्य यानी उद्देश्य होते हैं। इन उद्देश्यों की पूर्ति के लिये वह कुछ साधनों को प्रयोग में लाता है। साध्य-साधन के बिना क्रिया नहीं हो सकती। और अपने अतार्किक क्रिया सिद्धान्त के अन्त में पेरेटो अवशिष्ट और भ्रान्त तर्क (Residues and Derivations) की अवधारणाएँ काम में लाते हैं। इन सब अवधारणाओं का हम यहाँ विश्लेषण करेंगे। थोड़े में पेरेटो द्वारा दी गयी समाजशास्त्र की परिभाषा और इसकी विधियाँ इन्हीं अवधारणाओं से जुड़ी हुई हैं।

परिभाषा और अर्थ (Definition and Meaning)

लेविस कोज़र ने तार्किक क्रिया की परिभाषा इस तरह दी है:

> तार्किक क्रियाएँ वे हैं जो साध्य प्राप्त करने के लिये उपयुक्त साधनों को काम में लाती है। ये क्रियाएँ साधन और साध्य को तार्किक रूप से जोड़ती है।

कोज़र ने तार्किक क्रिया की जो व्याख्या की है जिसके अनुसार यह बहुत स्पष्ट है कि व्यक्ति किसी भी क्रिया के करने से पहले अपने उद्देश्य को निश्चित करता है। यह उसका साध्य है। साध्य निश्चित होने के बाद वह तार्किक रूप से यह देखता है कि इसे प्राप्त करने

का उचित साधन क्या है। लेकिन है जब वह साधन के बारे में सोचता है तब दुविधा में पड़ जाता है। उदाहरण के लिये विश्वविद्यालय का छात्र अपनी परीक्षा को उच्च श्रेणी में उत्तीर्ण करना चाहता है। यह उसका साध्य है। यहाँ तक तो सब ठीक-ठाक है। अब दुविधा आती है। यह उच्च श्रेणी कैसे प्राप्त की जाये? उसका मन तो करता है कि वह परीक्षा में नकल कर ले; परीक्षकों तक अपनी पहुँच करें और उच्च श्रेणी प्राप्त कर ले। उसका यह विकल्प साधन है। पेरेटो इसे व्यक्तिनिष्ठ क्रिया (Subjective action) कहते हैं। लेकिन वह समाज की ओर देखता है। समाज तो कहता है कि उच्च श्रेणी पाने के लिये अधिकतम मेहनत करनी चाहिये। समाज का यह कहना वस्तुनिष्ट (Objective) है। अब छात्र क्या करे? यदि इस दुविधा को पार करने के लिए वह अपने मन के यानी स्वंय के विकल्प को छोड़ देवे और वस्तुनिष्ट विकल्प को अपना लेवे तो यह उसकी तार्किक क्रिया होगी। मतलब हुआ *तार्किक क्रिया में व्यक्तिनिष्ठ और वस्तुनिष्ठ क्रिया का समायोजन हो जाता है।* इसे सूत्र रूप में इस भाँति रखेंगे:

व्यक्तिनिष्ठ + वस्तुनिष्ठ क्रिया = तार्किक क्रिया

पारसंस ने तार्किक क्रिया की व्याख्या अधिक सटीक रूप में की है। उनका कहना है:

क्रिया तब तार्किक होती है। जब वह समाज द्वारा निर्धारित मानकों के एक प्रकार को स्वीकार करती है।

यहाँ पारसंस स्पष्ट रूप से साध्य-साधन की बात नहीं करते। लेकिन जब वे निश्चित प्रकार के मानकों को स्वीकार करने की चर्चा करते हैं तो इससे स्पष्ट है कि वे समाज द्वारा स्वीकृत मानकों को महत्व देते हैं। देखा जाय तो पारसंस और मर्टन के क्रिया सिद्धान्त के बाद साधन-साध्य की बात अधिक आग्रहपूर्वक उठाई गयी है। मर्टन ने *एनोमी* (Anomie) की अवधारणा को रखा है। उनका कहना है कि समाज में नियमहीनता तब आती है जब एक व्यक्ति अपने उद्देश्यों की प्राप्ति के लिये समाज के नियमों को नहीं मानता। यदि मर्टन को पेरेटो की साध्य-साधन की अवधारणा पर ढाला जाय तब कहना होगा कि मर्टन एनोमी से मुक्ति की बात तब मानते हैं जब व्यक्ति समाज द्वारा स्वीकृत लक्ष्यों और साधनों दोनों को अपनाता है। साधन-साध्य की बात हमारे देश में गाँधीजी ने भी उठाई है। उनका कहना है कि व्यक्ति को अपने लक्ष्यों की प्राप्ति में जुट जाना चाहिये। लेकिन वह जिन साधनों को काम में लाता है वे पवित्र होने चाहिये। करोड़पति बनने के लिये यदि कोई व्यक्ति ड्रग की तस्करी करता है और रातों-रात अपने लक्ष्य को प्राप्त कर लेता है तब गाँधी जी कहते हैं उसके लक्ष्य पवित्र नहीं है। करोड़पति हो गया तो क्या हुआ, उसने जो तरीके अपनाये हैं उसके साधन गन्दे हैं। अत: बहुत संक्षेप में यह कहना चाहिये कि *तार्किक क्रिया वह क्रिया है जिसमें साध्य-साधन तार्किक आधार पर जुड़े हों यानी साधन ऐसे हों जो साध्य तक पहुँचा देवें। दूसरा साधन ऐसे होने चाहिये जो उपयुक्त हों। यहाँ उपयुक्त से पेरेटो का तात्पर्य समाज द्वारा स्वीकृत हो।*

तार्किक क्रिया के लक्षण (Characteristics of Logical Action)

(1) तार्किक क्रिया कार्य-कारण से जुड़ी होती है। कोई भी क्रिया तार्किक तभी बनती है। जब उसके पीछे कार्य-कारण हों। अनिवार्य रूप से तार्किक क्रिया संवेगात्मक नहीं

होती। यह तो गणितीय रूप में होती है—दो और दो चार। ऐसा नहीं है कि पिता द्वारा दिये गये अपने बेटे को दो और दो चार रुपये पाँच हो जाये। और पराये व्यक्ति के लिये तीन हो जाये। यह अंक तो बराबर चार ही रहता है। पेरेटो इसे तर्क कहते हैं।

(2) वस्तुनिष्ठ और व्यक्तिनिष्ठ मानकों में समायोजन होता है। व्यक्ति कुछ सोचे और समाज और कुछ, इससे तार्किक क्रिया नहीं बनती। *तार्किक क्रिया के लिये वस्तु निष्ठ और व्यक्तिनिष्ठ मानकों में समायोजन होना आवश्यक है।*

वस्तुनिष्ठ और व्यक्तिनिष्ठ मानक (Objective and Subjective Norms)

तार्किक क्रिया में वस्तुनिष्ठता और व्यक्तिनिष्ठता में गहन सम्बन्ध की बात पेरेटो ही नहीं उनके बाद के समाजशास्त्रियों ने भी की है। रेमण्ड एराँ ने पेरेटो की जो व्याख्या रखी है उसमें वे इन दोनों प्रकार के मानकों की चर्चा विस्तार से करते हैं। क्रिया की ये दो अवधारणाएँ तार्किक और अतार्किक क्रियाओं को समझने के लिये अनिवार्य है। इसे थोड़ा समझना चाहिये। जब व्यक्ति किसी क्रिया को करता है तब क्रिया के बारे में उसके मस्तिष्क में कुछ बातें होती हैं। व्यक्ति के मस्तिष्क में मनोभाव होते हैं। वह अचेतन अवस्था में भी अपने मस्तिष्क में कुछ न कुछ गतिविधि करता रहता है। पेरेटो इसे *मस्तिष्क की अवस्था* (State of Mind) कहते हैं। जब पेरेटो व्यक्तिनिष्ठ मानकों की बात करते हैं कि विचारकों के इस युग में एक बहुत बड़ा द्वन्द्व था। कुछ विचारक समाजशास्त्र को मनोविज्ञान से पृथक करना नहीं चाहते थे। वेबर ने जब क्रिया के *आदर्श प्रारुप* (Ideal Type) बनाये तब उन्होंने कहा कि क्रिया वह है जो व्यक्ति स्वंय परिभाषित करता है। यहाँ उन्होंने मनोविज्ञान की भूमिका को रखा। पेरेटो जब व्यक्तिनिष्ठ क्रिया की बात करते हैं तो स्पष्ट है उनके मस्तिष्क में व्यक्ति की मानसिक अवस्था का विचार है।

व्यक्ति के सामने वस्तुनिष्ठ स्थिति भी होती है। वह वस्तुनिष्ठ से अपनी आँख नहीं मूंद सकता। पिछले दृष्टान्त की बात करें तो कहेंगे कि किसी भी व्यक्ति का करोड़पति बनने का सपना, कोई गलत नहीं है। वस्तुनिष्ठा भी इसे स्वीकार करती है। समाज चाहता है कि लोग सम्पन्न रहे। लेकिन जब व्यक्तिनिष्ठा अपना मुँह वस्तुनिष्ठता से फेर लेता है तो समाज की व्यवस्था बिगड़ जाती है। चोरी-चकारी, लुट-पाट किसी को भी समाज द्वारा मान्यता प्राप्त करोड़पति नहीं बनाती। पेरेटो कहते हैं कि *तर्क संगत क्रिया तभी होगी जब इसमें व्यक्तिनिष्ठा और वस्तुनिष्ठा का समायोजन होगा।*

रेमण्ड एराँ द्वारा दी गयी तालिका जो व्यक्तिनिष्ठा और वस्तुनिष्ठा का समायोजन बताती है, हम यहाँ देगें:

वस्तुनिष्ठता	नहीं	नहीं	हाँ	हाँ
व्यक्तिनिष्ठता	नहीं	हाँ	नहीं	हाँ

इस तालिका को थोड़ा हम समझें। जहाँ 'नहीं' 'नहीं' श्रेणी है इसका मतलब हैं कि क्रिया तार्किक नहीं है। इसका मतलब हुआ न तो वास्तविकता में साधन लक्ष्यों से जुड़ें हैं और न व्यक्ति के मस्तिष्क में भी साध्य और साधन का समायोजन है। 'नहीं' 'नहीं' की श्रेणी वास्तव में काम में आती नहीं है। आदमी विवेकपूर्ण है, वह सोचता है और इसलिए व्यावहारिक जीवन में 'नहीं-नहीं' की स्थिति नहीं आती।

अब हम दूसरी श्रेणी को लें। इसमें व्यक्ति के कार्यों को वस्तुनिष्ठता 'नहीं' कहती है लेकिन व्यक्ति व्यक्ति निष्ठा के आधार पर 'हाँ' कहता है। बढ़ते हुए समाज में आज जनसंख्या का एक बड़ा भाग वस्तुनिष्ठा की उपेक्षा करके हर चीज़ प्राप्त कर लेना चाहता है। वह बड़ा अफसर बनना चाहता है, अव्वल दर्जे का प्रोफेसर होना चाहता है और इनकी प्राप्ति के लिये जिन साधनों को अपनाता है, वस्तुनिष्ठा उन्हें मा॰ .ता नहीं देती। यह भी तर्कसंगत क्रिया नहीं है।

तीसरी श्रेणी में स्थिति दूसरी हो जाती है। यहाँ वस्तुनिष्ठा तो साध्य प्राप्त करने की स्वीकृति देती है लेकिन व्यक्ति इसकी सुविधा नहीं अपनाता। आदिवासियों को विकास योजना के अर्न्तगत कई विकास सुविधाएँ दी गयी हैं। यह वस्तुनिष्ठा है। लेकिन आदिवासी इसका लाभ नहीं ले पाता।

तालिका की चौथी श्रेणी वह है जिसमें वस्तुनिष्ठा और व्यक्तिनिष्ठा दोनों में 'हाँ-हाँ' हैं। यानी यहाँ इन दोनों में समायोजन है। यह क्रिया तर्कसंगत क्रिया है।

अतार्किक क्रिया (Non-Logical Action)

पेरेटो का अतार्किक क्रिया से तात्पर्य उन सभी क्रियाओं से हैं जो तार्किक नहीं है। दूसरे शब्दों में वह क्रिया जो तार्किक नही हैं, वह अतार्किक है। इस दृष्टि से अतार्किक क्रिया एक *अवशिष्ट श्रेणी* (Residual Category) है। इसकी कुछ परिभाषाएँ लिजिये:

लेविस कोज़र के अनुसार : "अतार्किक क्रिया केवल वह क्रिया है जो पेरेटो की परिभाषा में तार्किक नहीं है। सम्पूर्ण क्रिया में तार्किक क्रिया निकाल दीजिये। जो अवशिष्ट हैं। वह अतार्किक क्रिया है।"

पारसंस ने अतार्किक क्रिया को अधिक खुलासे से रखा है। वे कहते हैं कि मनुष्य की सभी क्रियाओं को हम (A) कहते हैं। ये क्रियाएँ बहुत विस्तृत और विशाल है। हम रोटी-रोजी के लिये सुबह से शाम तक जुटे रहते हैं। इसी तरह लोग विभिन्न क्रियाओं में संलग्न रहते हैं। इन सबको हम (A) की श्रेणी में रखते हैं। अब हम इस सम्पूर्ण क्रिया (A) में से तार्किक क्रिया जिसका नाम (L) देते हैं निकाल लेते हैं तो शेष जो बचता है यानी जो अवशिष्ट है, वह अतार्किक क्रिया है। हम अपने व्यवसाय, परिवार, समुदाय, वर्ग आदि में कई क्रियाएँ करते हैं। इनमें अधिकांश क्रियाएँ तार्किक हैं। लेकिन हम मनोरंजन करते हैं, लिखते हैं, चित्र बनाते हैं, ये सब हमारे शौक है। इन दोनों प्रकार की क्रियाओं में से जो बचता है यानी साहित्य, कला आदि अतार्किक क्रिया है। दूसरे शब्दों, में *यदि सम्पूर्ण क्रिया में से तार्किक क्रिया को निकाल दें तो जो अवशिष्ट बचेगा वह अतार्किक क्रिया होगी।*

पेरेटो की परिभाषा में समाजशास्त्र एक ऐसा समाजविज्ञान है जो मनुष्य की अतार्किक अन्तःक्रिया का अध्ययन करता है। तार्किक अन्तःक्रियाओं का अध्ययन तो अर्थशास्त्र करता है। अतार्किक क्रिया का अध्ययन समाजशास्त्र की विषय-वस्तु है। पेरेटो कहते हैं कि अतार्किक क्रिया के अध्ययन की तार्किक पद्धति है। यानी अतार्किक क्रिया के अध्ययन के लिये वैज्ञानिक विधि है, इसका एक सिद्धान्त है, और इसे हम अगले पृष्ठों में देगें।

अतार्किक क्रिया के अध्ययन की विधि

(Methods of the Study of Non-Logical Action)

पेरेटो अतार्किक क्रिया का अध्ययन वैज्ञानिक विधि से करना चाहते थे। उन्होंने समाजशास्त्र को जब परिभाषित किया तब कहा कि वे तार्किक-प्रायोगिक विधि को काम में लाएगें। अतार्किक क्रिया के अध्ययन में उन्होंने सबसे पहले तर्क को लगाया है। उनका यह तर्क *आगमनात्मक* (Inductive) है। वे वृहद आनुभविक सामग्री को एकत्र करते हैं। यह सामग्री विभिन्न समाजों के इतिहास में बिखरी है। उनके अध्ययन का यह प्रायोगिक पहलु है। जो तथ्य उन्होंने एकत्र किये है। उनमें जो *समान तथ्य* (Similar data) है उन्हें व्यवस्थित कर देते हैं। इन तथ्यों में कुछ तथ्य *स्थिर* (Constant) होते हैं और कुछ *चर* (Variable)। स्थिर तथ्यों को लेकर वे नियम बनाते हैं और ये नियम ही अतार्किक क्रिया के अध्ययन में सहायक होते हैं। इसे हम दृष्टान्त में रखेगें। समाज में हम लोगों को देखते हैं—नाम के लिये वे मोहन, सोहन और रोहन है। हम देखते हैं कि ये सब एक न एक दिन मर जाते हैं। ये सब मनुष्य हैं और यह स्थिर तथ्य है कि मनुष्य मरण धर्मा है। यह समान रूप से इन्हीं तीन व्यक्तियों के अतिरिक्त सभी व्यक्तियों पर लागु होता है। इस भाँति इस आगमनात्मक नियम द्वारा वे अतार्किक क्रिया के अध्ययन के सिद्धान्त को बनाते हैं।

पारसंस ने पेरेटो के अतार्किक क्रिया के सिद्धान्त की व्याख्या की है। उनकी व्याख्या में तीन तथ्य है:

(A) कर्ता यानी *एक्टर* (Actor); मस्तिष्क की अवस्था (State of Mind)

(B) गतिविधियाँ (Acts)

(C) मनोभावों की अभिव्यक्ति (Expressions of Sentiments)

इसकी हम व्याख्या करें इससे पहले निम्न चित्र में इसे प्रस्तुत करेगें।

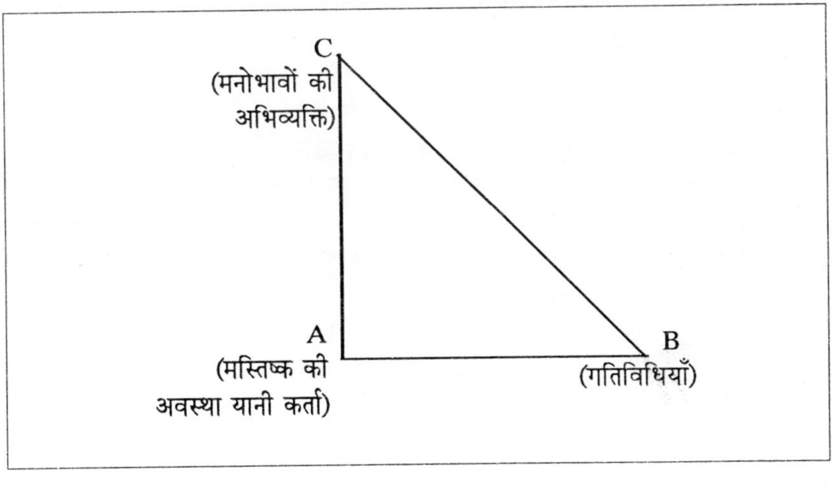

उपरोक्त त्रिभुज के आधार पर पेरेटो के अतार्किक क्रिया की व्याख्या की जा सकती है।

इसमें जब हम 'A' की बात करते हैं तो हमारा तात्पर्य *कर्ता* से है। कर्ता की एक मानसिक दशा होती है वह मस्तिष्क की एक अवस्था में होता है और जब वस्तुओं को देखता है तो वह उन्हें अपने मस्तिष्क की दशा के आधार पर देखता है। 'B' वह स्थिति है जब वह गतिविधियाँ करता है—काम करता है, हँसता है, क्रोध करता है। 'C' की अवस्था वह है जब वह अपनी गतिविधियों में अपने मनोभावों की अभिव्यक्ति करता है। इस चित्र में हम पायेगें कि 'C' और 'B' देखें जा सकते हैं। जिन्हें हम परम्परा, धार्मिक संस्कार, कर्मकाण्ड, गीत-संगीत आदि कहते हैं वे ऐसी गतिविधियाँ हैं जो नंगी आँखों से देखी जा सकती है। आये दिन हम 'B' और 'C' को देखते हैं यानी कर्ता के कार्यों और मनोभावों की अभिव्यक्ति को इन्द्रियों द्वारा समझते हैं। माता-पिता बच्चों की देखभाल करते हैं, उन्हें शिक्षा-दीक्षा देते हैं। उनके परीक्षा में उत्तीर्ण हो जाने के लिये व्रत-त्यौहार करते हैं, मनौती लेते हैं। ये सब गतिविधियाँ और मनोभावों की अभिव्यक्ति है यानी 'B' और 'C' है। *इन्हें पेरेटो स्थूल रूप में देखा जाने वाला तथ्य (Concrete, observable data) कहते हैं।* अतार्किक क्रिया का यह पहला पहलु है। दूसरा पहलु 'A' है। 'A' में क्या है यानी मानव के मस्तिष्क में क्या है इसे नंगी आँखों से या स्थूल रूप में नहीं देखा जा सकता। यह तो कहा जा सकता है कि 'B' और 'C' जुड़े हुए हैं। मनोभाव, भाषा आदि क्रिया से जुड़े हैं। लेकिन मस्तिष्क में क्या है इसका यदि कोई अनुमान लगाया जा सकता है तो वह मानसिक अवस्था से हैं। *यह मानसिक अवस्था वही है जो 'C' और 'B' द्वारा पैदा की गयी है। देखा जाय तो मानसिक अवस्था, बाह्य क्रियाएँ और संवेग और मनोभाव ऐसे हैं जिन्हें देखा नहीं जा सकता। इस तरह 'A' 'B' और 'C' यानी मानसिक अवस्था, गतिविधियाँ और क्रियाकलाप, और इनसे जुड़े हुए संवेग और मनोभाव अतार्किक क्रिया है।* सूत्र रूप में इसे इस भाँति रखेंगे:

अतार्किक क्रिया = मानसिक अवस्था + क्रियाकलाप + संवेग और मनोभावों की अभिव्यक्ति।

त्रिभुज के ये तीनों कोण एक दूसरे पर निर्भर है। मानसिक अवस्था, क्रियाकलाप, और मनोभावों की अभिव्यक्ति के बीच में कार्य-कारण ढूँढना बहुत कठिन है। सच्चाई यह है कि ये तीनों एक दूसरे पर निर्भर है और अतार्किक क्रिया के सिद्धान्त को बनाते हैं।

अवशिष्ट और भ्रान्त तर्क: मानसिक अवस्था, मनोभावों की अभिव्यक्ति और क्रिया-कलाप से जुड़ा हुआ।

पिछले पृष्ठों में हमने कहा है कि पेरेटो ने समाजशास्त्र को मनोविज्ञान से जोड़ा है। और यह उस युग की अकादमिक परम्परा थी। अतार्किक क्रिया मानसिक अवस्था से भी जुड़ी है। मनोभावों का सम्बन्ध क्रिया-कलापों से है। और ये सब तत्व अतार्किक क्रिया को बनाते हैं। इन तत्वों को इस तरह रखेगें:

(1) अवशिष्ट (Residues)

(2) भ्रान्त तर्क (Derivation)

अवशिष्ट (Residues)

अवशिष्ट को समझने के लिये थोड़ा सा हम तार्किक क्रिया की ओर लौटे। तार्किक क्रिया

साध्य और साधन को इस तरह जोड़ती है कि साध्य प्राप्त हो जाता है। यह क्रिया अर्थशास्त्र या गणितशास्त्र की क्रिया की तरह है। लेकिन मनुष्य की सम्पूर्ण क्रियाओं में केवल तार्किक क्रिया ही नहीं होती, इसलिये पेरेटो कहते हैं कि *मनुष्य की सम्पूर्ण क्रियाओं में से तार्किक क्रिया को निकाल दिया जाय तो जो बचेगा वह अवशिष्ट है।* मोटे रूप में मनुष्य के विश्वास, परम्पराएँ, रीति-रिवाज, संस्कृति आदि अवशिष्ट है। हम अपने अध्यापक को प्रणाम करते हैं। हमारी यह क्रिया इस विश्वास से बंधी है कि यदि हम अपने अध्यापक का आशीर्वाद पा लें तो हमें सुगम मार्ग मिलेगा। यह क्रिया अवशिष्ट क्रिया है। एम.एन. श्रीनिवास जातियों के परिवर्तन में जब संस्कृतिकरण की बात करते हैं तो संस्कृतिकरण के ये तत्व ही—मानक, मूल्य, विश्वास—अवशिष्ट क्रिया है।

पेरेटो ने अवशिष्ट क्रिया के छः वर्ग बनाये हैं। ये वर्ग अतार्किक क्रिया को सैद्धान्तिक स्वरूप देते हैं। इन वर्गों का हम बहुत थोड़े में विवरण देवें उससे पहले इनके महत्व को रखेगें।

अवशिष्ट क्रिया का महत्व (Importance of Residues)

(1) अवशिष्ट क्रियाएँ मनुष्य के मनोभाव और संवेग को अभिव्यक्ति देते हैं। दशहरा और दिवाली वास्तव में हमारे मनोभावों की अभिव्यक्ति है। हम मन में सोचते हैं कि 14 वर्ष वन में रहने के बाद राम को पुनः अयोध्या का राज्य मिला। यह प्रसन्नता का विषय है। इस मनोभाव की अभिव्यक्ति हम दिवाली पर दीपक जलाकर करते हैं। होली पर रावण दहन भी हमारी मनोभावना की अभिव्यक्ति है। हम जब अपने दुश्मन के सामने घूँसा तानकर बोलते हैं हमारे जो मनोभाव हैं उसकी यह अभिव्यक्ति मात्र है। इस भाँति अवशिष्ट क्रिया हमारे दिन प्रतिदिन के व्यवहार में स्पष्ट रूप से दिखायी देती है।

(2) अवशिष्ट समाज के साम्यानुकूलन को बनाये रखते हैं। यदि मनुष्य में मनोभाव, संवेग आदि न हो तो वह केवल लोहे के रोबोट की तरह यन्त्रवत बन जायगा। कहीं हम अपनी क्रियाओं को हँसकर करते हैं तो कहीं रोकर करते हैं तो कहीं मौन हो जाते हैं। सुख-दुख का उतार-चढ़ाव समाज के साम्यानुकूलन को बनाये रखता है।

(3) अवशिष्ट समाज के लोगों के व्यवहार को नियंत्रित करते हैं। वे केवल इन व्यवहारों को नियंत्रित ही नहीं करते निर्धारित भी करते हैं।

अवशिष्ट के वर्ग (Classes of Residues)

पेरेटो ने अवशिष्ट यानी मनोभाव और संवेगों को छः वर्गों में रखा है: (1) सम्मिलिन (Combination), (2) स्थायित्व (Persistence), (3) अभिव्यक्ति (Manifestation), (4) सामाजिकता (Sociability), (5) व्यक्तित्व का संगठन (Integrity of Personality, और (6)यौन (Sex)।

(1) *सम्मिलन* (Combination)

सम्मिलन में समान या विरोधी तत्वों को मिलाया जाता है। लेकिन इस तरह से मिलाना तार्किक नहीं होता। हम यह सम्मिलन मानसिक दशा के आधार पर करते हैं। उदाहरण के लिये हमने सुबह ही सुबह कोयल के संगीत को सुना तो हमने कहा कि यह वर्षा

का मौसम है और पानी अवश्य गिरेगा। इसमें हमने कोयल और सुखद वर्षा दोनों का सम्मिलन कर दिया। या एक और दृष्टान्त है। बिल्ली हमारा रास्ता काट जाती है। हम सोचते हैं कि हमारा दिन आज बिगड़ गया, कोई काम नहीं होगा। यहाँ हमने बिल्ली के रास्ता काटने और बुरे दिन के अनुमान में सम्मिलन कर दिया। जादू में भी समान वस्तु समान परिणाम निकालती है। आटे की गुड़िया को पिन चुभाई जाये तो दुश्मन के शरीर में भी चुभन होगी, यह भी समान का समान से सम्मिलन है।

(2) *स्थायित्व* (Persistence)
ये वे प्रेरणाएँ हैं जो मनुष्य के पारस्परिक सम्बन्धों को स्थायित्व प्रदान करती हैं। जिसे हम आदर का व्यक्ति समझते हैं उसे याद करने के लिये हम बराबर उसका जन्म दिवस मनाते हैं। यह स्थायित्व के मनोभाव को अभिव्यक्ति देना है। राजघाट पर गाँधीजी को पुष्प चढ़ाना गाँधी जी के प्रति जो आदर है उसे स्थायित्व देना है।

(3) *अभिव्यक्ति* (Manifestation)
अवशिष्ट के इस वर्ग में हम हमारी आन्तरिक भावनाओं को बाहरी क्रियाओं द्वारा व्यक्त करते हैं। शादी एक ऐसा अवसर है जो मनुष्य की अवशिष्ट भावनाओं को जन्म देता है। हम समझते हैं यह उत्तरदायित्व कम हुआ। इस मनोभाव की अभिव्यक्ति गाने-बजाने और खाने-पीने के माध्यम से होती है। मतलब यह है कि अवशिष्ट की अभिव्यक्ति हम हमारी आवश्यकताओं की पूर्ति के दौरान करते हैं।

(4) *सामाजिकता* (Sociability)
अवशिष्ट का यह वर्ग हमें समाजीकरण प्रदान करता है। इस वर्ग में व्यक्ति समाज की रीतियों को अपनाता है।

(5) *व्यक्तित्व का संगठन* (Integrity of Personality)
इस वर्ग के अर्न्तगत वे प्रेरणाएँ आती है जो व्यक्तित्व के विभिन्न तत्वों या लक्षणों को संगठित या संयोजित करती है। इसके अर्न्तगत हम उन प्रयत्नों का विरोध करते हैं जो सामाजिक या व्यक्तित्व सम्बन्धी संतुलन को नष्ट करने वाले होते हैं। उचित और अनुचित का ज्ञान हमें इसी वर्ग के अवशिष्ट से होता है। इसी लिये बहुधा हम अपने ऊपर तथा अपने समाज के ऊपर होने वाले अनैतिक या अनुचित आक्रमण का विरोध करते हैं।

(6) *यौन* (Sex)
इस वर्ग में वे तत्व आते हैं जो काम वासनाओं से जुड़े हैं। यौन से जुड़े हुए व्यवहार इतने जटिल होते हैं कि समाज इन पर नियंत्रण लाता है। ये अवशिष्ट तो अपनी अभिव्यक्ति करते हैं, कभी भाषा के रूप में, कभी संकेतों में और कभी छेड़-छाड़ में। इस पर समाज नियंत्रण लाता है।

भ्रान्त तर्क (Derivations)

पेरेटो को हम यहाँ फिर दोहरायगें। समाजशास्त्र को परिभाषित करते हुए उन्होंने कहा कि यह *वह समाजविज्ञान है जो अतार्किक क्रियाओं का अध्ययन करता है। इन क्रियाओं के अध्ययन के लिये वे तार्किक-प्रायोगिक विधि को काम में लाते हैं। वे क्रियाएँ जो तार्किक है उनका*

अध्ययन पेरेटो कहते हैं अर्थशास्त्र करता है। तार्किक क्रियाओं के क्षेत्र से बाहर जो भी व्यवहार है वह अतार्किक है और इसका अध्ययन और केवल इसी का अध्ययन समाजशास्त्र करता है। इससे आगे पेरेटो कहते हैं कि अतार्किक क्रिया अवशिष्ट और भ्रान्त तर्कों से बनती है। आगे चलकर पेरेटो जब अभिजात वर्ग के परिभ्रमण का सिद्धान्त रखते हैं तो इसकी व्याख्या भी वे अवशिष्ट और भ्रान्त तर्कों के माध्यम से करते हैं।

अब हम लौटते हैं भ्रान्त तर्क की व्याख्या पर। बोगार्डस ने भ्रान्त तर्क की व्याख्या करते हुए कहा है कि *मनुष्य जैसा भी भावनात्मक या संवेगात्मक व्यवहार करता है उसका औचित्य भ्रान्त तर्क द्वारा स्थापित करता है। होता यह है कि वह अपनी क्रियाओं को करता है और इन क्रियाओं के प्रति समाज की कुछ अपेक्षाएँ होती है। जब समाज की अपेक्षाओं और व्यक्ति की क्रियाओं में अन्तर होता है तब व्यक्ति का यह प्रयास होता है कि वह अपनी क्रियाओं का औचित्य प्रस्तुत करे। यह औचित्य प्रस्तुत करना ही भ्रान्त तर्क है।*

एक दृष्टान्त है। व्यक्ति अपनी पत्नी के प्रति क्रूरता का व्यवहार करता है। मौका पड़ जाए तो मार-पीट भी करता है। समाज की यह अपेक्षा है कि वह अपनी स्त्री के साथ ऐसा व्यवहार न करे। इस अवस्था में वह तुलसीदास का हवाला देता है। इस महान् कवि ने कहा था कि 'ढोर, गँवार, शुद्र और नारी' तो पीटने के ही पात्र है। यह अपनी क्रिया के लिये भ्रान्त तर्क देना है। इधर दूसरी ओर एक पति अपनी पत्नी को पूरी शक्ति के साथ सराहना करता है वह जो कुछ चाहती है दौड़ कर देता है। आम भाषा में यह पति जोरु का गुलाम है। समाज की अपेक्षा है कि वह पत्नी के सामने अपने-आपको इतना नीचा नहीं गिराये। अधिक से अधिक समान दर्जें पर रखे। लेकिन वह कहता है जहाँ स्त्रियों की पूजा होती है, वहीं देवताओं का निवास होता है। इस तरह का कथन भ्रान्त तर्क है। भ्रान्त तर्क में व्यक्ति यह विश्वास करता है कि वह जो कुछ करता है यानी उसके मनोभाव, संवेग आदि सब तर्क संगत है।

जैसा कि पेरेटो के सिद्धान्त निर्माण की प्रक्रिया है अवशिष्टों की तरह वे भ्रान्त तर्क के भी वर्ग बताते हैं। इस तर्क के चार वर्ग हैं:

(1) दृढ़कथन (Assertions)
(2) प्राधिकार (Authority)
(3) मनोभावों की अनुरुपता (Accord with Sentiments)
(4) मौखिक प्रमाण (Verbal Proof)

(1) दृढ़कथन (Assertions)

अपने मनोभावों की अभिव्यक्ति के लिये व्यक्ति दृढ़कथन का सहारा लेता है। वह यह दावा करता है कि जो कुछ उसने किया है वह सही है। जब वह अपने दृढ़ कथन को रखता है तो इसमें बल की धमकी भी देता है। अपने कथन को ऊँची आवाज़ में रखता है। मुट्ठियाँ बांधता है और पूरी शक्ति के साथ अपने अवशिष्ट को सही बताता है।

(2) प्राधिकार (Authority)

जब दृढ़कथन को लोग तार्किक रूप से स्वीकार कर लेते हैं तब यह प्राधिकार बन जाता है। एक बार समाज ने मान लिया कि पुरुष को अपनी स्त्री को पिटने का अधिकार है तब यह

अधिकार प्राधिकार बन जाता है। इसमें यह होता है कि जिस क्षेत्र में एक व्यक्ति प्राधिकार को काम में लेता है दूसरे क्षेत्रों में भी उसका प्राधिकार स्थापित हो जाता है। उदाहरण के लिये शिक्षा मंत्री परिवार नियोजन में भी प्राधिकार वाला व्यक्ति समझा जाने लगता है।

(3) मनोभावों की अनुरुपता (Accord with Sentiments)

ये वे भ्रान्त तर्क है जो किसी कार्य के औचित्य को प्रमाणित करने के लिये व्यक्ति प्रस्तुत करता है। इस तरह के तर्क कुछ भावनाओं पर आधारित होते हैं और उन्हीं भावनाओं पर कार्य को उचित मान लिया जाता है।

(4) मौखिक प्रमाण (Verbal Proof)

इस तरह का व्यवहार जिसका वास्तविकता से कोई सम्बन्ध नहीं होता मौखिक कथन पर स्वीकार कर लिया जाता है। इसमें मिथ्या तर्क, कुतर्क और द्विअर्थक बातें आती है जो वास्तविक तथ्यों के अनुरूप नहीं होती लेकिन इनका प्रयोग आचरण के औचित्य को सिद्ध करने के लिये किया जाता है।

पेरेटो ने *ट्रिटाइज* में अवशिष्टों और भ्रान्त तर्कों पर काफी कुछ लिखा है। जब वे भ्रान्त तर्क की व्याख्या करते हैं तब यह भी स्वीकार करते हैं कि इस तरह के तर्क सत्य नहीं होते। ये तर्क केवल समाज को भ्रमित करते हैं। इस कमज़ोरी के होते हुए भी भ्रान्त तर्क की सामाजिक अन्तःक्रियाओं में अवहेलना नहीं की जा सकती। दुनियाँ भर में और विशेषकर हमारे देश में जो महिला मुक्ति आन्दोलन चल रहे है उनकी बहुत बड़ी लड़ाई इन भ्रान्त तर्कों के विवाद में ही है। पति के मरने पर स्त्री विधवा हो जाती है और पत्नी के मरने पर पुरुष दूसरा विवाह कर लेता है। यह सम्पूर्ण व्यवस्था भ्रान्त तर्क पर निर्भर है। किसी भी समाज में पुरुष और स्त्री की यह गैर बराबरी नहीं चल सकती। फिर भी यह चल रही है। पुराणों, उपनिषदों और ब्राह्मणों में ऐसे कई दृष्टान्त मिल जायगें जो वैधव्य को महिमामण्डित करते हैं। और इसी कारण विधवाएँ कलपति रहती है। यह भ्रान्त तर्क का करिश्मा है।

पेरेटो ने समाजशास्त्र की व्याख्या *ट्रिटाइज* में की है। यहीं पर उन्होंने इसकी विधि को भी बताया है और वे समाजशास्त्रीय सिद्धान्त निर्माण की चर्चा भी यहीं पर करते हैं। उन्होंने सम्पूर्ण समाजशास्त्र को कुछ महत्वपूर्ण अवधारणाओं में बांध दिया है। पेरेटो के सिद्धान्तों को समझने के लिये उनकी समाजशास्त्र की व्याख्या को समझना अनिवार्य है। इस समाजशास्त्र की कुछ कुंजी अवधारणएँ हैं: अतार्किक क्रिया, तार्किक क्रिया; वस्तुनिष्ठा, व्यक्तिनिष्ठा; अवशिष्ट और भ्रान्त तर्क। ये सब अवधारणाएँ पेरेटो के सिद्धान्तों को समझने में भी सहायक है। मनुष्य का जो भी अतार्किक व्यवहार है वह अवशिष्टों और तर्क धारणा से बना हुआ है। और यह व्यवहार ही समाजशास्त्र की विषय वस्तु है।

अभिजन का चक्रीय सिद्धान्त (Theory of Circulation of Elites)

समाज में गैर बराबरी रहती है। कोई लम्बा है तो कोई ठिगंना; कोई गोरा है तो कोई सांवला; कोई अमीर है तो कोई गरीब; कोई प्रखर बुद्धि है तो कोई मंद बुद्धि। मतलब है, शरीरिक, भौतिक, बौद्धिक और नैतिक दृष्टि से प्रत्येक समाज में गैर बराबरी होती है। यह संभव है कि किसी समाज में गैर बराबरी बहुत तीव्र होती है, और किसी में न्यून। लेकिन गैर बराबरी का

आलम तो रहता ही है।

पेरेटो ने अभिजन के चक्रीय सिद्धान्त को रखा है। लेकिन यह उनका केवल कोई एक सिद्धान्त हो ऐसा नहीं है। उनके सिद्धान्तों में कुछ और महत्वपूर्ण सिद्धान्त भी है। उदाहरण के लिये उन्होंने *सामुदायिक उपयोगिता* (Community Utility), फासीवाद आदि के कतिपय सिद्धान्त भी रखे हैं। इन सिद्धान्तों में अभिजन का चक्रीय सिद्धान्त बहुत अधिक चर्चित रहा है। रेमण्ड एरॉ, बोगार्डस, लेविस कोज़र आदि ने इस चक्रीय सिद्धान्त की बहुत बड़ी व्याख्या की है। इसका एक बहुत बड़ा कारण है। पेरेटो बुनियादी रूप से मुसोलिनी, मेकियावेली के विचारधारा से प्रभावित थे। मुख्य रूप से वे फासीवादी थे। यदि उनके सिद्धान्तों को एक गठरी में बाँध दिया जाय और इसकी शिनाख्त के लिये यदि किसी *टेग* को लगाने की आवश्यकता हो तो इस *टेग* पर लिखा जाना चाहियेः *फासीवाद*।

अभिजन के चक्रीय सिद्धान्त के पीछे पेरेटो की जो मूल भावना है वह यह कि समाज को चलाने का काम अभिजन का है। दूसरे शब्दों में, समाज अभिजन द्वारा ही संचालित होता है। हर युग और हर देश में समाज का सूत्रधार अभिजन ही रहा है। उसकी अंगुलियों की गति समाज को नचाती है। लोग तो बस अभिजन के संकेत पर सांस लेते हैं, सांस छोड़ते हैं। समाज की इस बुनियादी धारणा या समझ के बाद पेरेटो चक्रीय सिद्धान्त रखते हैं।

अभिजन की परिभाषा

पेरेटो ने अभिजन को परिभाषित किया है। वे व्यक्ति जो समाज के किसी एक निश्चित क्षेत्र में श्रेष्ठ होते हैं, अभिजन कहलाते हैं। समाज के कई विशिष्ट क्षेत्र हैं—साहित्य, कला, व्यवसाय, धर्म आदि। इन क्षेत्रों में कई व्यक्ति अभिजन होते हैं और लोगों की तुलना में अभिजन अधिक विशेष होते हैं। उदाहरण के लिये हिन्दी साहित्य में प्रेमचन्द, जयशंकर प्रसाद और भगवती चरण वर्मा अभिजन हैं। कुछ इसी तरह फिल्मी जगत में अमिताभ बच्चन और माधुरी दीक्षित अभिजन है। व्यावसायिक क्षेत्र में अम्बानी, बिड़ला, गोदरेज आदि अभिजन हैं। समाज के विभिन्न क्षेत्रों में यदि अभिजन की तालिका बनायी जाय तो उसका आकार थोड़ा बड़ा ही होगा। कुछ अभिजन को विवादास्पद भी समझा जा सकता है। अभिजन हर क्षेत्र में हैं लेकिन पेरेटो ने केवल प्रशासनिक अभिजन का उल्लेख किया है। जब वे अभिजन के चक्रीय सिद्धान्त की बात करते हैं तब उनका तात्पर्य हुकुमत करने वाले या शासन करने वाले अभिजनों से है। उनका आग्रह है कि समाज पर शासन तो अभिजन ही करते हैं लेकिन अभिजन का वर्ग बन्द वर्ग नहीं है। जो आज शासन करने वाले हैं, कल उन्हें धकेल दिया जायगा और उनका स्थान नये अभिजन ले लेंगे। समाज में अभिजन का यह चक्र चलता ही रहता है।

अभिजन के प्रकार (Types of Elites)

अभिजन की श्रेणी में वे लोग आते हैं *जिनमें आम लोगों की तुलना में अधिक बौद्धिकता होती है, कुशलता होती है और किसी काम को करने की क्षमता होती है।* काम तो सभी करते हैं लेकिन अभिजन का काम दूसरों की तुलना में श्रेष्ठ होता है। पेरेटो अपने सिद्धान्त में मिचेल्स से प्रभावित थे। मिचेल्स मूल में जर्मन थे लेकिन स्थायी रूप से इटली में बस गये थे। उन्होंने अपने सिद्धान्त को *दि रुलिंग क्लास* (The Ruling Class) में रखा है। *उनका*

सिद्धान्त है कि बड़ी उम्र के नेता धीरे-धीरे बदनाम होते जाते हैं, उनकी शाख गिरने लगती है और वे नये खून के लिये अपना स्थान छोड़ना प्रारम्भ करते हैं। इस तरह के परिवर्तन से समाज की व्यवस्था बनी रहती है।

मिचेल्स की तर्ज पर पेरेटो ने सम्पूर्ण अभिजन में दो वर्ग पाये हैं: (1) प्रशासनिक वर्ग (Ruling elite) और (2) गैर प्रशासनिक वर्ग (Non-Ruling class)। इन दो वर्गों में चक्र की तरह पुराने लोग जाते हैं और नये अभिजन आते हैं। इस भाँति अभिजन के चक्रीय सिद्धान्त का मूल यह है कि प्रशासनिक अभिजन कमज़ोर हो जाते हैं या उन्हें कमज़ोर कर दिया जाता है और उनका स्थान नये अभिजन ले लेते हैं। यही चक्र है। इसे कई बार अभिजन का *परिभ्रमण* (Circulation) भी कहते हैं।

अभिजन के इन दो वर्गों में दो तरह के अभिजन होते हैं। एक अभिजन को पेरेटो लोमड़ी (Fox) कहते हैं। लोमड़ी से उनका तात्पर्य उन अभिजनों से हैं जो *चालाक, धूर्त, छलिया और कपटी होते हैं।* जब पेरेटो *फोक्स* (Fox) पद का प्रयोग करते हैं तब उनका तात्पर्य ऐसे लोगों से हैं जो चालाक और धूर्त है। संस्कृत साहित्य में हितोपदेश की कहानियाँ वस्तुतः जानवरों से जुड़ी कहानियाँ है। इन जानवरों में लोमड़ी सबसे अधिक चालाक और धूर्त समझी जाती है। हितोपदेश की एक कहानी में जब ब्राह्मण पिंजरे में बन्द शेर को मुक्त कर देता है तो वही ब्राह्मण को खा जाने के लिये उतावला हो जाता है। यहाँ लोमड़ी को निर्णायक बनाया जाता है। और लोमड़ी की चतुराई देखिये कि वह शेर को पुनः पिंजरे में बंद देखना चाहती है। जिससे उसे विश्वास हो सके कि इतना भारी भरकम शेर पिंजरे में समा सकता है। उसकी सलाह पर शेर पिंजरे में प्रवेश करता है और लोमड़ी उसका द्वारा बन्द कर देती है। लोमड़ी चतुर है, चालाक है।

ऐसे अभिजन जो लोमड़ी की तरह सत्ता लेने के लिये उखाड़-पछाड़ करते हैं वे सत्ता भोगने वाले अभिजन को धकेल देते हैं। वे अभिजन जो सभा में हैं यानी जिनके पास शक्ति है उन्हें पेरेटो नाहर (Lion) कहते हैं। नाहर की एक खासियत है। वे जो कुछ सत्ता उन्हें मिली है उस पर कुण्डली डालकर बैठ जाते हैं। सत्ता के सिंहासन पर बैठे हुए ये अभिजन वास्तव में *नर-नाहर* होते हैं। और वे अपनी पूरी ताकत को लगाकर अपनी सभा को बनाये रखते हैं।

पेरेटो की सैद्धान्तिक योजना में लोमड़ी और नाहर दोनों ही अभिजन है। दोनों ही सत्ता को ललचाई आँख से देखते हैं। अभी नर-नाहर सत्ता में है और थोड़े समय बाद लोमड़ी यानी चालाक और धूर्त अभिजन उन्हें सभा से धकेल देते हैं। पेरेटो का यही चक्रीय सिद्धान्त है। यही अभिजन का परिभ्रमण है। अभिजन की नियति एक ही है। नर-नाहर हो या लोमड़ी दोनों को एक दूसरे के लिये सिंहासन छोड़ना पड़ेगा। इस चक्रीय सिद्धान्त का मूल यह है कि समाज पर हुकूमत तो अभिजन की ही होगी। चाहे ये अभिजन आज के नर-नाहर हों या कल की लोमड़ी।

आलोचना (Criticism)

अभिजन वर्ग के चक्रीय सिद्धान्त की कई समाजशास्त्रियों ने आलोचना की है। इस सिद्धान्त पर की गयां टिप्पणियाँ निम्न बिन्दुओं में रखते हैं:

(1) समाज में साम्यानुकूलन बराबर बना रहता है। उस पर हुकूमत करने वाला कोई न कोई अभिजन समूह ही होगा। आज का अभिजन वर्ग पदच्यूत हो जायगा तो कल नया अभिजन आयगा।

(2) पेरेटो का अभिजन का सिद्धान्त इस अर्थ में एकांगी है कि यह इस बात को स्वीकार नहीं करता कि जनता के कुछ वर्ग भी जो खाली हाथ और फटी जेब हैं बहुमत के आधार पर सत्ता में आ सकते हैं।

(3) अभिजन का यह सिद्धान्त अवशिष्टों पर निर्भर है। अभिजन लोगों के मनोभावों और संवेगों को सहलाते है और सभा में आ जाते हैं। भ्रान्त तर्क द्वारा बताते हैं कि वे आसमान के स्वर्ग को धरती पर ले आयेंगे। अवशिष्टों और भ्रान्त तर्कों पर आधारित यह सिद्धान्त पूरी तरह से संस्कृति की अवहेलना करता है देखा जाय तो पेरेटो की सिद्धान्त निर्माण योजना में संस्कृति और सांस्कृतिक मूल्यों को कोई स्थान नहीं है।

उपसंहार

अध्याय के अन्त में यह अवसर है जब हम पेरेटो के योगदान की पड़ताल करनी चाहिये। उनका मानना था कि सामाजिक व्यवस्था में साम्यानुकूलन होता है। इसकी संरचना व्यक्तियों से बनी है। इन व्यक्तियों की गतिविधियों पर कई शक्तिशाली कारक काम करते हैं। इन शक्तिशाली कारकों में मुख्य रूप से मनोभाव यानी अवशिष्ट और भ्रान्त तर्क होते हैं। मनुष्य के सम्पूर्ण व्यवहार का एक भाग अतार्किक होता है। इस अतार्किक व्यवहार का निर्धारण अवशिष्टों और भ्रान्त तर्क द्वारा होता है। इसी अतार्किक क्रिया का अध्ययन समाजशास्त्र करता है। इस समाजशास्त्र की अध्ययन विधि तार्किक है। पेरेटो का तर्क आगमनात्मक है। वे वस्तुनिष्ठा और व्यक्तिनिष्ठा के समायोजन के परिणामस्वरूप जो क्रिया होती है उसका अध्ययन करते हैं। उन्होंने इस अवधारणात्मक योजना के अनुसार कई समाजशास्त्रीय सिद्धान्त रखे हैं। इन सिद्धान्तों में अभिजन का चक्रीय सिद्धान्त समाजशास्त्रियों में उल्लेखनीय स्थान रखता है।

8

पितरिम सोरोकिन

(Pitirim Sorokin, 1889-1968)

सोरोकिन पर यह अध्याय हम एक लतिफे से शुरु करेगें। हवाई जहाज में एक अंग्रेज और दूसरा अमरीकी सज्जन साथ-साथ यात्रा कर रहे थे। गप्पें लग रही थी। अंग्रेज ने कहा कि उनके देश ब्रिटेन में टोयनबी जैसे इतिहासकार है जिन्होंने ढेरों पुस्तकें लिखी है। दुनियाँ में उनका कोई मुकाबला नहीं। पहले तो अमरीकी सकपकाया लेकिन एकदम सम्भलकर बोला कि उनके सोरोकिन के सामने टोयनबी कुछ नहीं है। सोरोकिन का तो सारी दुनियाँ में कोई सानी नहीं। अब तो इन दोनों व्यक्तियों की बातचीत गंभीर हो गयी। दोनों ने अपने-अपने ढंग से यह प्रमाणित करने का फैसला किया कि उनके देश का विचारक पुस्तकों की संख्या और उनकी गुणवत्ता पर ऊँचा है। बात यहाँ पर आकर समाप्त हुई कि हवाई जहाज से उतरते ही दोनों किसी पंसारी की दुकान पर जायेगें और सोरोकिन तथा टोयनबी की कृतियों को तराजू के दो पलड़ों में रखेगें। हाथ कंगन को आरसी कैसी। खैर हमारा इस लतीफे को कहने का तात्पर्य यह है कि सोरोकिन ऐसे समाजशास्त्री हैं जिन्होंने समाजशास्त्र की संरचना और सांस्कृतिक परिवर्तन पर खूब लिखा है। उनके नाम कई पुस्तकें हैं।

किसी भी विचारक के लिये सामाजिक विचारधारा विकसित करने के लिये कुछ पूर्व आवश्यकताएँ होती हैं। वैसे ही कोई व्यक्ति विचारक नहीं बन जाता। सोरोकिन में ये सब गुण थे। उन्होंने घाट-घाट का पानी पिया था। जन्म उनका रूस के एक दूर-दराज गाँव में हुआ था। और गाँव ऐसा जो हर तरह से जंगल से घिरा था। यहाँ से वे शहर में आये। शहर में उन्हें ज़ार के दमन चक्र का मुकाबला करना पड़ा। वे गली-गली झण्डा लेकर ज़ार के अत्याचारों के खिलाफ बोलते रहे। यहाँ भी उन्होंने 1917 की रूसी क्रान्ति पर बहुत कुछ लिखा और इसके बाद अमेरीका आ गये। जहाँ उन्होंने फ़ासीवाद के खूनी पंजे देखें वही उन्होंने प्रजातान्त्रिक माहोल भी देखा। ये सब अनुभव थे जिन्होंने सोरोकिन को एक तपा-तपाया विचारक बना दिया।

सोरोकिन ने जो कुछ लिखा है उसे यदि समाजशास्त्र की परिभाषा और अध्ययन सामग्री के परिवेश में बांधे तब तीन तथ्य उभर कर हमारे सामने आते हैं। पहला तथ्य तो यह है कि सोरोकिन ने समाजशास्त्र की परिभाषा को, उसकी विषय वस्तु को व्यवस्थित करने का प्रयास किया। इस तरह के समाजशास्त्र को वे *स्थैतिक* (Static) समाजशास्त्र कहते हैं। सोरोकिन के इस समाजशास्त्र को आधुनिक पदावली में संरचनात्मक समाजशास्त्र कहते हैं। दूसरा तथ्य जिसका सोरोकिन ने उल्लेख किया है वह संस्कृति है। उन्होंने संस्कृति का विश्लेषण ऐतिहासिक संदर्भ में किया है, वे संस्कृति के *प्रकार* (Types) बताते हैं। और तीसरा तथ्य

जिसे उन्होंने व्यापक रूप में प्रस्तुत किया है वह *सांस्कृतिक गतिशीलता* (Cultural Dynamics) का है। इस अध्याय में हम इन तीनों तथ्यों पर विचार करेगें।

सोरोकिन अमेरीका की समाजशास्त्रीय सैद्धान्तिक परम्परा में बैठते नहीं है। इस दृष्टि से उनका उपागम अमेरीका की समाजशास्त्रीय मुख्यधारा से हटकर है। यहाँ वे एक कटि पतंग की तरह है। शायद इसीलिये पारसंस जैसे समाजशास्त्री ने अपनी ख्याति प्राप्त पुस्तक, *दि स्ट्रक्चर ऑफ सोशल एक्शन* में कहीं भी सोरोकिन को अपने विश्लेषण का केन्द्र नहीं बनाया है। यह सब होते हुए भी सोरोकिन की समाजशास्त्र की परिभाषा आज भी समाजशास्त्रीय क्षेत्र में आदर के साथ देखी जाती है। उनका कहना है कि *मनुष्य का कोई भी अध्ययन मानवीय मूल्यों, मानकों और अर्थ के बिना नहीं किया जा सकता। यदि मूल्यों को हटाकर मनुष्य का कोई अध्ययन किया जाय तो वह केवल प्राणिशास्त्रीय और भौतिक अध्ययन होगा।*

सोराकिन की कृतियों में संस्कृति को सबसे ऊँचा स्थान है। जहाँ दुर्खीम समाज को पंच परमेश्वर समझते हैं या जनता जर्नादन कहते हैं वहाँ सोरोकिन संस्कृति को *अधि सावयवी* (Super organic) कहते हैं। व्यक्ति जब दूसरों के साथ अन्तःक्रिया करता है तो इसका माध्यम संस्कृति होती है। हम अपने मित्र से मिलते हैं, उसकी कुशलता की जानकारी लेते हैं। इसके लिये बातचीत का माध्यम भाषा होती है। परिवार का भला-बुरा, यह भी संस्कृति का एक अंग है। हमारी अन्तःक्रियाएँ कभी भी सांस्कृतिक माध्यम यानी मूल्यों, मानकों, और अर्थों के बिना नहीं हो सकती। सोरोकिन तो कहते हैं *कि समाज और कुछ न होकर संस्कृति का ताना-बाना है।* दूसरे शब्दों में, मूल्य, मानक जो एक पीढ़ी से दूसरी पीढ़ी पहुँचते हैं, समाज को बनाते हैं। *ये मूल्य भौतिक वस्तुओं के माध्यम से साल-दर साल समाज में आते हैं। हमने कह दिया कि नारियल पवित्र है, प्रसाद पवित्र है और इसी तरह फूल और अन्न भी पवित्र है। यह पवित्र की भावना या विचार संस्कृति है।* लेकिन यह संस्कृति भौतिक वस्तुओं के माध्यम से अर्थात् नारियल, मिठाई, अन्न, फूल आदि के माध्यम से एक पीढ़ी से दूसरी पीढ़ी तक पहुँचती है। संस्कृति मूल्य और अर्थ होते हुए भी भौतिक साधनों द्वारा निरन्तरता बनाये रखती है। संस्कृति की इस अवधारणा को विस्तार से हम सोरोकिन के सिद्धान्तों के विश्लेषण में रखेंगे।

संस्कृति के विश्लेषण में सोरोकिन ने एक और महत्वपूर्ण बात कही है। वे कहते हैं कि मनुष्य की अन्तः क्रियाएँ विभिन्न प्रकार की होती हैं। ये विभिन्न अन्तः क्रियाएँ समूहों को बनाती हैं। अन्तः क्रियाओं से बने समूहों का यदि कोई वर्गीकरण किया जाय तो हमें तीन प्रकार के समूह मिलेगें: असंगठित समूह (Unorganised groups), संगठित समूह (Organised groups), और विघटित समूह (Disorganised groups)। इन समूहों में कुछ समूह ऐसे होते हैं जिनका आधार कोई *एक मूल्य* (Uni value) होता है। ऐसे समूह धार्मिक, व्यावसायिक और नातेदारी होते हैं। समूहों का दूसरा प्रकार बहुमूल्य आधारित होता है। यह समूह प्रायः बहुत विशाल होता है। भारत जैसे राष्ट्र को बहुमूल्य केन्द्रीत समूह कह सकते हैं। हमारे इस राष्ट्र में कई सांस्कृतिक समूह हैं, कई जातियाँ हैं, कई भाषाएँ और क्षेत्र हैं। यह बहुमूल्य का दृष्टान्त है। ये सब विविध मूल्य मिलकर राष्ट्र को बनाते हैं।

सोरोकिन ने अपनी कृतियों में संस्कृति का विश्लेषण बड़े विस्तार से किया है। देखा

जाय तो उन्हें इतिहास का ज्ञान बहुत अधिक था। यूरोप को उन्होंने झेला था, इसके उन्हें अनुभव थे। अमेरीका को वे देख रहे थे। अनुभव की इस गहनता ने उनके संस्कृति पर लिखी गई पुस्तक को अधिक गंभीर बना दिया है। इसी कारण जब कभी सोरोकिन की देन या उपलब्धि पर कुछ लिखा जाता है, तब उनका सांस्कृतिक गतिशीलता का सिद्धान्त उल्लेखनीय हो जाता है।

जीवन रेखाचित्र (Life Sketch)

सोरोकिन का जन्म जनवरी 21, 1889 में रूस के एक गाँव में हुआ था। रुचिकर बात है, फरवरी 27, 1917 में रूस की क्रान्ति का बिगुल बजा उस दिन सोरोकिन मास्को में थे। ठीक सुबह दो बजे उन्होंने अखबार को पढ़ा। उन्हें ज्ञात हुआ कि ज़ार के खिलाफ क्रान्ति का सूत्रपात हो गया है। उन्होंने सुबह के लिये अपने व्याख्यान को तैयार कर लिया था। उन्हें विश्वास हो गया कि सुबह विश्वविद्यालय में कक्षाएँ नहीं होगी। वे वापस सोने से रहे उन्होंने अपने पढ़ने के लिये पेरेटो की पुस्तक—*माइन्ड एण्ड सोसाइटी* को उठा लिया। सोरोकिन ने न केवल अपनी आँखों से रूस की क्रान्ति को देखा, वे इसके भागीदार भी थे।

सोरोकिन का गाँव बोलीण्डा कस्बे में था। यहाँ के लोग *कौमी* (Komi) कहलाते थे। यह उनकी भाषा थी। यह सारा गाँव एक विस्तृत भू-भाग में बसा हुआ था। सभी ओर जंगल ही जंगल था। इस गाँव में अभी औद्योगीकरण और शहरीकरण का प्रवेश नहीं हुआ था। सोरोकिन के परिवार में माता-पिता के अतिरिक्त दो भाई थे। उनकी माँ जब सोरोकिन तीन वर्ष के थे तभी मर गयी। अब परिवार में पिता और केवल दो भाई थे। वैसे उनका पिता बच्चों की देखभाल करता था लेकिन सनकी भी बहुत था। एक बार अत्यधिक नशे की हालत में उन्होंने सोरोकिन के सिर पर ऐसा हथौड़ा मारा कि एक वर्ष तक सोरोकिन इसकी चोट को सहलाते रहे।

ज़ार के अत्याचारों के शिकार सोरोकिन थे। उन्होंने क्रान्ति में डटकर भाग लिया। कार्ल मार्क्स और लेनिन से वे प्रभावित थे। उन्हें जेल भी भेज दिया गया। जेल की यातनाओं पर उन्होंने बहुत कुछ लिखा है। क्रान्ति के समय वे समाजशास्त्र में स्नातकोत्तर तक की शिक्षा प्राप्त कर पाये थे। एक क्रान्तिकारी समाचार पत्र के सम्पादक भी बन गये। सन् 1923 में अमेरीका के कुछ समाजशास्त्रियों ने उन्हें व्याख्यान देने के लिये अमेरिका आमंत्रित किया। सोरोकिन इस देश में चले गये। और इसके बाद वापस लौटकर रूस नहीं आये, वहीं बस गये। अतः उनकी सम्पूर्ण कृतियों में केवल दो कृतियाँ ऐसी है जिन्हें उन्होंने रूस में लिखा था बाद की सभी कृतियों का सृजन अमेरीका में किया।

कृतित्व (Major Works)

जब तक सोरोकिन रूस में रहे, वे पूर्णरूप से क्रान्तिकारी थे। ई. 1907 में वे सेन्ट पिटर्सबर्ग में चले गये। यहाँ वे समाजशास्त्र में अध्यापन करते थे। रूस में रहकर उन्होंने निम्न दो कृतियाँ लिखीः

(1) *क्राइम एण्ड पनिशपेन्टः हिरोइक एक्ट एण्ड रिवार्ड* (Crime and Punishment: Heroic Act and Reward-1914)

(2) *सिस्टम ऑफ सोशियोलोजी* (System of Sociology-1919)

रूस में रहकर सोरोकिन का बहुत बड़ा मुद्दा यह स्थापित करना था कि अपराधी किसे समझा जाये। ज़ार के फ़ासीवाद का विरोध करना क्या किसी व्यक्ति को अपराधी बना देता है? पीटर्सबर्ग में सोरोकिन समाजशास्त्र के प्रोफेसर थे। उन्होंने पहली बार यह स्थापित करने का प्रयास किया कि समाजशास्त्र एक समाजविज्ञान है। यह जानना रुचिकर है कि क्रान्ति के बाद जब समाजवादी-साम्यवादी रूस की स्थापना हुई तब वहाँ समाजशास्त्र का विकास बहुत धीमा रहा; लगभग बन्द सा रहा। इस संदर्भ में सोरोकिन का प्रयास महत्वपूर्ण हो जाता है।

अमेरीका पहुँचने पर सोरोकिन हारवर्ड विश्वविद्यालय में प्रोफेसर हो गये। यहाँ उन्होंने जमकर काम किया। यह कहा जाता है कि सोरोकिन की पुस्तकों का कई भाषाओं में अनुवाद हुआ है। उनकी पुस्तकें भी बहुत बड़ी संख्या में हैं। इन पुस्तकों में जो उन्होंने अमेरीका में रहकर लिखी इस तरह हैं:

(1) *सोशल एण्ड कल्चरल डायनेमिक्स, चार जिल्द, 1937-41* (Social and Cultural Dynamics, 4 Vols., 1937-41)
(2) *सोसाइटी, कल्चर एण्ड परसनेलिटी* (Society, Culture and Personality, 1947)
(3) *फेडस एण्ड फोयबल्स* (Fads and Foibles, 1956)
(4) *सोशियोलोजिकल थ्योरीज़ ऑफ टू डे* (Sociological Theories of Today, 1961)

उपरोक्त पुस्तकों में सोरोकिन ने तीन तथ्यों पर ज़ोर दिया है: समाजशास्त्र, संस्कृति और सांस्कृतिक गतिशीलता। अगर हम सोरोकिन के समाजशास्त्र को देन है उसका विश्लेषण करें तो तीन तथ्य ही उनकी विषय वस्तु को बताते हैं।

सोरोकिन का समाजशास्त्र को योगदान (Sorokin's Contribution to Sociology)

रूस के लोग सोरोकिन को एक क्रान्तिकारी के रूप में जानते हैं। उन्होंने ज़ार का डटकर मुकाबला किया। कई व्याख्यान दिये-चौराहे से लेकर विश्वविद्यालय तक। उन्होंने बहुत कुछ लिखा-पुस्तकों और फुटकर लेखों में। उन्होंने बहुत कुछ किया—नारे लगाने से लेकर जेल में रहने तक। अमरीका उन्हें और तरह से जानता है। यहाँ वे हारवर्ड विश्वविद्यालय के प्रोफेसर थे। समाजशास्त्र के सिद्धान्तवेत्ता थे। उनकी कृतियों में समाजशास्त्र को जो भी देन हैं उसे मौटे रूप में दो क्षेत्रों में डाला जा सकता है। यह योगदान ही उन्हें मेक्स वेबर, कार्ल मार्क्स और पारसंस की दीर्घा में बैठने का अधिकार देता है। उनका योगदान इस तरह है:

(1) एक विज्ञान के रूप में समाजशास्त्र (Sociology as a Science)

इस अध्याय के प्रारंभ में हमने कहा है कि सोरोकिन ने समाजशास्त्र को एक *समग्र* (Integral) रूप में रखा है। इसके अन्तर्गत सभी कुछ आ जाता है। लेकिन शायद समाजशास्त्र की इस तरह की परिभाषा बहुत सरल है। इसकी व्याख्या करनी होगी। उनका कहना है कि *समाजशास्त्र वस्तुतः अन्तःक्रियाओं का विज्ञान है। जब दो या अधिक व्यक्ति मिलते हैं तब उनमें अन्तः क्रियाएँ होती हैं। ये अन्तः क्रियाएँ शून्य में नहीं होती समूह में होती हैं। केवल व्यक्तियों का पारस्परिक अभिवादन करना, गले मिलना अन्तःक्रिया नही हैं। अन्तःक्रिया में कुछ अर्थ होना चाहिये, कुछ बात कहनी चाहिये, कुछ अर्थ लेना चाहिये। दूसरे शब्दों में,* अन्त क्रियाएँ समूह में होती है और उनका आदान-प्रदान सांस्कृतिक मूल्यों के

माध्यम से होता है। हम जब अपने नातेदारों या मित्रों से मिलते हैं, तब यह अन्तः क्रिया है। सांस्कृतिक माध्यम से हम अपनी बात कहते हैं। यह अर्थ है। ये अन्तः क्रियाएँ समूह में होती है और जैसा कि हमने कहा है अन्तः क्रिया में समूह बनते हैं। और ये समूह संगठित, असंगठित या विघटित होते है।

सच में देखा जाय तो सोरोकिन ने अन्तःक्रिया (Interaction) का प्रयोग हरबर्ट स्पेन्सर के अर्थ में किया है। इसकी परिभाषा में सोरोकिन लिखते हैं:

> अन्तः क्रिया कोई भी एक ऐसी *घटना* (Event) हैं जिसमें एक व्यक्ति दूसरे व्यक्ति की क्रियाओं या उसकी मानसिक स्थिति को प्रभावित करता है।

अन्तःक्रिया करने वाले या तो व्यक्ति हो सकते हैं, व्यक्ति और समूह या समूह और समूह। यहाँ सोरोकिन तीन तत्वों पर ज़ोर देते हैं। पहला तत्व तो *व्यक्तित्व* (Personality) का है। यह व्यक्तित्व ही अन्तःक्रिया करता है। अन्तःक्रिया में दूसरा तत्व *समाज* (Society) का है। सोरोकिन की दृष्टि में अन्तःक्रिया करने वाले व्यक्तित्वों का जोड़ ही समाज है। और अन्तःक्रिया का तीसरा तत्व *संस्कृति* (Culture) है। इस अर्थ में *संस्कृति वह है जो व्यक्तियों की अन्तःक्रियाओं में निहित है। व्यक्तित्व जब अन्तःक्रिया करते हैं तब इसमें उनके अर्थ (Meanings), मूल्य (Values) और मानक (Norms) होते हैं। ये अर्थ, मूल्य और मानक जो अन्तः क्रिया के माध्यम बनते हैं संस्कृति है।* भारत में जब हम अपने माता-पिता से मिलते हैं तो उनसे हाथ नहीं मिलाते, आदर से उनके चरण छूते हैं। ये मूल्य हैं जिन्हें हम उम्र वाले लोगों की अन्तः क्रिया में काम में लेते हैं। अब सोरोकिन की समाजशास्त्र की परिभाषा को स्पष्ट रूप में रखेंगे:

> समाजशास्त्र वह समाज विज्ञान है जो व्यक्तियों में होने वाली अन्तःक्रियाओं और अन्तःक्रिया के माध्यम से संस्कृति का अध्ययन करते हैं।

सोरोकिन ने जिस तरह समाज की व्याख्या की है वैसे ही वे समूह की व्याख्या भी करते हैं। वे कहते हैं कि *समूह में मूल्य होते हैं और ये मूल्य ही समूह को एक सूत्र में बांधे रखते हैं।* मूल्यों से उनका तात्पर्य *विचारों* (Idea) से हैं। ये विचार या मूल्य समूह के उद्देश्यों से असंगत नहीं होने चाहिये। सोरोकिन ने मानक पद का भी प्रयोग किया है। समूह या समाज के लोग मानक को अपने व्यवहार का आधार बनाते हैं। ये मानक समूह के सभी लोगों के लिये अनिवार्य हैं। इस भाँति यदि हमें बहुत थोड़े में सोरोकिन की समाजशास्त्र की व्याख्या करने को कहा जाय तो हम इसे बिन्दुओं में इस भाँति रखेंगे:

(1) समाजशास्त्र अन्तः क्रियाओं का अध्ययन करता है।
(2) अन्तः क्रियाएँ दो या अधिक व्यक्तित्वों में होती हैं।
(3) अन्तः क्रियाएँ समाज और समूहों में होती है।
(4) अन्तः क्रियाओं का माध्यम संस्कृति होती है।
(5) संस्कृति में मूल्य और मानक होते है।

(2) सांस्कृतिक परिवर्तन का सिद्धान्त (Theory of Cultural Change)

सोरोकिन का दूसरा महत्वपूर्ण सिद्धान्त सांस्कृतिक परिवर्तन का है। 19 वीं शताब्दी में और 20 वीं शताब्दी के प्रारम्भ में समाजशास्त्री सामाजिक परिवर्तन पर खूब लिखते थे। इतिहास

के इस दौर में यूरोप ने बहुत बड़ा उथल-पुथल देखा। फ्रान्स की राज्य क्रान्ति हुई। इग्लैण्ड में रक्तहीन क्रान्ति हुई। इधर भाप के आविष्कार ने औद्योगिक क्रान्ति को जन्म दिया और 20 वीं शताब्दी के प्रारम्भ में रूस में क्रान्ति हुई। कोई 50 वर्षों की अवधि में इतना बड़ा उलट-फेर सामान्य नहीं था। सभी को डर था कि इस परिवर्तन से यूरोप का समाज टूट जायगा। इसके उत्तर में कार्ल-मार्क्स ने आर्थिक निर्धारण के आधार पर सामाजिक परिवर्तन के सिद्धान्त को रखा। मेक्स बेबर ने धर्म में निहित आचारों को पूंजीवाद के विकास के लिये निर्णायक सिद्धान्त बताया। कुछ इतिहासकारों ने जिनमें टोयनबी भी हैं, चक्रीय सिद्धान्त को रखा। उद्‌विकासवादियों ने एक रेखीय सिद्धान्त को प्रतिपादित किया। इन्होंने कहा कि समाज हमेशा विकास की ओर बढ़ता है। परिवर्तन के सिद्धान्तों की इस मुख्यधारा से सोरोकिन भी अछूते नहीं रहे। उन्होंने भी सांस्कृतिक परिवर्तन के सिद्धान्त को प्रस्तुत किया। उनके सिद्धान्त की व्यवस्थित रूप से मीमांसा करने से पहले हमें दो बातें स्पष्ट रूप से जाननी चाहिये। पहली बात तो यह है कि सोरोकिन सामाजिक परिवर्तन के चक्रीय सिद्धान्त को अस्वीकार करते हैं। वे यह नहीं मानते कि सबसे पहले मातृ सत्तात्मक परिवार थे, बाद में पितृसत्तात्मक और इस चक्र के अनुसार तीसरे दौर में पुनः मातृ सत्तात्मक परिवार आयेगें। सोरोकिन इस सिद्धान्त के विरोधी थे।

दूसरा, सोरोकिन एक रेखीय सिद्धान्त के भी हामी नहीं थे। सिमेल ने कहा था कि उद्‌विकास के दौर में सामान्यतया समाज प्रगति और विचार की ओर बढ़ेगा। जैसे-जैसे समाज में विजातीयता बढ़ेगी, समाज की संरचना जटिल होती जायगी। इस तरह के एक रेखीय सिद्धान्त को भी सोरोकिन ने स्वीकार नहीं किया। वे यूरोप के बहुत बड़े इतिहास का विश्लेषण करते हैं। उसमें जो तथ्य सामग्री है वह कहीं भी यह नहीं बताती कि समाज में प्रगति हुई है।

सोरोकिन ने चक्रीय और एक रेखीय सिद्धान्तों को अस्वीकार करने के बाद अपना एक पृथक सिद्धान्त रखा है। इस सिद्धान्त का नाम उन्होंने *स्वाभाविक परिवर्तन का सिद्धान्त* (Principle of Imminant Change) रखा है। इस सिद्धान्त को वे अपनी सभी कृतियों में रखते हैं लेकिन विस्तार से यह सिद्धान्त उनकी दो पुस्तकों में है: *सोशल एण्ड कल्चरल डायरेमिक्स* (Social and Cultural Dynamics, 1937-1941) यह पुस्तक चार जिल्दों में है। उनकी दूसरी पुस्तक जो इस संदर्भ में महत्वपूर्ण है वह *सोसाइटी, कल्चर एण्ड परसेनिलिटी* (Society, Cultural, and Personality, 1947) है। इन पुस्तकों में उन्होंने विस्तारपूर्वक अपने सांस्कृतिक परिवर्तन के सिद्धान्त को रखा है। अब हम सिलसिलें से इस सिद्धान्त की यहाँ व्याख्या करेगें।

सांस्कृतिक परिवर्तन के सिद्धान्त के आधार
(Bases of the Theory of Cultural Change)

भौतिक वस्तुओं में परिवर्तन, कोई परिवर्तन नहीं है। परिवर्तन तो वह है जो सांस्कृतिक तत्वों में होवे। जैसा कि हमने पिछले पृष्ठों में कहा है कि समाजशास्त्र अन्तःक्रियाओं का अध्ययन करता है। ये अन्तःक्रियाएँ *व्यक्तित्वों* (Personality) में होती है। अन्तः क्रिया में संस्कृति होती है। *और संस्कृति में मानक, मूल्य और अर्थ होते हैं।* यहाँ तक तो संस्कृति की व्याख्या

बहुत प्रारंभिक व्याख्या है। आगे चलकर सोरोकिन कहते हैं कि *संस्कृति वह सब कुछ है, जिसे मनुष्य बनाता है, संशोधित करता है और चेतन या अचेतन रूप में उसे अपनी गतिविधियों में काम में लाता है।* अपने आप में संस्कृति अखण्ड नहीं होती। इसके अलग-अलग भाग होते हैं। जब हम अभिवादन करते हैं तो यह संस्कृति का एक भाग है; जब हम व्यवसाय करते हैं तो यह संस्कृति का एक पृथक भाग है। इसी तरह के भाग राजनीति, धर्म आदि में होते हैं। *यहाँ महत्वपूर्ण बात यह है कि संस्कृति के ये सब भाग सम्पूर्ण सांस्कृतिक व्यवस्था को बनाते हैं।* संस्कृति कहीं भी अपने विशुद्ध रूप में नहीं मिलती। जैसे गणित में दो और दो चार होते हैं वैसे संस्कृति के दो भाग मिलकर किसी एक निष्कर्ष को ही निकालते हों ऐसा नहीं है। कुछ लोग आधुनिकीकरण को जो संस्कृति का एक भाग है अपना लेते हैं। पोप संगीत स्वीकार कर लेते हैं लेकिन समाज का एक ऐसा हिस्सा भी है जो शास्त्रीय संगीत को शीर्ष स्थान देता है। इस तरह संस्कृति के अलग-अलग भाग मिलकर एक व्यवस्था बनाते हैं। सोरोकिन इसे *सांस्कृतिक व्यवस्था* (Cultural System) कहते हैं। ये सांस्कृतिक व्यवस्थाएँ समाज के सदस्यों का समाजीकरण करते हैं। प्रक्रिया के अन्त में चलकर सभी सांस्कृतिक व्यवस्थाओं का एकीकरण हो जाता है। ऐसी अवस्था में जब सांस्कृतिक व्यवस्थाओं में परिवर्तन आता है तो सोरोकिन के अनुसार यह सांस्कृतिक परिवर्तन का सिद्धान्त है।

अधि सांस्कृतिक व्यवस्था (Super Cultural System)

सोरोकिन कहते हैं कि संस्कृति की बहुत बड़ी प्रवृति एकीकरण की है। सामाजिक, आर्थिक, राजनैतिक, व्यावसायिक क्षेत्रों की अलग-अलग संस्कृतियाँ है। ये संस्कृतियाँ एक स्तर पर चलकर एकीकृत हो जाती है। होता यह है *कि संस्कृति के सोपान होते हैं। इस सोपान में सबसे नीचे छोटी सांस्कृतिक इकाई होती है। इन इकाईयों में एकीकरण होता है और इस तरह संस्कृति का सोपान ऊपर उठता चला जाता है। किसी भी जनसंख्या में सामाजिक-सांस्कृतिक व्यवस्था इन सोपानों से बनती है। ये सब सोपान जब एकीकृत हो जाते हैं तब इन्हें अधि व्यवस्था (Super System) कहते हैं।* दूसरे शब्दों में अधि व्यवस्था वह है जिसमें समाज की विभिन्न उप-सांस्कृतिक व्यवस्थाएँ अपने एकीकृत रूप में पायी जाती है।

अधि व्यवस्था के अंग (Parts of Super System)

अधिव्यवस्था बहुत विशाल होती है। यह अधि व्यवस्था एक विशाल विचार या केन्द्रीय मुहावरें पर बनती है। सामान्यतया अधि व्यवस्था में निम्नलिखित सांस्कृतिक *आईटम* (Item) होते हैं:

(1) भाषा एवं बोलियाँ,

(2) धर्म,

(3) कला,

(4) आचार, और

(5) विज्ञान।

ये सब संस्कृति के तत्व अधि व्यवस्था को बनाते हैं। उदाहरण के लिये किसी भी देश

की एक अधि व्यवस्था होती है। इस अधिव्यवस्था में कई पृथक-पृथक उपव्यवस्थाएँ होती हैं। उसे हम भारत के संदर्भ में रखेंगे। हमारे देश की अधिव्यवस्था प्रजातान्त्रिक, धर्मनिरपेक्ष, अखण्डता, सम्प्रभुता की है। इस अधिव्यवस्था में कई उप-व्यवस्थाएँ हैं। हमारे यहाँ लगभग 17 भाषाएँ संविधान द्वारा मान्यता प्राप्त हैं। देश में कई समुदाय हैं। एक विशेष प्रकार की संस्कृति है। हमारे कहने का तात्पर्य यह है कि देश के कुछ मुहावरे या इसकी परम्पराएँ ऐसी हैं जिन्हें हम अधि व्यवस्था कह सकते हैं। यह अधि व्यवस्था भाषा, धर्म, कला, आचार, विज्ञान आदि में देखी जा सकती है और उप अधि व्यवस्थाओं को प्रान्तीय बोलियों, भाषाओं और धार्मिक सम्प्रदायों में देखा जा सकता है। सोरोकिन ने अधि सांस्कृतिक व्यवस्था के तीन प्रकार बताये हैं:

(1) इन्द्रियपरक सांस्कृतिक अधिव्यवस्था (Sensate Cultural Super System)
(2) भावनात्मक सांस्कृतिक अधिव्यवस्था (Ideational Cultural Super System)
(3) आदर्शात्मक सांस्कृतिक अधिव्यवस्था (Idealistic Cultural Super System)

सोरोकिन जब सामाजिक और सांस्कृतिक सिद्धान्त को प्रस्तावित करते हैं तब उनका थीसीस है कि प्रत्येक अधि सांस्कृतिक व्यवस्था में कुछ ऐसे तत्व होते हैं जो आन्तरिक सम्पर्क और संघर्ष के कारण सामाजिक परिवर्तन को ले आते हैं। सोरोकिन का यह सिद्धान्त ऐसा है जो एकदम चक्रीय और एकरेखीय सिद्धान्त का विरोध नहीं करता। यह सिद्धान्त तो *अनियमित* (Irregular) है। उनका आग्रह है कि परिवर्तन की स्वाभाविक प्रवृति बदलने की है। और सामाजिक व्यवस्था में हमेशा किसी न किसी तरह का परिवर्तन होता रहता है, इसी सिद्धान्त को वे *स्वाभाविक परिवर्तन का सिद्धान्त* कहते हैं। इसका सामान्य मतलब हुआ कि समाज में परिवर्तन होना स्वाभाविक है। अब हम संस्कृति के तीनों प्रकारों का सिलसिले से खुलासा करेंगे:

(1) इन्द्रियपरक सांस्कृतिक अधिव्यवस्था

संस्कृति की यह वह चेतना प्रधान व्यवस्था है जिसका आधार इन्द्रियजन्य वस्तुओं की प्राप्ति है। ये वस्तुएँ वे हैं जो इन्द्रियों को प्रसन्नता देती है। कई बार इन्द्रियपरक वस्तुएँ संसार से जुड़ी होती हैं, भावनात्मक दुनियाँ से नहीं। इस संस्कृति में कला की अपेक्षा विज्ञान का विकास अधिक होता है। कला और साहित्य में कल्पना की अपेक्षा वास्तविकता को अधिक महत्व दिया जाता है। ऐसी संस्कृति में धर्म का महत्व घटता है और भौतिक सुख प्राप्त करने की ओर लोग अधिक झुकते हैं।

सोरोकिन ने अमेरीका की संस्कृति को इन्द्रियपरक कहा है। इस अर्थ में पश्चिमी संस्कृति भी इन्द्रियपरक है। उनका विचार है कि अमेरीकी या पश्चिमी संस्कृति पतन के कगार पर खड़े हैं। आविष्कारों की जो बाढ़ आ रही है वह उन्हें बहुत जल्दी ले डुबेगी। उनका कहना है कि यदि पश्चिमी और अमेरीका के समाज इन्द्रियपरक संस्कृति से बचना चाहते हैं तब उन्हें बहुत शीघ्र भावनात्मक संस्कृति को अपनाना चाहिये। एक बात और है। और वह यह है कि इन समाजों के लोग भी अब इन्द्रिय सुख प्राप्त करने की चरम सीमा पर पहुँच गये हैं। शायद इसी कारण इनका झुकाव भावनात्मक संस्कृति की ओर हो रहा है।

(2) भावनात्मक सांस्कृतिक अधिव्यवस्था

संस्कृति की यह अधिव्यवस्था इन्द्रियपरक संस्कृति के विपरीत है। उच्च या परम व्यवस्था **का मुहावरा** इस संस्कृति में भावना प्रधान होता है। यह संस्कृति इन्द्रियों की ओर नहीं **देखती। इसका** रुझान उच्च आदर्शों के प्रति होता है। इस संस्कृति का दबाव सत्य, अहिंसा, ज्ञान, कला, धर्म, आचार और पवित्र अर्न्तसम्बन्धों की ओर होता है। इस संस्कृति के दृष्टान्त में सोरोकिन ने चीन, भारत, और मध्यकालीन इसाई धर्म प्रधान यूरोप के समाजों का दिया है। आज यदि सोरोकिन जीवित होते तब उनहें ज्ञात होता कि उनके समय की भावनात्मक भारतीय संस्कृति अब इन्द्रियपरक संस्कृति की ओर मुड़ रही है। इससे एक और तथ्य का पता लगता है। भारत का यह सामाजिक परिवर्तन अनियमित है। यदि यह नियमित होता तो इसे इन्द्रियपरक संस्कृति की ओर न मुड़कर *आदर्शात्मक संस्कृति* (Ideational culture) की ओर मुड़ना चाहिये था। यह इसलिये कि भारतीय समाज अपनी आध्यात्मिक संस्कृति से पीछे हटकर इन्द्रियपरक संस्कृति को अपना रहा है। यहाँ यांत्रिक वस्तुओं का प्रयोग अधिकाधिक होने लगा है। कुछ लोग तो यहाँ तक कहते कि भारतीय समाज का नया मुहावरा उत्तर-आधुनिकता हो रहा है।

(3) आदर्शात्मक सांस्कृतिक अधिव्यवस्था

यह संस्कृति इन्द्रियपरक और भावनात्मक सांस्कृतिक अधि व्यवस्थाओं के बीच में है। इसमें इन्द्रिय परक संस्कृति और भावनात्मक संस्कृति का मिश्रण होता है। इसी कारण इसे आदर्शात्मक संस्कृति कहते हैं। सोरोकिन का कथन है कि इस प्रकार की अधि सांस्कृतिक व्यवस्था विशेषकर तब उत्पन्न होती है जब भावनात्मक संस्कृति इन्द्रियपरक संस्कृति में बदल रही होती है। *आदर्शात्मक संस्कृति में भौतिक आदर्श तथा आध्यात्मिक आदर्शों का एक उत्तम समन्वय होता है।* इस संस्कृति में विज्ञान, दर्शन या धर्म किसी की भी उपेक्षा नहीं होती और न ही किसी पर आवश्यकता से अधिक बल दिया जाता है। देखा जाय तो इन्द्रियपरक तथा भावनात्मक संस्कृति सांस्कृतिक व्यवस्था के दो छोर हैं। इन दोनों के बीच की स्थिति या व्यवस्था ही आदर्शात्मक संस्कृति है। इसमें दोनों संस्कृतियों का मिश्रण होता है।

सोरोकिन के स्वाभाविक परिवर्तन के सिद्धान्त की विशेषताएँ

सोरोकिन का सामाजिक-सांस्कृतिक परिवर्तन का सिद्धान्त उनकी पुस्तकों में भिन्न-भिन्न तरह से प्रस्तुत किया गया है। इस सिद्धान्त का नाम *स्वाभाविक परिवर्तन का सिद्धान्त* दिया गया है। इसकी निम्न विशेषताएँ है:

(1) सामाजिक परिवर्तन की यह स्वाभाविकता है कि यह समाज में बराबर होता रहता है। सामान्यतया यह परिवर्तन भावनात्मक संस्कृति से इन्द्रियपरक संस्कृति की ओर या इन्द्रियपरक संस्कृति से भावनात्मक संस्कृति की ओर होता है। यह प्रायः अप्रत्यक्ष और अनियमित रूप से होता है।

(2) सोरोकिन वस्तुतः सांस्कृतिक परिवर्तन के अन्तर्निहित स्त्रोत के सिद्धान्त का प्रतिपादन करते हैं। इसके अनुसार किसी समाज विशेष में विभिन्न शक्तियों के आन्तरिक सम्पर्क और संघर्ष से सामाजिक परिवर्तन होता है।

(3) सामाजिक और सांस्कृतिक परिवर्तन मूल्यों, मानकों, और अर्थों में होता है। केवल भौतिक परिवर्तन परिवर्तन नहीं है। दूसरे शब्दों में परिवर्तन का अर्थ सांस्कृतिक परिवर्तन से ही लिया जाना चाहिये।

सोरोकिन के सामाजिक परिवर्तन के सिद्धान्त की आलोचना

(1) यह कहना विवादास्पद है कि वस्तुएँ अपने आप में बदलती रहती है। कभी भी परिवर्तन वस्तुओं में निहित नहीं होता। कई बार बाहरी कारकों द्वारा सामाजिक और सांस्कृतिक परिवर्तन होता है। तीसरी दुनियाँ के देशों में तो सामाजिक परिवर्तन योजनाबद्ध तरीके से किया जाता है। यहाँ वस्तुओं में अपने आप बदलने की जिस स्वाभाविकता की बात सोरोकिन ने कही है लागु नहीं होती।

(2) सोरोकिन अपने सिद्धान्त में अक्खड़ दिखायी देते हैं। यह कहना कि जैसा कि उन्होंने पश्चिमी सभ्यता के बारे में कहा है, यंत्रीकरण हानिकारक है, सही नहों है। ऐसा लगता है कि सोरोकिन समाज की प्रत्येक वस्तु को इन्द्रियपरक मानते हैं।

(3) सोरोकिन का सम्पूर्ण सिद्धान्त निर्धारणवादी है। यह मानना कि सांस्कृतिक परिवर्तन ही सही परिवर्तन है, दोषपूर्ण है। यदि मार्क्स ने सामाजिक परिवर्तन का कारण आर्थिक निर्धारण में माना है तो कुछ इसी तरह सोरोकिन ने सामाजिक परिवर्तन का कारण संस्कृति को माना है। केवल एक कारक द्वारा परिवर्तन की व्याख्या करना उचित नहीं लगता। सामाजिक परिवर्तन में आर्थिक और सांस्कृतिक कारकों की तरह अन्य कई कारक भी प्रभावपूर्ण ढंग से कार्य करते हैं। इनकी पड़ताल भी होनी चाहिये।

उपसंहार

अमेरीका में सोरोकिन वस्तुतः एक परदेशी थे। उन्होंने बहुत कुछ लिखा है। इतनी उपलब्धि होने पर भी उन्हें जो ख्याति मिलनी चाहिये, नहीं मिली। उनके लिखने का प्रबन्ध समाजशास्त्र को एक विद्या के रूप में स्थापित करना था। उन्होंने समाजशास्त्र को अन्तःक्रियाओं के संदर्भ में रखा है और ऐसा करने में संस्कृति को निर्धारित स्थान दिया है। अपनी पुस्तक *कन्टेमपटरी सोशियोलोजिकल थ्योरीज़* (Comtemparary Sociological Theories) में उन्होंने सिद्धान्त निर्माण के कार्य को उठाया है लेकिन अपने समकालीन समाजशास्त्रियों पर उन्होंने कई फब्तियाँ भी कसी हैं। जब कभी मौका पड़ता है वे छींटे उड़ाने से चूकते नहीं है और इसे अमेरीका के समाजशास्त्र ने कभी स्वीकार नहीं किया।

सोरोकिन बड़ी अटूट क्षमतावाले व्यक्ति थे। उन्होंने अपनी क्षमता और योग्यता को कभी हल्का नहीं आँका। कई बार उन्होंने अपनी तुलना अरस्तू तक से कर डाली है। यह सब तथ्य इस बात को बताता है कि अमेरीका में उनके समकालीन समाजशास्त्रियों ने जो आदर उन्हें दिया जाना था, नहीं दिया। लेकिन इससे सोरोकिन ने कभी भी अपने आत्मविश्वास को नहीं खोया। सोरोकिन की वृद्धावस्था में वे कभी भी उपेक्षा के पात्र नहीं रहे। उनके दो लड़कों ने उन्हें अटूट प्यार दिया। रुचिकर बात है कि जब फरवरी 11, 1968 में उनकी मृत्यु हुई तब उन समाजशास्त्रियों ने भी जिन पर सोरोकिन ने कीचड़ उछाला था, उनके महान् प्रशंसक थे। इन्होंने कहा कि सोरोकिन एक महान् आत्मा थी और ऐसी आत्मा बार-बार जन्म नहीं लेती।

9

टालकट पारसंस

(Talcott Parsons, 1902-1979)

आज की समाजशास्त्रीय दुनियाँ में टालकट पारसंस को कौन पढ़ता है? और इससे आगे, भारत में टालकट पारसंस को कौन पढ़ता है? वास्तव में ये प्रश्न नहीं हैं, मुद्दे हैं और विस्तार से हम इनकी चर्चा इस अध्याय में करेंगे। पिछले चार पाँच दशक में समाजशास्त्र का खाका बदल गया है। अब लोग प्रकार्यवाद को आज की बदलती दुनियाँ के साथ अप्रासंगिक समझते हैं। यूरोप और तीसरी दुनियाँ में समाजशास्त्र की *प्रवृति* (Trend) बदल गयी है। यूरोप में दरिदा, फुको, हेबरमास और बोर्दियो द्वारा प्रेरित समाजशास्त्र प्रभावशाली हो रहा है। वहाँ नवीन संरचनावाद और नवीन मार्क्सवाद की बात हो रही है। अब समाजशास्त्र में एन्थोनी गिडेन्स, रेण्डाल कोलिन्स आदि संघर्ष सिद्धान्त पर ज़ोर दे रहे हैं। पूरे यूरोप और अमेरीका में उत्तर-आधुनिकता की लहर चल रही है। ऐसे वातावरण में यह कहा जा रहा है कि समाजशास्त्रीय सिद्धान्तों ने अपनी प्रासंगिकता खो दी है।

तीसरी दुनियाँ के देश जिन्हें विकासशील देश कहते हैं वे अपनी राष्ट्र निर्माण की समस्या से जूझ रहे हैं। इन देशों में आर्थिक हालत खस्ता है। बेरोजगारी बढ़ रही है और शिक्षा का स्तर निम्न धरातल पर आ गया है। हिंसा की घटनाएँ वृद्धि पर है और स्त्रियाँ जेण्डर समस्या के साथ उलझ रही है। दक्षिण एशिया में एथनिक संकट गहरा गया है। श्रीलंका में तमिल और सिंहली अपनी संस्कृति के अस्तित्व के लिये खूनी लड़ाई लड़ रहे हैं। भारत और पाकिस्तान की समस्या वस्तुतः एथनिक समस्या है। एथनिक समस्या का एक भयानक स्वरूप मुट्ठी में समा जाए ऐसे फीजी देश में देखने को मिल रहा है। एक समय था साठ और सत्तर के दशक में जब हमारे देश में पारसंस के बिना समाजशास्त्र का अध्ययन प्रारंभ नहीं हो सकता था अपने एक सर्वेक्षण में टी.एन. मदन ने बताया कि भारतीय सामाजिक अनुसंधान में बहुसंख्यक समाजशास्त्री केवल प्रकार्यात्मक विधि को काम में लाते हैं। आज यह सब बदल गया है। प्रकार्यवाद और व्यवस्था सिद्धान्त की कमज़ोरी के साथ पारसंस की लोकप्रियता भी घटी है।

पारसंस एक अमेरीकी समाजशास्त्री थे। इनका जीवन काल 1902 से 1978 की अवधि में बंधा हुआ है। इन्होंने प्रारम्भ में अर्थशास्त्र को पढ़ाया। अपने जीवन का बहुत बड़ा भाग उन्होंने हारवर्ड विश्वविद्यालय में बिताया। ये एक प्रख्यात समाजशास्त्री हैं। इन्हें समाजशास्त्र के सिद्धान्तवेत्ता कहा जाता है। उनकी ख्याती उनकी कृतियों के कारण तो है ही लेकिन इन्होंने अपने योगदान से पूरी एक पीढ़ी को प्रभावित किया है। उन्हें केवल अमेरीका में ही नहीं यूरोप में भी आदर के साथ देखा जाता है। इसके कई कारण है। पारसंस का बहुत बड़ा

योगदान यह है कि उन्होंने यूरोप की अकादमिक परम्पराओं को अमेरीका में लागू किया। अपनी पहली पुस्तक—*दि स्ट्रक्चर ऑफ सोशल एक्शन* (The Structure of Social Action-1937) में उन्होंने सामाजिक क्रिया के सिद्धान्त के प्रतिपादन में यूरोप के कई विद्वानों के सिद्धान्तों का प्रतिपादन किया है। हॉब्स, लोक, माल्थस, पेरेटो, दुर्खीम, मेक्स बेबर आदि उनके प्रिय विचारक रहे हैं। मार्शल जैसे जर्मन अर्थशास्त्री का विश्लेषण भी उन्होंने क्रिया सिद्धान्त के निर्माण में किया है। पारसंस से पहले अमेरीका अपनी चहार दिवारी में बंधा था। वह यूरोप की तरफ देखता ही नहीं था। *आनुभविकता* (Empiricism) अमेरीका के समाजशास्त्र की खासियत रही है। वहाँ अनुसंधान का सामान्य मुहावरा आनुभविक अनुसंधान का है। अमेरीका के समाजशास्त्र को पारसंस ने कई देन दी। उन्होंने आनुभविकता की लगाम खींची, उनका ज़ोर सिद्धान्त निर्माण पर था, आनुभविकता पर कम।

पारसंस ने स्वंय की कृतियों द्वारा समाजशास्त्र के भण्डार को तो भरा ही, उन्होंने कुछ ऐसे विद्यार्थियों को तैयार किया जिन्होंने एक विद्या के रूप में समाजशास्त्र को ऊचाइयों पर पहुँचा दिया। उनके विद्यार्थियों में किंग्सले डेविस, रोबर्ट के.मर्टन, रोबिन विलियम्स, विल्बर्ट मूर आदि है। आज होमन्स और गोफमेन जैसे समाजशास्त्री जो सिद्धान्त के क्षेत्र में काम कर रहे हैं, सब पारसंस की देन है। अमेरीका और विकासशील देशों में पारसंस के पाठकों की कमी नहीं हैं। *वे दुनियाँ भर के समाजशास्त्र को प्रभावित करते हैं।*

यह नहीं है कि पारसंस ने जो कुछ लिखा है उसका कोई मुकाबला नहीं है। यह भी सही है कि जो कुछ पारसंस ने लिखा है, सभी लोग उनसे सहमत है, शायद सहमति से अधिक असहमति है। कुछ समाजशास्त्रियों ने जिनमें सी. राईट मिल्स, गुल्डनर आदि हैं जिन्होंने पारसंस के सिद्धान्तों की बड़ी कड़ी आलोचना की है। एक ही बात कहने के लिये पारसंस कई पृष्ठ भर देते हैं। सी. राईट मिल्स (C. Wright Mills: Sociological Imagination) ने तो एक जगह प्रत्यक्ष रूप से पारसंस की *सोशल सिस्टम* पुस्तक के तीन पृष्ठ रखें हैं और इनमें जो कुछ कहा गया है उसे एक पृष्ठ में धरा है। पारसंस वाग्झाल और लफ्फाज़ी करने में अव्वल है। और इसी कारण उनकी आलोचना भी हुई है। हमारे देश में सामान्यतया पारसंस को पूरे भक्तिभाव से देखा गया है। वाई. बी. दामले जैसे ऐसे समाजशास्त्री है जिन्होंने भारतीय यर्थाथता को पूर्ण रूप से पारसंस की अवधारणाओं में परखा है। पारसंस की अतिश्योक्ति करने में उन्होंने कोई कमी नहीं रखी है। यह अवश्य है कि दुनियाँ भर के प्रकार्यवादियों ने पारसंस को अपना आदर्श माना है, और यह भी सत्य है कि संघर्षवादियों ने पारसंस की हमेशा निंदा की है। पारसंस पूंजीवादी और यथास्थितिवादी विचारधारा के पोषक थे और वे परिवर्तन को केवल व्यवस्था के दायरे में ही देखना चाहते थे।

जो कुछ पारसंस ने लिखा है वह सिद्धान्त निर्माण के क्षेत्र में है। वे एक जगह कहते हैं कि वे एक लाइलाज सिद्धान्तवेत्ता है और कोई भी उन्हें सिद्धान्त निर्माण की प्रक्रिया से पृथक नहीं कर सकता।

पारसंस की समाजशास्त्र को देन बहुत अधिक है। उन्होंने *क्रिया व्यवस्था* (Action System) सिद्धान्त को एडवर्ड शील्स के साथ मिलकर बनाया है। क्रिया व्यवस्था सिद्धान्त उनकी बहुत बड़ी देन है। वे कहते हैं कि जब व्यक्ति किसी व्यवस्था के लिये क्रिया करता

है तो उसके सामने कुछ प्रतिमान यानी *पेटर्न* (Pattern) होते हैं। ये *पेटर्न* मूल्यों से बंधे होते हैं। या तो व्यक्ति स्वंय के हित के लिये काम करता है या समूह के हित के लिये। क्रिया सिद्धान्त से जुड़े हुए ये *प्रतिमान चर* (Pattern Variable) सिद्धान्त के क्षेत्र में बहुत बड़ी उपलब्धि हैं। इन चरों के आधार पर ही व्यक्ति क्रिया करने के लिये निर्णय लेता है।

पारसंस की दूसरी बड़ी देन *सामाजिक व्यवस्था* की है। इसे *हम व्यवस्था सिद्धान्त* (System Theory) कहते हैं। व्यवस्था को बनाये रखने के लिये आदमी क्रिया करता है। अपनी क्रिया द्वारा वह व्यवस्था के *लक्ष्यों* (Goal), इन लक्ष्यों की प्राप्ति के लिये *अनुकूलन* (Adaptation) करता है। क्रिया का एक उद्देश्य यह भी होता है कि व्यवस्था का जो भी पेटर्न है वह बदलें नहीं। यह *लेटेन्सी* यानी यथास्थिति की क्रिया है। कर्ता की क्रिया का एक और उद्देश्य व्यवस्था के विभिन्न भागों में एकीकरण करना होता है। लक्ष्य भी प्राप्त हो जाये, आवश्यकता पड़े तो अनुकूलन भी कर लिया जाये, व्यवस्था की यथास्थिति भी बनी रहे। क्रिया के ये सब स्वरूप व्यवस्था को बनाये रखने के लिये है।

पारसंस की तीसरी उपलब्धि *प्रकार्यात्मक* (Functional) विधि है। पारसंस ने सामाजिक व्यवस्था का विश्लेषण करके यह स्थापित किया है कि व्यक्ति अपनी क्रियाओं द्वारा सामाजिक व्यवस्था के एक भाग को दूसरे भाग से और सम्पूर्ण व्यवस्था से जोड़ता है। यह प्रकार्यवाद है। अपने इस सिद्धान्त को उन्होंने बीमारी, आदि स्थिति पर लागु भी किया है। प्रकार्यवाद एक सिद्धान्त भी है और विधि भी। मर्टन ने प्रकार्यात्मक विधि में कई संशोधन किये हैं। उन्होंने *प्रकट* (Manifest) और *प्रच्छन्न* (Latent) प्रक्रियाओं की बात कही है। वे प्रकार्यात्मक विकल्पों (Functional Alternatives) की अवधारणा को भी रखते हैं।

यह सही है कि आज और खास करके पिछले 10 वर्षों ने पारसंस की बड़ी आलोचना हुई है। अब उनकी कृतियों में लोगों की रुचि नहीं है। यह सब होते हुए भी पारसंस ने न केवल स्वंय की पीढ़ी को, वरन् आगे वाली पीढ़ियों को भी प्रभावित किया है। इसी कारण हम कहते हैं कि उन्होंने समाजशास्त्र के ज्ञान के भण्डार को अधिक धनवान बनाया है।

जीवन रेखाचित्र (Life Sketch)

पारसंस का जन्म अमेरीका में सन् 1902 में हुआ था। 1924 में उन्होंने एम्हार्ट कॉलेज से स्नातक की परीक्षा उत्तीर्ण की। प्रारंभ में उनकी रुचि जीवविज्ञान में थी। बाद में चलकर वे अर्थशास्त्र की ओर आकृष्ट हुए। प्रारम्भ में उन्हें विधि शास्त्र में प्रोफेसर का स्थान मिला। इसके बाद हेडलबर्ग विश्वविद्यालय (जर्ग्नी) से उन्होंने डाक्ट्रेट किया। और इसके बाद रुचिकर बात है कि लंदन में रहकर उन्होंने मेलीनोस्की के साथ आदिवासियों पर काम किया। यहाँ यह कहना आवश्यक है कि जर्मनी और लंदन ने यानी यूरोप ने पारसंस के युवा बौद्धिक जीवन को बहुत अधिक प्रभावित किया। सन् 1927 से लेकर 1931 तक वे हारवर्ड विश्वविद्यालय (अमेरीका) में अर्थशास्त्र के अध्यापक रहे। इसी विश्वविद्यालय में 1944 में वे समाजशास्त्र के प्रोफेसर हो गये।

पारसंस को समझने के लिये अमेरीका की तत्कालीन समाजशास्त्रीय स्थिति को देखना चाहिये। 1930 के दशक में शिकागो विश्वविद्यालय का बड़ा नाम था। इस विश्वविद्यालय

के कई प्रोफेसर जैसे कि *स्माल* (Small) और *पार्क* (Park) यूरोप में शिक्षा प्राप्त कर चुके थे। इन विद्वानों ने जार्ज सिमेल के साथ भी काम किया था। यूरोप का यह प्रभाव शिकागो विश्वविद्यालय पर बहुत स्पष्ट था। लेकिन जब यूरोप में 1930 के दशक में मंदी आयी तब शिकागो का प्रभाव कम होने लगा। इधर पारसंस हारवर्ड में प्रोफेसर हो गये थे जहाँ उनसे पहले सोरोकिन ने काम किया था। यह अवश्य है कि सोरोकिन और पारसंस में कभी नहीं बनी। उन दोनों के बीच में तीन और छः के आकड़ें का सम्बन्ध था। इन दोनों के विचार कई मुद्दों पर समान थे फिर भी इन्होंने एक दूसरे से सम्पर्क करना उचित नहीं समझा।

पारसंस का देहान्त सन् 1979 में हो गया।

कृतित्व (Major Works)

पारसंस का उद्देश्य समाजशास्त्र में ऐसे सिद्धान्तों का निर्माण करना था जिससे सही सामाजिक स्थिति की वैज्ञानिक पड़ताल हो सके। वे ऐसी अवधारणाओं को बनाना चाहते थे जो अमूर्त हो। और जिनके माध्यम से सामाजिक व्यवस्था को समझा जा सके। अवधारणाओं के निर्माण के लिये तार्किक होना आवश्यक था। उन्होंने अपनी सबसे पहली पुस्तक *दि स्ट्रक्चर ऑफ सोशल सिस्टम* (The Structure of Social System) को सन् 1937 में प्रस्तुत किया। यह पुस्तक *क्रिया सिद्धान्त* (Action Theory) पर है। इसमें उन्होंने यूरोप के कई विचारकों का उल्लेख किया है। इन विचारकों में दुर्खीम, वेबर, मार्क्स, पेरेटो और मार्शल हैं। इन कृतियों में जो भी सिद्धान्त है, उनमें से पारसंस ने *क्रिया के ऐच्छिक सिद्धान्त* (Voluntaristic Theory of Action) को निकाला। इसमें उन्होंने कहा कि मनुष्य जब किसी क्रिया को करता है तो वह *साधन* और *साध्य* में विकल्प रखता है। इस विकल्प का प्रयोग करके ही व्यक्ति क्रिया करता है। *यहाँ पहली बार पारसंस ने तीन अमूर्त अवधारणाओं को रखा।* ये अवधारणाएँ हैं: (1) क्रिया सिद्धान्त (Action Theory), (2) सामाजिक व्यवस्था (Social System) और (3) प्रकार्यवाद (Functionalism)।

सन् 1937 में पहली पुस्तक आने के बाद पारसंस ने लगातार 40 वर्षों तक लिखते रहे। इन वर्षों में उन्होंने अपनी इन तीन धारणाओं को ही विकसित किया है। उनकी अन्य पुस्तकों में *दि सोशल सिस्टम (The Social System, 1951), टुवड्‌र्स ए जनरल थ्योरी ऑफ एक्शन (Toward a General Theory of Action, 1951), एडवर्ड शील्स के साथ, सोसाइटीजः इवोल्यूशनरी एण्ड कम्पेरेटीव पर्सपेक्टिवज़* (Societies: Evolutionary and Comparative Perspectives, 1966) और *दि सिस्टम ऑफ मोर्डन सोसाइटीज़* (The System of Modern Societies, 1971) प्रकाशित की। इन सभी कृतियों में पारसंस ने *संरचनात्मक प्रकार्यवाद* (Structural Functionalism) को विकसित किया है। यह इसी पुस्तक पर है कि सी. राइट मिल्स ने जिन्होंने पारसंस की आलोचना की है कि पारसंस समाजशास्त्र के अव्वल दर्जे के सिद्धान्तवेत्ता है। उनका प्रकार्यवादी सिद्धन्त शीर्ष स्थान पर खड़ा है।

सन् 1970 में आकर लगा कि पारसंस का सिद्धान्त ओझल हो रहा है। इसका कारण यह है कि लोगों की रुचि अन्य सिद्धान्तों में हो गयी। यह होते हुए भी सन् 1984 में रेण्डाल कोलिन्स द्वारा सम्पादित पुस्तक में पारसंस के क्रिया सिद्धान्त और प्रकार्यवाद में लोगों ने रुचि दिखायी है।

पारसंस का समाजशास्त्र को योगदान
(Contribution of Parsons to Sociology)

पारसंस ने समाजशास्त्रीय सिद्धान्त के क्षेत्र में बहुत बड़ा काम किया है। यह कहना चाहिये कि 1930 के दशक में पारसंस के सिद्धान्तों ने समाजशास्त्र को एक नई दिशा प्रदान की। *पारसंस की विशेषता यह थी कि उन्होंने यूरोप और अमेरीका की समाजशास्त्रीय परम्पराओं को अपने सिद्धान्तों के परिवेश में बाँध दिया* उन्होंने बहुत कुछ लिखा है। इस लिखावट को यदि एक सूत्र में बांधा जाय तो कहना होगा कि पारसंस की देन निम्न क्षेत्रों में बहुत महत्वपूर्ण है:

(1) सामाजिक क्रिया सिद्धान्त (Social Action Theory),
(2) सामाजिक व्यवस्था सिद्धान्त (Social System Theory), और
(3) प्रकार्यात्मक सिद्धान्त (Functional Theory)।

सामाजिक क्रिया सिद्धान्त (Social Action Theory)

पारसंस ने सामाजिक क्रिया सिद्धान्त के अपनी पुस्तक *दि स्ट्रक्चर ऑफ सोशल एक्शन* में रखा है। यह पुस्तक सन् 1937 में प्रकाशित हुई। प्रकाशन के शीघ्र बाद इस पुस्तक का कोई खास प्रभाव देखने नहीं मिला पर बाद में चलकर जैसे पुस्तक ने दुनियाँ भर में भू-चाल पैदा कर दिया। यह पुस्तक पारसंस का एक भागीरथ कार्य था। वे इसी सिद्धान्त के आधार पर आगे चलकर व्यवस्था सिद्धान्त का निर्माण करते हैं। पारसंस का सिद्धान्त निर्माण का तरीका सरल होते हुए भी जटिल था। वे कहते हैं कि हम आनुभाविकता के पीछे जो यथार्थ है उसे जानना चाहते हैं। यह यथार्थ सजातीय नहीं है, इसमें विविधता है। वे इस विविध आनुभाविकता से अवधारणाएँ बनाना चाहते हैं। अवधारणाओं में अनुरूपता होती है और समान अवधारणाएँ यथार्थता को समझने में सहायक होती हैं। पारसंस के अनुसार सिद्धान्त निर्माण की यह प्रथम अवस्था है। इसका यह अर्थ हुआ कि इस अवस्था में हमारे पास विभिन्न आनुभविकताओं का प्रतिनिधित्व करने वाली कतिपय अवधारणाएँ होती हैं। ये अवधारणाएँ विभिन्न कोटियों में रख दी जाती हैं।

सिद्धान्त निर्माण का दूसरा स्तर वह होता है जिसमें आनुभविकता से बनायी गयी अवधारणाएँ *विश्लेषणात्मक व्यवस्थाओं* (Analyical System) में रख दी जाती है। अब विश्लेषणात्मक व्यवस्थाओं को जोड़कर लागु की जा सकने वाली *परिभाषाओं* (Operational Definitions) में रख दिया जाता है। पारसंस की सामाजिक क्रिया की अवधारणा को इस विशाल संदर्भ में देखा जाना चाहिये। *वास्तविकता यह है कि पारसंस की सिद्धान्त निर्माण की विधि में सामाजिक क्रिया सिद्धान्त केन्द्रीय है।* सामाजिक क्रिया सिद्धान्त का विश्लेषण करने के बाद पारसंस सामाजिक व्यवस्था सिद्धान्त की संरचना करते हैं। और अन्त में प्रकार्यवाद की।

सामाजिक क्रिया सिद्धान्त की बौद्धिक पृष्ठ भूमि
(Intellectual Background of Social Action Theory)

पारसंस ने *दि स्ट्रक्चर ऑफ सोशल एक्शन* में पेरेटो, दुर्खीम और वेबर का जो विश्लेषण

किया है उसमें तीन अवधारणाएँ स्पष्ट रूप से उभरकर आती है:
(1) उपयोगितावाद,
(2) प्रत्यक्षवाद, और
(3) आदर्शवाद।

उपयोगितावाद में पारसंस, मार्शल, रिकार्डो और एडम स्मिथ को सम्मिलित करते हैं। उपयोगितावादियों का तर्क था कि व्यक्ति बाज़ार में वस्तुओं का मौल-तोल उसकी उपयोगिता पर करते हैं। इस विचारधारा पर पारसंस को एतराज था। उन्होंने प्रश्न किया: क्या आदमी हमेशा तार्किक रूप से सोचता है? क्या वह वास्तव में खरीद-फरोख्त में स्वतन्त्र और अनियमित है? बाज़ार की ऐसी अनियमित और प्रतियोगी व्यवस्था में क्या समाज को सुचारु रूप से चलाना संभव है? पारसंस को लगा कि उपयोगितावादी अवधारणा हमें किसी सर्वसम्मत समाज की ओर नहीं ले जाती। उन्होंने उपयोगितावाद को अस्वीकार किया।

दूसरी अवधारणा *प्रत्यक्षवाद* (Positivism) की है। प्रत्यक्षवादियों का तर्क था कि जिस तरह भौतिक प्रघटनाओं के कार्य-कारण सम्बन्ध होते हैं वैसे ही सम्बन्ध सामाजिक प्रघटनाओं में भी होते हैं। इस प्रकार का प्रत्यक्षवाद भी पारसंस को स्वीकार नही था। सामाजिक प्रघटनाओं के विश्लेषण में भौतिक प्रघटनाओं की तरह कार्य-कारण को ढूँढना संभव नहीं है। इस अभाव के होते हए भी प्रत्यक्षवाद की अवधारणा उसकी तार्किकता के कारण पारसंस को पसंद थी।

पारसंस ने आदर्शवाद की विचारधारा का भी मूल्यांकन किया। उन्हें लगा कि व्यक्ति और सामाजिक प्रक्रियाओं में विचारों की अवधारणा उपयोगी है। कहीं-कहीं यह भी ज्ञात हुआ कि विचार सामान्य सामाजिक जीवन को नियमित करते हैं। फिर भी उन्हें कठिनाई यह लगी कि व्यक्ति का सामाजिक जीवन कई बार विचारों की धारा से कट जाता है। इसी कारण उन्होंने आदर्शवाद को भी समाजशास्त्रीय सिद्धान्त का निश्चित आधार नहीं माना। इतने बड़े विश्लेषण के बाद यानी उपयोगितावाद, प्रत्यक्षवाद और आदर्शवाद को अस्वीकार करके पारसंस ने सामाजिक क्रिया सिद्धान्त का सृजन किया।

सामाजिक क्रिया का अर्थ (Meaning of Social Action)

दि स्ट्रक्चर ऑफ सोशल एक्शन के बाद पारसंस ने शील्स के साथ दूसरी पुस्तक टूवर्डस ए थ्योरी ऑफ सोशल एक्शन लिखी। इसमें उन्होंने कहा कि सामाजिक क्रिया वस्तुतः एक *स्वैच्छिक क्रिया* (Voluntaristic Action) सिद्धान्त है। स्वैच्छिक इसलिए कि *कर्ता* (Actor) अपने *लक्ष्य* (Goal) को प्राप्त करने के लिये उपलब्ध विकल्पों में से जो विकल्प उसे सही दिखायी देता है, उसे ग्रहण कर लेता है। *इस तरह का सामाजिक क्रिया का स्वैच्छिक सिद्धान्त उपयोगितावाद, प्रत्यक्षवाद व आदर्शवाद को अपने अन्दर समेट लेता है।* अपनी सभी पुस्तकों में पारसंस ने क्रिया सिद्धान्त में यही सब कुछ कहा है।

पारसंस इस सिद्धान्त निर्माण में वेबर से बहुत कुछ लेते हैं। वेबर का तर्क था कि *लक्ष्य पाने के लिये कर्ता मूल्य और विवेक दोनों को काम में लेता है। उनके अनुसार क्रिया वह है जिसके पीछे स्वंय कर्ता का अर्थ निहित होता है।* इस दृष्टि से *सामाजिक क्रिया एक अर्थपूर्ण कोटि (Meaningful Category)* है। *क्रिया के करने में जो निहित अर्थ होता है उसे कर्ता*

स्वंय परिभाषित करता है। पारसंस ने सामाजिक क्रिया की परिभाषा इस प्रकार दी है:

सामाजिक क्रिया वह गतिविधि है जिसका उद्देश्य किसी न किसी लक्ष्य को प्राप्त करना होता है।

यह भी महत्वपूर्ण है कि सामाजिक क्रिया के लिये सबसे पहले व्यक्ति *गतिविधि* (activity) करता है। इस गतिविधि में ऊर्जा खर्च होती है। व्यक्ति हँसता है, गाता है, चलता है, यह सब गतिविधि है। इसमें ऊर्जा खर्च होती है। जैसे ही इस गतिविधि के पीछे कोई लक्ष्य आ जाता है तो यह सामाजिक क्रिया बन जाती है। सूत्र रूप में इसे इस भाँति रखेगें:

सामाजिक क्रिया = ऊर्जा + गतिविधि + लक्ष्य

सामाजिक क्रिया को करने वाला एक व्यक्ति भी होता है और समूह भी। अतः जब हम सामाजिक क्रिया की बात करते हैं तो इसे व्यक्ति और समूह दोनों ही या दोनों में से कोई एक करता है। एक से अधिक व्यक्तियों के लिये पारसंस *सामूहिकता* (Collectivity) कहते हैं।

सामाजिक क्रिया के आवश्यक तत्व (Essential Elements of Social Action)

पारसंस ने सामाजिक क्रिया की व्याख्या एक निश्चित परिस्थिति में की है। उन्होंने एक सामान्य दृष्टान्त दिया है: क्रिया को करने वाला कोई कर्ता या सामूहिकता होती है। क्रिया के लिये इसका होना आवश्यक है। व्यक्ति जब क्रिया करता है तब उसके सामने कोई न कोई लक्ष्य होता है। इस लक्ष्य की प्राप्ति के लिये ही वह क्रिया को करता है। यह क्रिया किसी स्थिति या दशा में होती है। यह दशा भौतिक और अभौतिक दोनों प्रकार की होती है। इस क्रिया को करने के लिये मानक और मूल्य की एक संरचना होती है। क्रिया के इन तत्वों को पारसंस ने एक साधारण उदाहरण से समझाया है। जॉन अपनी मोटर गाड़ी में बैठकर सुबह ही मछली पकड़ने के लिये जाता है। वह सड़क की बायीं ओर गाड़ी चलाता है। चौराहे पर लाल बत्ती आने पर वह गाड़ी रोक देता है। और इसके बाद समुद्र पर मछली पकड़ने पहुँचता है। उसकी *दशा* या *स्थिति* (Situation) मोटरकार, सुबह का समय, सड़क आदि है। सड़क के बायीं ओर चलना, लाल बत्ती पर रुकना *अभौतिक* (Non Physical) दशा है। वह परम्परा और कतिपय *मूल्यों* के आधार पर मछली पकड़ता है। इस भाँति किसी भी क्रिया के पीछे कर्ता या एक सामूहिकता होती है, लक्ष्य होते हैं, स्थिति या दशा होते है और मानक और मूल्य होते हैं। पारसंस का क्रिया सिद्धान्त कतिपय दशाओं से बंधा हुआ है। उन्होंने मुख्य बात यह कही है कि व्यक्ति अपनी क्रिया को लक्ष्यों की प्राप्ति के लिये करता है। उसके सामने लक्ष्यों के विकल्प होते हैं। अपने संज्ञान द्वारा वह इन विकल्पों को काम में लेता है। यह क्रिया सिद्धान्त व्यवस्था को बनाता है। और इससे आगे वे व्यवस्था की व्याख्या करते हैं।

सामाजिक व्यवस्था सिद्धान्त (Social System Theory)

व्यवस्था की अवधारणा केवल पारसंस ने ही रखी हो ऐसा नही है। यह अवधारणा सभी सामाजिक और प्राकृतिक विज्ञानों में पायी जाती है। इन सभी में विभिन्न तत्वों के बीच में पारस्परिक सम्बन्ध होते हैं। प्रत्येक तत्व के अपने लक्षण होते हैं। ये सब लक्षण ही व्यवस्था को बनाते हैं। इन तत्वों की विशेषता यह है कि या इनकी प्रवृति व्यवस्था में साम्यानुकूलन

लाने की होती है। पारसंस व्यवस्था का प्रयोग दो *कर्ताओं, दो समाज़ों या दो समूहों के बीच में सामाजिक सम्बन्धों के संदर्भ में करते हैं। पारसंस की एक निश्चित धारणा है। उनका कहना है कि यह संसार पूर्ण है। और इसे इसकी एकता में सुरक्षित रखने के लिये सभी प्रयास किये जाने चाहिये। संसार में एकत्व है और इसलिये इसकी अखण्डता को बनाये रखना अनिवार्य है।* पारसंस का सम्पूर्ण सोच इस बात पर आधारित है कि सामाजिक व्यवस्था के विभिन्न भाग एक दूसरे से जुड़े हुए हैं। इनमें *अन्तर्निर्भरता (Interdependency) है। सैद्धान्तिकरण की दृष्टि से सामाजिक व्यवस्था समाजशास्त्रीय प्रत्यक्षवादी परम्परा में आता है। इस व्यवस्था की न्यूनतम इकाई यूनिट एक्ट* (Unit Act) है। वास्तव में पारसंस जब सामाजिक क्रिया की चर्चा करते हैं तो यह क्रिया जैसा कि हमने ऊपर कहा है लक्ष्य प्राप्ति के लिये होती है। इस भाँति सामाजिक क्रिया तीन व्यवस्थाएँ बनाती हैं: (1) सामाजिक व्यवस्था (2) सांस्कृतिक व्यवस्था, और (3) व्यक्तित्व व्यवस्था।

समाजशास्त्र वस्तुतः विभिन्न अन्तःक्रिया की भूमिकाओं की एक व्यवस्था है। जब इन भूमिकाओं को व्यक्ति निभाता है तब उसे मानक और मूल्यों के अनुसार कार्य करना पड़ता है। अतः *एक से अधिक कर्ता मानक और मूल्य के अनुसार परस्पर अन्तःक्रिया करते हैं और यह अन्तः क्रिया निरन्तर होती है तो इसे सामाजिक व्यवस्था कहते हैं।* सांस्कृतिक व्यवस्था में मूल्य प्रधान होते हैं। इस व्यवस्था में मूल्य, विश्वास और प्रतीक इस तरह पारस्परिक रूप से जुड़े होते हैं कि यह अपने आप में एक व्यवस्था बन जाती है।

व्यक्तित्व व्यवस्था और कुछ न होकर मनुष्य की मनोदशा को बनाने वाली अभिप्रेरणाओं, विचारों और संवेगों की व्यवस्था है। ये तीनों व्यवस्थाएँ विश्लेषण की दृष्टि से पृथक-पृथक है। उदाहरण के लिये सामाजिक व्यवस्था में भूमिकाएँ परस्पर जुड़ी होती हैं, सांस्कृतिक व्यवस्था में मूल्य, विश्वास व प्रतीक परस्पर जुड़े होते हैं और व्यक्तित्व व्यवस्था में विचार, संवेग व अभिप्रेरणाएँ होतीं है। ये तीनों व्यवस्थाएँ अलग होकर भी एक दूसरे से जुड़ी होती हैं। पारसंस के सैद्धान्तिकरण की सामाजिक व्यवस्था ऐसी है जो किसी भी समाजशास्त्री जाँच के लिये मुख्य स्थान ग्रहण करती है। लेकिन सामाजिक व्यवस्था का अध्ययन सांस्कृतिक व व्यक्तित्व व्यवस्था के बिना नहीं हो सकता। यहीं पर पारसंस *पेटर्न वेराइबल* (Pattern Variable) की व्याख्या करते हैं। इस पर हम पहुँचे इससे पहल हम सामाजिक व्यवस्था के अर्थ और इसके अनिवार्य तत्वों का उल्लेख करेगें।

सामाजिक व्यवस्था का अर्थ और उसके अनिवार्य तत्व
(Meaning of Social System and its Essential Traits)

जब कर्ता किसी क्रिया को करता है तो उसके लक्ष्य होते हैं। लक्ष्य प्राप्ति के लिये कर्ता एक दूसरे के सम्पर्क में आते हैं और उनमें अन्तः क्रियाएँ होती है। जब बार-बार अन्तःक्रियाएँ होती हैं तब एक सहमति विकसित होती है और परिणामस्वरूप अन्तःक्रिया के प्रतिमान बन जाते हैं। कालान्तर में चलकर ये प्रतिमान संस्थात्मक रूप ले लेते हैं। उदाहरण के लिये दो पूर्व परिचित व्यक्ति जब बार-बार मिलते हैं, आवभगत करते हैं तो परिणामस्वरुप अन्तःक्रियाओं का एक प्रतिमान बन जाता है जिसे हम अतिथि और मेजबान के रूप में समझते हैं। बाद में यह आतिथ्य की संस्था बन जाता है। इसी संदर्भ में पारसंस सामाजिक व्यवस्था की परिभाषा इस भाँति करते हैं:

इस प्रकार के संस्थागत प्रतिमानों को अवधारणात्मक स्तर पर सामाजिक व्यवस्था कहा जा सकता है।

वास्तव में, जब अन्तःक्रियाएँ होती है तब ये अन्तःक्रियाएँ प्रस्थिति, भूमिका और मानक के बीच होती है। ये अन्तः क्रियाएँ व्यक्तित्व व्यवस्था, सांस्कृतिक व्यवस्था और सामाजिक व्यवस्था के बीच में होती है। देखा जाय तो सामजिक व्यवस्था और कुछ न होकर व्यक्तियों के बीच में होने वाली बार-बार दोहरायी जाने वाली अन्तःक्रियाएँ हैं जो कालान्तर में संस्था का रूप ले लेती है। अतः *अन्तः क्रियाओं का संस्थाकरण ही सामाजिक व्यवस्था है।*

गुल्डनर (Gouldner) ने अपनी पुस्तक *दि कमिंग क्राइसेस ऑफ वेस्टर्न सोशियोलोजी* (The Coming Crisis of Western Sociology) में पारसंस के व्यवस्था सिद्धान्त की कटु आलोचना की है। लेकिन ऐसा करने से पहले पूरी ईमानदारी के साथ पारसंस की सामाजिक व्यवस्था की अवधारणा के तीन महत्वपूर्ण लक्षण प्रस्तुत करते हैं:

(1) विभिन्न भागों में पारस्परिक निर्भरता (Interdependence of Parts)

व्यवस्था के विभिन्न भाग एक दूसरे पर निर्भर रहते हैं यह पारस्परिक निर्भरता व्यवस्था की केन्द्रीयता है। जाति व्यवस्था इसका दृष्टान्त है। प्रत्येक जाति अपने-अपने कार्यों को करती है और इस तरह यह एक सोपानिक व्यवस्था बन जाती है।

(2) व्यवस्था में एक सीमा तक स्थायित्वता (Stability in the Social System)

यद्यपि व्यवस्था के भागों में बदलाव आता है, स्वयं संस्था भी बदलती है, फिर भी व्यवस्था का *साम्यानुकूलन* (Equilibrium) बराबर बना रहता है। इसका तात्पर्य यह है कि प्रत्येक व्यवस्था अपनी शिनाख्त को बनाये रखती है। व्यवस्था की *यथास्थिति* (Status quo) बराबर बनी रहती है। इसी कारण संतुलन किसी भी व्यवस्था की बहुत बड़ी पहचान है। एक प्रकार से यह इसका निर्णायक लक्षण है।

(3) व्यवस्था में परिवर्तन (Change in System)

यद्यपि सामाजिक व्यवस्था यथास्थिति को बनाये रखती है फिर भी पारसंस कहते हैं कि इसमें परिवर्तन आता है। जब पारसंस परिवर्तन की चर्चा करते हैं तो इससे उनका अर्थ यह है कि *व्यवस्था जहाँ एक ओर यथास्थिति बनाये रखती है वहीं लक्ष्य प्राप्ति के लिये अनुकूलन भी करती है।* यह अनुकूलन ही व्यवस्था को बनाये रखता है।

पारसंस ने क्रिया व्यवस्था के आधार पर सामाजिक व्यवस्था का विवरण दिया है। जब एक न्यूनतम ईकाई के रूप में कर्ता काम करता है तो काम करने का उसका निर्णय कतिपय मानक और मूल्य पर निर्भर रहता है। मानक और मूल्य के कई विकल्प है। पेट भरने के लिये व्यक्ति मेहनत कर सकता है और यदि चाहे तो चोरी करके भी पेट भर सकता है। यह तो मूल्यों का विकल्प है जो उसे उसके लक्ष्यों की ओर ले जाता है। इसे पारसंस ने *पेटर्न वेरायबल* द्वारा समझाया है।

पेटर्न वेरायबल (Pattern Variable)

जब कोई कर्ता दूसरे व्यक्ति के साथ अन्तः क्रिया रखता है तो इस व्यक्ति को पारसंस *ईगो*

(Ego) कहते हैं और सामने वाले जिस व्यक्ति के साथ अन्तः क्रिया की जाती है उसे *आल्टर* (Alter) कहते हैं। अन्तः क्रिया करने में आल्टर और ईगो दोनों की व्यक्तित्व, सामाजिक और सांस्कृतिक व्यवस्थाएँ भिन्न-भिन्न होती हैं। ऐसी अवस्था में क्रिया करते समय व्यक्ति के सामने दुविधा या *असमंजस* (Dilemma) की स्थिति आती है। देखा जाय तो उसकी अन्तः क्रिया तीन व्यवस्थाओं के बीच में उलझ जाती है। *व्यवहार या अन्तः क्रिया की इस दुविधा को पारसंस पेटर्न वेरायबल कहते है।* व्यवहार के दो विकल्प हो सकते हैं। इन दोनों विकल्पों को पारसंस दुविधा के रूप में रखते हैं। इस दुविधा का रास्ता कर्ता को निकालना होता है। इधर कर्ता का मूल्यों के प्रति एक निश्चित *अभिस्थापन* (Orientation) होता है। इन अभिस्थापनों को पारसंस *ध्रवीय द्विभागीकरण* (Polar Dichotomies) कहते हैं। कई बार *पेटर्न वेरायबल* को केवल द्विभागीकरण के नाम से भी जाना जाता है। यह द्विभागीकरण संस्कृति, मानक और भूमिका व्यवस्था के अभिस्थापनों पर निर्भर है। उदाहरण के लिये जब कर्ता सामने वाले व्यक्ति या *आल्टर* के साथ अन्तः क्रिया करता है और उसे मांसाहारी भोजन के लिय आमंत्रित करता है, तब *आल्टर* यह सोचता है कि उसकी जाति में मांस खाने पर निषेध है। वह स्वंय भी मांस खाना पसंद नहीं करता । स्पष्ट है: *आल्टर* का मांसाहारी भोजन के प्रति दुरुव है। यह भी हो सकता है कि *आल्टर* की मांसाहारी भोजन के प्रति निकटता हो। तात्पर्य यह है कि अन्तः क्रिया मे जो अभिस्थापन होते हैं उनका आधार संस्कृति, मानक, मूल्य और भूमिकाएँ होती हैं। *इसी कारण किसी भी अन्तः क्रिया में मूल्य और संस्कृति का द्विभागीकरण होता है।*

पेटर्न वेरायबल को यदि सैद्धान्तिकरण की परम्परा में देखें तो कहना होगा कि यह द्विभागीकरण वस्तुतः वेबर के आदर्श प्रारुप प्रणाली का एक प्रकार है। जिस प्रकार वेबर सामाजिक क्रिया, अधिकारी तन्त्र या प्रभुत्व के आदर्श प्रारुप बनाते हैं वैसे ही पारसंस ने व्यक्तित्व के यूनिट एक्ट को यानी उसकी क्रिया को *पेटर्न वेरायबल* में रखा है। द्विभागीकरण या *पेटर्न वेरायबल* के निम्न पाँच जोड़े हैं:

(1) भावात्मकता/भावात्मक तटस्थता या उदासीनता
(Affectivity/Affective Neutriality)

एक परिस्थिति होती है: एक निश्चित दशा होती है। इस दशा में कर्ताओं के बीच में अन्तः क्रिया होती है। इस अन्तः क्रिया में परिस्थिति या दशा को देखकर कर्ता भावात्मक हो सकता है। वह आवेश में आकर चिल्ला सकता है, हँस सकता है, रो सकता है और कई तरह की संवेगात्मक गतिविधियाँ कर सकता है। *अतः भावात्मकता क्रिया का एक पहलु है* इसका दूसरा पहलु भी है। कर्ता किसी तरह के संवेग में न आये अपनी भावुकता को दबा दे और विवेकपूर्ण व्यवहार करे, कानून और नियम के अनुसार काम करे। कहते हैं जब सरदार पटेल किसी राष्ट्रीय मुद्दे पर अदालत में बहस कर रहे थे तब उन्हें वहीं पर तार द्वारा यह सूचना मिली कि उनकी पत्नी का देहान्त हो गया है। दुखदायी सूचना थी पर वे इस घटना के प्रति उदासीन हो गये। अतः किसी भी एक निश्चित दशा में कर्ता का व्यवहार संवेगात्मक या उदासीनता पूर्ण हो सकता है।

(2) विसरण/विशिष्टता (Diffuseness/Specificity)

जब कर्ता किसी मुद्दे या विषय पर अन्तःक्रिया करता है तब वह यह देखता है कि यह मुद्दा या घटना विशिष्टता लिये हुए है या इसका आकार वृहद है। विसरण का अर्थ कई आयामों में बिखरा हुआ होना है जबकि विशिष्टता का तात्पर्य किसी मुद्दे की कुशलता से होता है। हम प्रायः चिकित्सा विज्ञान में कहते हैं कि यह व्यक्ति हृदय के ऑपरेशन का विशेषज्ञ है या हाथ-कान-गले का विशेषज्ञ है। दूसरे शब्दों में, जब कर्ता का अभिस्थापन उसके क्षेत्र में विशिष्टता युक्त होता है, तब वह उसी के अनुरूप काम करता है या उसी क्षेत्र में अपने आप को केन्द्रीत रखता है।

(3) सर्वव्यापकता/पृथगात्मकता (Universalistic/Particularistic)

कर्ता जब अन्तः क्रिया की प्रक्रिया में सम्मिलित होता है तक उसके सामने दुविधा आती है। उसकी क्रिया का एक अभिस्थापन तो यह हो सकता है कि वह सर्वव्यापकता के मूल्यों पर अपना व्यवहार करे या वह आल्टर को देखकर अपनी क्रियाओं को निश्चित करे। हम बोलचाल में कहते हैं कि जिसका माथा जितना चौड़ा, उतना चौड़ा उसका तिलक। इसका अर्थ हुआ कि तिलक लगाने का सर्वव्यापी आकार है उसे हम व्यक्ति को देखकर बदल देते हैं। होता यह है कि अन्तःक्रिया की प्रक्रिया में स्थिति या दशा होती है। दूसरा तरीका यह है कि हम निश्चित नियमों के आधार पर जो सर्वव्यापी होते हैं, प्रजातान्त्रिक होते हैं स्थिति पर लागू कर देते हैं।

(4) उपलब्धि/ आरोपण (Achivement/Ascription)

इस तरह के द्विभागीकरण में समस्या यह उठती है कि अन्तः क्रिया करने वाले कर्ता का मूल्यांकन किस पैमाने से करे। पैमाना दो तरह का हो सकता है। कर्ता के जन्मजात लक्षण; उसका रंग, उसकी जाति, उसका लिंग या परिवार की प्रतिष्ठा, दूसरा कर्ता की स्वंय की उपलब्धि, उसकी योग्यता, उसका भुजबल, उसकी नैतिकता या काम करने की क्षमता। *इस तरह के पैमाने में पहला पैमाना प्रदत्त (Ascription) है।* उसे यह धरोहर के रूप में प्राप्त हुआ है। दूसरा पैमाना, कर्ता स्वंय की उपलब्धि है उसने अपनी क्षमता व योग्यता को बढ़ाने के लिये रात-दिन एक कर दिया है। उसकी क्षमता थोपी हुई नहीं है। उसने इसे स्वंय अर्जित किया है। अतः *कर्ता के मूल्यांकन का यह द्विभागी विकल्प या तो उपलब्धि पर निर्भर है या आरोपण पर।*

स्व/सामूहिकता (Self/Collectivity)

अन्तः क्रिया की प्रक्रिया में एक और समस्या स्वयं के हित और समाज के हित से जुड़ी हुई है। जब व्यक्ति को क्रिया करनी होती है तो वह इस क्रिया को मूल्यांकन की कसौटी पर रखता है। क्रिया करने से उसे लगता है कि उसका स्वयं का लाभ होगा या अधिक लोगों को लाभ होगा। *पहली क्रिया का आधार स्व (Self) या स्वयं का लाभ है और दूसरी क्रिया का आधार सामूहिकता (Collectivity) का लाभ है।* कर्ता इन दोनों मूल्यों के बीच में अपनी क्रिया को तोलता है। उसके सामने दोनों विकल्प हैं: या तो वह स्वयं के हित के लिय काम करे या समुदाय व समाज के हित के लिये।

पारसंस ने मूल्यों का जो द्विभागीकरण प्रस्तुत किया है वह उनके सामाजिक क्रिया सिद्धान्त का आधार स्तम्भ है। यह आधार स्तम्भ सामाजिक व्यवस्था को बनाता है। *पेटर्न वेरायबल* की आलोचना कई समाजशास्त्रियों ने की है। *जोनाथन टर्नर* कहते हैं कि ऐसी स्थिति भी होती है जब कोई क्रिया न तो पूर्ण रूप से उपलब्धि में आती है और न आरोपण में। क्रिया दोनों के बीच में होती है तब हम इसे पेटर्न वेरायबल में कैसे डालेंगे। यह कठिनाई इसलिये आती है कि मूल्यों का यह मापदण्ड ध्रुवीय है। इसका अर्थ यह है कि एक मूल्य दूसरे मूल्य से सर्वथा विपरीत है।

प्रकार्यात्मक सिद्धान्त (Functional Theory)

पारसंस के प्रकार्यवाद की शुरुआत हम एक दृष्टान्त से करेंगे। कोई एक पंचायत समिति अपना यह लक्ष्य-*टारगेट* निश्चित करती है कि वह अपनी समिति में शत-प्रतिशत साक्षरता एक वर्ष में कर देगी। पंचायत समिति एक *सामूहिकता* (Collectivity) है। अपने लक्ष्य की प्राप्ति के लिये इसे राज्य और केन्द्र शासन से धन जुटाना है। साक्षरता के क्षेत्र में काम करने वाले पर्यवेक्षकों को प्रशिक्षण देना है। उनके लिये किसी प्रोत्साहन राशि का प्रबन्ध भी करना है। लोगों में भी यह चेतना पैदा करनी है कि निरक्षरता एक अभिशाप है, इसे दूर करना होगा। धन जुटाना, प्रशिक्षण देना आदि सब सामूहिकता का अनुकूलन करना है। अब इससे आगे यह भी देखना है कि साक्षरता प्राप्त करने के बाद लोग चालाक और बदनियत न हो जाये। यह सब यथास्थिति को बनाये रखना है। और अन्त में यह भी देखना है कि इस अभियान से खेती-बाड़ी का काम बिगड़ न जाये। गाँव का धार्मिक और व्यावसायिक जीवन उलट-पलट न हो जाये। इसका अर्थ हुआ ग्रामीण जीवन के विभिन्न क्षेत्रों में इस तरह एकीकरण किया जाय कि समिति द्वारा निर्धारित लक्ष्य की प्राप्ति हो सके।

इस दृष्टान्त में पंचायत समिति एक व्यवस्था है। इसके लक्ष्य होते हैं। इन लक्ष्यों की प्राप्ति के लिये लोग अपने आपको ढालते हैं। अनुकूलन करते हैं। व्यवस्था में परिवर्तन लाते हुए भी यथास्थिति को बनाये रखते हैं। और इस बदलाव में व्यवस्था का एकीकरण बनाये रखते हैं। सब मिलाकर *व्यवस्था में क्रिया करने वाले एक या अधिक व्यक्ति को एक सूत्र में बांधे रखते हैं। ये सब कार्य प्रकार्य हैं। पारसंस आग्रहपूर्वक कहते हैं कि कर्ता और सामूहिकता के वे कार्य जो एक दूसरे से सम्बन्धित हैं और जो व्यवस्था को गतिमान रखते हैं प्रकार्य है*। कोई भी गतिविधि प्रकार्य तब बन जाती है जब वह व्यवस्था को बनाए रखती है। दूसरे शब्दों में, प्रकार्य का काम व्यवस्था के लक्ष्यों से जुड़ा हुआ है। यहाँ हम व्यवस्था से बंधे हुए प्रकार्य के तत्वों का उल्लेख करेंगे। पारसंस ने इसकी व्याख्या अपनी पुस्तक *सोशल सिस्टम* में की है। व्यवस्था की सबसे छोटी इकाई व्यक्ति या सामूहिकता है। इसका सबसे छोटा कार्य *इकाई कार्य* (Unit Act) है।

प्रकार्य के पूर्व आवश्यक तत्व (Pre-requisites of Function)

वास्तव में सामाजिक व्यवस्था जैसी काई यथार्थ वस्तु नहीं है। यह तो अध्ययन की एक विधि है। जब हमें किसी मसले पर अध्ययन करना होता है तब हम मसले से जुड़े हुए तत्वों पर व्यवस्था को परिभाषित करते हैं। इसीलिये व्यवस्था वह है जिसे परिभाषित किया जाता

है। उदाहरण के लिये परिवार को हम व्यवस्था की तरह परिभाषित करते हैं। इसमें लक्ष्य होते हैं, सदस्यों द्वारा अनुकूलन किया जाता है। परिवार की यथास्थिति को बनाये रखा जाता है और इसकी शिनाख्त के लिये परिवार के सभी भागों में एकीकरण किया जाता है। विश्वविद्यालय, वकालत, धार्मिक सम्प्रदाय, फुटबाल की टीम, मित्र मण्डली आदि को हम यदि अध्ययन करना चाहते हैं तो उन्हें परिभाषित करेंगे। ये सब व्यवस्थाएँ है। पारसंस ने इस व्यवस्था के लिये चार पूर्व आवश्यक तत्वों का उल्लेख किया है। ये आवश्यक तत्व प्रकार्यात्मक है वैसे सामान्य भाषा में इन *प्रकार्यात्मक पूर्व आवश्यकताओं* (Functional Prerequisites) को याद रखने के लिये हमे *गली* (GALI) के नाम से रख सकते हैं। यह *गली* (GALI) ही प्रकार्यात्मक पूर्व आवश्यकताएँ हैं।

(1) लक्ष्य (Goal)
(2) अनुकूलन (Adaptation)
(3) लेटेन्सी (Latency)यानी यथास्थिति, और
(4) एकीकरण (Integration)।

(1) लक्ष्य (Goal)

सामाजिक व्यवस्था का निर्माण *ईकाई क्रिया* (Unit Action) द्वारा बना होता है। इस तरह की सामाजिक व्यवस्था का अस्तित्व इसी बात पर है कि इसकी उपरोक्त चार पूर्व आवश्यकताओं की पूर्ति हो। *किसी भी व्यवस्था के लक्ष्य व्यवस्था में निहित नहीं होते।* वे अनिवार्य रूप से व्यवस्था से बाहर होते हैं। यह व्यवस्था का प्रयास होता है कि इन लक्ष्यों को प्राप्त करने के प्रयत्न करने चाहिये। एक बार लक्ष्यों की शिनाख्त हो जाने के पश्चात् व्यवस्था के *एकाधिक कर्ता* (Plurality of Actors) लक्ष्यों को वरीयता के आधार पर प्राप्त करने की कोशिश करते हैं। इसके लिये व्यवस्था के पास जो भी सुविधाएँ या संसाधन होते हैं उनका प्रयोग लक्ष्य प्राप्ति के लिये होता है। इसकी व्याख्या में जोनाथन टर्नर लिखते हैं:

लक्ष्य प्राप्ति का सम्बन्ध व्यवस्था के लक्ष्यों को वरीयता के आधार पर स्थापित करने की समस्या से जुड़ा है। इसके उपरान्त इसका सम्बन्ध व्यवस्था के संसाधनों को गतिशील कर लक्ष्यों को प्राप्त करना होता है।

(2) अनुकूलन (Adaptation)

व्यवस्था को जीवित रखने के लिये अनुकूलन की प्रक्रिया निरन्तर चलती रहती है। अनुकूलन का मतलब है *सामाजिक, सांस्कृतिक तथा भौतिक पर्यावरण में जो भी सुविधा उपलब्ध है, उसका संग्रहण किया जाये।* इस संग्रहण के बाद इन सुविधाओं को इस भाँति सम्पूर्ण व्यवस्था पर फैला दिया जाय कि व्यवस्था अपने लक्ष्य प्राप्ति में सफल हो जाये। यदि व्यवस्था पर्यावरण में निहित सुविधाओं का उपयोग नहीं करती तो उसके लक्ष्य अधूरे रह जायगें।

(3) लेटेन्सी (Latency) यानी यथा स्थिति

लेटेन्सी का तात्पर्य है व्यवस्था की यथास्थिति को बनाये रखना। किसी भी व्यवस्था के लिये

ऐसी दशा बड़ी विचित्र होती है। जहाँ एक ओर व्यवस्था से यह आशा की जाती है कि वह अपनी शिनाख्त या पहचान बनाये रखे, वहीं उससे यह आशा भी की जाती है कि वह बराबर अनुकूलन भी करती रहे। पारसंस की सामाजिक व्यवस्था की अवधारणा अपने मौलिक रूप में प्रकार्यात्मक अवधारणा है। यह अवधारणा जहाँ व्यवस्था की निरन्तरता को बनाये रखना चाहती है, वहीं इसमें सामाजिक परिवर्तन भी चाहती है। मिल्टन सिंगर और बर्नार्ड कोहन ने जब भारतीय समाज की संरचना और उसमें होने वाले परिवर्तनों पर पुस्तक सम्पादित की तब उन्होंने यही थीसिस दिया कि *जहाँ भारतीय समाज में नैरन्तर्य* (Continuity) *है, वही इसमें बदलाव* (Change) *भी है।*

पारसंस जब लेटेन्सी या यथास्थिति का उल्लेख करते हैं तो कहते हैं कि इस प्रकार्यात्मक पूर्व-आवश्यकता के साथ दो समस्याएँ जुड़ी हुई है। पहली समस्या तो *व्यवस्था के प्रतिमान को बनाये रखने* (Pattern Maintenance) की है। और दूसरी *संघर्ष के निराकरण* (Tension Management) की है। पहली समस्या का सम्बन्ध इस तथ्य में निहित है कि सामाजिक व्यवस्था में काम करने वाले कर्ता किस भाँति अपने कार्यों का सम्पादन करते हैं। कर्ता के स्वयं के अभिप्रेरण होते हैं। उनकी आवश्यकताएँ व भूमिकाएँ होती हैं, उनकी कुशलता व कारीगरी होती है। इन सबका निष्पादन जिस भाँती कर्ता करता है, उसी पर व्यवस्था का स्वास्थ्य निर्भर रहता है।

व्यवस्था की दूसरी समस्या संघर्ष तथा तनाव का निराकरण करना होता है। यह सामान्यतया देखा गया है कि जब व्यक्ति किसी व्यवस्था में काम करता है तो उसके स्वयं के या परिवार के कुछ तनाव होते हैं। यह भी संभव है कि स्वयं व्यवस्था भी तनाव के किसी दौर से गुजर रही हो। इन दोनों स्थितियों में व्यवस्था में संतुलन बनाये रखना होता है। इसी को पारसंस समस्या के तनाव का निदान करना कहते हैं।

एकीकरण (Integration)

व्यवस्था के कई अंग होते हैं। विश्वविद्यालय एक व्यवस्था है तो इसमें प्राध्यापक होते हैं, विद्यार्थी होते हैं, परीक्षा विभाग होता है, पुस्तकालय होता है, खेल कूद होते हैं और ऐसे ही अनेक भाग-विभाग होते हैं। यथास्थिति बनाये रखने के लिये इन विभिन्न भागों में समन्वय स्थापित करना पड़ता है। समन्वय की यह स्थिति व्यवस्था में संतुलन लाती है। एकीकरण का उद्देश्य व्यवस्था की सम्पूर्ण इकाइयों को एक सुर में बांधने का होता है।

पारसंस ने व्यवस्था की जिन प्रकार्यात्मक पूर्व आवश्यकताओं का उल्लेख किया है उसे हम निम्न ग्राफ में प्रस्तुत करेंगे।

G लक्ष्य	L यथास्थिति
A अनुकूलन	I एकीकरण

आलोचना

पारसंस के प्रकार्यात्मक सिद्धान्त की कई आलोचनाएँ हुई है। वास्तव में सामाजिक व्यवस्था सिद्धान्त एक तरह से *अवधारणाओं की व्यवस्था* (System of Concepts) है। राल्फ डेहरनडोर्फ ने कहा है कि पारसंस की सामाजिक व्यवस्था की अवधारणा केवल एक *यूटोपिया* (Utopia) यानी आदर्श लोक है। इसके दोषों को हम निम्न बिन्दुओं में रखते हैं:

(1) यह सिद्धान्त किसी भी तरह के विकास सम्बन्धी इतिहास को उजागर नहीं करता।

(2) यह मानना भ्रमपूर्ण है कि व्यवस्था के एकाधिक कर्ता व्यवस्था के मानक व मूल्यों से सहमत हैं। उनमें असहमति की संभावना बराबर बनी रहती है।

(3) पारसंस का यह मानना सत्य नहीं है कि व्यवस्था की सभी इकाइयों में एकीकरण हो जाता है। एकीकरण की प्रक्रिया बड़ी जटिल होती है, और वर्ष दर वर्ष चलती रहती है।

(4) पारसंस की यह आलोचना बराबर रही है कि वे *पुनरुक्त* (Toutology) के शिकार हैं। वे कहते हैं कि जब चार प्रकार्यात्मक पूर्व आवश्यकताएँ पूरी नहीं होती तो व्यवस्था का अस्तित्व खतरे में पड़ जाता है। जब पारसंस व्यवस्था के बारे में इस तरह की मान्यता लेकर चलते हैं तो प्रश्न उठता है कि किस सीमा तक इन आवश्यकताओं को पूरा किया जाय कि व्यवस्था जीवित रह सकती है।

उपसंहार

पारसंस एक ऐसे समाज की कल्पना करते हैं जहाँ लोगों में सर्वसम्मति हो। लोग मिल जुलकर रहें और समाज का साम्यानुकूलन बना रहे। वे एक चोटी के सिद्धान्त वेत्ता थे। और उन्होंने अपनी बात को तर्क तथा आनुभविकता की अवधारणाओं में रखा है। वे क्रिया सिद्धान्त सामाजिक व्यवस्था और प्रकार्यवाद के प्रखर प्रणेता थे। 1930 से लेकर 1970 तक उनका अमेरीका ही नहीं यूरोप और तीसरी दुनियाँ के देश में प्रभाव रहा। आज होमन्स, और गोफमैन प्रभावशाली सिद्धान्तवेत्ता माने जाते हैं। पर इन्हें आधे से कम दुनियाँ भी नहीं जानती। ऐसी स्थिति में पारसंस सारी दुनियाँ में जाने गये। आज स्थिति बदल गयी है। दुनियाँ की समस्याएँ बदल गयी है। और इसी कारण पारसंस प्रासंगिकता पर भी कई प्रश्न उठ गये हैं।

10

रोबर्ट के. मर्टन

(Robert K. Merton, 1910-)

मर्टन का जन्म सन् 1910 में अमेरीका के फिलाडेल्फिया नगर में हुआ था। वैसे वे पूर्वी यूरोप से अमेरीका आये थे और उनके पिता सामान्यतया खाती का व्यवसाय करते थे। कभी-कभार वे ट्रक चलाने का काम भी करते थे। समाजशास्त्र की दुनियाँ में मर्टन ने बड़ी उच्च कोटि का काम किया है। यदि हम पारसंस का नाम क्रिया सिद्धान्त और सामाजिक व्यवस्था सिद्धान्त के साथ जोड़ते हैं तो मर्टन का नाम प्रकार्यवाद से जुड़ा हुआ है। एक स्थान पर मर्टन ने कहा है कि आज जिसे हम बौद्धिक क्षेत्र में महान् विचारक मानते हैं, वैसे ये लोग दूसरे कई विचारकों के कंधों पर खड़े हैं। कोई भी विज्ञान रातों-रात विकसित नहीं होता। उसके विकास में सैकड़ों वर्ष लग जाते हैं। आज प्राकृतिक विज्ञानों ने जो उन्नति की है उसके पीछे न्यूटन, केपलर और ऐसे ही अगणित वैज्ञानिक है। इन विज्ञानों की तुलना में अभी समाजशास्त्र का न्यूटन तो पैदा ही नहीं हुआ। अपनी पीढ़ी के सामाजिक विचारकों की तरह मर्टन ने भी समाजशास्त्र को परिभाषित करने का प्रयास किया।

बीसवीं शताब्दी के मध्य में एक ताकतवर विचारधारा सम्पूर्ण यूरोप और अमेरीका में चल रही थी। विचारकों का एक समुदाय है जिसने आग्रहपूर्वक कहा है कि समाज में मतैक्य या सर्व सम्मति (Consensus) होता है। इसी विचारधारा ने पारसंस को सामाजिक व्यवस्था सिद्धान्त को विकसित करने के लिये प्रेरित किया और ठीक इसी तरह मर्टन को प्रकार्यवाद की दृष्टि से देखने का अवसर दिया। यह अवश्य है कि कई विचारकों ने जिनमें मार्क्स, सिमेल, डेहरनडोर्फ, कोज़र, रेण्डाल कोलीन्स, ने समाज के इस सर्वसम्मत विचारधारा को अस्वीकार किया। उनका तर्क है कि जहाँ समाज में मतैक्य है वहीं संघर्ष भी है, प्रतिरोध भी है और भरपूर विरोध भी है। मर्टन मतैक्य की विचारधारा के हामी थे। समाजशास्त्र में यह प्रायः कहा जाता है कि मर्टन पारसंस के शिष्य थे। उन पर सोरोकीन का भी अच्छा प्रभाव था। इतना सब होने पर भी यह पूरी शक्ति के साथ कहना चाहिये कि पारसंस का जितना विरोध मर्टन ने किया, शायद उतना और किसी ने नहीं किया। शिष्य वह है जो गुरु की विचारधारा को आगे बढ़ाएँ, विकसित करे, संशोधित करे। और बराबर यही काम मर्टन ने किया। मर्टन का बुनियादी विरोध पारसंस से इस बात पर था कि वे ऐसा नहीं समझते कि आज समाजशास्त्र इतना परिपक्व हो गया है कि वह सम्पूर्ण समाज पर लागू हो जाये ऐसे किसी सामान्य सिद्धान्त का निर्माण कर सकें। पारसंस ने क्रिया सिद्धान्त का निर्माण बड़े विश्लेषण के बाद किया है। ऐसा करने के लिये उन्होंने यूरोप के बड़े-बड़े विचारकों का अध्ययन किया है। वे उपयोगितावाद, आदर्शवाद को अस्वीकार करते हैं। सबके अन्तमें वे

सिद्धान्त का एक भव्य सिद्धान्त देते हैं जो दुनियाँ भर के समाजों के अध्ययन पर लागू हो सके। सिद्धान्त निर्माण के इस उपागम को मर्टन स्वीकार नहीं करते। उनका तर्क है कि सम्पूर्ण समाज पर लग सके ऐसे *भव्य सिद्धान्त* (Grand Theory के लिये आनुभविक तथ्यों का एक असीम भण्डार चाहिये। इन तथ्यों में से समान तथ्यों का *अमूर्तिकरण* (Abstraction) करके किसी सामान्य सिद्धान्त को बनाया जा सकता है। आज समाजशास्त्र में तथ्यों का ऐसा कोई वृहद भण्डार नहीं है। इस भण्डार के निर्माण के लिये अभी हमें लाखों घण्टों काम करना पड़ेगा। इसके बाद ही कहीं भव्य सिद्धान्त बन सकता है।

मर्टन ने सिद्धान्त निर्माण के लिये एक नया उपागम अपनाया है और उनका यह प्रयास ही उन्हें विचारकों की दीर्घा में स्थापित कर देता है। उन्होंने कहा है कि जो कुछ तथ्य हमारे पास हैं उनके आधार पर हम हाल में तो कुछ *मध्य स्तरीय सिद्धान्त* (Middle range theories) ही बना सकते हैं। *ये वे सिद्धान्त हैं जो समाज के सामान्य सिद्धान्त और प्राक्कल्पनाओं के बीच में हैं।* इसी कारण इन्हें मध्य स्तरीय सिद्धान्त कहते हैं—सामान्य सिद्धान्त और प्राक्कल्पनाओं के मध्य में। यदि भारतीय समाज के संदर्भ मे देखें तो कहेंगे कि हमने समाजशास्त्र में अभी तक कोई सिद्धान्त नहीं बनाये हैं। अधिक से अधिक हम मध्यस्तरीय सिद्धान्तों के निर्माण की अवस्था है। संस्कृतिकरण, पाश्चात्यकरण, प्रभावी जाति, आदि केवल जाति व्यवस्था के मध्यस्तरीय सिद्धान्त है।

मर्टन प्रकार्यवाद की देन के लिये, शायद सबसे अधिक लोकप्रिय हैं। वे कहते हैं कि प्रकार्यात्मक विधि के बारे में हमारी गलत फहमियाँ हो सकती हैं। कई बार इस अवधारणा का हम त्रुटिपूर्ण रूप से प्रयोग भी करते हैं। इनसे बचने के लिये उन्होंने एक *संरचनात्मक-प्रकार्यातमक* (Structural-Functional) मॉडल भी बनाया है। इसे वे *पेराडिम* (Paradigm) कहते हैं। यह पेराडिम इतना सटीक है कि इसमें प्रकार्यात्मक विधि के अध्ययन के लिये सभी आइटमों का समावेश है। पारसंस ने प्रकार्यवाद को सामाजिक व्यवस्था में देखा है। मर्टन ने इसे एक निश्चित स्वरूप पेराडिम में दिया है। *सच्चाई यह है कि पारसंस ने प्रकार्यवाद को आधा-अधूरा छोड़ दिया है इसे आगे बढ़ाने का काम मर्टन ने किया है। और यह काम ही मर्टन को पारसंस से आगे बढ़ा देता है।* इसी प्रकार्यवाद के क्षेत्र में मर्टन ने दो नयी अवधारणाएँ दी हैं—*प्रकट प्रकार्य और प्रच्छन्न प्रकार्य* (Manifest and Latent Functions)। प्रकट प्रकार्य वे है जो लक्ष्यों से उभरकर आते हैं। और प्रच्छन्न प्रकार्य वह हैं जो प्रकट प्रकार्यों के परिणामस्वरुप पैदा हो जाते हैं। प्रकट और प्रच्छन्न प्रकार्य की अवधारणा मर्टन के प्रकार्यवाद को एक सुदृढ़ धरातल पर रख देते हैं।

प्रकार्यवाद के क्षेत्र में मर्टन का एक और योगदान *प्रकार्यात्मक विकल्पों* (Functional Alternatives) का है। जहाँ रेडक्लिफ ब्राउन और मेलीनोस्की यह कहते हैं कि समाज में प्रकार्य इसलिये अस्तित्व रखते हैं कि वे जिन प्रकार्यों को करते हैं उन्हें और कोई नहीं करता। इसी कारण प्रकार्य *अपरिहार्य* (Indespensable) यानी आवश्यक हैं। मर्टन को यह स्वीकार नहीं है। वे कहते हैं कि किसी भी एक प्रकार्य के लिये कई प्रकार्यों की एक पूरी श्रेणी मिलती है। ठीक है कि शरीर पर कपड़ा पहनना चाहिये, सर्दी, गर्मी और वर्षा से बचने के लिये। पर कपड़े पहनने की एक बहुत बड़ी श्रेणी है। कोट पहना जा सकता है, कमीज़ या बुशर्ट पहना जा सकता है, और चाहे तो एक पछेड़ी भी लपेटी जा सकती है। मतलब यह हुआ कि

एक प्रकार्य के कई विकल्प हैं। प्रकार्यात्मक विकल्पों की यह अवधारणा मर्टन की बहुत बड़ी उपलब्धि है।

मर्टन ने अन्य विचारकों की तरह समाजशास्त्र को एक विद्या की तरह स्थापित करने की कोशिश की है। वे स्थैतिकी और संरचना (Statics and Structure) की अवधारणाओं को बड़ी होशियारी से काम में लेने की बात करते हैं। इस सम्बन्ध में उन्होंने जहाँ प्रकार्यवाद की अवधारणा को रखा है, दुष्प्रकार्य (Dysfunction) की अवधारणा को भी रखते हैं। वे कहते हैं कि समाज में गतिशीलता भी आती है। ऐसे लोग भी होते हैं जो समय के मूल्यों को स्वीकार नहीं करते और नये मूल्यों को स्थापित करते हैं। कुछ लोग पूंजीवाद के स्थान पर समाजवाद लाना चाहते हैं। मूल्यों का यह खिसकन समाज की यथास्थिति को नहीं बनाये रखता लेकिन समाज में परिवर्तन अवश्य लाता है। यह दुष्प्रकार्य है।

मर्टन ने समाजशास्त्रीय सिद्धान्त में कई नयी अवधारणाएँ दी हैं। लेकिन मर्टन के लिये सब कुछ ठीक-ठाक हो ऐसा नहीं है। उनकी आलोचना भी हुई है। वे यथा स्थितिवादी समझे जाते हैं। उन्हें पूंजीवाद का हिमायती माना जाता है। वे गरीब-गुरबों के दुश्मन हैं। परिवर्तन के पहियों को जाम करने वालों में हैं। इन अभावों के बीच में उन्होंने समाजशास्त्र में प्रकार्यवाद के एक नवीन सम्प्रदाय को स्थापित किया है।

जीवन रेखाचित्र (Life Sketch)

फिलाडेल्फिया नगर में जन्में रोबर्ट किंग मर्टन का बचपन गंदी बस्ती में बीता था। वे पूर्वी यूरोप से यहाँ आये थे और अन्य प्रवासियों की तरह इनका जीवन भी इस गंदी बस्ती में बीता था। इन्होंने सन् 1927 में हाई-स्कूल की परीक्षा पास की। जब वे टेम्पल यूनीवर्सिटी में दाखिल हुए उन्हें एक छोटी सी छात्रवृति मिलती थी। सन् 1931 में वे स्नातक बने। 1932 में एम.ए. की उपधि प्राप्त की और इसके बाद हारवर्ड विश्वविद्यालय से डॉक्ट्रेट किया। सन् 1934 में वे हारवर्ड विश्वविद्यालय में ट्यूटर की तरह लगे। और इसके बाद तो इनके जीवन का ग्राफ बढ़ता ही गया। वे कोलम्बिया विश्वविद्यालय में 1941 में आ गये। सेवानिवृति तक उन्होंने इसी विश्वविद्यालय में काम किया। यहीं रहकर उन्होंने समाजशास्त्र की दुनियाँ में अपना नाम किया। वे पारसंस और सारोकिन के विद्यार्थी रहे। उन पर कार्ल मार्क्स, जार्ज सिमेल आदि का पर्याप्त प्रभाव पड़ा।

कृतित्व (Major Works)

मर्टन की पहली कृति *साइन्स टेक्नोलोजी एण्ड सोसाइटी इन सेवलटिन्थ सेन्चुरी इंग्लैण्ड* (Science Technology and Society in Seventeenth Century England, 1938) है। बाद में चलकर उन्होंने *सोशियोलोजी ऑफ साइन्स* (Sociology of Science) नामक पुस्तक भी प्रकाशित की। शायद उनकी अत्यधिक लोकप्रिय पुस्तक *सोशल थ्योरी एण्ड सोशल स्ट्रक्चर* (Social Theory and Social Structure, 1949) है। इस पुस्तक की ख्याती इसलिये है कि इसमें उन्होंने व्यवस्थित रूप से मध्यस्तरीय सिद्धान्तों की एकधिकता रखी है। इसी में उन्होंने संरचना-प्रकार्यवाद के पेराडिम को प्रस्तुत किया है। यहीं वे प्रकार्यात्मक विकल्पों और प्रकट तथा प्रच्छन्न प्रकार्यों की चर्चा करते हैं। इसी पुस्तक से ज्ञात होता है कि उनमें एक सैद्धान्तिक दृष्टिकोण था। मर्टन ने अन्य विद्वानों के साथ मिलकर

कई अन्य पुस्तकें भी सम्पादित की हैं।

मर्टन को समाजशास्त्रीय सिद्धान्त का पुरोधा मानते हैं। यदि पारसंस आधुनिक समाजशास्त्र के जनक है तो उनकी टक्कर का दूसरा विचारक मर्टन ही है। दोनों ही अपने-अपने क्षेत्र में एक दूसरे से आगे है। आज समाजशास्त्र में जो भी सैद्धान्तिक साहित्य है वह बहुत बड़े आकार में पारसंस की देन है। अध्याय के शेष भाग में हम मर्टन का समाजशास्त्र को जो योगदान है उसका उल्लेख करेंगे। सिलसिले से मर्टन की देन की पड़ताल करें उससे पहले कहेंगे कि मर्टन ने (1) मध्यस्तरीय सिद्धान्त (Middle Range Theories), (2) संरचना-प्रकार्यात्मक विश्लेषण का पेराडिम (Paradigm of Structure-Functional Analysis), (3) सामाजिक संरचना और एनोमी अर्थात् नियम हीनता (Social Structure and Anomie), (4) संदर्भ समूह (Reference group) आदि, क्षेत्रों में बहुत बड़ा काम किया है। यह पुस्तक सामाजिक विचारकों के बारे में हैं, समाजशास्त्रीय सिद्धान्तों के बारे में नहीं। इस कारण हमारा सम्पूर्ण केन्द्र विचारक होता है। मर्टन ने एक विचारक के नाते समाजशास्त्र के क्षेत्र में जो कुछ किया, उसे संक्षेप में निम्न बिन्दुओं में रखेंगे।

(1) मर्टन अमेरीकी समाजशास्त्री होते हुए भी यूरोप के समाजशास्त्र से बराबर प्रभावित थे। यूरोप के विचारकों में मार्क्स और सिमेल महत्वपूर्ण है।

(2) मर्टन ने प्रकार्यात्मक संदर्श (Functional Perspective) को विकसित किया है।

(3) वे पहले प्रकार्यवादी थे जिन्होंने यह कहा कि समाज में सब कुछ सर्वसम्मत रूप से नहीं होता। एक प्रकार्य जो एक समूह के लिये प्रकार्यात्मक है, दूसरे के लिये दुष्प्रकार्य है। आदमी विवेकी है। और वह अपने लक्ष्यों को ध्यान में रखकर काम करता है। समाज में सांस्कृतिक प्रतिरोध होता है, विभिन्न समूहों के अपने-अपने मूल्य होते हैं और इस प्रकार के सभी अव्यवस्थाओं का स्रोत सामाजिक संरचना होती है। प्रकार्यवाद को इस दृष्टि से भी देखना चाहिये।

(4) दूसरे विश्व युद्ध के बाद प्रकार्यवादियों ने सामाजिक साम्यानुकूलन और सामाजिक एकीकरण की तलाश की। तलाश करने वालों में मर्टन अग्रणी थे। इस युग में समाजशास्त्रीय सिद्धान्त का बहुत बड़ा अभिस्थापन प्रकार्यवाद की ओर था।

अब हम मर्टन की समाजशास्त्र को जो देन है उसका विस्तृत विवरण देंगे।

मध्य स्तरीय सिद्धान्त (Middle Range Theory)

जब पारसंस ने 1949 में वृहद समाजशास्त्रीय सिद्धान्त की पेशकश की, तभी 1959 में मर्टन ने मध्यस्तरीय सिद्धान्तों की बात उठायी। उन्होंने पहली बार इस सिद्धान्त को अपनी पुस्तक *सोशल थ्योरी एण्ड सोशल स्ट्रक्चर* (Social Theory and Social Structure, 1957) में रखा। इसके प्रारंभिक अध्याय में ही मर्टन ने इस सिद्धान्त को परिभाषित किया:

> इस पुस्तक में सभी जगह हमने समाजशास्त्रीय सिद्धान्त उसे कहा है जिसमें तार्किक रूप से जुड़े हुए प्रस्ताव (Propositions) होते हैं। इनके आधार पर आनुभविक एकरुपता का निर्माण किया जाता है। सम्पूर्ण पुस्तक में जिसे मैं मिडिल रेन्ज यानी मध्यस्तरीय सिद्धान्त कहता हूँ उस पर अपने आपको केन्द्रित किया है। मध्यस्तरीय सिद्धान्त वे हैं

जो अनिवार्य रूप से कामकाजी प्राक्कल्पनाओं और विशाल तथा सम्पूर्ण समाज को सम्मिलित करने वाले सिद्धान्त के बीच होता है।

मध्यस्तरीय सिद्धान्त में निम्न स्तर पर छोटी-छोटी प्राक्कल्पनाएँ होती हैं। इन प्राक्कल्पनाओं में समान रूप से पायी जाने वाली अवधारणाओं को लेकर जो सिद्धान्त बनाये जाते हैं, वे मध्यस्तरीय सिद्धान्त हैं। ये मध्यस्तरीय इसलिये हैं कि इनसे ऊपर वृहद सिद्धान्त होता है, जो समाज की सम्पूर्ण विविधता को अपने अन्दर समेट लेता है।

मर्टन पारसंस के वृहद सिद्धान्त को स्वीकार नहीं करते। इसका कारण यह है कि किसी भी सिद्धान्त निर्माण के लिये ढेर सारी आनुभविक सामग्री चाहिये। अभी समाजशास्त्र में यह सामग्री थोड़ी है। पहले हमें आनुभविक सामग्री का संचय करना चाहिये, मध्यस्तरीय सिद्धान्त बनाना चाहिये और जब हमारे पास पर्याप्त सामग्री आ जायगी हम किसी वृहद सिद्धान्त को बना लेंगे। पारसंस और मर्टन का यह विवाद उन दोनों तक ही सीमित हो ऐसा नही है। सच में देखा जाय तो समाजशास्त्र के लगभग सभी सिद्धान्तवेत्ता दो खेमों में बँट गये हैं। एक खेमा जिसके अग्रणी पारसंस है उनका आग्रह है कि तार्किक आधार पर सम्पूर्ण समाज को अपने दायरे में ले लेवे वैसा वृहद सिद्धान्त बनाया जा सकता है। दूसरे खेमें के अग्रणी मर्टन है। मर्टन आनुभविक तथ्यों का अभाव तो मानते ही हैं, उनका यह भी तर्क है कि सिद्धान्त के स्तर होते हैं। ऐसी अवस्था में इसका निर्माण निम्न स्तर से करना चाहिये।

निम्न स्तरीय सिद्धान्त की विशेषताएँ
(Characteristics of Middle Range Theory)

जोनाथन टर्नर ने मध्यस्तरीय सिद्धान्त की निम्न विशेषताएँ बतायी हैं:

(1) आनुभविक आधार

मर्टन ने सिद्धान्त निर्माण का आधार आनुभविकता को माना है। किसी भी सिद्धान्त का निम्न स्तर आनुभविकता का होता है। आनुभविकता और कुछ न होकर व्यक्ति या समूह का अनुभव है। ऐसी अवस्था में मध्यस्तरीय सिद्धान्त जमीन से जुड़ा होता है। हम दिन-प्रतिदिन की घटनाओं का अवलोकन करते हैं और उनके आधार पर प्राक्कल्पनाएँ बनाते हैं।

(2) मध्य स्तरीय सिद्धान्त अमूर्त होते हैं

यह अवश्य है कि मध्यस्तरीय सिद्धान्त आनुभविक होते हैं। वास्तव में ये सिद्धान्त आनुभविकता के सामान्यीकरण से बनाये जाते हैं। यह एक प्रक्रिया है जिसमें हम आनुभविक सामग्री को अमूर्त बनाते हैं और यह अमूर्त रूप ही मध्य स्तरीय सिद्धान्त कहलाता है।

(3) सामान्यीकरण में नियमितता होती है

हम जो कुछ आनुभविकता देखते हैं उस सबका सामान्यीकरण नहीं करते। जो आनुभविक सामग्री है उसमें वे तथ्य निकाल लिये जाते हैं जिनकी आकृति बार-बार होती है। अतः वे आनुभविक तथ्य जो नियमित होते हैं, दोहराये जाते हैं उन्हें हम सामान्यीकरण की श्रेणी में डालते हैं। उदाहरण के लिये हम भारत के विभिन्न क्षेत्रों से जातियों के बीच में जो आदान-प्रदान है उसे एकत्र करते हैं। इसमें हमारे पास बहुत बड़ी सामग्री आ जाती है। तथ्यों

को देखने से पता लगता है कि जातियों के बीच में पवित्र और अपवित्र की भावना अधिक होती है। धन्धे भी पवित्र और अपवित्र होते हैं, भोजन भी पवित्र और अपवित्र होता है तथा कपड़े भी। ये आनुभविक तथ्य नियमित है और विभिन्न जातियों के सम्बन्धों में दिखायी देते हैं। मध्य स्तरीय सिद्धान्त में इन्हीं का सामान्यीकरण किया जाता है। अतः तथ्यों की नियमितता इस सिद्धान्त की विशेषता है।

(4) मध्यस्तरीय सिद्धान्त वृहद सिद्धान्त और छोटी-छोटी प्राक्कल्पनाओं के मध्य होते है

मध्यस्तरीय सिद्धान्त का निम्नतम स्तर दिन-प्रतिदिन की व्यवहार की घटनाएँ होती हैं। इन घटनाओं के आधार पर हम प्राक्कल्पनाएँ बनाते हैं। उधर सबसे उच्च स्तर पर वृहद सिद्धान्त होता है। मध्य स्तरीय सिद्धान्त वृहद सिद्धान्त और प्राक्कल्पनाओं के बीच में होते हैं। जब इन सिद्धान्तों का भण्डार हो जायगा तब हम वृहद सिद्धान्त का निर्माण करेंगे।

कतिपय समाजशास्त्रियों ने मध्यस्तरीय सिद्धान्तों की आलोचनात्मक दृष्टि से पड़ताल की है। समाजशास्त्र में मर्टन का प्रकार्यवाद उतना अधिक प्रभावपूर्ण नहीं समझा जाता जितना पारसंस का। यह होते हुए भी सीमित रूप में मध्यस्तरीय सिद्धान्त एक उपयोगी सामान्यीकरण है। कई बार मध्य स्तरीय सिद्धान्त को सिद्धान्त का दर्जा दिया जाता है। इसी कारण समाजशास्त्र में बाल अपराध, पारिवारिक संघर्ष, प्रजातीय सम्बन्ध, सामाजिक गतिशीलता, नगरीकरण और ऐसी ही अनेकानेक आनुभविक घटनाओं को मध्यस्तरीय सिद्धान्त की तरह ही प्रस्तुत किया जाता है।

संरचना-प्रकार्यात्मक विश्लेषण का पेराडिम
(Paradigm of Structure-Functional Analysis)

प्रकार्यवाद एक बहुरुपिये की तरह है जिसके कई स्वरुप हैः सावयवी प्रकार्यवाद, विश्लेषणात्मक प्रकार्यवाद, मानवशास्त्रीय प्रकार्यवाद और समाजशास्त्रीय प्रकार्यवाद। प्रकार्यवादियों की एक बहुत बड़ी स्थापना यह है कि सामाजिक संसार एक सम्पूर्ण व्यवस्था है। इस व्यवस्था में सर्वसम्मति या मतैक्य है। लेकिन प्रकार्यवादी यह भी मानते हैं कि सामाजिक व्यवस्था में संघर्ष और अव्यवस्था भी है। इस व्यवस्था में हिंसा व तोड़-फोड़ भी है। व्यवस्था में परिवर्तन भी आता है। इस सबके होते हुए भी व्यवस्था अपनी यथास्थिति को बनाये रखती है।

समाजशास्त्र में प्रकार्यात्मक विश्लेषण की परम्परा बहुत पुरानी है। इसका उल्लेख हमें आगस्ट कॉम्ट और हरबर्ट स्पेन्सर की कृतियों में देखने को मिलता है। आगे चलकर इमाइल दुर्खीम ने इस प्रकार के विश्लेषण को विकसित किया। पारसंस और रोबर्ट मर्टन ने इस सिद्धान्त को अधिक परिष्कृत रूप दिया। मर्टन ने प्रकार्यवाद को सामाजिक संरचना के साथ जोड़ा है। जबकि पारसंस ने इसकी व्याख्या व्यवस्था के संदर्भ में की है। मर्टन का समाजशास्त्र सामाजिक मानवशास्त्र के प्रकार्यवाद से आया है। जिस प्रकार पारसंस ने यूरोप के विचारकों जैसे मार्शल, वेबर और दुर्खीम की कृतियों के विश्लेषण के बाद क्रिया व्यवस्था सिद्धान्त को विकसित किया, वैसे ही मर्टन ने मेलिनोस्की और रेडक्लिफ ब्राउन के अध्ययन से प्रकार्यवाद को परिभाषित किया और संरचना के विश्लेषण के लिये एक पेराडिम तैयार किया।

परिभाषाएँ (Definitions)

मर्टन ने प्रकार्यवाद की परिभाषा इस भाँति दी है:

प्रकार्य वे गतिविधियाँ हैं जो व्यवस्था को बनाये रखने के लिये व्यवस्था से अनुकूलन करती हैं।

मर्टन कहते हैं कि सामाजिक संरचना को बनाये रखना, उसकी यथास्थिति को कायम रखना, यही प्रकार्य का काम है। उदाहरण के लिये यदि किसी शहर में सुरक्षा के लिये, वाहन चालक को हेलमेट पहनना आवश्यक है तो चालक का हेलमेट पहनना एक प्रकार्य है। फ़ौज में वर्दी को पहनना भी इसी तरह फ़ौज की व्यवस्था को बनाये रखने की प्रक्रिया है। मर्टन ने प्रकार्य की परिभाषा देते हुए *दुष्प्रकार्य* (Dysfunction) और *अप्रकार्य* (Non-Function)की चर्चा भी की है। इन दोनों अवधारणाओं की परिभाषा इस तरह है:

दुष्प्रकार्य

जब व्यक्ति की गतिविधि व्यवस्था को बनाये रखने के लिये अनुकूलन नहीं करती तो यह दुष्प्रकार्य है। हेलमेट नही पहनना, फौजी का वर्दी नहीं पहनना दुष्प्रकार्य है। सामान्य शब्दों में *दुष्प्रकार्य ऐसी गतिविधि है जो व्यवस्था बनाये रखने में अवरोधक है।*

अप्रकार्य

यह वह गतिविधि है जिसके होने न होने से व्यवस्था में कोई अन्तर नहीं आता। इस गतिविधि का व्यवस्था के बनाव-बिगाड़ से कोई सरोकार नहीं होता। यदि किसी छात्रावास में विद्यार्थी रात भर जागता है और इस दौरान कई बार चाय व पानी पीता है तो उसकी यह गतिविधि अप्रकार्य है। विद्यार्थी के ऐसा करने से छात्रावास की व्यवस्था में कोई बिगाड़ नहीं आता।

मर्टन के समाजशास्त्र का मुख्य स्रोत: रेडक्लिफ ब्राउन व मेलिनोस्की

समाजशास्त्रीय प्रकार्यवादी सिद्धान्त में पूर्ण विराम आ गया होता यदि दुर्खीम के बाद सामाजिक मानवशास्त्रियों ने इस सिद्धान्त की परम्परा को आगे नहीं बढ़ाया होता। मानवशास्त्रियों में ब्रानिस्ला मेलिनोस्की तथा रेडक्लिफ ब्राउन ने प्रकार्यवादी सिद्धान्त को 20 वीं शताब्दी के प्रारम्भ में एक नया आयाम दिया। मेलिनोस्की वस्तुतः लंदन निवासी थे। उन्होंने ट्रोब्रियेण्ड टापू के आदिवासियों में क्षेत्रिय कार्य किया था। अपने समय के वे एक प्रतिष्ठित मानवशास्त्री थे। इधर दूसरी ओर रेडक्लिफ ब्राउन अमेरीका के मानवशास्त्री थे। उन्होंने अफ्रीका के आदिवासियों में काम किया था। यद्यपि इन दोनों मानवशास्त्रियों ने प्रकार्यवादी सिद्धान्त को सुस्पष्ट किया। उन्होंने दुर्खीम की परम्परा को आगे बढ़ाया। यद्यपि दोनों ही प्रकार्यवादी सिद्धान्तवेत्ता थे, आपस में एक दूसरे से अलग विचारधारा भी रखते थे।

मर्टन ने इन दोनों मानवशास्त्रियों के प्रकार्यवाद का अध्ययन किया। वे इन दोनों से प्रभावित थे। लेकिन मर्टन की कठिनाई दूसरी तरह की थी। मेलिनोस्की और ब्राउन दोनों ने ही अपने प्रकार्यवाद को आदिवासियों के क्षेत्रीय कार्य के परिणामस्वरूप विकसित किया था। यूरोप की परिस्थितियाँ दूसरी थी। यहाँ गैर आदिवासी क्षेत्र था। औद्योगीकरण और नगरीकरण यूरोप और अमेरीका दोनों महाद्वीपों में परिपक्व हो गया था। ऐसी अवस्था में

मानवशास्त्रीय प्रकार्यवाद इन विकसित देशों पर पूरी तरह लागू नहीं होता था। इस कारण मर्टन ने मेलिनोस्की और ब्राउन के मानवशास्त्रीय प्रकार्यवाद की मुख्य *अभिधारणाओं* (Postulates) को अस्वीकार किया। इन दोनों मानवशास्त्रियों में भिन्नता होते हुए भी उनकी अभिधाणाएँ एक समान थी। *मर्टन सबसे पहले मानवशास्त्रीय तीन अभिधारणाओं को प्रस्तुत करते हैं। इसके बाद उनका खण्डन करते हैं और परिणामस्वरुप प्रकार्यात्मक विश्लेषण के लिये अपने स्वंय का एक मॉडल यानी पेराडीम रखते हैं। अतः यह मॉडल मानवशास्त्रीय प्रकार्यवाद का समाजशास्त्रीय प्रतिरुप है।*

मानवशास्त्रीय प्रकार्यवाद की मेलिनोस्की तथा ब्राऊन द्वारा रखी गयी तीन अभिधारणाएँ (Three Postulates)

मेलिनोस्की और रेडक्लिफ ब्राउन का यह आग्रह है कि *समाज में प्रकार्यात्मक एकता (Functional Unity) होती है।* यह मानवशास्त्रीय पहली अभिधारणा है। दूसरी अभिधारणा *सार्वभौमिक प्रकार्यवाद* (Universal Functionalism) है। और तीसरी अभिधारणा *प्रकार्यों की अपरिहार्यता* (Indispensibility of Functions) है। अब हम सिलसिले से इनका उल्लेख करेंगे:

(1) प्रकार्यात्मक एकता (Functional Unity)

मानवशास्त्रीय प्रकार्यवादी सिद्धान्त का यह कहना है कि समाज किसी भी तरह का हो, उसकी एकता प्रकार्यों से बनी होती है। मनुष्य के किसी भी व्यवहार, बर्ताव या लोकाचार का प्रकार्य यह है कि वह सम्पूर्ण सामाजिक जीवन को चलाने में अपना कोई न कोई निश्चित योगदान करता है। इसका मतलब यह हुआ कि सामाजिक व्यवस्था में एक निश्चित प्रकार की एकता होती है और इसी को हम प्रकार्यात्मक एकता कहते हैं। यह दशा है जिसमें सामाजिक व्यवस्था के सभी भाग मिलजुल कर कार्य करते हैं और इस प्रकार पर्याप्त सीमा तक व्यवस्था में आन्तरिक सजातीयता (Internal Homogenity) बनी रहती है। इनमें किसी तरह का परस्पर संघर्ष नहीं होता।

(2) सार्वभौमिक प्रकार्यवाद (Universal Functionalism)

मेलिनोस्की का कहना है कि समाज के सभी सामाजिक और सांस्कृतिक प्रसंग समाज के लिये एक निश्चित सकारात्मक प्रकार्य है। सामाजिक-सांस्कृतिक आदर्श संसार भर के सभी समाजों में किसी न किसी रूप में अवश्य पाये जाते है।

(3) प्रकार्यों की अपरिहार्यता (Indispensibility of Functions)

मानवशास्त्रियों का तर्क है कि *यदि कोई सामाजिक-धार्मिक या सांस्कृतिक रीति-रिवाज किसी समाज में विद्यमान है तो इसका यह अर्थ निकला कि इस प्रथा यानी प्रकार्य के बिना समाज की आवश्यकताओं की पूर्ति नहीं हो सकती।* जब तक कोई एक प्रथा समाज में प्रचलित है तो निश्चित रूप से यह समाज की आवश्यकताओं को पूरा करती है। एक समय था जब पारसी थियेटर हमारे देश में चरम उत्कर्ष पर था, जब चलचित्र आया तो उसने पारसी थियेटर का स्थान ले लिया। मतलब हुआ पारसी थियेटर का प्रकार्य अब नहीं रहा, समाज को

उसकी जरुरत नहीं। *इस तरह मानवशास्त्रीय प्रकार्यवादियों का इस अभिधारणा में यह तर्क है कि प्रकार्य तब तक समाज में अपना अस्तित्व बनाये रखते हैं जब तक वे समाज की आवश्यकताओं को पूरा करते रहते हैं।*

मर्टन ने मानवशास्त्रीय प्रकार्यवाद की उपरोक्त तीनों अभिधारणाओं का विश्लेषण किया है। वे कहते हैं कि समाज की बदली हुई परिस्थितियों में मानवशास्त्रीय प्रकार्यवाद अधूरा है। यदि आज कहीं मेलिनोस्की और ब्राऊन दूसरा जन्म लें और पुनः क्षेत्रीय कार्य करें तो वे चोंक जायगें कि उनको आदिवासी अफ्रीका और आस्ट्रेलिया के—आधुनिकीकरण की दोर से गुजर रहे हैं। कुछ आदिवासी समूह तो पूर्व आधुनिकता के दरवाज़े को खटखटा रहे हैं। यह सब देखकर मर्टन ने दुर्खीम, रेडक्लिफ ब्राउन और मेलिनोस्की के प्रकार्यात्मक सिद्धान्त में आमूल चूल परिवर्तन कर दिया। उनका विकल्प प्रकार्यात्मक पेराडीम है। मर्टन कहते हैं कि प्रकार्यवाद का अनुसंधानकर्ताओं ने मनमाना प्रयोग किया है। ऐसा करने में इस सिद्धान्त का उपयोग कम और दुरुपयोग अधिक हुआ है। इससे बचने के लिये वे सम्पूर्ण प्रकार्यवादी विचारधारा को पेराडीम में रखते हैं। मर्टन का यह कार्य समाजशास्त्र में कोई नयी बात हो ऐसा नही है। टॉनिज ने जेसलशेफ्ट के प्रारुप को रखा; वेबर ने आदर्श प्रारुप को रखा और इसी तर्ज पर मर्टन ने प्रकार्यात्मक पेराडीम को रखा। वे ऐनोमी (Anomie) की अवधारणा को भी एक आदर्श प्रारुप के रूप में रखते हैं। इस प्रारुप का वे कोई भी नामकरण कर दें जैसे कि प्रकार्यात्मक विश्लेषण का पेराडीम और *अनुकूलन की विधि* (Mode of Adaptation), लेकिन वस्तुतः वह आदर्श प्रारुप ही है। अब हम मर्टन के पेराडीम को विस्तार से लिखेंगे।

पेराडीम का विस्तृत स्वरूप (Detailed Form of Paradigm)

मर्टन का कहना है कि यदि हम दुनियाँ भर के समाजों में किसी एक समाज का भी अध्ययन करना चाहते हैं तो प्रकार्यात्मक पेराडीम का प्रयोग किया जा सकता है। *यह पेराडीम तो यह साँचा है एक प्रकार का मोल्ड है, जब हम किसी घटना या गतिविधि का* अध्ययन करते हैं तो इसको लागु किया जा सकता है। यह तो एक विधि है जिसका प्रयोग समाज के अध्ययन में किया जा सकता है। मर्टन ने अपने इस पेराडीम में ग्यारह आइटम या पद रखे हैं। यह कुछ इस तरह है जैसे पारसंस ने पेटर्न वेरायबल में पाँच विकल्प रखे हैं। मर्टन के हिसाब से ये आइटम ग्यारह से बारह नहीं हो सकते और न दस हो सकते हैं। उन्होंने हर तरह से पड़ताल करके, पूरी संभावनाओं को देख करके आइटम दिये हैं। आइटम इस प्रकार हैं:

(1) *वे मद (Item) जिनके प्रकार्यों की पहचान करनी है:*

अनुसंधानकर्ता के लिये सबसे पहली आवश्यकता यह है कि वह उन आदर्श सामाजिक-सांस्कृतिक मदों या आइटम को पहचाने जिनका वह प्रकार्यात्मक अध्ययन करना चाहता है। उदाहरण के लिये भारतीय गाँव के अध्ययन में अनुसंधानकर्ता को पहले यह पहचान करनी होगी कि गाँव के अगणित तत्वों जैसे विकास, अर्थव्यवस्था, गरीबी, बेरोजगारी, परिवार और राजनीति आदि में से किन मदों का अध्ययन करना है। जब मदों की पहचान पूरी हो जाती है तब पेराडीम के अन्य आइटम उठाये जाते हैं।

(2) *अध्ययन से सम्बन्धित उद्देश्य और प्रेरणाएँ*
जब व्यक्ति किसी एक मद को अपने अध्ययन के लिये पहचान लेता है तो उसके सामने यह तय करना होता है कि वह अमुक मद का अध्ययन क्यों करना चाहता है। इस अध्ययन के पीछे उसके क्या उद्देश्य है। इन प्रश्नों का उत्तर व्यवस्था के उद्देश्यों को निश्चित करने में होता है। उदाहरण के लिये यदि राजनीति और अपराध के गठबन्धन को वह अपने अध्ययन का विषय बनाता है तो उसने इसके पीछे जो उद्देश्य हैं, उसे स्पष्ट करना होगा।

(3) *मद के प्रकार्य किस भाँति व्यवस्था को बनाये रखते हैं?*
किसी भी प्रकार्यात्मक विश्लेषण में इस तथ्य की खोज करनी चाहिये कि जिस विषय का हम अध्ययन कर रहे हैं वह कहाँ तक अध्ययन क्षेत्र की व्यवस्था को यानी यथास्थिति को बनाये रखने में सहायक है? कहीं यह मद दुष्प्रकार्य (Dysfunction) तो नहीं हैं?

सामान्यतया अनुसंधान की प्रवृति यह होती है कि वह किसी भी मद के सकारात्मक प्रकार्यों को ही देखता है। इस प्रवृति के कारण नकारात्मक दुष्प्रकार्य उपेक्षित रह जाते हैं। अतः किसी भी मद को सकारात्मक कार्य को देखते हुए हमें प्रयुक्त अवधारणाओं का प्रकार्य के विविध प्रकारों के सम्बन्ध में विश्लेषण करना चाहिये। इस तरह के विश्लेषण में कई समस्याएँ आती हैं। ऐसे प्रकार्यों के विश्लेषण के लिये मर्टन ने कुछ नयी प्रकार्यात्मक अवधारणाएँ दी हैं। इन्हें हम थोड़ा यहाँ विस्तार से देखेंगे।

प्रकार्य (Functions)

प्रकार्य गतिविधि के वे *परिणाम* हैं (Observed Consequences) जो अपने से सम्बद्ध व्यवस्था के साथ अनुकूलन या तालमेल बैठाते हैं।

दुष्प्रकार्य (Dysfunction)

ये *गतिविधियों* के वे परिणाम हैं तो अपने से सम्बद्ध व्यवस्था के अनुकूलन नहीं करते। दूसरी ओर इस प्रक्रिया के परिणाम व्यवस्था के लिये हानिकारक एवं विघटनकारी भी होते हैं।

मर्टन का कहना है कि कई बार ऐसा होता है कि मद के जो जाने-पहचाने प्रकार्य होते हैं वे तो मद पूरा नहीं करते और दूसरी ओर मद कुछ ऐसे प्रकार्य करते हैं जो व्यवस्था को बनाये रखने में सहायक होते हैं। इस दृष्टि से मर्टन ने प्रकार्य के दो वर्ग किये हैं: (1) प्रकट प्रकार्य (Manifest Function), और (2) प्रच्छन्न प्रकार्य (Latent Function)।

प्रकट प्रकार्य (Manifest Function)

मर्टन ने प्रकार्य को परिभाषित करने के बाद उन्होंने उसका वर्गीकरण किया है। उनके अनुसार प्रकट प्रकार्य वे *निरपेक्ष परिणाम* (Objective Consequences) हैं जो व्यवस्था के साथ अपना ताल मेल बैठाते हैं, अनुकूलन करते हैं। इस तरह के परिणाम व्यवस्था द्वारा *निर्दिष्ट* (Intended) है। इसके अनुसार बच्चे परीक्षा के परिणाम संतोषजनक लाते हैं। परिवार की आय बराबर बढ़ती है। ये परिवार के निर्दिष्ट लक्ष्य है और इनकी प्राप्ति के लिये जो कार्य

किये जाते हैं वे सब प्रकट प्रकार्य है। इस तरह प्रकट प्रकार्य में दो आवश्यक तत्व हैं। पहला तो यह कि परिवार के सदस्य परिवार की खुशहाली के लिये काम करते हैं और दूसरा यह कि जिस कार्य को वे करते हैं उनसे निर्दिष्ट लक्ष्यों की प्राप्ति होती है।

प्रच्छन्न प्रकार्य (Latent Function)

कुछ ऐसे लक्ष्य हैं जिन्हें व्यवस्था ने निर्दिष्ट नहीं किया होता है। कुछ संयोग ऐसा बनता है कि व्यवस्था अनिर्दिष्ट परिणामों को पाती है। ये परिणाम व्यवस्था को स्वीकार भी नहीं होते। मर्टन इन परिणामों को प्रच्छन्न प्रकार्य कहते हैं। ऐसे प्रकार्यों की दो विशिषताएँ होती हैं। पहली विशेषता तो यह कि ये कार्य निर्दिष्ट नहीं होते। और दूसरा यह कि इन प्रकार्यों के जो परिणाम होते हैं वे व्यवस्था को भी स्वीकार नहीं होते। उदाहरण के लिये राम की शोभा यात्रा में निर्दिष्ट प्रकार्य तो राम के प्रति श्रद्धा और उपासना को अर्पित करना होता है, लेकिन इस शोभा यात्रा में जब किसी कारण दंगा हो जाता है, पुलिस की गोली चलती है तो यह प्रच्छन्न प्रकार्य है। शोभा यात्रा का निर्दिष्ट खून-खराबी और हिंसा नहीं थे।

मर्टन का प्रकार्य का यह वर्गीकरण मानवशास्त्रियों के प्रकार्यवाद का बहुत बड़ा संशोधन है। स्वयं दुर्खीम ने भी प्रकार्य को इस दृष्टि से नहीं देखा। पारसंस अपने व्यवस्था सिद्धान्त में बराबर एकीकरण और यथास्थिति की चर्चा करते हैं। लेकिन वे यह नहीं बताते कि यदि कर्ता व्यवस्था की यथास्थिति को बिगाड़ दे तब क्या होगा। मर्टन ने इस संभावना को देखा है और इसी कारण वे प्रच्छन्न प्रकार्य को भी अपने प्रकार्यात्मक विश्लेषण का अंग बनाते हैं।

(4) *उन इकाइयों की पहचान जिनके लिये मद (Item) प्रकार्यात्मक हैं:*
यह मानकर चलना भ्रमपूर्ण होगा कि किसी भी मद के लिये सभी गतिविधियाँ प्रकार्यात्मक होगी। सामाजिक व्यवस्था में कई इकाईयाँ होती हैं। उदाहरण के लिये परिवार की व्यवस्था में पति-पत्नी सम्बन्ध, माता-पिता-संतान सम्बन्ध, परिवार और नातेदारी सम्बन्ध, ऐसी अगणित इकाईयाँ होती हैं। कोई भी प्रकार्य जो एक इकाई के लिये सकारात्मक होता है वही इसी व्यवस्था में अन्य इकाईयों के लिये नकारात्मक बन जाता है। जैसे परिवार में पत्नी नौकरी धन्धा करके परिवार की आय में वृद्धि करती है। इसका सकारात्मक प्रकार्य यह है कि परिवार का जीवन-स्तर ऊँचा उठ जाता है, लेकिन नकरात्मक दृष्टि से संतान इकाई पर्याप्त पालन-पोषण से वंचित रह जाती है। यह नकारात्मक प्रकार्य है। अतः *प्रकार्यात्मक विश्लेषण में उन इकाइयों की श्रंखला का पता लगाना चाहिये जिनके लिये सकारात्मक कार्य होते हैं।*

(5) *उन प्रकार्यों की खोज जो व्यवस्था की आवश्यकताओं और पूर्व-आवश्यकताओं को पूरा करते हैं:*
किसी भी व्यवस्था की कुछ बुनियादी आवश्यकताएँ होती हैं। व्यवस्था इकाईयों का प्रकार्य इन आवश्यकताओं को पूरा करना होता है। ये आवश्यकताएँ श्रेणी विभाजन की दृष्टि से दो प्रकार की हैं: कुछ आवश्यकताएँ सार्वभौमिक होती है और कुछ विशिष्ट जो दुनियाँ की किसी भी व्यवस्था में देखी जा सकती है। अतः प्रत्येक मद की प्रक्रियाएँ ऐसी होनी चाहिये जो सार्वजनिक और विशिष्ट दोनों प्रकार की व्यवस्था की आवश्यकताओं को पूरा कर सके। जब हम प्रकार्यात्मक विश्लेषण करते हैं तब हमें यह

देखना चाहिये कि किन इकाइयों व मदों के प्रकार्य ऐसे हैं जो जैवकीय और जीवित रहने की सभी आवश्यकताओं को पूरा करते हैं। ऐसा करने के बाद इन प्रकार्यों को सार्वभौमिक बनाम विशिष्ट प्रकार्यों में वर्गीकृत करना चाहिये।

(6) *वह क्रिया-विधि (Mechanism) जिसके माध्यम से प्रकार्य सम्पन्न किये जाते हैं:*
व्यवस्था की आवश्कताएँ ही व्यवस्था को जीवित रखती हैं। सामान्यतया इन आवश्यकताओं की पूर्ति किसी न किसी क्रिया-विधि द्वारा पूरी की जाती है। विवाह एक व्यवस्था है। इसकी आवश्यकता यौन, प्रजनन और मोक्ष आदि के लिये होती है। इस लक्ष्य की प्राप्ति के लिये कई क्रिया-विधियों को काम में लिया जाता है। विवाह निमंत्रण, मण्डप, पुरोहित, धार्मिक अनुष्ठान, प्रीतिभोज आदि इसकी क्रिया विधियाँ है जिनके माध्यम से विवाह पूर्ण होता है। यदि विश्वविद्यालय को लेवें तो इस व्यवस्था की पूर्व आवश्यकताओं की पूर्ति के लिये, भवन, अध्यापक, प्रयोगशाला, आदि होते हैं। व्यवस्था के विभिन्न मदों की प्रक्रियाओं को जानने के अतिरिक्त अनुसंधानकर्ता को इस तथ्य का पता लगाना चाहिये कि किन क्रियाविधियों द्वारा ये प्रकार्य पूरे किये जाते हैं।

(7) *प्रकार्यात्मक विकल्पों (Functional Alternatives) की अवधारणा:*
मर्टन का आग्रह है कि व्यवस्था की कोई भी प्रक्रिया जिसे एक मद पूरा करता है अपरिहार्य नहीं है, बल्कि प्रकार्यों को करने वाले कई अन्य वैकल्पिक मद भी हैं। इन वैकल्पिक मदों की शिनाख्त की जानी चाहिये। उदाहरण के लिये जब व्यक्ति को अपने शरीर ढँकने के लिये कपड़ों की आवश्यकता होती है तो उसके सामने कपड़ों के कई विकल्प हैं। यह जरुरी नहीं है कि वह पेन्ट-शर्ट ही पहने। वह धोती और नीकर भी पहन सकता है। इसी तरह भोजन करना आवश्यक है लेकिन भोजन के भी कई विकल्प है। मतलब यह हुआ कि एक गतिविधि जो निश्चित प्रकार्यों को करती है, उसकी कई विकल्प गतिविधियाँ हो सकती है।
मेलिनोस्की और रेडक्लिफ ब्राउन ने अपने क्षेत्रीय कार्य को आदिवासियों में ही किया था। इन आदिवासियों के सामने प्रकार्यात्मक विकल्प नहीं थे। वे संसार से दूर टापुओं में रहते थे। ऐसी अवस्था में उनके समाज में प्रकार्य अपरिहार्य थे। समाज द्वारा निर्धारित प्रकार्यों को छोड़कर, उनके सामने और कोई विकल्प नहीं था। खाने के लिये मछली थी। पहनने के लिये परम्परागत पोशाक थी। आज तो इस औद्योगीकरण और वैश्वीकरण की दुनियाँ में खाने और पहनने के अगणित प्रकार्य उपलब्ध है। इस दृष्टि से देखा तो वास्तव में मर्टन द्वारा दी गयी प्रकार्यात्मक विकल्पों की अवधारणा बहुत महत्वपूर्ण है।

(8) *प्रक्रिया के लिये संरचनात्मक दबाव:*
अपने पेराडीम में मर्टन ने यह आग्रहपूर्वक कहा है कि व्यवस्था में प्रकार्यात्मक विकल्पों के होते हुए भी कुछ संरचनात्मक दबाव व्यक्ति पर इस तरह के होते हैं कि उसे एक निश्चित प्रकार्य या मद को ही अपनाना पड़ता है। यह संरचना का दबाव है।
मर्टन जिसे संरचनात्मक दबाव कहते हैं उसे दुर्खीम ने *सामाजिक तथ्य* (Social Fact) कहा था। वे भी कहते हैं कि सामाजिक तथ्य में बाह्यता (Exteriority) और *दबाव* (Constraint) दोनों होते हैं। अतः मर्टन का यह मद दुर्खीम से प्रभावित है।

(9) *गतिशीलता और परिवर्तन*

प्रकार्यात्मक सिद्धान्त पर यह आरोप लगाया जाता है कि उसमें ठहराव या गतिहीनता है। इस आरोप के खण्डन में मर्टन ने प्रगतिशीलता और परिवर्तन के मद को रखा है। उनका कहना है कि यदि प्रकार्यों में गतिशीलता न हो तो व्यवस्था का *साम्यानुकूलन* (Equilibrium) बिगड़ जायगा।

(10) *प्रकार्यात्मक मान्यताओं और आवश्यकताओं की पूर्ति का युक्तियुक्त प्रमाणीकरण:*

मर्टन ने अपने पेराडीम में इस तथ्य को बराबर दोहराया है कि किसी भी मद के प्रकार्य ऐसे होने चाहिये जो इस बात को प्रमाणित करें कि व्यवस्था की आवश्यकताओं की पूर्ति इनके प्रकार्यों के सम्पादन द्वारा होती है।

(11) *प्रकार्यात्मक विश्लेषण से जुड़ी वैचारिक समस्याएँ*

मर्टन दृढ़तापूर्वक कहते हैं कि प्रकार्यात्मक विश्लेषण में कोई आर्थिक या राजनैतिक विचारधारा निहित नहीं है। लेकिन इसका मतलब नहीं है कि प्रकार्यात्मक सिद्धान्त एकदम इन तत्वों से रहित हैं। प्रकार्यात्मक समाजशास्त्री जिस तरह के मूल्यों से प्रेरित होता है, उसी के आधार पर वह अपना विश्लेषण करता है। अतः यह समझ लेना कि प्रकार्यात्मक सिद्धान्त प्रत्येक विचारधारा से मुक्त है, दोषपूर्ण है, क्योंकि विचारधारा का विकल्प तो प्रकार्यवादी समाजशास्त्री पर निर्भर होता है।

पेराडीम की उपयोगिता: मर्टन का मूल्यांकन (Functionality of Paradigm)

मर्टन पर जब हमने इस अध्याय में लिखना प्रारंभ किया तभी हमने यह आग्रहपूर्वक कहा है कि मर्टन ने अपने जीवन पर्यन्त प्रकार्यवाद पर लिखा है। मुख्य रूप से उनकी सोच प्रकार्यवादी रही है। *प्रकार्यवाद और कुछ न होकर एक भाग का दूसरे भाग से और सम्पूर्ण संरचना से सम्बन्ध होता है।* संरचना के आनुभविक आँकड़ों के विश्लेषण के लिये उन्होंने पेराडीम रखा है। ग्यारह आइटम देकर उन्होंने पेराडीम को कस दिया है। यह मर्टन की बहुत बड़ी उपलब्धि है। यह पेराडीम ही उन्हें दुर्खीम और पारसंस से ऊपर उठा देती है। इस पेराडीम में उनका (1) प्रकट और प्रच्छन्न प्रकार्य, और (2) प्रकार्यात्मक विकल्पों का समावेश समाजशास्त्रीय प्रकार्यवाद को एक सिद्धान्त का दर्जा दे देता है। लेकिन जैसे कि कोई भी सिद्धान्त कभी भी अपने आप में पूर्ण नहीं होता, वह तो बराबर निर्माण की प्रक्रिया में चलता है, वैसे ही प्रकार्यवाद की आलोचना भी हुई है। इस आलोचना के कतिपय महत्वपूर्ण मुद्दों का हम यहाँ उल्लेख करेंगे।

आलोचना (Criticism)

(1) पुनरुक्ति (Tautology)

मर्टन की विशेष कर के और सामान्य रूप से प्रकार्यवाद की यह बराबर आलोचना की जाती है कि इसमें कई तथ्यों को बार-बार थोड़े बहुत हेर-फेर के साथ काम में लिया गया है। उदाहरण के लिये उनके पेराडीम में आईटम और अवधारणा पदों की भरमार है। घुमा फिराकर एक ही बात बार-बार कही जाती है। अतः इसमें पुनरुक्ति दोष है। मात्र पदों की

लफ्फाजी किसी निश्चित निष्कर्ष की ओर नहीं ले जाती। इस पुनरुक्ति का दूसरा कारण यह है कि मर्टन प्रभाव को ही *कारण* (Cause) मानते हैं।

(2) प्राक्कल्पनाओं की जाँच कठिन

पी.एस. कोहन ने मर्टन के प्रकार्यवाद की आलोचना कतिपय तार्किक बिन्दुओं पर की है। उनका निष्कर्ष है कि मर्टन ने जिस प्रकार्यवादी प्राक्कल्पनाओं को रखा है, उन्हें प्रमाणित करने का कार्य आसान नहीं है। यह सत्य है कि प्राक्कल्पनाओं की जाँच के पर्याप्त आनुभविक प्रमाण तो हैं लेकिन निगमन के नियम अस्पष्ट है।

(3) तुलना व सामान्यीकरण का अभाव

प्रकार्यात्मक विश्लेषण के पेराडीम में तुलना व सामान्यीकरण की भूमिका को निश्चित नहीं किया गया है। प्रकार्यवाद का तो एक सीधा उपागम है कि वह प्रत्येक मद को सम्पूर्ण समाज के संदर्भ में देखता है। अतः इस तरह के संदर्भ में तुलना और सामान्यीकरण के लिये स्थान नहीं है। यहाँ मद ही विशिष्ट हो जाता है।

(4) प्रकार्यवादी सिद्धान्त, सिद्धान्त है या विधि

विशेषकर मर्टन और सामान्यतया प्रकार्यवादियों की इस आधार पर आलोचना की जाती है कि वे प्रकार्यवाद को किस रूप में स्थापित करना चाहते हैं: विधि के रूप में या सिद्धान्त के रूप में। दूसरे शब्दों में जब हम इसे मॉडल मानते हैं तो टर्नर के शब्दों में मॉडल कभी भी किसी भी अर्थ में सिद्धान्त नहीं हो सकता। होमन्स ने भी इसी तर्क को रखा है और वे निश्चित शब्दों में कहते हैं कि प्रकार्यवाद सिद्धान्त नहीं है। कोपलर इस विवाद में और आगे बढ़ते हैं और अपनी टिप्पणी करते हुए कहते हैं कि प्रकार्यात्मक सिद्धान्त मात्र अध्ययन की एक विधि है, केवल अध्ययन का तर्क है।

(5) यह कैसे है कि मर्टन का प्रकार्यवाद न तो रूढ़िवादी है और न ही क्रान्तिकारी?

जब मर्टन अपने पेराडीम में प्रकट और प्रच्छन्न कार्यों की चर्चा करते हुए कहते हैं कि प्रकार्यवाद पर रूढ़िवादी और क्रान्तिकारी होने का आरोप है। मर्टन के इस तर्क की गुल्डनर ने कटु आलोचना की है। स्वंय मर्टन इस तरह की आलोचना के रूबरू होते है और अपना बचाव पक्ष रखते हुए विस्तारपूर्वक यह बताते हैं कि प्रकार्यवाद और मार्क्सवाद में एक विशिष्ट गठजोड़ है। एक तरह से मर्टन के अनुसार मार्क्सवाद और प्रकार्यवाद एक ही सिक्के के दो पहलु हैं। अतः प्रकार्यवाद को क्रान्तिकारी कहने में मर्टन को कोई हिचक नहीं है।

यदि मर्टन के तर्क को थोड़ी गहराई से देखें तो लगेगा कि जब प्रकार्यवाद मार्क्सवादी या क्रान्तिकारी है तो वह रूढ़िवादी कैसे हो सकता है। गुल्डनर कहते हैं कि मर्टन ने प्रकार्यवाद को जो बचाव पक्ष में रखा है वह रूढ़िवादी और क्रान्तिकारी पक्ष में कमज़ोर नींव पर है।

विसंगति (Anomie)

समाजशास्त्र की विधा में जहाँ मर्टन का योगदान प्रकार्यवाद और मध्यस्तरीय सिद्धान्त के क्षेत्र में है, वहीं उन्हें *विसंगति* (Anomie) की अवधारणा के लिये भी याद किया जाता है।

दुर्खीम ने अपनी *आत्महत्या* पुस्तक में एनोमीक आत्महत्या का वर्गीकरण दिया है। मर्टन ने एनोमी का सम्बन्ध *विचलन* (Deviance) के साथ जोड़ा है। जब मर्टन विचलन के सिद्धान्त को विकसित करते हैं तब इसके विश्लेषण के कारकों में विसंगति यानी एनोमी की चर्चा भी करते हैं। दुर्खीम व मर्टन की *एनोमी* की अवधारणा के प्रयोग में अन्तर है। दुर्खीम की एनोमी की सामान्य परिभाषा में *यह वह स्थिति है जिसमें व्यक्ति पर सामाजिक नियंत्रण का अभाव हो जाता है।* इसका यह अर्थ हुआ कि जब व्यक्ति पर समाज का नियंत्रण कम हो जाता है तब वह आत्महत्या कर लेता है। मर्टन एनोमी को कुछ भिन्न तरह से देखते हैं। उनके अनुसार *जब सांस्कृतिक लक्ष्यों (Cultural Goals) को प्राप्त करने के लिये वैध साधनों में निरन्तरता नहीं रहती यानी दोनों में अन्तर बढ़ जाता है तो यह एनोमी की स्थिति है।*

मर्टन ने औद्योगिक समाज में व्यक्ति के अनुकूलन की समस्या उठायी है। आज का औद्योगिक समाज तीव्र गति से बदल रहा है। ऐसी अवस्था में व्यक्ति के लिये यह आवश्यक हो जाता है कि वह अपने व्यवहार को समाज के साथ जोड़कर चलें। व्यक्ति जब किसी व्यवहार को करता है तो उसे अपने निकट के समूह को देखना पड़ता है। यह अनुकूलन दो स्तरों पर होता है:

(1) समाज या समूह के सांस्कृतिक लक्ष्य या साध्य, और
(2) संस्थागत साधन।

सांस्कृतिक लक्ष्य और संस्थागत साधन
(Cultural Goals and Institutional Means)

किसी भी सामाजिक संरचना में कुछ निर्धारित लक्ष्य होते हैं और उन लक्ष्यों को प्राप्त करने के लिये संस्थागत साधन होते हैं। लक्ष्य वे हैं जिन्हें समाज या समूह की संस्कृति वैध समझती है। समाज के कई लक्ष्य हो सकते हैं, लेकिन ये सभी लगभग मिले-जुले होते हैं। इन लक्ष्यों के साथ में कई तरह के मूल्य भी जुड़े होते हैं। सांस्कृतिक लक्ष्य जहाँ एक ओर संवेगात्मक होते हैं, वहीं वे लोगों की महत्वाकांक्षाओं को भी बताते हैं। लक्ष्य ऐसे होते हैं जिन्हें सामान्यतया प्राप्त करने का प्रयास समूह के सभी सदस्य करते हैं। समूह के लिये इन लक्ष्यों का सीधा सम्बन्ध जैवकीय आवश्यकताओं से बंधा होता है।

किसी जमाने में विश्वविद्यालय ज्ञान के मंदिर समझे जाते थे। आज इस लक्ष्य में बहुत बड़ा अन्तर आ गया है। अब विश्वविद्यालय उद्देश्य *केरियर* बनाने का होता है। विद्यार्थी को सभी तरह की प्रतियोगिता में भाग लेने के योग्य बनाया जाता है। ये लक्ष्य है। इसका संस्थागत ढाँचा विश्वविद्यालय द्वारा आयोजित अध्यापन, अनुसंधान और ऐसी ही क्रियाएँ हैं। समाज के अन्य क्षेत्रों में भी ऐसे ही लक्ष्य होते हैं। इन्हें प्राप्त करने के लिये संस्थागत ढाँचा होता है। जब समूह के सांस्कृतिक मूल्यों यानी साध्यों और संस्थागत साधनों में ताल-मेल बैठ जाता है तो यह समाज की *संतुलन* (Equilibrium) की अवस्था है। वैध साधनों से जब साध्य प्राप्त होता है तो सभी के लिये यह संतोष का विषय है, *लेकिन जब वैध साधनों को ताक में रखकर लक्ष्य प्राप्ति की जाती है तो इसका परिणाम, मर्टन कहते हैं, विसंगति यानी एनोमी* होती है।

व्यक्तिगत अनुकूलन के प्रकार (Types of Individual Adaptation)

सांस्कृतिक लक्ष्य और संस्थागत साधन के विश्लेषण के बाद मर्टन अनुकूलन के प्रकारों का उल्लेख करते हैं। वे कहते हैं कि अपने व्यवहार को करते समय व्यक्ति समूह के लक्ष्यों को स्वीकार करता है। और साथ ही लक्ष्यों के अनुरूप साधनों को भी अपनाता है। उसके व्यवहार में ऐसा भी हो सकता है कि वह लक्ष्यों को प्राप्त करने का प्रयास तो करे लेकिन समूह द्वारा स्वकृत वैध साधनों को न अपनाएँ। व्यवहार के इन विभिन्न प्रतिमानों को उन्होंने एक *विधि* (Mode) में रखा है। ये प्रतिमान 5 प्रकार के हो सकते हैं। इसे हम निम्न तालिका में देंगे। इसमें (+) का चिन्ह व्यक्ति की स्वीकृति को बताता है। जबकि (-) का चिन्ह व्यक्ति की अस्वीकृति को दर्शाता है:

व्यक्तिगत अनुकूलन के विधियों के प्रतिमान

अनुकूलन के तरीके	सांस्कृतिक लक्ष्य (साध्य)	संस्थागत साधन
1 अनुरूपता (Conformity)	+	+
2. नवाचार (Innovation)	+	-
3. विधिवाद (Ritualism)	-	+
4. वापसी (Retreatism)	-	-
5. विद्रोह (Rebellion)	±	±

(1) अनुरूपता (Conformity)

जहाँ तक समाज में स्थायित्व होता है, किसी तरह के युद्ध या आंतरिक कलह नहीं होते हैं, ऐसे समाज में अनुरूपता अनुकूलन सामान्य रूप से देखने मिलता है। समूह के सदस्य सांस्कृतिक लक्ष्यों और साधनों को समान रूप से मानते हैं।

(2) नवाचार (Innovation)

यह व्यवहार ऐसा है जिसमें व्यक्ति आधुनिकता और उत्तर-आधुनिकता द्वारा निर्धारित लक्ष्यों को प्राप्त करने के लिये तो भरसक प्रयत्न करता है, लेकिन इनकी प्राप्ति के लिये समाज द्वारा अनुमोदित साधनों को अपर्याप्त समझता है। उसको यह विश्वास हो जाता है कि उपलब्ध वैध साधनों द्वारा वह नव-निर्धारित लक्ष्यों को प्राप्त नहीं कर सकता। अतः उसके लिये यह आवश्यक हो जाता है कि वह लक्ष्यों को प्राप्त करने के लिये नये साधनों की खोज करें। वस्तुतः यह साधनों का नवीनीकरण है, व्यवहार के इस प्रतिमान में मर्टन सांस्कृतिक लक्ष्यों को (+) का चिन्ह देते हैं। यह इसलिये कि वह उपलब्ध साधनों को नहीं मानता। मर्टन इसे नकारात्मक (-) चिन्ह देते हैं। इस व्यवहार की विशेषता यह है कि इसमें व्यक्ति साध्य स्वीकार करता है लेकिन इसे प्राप्त करने के लिये नवाचारों यानी नये साधनों को अपनाता है।

(3) विधिवाद (Ritualism)

मर्टन कहते हैं कि विधिवाद एक प्रकार की रस्म अदायगी या औपचारिकता है। इन विधियों के पीछे निर्धारित लक्ष्य कौन से हैं, इन्हें व्यक्ति नहीं जानता है। क्योंकि विधि तो परम्परागत

रूप से अपनायी जाती है, ऐसे व्यवहार में व्यक्ति साध्यों या सांस्कृतिक लक्ष्यों के प्रति उदासीन होता है। व्यवहार के इस प्रकार में मर्टन ने नकारात्मक चिन्ह (-) दिया है। लेकिन इस व्यवहार में संस्थागत साधनों को पूरी तरह अपनाया जाता है। यहाँ उन्होंने सकारात्मक (+) चिन्ह दिया है।

(4) वापसी (Retreatism)

यह व्यवहार का वह प्रकार है जिसमें व्यक्ति न तो साध्यों को स्वीकार करता है और न इन्हें प्राप्त करने के लिये वैध संस्थागत साधनों को मानता है। जिन परिवारों को हम विघटित मानते हैं उनमें माता-पिता और बच्चों में परिवार के लक्ष्यों व साधनों के प्रति कोई रुझान नहीं होता। यह व्यवहार *वापसी* की श्रेणी में आता है। ऐसे व्यक्ति अपने समूह के लक्ष्यों और उनके साधनों दोनों से वापस मुड़ जाते हैं। व्यवहार के इन दोनों प्रकारों को मर्टन ने नकारात्मक (-) चिन्ह दिया है।

(5) विद्रोह (Rebellion)

व्यक्ति के व्यवहार के उपरोक्त विश्लेषण से यह स्पष्ट हो जाता है कि जब सांस्कृतिक लक्ष्यों और संस्थागत साधनों में संघर्ष हो जाता है, तो मर्टन के अनुसार यह *एनोमी* यानी विसंगति की अवस्था है। जब व्यक्ति साध्य व साधन दोनों को ही नहीं मानता, दोनों के प्रति विद्रोह करता है तब वह अपने समूह से हटकर नया समूह बना लेता है। इसी कारण अनुकूलन की इस विधि में मर्टन ने सकारात्मक (+) और नकारात्मक (-) दोनों चिन्हों को दिया है। एक तरफ तो व्यक्ति सांस्कृतिक लक्ष्यों की उपेक्षा करता है और संस्थागत साधनों को ठुकराता है, वहीं दूसरी ओर वह नये लक्ष्य बनाता है। और इन्हें प्राप्त करने के नये साधन निर्धारित करता है। हमारे देश में नक्सलवादी समूह का व्यवहार इसी प्रतिमान में आता है।

मर्टन ने वेबर और पारसंस की तरह मॉडल बनाने की परम्परा को जारी रखा है। वे अनुकूलन की विधियों का विवरण इसी मॉडल द्वारा देते हैं। दूसरे शब्दों में यह मॉडल एक प्रकार का पेराडीम है जिसे प्रकार्यात्मक अध्ययन के लिये काम में लिया जा सकता है। मर्टन की विसंगति यह अवधारणा भारत और एशिया के देशों पर जो विकासशील हैं, लागु होता है। आज इन देशों में समाज के परम्परागत मूल्य, सभ्यता की विरासत और सांस्कृतिक आचार-संहिता तीव्रतम परिवर्तन के दोर में हैं। इधर जो नये मूल्य सामने आये हैं, उनका भी विवेकपूर्ण अनुकूलन नहीं हो रहा है। होमन्स ने अमेरीका के समाज के बारे में जो यह कहा था कि यह कूड़े का एक ऐसा ढेर हैं जहाँ व्यक्ति दूसरे व्यक्तियों से कटा हुआ है, हमारे देश पर भी लागु होता है। इस संदर्भ में मर्टन की *ऐनोमी* की अवधारणा अत्यधिक महत्वपूर्ण है।

संदर्भ समूह सिद्धान्त (Theory of Reference Group)

संदर्भ समूह सिद्धान्त वस्तुतः सामाजिक परिवर्तन का सिद्धान्त है। हमारे देश में वाई. बी. दामले ने संदर्भ समूह सिद्धान्त को सामाजिक परिवर्तन के अध्ययन में लागु किया था। उन्होंने तर्क दिया कि संस्कृतिकरण और पाश्चात्यकरण परिवर्तन को जाति व्यवस्था के आधार पर देखते हैं। ऐसी स्थिति में उनका दायरा सीमित है। इसकी तुलना में संदर्भ समूह सिद्धान्त अधिक व्यापक है। इसे सम्पूर्ण समाज में होने वाले परिवर्तन के अध्ययन पर लागु किया जा

सकता है। मर्टन ने जब इस सिद्धान्त को प्रतिपादित किया वे स्टाऊफर (Stouffer) की पुस्तक *दि अमेरीकन सोल्ज़र* (The American Soldier) से अत्यधिक प्रभावित थे। सूचमेन (Suchman) और अन्य समाजशास्त्रियों ने भी आनुभविक सामग्री के आधार पर संदर्भ समूह सिद्धान्त की चर्चा अप्रत्यक्ष रूप से की है। मर्टन तो आनुभविक सामग्री के कायल थे। उन्होंने मध्यस्तरीय सिद्धान्त को भी आनुभविक सामग्री के आधार पर ही प्रस्तावित किया था।

दि अमेरीकन सोल्ज़र एक महत्वपूर्ण पुस्तक इसलिये है कि इसका निष्कर्ष बड़ा दूरगामी है। स्टाऊफर बताते हैं कि सेना के जवान अपने से ऊपर के सोपान के अधिकारियों को आदर्श मानकर चलते हैं। मर्टन का संदर्भ समूह सिद्धान्त स्टाऊफर की आनुभविक सामग्री के आधार पर बना है। मर्टन कहते हैं कि जब कभी कोई व्यक्ति दूसरे व्यक्तियों या समूहों के साथ अन्तःक्रिया करता है तो ये क्रियाएँ शून्य में नहीं होती। क्रियाओं को घेरे हुए एक प्रकार से सम्पूर्ण सामाजिक-सांस्कृतिक पर्यावरण होता है। *बिना किसी संदर्भ के न तो क्रियाएँ हो सकती हैं, न ही उन्हें समझा जा सकता है।* व्यक्तियों के इर्द-गिर्द जो सामाजिक पर्यावरण होता है, समूह होते हैं उनमें से कुछ का व्यक्ति सदस्य होता है और कुछ का नहीं।

मर्टन ने संदर्भ समूह की विस्तृत व्याख्या की है। उनका कहना है कि *किसी एक समूह का सदस्य हो कर व्यक्ति दूसरे समूह में रहने की अभिलाषा करता है। उस समूह का या उनके सदस्यों के व्यवहारों का अनुकरण करता है तो यह उसका सदर्भ समूह व्यवहार है।* व्यक्ति को ऐसा लगता है कि जिस वर्ग या समूह का वह सदस्य नहीं होता उसमें कुछ ऐसी अच्छाईयाँ दिखायी देती है जो उसके समूह में नहीं होती, वह दूसरे समूह के मानक और मूल्यों को अपना लेता है। यह वह स्थिति है जिसमें वह गैर-सदस्य समूह के संदर्भ को अपने व्यवहार का आधार बनाता है। मर्टन ने संदर्भ समूह की परिभाषा इस भाँति दी है:

> सामान्यतः संदर्भ समूह सिद्धान्त का उद्देश्य मूल्यांकन तथा आलोचना की उन क्रियाओं के निर्धारकों को व्यस्थित करना है जिनके द्वारा व्यक्ति दूसरे व्यक्तियों या समूहों के मूल्यों या मानदण्डों को तुलनात्मक संदर्भ के रूप में स्वीकार या ग्रहण करता है।

सदर्भ समूह सिद्धान्त के तत्व (Elements of Reference Group Theory)

संदर्भ समूह की अवधारणा पर पिछले कुछ दशकों में काफी अनुसंधान कार्य हुआ है। इसके परिणामस्वरुप इस सिद्धान्त से जुड़ी हुई कुछ अवधारणाएँ स्पष्ट हुई है। उदाहरण के लिये टर्नर ने यह कहा है कि यद्यपि आज समाजशास्त्रीय सिद्धान्तों के भण्डार में संदर्भ समूह का एक निश्चित नाम हो गया है, फिर भी यह नाम मिथ्या है। इसका कारण यह है कि यह अवधारणा केवल समूहों पर ही लागू नहीं होती, व्यक्तियों पर भी लागू होती है। जिस तरह संदर्भ समूह होते हैं, ठीक उसी तरह संदर्भ व्यक्ति (Reference Individual) भी हो सकते हैं। उदाहरण के लिये हमारे देश में गाँधी जी, रविन्द्रनाथ टेगोर या प्रेमचन्द संदर्भ व्यक्ति हो सकते हैं।

मर्टन ने संदर्भ समूह की अवधारणा के दो केन्द्रीय लक्षण बताये हैं। पहला लक्षण तो यह कि एक व्यक्ति द्वारा दूसरे व्यक्तियों या समूहों के मूल्यों को ग्रहण करना; और दूसरा संदर्भ समूह का महत्व इसी में हैं कि यह तुलनात्मक अध्ययन में सहायक होता है। मर्टन

जब व्यक्तियों के किसी जोड़ को समूह कहते हैं तो उनका मतलब ऐसे समूह से है जिसके सदस्य स्थापित प्रतिमानों द्वारा परस्पर अन्तःक्रिया करते हैं। इसे कई बार लोगों के सामाजिक सम्बन्धों के रूप में जाना जाता है। ये सामाजिक सम्बन्ध निश्चित व स्थापित मानक व मूल्यों की परिधि में होते हैं। जब व्यक्ति समूहों में अन्तःक्रिया करते हैं तो अप्रत्यक्ष रूप से वे यह मानकर चलते हैं कि जिस समूह में अन्तःक्रिया होती है उस समूह का सदस्य होने के नाते सामान्य व्यवहार के प्रतिमानों से परिचत होते हैं।

गैर सदस्य (Non-Member) अपने व्यवहार व अन्तः क्रिया में समूहों के अन्य सदस्यों से भिन्न होते हैं। गैर-सदस्यों की परिभाषा यही हो सकती है कि *कोई भी व्यक्ति गैर सदस्यता के जो नियम-उपनियम हो सकते हैं उनसे मुक्त होते है।* गैर सदस्य की यह अभिलाषा हो सकती है कि वह इस समूह की सदस्यता को ग्रहण करें। यह भी संभावना है कि दूसरा समूह गैर सदस्य को अपनाने के लिये तैयार न हो। टर्नर ने मर्टन के संदर्भ समूह के निम्न तत्व बताये हैं:

(1) यह संभावना बराबर बनी रहती है कि समूह का सदस्य संदर्भ समूह के सम्पर्क में आये,
(2) यह भी संभव है कि वैकल्पिक समूह के सदस्यों के प्रति असंतोष उत्पन्न हो,
(3) सदस्य की यह भी अपेक्षा होती है कि वह जिस गैर समूह का सदस्य बनना चाहता है उससे उसे कुछ लाभ भी मिले, और
(4) गैर समूह की जीवन पद्धति को अपनाना संभव हो।

ये कुछ समस्याएँ अवधारणात्मक है और सैद्धान्तिकरण में उनकी खोज की जा सकती है। वास्तव में, स्टाऊफर की आनुभविक सामग्री के बाद समाजशास्त्र में ऐसी पर्याप्त तथ्य सामग्री नहीं आ पायी है जिसके आधार पर संदर्भ समूह के सिद्धान्त को अधिक विश्वसनीय बनाया जा सके। *संदर्भ समूह, यह आग्रहपूर्वक कहा जाना चाहिये कि वस्तुतः प्रकार्यात्मक सिद्धान्त एक अंग मात्र है। मर्टन स्वंय प्रकार्यवादी थे और उन्होंने संदर्भ समूह का प्रयोग सामाजिक परिवर्तन के अध्ययन के लिये किया है।*

संदर्भ समूह के प्रकार: सकारात्मक तथा नकारात्मक
(Types of Reference Groups : Positive and Negative)

मर्टन ने जब स्टाऊफर की तथ्य सामग्री से संदर्भ समूह सिद्धान्त को प्रस्तावित किया तब उन्होंने कहा कि ये समूह या तो *आदर्शक संदर्भ समूह* (Normative Reference Group) हो सकते हैं या *तुलनात्मक संदर्भ समूह* (Comparative Reference Groups)। *आदर्श संदर्भ समूह वे समूह हैं जो अपने सदस्यों के लिये मानक, मूल्य और व्यवहार के प्रतिमान निश्चित करते हैं। दूसरी ओर तुलनात्मक संदर्भ समूह वे हैं जिनको व्यक्ति अपने या दूसरों के व्यवहार का तुलनात्मक आधार मानता है।* उदाहरण के लिये ग्रामीण समूह जब शहरी समूह द्वारा निर्धारित व्यवहार के प्रतिमानों से अपने समूह की तुलना करते हैं तो वस्तुतः यह तुलनात्मक मूल्यांकन है।

आदर्श तथा तुलनात्मक संदर्भ समूहों की व्याख्या करते हुए मर्टन संदर्भ समूहों को दो भागों में बाँटते हैं: सकारात्मक तथा नकारात्मक। समूहों को उनके सकारात्मक और नकारात्मक प्रकार्यों द्वारा समझा जा सकता है। वास्तव में संदर्भ समूह वे हैं जिनके साथ

व्यक्ति अपनी तुलना करता है। इस तुलना का उद्देश्य स्वंय के अनुकूलन के लिये होता है। किसी भी स्थिति में संदर्भ समूह उन समूहों के बराबर नहीं होते जिनका व्यक्ति सदस्य है। यहाँ महत्वपूर्ण बात यह है कि *सदस्य समूह की आलोचना सकारात्मक व नकारात्मक दोनों ही दृष्टियों से कर सकता है। यह कहा जा सकता है कि हमारी राजनीतिक दल एकदम वाहियात है। इसमें सदस्यों का कोई चरित्र नहीं है। यदि हम अमुक पार्टी की तरह स्वंय को संगठित कर लें तो हमारे लिये चुनाव जीतना आसान होगा। यह सदस्य समूह की नकारात्मक आलोचना है।* इसके विपरीत इसकी सकारात्मक आलोचना भी की जा सकती है। दूसरी ओर, गैर सदस्य समूहों की भी सकारात्मक और नकारात्मक आलोचना हो सकती है।

मर्टन : संदर्भ समूह और भारतीय स्थिति

एक समाजशास्त्रीय विचारक की दृष्टि से पारसंस के सैद्धान्तिकरण का प्रभाव अमेरीका, यूरोप और तीसरी दुनियाँ के देशों पर भी पड़ा है। इस सिद्धान्त की तीसरी दुनियाँ के लिये प्रासंगिकता अधिक है। विकासशील देशों में सामाजिक परिवर्तन एक महत्वपूर्ण घटना है। इन देशों के समाजों में होने वाले परिवर्तन के अध्ययन के लिये संदर्भ समूह की अवधारणा को लागू किया गया है। अमेरीका के समाजशास्त्र के आवेन लिंच (Owen M. Lynch) ऐसे मानवशास्त्री हैं जिन्होंने अपनी पुस्तक *दि पोलिटिक्स ऑफ अनटचेबिलिटी* (The Politics of Untouchability) यानी अस्पृश्यता की राजनीति के विश्लेषण में संदर्भ समूह सिद्धान्त को काम में लिया है। लिंच ने अपने इस अनुसंधान में आगरा के जाटवों (चमार) की अस्पृश्यता का उल्लेख सामाजिक परिवर्तन के संदर्भ में किया है। वे कहते हैं कि इस अध्ययन में संस्कृतिकरण और पश्चिमीकरण अपर्याप्त है। वे संदर्भ समूह की अवधारणा को अधिक उपयोगी मानते हैं।

संदर्भ समूह सिद्धान्त की प्रकृति प्रकार्यवादी है। इस सिद्धान्त की विदेशों और हमारे यहाँ बड़ी आलोचना हुई है। यह कहा जा सकता है कि यह सिद्धान्त अपने विस्तार में बहुत सीमित है। इसका परिवेश समूहों में बंध जाता है। लेकिन समूह जिस समाज या सामाजिक संरचना के अंग है उनका कोई उल्लेख मर्टन नहीं करते। जैसा कि प्रकार्यवादियों का दोष है कि वे अपने विश्लेषण में इतिहास की पूरी उपेक्षा करते हैं, वैसे ही संदर्भ समूह में इतिहास को नकारा गया है। जब भारत के संदर्भ में उनके सिद्धान्त को देखते हैं तो यह कहा जाना चाहिये कि भारतीय समाज की कोई भी व्याख्या जो जाति पर ध्यान नहीं देती, कारगर नहीं हो सकती। लिंच और दामले जैसे समाजशास्त्रीयों ने भारतीय प्रघटनाओं के विश्लेषण में संदर्भ समूह को लागू किया है लेकिन इस तरह के विश्लेषण वास्तविकता को समझने में अधिक उपयोगी नहीं है।

उपसंहार

यद्यपि मर्टन का प्रकार्यवाद पारसंस से भिन्न है, फिर भी उन्होंने अर्वाचीन अमेरीका के समाजशास्त्र के निर्माण में बहुत बड़ा योगदान दिया है। वे पारसंस के विद्यार्थी थे फिर भी उन्होंने सिद्धान्त निर्माण की रणनीति में अपने गुरु को अस्वीकार किया है। वे मध्यस्तरीय सिद्धान्त की वकालत करते हैं और कहते हैं कि अभी समाजशास्त्र में एक सामान्य सिद्धान्त बनाने के लिये तथ्य सामग्री नहीं है। मध्य स्तरीय सिद्धान्त के निर्माण में वे प्रकार्यात्मक विधि

को अपनाते हैं। उनका सम्पूर्ण सोच ही प्रकार्यात्मक विधि है। इसके लिये उन्होंने संरचना के प्रकार्यात्मक विश्लेषण के लिये एक पेराडीम बनाया है। इसी पेराडिम में वे प्रकट और प्रच्छन्न प्रकार्य की अवधारणा को रखते हैं, यहीं पर वे प्रकार्यात्मक विकल्पों की चर्चा भी करते हैं। मर्टन का विसंगति और संदर्भ समूह का सिद्धान्त भी और कुछ न होकर मध्य स्तरीय सिद्धान्त का दृष्टान्त मात्र है। उनका कहना है कि हमें समाजशास्त्र को एक विज्ञान का दर्जा देना चाहिये। इसी कारण वे प्रत्यक्षवादी विचारधारा के समर्थक हैं।

मर्टन सिद्धान्त निर्माण के क्षेत्र में पारसंस के टक्कर में थे। यह सब होते हुए भी उनकी कटु आलोचना भी हुई है। वास्तव में यह आलोचना प्रकार्यवाद की है। सी. राईट मिल्स और गुल्डनर ने जहाँ पारसंस की आलोचना की है, वहीं वे मर्टन की आलोचना भी करते हैं। प्रकार्यवादी अपने मूल में रूढ़िवादी होते हैं। वे यथास्थिति को बनाये रखना चाहते हैं और रुचिकर बात यह है कि यह यथास्थिति अभिजन के हित में सोचती है, काम करती है। मर्टन से प्रश्न किया जाता है: सदियों से कतार में खड़े हुए दलितों और गरीब-गुरबों को क्या कभी यथास्थिति का यह गढ़ तोड़ने का मौका मिलेगा? शायद इसी कारण प्रकार्यवाद का जो दबदबा 1950 और 1960 के बीच में था, आज नहीं रहा। प्रश्न है: अब मर्टन और पारसंस को कौन पढ़ता है? एक सीमा तक पहुँच कर बौद्धिक प्रासंगिकता भी क्षीण होने लगती है।